U0600955

# 村落中国

## 中国大学生田野考察札记

上

胡彬彬　刘灿姣　主编
吴　灿　邓　昶　副主编

人民出版社

# 前　言

自 2012 年中国传统村落被正式纳入国家文化保护战略以来，中央和地方各级政府相继出台了一系列政策法规和保护细则，传统村落的保护取得了阶段性和区域性成效，不仅传统村落的消亡速度明显放缓，有些甚至还“活”了起来，成为助推乡村振兴和地方经济社会发展的极为重要的文化资本。这从宏观上的三组数据可见一斑：一是国家分五批将 6799 个传统村落纳入“中国传统村落名录”，形成了从国家到省、市、县四级联动保护体系；传统村落的保护与发展，得到了全社会各个阶层民众的广泛关注、重视、参与，“乡愁”之风，席卷全国城乡。二是来自中国村落文化研究中心的数据。自 2008 年始至今，我们连续四次对我国传统村落分布相对集中的“（长）江（黄）河流域”以及西南地区的 22 个省（自治区）207 个县，进行跟踪式的大规模田野调查，发现传统村落的消亡速度由 2010 年前的每年递减 7.3%，下降到了 2017 年的 1.4%。三是在已经列入国家保护的“中国传统村落”中，约有 37%的传统村落，成为全域旅游、乡村旅游的热点。湖南、贵州、安徽、江苏、浙江、西藏、新疆等地的传统村落，以因地制宜的独特保护与发展方式，使其富有地域特色、民族特质的村落文化，融入当地的旅游产业。传统村落的原住民因此获得文化红利，脱贫致富。如作为习近平总书记“精准扶贫”理念诞生地的湘西传统村落十八洞村，按照习总书记对十八洞村“不栽盆景，不搭风景”“不能搞特殊化，但不能没有变化”的指示，以自己独特的保护理念和方式，与脱贫攻坚结合，以文化振兴为精神支柱，以产业振兴为内生动力，使得村落文化大放异彩，将一个“养在深闺人未识”的贫穷村，变成了旅游热点。他们还把世代滋养这个苗族村寨的泉水，开发成知名度很高的“十八洞”直饮矿泉水。全体原住民因传统村落保护与发展带来的文化红利已全面脱贫，正在致富。

近十年来的传统村落的保护实践，有效减缓了传统村落的消亡速度，但也暴露出了一些“硬伤”，最为突出的是，在理念上，重保护、轻发展，为保护而“保护”；在实践中，没有认识到传统村落的保护本质上就是传统文化的保护，只重视传统村落文化中有形“显性”的“传统建筑”，而轻视甚至完全忽略包括传统村落原住民创造的生产生活方式在内的各种无形“隐性”文化或非物质文化，以及与传统村落休戚与共、相生互济并已结成命运共同体的自然与人文生态环境。传统村落的保护，被粗暴简化为“标本式”的传统建筑保护，而不是作为鲜活的文化来保护。在发展中，有些地方甚至衍生出了把传统村落当作“摇钱树”的情况，“保护链”不但没有很好形成，反倒出现了“利益链”，重眼前、轻长远，为开发而“开发”。可以说，包括古城古镇古村落在内的许多历史文化遗产，仍在遭受或面临自然和人为的破坏。

2016 年 7—8 月，中南大学中国村落文化研究中心组织了“中国传统村落遗存与保护现状”的田野考察，对“江河流域”18 个省（区、市）中纳入“中国传统村落名录”的 1569 个传统村落进行考察。调查发现，这些传统村落中，空心化、过度商业化、环境污染、非遗项目后继无人等问题依然严峻。

2017 年 7 月，受中宣部有关部门委托，中国村落文化研究中心组织了“古城古镇古村落保护立法”的田野考察，派遣了由教授、副教授、博士生、硕士生和本科生组成的13个调研组近100人的团队，再一次对“江河流域”的18个省级行政区域的200多个历史文化名城、历史文化名镇和传统村落进行了为期数周的调查，对其遗存现状及保护所面临的问题进行了全面、系统、深入的主题考察。此次考察，13个调研组从文化现场发回各类田野考察札记200余篇，共计100余万字，采集各类有效基础研究数据6万余条，拍摄照片6万余张，影像资料总量达到5000多G。考察内容涉及历史建筑、生态环境、旅游开发、历史变迁、地域风格、生产生活、精神信仰、风俗习惯、非遗保护等诸多方面。无论是田野考察的队伍，还是考察所涉及的范围，抑或数据采集的总量，这次田野考察都有可能是目前国内规模最大的一次大学生田野考察。

没有调查，就没有发言权。正是因为这次调研的深入，发现了问题，采集了有效数据，分析了典型事例，又探寻了解决问题的有效途径，所以，很多考察札记一经发布，就受到了中央、省市媒体和社会各界人士的广泛关注，引起了强烈的社会反响。不少报告因数据翔实、事例鲜活、问题研究切中时弊，且富有典型性、代表性和借鉴性，具有较强的针对性和可操作性，受到包括《光明日报》等中央权威媒体的重点关注和跟踪报道。还有一批“古城古镇古村落立法保护”田野考察札记，因问题研究导向正确、观点鲜明、研究深刻、学术性强，受到了国家级权威期刊的主动约稿。

对于中国村落文化研究而言，调查研究不仅是一种科学方法，更应该是一种工作态度和学习态度。当代大学生，既要努力学习书本知识，更要勤于调查和思考，从社会实践和调查研究中验证理论，获取经验，锻炼能力。这方面，中国村落文化研究中心不仅倡导，更在践行。每年寒暑假都会组织博士生、硕士生，甚至在国内招募高校学生，组成调研团队，深入社会实际和文化现场，做一些典型调查、专题调查和系统调查，这既是为了让当代大学生用脚步来丈量并发现村落中国，也是为了培育他们发现问题、分析问题、解决问题的思维意识。要么在课堂、要么在田野、要么在书斋，中心在人才培养方面长期践行的“三在”模式，已产生了积极良好的教学效益，为国家和社会培养和输送了一大批致力于传统村落保护与研究的高水平人才。我们呼吁，我们也相信，只要“众人拾柴”“人人担责”，那么对包括古城古镇古村落在内的中华民族历史文化遗产的保护将充满希望。

作为国内第一部大学生田野考察的成果，《村落中国：中国大学生田野考察札记》（上、中、下册）是中国村落文化研究中心组织学生开展“古城古镇古村落立法保护”田野调查的部分成果的集萃。从内容来看，面对当前我国古城古镇古村落在保护与发展中所面临的诸多问题，每篇调研报告既剖析了现象，也尝试提供解决的思路与办法。他们的文字阐述和观点或许仍有些稚嫩和不足，但是却充分彰显了当代大学生“忧国忧民”“以天下为己任”的广阔胸怀。从人才培养和文化传承的层面来说，这本集子的出版，既是对参与这次田野考察的大学生们的充分肯定和认可，更进一步看，或许在为我国古城古镇古村落立法保护提供重要参考依据的同时，还将有助于古城古镇古村落保护工作的持续良性发展。

中南大学中国村落文化研究中心

2020 年 12 月

# 目　录

## 第一篇　闽粤皖地区

## 第二篇　山西地区

## 第三篇 河南地区

## 第四篇 陕甘宁青地区

# 第一篇　闽粤皖地区

# 祖荫、宗族与祠堂：传统村落视野下现代化进程中的另一种可能

## ——以广东省黄埔村为例

林　伟

田野考察真正的魅力在于实证，即去实地调研考察以发现问题，然后根据现有的资料去尝试解答一些问题，然而残酷的是，有时候自己在某个文化区域建立起来的方法和理论到了另一个场域，瞬间崩塌，你会发现原来的方法又被现实“打脸”，我想这就是学术体系。2016 年 7 月 21 日，我带领四个队员（王子涵、唐人、周怡欣、于艾桢）来到了广东省的黄埔村。之所以把黄埔村作为考察的第一站有诸多因素，但是最大的原因是这里所体现的宗族文化和城市现代化进程中的村落保护具有其典型性。

## 一、初入黄埔村

原本以为黄埔村估计只是因为黄埔军校而得名，但是显然我这样的刻板印象是错误的。黄埔村是所有黄埔地名的“祖先”，可以说，广东省只要是有“黄埔”之名的公共场所大多都与黄埔村有关，只不过因为黄埔军校在近代太过知名，因此名声在外。其实在这里笔者想要强调一点，那就

黄埔村梁氏宗祠

是地名文化的保护问题。地名不仅仅是一个地方的口头文化遗产和地方记忆遗产，更重要的是它包含了众多复杂的感情和文化的多样性特点，地名文化应该被重视起来。而黄埔村似乎就没有这样的意识，黄埔村完全可以把这样的地名文化做一个归类，然后保护起来，要是哪一天黄埔村也改名了那就是得不偿失，例如徽州的改名在学界就众说纷纭。冯大姐说："黄埔以前是一个商贸口岸，这里有很多船，有很多屋子，现在都没了，不过很多祠堂都在……"起码在当地人眼中，黄埔村是一个商贸港口。而且在某个时代它也繁荣一时，并且这个地方最重要的就是宗族文化，保留有众多的祠堂。黄埔村给人的最初印象不在于繁华闹市中村落占据一隅，而在于在现代化如此高速发展的广州，却保留了 19 座祠堂，这让我们感到意外。问了几位大爷为什么这里祠堂多，他们的解释往往带有一种满满的宗族自豪感，那就是我们这里很强大很有钱——祠堂多或许也代表了一种文化的自信。

## 二、祖荫与庇佑：祖先的控制与后人的遵从

黄埔村祠堂众多，分布着冯、梁、胡、罗四大姓氏，也是当地宗族最强的四支，当然还有关、黄、卫、陈等姓氏。当地村民说冯氏祠堂是最大的一座祠堂，这里名人辈出，并且宗族势力强大。而与之对门的罗氏宗祠就没有这样威赫显著了，罗氏宗祠在一段时间被改为了当地的幼儿园，颇有几分黑色幽默。村中以前出过很多的官宦、商人，这些人或衣锦还乡或荣归故里，他们最大的乐趣就是捐建祠堂。据说在鼎盛时期，黄埔村除了祠堂还是祠堂，达到了几百座之多。为什么会有如此众多的祠堂在这里出现？为什么他们乐意捐建祠堂而不是其他的公共建筑？

黄埔村街景

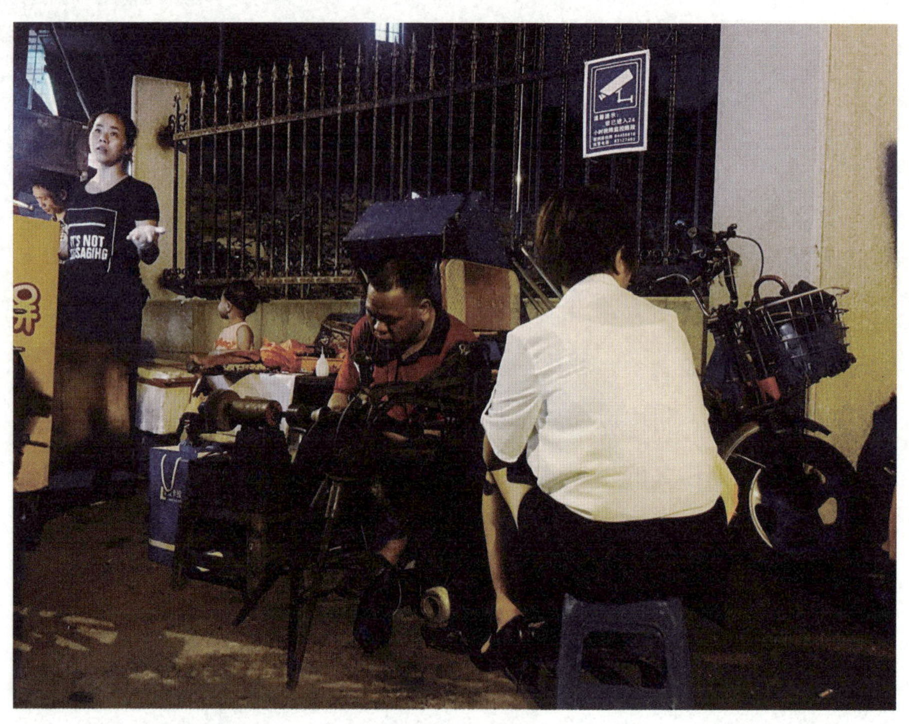

黄埔村街景一角

许烺光先生在其所著的《祖荫下》中谈论了一个父子同一的概念。确实，在中国，祖先、宗族、祠堂之间都有一种微妙的联系，父亲在世的时候他是家里的主要话语中心，主宰并且掌管着家里的一切，死后也是如此，很多中国人都有遇事会问及祖先的意见这样一种习惯。在黄埔村更是如此，每当家里的年轻人要出嫁或者娶亲的时候，总会用某种形式问及家里的祖先意见，然后才可以进行接下来的步骤，要是祖先不同意似乎这件事也就这么“黄”了；这种习惯同样体现在丧葬中，黄埔村丧葬礼仪现在虽然已经慢慢在简化，葬礼也有了一支专门的队伍来执行，葬礼随之商业化，但是唯一不变的是遵从祖先的意愿还是具有分量的。我们的小分队在对葬礼进行调研的时候，老人避而不谈，年轻人不了解，中年人只能丢给我们“都会请专门的人来办理，我们不清楚”这样的话语。我们享受着祖先的庇佑，并且祖先在无形中又操控着我们的生活，让我们在这样不断的链接之下将大大小小的家庭联系在一起，形成一个稳定的结构，构成最具中国特色的宗族社会。而祖先的居住场所就是现世生活中后辈们的世界，祖先的居住场所就是祠堂，无论怎么说，祠堂在修建的过程中存在着攀比现象：有钱的在当地就建大型的祠堂，雕梁画栋，威武显赫；没有势力的一拨人只能依靠自己的现有能力勉强让祖先有地方住，而这些后辈在世时候觉得有钱了有官位了一定是祖先的功绩，衣锦还乡后就把祖先的居住场所修建完善，而一些暮年的大爷仍然希望重新捐建把祠堂修好，但是他们遇到最大的问题就是被保护的祖先祠堂不仅仅是他们的，也属于当地，也属于国家所有，他们对于祠堂建设的困惑一直未停止。逐渐地，在这样的形式中保持了血缘关系的稳定，构成了乡村大大小小的宗族，形成了星罗棋布的祠堂。

## 三、宗族之盛：从沥滘地铁修建说起

祠堂除作为祭祀的场所、祖先居住的场所之外，另一个重要的功能就是集会商讨村中大事，这些事有时候甚至关乎政府的一些决策问题。村子里的冯大爷告诉我一件趣事，说以前在广州市区修建沥滘地铁的时候，政府最初的愿望是方便当地居民生活，但是事与愿违，原因很简单，就是沥滘地铁修建需要穿过一个祠堂，而这个祠堂又是非常重要的节点，当时很多宗族就群起反对，现在这里还未确定出具体的解决方法。姑且不论这件事的真假，从事件本身来说，就有值得我们讨论的余地，如果政府强行施政，破坏这样的宗族势力和祠堂文化必然伤害居民的感情，宗族势力在某种程度上与政府的权力和法律形成了一种博弈，二者之中的受益者都是群众，笔者突然觉得在当今这样的社会中，保留宗族势力对于民众利益还是有推进作用的。笔者想起了湖南虎形山中的花瑶社会，花瑶人崇拜树木，村中很多树木都被很好地保护了起来，当年红卫兵试图砍掉树木，没有考虑到花瑶民族的感情，最后花瑶人用暴力手段成功保护了村中的树木。两个个案都反驳了《中国的现代化》一书中的某种观点。

## 四、宗族之外的边缘群体：租客们的话语与阐释

宗族的势力在村落内部具有重要的作用，当然我们也不能忽视其弊端，古已有之，不一一赘述。而在黄埔村，笔者更加关注的是租客们的生活。黄埔村的村民近几年主要的生活来源就是依靠收取租客房租，在家里“收房租，当包租婆”。而对于租客们来说，这样一群宗族之外的边

黄埔村梁氏宗祠

闽粤皖调研小组合照

缘群体，他们的话语同样重要。有一位年轻的租客说："黄埔村挺好的啊，这里房租很便宜，比广州市区的其他地方都便宜，最重要的是这里也是广州的市区，隔壁就是珠江和广州塔了，地段很不错，一个月 700 元有的就可以租到，再贵也不会贵到哪里去了，比起一些地方好太多了。没有这样的村子，我们住到哪里去？"确实，像黄埔村这样的村子，它坐落于市区，形成了人们口中的城中村，这样的城中村在笔者看来既很好地保护了村中的部分传统文化，而且也满足了外来打工者的基本需求，"没有这样的村子，我们住到哪里去？"一直深深地刻画在笔者脑海中。

宗族的势力强大在某种程度上巩固了当地传统，村内居民依靠黄埔村拆掉了古民居，建立了高楼，依靠收取租金形成了自己的收入方式，但是这里的人依然很勤劳，商贾之风强盛，每天想着自己要怎么发财致富，精神上是充裕的，村子中也有很多人打牌、打麻将，但是绝大多数是老年人，这仅仅是他们年老退休后的一种娱乐，而不是精神观念上的贫困。“授人以鱼不如授人以渔”说的就是这个道理，我们在这个地方做扶贫的问卷很有难度，他们所说的很多话我们都要细想，但可以确定的是这个地区的扶贫策略与湖南的湘西湘南地区、云南的中越边境地区是不同的，施政者应该因地施政。

## 五、“我们从哪里来？”

笔者在空闲之余与一个小孩逗趣儿，小孩天真无邪，问及姓氏便脱口而出，问及为什么姓这个？小孩说只是知道爸爸也是这个姓氏。问他哪里来的，他竟然不说自己的出生地，而是说从妈妈肚子里来。小孩子讲了一个人的生物来源，但是讲不清自己的文化来源。宗族与祠堂其实也与地名一样都是文化记忆的一部分，它承载了我们太多的文化归属，如果祠堂、宗族有一天也慢慢消逝了，试问我们用什么证明自己？我们还能回答“我们从哪里来吗？”

# "天平"还是"尺蠖"：我们的古村落必然消失？

## ——广东省小洲村的田野考察札记

林　伟

古村落去哪儿了？居民搬出了村子使村庄成为空壳意味着村落消失？文化继承的夭折意味着村落消失？村落中有形古建的破坏意味着村落消失？诚然，如果提出这类问题的时候，你只是仅仅得出一个结论：我们的村落必然消失。这或许太过突兀与冒然。笔者一直认为，村落消失与否主要是看传统与现代二者之间的互动情况。调研的第二个村子主要是广州地区的小洲村，小洲村在笔者的印象中是画家的天堂，这里处处皆景，有古色古香的蚝壳屋，有大气赫然的简氏宗祠，有文艺小众的音乐与咖啡厅，虽然现代化气息浓厚，但是不乏小洲村独有的特色。

## 一、古寨的蜕变

村子有很多外地人来这里画画，也有很多外地人来这里从商，更多的是游人在这里休憩，还有一拨拨的小洲居民。面对如此复杂的人群，我们的采访对象就更具有多样性，不仅仅表现为层次的多样性，还表现为职业

小洲村简氏宗祠

的多样性。当地居民带着小孩子在附近玩耍，他跟我们说："小洲村这里原来只是很老的村寨，有很多河流和老建筑，不过现在都没有了，只剩下一些，前几年改成了写生地，好多学艺术的孩子都在这里画画，然后村子的人就很多、很吵。"小洲村始建于元末明初，这里保留着岭南特色的小桥流水格局，随处可见古榕树遮天蔽日，树下纳凉的人众多，多为老年群体，零散处几位均拿相机的年轻者应为游客，古寨因为旅游介入以后变得喧嚣，公共设施也逐渐得到改善。村民的居住条件也随之改善。与黄埔村一样，当很多人看到这里游客众多就把自己家的老房子拆了，重起一座高楼，作为出租或者开发成酒店，这真不愧为广东人，有如此敏感的商业触角。走在村中小道上，河溪蜿蜒交错，造型各异的小桥枕溪而上，高大威武的祠堂规整有序，蚝壳屋建构了当地水乡文化的特色，我们的小队员喜欢这里，虽说是一次辛苦的调研，但是如此美景还是不能错过。锈迹斑驳的广告牌和广式冰棍，这是夏日的诱惑和老广州的味道，一边是穿着奇怪的男子，用广东话说是古惑仔站街头，一边是曼妙的少女与男友在呢喃；一旁是慵懒的小猫，一旁是静默的时光，柔软了日光，静止了岁月，这让我们轻松感受到了古朴的惬意与现代的温和。如今的小洲村还没有完全被现代化的洪流所侵蚀，传统的东西仍在流淌。

## 二、“天平”与“尺蠖”：村落视野中的传统与现代

前文已经说到，用传统与现代的视角去看会得出村落必然消失这样的命题。其实在村落中，村民们对于传统与现代似乎并不是很关心，村民的角度将在第三模块给出，而在笔者看来，这个角度主要是从施政者角度看问题，我相信多角度看问题才会是立体的。秦晖在《美国的病因，中国的良药：破除两种尺蠖效应互动》一文中提到了“尺蠖效应”，姑且也从传统与现代二者的角度看村落的消失问题，以往我们常常讨论传统与现代二者谁应该占据村落文化中的主流问题时，陷入了二元对立的窠臼，但是村落是否会消失，传统是否会消失，不在于谁是主流的问题，而在于传统与现代二者在建构中是像“天平”一般保持着某种程度的互补与互动的关系，还是像尺蠖一样构成了对冲方向的关系？在笔者看来，村落是否会消失应该要考虑传统与现代之间的二者关系，他们应该是循环向前的，在村落中的传统能够保持现代的前行，同时在现代中保持传统的底蕴，而非废除一者而陷入“尺蠖”怪圈，那样确实对于村落的保护是一种伤害。施政

者在村落保护中应该把传统的因素考虑到政策中，需要对现代村落进行持续调研。

诚然，在小洲村，传统与现代单纯从景致的设置上略胜黄埔村，保留了当地的村落特色，同时内部的现代化也不影响整体的格局。从笔者的角度来看村落似乎在“消失”这个层面暂时还谈不上；但是如果我们从小洲村的居民角度来说，这样的策略似乎也不是当地居民最关心的，他们所关心的点当地政府似乎都已经满足了。其实民众的想法很简单，在公共的区域有一隅较为舒适的场地便可，反观黄埔村，到处是浓厚的商业气息，村子内部有众多的车辆和市场，整个村子在白天无处可去，只有景区那一块被留了出来，但还是不能满足当地村民开展公共文化活动的需求。

传统与现代如何契合，是“天平”还是“尺蠖”？我们姑且不能得出答案，但我们还是抱有一颗平和的心看问题，认为村落必然消失的观点有待商榷。

## 三、消失的村民与不见的收入

另一个角度就是村民的角度，当地如火如荼地开展旅游业，村民的说法令我大吃一惊，小洲村因为地形特殊，不适合种植水稻，又因为现代化进程，很多耕地都被开发作为旅游景区了，村民想在这样寸土寸金的城市中自己种菜和种作物似乎很难，当地的一位简姓大娘告诉我，她们没有了耕地就只有两种途径，一是外出打工，二是自己盖房子收房租，然后再做一些投资性的生意。这样的思路未尝不可。偶然采访到在当地政府中工作的一位女性，她跟我们说这个地方的人很穷，主要的谋生手段是依靠外出务工，年均收入是很低的，比起周边的城市差远了。难怪笔者在进入小洲村的时候人很少，回去的时候人又很多，这些人绝大多数都是外出到广州

小洲村蚝壳屋

其他市区找工作的人，他们从事一天往返型的工作，而非在外许久然后返乡。要是当地人白天都出去打工，留在村子里面的人就少了。村民白天的消失和夜间的回归更贴近于日出而作、日落而息的生活规则。生活上，平时在村里打牌的村民不多，商业气息浓厚，但是邻里之间的关系似乎也不错。我认为，如何提高村民们的收入是接下来当地需要思考要的事情。因为当地虽然发展旅游了，村民们的收入却没有提高，即使收入有提高的也是少数，大部分的村民还没有真正享受到这个“旅游”带来的“大蛋糕”。

## 四、“一日往返型”工人的观察

因为小洲村主要还是在大广州地区，这样到广州的车程只有一个多小时，而且小洲村村民没有了土地只能放下锄头，拿起账本从事商贾之事。在笔者看来，这样的一种身份和职业的替换对于村民们来说是一种需要适应的过程。这些“一日往返型”的工人主要活动区域在广州，主要职业很多，几乎做什么的都有。一位不愿透露姓氏的大姐跟我聊了好久，她是当地人，白天就出去工作，晚上就回来，然后把各种事情料理好；而这样的“一日往返型”几乎都是夫妻双双出去工作，孩子大点的就待在家里。她并没有感觉到任何的不适应或者觉得不妥。在笔者看来，一日往返型的群体应该着重考虑到妇女的地位和妇女的社会问题。小洲村这样的情况或许

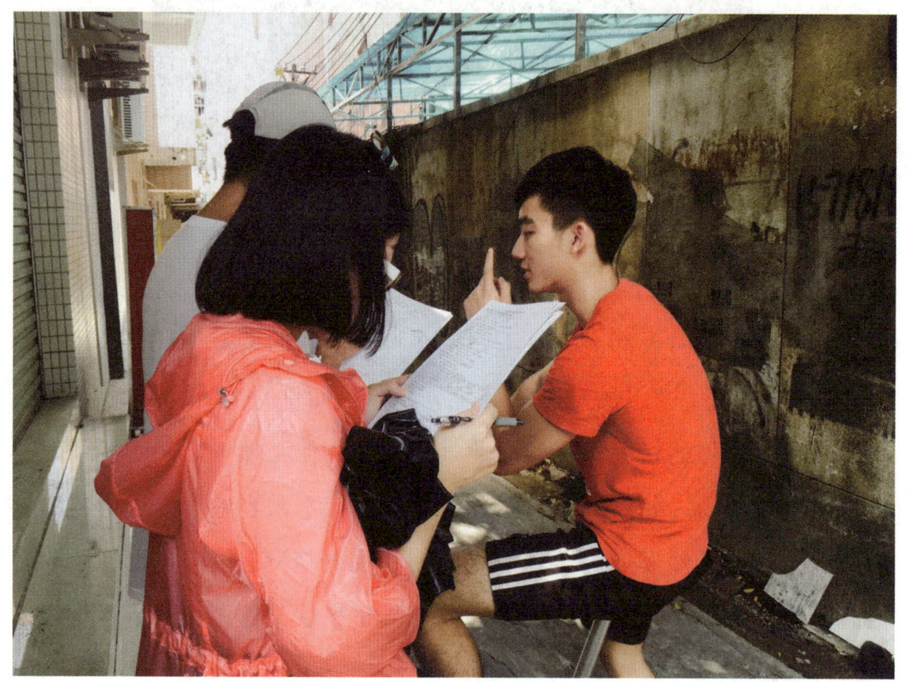

闽粤皖小组成员做调查问卷

不多，但是“一日往返型”的外出务工方式也是笔者没有想到的。“一日往返型”的工人也反映了一个问题，就是如果有适合的条件，小洲村的居民是不愿意出去的，留在自己家里。那村子就有“活性”，其是否必然消失就可重新商榷。

## 五、但愿每一个村落都不消失

其实村落就是我们的“根”，我希望我们还能见到一个个消失的村子重新建立起来，而在未来，每一个村子也能像小洲村一样获得新生。村子、村民、村政府都是需要被考虑的复杂群体，只有立体化地去看待一个人、看待一件事这样才能勇敢地说出结论。我们的村落是否必然消失我不知道，但我希望每一个村落都不消失。

# 警惕农村污染，守住我们最后的底线

## ——广东省大黄村、小黄村田野考察札记

林　伟

大黄村、小黄村属于邻近的两个村落，村民依靠种植柚子、桂圆等果树增加了家庭收入，有了收入以后当地居民就开始兴建小洋楼，村中大部分出现了小洋楼，廖姓是当地最主要的姓氏，廖爷爷告诉我们："以前的老房子拆了，盖起来了新房子，新房子大家要不依靠老房子盖，要不就是盖在河边，你刚进来的时候肯定闻到臭味了，以前山上的水都可以喝的，现在都不敢喝了，现在政府虽然做了水道的处理，可是还是很脏……"我们的农村在发展的同时，污染的问题也随之而来，笔者在走访广东的几个村落后都发现了这样的问题，有的村落在夏季高温天甚至出现了恶臭的气味。

以前我们只在城市讲污染，仿佛农村的污染距离我们还很遥远，农村发展了，但是环境没有了；村民有钱了，但是生活的幸福感没有了。大黄村、小黄村原来的古建筑在村子里面占据房屋的70%左右，现在的大黄村只有三座较为完整的古建民居，而小黄村也同样如此。大家新修的房子没有合理布局，排污排水系统没有合理规划，生活垃圾处理等公共设施不完善，环境指数的下降引起了村民们的抱怨，幸福感也随之降低。因此，我们要警惕农村污染，守住我们最后的底线。

大黄村

## 一、污染是否会带来“二次贫穷”？

廖叔叔一家是主干家庭，与父母同住，育有一儿一女，家庭生活美满，新房子所在的位置恰好就在自家老房子附近，笔者观察到廖叔叔家的新房庭院较小，光线暗，排水差，污水直接排入河道，河道的附近就是大面积的柚子种植园，河道一旦被污染，水源遭到破坏，一定会影响柚子的成长与收成，最后可能会造成“二次贫穷”，因为这样的经济链与当地的环境时刻联结在一起，环境一环出现问题，就有可能是因为污染引发再次致贫。这种贫穷就很难再依靠发展经济富裕起来。在我们治理污染的技术还不先进的时候，我们的环保意识一定要首先树立。就像廖叔叔家，他们家的生活废物会自己分类处理，因为这些分类会带来价值；但他们家的生活污水就直接排入河道，大家对于自身的环保意识或许已经建立，但对于公共的环保意识尚处于初始阶段。

## 二、老房子的担忧——生活用水的变化

老房子里住着一位未结婚的廖姐姐，仅仅比我大三岁，初中就辍学，后外出打工，因为她懂计算机也懂种植，就回乡下发展并且准备结婚生孩

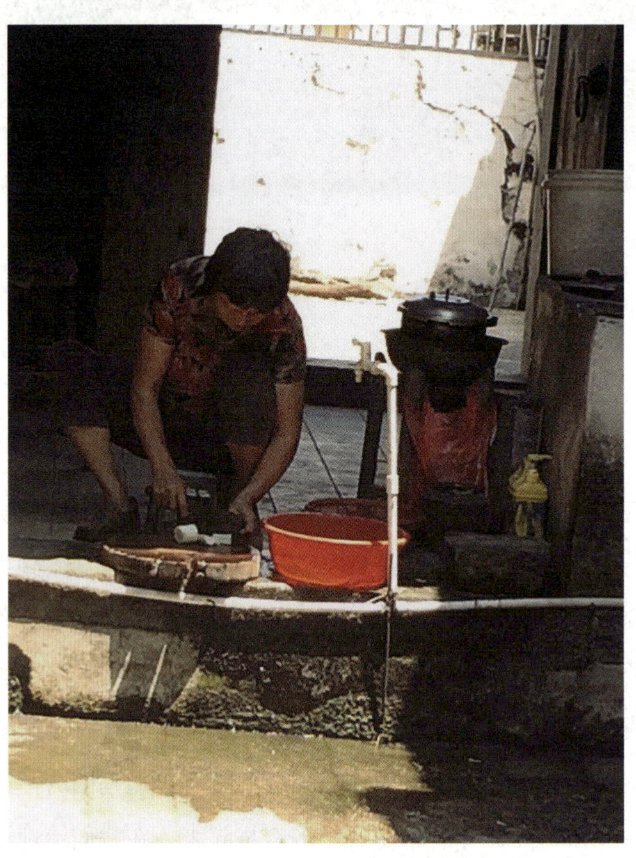

大黄村村民

子。廖姐姐从小就要自己煮饭，家里的一日三餐都是廖姐姐在操持，笔者在进入当地调查时，刚好碰到廖姐姐在煮午饭。她告诉我们：“以前家里都是直接喝山上的山泉水，山泉水很清冽，像你来了肯定是给你喝山泉水的，但是现在我不敢给你喝了，我自己也不喝山泉水，怕喝坏了肚子。”

“为什么不能喝山泉水了？是不是被污染了？还是枯竭了？”

“没有枯竭，我们这儿的水还是很多的，就是有点脏了，大家都不敢直接喝了。”

“那现在是不是改喝过滤后的自来水？”

“是啊，你看，我们家现在都装了水龙头，都是喝自来水，我觉得挺不习惯的。”

“我可以理解的，以前在乡下喝水和城市里喝水还是有很大区别的，你觉得呢？”

“现在应该都差不多吧，现在我们这儿也不干净了，还曾经被评为最美乡村，这都是很久以前的事了。”

喝水的习惯和喝水的来源发生了变化，这个变化揭示出当地农村水质的污染，原本世世代代以山泉水为生的村子，现如今却是这般场景，我们应该如何处理？农村污染是否应该引起我们的警惕？诚如当地的村民打趣道：“以前我们喝山泉水都出人才，现在都不出了……”

## 三、大黄村、小黄村仅仅只是开始

大黄村、小黄村只是千千万万个中国村落中的两个，试想这样美丽的村子都在承受着污染的威胁，其他村子的环境该如何自处？我们的村落应该如何保护？村落文化在传承时接受巨大挑战时，环境紧接着出现了危机，生存的空间与生活的精神系统都在逐渐沦陷，那么接下来我们的农村

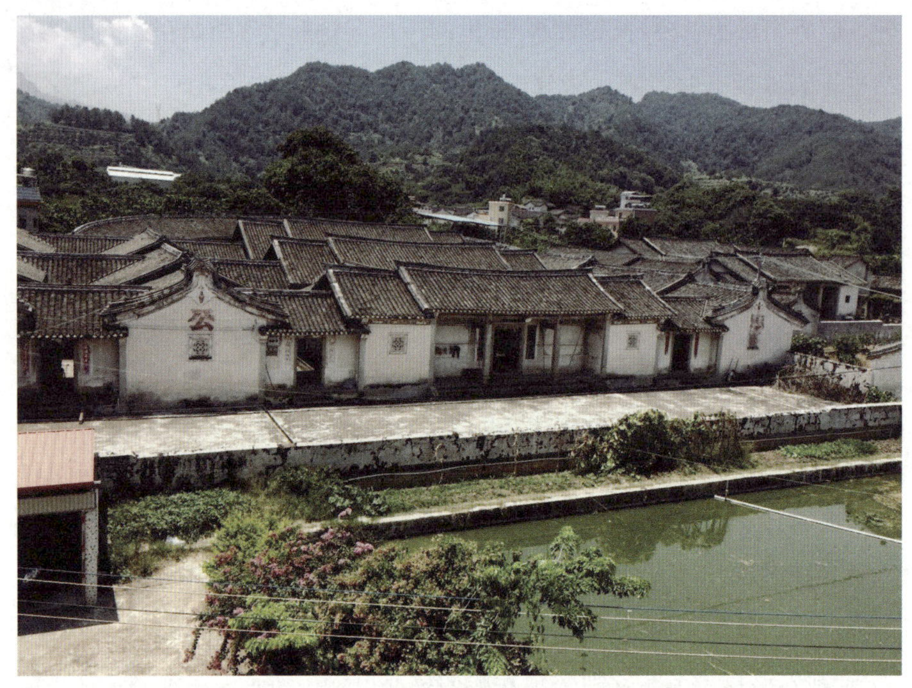

大黄村建筑

还剩下什么？

警惕农村污染，农村的环境治理应该被重视起来，守住我们的根，守住我们的精神家园，守住我们最后的环保底线。

# 乡约村规与村民自发活动：从一场投放鱼苗活动说起

## ——广东省梅州市石寨村田野考察札记

林　伟

村民自己发起组织的活动与官方组织的活动之间存在差别，而这种村民自发组织的活动，在某种程度上对于当地环境、当地村民的生活和经济状况均有益处；而这与官方的组织活动形成互补。笔者突然在想，民间非正式的村规为什么可以被很好地遵守？而官方的一些政令往往让村民怨声载道？是当政者的尸位素餐？还是村民自发的利益驱使？现在很多地方的政府都会组织村民参加一些活动甚至组织开展一些村民的文娱活动，然而事与愿违，这样的活动往往参加者较少，村民的精神世界与物质世界应该如何契合？且看石寨村的放鱼活动。

## 一、源起：一份放鱼苗公示

笔者在石寨村田野考察时偶然发现一份放鱼苗公示，内容如下：

2016 年集资放鱼苗公示（每人各捐资 50 元）

金华、宜春、新科、金胜、仁忠、振威、正坤、学锋、文

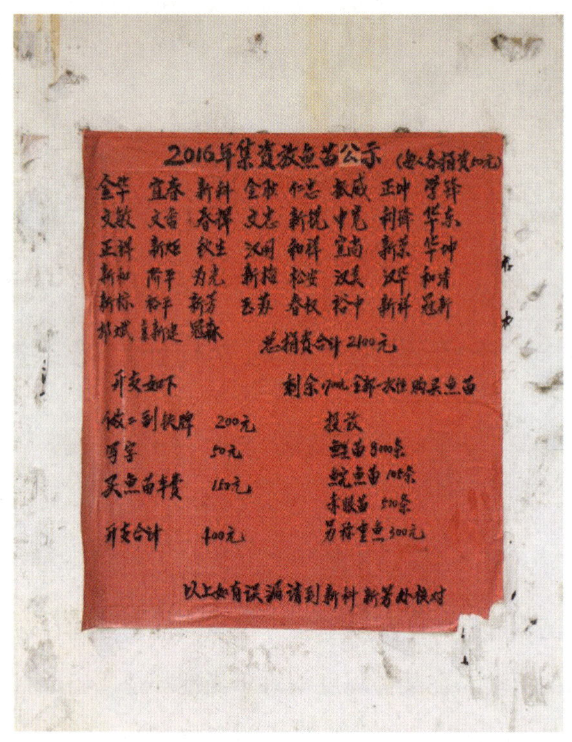


石寨村放鱼苗公示

敏、文香、春辉、文忠、新锐、中宽、利锋、华东、正祥、新炬、秋生、汉明、和祥、宣尚、新荣、华坤、新和、阶平、为光、新梅、松安、汉英、汉华、和清、新标、裕平、新芳、玉苏、春权、裕中、新祥、冠新、郭斌、新建、冠森

总捐资合计 2100 元

开支如下：做二副铁牌：200 元

写字：50 元

买鱼苗车费：150 元

开支合计：400 元

剩余 1700 元全部一次性购买鱼苗投放：

鲤鱼苗：8000 条

鲩鱼苗：105 条

赤眼苗：500 条

另称重鱼：300 元

以上捐资者全部为石寨村的村民，这份公示以红纸公示于村里最显眼的位置。引起笔者注意的是，这里的村民能够自发组织一些活动，并且响应的人数也较多。这份公示上面的一个姓名代表的是一个家庭，也就是说，只要是在这名录上的人，一年捐资 50 元，在鱼苗成长后可以任意捕捉，这份公示的意义就在于让村中的所有人知晓哪些人交了钱，哪些人拥有捕鱼的权利，哪些人没有捕鱼的权利。另外，公示的意义体现了现代社会中的知情权，村民们自当十分重视这个公示，路遇某位村民，就会告知我这份公示的意义，这不是一份正式的官方公示，却拥有某种村约的意义。

石寨村一角

## 二、民间话语：这是一场什么样的活动？

张阿姨 47 岁，这次的活动组织者就是她的爱人，而她的爱人并不是村子里面的公职人员，只是一个养猪户。这场活动能够兴起得从石寨村的母亲河说起，石寨村有条路名曰红军路，据说是朱德总司令曾经走过的路，路边就是养鱼的一条河，听当地老人说河水很肥，以前就有很多野生鱼，十分鲜美，这也就为投放鱼苗养殖提供了客观条件。

石寨村村民

张阿姨告诉我们，村子里的河水很肥，他的爱人就想出大家每个人都出50元钱，然后让大家一起监督，买来的鱼苗全部放入河道，不到鱼可食用之际不能随意捕捉，违者会遭到村里人的谴责。村民们一家可以交50元，以后每个人都可以食用，张阿姨说："每个人都可以捕鱼，而且只要50元，这里的鱼小的也有三四斤，大的可以养到六七斤，以前主要是投鲤鱼苗，今年加了几种，也不需要人照看，等到鱼苗长大了就可以吃了，我觉得很划算。"

"那么，这些鱼大家会不会捉，或者偷偷捉呢？"

"一般不会的，这些大家都可以看得到的，除非是外地的游客，那样也没有办法了。不过村子里面的人都不会抓的，这些在之前都已经说好了，大家应该会遵守的。"

"村委会有没有组织过这样的活动呢？"

"这些都是我们自己组织的，村委会以前组织了跳广场舞，可是我们都忙着收烤烟，哪有时间去，放鱼苗这种很方便的，出点钱，又有得吃，很划算啊。"

当天下午，我采访到了当地的村委会主任，村委会主任也告知我这是村民自己组织的，但是对于村民组织的这样的活动，村委会主任只是摇摇头："村子在修建河道，上游是福建的上杭县，养了很多猪，石寨村处于下游，自然这边的河水肥，因此养鱼可以取得效益，这边的村民也只是养了一点点，也管理不了。现在的河道需要整改发展旅游业，以后可能会结合村民的需求开展一些钓鱼活动。"

村民的需要来自一次自发的投放鱼苗活动，在村民看来无论鱼苗生长如何，他们只是抱着玩的心态，大家共同遵守捕鱼规定，遵守制定的规则。当地村委会从利用河道发展旅游促进当地集体经济的发展中取得效益，原本二者并没有矛盾，共同利用河道，找到了共同利用的结合点，这就像在村民自发组织的约定与正式的官方约定中找到了一个平衡点。官方与村民之间有时候是一个博弈的格局，但是有时候会在博弈中找到一种平衡点，增加村民收益的同时并不影响政府政令的实施，我想这就是“平衡效应”。

## 三、非正式村规与效力表达

笔者在走访村子时经常会见到这样的村约，一般都是由村民或宗族自发约定的，他们并不具备法律效力，却在现实生活中发挥了重要的作用，这些作用有时候又可以与当地的政府政令同步以达到类似的目的。笔者在

石寨村远景

此并非认为政府工作人员尸位素餐，而是认为政府制定有益于当地的政策的同时需要考虑到村民的声音与民间的智慧。

诚如这份捐资公示，村民们自己捐资自发养鱼自己食用；政府想通过同样的渠道，改善河道，发展钓鱼旅游活动。二者本身就具有契合点，民间的智慧与政府的政策可以通过合作取得更好的效果。

总之，在新中国成立前甚至过去更往前一段时间内，在我们国家的农村地区，乡约、村规、族规比法律更容易得到执行的现象是存在的，但是时至今日，乡约、村规、族规早就丢到故纸堆里去了。村落中的乡约民规在历史上一直发挥着重要作用，现在仍然不能忽视其作用。时代在变化，政策的实施应该从多个维度加以考虑，找到契合点比盲目无效的政策来得更加现实，也更有意义。

# 代际冲突与公众失语：村落老人的赡养与老人生活现状

## ——半月里畲族村的田野考察札记

林　伟

田野考察中遇到了不同年纪、不同职业的群体，而笔者印象最深刻的就是老年人群体。笔者在各个村子田野考察的时候，老年群体一直是我关注的一个最重要的群体，看他们的生活场域与所在村落，详细了解他们的生活、赡养等问题。这样的研究让我们更加重视村落中老年群体的生活，他们将自己的一生奉献给了村落，奉献给了自己的家庭，奉献给了社会，作出了众多的贡献，了解老年的赡养、村落的孝道问题、老年的生活幸福感如何，这些都是我们所要观察的，并且是有兴趣的。然而在访谈的过程中，我们看到了代际冲突，家庭中的年轻一辈与老年一辈在生活的不同领域、生活习性、金钱等问题上存在的代际冲突一直影响着老年人的赡养问题，这些赡养问题又与孝道、幸福感相关，因此老年群体进入了我们的视野，在不孝的话语体系面前公众的视角是失语的，受舆论话语的缺失以及人们“闭门不见”“家丑不可外扬”等因素影响，老年群体在村落中何去何从？留守老年人又是如何生存的？他们的幸福感何在？

## 一、分家后的事实：从主干家庭分离为核心家庭

笔者在进入半月里村以后，遇到了几个老者，其中一位印象最深刻的老人就是半月里村进士祠的老奶奶，老奶奶今年有93岁了，眼睛不好，但是耳朵非常好，笔者用当地话与老人家聊天，老人家说话很利索，当我问及老人为啥一个人独居时，老人家说自己只有一个孩子，孩子到了县城工作，买了房，自己平时一个人生活，前面一间房子睡觉，后面一间房子煮饭吃饭，自己腿脚不方便，偶尔自己家的几个亲戚来这里买点吃的用的，给点钱。老人家一直觉得孩子很不孝顺，自己老苦无依，媳妇也很少探望，生活很孤独。半月里村是一个长寿村，这样年纪的老人，在村子里还有很多，他们大多都一个人生活，有的到了城市里面与自己的孩子生活，但是由于各种原因后来又要“落叶归根”，村落最终成为他们的人生归宿也是精神归宿。一些老年人的生活状况日益恶化，老人在家里的地位也日渐下降，一些老年人在说起自己的未来生活时不寒而栗，甚至有的中年人也逐渐开始为自己老年后的生活担忧。而年轻人却无法理解父母和祖父母的抱怨，而且自己也有不少的怨气。显然，我们可以清楚地看到，老年人最大的几个问题是：是否要与自己的孩子同住；是否有被虐待的现象；代际冲突如何产生与化解；他们的养老措施又是如何？

是否与成家的儿子同住是日渐衰老的父母面临的首要问题。很多时候村落中的父母与孩子分家以后，儿女们都纷纷离开了自己的父母，剩下的便是由老两口组成的核心家庭了，“留守老人”被迫形成了独立的个体，这不免给老年人群体带来了孤独感和失落感。纵然有时候与自己的孩子一起生活，往往也只是处在无权的附属地位。分家后的老年群体其实比城市中的老人多了更多的日常生活中的不方便，比如他们没有自来水，没有方便的卫生间，没有更好的疾病医治场所，等等，并且年纪越大的老年人困

半月里村俯瞰

难也越多。在半月里村，很多老人都独居在老房子里，他们没有更多的活动场所，当看到笔者到来的时候，他们更多的是扮演聊天的角色，乐意聊天，并且很爱接触新鲜的事物，这是当地村民给笔者留下的一个印象。

## 二、代际冲突：从虐待说起

笔者与上文中的老人针对他自己家的赡养老人问题谈了很多方面，这其中包括衣服、饮食、住房、平时的零花钱、关爱程度、关爱频率等问题。我们可以假设，如果一个家庭给予老人的衣食住行等方面的供应达不到标准，那么我们就会认为这样的家庭存在虐待老人的行为。当我用“虐待”一词问及老奶奶时，她赶紧否认了，认为“虐待”是对于肉体的摧残，自己家的孩子还没有达到这样的程度。但是在笔者看来，衣食住行的物质享受和给予老年人群体的幸福感和愉悦感才是幸福的真正标准。一般来说，父母们都认为赡养老人是每个人义不容辞的责任，是人与兽之间的基本分水岭，老人抱怨年轻人的另外一件事就是年轻人经常会有意地忽略他们，上文中的老奶奶说儿子结婚以后就没有和她在屋檐下一起生活了，只有用得到自己父母的时候才会来找他们，老人家一直说自己老了，年轻人会嫌弃她脏，自卑到无以复加。而在半月里村，我也采访到了几个年轻人，年轻人是怎么说呢？他们都认为年轻的儿女都有权利和义务照顾自己

半月里村龙溪宫

年迈的父母亲，让他们安度晚年。采访中的年轻人也都认为父母年老以后他们肯定会赡养自己的父母。在笔者看来，这些访谈对象难免会出现一些口头承认应该赡养，但是实际行动力缺失的现象，有的年轻人认为孩子与父母之间之所以赡养问题频出是因为父母在年轻的时候，没有对他们公平对待，有的家庭兄弟比较多，这样的现象就更多了，兄弟之间因为利益分配不均而埋怨父母偏心，这样的抱怨到了父母年老后仍然会出现。

## 三、公众舆论的失语

公众舆论在老人赡养问题上日益沉默，半月里村的几个老人家庭要是内部发生了一些事情，一般邻居和亲友也无法劝阻，越来越多的村里人认为没有必要干预别人或者自己家庭以外的人的私生活，他们根本不会在意个人家庭中的博弈，村落中事务性问题的冷却也说明了村民们不想过多干预其他家庭。人们失语的另外一个原因就是现在评判的标准在不断地变化，现在社会中的年轻人不再把孝顺作为一种最高的社会评判标准，人们在经济化和城市化的浪潮中似乎逐渐忽略了家庭中的老年赡养问题，人们往往在事业上打拼，并不会关注老人的内心世界，精神上的赡养问题和老人的幸福感问题似乎没有引起人们过多的关注，这些问题被公众舆论所忽略，诚然，如果公众舆论因为某种经济利益而臣服于个人的权利，它的道德约束力就会逐渐下降。最后，赡养老人的情况，村民也很难去评价一个家庭赡养老人的标准，因此选择了闭口不言，人们对于赡养的事情讨论甚少。正如半月里村的老人所说的：以前的孩子听取自己所有的经验并在他们的指导下不断作出一些选择，而现在的互联网很发达，自己也跟不上时代了，只能说自己的一些经验在自己的孩子看来已经不是什么经验了，只是一种“啰唆”。公众舆论失语带来的最大危害就是尺度与标准的降低，

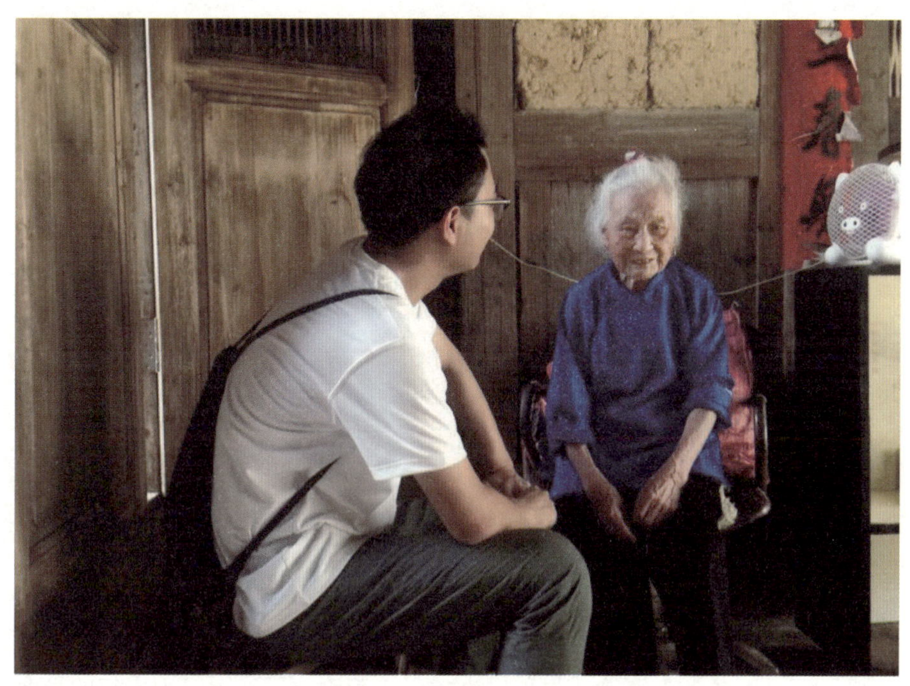

闽粤皖小组成员与畲族奶奶访谈

人们在经济利益面前不断降低道德标准，天不怕、地不怕的性格让很多人做出更多出格的事情，舆论的约束能力没有了，以前村落中的一些邻里之间的约束往往是村民道德判断的重要尺度，现在这样的约束却逐渐消失。

# 别样的感动

## ——龙湖古寨村行走札记

王子涵

抬眼远远望去漫山苍翠，缓缓的韩江水悄然流淌，河水犹如岁月的留声机，记录下龙湖古寨这片村落发生的点点滴滴。历经了一千多年的打磨洗礼，历史好像一卷精美的壁画，一帧一帧描绘出在古老寨子里遇到的人、发生的事。调研正值七月仲夏，在江边戏水的村民仿佛使人看到了当年热闹纷繁的航运码头，龙湖古寨凭借得天独厚的地理位置优势，是当年重要的商贸货运集聚地。纵然繁华落尽，龙湖古寨仍较为完好地保存了100多座传统建筑，在寨内的庭院深处，生长着许多盘根错节的千年古树。

从这里，我们再一次出发。

### 一、“潮州厝，皇宫起”

初入龙湖古寨村，靠右手边有一间个人经营的龙湖当地土特产店，老板是地地道道的潮州人，是一个皮肤黝黑的中年男子，早年也去过珠三角一带打工，由于家里还有老母亲需要照顾，就回归土生土长的地方“自主

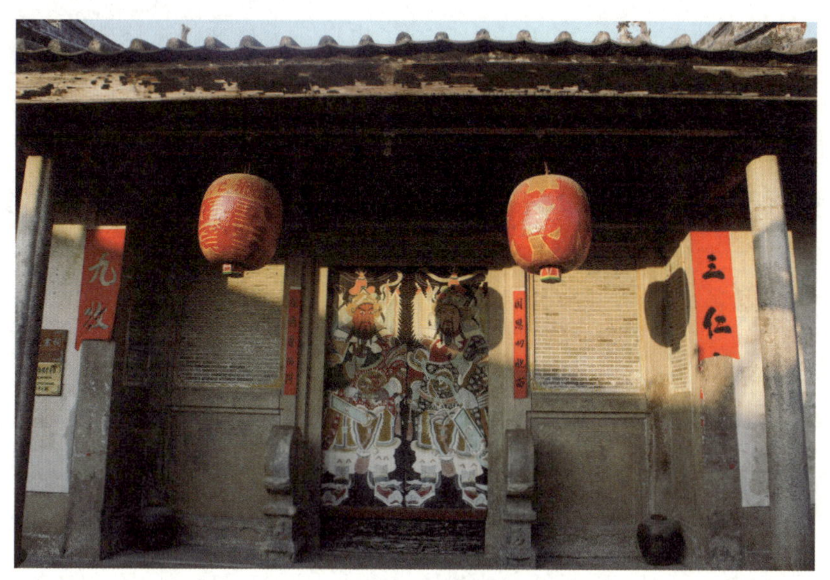

龙湖古寨村祠堂

创业”，店内销售的土特产品种算不上丰富，也适度地卖些饮料、矿泉水、雪糕等。龙湖古寨平日里游客不多，主要是通过一些厂商的订单来销售自己的土特产品。在一壶潮州茶的光影下，我了解到龙湖早期的繁华与当今商业的落寞，在最为辉煌的时期，潮州商业贸易十分活跃，望族聚居、富商云集的盛况犹如“昙花一现”。令人动容的是由于潮汕不能随便拆改祖屋的传统观念约束，几乎每个家族仍保留一个祠堂，此地狭长的街巷从街头纵贯巷尾，较完整地保存了龙湖古寨全盛时期的风貌。

置身于潮汕风格的传统建筑下，小酌老板沏的潮州“工夫茶”，工夫茶不用牢记自己所用的茶杯，因为每次喝掉茶杯中的茶水后老板都会重新清洗，而唯一不变的则是茶香。不禁让人联想到这座千年老寨，江水见证着朝代更迭变换下的车水马龙，不变的却是古寨祠堂下一代代人流传的亲情。老板特意推荐的“阿婆祠”，是当地唯一一座以女性为主题的祠堂建筑，老板介绍祠堂典故时，说由于封建传统的桎梏，男尊女卑是不可撼动的封建等级秩序观念，某人由于自己的生母是丫鬟出身，地位卑贱，故而不能纳入该姓氏族谱，此人长大后有了出息，为母亲特意修建了这座祠堂，并将这种血亲关系下的孝道流传至今。老板说自己在外打拼十几年也该回到村庄照顾自己已然年迈的母亲，他在说到自己也要向阿婆的儿子那样善待自己的老母亲时眼眸一亮，在古老的祠堂中流淌于血液之中的孝文化在龙湖古寨村发酵、蔓延、传承。

## 二、孝，别样的感动

“孝”是儒家文化的核心价值之一，中国传统文化里历来有“百善孝为先”之说。而对于乡村儒学的建构也将重点回归于对于中国乡村文化的

龙湖古寨村的风马旗

龙湖古寨村镬耳楼

建设，赵法生更是提出“从孝道入手重建家庭伦理”①，重建乡村儒学的探索从孝道开始，儒家的思想文化的魅力正通过孝文化的感召力，在龙湖古寨村周围所临的潮州各个村落潜移默化地蔓延。也只有清楚地意识到儒家文化是治理中国乡村所面临的核心问题，我们必须从儒家经典中去找寻新的生命力，在孔老夫子的出生地——尼山，历经了两千五百多年的风雨洗礼，儒家文化中关于“孝”和“伦理”的社会形态的构建依然没有湮没在快速发展的浩渺的历史长河中。那里的人们对于“孝”从未感到陌生，从日常生活中最琐屑的小事情做起，就能让老人受到最为质朴的感动，或许村民们大多没有受过较高程度的教育，村里的老人们有的连自己的名字都不会写，他们无法真正的如同学者一样置身于图书馆中解读儒家经典之作。然而村民们却参悟出儒家经典中为人处世最基本的道理，对于“孝”

① 参见赵法生：《乡村儒学才是儒家的根》，《中华读书报》2014 年 8 月 20 日。

有最为简单正确的价值判断，从一个个小的和谐美满的家庭到整个乡村风气的变化，再一次叩开了治理乡村的核心问题的大门，儒家文化是开启这扇大门的钥匙。

而置身于“阿婆祠”中，我感受到了“孝”文化透到血液里的温暖，这是一种别样的感动。中国的孝道过早地被政权所攫取利用，而被固化为一种“君臣父子”式的价值体系，在这个体系的背后，是“父权”“夫权”甚至是“子权”的天生优越性，从政治、经济到文化，男性主导了中国传统社会的发展进程。史书上最光辉的一页都由男性书写，而女性只能把自己心酸的故事隐藏在一个个贞节牌坊的背后。但是，孝道的生命力就在于他根植于人心、根植于对亲人——无论是父还是母——最为真挚的感恩，它绝非某一社会体制就能驯化扭曲了的。“阿婆祠”对母亲的怀念，是男权社会中良知对女性最后的尊重，它标示着中国女性在“三从四德”之外真正的“厚德”。无独有偶，潮州德安里村的老寨被建成“百鸟朝凤”的

龙湖古寨祠堂门神

龙湖古寨村村民

格局，同样也表露了房主方耀对其母亲的孝敬。在中国传统社会“男尊女卑”的整体格局下，孝道依然不遗余力地表现出对女性的关注，这体现了孝道本身来自血亲关系的情感动力，它可以很好地平衡甚至突破男权社会对女性的压制。

一座“阿婆祠”，千里韩江水，变化的是风云，不变的是人心，在变与不变间，孝道将带着自身抹不去的温暖走向明天。

# 风雨祠堂，千古人心

## ——德安里村行走札记

王子涵

夜空光影叠梭下的祠堂散发出来自灵魂深处的冲击力，让人想抓住某种真实的具体，这种冲击力该在年轻时发生，是生命中不能没有的东西，不动声色却足以让人窒息。

——写于观看大旗头村的镬耳楼

4天、96个小时、5760分钟，每一刻都在试图找寻这种冲击力，生怕它会流失在悄然流逝的时间里。

黄埔村的祠堂静默地伫立于广州市东南角一隅，见证着繁华都市喧嚣之下的车水马龙，祠堂修葺与保存的完善程度足以让对于祠堂文化有些疏离的北方人震撼，面对广州市区的喧闹竟找不到一丝的违和感，释放出一种让人难以抗拒的生命力，鲜活地流淌于市井生活之间。这种生生不息却又浑然天成的冲击力终于在调研的第四天探寻出答案，源于中国根文化的魅力——儒家传统文化。

## 一、祠堂：“居其所而众星拱之”

儒家传统文化试图将自然之理的本然之真与人文之理的应然之善巧妙有机地结合，探索出一种属于中国传统文化发展的进路。这一进路在中国古村落的祠堂文化的具体建筑的“实”与人伦道德的“虚”之间做了一个不偏不倚的融合与对接。

潮汕城乡均有强烈的宗族观念，这体现在建筑风格上就是以姓氏宗祠为中心的围寨格局。潮汕人认为，“营宫室必先祠堂，明宗法，继绝嗣，崇配食，重祀田”。因此在潮汕每个村落，都有嗣族祠堂，潮汕人“慎终追远”“谒祖归宗”的情怀就在祠堂中穿越了风风雨雨，在古老的房梁斗拱间绵延千载。来到广东省揭阳市普宁市洪阳镇的德安里村，我们发现这里也不例外。老寨、新寨、中寨都以主祠堂为中心，其余建筑环绕祠堂而

德安里村博物馆

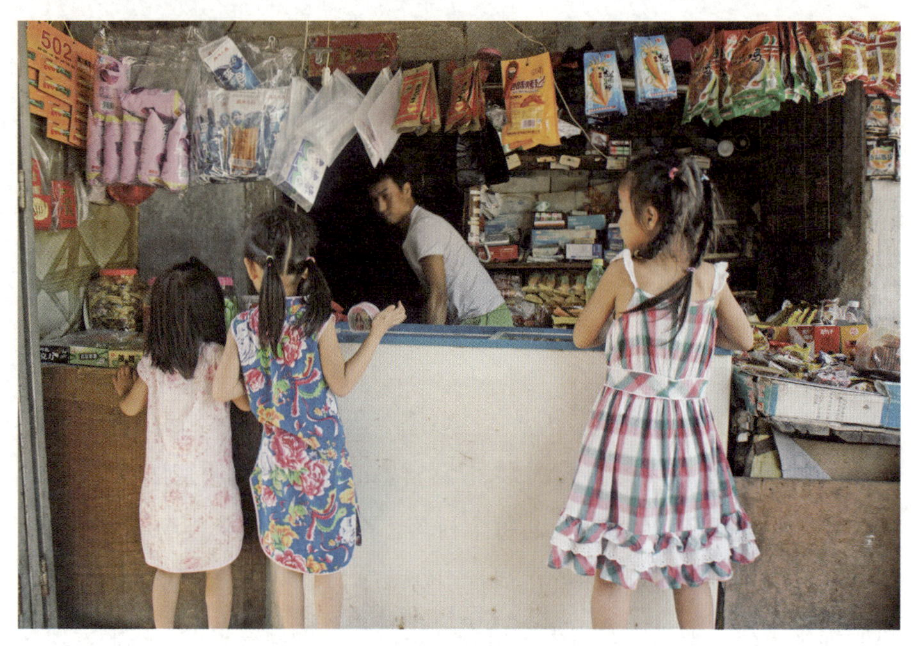


村口小卖部

建。整个德安里院落，以三座主祠堂为标志，划分为三个部分。这时，夫子的教诲似乎飘至耳边："为政以德，譬如北辰，居其所而众星共之"。一句书斋中耳熟能详的话此时仿佛突然具有了"性格"，它似乎正在以德安里村的巍然格局重新讲述"天命有常，惟有德者居之"的亘古常理。圣人对有德者如众星捧月般的想象与这里祠堂在整个德安里村中的核心位置极为相似，这难道仅仅是巧合吗？

孔门论学，最重人道。政治，人道中之大者。为政的极高标准亦是对为政者的极高要求。"德"强调了为政之人的德行，进而触发了为政之人的德志。而"德"正与朱子从天心的角度出发所提出的元、亨、利、贞同人心对应的仁、礼、义、智不谋而合。譬如天上的北辰，安其所居，众星围绕着它而旋转。"为政以德，则无为而天下归之，其象如此"，这与道家略有不同的是道家的无为而治的前提是在对"无"这个本体的推崇之上发展而来的，而儒学的无为而治是在人文道理的基础之上衍生出来的，诚如程子之言清晰地表述了这个顺序，“为政以德，然后无为。”

与此相通，潮汕人以宗祠为本立村，背后是以祖宗立族的宗法传统，而更为深刻的原因，则是以德立人的人伦底蕴。祠堂作为祖宗的灵魂居所之所以能被置于全村格局的中心地位，说到底是因为祠堂代表了一种道德的双重至高地位：第一，祖先们已经逝去的言行足以做子孙表率；第二，子孙对祖先的尊崇也是现世道德实践的根本。因此，祠堂将现世的“德”与逝去的“德”无缝对接，象征了一种从彼岸到此岸的“德”的传递。所以，族人对祖先的想望与夫子对有德者的想望说到底是一回事，那么二者——一个在书斋中一个在现实中——获得了相同的待遇，也就自然不足为奇了。

## 二、从“百鸟朝凰”到“驷马拖车”

德安里村先后兼有老中新三寨，而每一个寨子都围绕着各自的宗祠形成一个相对独立的建筑群。但这并不意味着每一个寨子的宗祠所处的位置是完全相同的，它会因寨子的整体格局的变化而与周围的建筑形成不同的呼应。我们在德安里村看到的，主要有两种。

首先，德安里老寨围绕主体建筑物——大祠堂的房屋刚好是100座，这即是所谓的“百鸟朝凰”，象征吉祥之意。“百鸟朝凰”，更寓意着一种传统孝道。在传统文化中，雄为“凤”，雌为“凰”，“百鸟朝凰”之名，表达了方耀兄弟对母亲林氏的孝敬。从这个孝扩散开来的，是整个德安里村人对祖先的孝。

其次，中寨和新寨的建筑格局是潮汕传统的“驷马拖车”。其中，中间的大祠堂象征“车”，左右两边的次要建筑象征拖车的“马”。这种建筑风格喻义为坐在“车”上的列祖列宗由居住在两边、象征着“马”的子孙

德安里村建筑物纵深景

拖着，浩浩荡荡从远古走来。无论“百鸟朝凰”还是“驷马拖车”，都是那么恢宏大气，令人过目难忘。

## 三、森严格局背后的差序之爱

从祠堂内部与祠堂外部两个层面分析，在祠堂统摄下一个长幼有序、尊卑有别的建筑格局的出现，这一建筑格局的背后的核心思想是人伦，而儒家的仁与爱正是建立在这种人伦之上。“仁”是孔子学说中重中之重的观念，同时也是中国哲学具有深远影响的概念之一，并且是儒学始终追求的“性与天道”融合的境界的根基所在。“仁”是“礼”的基础，“仁”是意蕴整合的存在，不可分而言之。它并不是“殊德”的集合体，而是一种浑然的生命力量。

以祠堂为主导的建筑格局被称为“从厝式”，这体现了封建宗法礼制中，向心围合、轴对称、主次分明、规矩有序等观念特点。因此产生了大量的充分体现礼制观念的“府第式”祠堂。地偏一隅的潮汕地区的人们对于京都王侯府第建筑模式的偏好，并效仿建筑了“潮汕百姓家”。儒家的中庸思想，对于潮汕建筑布局影响颇深。不偏不倚，以“用中为常道”。中国人讲究气韵相通，所以对称、轴线的“中”的概念渗透到了人们生活之中。无论是祠堂空间的布局习惯，还是祠堂门窗、家具，都讲究轴对称，形成了前为轻、后为重、左为上、右为下、中为主、侧为辅、轴线中间是首位的观念。德安里的建筑格局与祠堂布局以如此井然有序的方式展开，体现了儒家伦理千百年来所滋生的“长幼有序，尊卑有别”观念，但是这种对秩序的“执迷”并没有使社会冰冷无情，反而在这样的等级之差中，演绎出了仁义礼智信及“出则孝，入则悌”等层次丰富、普泽人心的差序之爱。而这样的差序之爱，只有在以祠堂为核心的现实差序空间中——而不是在教书先生的之乎者也中——才得以渐渐生长。从祠堂在以宗族人伦为基准的这一脉络之下，祠堂建筑格局中所传达的主次分明再次回归到儒家文化的封建宗法制度之下，本文渴望通过此次对真实可感的外化的宗祠建筑的调研去深入理解中国哲学中儒家传统文化背后的精髓，而遗留于古村落的祠堂文化与经久不衰的儒家传统文化存在一以贯之的关联性。

而在儒家文化中，“礼”是“仁”的外放的表现形式，但“礼”绝不仅仅是空洞乏味的形式主义，就如同德安里村中对于“百鸟朝凰”与“驷马拖车”的建筑在外界感官上只是单纯的建筑形式，而积淀在这种恢宏的建筑形式之下的人伦制度，才是祠堂文化最值得关注的核心内涵。人们只有谨记老祖宗承袭之下的规矩，才能避免坠入没有道德自律与精神世界的黑洞之中。同样只有怀揣着仁爱之心的“礼”的外在表达，才没有违背儒学赋予“礼”的含义。祠堂这一建筑本身对于当代社会的发展就其外放

德安里村的“驷马拖车”

的表达形式而言具有不可忽视的意义，只有将宗祠重视人伦的核心蕴含于日常事务发展的情理之中，竭力恪守自己的本然之心，遵从自己的道德之心，才能很好地通过儒家文化中的“礼”这种固有的存在表达自己的初心。德安里村祠堂文化下所衍生的淳朴的民风是当代社会中人与人之间沟通的桥梁，激发人与人之间内心深处的共鸣。人与人通过祠堂文化下的“礼”来传递情感，是传统儒学中值得人们所关注和思考的。反观祠堂文化，较为精准地把握“礼”，深刻地理解“仁”，对于当代儒学的复兴有着至关重要的进步意义。

## 四、夕阳无限好，未必近黄昏

仲夏七月午后两点的太阳炙烤着大地，在祠堂的弄巷里跑来了三个活蹦乱跳的小姐妹，最大的姐姐五六岁的模样，最小的看起来只有三岁，迎着光可以清晰地捕捉到洋溢在她们脸上的笑容，简单而生动。姐姐手里攥着20元钱跑到村口小卖部给年纪较小的妹妹买糖吃，刚刚在隔壁采访完德安里博物馆工作人员的我们坐在长条木椅上纳凉，阳光将她们离去的影子拖得缓慢，恍惚间看到了自己年少的光影，对新鲜事物充满向往也不知忧伤。而在村口小卖部卖糖的爷爷正是住在德安里“百鸟朝凰”这一祠堂建筑之下的村民，他在祠堂极为狭窄的侧面开了一间服务于村民生活的杂货铺子，品种算不上齐全，倒也人来人往。似乎有一股淡淡的商业之风涌向古老的德安里村，轻轻叩开了传统的祠堂大门，宁静而安然。

谁说商业的繁华尽处一定是传统文化的没落？曾几何时，在声讨的浪潮中，人们认为商业的大规模开发迫使传统的村落建筑损耗殆尽。至少在德安里村有一束光照射在漂亮的祠堂建筑的屋脊，明媚得好似三个买糖的小女孩，真切地告诉我还有一片村庄，在高大壮美的祠堂建筑之下，流通着中国儒家传统文化的“仁”与“礼”，折射出人性之“理”在日日夜夜的伦常之中，感谢德安里村，让我在繁华躁动的世间，守住属于自己心中的那片流云。

一直走，直到心中郁郁葱葱……

# 土楼之魂，忠恕之道

## ——浅析客家文化一以贯之的精神

王子涵

旧城里看不见阳光，这里的你和我昨夜做的梦好像。

在阳光轻盈翻过七月台历的最后一页，我们的调研也悄然开启新的篇章，在距离广东梅县146公里的福建永定，我们跨越了天然的地理屏障，穿越了连接两个省份的绵延不绝的灌木丛，试图抓住历经沧桑的客家文化的身影。

在尚未抵达永定洪坑村前，脑海中已不止一次地勾勒出土楼壮美的线条，距离洪坑村愈近，线条愈清晰明朗起来。历经近3个小时颠簸的盘山路，推开车门的那一刻，好似马上要见到相识多年却不曾谋面的故友，久违的存在感弥散在黏腻湿润的空气中。

我清楚，它在那里等我，熟悉而陌生。

## 一、初入洪坑村

临近夏季的傍晚，暮色四合。我们一行五人拖着疲惫的身躯和笨重的行李，试图找一个价钱合适又安全的落脚地。一个五十岁左右的中年女子

洪坑村如升楼外景

头顶斗笠迎面走来，很热情地打听我们是否已安顿下来。由于此次调研的洪坑村恰好是国家 5A 级旅游景区，每天来这里参观的游客很多，近年来周围的商业经济也“水涨船高”。我们心里还有些许戒备，担心一不小心遇上“黑店”。我们向阿姨简单地说明此次出行的目的是来村落里面考察的，她见我们都是学生的模样，说我们和她家的儿子差不多一般大，求学的道路极不容易，便以非常公道的价钱给我们安排了两间民宿。阿姨是土生土长的洪坑村人，姓赖，赖姓是当地最大的姓氏之一。阿姨这几年刚修建了一座四层楼的新房子供自己住，也偶尔提供给前来旅游的游客住宿，这个季节正值暑假旅行的旺季，看天色渐晚就几乎以成本价让我们住下来，自己家的房子少赚点钱也没关系。晚饭后，我们团队在一楼的大厅商议明日的行程计划，又遇到了经费的难题，整个村落早已形成了一条相对完整的产业链，想要考察当地最有特色的土楼建筑，均需要持票进入（人均 90 元），并且最著名的土楼王子——振成楼，即使买票也禁止游客进入

洪坑村如升楼内部

土楼建筑内部参观，以确保不影响当地土著客家居民的生活。由于受调研经费的制约，我们首先考虑的是门票的问题如何解决？进一步再去思考怎样更近距离地接触在振成楼土生土长的客家人的日常生活。阿姨听到了我们讨论的内容，从二层下来同我们一起想办法，并烧了一壶热水给我们“吃茶”，担心我们年轻熬夜不注意休息，让我们多喝一些当地有养肝功效的花茶。同时阿姨很热心地帮我们联系到了现居住在振成楼里的一个村民，约定好第二天凌晨五点准时在振成楼大门口等我们，一同带我们进去，并交代我们，只有在凌晨五点钟之前趁土楼的村民们尚未醒来，以探亲的方式悄无生息地进入土楼，在不影响土楼村民的起居生活前提下，四处走走看看、拍拍照片都是可以的。赖阿姨一下子帮我们解决了两大难题，我们心里的两块大石头也总算落地。

那一晚，纵然一直绷着明日要起早的弦儿，我们依然睡得很踏实。漂泊半月，在土楼边，我们似乎找到了一种久违的安全感，像家一样，守护着旅行者的梦。

## 二、永定土楼

凌晨四点半，灰蒙蒙的天飘着零星的小雨，整装待发，心里莫名地开出一朵一朵花来。在绵绵的烟雨之中，在粗犷的振成楼下，我们如期见到了赖阿姨昨夜帮我们联系好的土著居民赖大姐，赖大姐在雨中挥着手冲我们淡淡地笑。

我们轻轻踏在木制的台阶上去感受古人的智慧，怀揣着几分敬畏。永定的每一座土楼都散发着各自的生命力，而我们所在的振成楼是以圆楼为

永定振成楼外景

主体形成的方圆土楼群，该楼建于1912年，按八卦图结构建造，分内外两圈。外圈4层，每层48间，八卦每卦6间，一梯楼为一单元。我们置身于土楼的二层，抬眼向上望，在犹如彩虹弧度一样的拱形建筑下，每一个独立存在的个体都被青山与绿水全方位无死角地拥抱着，唤醒了灵魂深处对于人类情感的皈依，那是一种丰富个人精神世界之下的外在融合。早期所建造的福建土楼必然充分考虑了地理因素，洪坑村所在的闽西南山区，古人将天然的地理劣势转化为一种独有的地理优势，依据险峻多变的山势建造出一幢幢气势磅礴的土楼，生动地折射出客家人的睿智，同时极其尊重中国传统建筑规划的“风水”理念，我们不禁再一次被这种广博的情怀与才思所震撼。

在一环一环紧紧相依的祥和气氛中，整栋土楼的每一户以个体为单位的人家同时也是一个大家庭。聚族而居本是根深蒂固的中原儒家的传统观念要求，在聚集力量的共同感召之下更要求参悟到人与人之间的相处，进而到达一种和谐的多元状态。这与中国儒家文化中孔子崇尚的“忠恕之道”

永定振成楼内部结构

有着异曲同工之妙。

孔子为世人提出了“己所不欲，勿施于人”“己欲立而立人，己欲达而达人”的道德行为原则，并且要求人们以尽己之心，推己及人来作为达到“仁人”境界的具体途径。

正是由于这种“将心比心”的心态，让人们似乎更精准地把握“感同身受”的观念。中国的儒家学者对于“忠恕之道”进行长期不懈的探索，才使得孔子的“仁”的思想成为儒学中的经典，而孔子一以贯之的“忠恕”思想围绕孔子思想当中仁的内核，更进一步表明了孔子所谓“一以贯之”的博大内涵，而“忠恕”思想不断地深入人心，最终成为中华传统文化的重要组成部分。

## 三、藏忠纳恕，梦回中原

巍峨的土楼与殷勤的旅店阿姨，这两个形象似乎渐渐重叠在了一起，从它们的背后，隐隐地让我感受到的，是客家文化将建筑与人伦幻化一体的雄浑气魄。客家人千百年来历经五次大规模迁徙，他们无疑承袭了中原厚土所氤氲的仁心理气。当他们来到这片陌生而荒蛮的山野，他们也许比他们的先祖更强烈地认识到崇文重教、敦亲睦族的重要性。这种重视从一开始就被灌注在他们对土楼的建设中。土楼建筑讲究中轴对称，沿着中轴线形成丰富的空间序列，而私塾教馆往往设在中轴线上正面最显眼的地方。振成楼的楹联“振纲立纪；成德达材”，还有承启楼的楹联“承前祖德勤和俭；启后子孙耕与读”，更是以直接的方式昭示了客家人安身立命的根本。而这种物质性的熏陶，自然会影响道德修养以至于成风化人，百世不衰，一直传至今天，传至每一个土楼中人——包括那个阿姨——身上。这种人格姿态，我将其提炼为“忠”与“恕”。

许慎在其《说文解字》一书中对“忠”的解释是：“敬也，从心，中声。”段玉裁在其《说文解字注》中对此补释为“尽心曰忠”。他还说：“敬者肃也，未有尽心而不敬者。”从二人的解释中，我们可以对“忠”字的含义有个整体的认识。即尽心者为“敬”，“敬”者为“忠”。而孔子在《论语》当中所提及的“忠”大抵同上没有什么差异。我们可以将“忠”理解为“人的某种最内在的，公正无私的思想情感”。正是由于“忠”于自己的本心，恪守自己内心的真实的想法去竭尽所能地完成每一件事情，并不是一件容易操作的事情，因此才可能深刻地见证“忠”字的难能可贵。而无论是历史典籍中关于“忠”字的解释，还是《论语》中对于“忠”的理解，都不谋而合地将聚光点指向了“忠”字笔画中的重要组成部分——“心”字。也许人心可以跨越时代，无关古今，如同人世间的“爱”一样，是最善变同时也是最永恒的。而正是由于对“本心”如何有着良好的治理能力，这才是人类一生都在研习的重大课题。

同“忠”一样，“恕”也是儒家思想中重要的概念范畴。《说文解字》

闽粤皖小组成员访谈

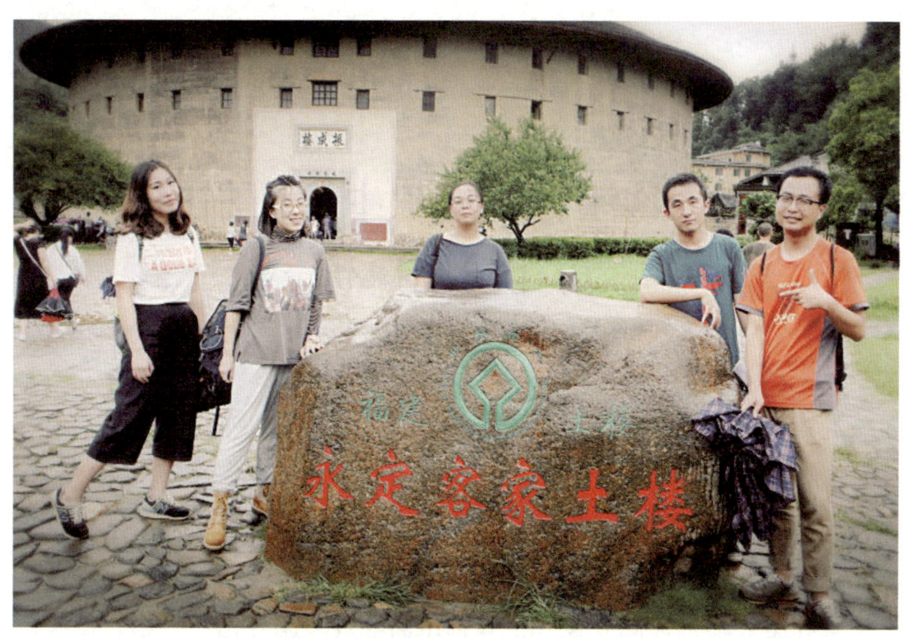


闽粤皖小组与“土楼王子”合照

中对“恕”的解释为：“恕，仁也。从心，如声。”“恕”字由“如”和“心”二字构成，《说文解字》中有对“如”字的解释：“如，从随也。”《论语》中对“恕”解释为“推及之心以及人”，这与“将心比心”的意味大概相近。用自己心里的所感、所思以换位思考的方式去体谅别人的心情。而这种换位思考的角度正是要求人们能怀揣一颗包容的仁爱之心。“恕”不单单是对于自己本心的要求，除了要求自己恪守自己的本心，做好自己本分范畴之内应该完成的事情之外，同时还要求将自己对待事物的不同心态，推及到他人的身上，我想“恕”是在“忠”的基础上的更进一步的升华。

土楼的最大魅力就在于它以一种坚不可摧的形象保存了一种内敛而不柔弱、宽广而不张扬的人文精神，这个精神源自中原而生根于闽土，并在客家人对忠恕之道的勤勉实践中得到了最为集中的体现。正是这样一股力量，使远方成为故土，使游子成为归客。从土楼升起的月亮，每一晚都以一股温柔的力量，召唤着客家人走向自我、走向他人、走向远方……

# 福建琴江古村保护中所面临的法律困境探析

阳利新

琴江古村地处洋屿半岛，位于长乐西北部、闽江南岸，距长乐市区4公里，距福州市中心20多公里，水路距闽江出海口35公里，地理位置优越，水路交通便利。琴江古村在民国之前属闽县管辖，雍正七年（1729年），清政府屯兵扎营，该营是直属清中央政府直接调配的四支水师之一，允许官兵携家眷进住琴江。辛亥革命之后，琴江水师旗营逐渐成为一个居民村落。因此，琴江古村以满族悠久的人文历史为特色，拥有丰富的具有满族特质的文化遗产资源。因拥有迷宫似的“回”字形军营遗址，敦厚劲道的摩崖石刻，形态各异的古建筑如将军行辕、毓麟宫、古民居等，可歌可泣的历史典故如马江海战役，丰富多彩的民间曲艺如台阁等，琴江古村被冠以“江南满族第一村”的美誉，并分别于1999年被福建省人民政府授予首批“历史文化名村”，2007年被评为“福建最美的乡村”之一，2010年荣获“全国历史文化名村”称号，2012年被列入第一批中国传统村落目录。

7月8日，我们怀着憧憬启程，踏着晨曦，迎着朝阳，来到琴江古村村口，傲然屹立的刻有“中国历史文化名村”的书卷石雕石刻让我们肃然起敬，真想让人立刻揭开它神秘的面纱。然而，随着我们沿着水泥村道前进，呈现在面前的诸多现实让我们感到极为困惑：许多现代钢筋混凝土房屋与古宅混杂一起，建筑风格极不协调；大量外来务工人员租住古民居，古宅已成为仓库、养殖场，杂乱而又肮脏不堪；将军行辕“现代性”翻修已落成，原有风貌难以呈现；许多古宅大门紧锁，房屋破败不堪，让人望而却步。为了一探究竟，我们一行人进行了深入的考察与访谈，发现琴江古村在保护中主要存在着以下法律困境。

首先，政府重规划轻实施，旅游经济受到重创。根据现行《中华人民共和国文物保护法》（以下简称《文物保护法》）第十四条的规定：“历史

书卷石雕

修缮后的将军行辕

文化名城和历史文化街区、村镇所在地的县级以上地方人民政府应当组织编制专门的历史文化名城和历史文化街区、村镇保护规划，并纳入城市总体规划”。福州市与长乐市政府大力宣传琴江古村，积极推进琴江古村保护规划的编制工作，委托福州市规划设计研究院进行保护规划的设计，并组织相关专家进行多次论证以及与琴江古村居民召开了多次协调会，保护规划最终于 2016 年 4 月获得福建省人民政府批准。然而，一年过去了，由于种种原因，政府后续的保护实施工作力度明显不足，仅仅是对将军行辕进行了“现代性”的翻修。而在现行的法律法规和地方制度与办法中，没有具体明确规划编制完成后实施效果的法律责任，只是在新颁布的《福

大门紧锁的古宅

建省历史文化名城名镇名村和传统村落保护条例》第五十三条“违反本条例规定，城市、县人民政府因保护不力或者决策失误，导致已批准公布的历史文化名城、街区、名镇、名村，传统村落和历史建筑被列入濒危名单或者撤销称号的，由省人民政府予以通报批评；对直接负责的主管人员和其他直接责任人员，依法给予处分”，也就是说只有被列入濒危名单或被撤销称号的村落，相关人员才能被处分。法律规定的宽泛，必然导致保护实施的懈怠，进而引起旅游文化资源的破坏。游客来此本就是体验满族的传统文化，而重规划轻保护实施无疑会破坏游客的这种旅游体验。如今，游客们依然面对的是那些饱受现代文化侵蚀而破旧不堪的古建筑以及逐渐

为现代建筑侵蚀的古街巷

消失的满族传统文化。消费者信心的下降，必然导致旅游经济的衰退，今年到琴江古村观光旅游的人数较前几年同期明显减少就足以证明这一点。

其次，村民保护意识欠缺，有触犯国家法律之嫌。琴江古村现有大量的历史名人古宅，有许建廷故居、黄恩浩故居、黄恩录故居、物本堂贾府、官宦世家赖府、李氏祖屋、友于草堂曹府等，历史久远，既有海军世家，又有书香世家，人才辈出。随着城市化进程的加快，外来文化的侵蚀，大量村民身居外地打工、经商。此外，琴江古村素来就有“侨乡”的美名，许多村民远赴国外打拼，其结果就是在满族村留下了一座座空心宅。即使在保护规划中这些古宅被纳入了文物保护单位名录，但因缺乏资

毁坏的古建筑一角

金而不能维护与修缮，老宅户主觉得与其自然荒废还不如以每月 100 元的价格租赁给那些在此打工的外来人员。房子不是自己的，且是临时居住，文化素质又普遍不高，这些外来务工人员往往在宅内养鸡、养鸭、钉挂物件，脏、乱、臭已成为常态，对一些文物造成了极大破坏。而依据《文物保护法》第二十六条“使用不可移动文物，必须遵守不改变文物原状的原则，负责保护建筑物及其附属文物的安全，不得损毁、改建、添建或者拆除不可移动文物”，可见，无论是老宅户主还是租赁户，都有触犯国家法律之嫌。

再次，缺乏法律追责机制，法律规定模糊。对租赁户和户主的上述破坏古宅行为，当地政府虽感痛惜，但往往因资金不足或其他种种原因而无

破败的古宅一角

所适从，以至于这种涉嫌违法的行为延续至今。而依据《文物保护法》第二十六条“对危害文物保护单位安全、破坏文物保护单位历史风貌的建筑物、构筑物，当地人民政府应当及时调查处理，必要时，对该建筑物、构筑物予以拆迁”以及福建省新颁布的《福建省历史文化名城名镇名村和传统村落保护条例》第五十四条“违反本条例规定，县级以上地方人民政府及其有关部门和乡（镇）人民政府的工作人员不履行监督管理职责，发现违法行为不查处或者有其他滥用职权、玩忽职守、徇私舞弊行为的，依法给予处分；构成犯罪的，依法追究刑事责任”，由此可知，现实中琴江古村所在地政府有不作为之嫌，而又没有给予相应的处分，此主体责任又由谁来承担，现行法律法规缺乏相应的追责机制。此外又依据《福建省历史文化名城名镇名村和传统村落保护条例》第四十三条："国有历史建筑由使用人负责维护和修缮，非国有历史建筑由所有权人负责维护和修缮，城市、县人民政府可以给予资金补助。所有权人不具备维护和修缮能力的，城市、县人民政府应当采取措施进行保护。""可以"这一模糊概念在实践中往往变为不可以，从而导致许多古宅所有权人因得不到政府资金补助而不履行维护和修缮的义务；此外"不具备维护和修缮能力"如何界定，该条例也没有明确，因此法律法规上的模糊规定，难以保障古宅保护的有效实施。

最后，民间力量鼓励举措缺乏，公信力不足。作为具有广博深邃的满族文化底蕴的琴江古村，吸引着一些个人来此展示与传承满族传统文化。刘文平，一名长乐市古董商，由于琴江古村毗邻长乐市区，文化底蕴深厚，故在琴江古村租赁了一家古宅，租期十年。其将古宅命名为"三友草堂"，进行修旧如旧的修缮，定位为文化陈列室，经常邀请一些志同道合之士来此交流和收集文物。据他说，琴江古村现有类似的展室有几家，主要是一些从事文创事业的学者为了满足自身文化需求而创建的。但是，据我们调查，当地政府对他们持不鼓励也不反对的态度，没有制定相应的政策法规进行管理，而是任其自然发展。而我们在访谈村民时，从村民们支吾的语气可以推断出，由于这些民间人士的逐利身份因素影响，村民们往往将他们的一些行为视为别有用心，因此，这些民间人士在村民们中的公信力不足。

# 关于古村居民住宅“租赁”行为的法律思考

## ——基于福建三村田野考察视野

胡　敏　阳利新　田炀秋　张　驰

在古村中，随着原住民的流失，古建筑闲置、租赁现象普遍存在。在这种古建筑的所有权人和使用者相分离的情况下，由于所有权人不在场，或古建筑的产权属于多个主体，所有权人很难或怠于对古建筑的使用情况进行监管；使用者不同的租赁目的、素质、财力、意识直接决定了古建筑的命运。在古建筑的产权私有的情况下，政府相关部门也很难直接插手监管房屋的使用情况。这样一来，就形成了“三不管”的一个空白地带。如何划分三方的权责利，对古建筑进行有效管理，是古建筑保护方面亟须破解的一个难题。

## 一、商业型租赁与居住型租赁

2017 年 7 月，中南大学中国村落文化研究中心与法学院联合开展“古城古镇古村落保护立法问题”暑期田野考察，福建考察小组在对琴江村、霍童村和崇武古城进行考察的过程中发现，这几个村出国务工人员比较

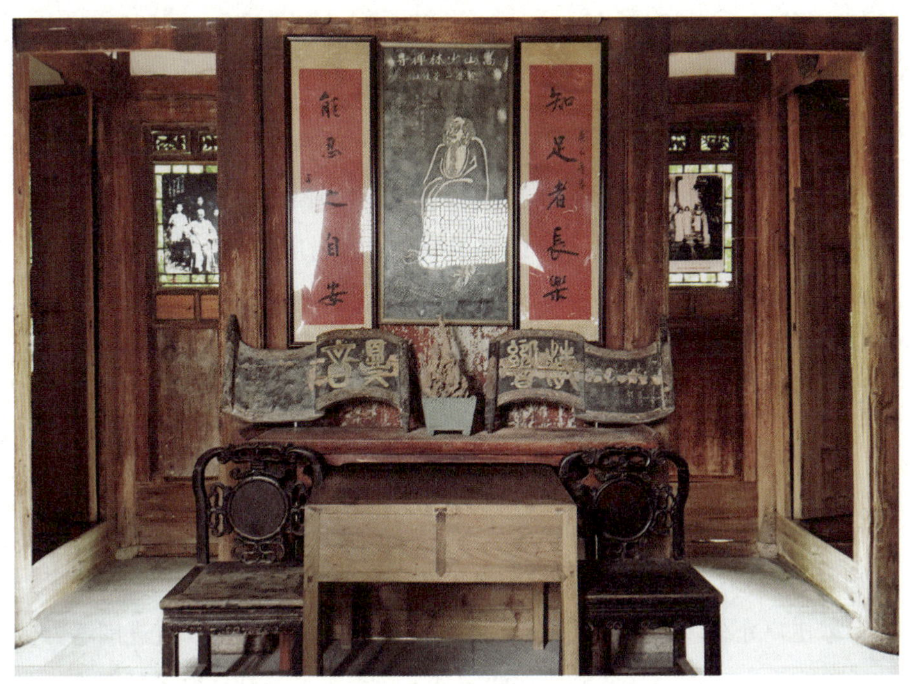


黄恩浩故居内景

多，古建筑里租住着许多外来务工者。从租赁的目的看，外来人口租赁古建筑一般分成两种情况，一种是商业型租赁，带有旅游开发的性质，这种情况下古建筑有可能得到比较好的修缮，但如果把控不好，也可能导致古建筑原有风格的改变。由于古建筑产权较为复杂，这种租赁情况比较少。另一种是居住型租赁，使用者一般是外来务工者，这种情况下，由于使用者不良的生活习惯、保护意识的缺乏或资金限制，并不会主动地去维护修缮古建筑，为了生活方便，甚至有意无意地给古建筑造成一定程度的破坏，这种古建筑破损毁坏的情况比较普遍。

在琴江村，黄恩浩故居被租给一个外地的古董商，这个古董商看到村里古建筑残缺破损的现象十分痛心，以每年上万元的价格租下黄恩浩故居，租期十年，再出资二十余万元进行修缮，使得整个宅院绿意盎然、生机勃勃。书画、石钵、根雕，处处显示着主人的品味，让人流连忘返。商人平时自己住，也会短期租借给一些志同道合的朋友用于聚会和亲子活动，收取一定费用。他对于租借的对象会精心挑选，一般租给保护意识比较强的人。古建筑里陈列着许多搜集来的古玩字画，墙上贴着介绍琴江村历史的照片，打造成民俗博物馆的形式。尽管房屋修缮得古色古香，但村支书对此却不太认同。村支书认为，琴江村作为历史上的八旗屯兵驻地，姓氏很多，村里原本是打算从姓氏文化的角度打造旅游文化，使每个宅子突出一种姓氏，讲述这个姓氏家族的历史。由于古董商的租赁行为属于个人行为，并未与村里进行沟通，改造风格也与村里的设想相差很远。

黄恩浩故居对面是许建廷故居，里面住着几个外来务工者，每月租金一百元，偌大的宅院散乱地堆满了各种杂物，院子中用塑料网隔成几块，分别养着鸡鸭，古亭里拉了几根绳子挂满了衣服，整个院子显得破烂不堪。据住户介绍，不久前电视台对这里作了宣传，很快花园首进围墙窗棂用来做隔断的三个罕见的粉彩瓷花瓶就不翼而飞了。是被盗还是自盗，无人追究。承租者只是把这里当作临时的落脚地，似乎连基本的干净整洁都无暇顾及，法律意识、保护意识淡薄，防火、治安、卫生都成问题，村里对于这种情况也是听之任之，缺乏约束和引导。

在崇武古城、霍童村，租赁现象也很普遍。许多从安徽、四川来这边打工的人租住在古建筑里，租金每年一千五百元，比外面便宜很多。承租人往往对古建筑的历史和价值不甚关心。房主一般在县里或市里买了新房，不愿意住在低矮狭窄、采光不好的古建筑里，宁可廉价出租。调研中还发现，不少居民未经批准就对历史建筑进行外部修缮装饰，添加设施。因为多数古建筑内部采光通风等条件不能满足现代人的生活需要，如果不改造，房子很难租赁出去，于是就出现了房主默许租户对房屋进行适当改造的现象，对古建筑和当地村落的整体风貌造成了很大的影响。

目前国家每年划拨的保护经费尚不能保证现有文物保护单位的修缮，更不可能去保护散落在民间的一些有价值的未列入文物保护单位名录的古

黄恩浩故居院落一角

民居。被闲置的古建筑，如果无人居住或不及时修缮，很快会腐朽。由于古建筑的产权大多属于私人，房主进行出租时，村委会和政府并不能出台强制措施予以禁止。如果有相应的法律约束机制，租赁对出租者和承租人来说无疑是一种互惠又能有效保护古建筑的方式。

## 二、村民出租古建筑行为的动机及其负面影响分析

一个古村落没有了古建筑，往往就意味着没有了优秀的历史文化遗产。而古建筑作为承载着大量传统村落文化遗产资源的“活化石”，具有不可再生性、不可替代性，是人类共享的公共文化资源。保护古建筑就是将蕴含在其中的历史人文信息以力求完整的方式进行表达与传承，然而在

从事这一公共事务中，商业行为与空间权利的私人化必定导致其公共属性有一定程度的削弱。村民租赁古建筑的行为尽管在表面上呈现的是市场行为，但其形成的原因及造成的影响却具有深层次含义，作者试图以管理学、经济学、社会学的视野进行剖析。

### （一）有限理性行为造就“公地悲剧”

在制度约束的缺乏下，公共事务中的绝对自由必然会因公共资源有限性与个人欲望无限性之间的矛盾而造成公共资源的滥用、破坏，甚而枯竭。人的行为一般是基于自身需求和预设目标而成的一种行动过程活动。村民出租古建筑的行为是为了满足其物质的需要，并达到一定目标而呈现出的一系列的活动过程。在市场经济条件下，这种行为似乎是为了获得资金回报而通过社会交换所表现出来的“最优”理性行为，但由于受各种制度与外在环境的制约，实质是不需要支付维护古建筑成本下的有限理性行为。在与承租人洽谈时，满意准则和适宜性便成为村民出租行为的行动基础①。

公地悲剧理论是由美国生态经济学家加勒特·哈丁教授在1968年提出的，其核心思想就是在一个具有多个拥有者的“公地”的公共资源环境中，每个拥有者都有权使用“公地”，由于过度使用而造成“公地”的公共资源损失却由所有使用者共同承担，每个人基于自身利益出发而追求利益最大化是产生公地悲剧的根源。② 作为经济行为主体，长期存在的小农意识造就了村民对自身以外事务的漠视，难以形成对“公地”——古建筑的共享概念，导致的最终后果就是，对公共资源使用收益的内部化，而其

---

① 邓汉慧、张子刚:《西蒙的有限理性研究综述》,《中国地质大学学报（社会科学版）》2004年第6期。

② 刘喜梅:《公地悲剧视角下乡村旅游目的地的治理——以河南省郭亮村为例》，沈阳师范大学硕士学位论文，2014年。

维护成本被有意或无意地外部化。如今的琴江村、霍童村、崇武古城已然成为众多商品与服务的市场交易场所，旅馆、饭店、杂货店、手工艺作坊甚至古玩店随处可见，携家带口的外地务工人员承租古建筑现象较为普遍，往昔的农业经济已不复存在，静谧而祥和的氛围已然消失，取而代之的是崇尚商业经济，功利思想膨胀，人情关系冷漠，文化认同感和归属感降低，古建筑内部的脏、乱、臭现象成为常态，文化资源日渐灭失。古村落的公共资源被过度地使用，文化环境进一步恶化，“公地悲剧”逐渐凸显。

### （二）生活空间的转变衍生“破窗效应”

村民在个人选择外出行为上，一般由三个层次的理性指引：生存理性、社会理性和经济理性[①]。生存理性是最基本的层面，只有村民生存理性得到满足，才会考虑其他两种理性。在劳动力短缺的城镇中，生存已无障碍，外出就业内源力得以实现；外来文化不断侵蚀，村民们凝聚力日渐消解，外出就业推动力已然出现；城镇化进程加快，城市土地、户籍管理制度放宽以及教育、医疗条件先进，使外出就业吸引力得以产生；九年义务教育，大学门槛降低，文化素质普遍提高，就业方向掌控力得以增强。基于“四力”，现实中许多村民生活空间已发生转变，不再居住在祖宗留下来的老宅里，在追求经济利益的有限的理性下，与其让它闲置，不如租赁出去。然而，在没有租赁合同，或有租赁合同但责任和义务条款缺失的情况下，由于产权不是自己的，古建筑风貌与价值保持事不关己，承租人往往视古建筑为临时居所，基于生活随性需要，或将古建筑变为养殖场，使其鸡鸭成群，或随处钉挂物件，衣被杂乱不堪……陈旧的古建筑，越发

---

① 文军：《从生存理性到社会理性选择：当代中国农民外出就业动因的社会学分析》，《社会学研究》2001 年第 6 期。

变得破旧不堪，物质资源和承载在其中的文化价值受到极大破坏，而出租人、承租人甚至政府均无动于衷。

早在1982年，美国学者威尔逊和凯琳首次提出了“破窗理论”，其要旨是在一个社会环境中，如果对某种不良行为听之任之，就会无形中诱导人们效仿，甚至会变本加厉。[①] 在约束机制缺失时，利益的驱动导致古建筑之“破窗”行为即租赁行为逐渐被他人效仿，进而演变为普遍现象，个体破坏力渐成社会破坏合力，古村落的历史风貌和原生态环境遭到人为破坏，直至产生“破窗效应”。

## 三、租赁行为凸显法律保护的薄弱环节

### （一）租赁主体法律保护意识欠缺

据了解，琴江村自古以来就有“侨乡”的美名，许多村民远赴国外打拼，留下一座座空心宅院。目前村里有三四百户，原住民只占十分之一，大量的住宅都是租给外来务工者，商业型租赁比较少。一方面，许多村民以每月一百多元的低价将古宅租给外来务工者，任由其被破坏；另一方面，有着文创梦想的许多民间人士想租房而不得，原因何在？一是因为房屋产权复杂，文创者很难说服各房主接受统一的条件；二是村民希望在短时间获利，文创者一般从投资到收回成本需要一定周期，所以签订的合同时间较长，一般是十年以上，而村民担心时间太长失去对房屋的所有权。因此出现了村民宁可低价出租给外来务工者的现象。这些外来务工者普遍文化素质不高，往往在宅内饲养家禽、钉挂物件，造成一些文物的破坏。依据《中华人民共和国文物保护法》（以下简称《文物保护法》）第二十六

---

① 游庆军：《“破窗效应”与旅游者行为研究》，《理论界》2014年第5期。

琴江村许建廷故居内景

条：“使用不可移动文物，必须遵守不改变文物原状的原则，负责保护建筑物及其附属文物的安全，不得损毁、改建、添建或者拆除不可移动文物”。可见，无论从老宅户主还是租赁户来说，都有触犯国家法律之嫌。种种现象，显示出村民对合同法、文保法、物权法等相关法律了解不深，缺乏法律保护意识。

（二）政府监管不力，缺乏法律追责机制

古建筑不仅属于私人所有，同时也是社会文化遗产，租赁行为不仅涉及租赁双方，政府也应该进行正确引导和规范。对租赁双方的上述古建筑破坏行为，当地政府虽感痛惜，但往往缺乏有效监管手段，以至于这种涉嫌违法行为延续至今。依据福建省 2017 年最新颁布的《福建省历史文化名城名镇名村和传统村落保护条例》第六条：“县级以上地方人民政府及其有关部门应当加强历史文化名城、街区、名镇、名村，传统村落和历史建筑保护的宣传教育，普及保护知识，提高公众保护意识。”《中华人民共和国文物保护法》第二十六条规定：“危害文物保护单位安全、破坏文物保护单位历史风貌的建筑物、构筑物，当地人民政府应当及时调查处理，必要时，对该建筑物、构筑物予以拆迁”。事实上，地方政府在宣传和教育方面做得并不到位，对村民的私自搭建行为有时也很难进行有效拆除。

## 四、规范古建筑租赁行为的法律反思

### （一）古建筑租赁与普通房屋租赁的差异

关于古建筑租赁，除了《文物保护法》以及各级政府颁布的关于保护古城、古镇、古村落的实施条例如《福建省历史文化名城名镇名村和传统村落保护条例》《福建省“福建土楼”世界文化遗产保护条例》中对其有原则性的规定（如不得改变古建筑的原有用途，不得随意拆建古建筑）外，目前还没有专门的法律条文对其进行专门的界定和规范。一般都是将古建筑看作普通不动产，直接适用关于房屋租赁的有关规定，而对于古建筑修缮保护等特殊义务则完全靠当事人自主约定。也就是说，实际上对于现有的古建筑租赁现象，法律规制方面尚属空白。

古建筑租赁与普通住房租赁的标的物都是不动产，签订的合同都属于不动产租赁合同，是对房屋享有一定权益的人对自己所享有的房屋权益进行处分和取得收益，从而更好地保障房屋价值得以实现的一种手段。两者之间的不同主要集中在以下几个方面。

#### 1. 普通住房租赁主要涉及私人收益，古建筑租赁关乎社会公益

普通住房租赁的利益主体主要包括出租人和承租人双方，对不动产住房享有所有权的出租人通过将住房的占有权和使用权交给承租人，由承租

人支付一定数额的租金，双方自愿订立协议，明确租赁期间双方的权利义务即可成立。不动产所包含的权益由租赁双方协议分享，不动产面临的风险也由租赁双方分担。但是古建筑却不同，虽然有很大一部分古建筑目前属于私人所有，由于建造年代久远，保留了特定历史时期的建筑风格样式等属性，在其所有权人对其享受各项权益的同时还承担了为人文社会科研提供研究对象、提供历史见证、增强民族文化自豪感等一系列社会公益职能，因此可以说，古建筑作为租赁合同的标的物是具有私人收益与社会公益双重属性的。

2. 古建筑所有权人承担特定的保护义务，而普通房屋的所有权人不承担

《文物保护法》第六条规定：“属于集体所有和私人所有的纪念建筑物、古建筑和祖传文物以及依法取得的其他文物，其所有权受法律保护。文物所有者必须遵守国家有关文物保护的法律、法规的规定。”这一条明确了私人对其享有的古建筑和祖传文物享有所有权，并且该所有权受到法律保护，值得注意的是，在法律承认其所有权人权益的同时，还明确规定文物所有者必须遵守国家有关文物保护的法律、法规的规定。比如第二十一条“非国有不可移动文物由所有权人负责修缮、保养”，第二十五条“非国有不可移动文物不得转让、抵押给外国人”，第二十六条“使用不可移动文物，必须遵守不改变文物原状的原则，负责保护建筑物及其附属文物的安全，不得损毁、改建、添建或者拆除不可移动文物”。这实际上是对古建筑所有权人的一种保护性限制，即古建筑的所有权人在依法行使其各项所有权益的同时，基于古建筑承担有社会公益属性的特质，其权利行使又受到一定程度的限制，在此基础上可能还要额外承担法律明确规定的保护和修缮的义务。对于普通房屋的所有权人来说，不存在这些特殊义务，也没有法律意义上的修缮和保护责任。因此租赁双方在签订住房租赁合同时对于权利与义务的约定应当有所不同。

3. 古建筑价值难有确定的考量，租赁市场规范困难

古建筑不仅仅承担了住房功能，在此之上，可能由于其历史年代久远、建筑风格迥异、数量稀缺等无法定量评估的原因使得古建筑的价值具有很大的不确定性。在琴江村的个案中，许建廷故居的租金是每月一百元，租期没有定，黄恩浩故居的租金是每年一万元，合同期限为十年。更具价值的许建廷故居租金反而更加低廉，这与普通住房租赁不同。在古建筑租赁市场中，难以形成一个可以作为参照的标准价，这是由每一个标的物个体的特殊差异决定的，也就是说，在某种程度上，我们可以将每一座古建筑看作是不可再生的特定物，而不是批量存在的可替代物，这就给规范古建筑租赁市场带来了难题。若当事人就古建筑租赁合同发生纠纷，很难有一个特定的标准进行衡量，不利于古建筑租赁市场的规范治理。

（二）完善古建筑租赁行为的法律构想

房屋租赁合同规定，在承租期间，未经甲方同意，乙方无权转租或转借该房屋；不得改变房屋结构及其用途；由于乙方人为原因造成该房屋及其配套设施损坏的，由乙方承担责任。那么古董商的转借行为是否经过了甲方同意？在院子里养鸡鸭算不算改变房屋用途？乙方对房屋造成的损坏如何认定？一般房主出租古建筑只是为了收取低额的租金，签订的合同也比较简单，对于古建筑的保护缺乏细致完善的条款。古建筑似乎成了一个食之无味、弃之可惜的鸡肋，这种人为的破坏让原本处于风雨飘摇中的古建筑更加雪上加霜。因此尽快给古建筑租赁提供一个明确的法律上的约束，规范租赁市场，才能更好地保护这些文化遗产。

1. 实行古建筑租赁审查登记制，规范古建筑租赁市场

古建筑租赁在承载着所有权人私益的同时还关乎社会公益，实行古建筑租赁审查登记制度有利于政府相关部门介入其中，规范相关利益人的作为。

首先，政府要建立起对作为交易标的物的古建筑的审查制度。《中华人民共和国城市房地产管理法》和《城市房屋租赁管理办法》中有相应的登记备案规定，但在实际中缺乏法律效力。《最高人民法院关于适用〈中华人民共和国合同法〉若干问题的解释（一）》第九条规定：“……法律、行政法规规定合同应当办理登记手续，但未规定登记后生效的，当事人未办理登记手续不影响合同的效力……”基于古建筑保护的特殊性，应明确古建筑的保护等级，确定其所有权主体，并查明该古建筑是否可以作为交易的标的物。对于符合标准的古建筑，允许相关利益主体在明确权责归属之后，进行备案登记；而对于不在交易范围之内的古建筑，应结合《文物保护法》的基本精神和指导原则对古建筑租赁过程中的交易双方进行引导规劝，以保护所有权为出发点，平衡私权与公益之间的关系。

其次，要对参与古建筑租赁过程的各方主体进行形式上的审查，区分商业型租赁与居住型租赁。对于商业型租赁，应该本着不改变古建筑原有建筑风貌和用途的原则对其经营主体和实际经营范围进行审查，对于有损古建筑风格样式，或者不利于古建筑保护的商业型租赁，按照古建筑的保护等级，对于关乎重大社会公益的古建筑租赁，一律不予批准。

最后，要对交易之前的古建筑整体状况进行数据、图像信息采集，并归档备案。由此敦促交易双方在履行租赁合同的过程中不能损坏古建筑的原貌，不得随意添建或者改建古建筑。

2. 明确古建筑租赁中利益主体的权利与义务分配规则

原则上在古建筑租赁过程中，出租人只是将房屋的占有权和使用权出售给承租人一方，由承租人给付一定租金，至于房屋的保护义务以及修缮责任并不随租赁关系的成立而转移。古建筑的出租人一般将法律规定的修缮和保护义务看作是一种沉重的负担，宁愿低价格出租作为逃避自己责任的方式之一。而承租方作为外来人，对于古建筑并没有根深蒂固的历史认同感和责任感，古建筑作为他们廉价租赁来的临时住所，仅仅具有居住的实用功能，而没有文化功能。出于这样的交易心理，双方在签订租赁合同的过程中很容易忽略与古建筑保护和修缮相关的具体规定，导致责任主体的缺失，造成出租人“不管不问”，承租人“随意糟蹋”的痛心局面。

因此，政府在这一过程中有必要加强引导，如可以将租赁合同中的修缮、保护责任条款和相关费用的承担规则条款作为古建筑租赁合同的生效要件，将古建筑的保护义务落到实处，做到有法可依，有文可考，从根本上杜绝权责主体缺失的交易弊病。

3. 政府应加强引导，呼吁社会公众参与，提高居民的法律保护意识

古建筑的公益属性决定了我们每个人都有义务保护其不受损坏。但在目前的环境下，一般只有政府与利益相关人参与其中，并且时时还会由于政府监管不力，利益相关人的责任疏忽致使古建筑保护处于空白状态。

对此，我们可以成立专门的古建筑保护协会，或者呼吁一些公益组织关注古建筑的保护。当地政府加强政策引导，充分挖掘当地的历史文化资源，激起当地居民以及同宗族的海外华人华侨的历史认同感和责任感。加大招商投资力度，以切实的利益反哺调动当地居民的积极性，做到权责与利益相统一。

另外，普及法律常识，增强古建筑所有权人的法律保护意识，可设立专门的法律援助机构，对村民处置古建筑的行为进行合法的规制和引导。

# 古建“修旧如旧”的现实困境：基于福建南靖县客家土楼的田野调查

阳利新

福建土楼是客家文化的重要象征，是客家先民们为躲避战乱南迁到福建西部而建筑的居所。当时，福建西部交通闭塞，山区重峦叠嶂，山匪贼寇流窜，野兽出没。为了追求稳定的生活，避免山匪野兽的袭扰，客家先民们充分利用地理自然条件，因地制宜，建造了一座座集居住与防御功能于一体的土楼。在田螺坑村、云水谣古镇两地，土楼形状有圆形、方形、椭圆形，形状各异，功能齐全，内容丰富，结构精巧。在选址布局上，结合中国传统的风水理念，讲究生态环境，充分考虑自然地貌、水文气候、生产生活等因素影响，既有倚山势仗的田螺坑村“四菜一汤”土楼建筑群落格局，又有云水谣临水近路的“和贵楼”和“怀远楼”；在建筑形制上，以儒家思想为指导，配有祭祀祖先神灵与议事的公厅，以大门与公厅为轴线，两边均匀分布住房，一层为厨房，二层为储藏室，三层及以上为住房；在营造技术上，就地取材，以石为基，以生土为主要原料，分层交错夯筑，配上竹木作墙骨牵拉，丁字交叉处则用木材定型锚固。

然而，随着岁月流逝，由于自然因素、人为因素的影响，许多土楼已残破不堪，成为危房，保护与修复这些土楼已刻不容缓！那么，如何修复

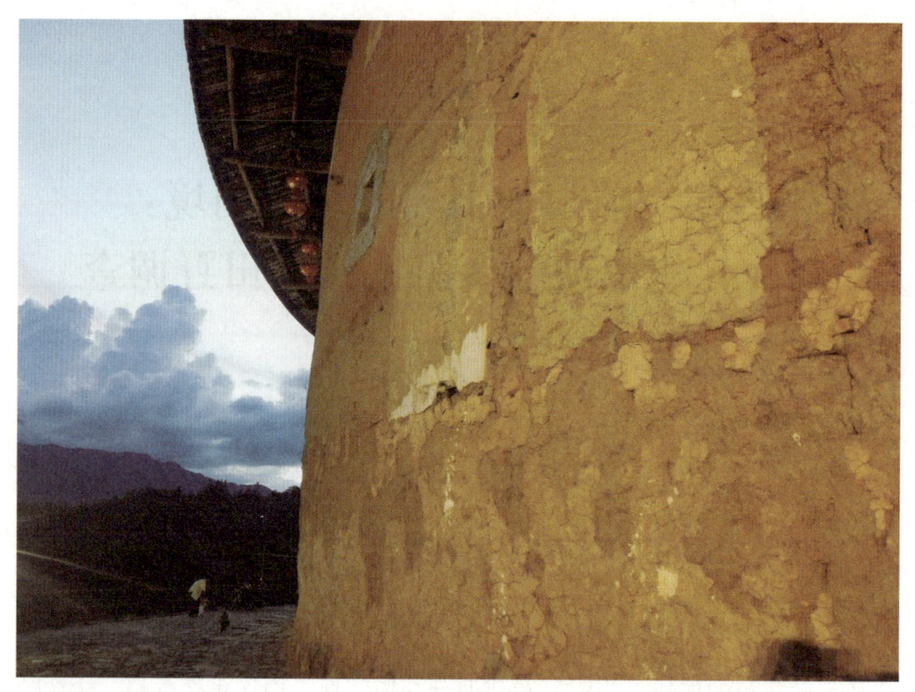

破损的土楼墙面

这些古建筑，成为我们面临的首要问题。在 1963 年，梁思成先生提出重修古建筑应遵循“修旧如旧”的原则。[①] 这里“旧”不仅指古建筑的过去形态，还包括其所呈现的过去状态，即所承载的大量特定时代的历史文化信息，包括建筑技艺、宗教信仰、文化艺术、风俗习惯等方面。“修旧如旧”原则就是在保护和体现古建筑价值的基础上，最大限度地保存古建筑历史信息的真实性，这不仅符合《威尼斯宪章》所提倡的“真实性”理念，同时与我国现行《文物保护法》所主张“不改变文物原状”的原则也是一致的，即“原状”不仅仅指文物外在物质“原貌”，还包括蕴含在其中的有关历史、科学、艺术、制作等无形信息。几十年来，“修旧如旧”原则始终作为我国建筑文物保护和修复的思想理念，指导着我国文物保护的实践，对中国

① 梁思成：《闲话文物建筑的重修与维护》，《文物》1963 年第 7 期。

古建筑的保护发挥了十分重要的积极作用。

据《新华字典》对“旧”的解释是：与“新”相对，陈旧的、过时的、过去的。多年以来，社会各界对“修旧如旧”的普遍理解与检验标准就是过去是什么样就修成什么样，往往注重外在形态的修复，而忽视了内涵价值的呈现。理念上的偏差，必然导致在“雕梁画栋，油漆彩饰，金碧辉煌，焕然一新”的现代修复风格下历史人文信息的缺失。“修旧如旧”本意是好的，是基于人们对历史风貌的审美取向而提出来的，然而在实践中，除了理念上的偏差外，由于客观环境的转变、营造技艺的复杂等因素影响，土楼的修复工作面临着诸多实践困难。

首先，现代文明的侵蚀，土楼居住的原生功能需求已不复存在。客家土楼是旨在聚族而居所营造的防御性建筑，而如今社会稳定，生活条件得到改善，外来文明的不断涌入，这种聚族而居的需求俨然成为对往昔的怀

破败的民宅

土楼内景

念，即使将土楼修复为原有风貌，现代客家村民也不会将土楼作为首选居住场所。空巢下的土楼，难以呈现昔日的人文价值。缺乏了“活态化”人文气息的土楼，客家的人文传统也会消失殆尽，如此的土楼即使修复而保留下来，也只是徒具躯壳，沦为“死”文化。没有人居住和使用的古建筑，木质结构会愈加容易受到蚁虫的侵蚀，破损程度也越快。

其次，居住环境不好，人为磨损较为严重。根据我们在田螺坑村瑞云楼的调查，很多村民家庭几代人居住在一间房屋，往日四代同堂，今日四代同室，房屋住宅需求更为迫切。但是，为了保护村落整体风貌，依据现行《福建省历史文化名城名镇名村和传统村落保护条例》第三十一条的规

裕昌楼外景

定“除必要的基础设施和公共服务设施以外，在历史文化街区、名镇、名村和传统村落核心保护范围内，不得进行新建、扩建活动”，可见，在村落里新建住房或土楼以解决村民住房问题在法规上已不被允许。其结果就是在房屋数量有限、人口数量增多、法律法规的约束下，许多村民不得不同居一宅；而频繁的生产生活作业，必然导致土楼土木结构日益磨损，在不知不觉中被破坏。

再次，营造工序复杂，建筑取材易得性受阻。建一座土楼一般要经过选址定位、开地基、打石脚、行墙、献架、出水、内外装修等七道工序。工序复杂而又讲究，尤其是出水工序，每年只能盖一层，泥土经太阳暴晒待干燥能受力后，才能盖第二层。因此，三四层楼的土楼通常要建三四年，再加上内外装修一年，土楼至少要四五年才能建造完毕，耗时长，工序复杂，劳动强度大。土楼建筑材料多种多样，基础采用大块河卵石砌筑，夯土采用黏性好含砂质的生黄土掺和田底泥而成，用松木垫墙基，杉木作建筑构架，采用竹龄四年左右的老竹配以松木作为拉结筋。竹龄太长易脆，竹龄太短又软，建筑取材极为讲究。此外，多种多样的建筑材料的取材还要受到我国现行相关法律法规的约束。例如竹木取材要符合《中华人民共和国森林法》的规定，河卵石取材要遵循《中华人民共和国河道管理条例》的规定，建筑材料易得性受阻。

裕昌楼入口

裕昌楼

最后，资金筹措渠道单一，修复工程任重道远。每一座福建土楼，需要数百人长达数年之久才能建造好，工程浩大，建筑成本非常高，土楼的修复成本可想而知。当前这些土楼的保护资金主要来自我国财政支出，但面对高昂的修复成本，这些保护资金无异于杯水车薪。尽管田螺坑、云水谣引入旅游公司进行商业性开发，但资本具有逐利性，往往考虑的是投资收益率和回报期限，对从事土楼修复这一公共事务往往热心不足。就当前两村来看，仅仅做了土楼屋顶瓦片的修复及土楼周边基础设施的建设，破旧不堪的土楼内住宅依旧存在。对于那些不是旅游景点而又影响整体风貌的土楼，旅游公司却置之不理，许多土楼摇摇欲坠。

“修旧如旧”不仅仅要注重土楼外在形态的修复，更要注重其所承载的人文价值的修复，否则会造成对土楼的修护性破坏。这就是我们所提倡“修旧如旧”的内涵所在。针对田螺坑村、云水谣镇两地土楼修复性保护中存在的以上诸多问题，我们建议从以下几个方面进行改进：转变理念，注重文化价值的修复与挖掘；制定惠民政策，改善村民居住环境；充分调动民间力量的积极性，努力拓展修复资金的筹措渠道；衔接相关法规，赋予土楼修复取材的便利性；多方引入专业技术施工和设计队伍，提供建造层面的技术支持；全面勘察测绘和广泛征购旧石材、旧砖材、旧木材等旧建筑材料等。

# 古村、非遗与文化生态综合保护研究

## ——以福建霍童线狮为例

胡　敏　阳利新　田炀秋　张　驰

非物质文化遗产承载着人类社会的文明，蕴含着“中华民族特有的精神价值、思维方式、想象力和文化意识”。非物质文化遗产尽管种类繁多、类型各异，但地域的传承性、活态的流变性、民族的独特性是其共有的特点。近年来，随着全球化的快速发展，非物质文化遗产受到猛烈冲击，特别是靠口授和行为传承的文化遗产正在不断消失，许多传统技艺濒临消亡；大量有历史、文化价值的珍贵实物与资料遭到毁弃和流失境外；随意滥用、过度开发非物质文化遗产的现象时有发生。福建省非遗项目众多，有世界级 7 项、国家级 124 项、省级 364 项。本次调研中，福建组对国家级非遗霍童线狮进行了考察，发现当地在非遗保护方面作出了积极努力，但仍存在不少问题。许多非遗都落地在具体的古村落，其形成与村落的自然环境与文化生态息息相关，然而在非遗保护当中，将非遗进行割裂性保护，忽视当地文化生态保护的情形比较普遍。目前已有《历史文化名城名镇名村保护条例》和《中华人民共和国非物质文化遗产保护法》，但前者侧重对古建筑和历史文化街区等物质实体的保护，对非遗的关注不够，后者侧重对非遗的孤立性保护，缺乏对非遗形成的村落文化生态的关注。我们认为，在传统村落和非遗保护方面，应重视对村落文化生态的整体性保护，方才不失传统村落的内核与灵魂。

## 一、霍童线狮发展现状

霍童村位于福建省宁德市蕉城区西北部，这里被称作中国民间文化艺术之乡，有多项非物质文化遗产，影响最大的当属霍童线狮。霍童线狮又称霍童抽狮，当地人称之为打狮，迄今已有1300多年的历史。据当地的

霍童村线狮制作基地

霍童村制作龙头牌的手工艺人

历史传说，线狮首先是作为庆贺重大节日的一种娱乐表演方式而出现的。传说在隋代，谏议大夫、开山大祖黄鞠公执事期间曾为霍童村灌溉水田，给当地老百姓带来福利，当地村民遂以每年二月初二这一天举办灯会的方式纪念他，霍童线狮是灯会中最具特色的节目之一。2006 年被列为第一批国家级非物质文化遗产名录，已超越了传统民俗节庆“二月二灯会”的范畴，成为一项日常表演民俗活动。

狮子在民间通常被看作是喜庆吉祥的象征，每逢重大节日聚会，民间经常会通过舞狮来表达欢乐和喜悦。霍童线狮也以缤纷可爱的狮子为基本道具，狮子以竹篾为框架，狮子毛用特殊的彩色塑料丝制成，经过几代人的改进，线狮由原来的小如木偶发展到今天的庞大沉重，加入了声光电等特效。线狮大小不一，大狮子重约 27 公斤，小的约为 18 公斤。与普通舞狮不同，它不是靠艺人支撑着狮头狮身来进行表演，而是通过十数位训练有素的艺人站在后台，以不同的节奏或频率拉扯绳索，表演出狮子的各种动作神态。艺人不仅需要熟练的技巧，更要有充沛的体力。它集文功、武功于一身，表演有单狮、双狮、三狮、五狮四种形式。在霍童村只有黄家和陈家两家经营线狮，而且严格遵守传男不传女、传内不传外的传承原则。随着旅游文化的影响和广播传媒的宣传，霍童线狮已经走出闽东，面向各地展现自己的风采，名声很大。作为一种传统的手艺，霍童线狮深深扎根于人们的风俗习惯当中，以民间的生活为其生长发育的养料，经过历史沧桑变迁仍然保持着它的生命力，直到今天还被各地慕名而来的游客啧啧称奇。

## 二、发展原因分析

在调研过程中我们总结出霍童线狮之所以在经历了历史沧桑后依旧能够保持强盛的生命力，成为霍童古镇乃至宁德市的文化名片的原因，主要有以下几个方面。

第一，由两个家族经营，相互竞争，从而推进线狮技艺的不断发展。霍童线狮刚开始是作为纯粹的表演节目，但后来，逐渐发展成为一种民间赛事。在灯会上，黄家、陈家线狮各自推陈出新，竭力将灯会推向高潮，以显示自家的实力。在这种相互角逐的过程当中，两家的线狮技艺不断推陈出新，使得霍童线狮达到了一定的艺术表演高度。经过历代民间艺人的实践性创造，艺人手中制作精美的狮子能表演坐立、蹲卧、苏醒、伸展、呵欠、抓痒、搔首、舔毛等各种各样的动作形态，将霍童线狮表演推向艺

霍童线狮馆

术巅峰。

第二，族人注重对线狮的保护，有强烈的责任感和自豪感。早在1987年黄氏家族就筹集了8万元成立霍童传统线狮俱乐部，并集资将黄家坪建成家族训练线狮的传习场所；紧随其后，陈家也在1988年建成了陈家线狮狮房，使得线狮训练有了固定的场所。直到现在各家族在外地经商或者旅居国外的族人还会经常回到村子里边来修建豪华精致的陈列馆，或者采取其他有利于线狮传播和发展的措施，目的在于能够维持这门艺术并将其展示出来供大家欣赏。

第三，政府积极宣传，打造文化品牌。虽然黄家和陈家是霍童线狮的传承世家，但依旧面临着年轻人不愿意学的尴尬境况。后来随着大家对民俗文化的兴趣越来越浓，霍童镇抓住机遇，牵头与宁德两家旅游文化发展公司以及霍童线狮传承者签订战略合作协议，旨在将霍童线狮塑造为当地的名片，不断开发其历史底蕴和旅游资源。他们还整理出版了霍童线狮及其历史渊源丛书。焦城区文体局召开了保护霍童线狮民间民俗探讨会，派人专门对霍童线狮特有的文化底蕴进行调研。每年都投入大量资金来开发霍童镇的旅游资源，在 2014 年霍童线狮馆建设项目所获资助占整个福建省中央预算的五分之一，达 1500 多万元，足见政府对霍童线狮的大力支持。

## 三、面临的问题

在人们对传统文化艺术逐渐疏远的今天，霍童线狮依然能够保持其旺盛的生命力着实不易。而这主要得益于传承家族的极力维护和政府部门的大力支持。但即便是名气很大，霍童线狮也面临着失传的危险，村里年轻人越来越少，也不愿意学，而且只局限在两个家族，传承的面越发狭窄。线狮的表演需要多人配合不断练习，但现在能聚在一起的时间很有限。在霍童村，除了霍童线狮，还有很多民间手艺依旧存在，比如霍童铁枝、仁记剪刀、斗灯、龙头牌等等，普遍面临的问题是年轻人不愿意学，它们作为一种娱乐活动或者传统工艺已经被更多样的现代娱乐方式以及机器批量生产所取代，没有足够的竞争优势。

我们在田野考查中，多次听到当地老人讲述 1949 年之前霍童线狮的盛况，黄、陈两家斗线狮在霍童已有几百年历史，两家男丁从小都要参加本族打线狮训练，成绩优良者方能进入族人正式线狮队。进入线狮表演队是全家莫大的荣耀，如果能在二月二灯会斗狮比赛中获胜，会得到族人丰厚的奖品，当然最主要的是精神的奖励，成为族人的英雄；反之，则成为

制作剪刀的作坊

全族的罪人，一年都很难抬起头。能够在外地展现本族线狮的绝技更是陈、黄两家宗族最大的荣誉。

曾经参加线狮队的黄大爷说，现在确实非常困难，首先是观众越来越少了，而且多为上了年纪的老人。其次，线狮表演者队伍也很不稳定，很多年轻人出去打工，春节前几天才回来，刚过春节又匆匆离开了家，有的甚至不回家过年，即便是有时间在家的年轻人也不如以前那样容易组织，因此线狮训练的时间难以保证，线狮表演不仅很难出好节目和新节目，就是往年的套路表演也很难维持。老一辈都觉得，集体的荣誉高于一切，然而，这样的想法很难在年轻人身上得到传承。随着社会的发展，人口流动频繁，加上市场经济的冲击，法制观念的增强，人们开始习惯于用金钱衡量事物的价值；同时，大众传媒和大众文化逐渐兴起，尤其是电视机的普及让人们有了更多的娱乐选择，怎样让观众不再流失，这也是非遗传承所面临的很大挑战。

## 四、保护建议

### （一）在保护非遗的同时，对文化生态进行区域性、整体性保护

目前对非物质文化遗产名录项目的保护，往往只从名录项目某一类别的角度开展保护，而对保护区内非物质文化遗产项目之间的关联性，非物质文化遗产和物质文化遗产之间的关联性，非物质文化遗产、物质文化遗产与自然遗产之间的关联性研究得不够；对文化遗产与当地文化形态的关联性、对环境变迁而引起非物质文化遗产生存状况的变化、对特定文化形态的当代发展研究得不够。在霍童村，我们发现它与其他古村一个最大的不同就是整条老街有一群匠人至今还在古老的房子里传承着祖辈们留下来的老手艺，而且这些手艺各不相同，仿佛一副活生生的历史画卷，生动地呈现在我们眼前。短短几百米的街道两旁，就有制作剪刀、斗灯、龙头牌、家具、木雕、草席、木制红漆礼盒等等十几个家庭式作坊。这些手艺人在破旧的老房子里、昏暗的灯光下，用一双巧手精耕细作。游客们对这些手艺都非常好奇，乐于体验。一座古村，因为有了这些匠人而有了生气。我们认为，霍童村在非遗保护方面可以借鉴文化生态保护区的经验，进行系统的整体性保护，尽量避免孤立、片面的解构式保护。可设立霍童村手工技艺文化展示、体验、传承街区，提高民众对自身文化的认同感和自豪感，提高文化持有群体的自觉与自主意识，让非遗保护、技艺传承、旅游文化形成一个互哺的良性循环。

（二）构建非遗传承人绩效考核与激励机制

非物质文化遗产是一种活态文化，它是通过传承人口耳相传、言传身教一代一代地进行传承。由于商业行为的逐利本质，必然会对非遗带来一定程度的伤害，尤其是过度的商业开发往往会违背非遗的“本真性”原则而使非遗面目全非，这已在我国大量非遗开发实践中得到证实。因此，传承人的主要功能在于其社会价值功能，现实中由于“生产性保护”需要而赋予其一定程度的经济价值功能，在认定传承人中可依据我国《非物质文化遗产法》规定的三个必要条件：“熟练掌握其传承的非物质文化遗产；在特定领域内具有代表性，并在一定区域内具有较大影响；积极开展传承活动。”据此，为防止霍童线狮过度商业开发，陈黄两家传承人的认定与保护不能一劳永逸，应对他们进行动态的绩效考核管理，赋予其较大权重的社会责任感和使命感，同时辅以相应的激励举措，让霍童线狮非遗得以一代一代地传承下去。

1. 探索人才的培训机制，将非遗传承引入中小学课堂

将霍童线狮发展沿革、技能知识、文化信仰等非遗知识编著成系列教材，设置不同学龄段的学习课程，分别由传承人和专业学者进行授课，不断培育非遗传承的人才梯队。

2. 大力发展当地经济，将非遗与霍童村旅游文化产业紧密结合

充分发挥霍童村旅游文化产业的优势，融合非遗项目，设计一些游客参与非遗制作或表演的节目，不断提高游客的参与性和增强与游客的互动性。这样不仅能让游客在体验中进行文化消费，带动经济的增长，同时也能发挥经济强大的“磁石效应”，吸引年轻人回乡发展，增强他们学习非遗的兴趣，尽可能地降低非遗“传承断代”的风险。

# 文化旅游开发的盲区及合理性保障机制探讨

## ——以开平碉楼与村落为例

顿德华

自力村碉楼群位于广东开平市塘口镇，是世界文化遗产地之一。该村于清道光十七年（1837 年）开村，因地形像犁头而得名犁头咀。目前，该村由安和里（俗称“犁头咀”）、合安里（俗称“新村”）和永安里（俗称“黄泥岭”）三个方形自然村组成。民间一直有“无碉楼不成村”的说法，该村现存碉楼和居庐 15 座。这些碉楼风格各异、造型精美、内涵丰富，是开平碉楼兴盛时期的杰出代表。如今，林立的碉楼成为开平乡村壮观的文化景观，彰显出人类文化遗产的魅力，吸引了世界各地的游客前来参观。

## 一、开平碉楼与村落突出的文化价值

自力村碉楼的典型特点是楼身高大，多为四五层，其中标准层是二至三层，楼体舒展、门窗开敞，均为铁制；墙体的结构，有钢筋混凝土的，也有混凝土包青砖的，门、窗皆为较厚铁板所造；碉楼的建筑特色多

开平碉楼与村落

半带有国外特色，有柱廊式、平台式、城堡式、混合式等；依碉楼的建筑材料，碉楼一般可分为：石楼、夯土楼、砖楼、混凝土楼。石楼主要利用当地丰富的石材资源垒砌而成，楼体造型简单拙朴，楼顶多为中国传统的悬山顶或硬山顶式样。夯土楼主要以黄泥、石灰、细砂等材料搅拌夯筑而成。混凝土楼兴建于20世纪二三十年代，使用水泥、钢筋、木材等进口材料，造型最能体现中西合璧的建筑特色。这些碉楼是华侨在极其艰苦的生存环境下，用血汗钱集资兴建。据调查了解，华侨修建这些碉楼的原因，一是为了防止台风洪水。开平河流众多，每当遇到台风，洪涝灾害便频发，因此，村民修建坚固的碉楼避风挡雨。二是为了防备土匪的伤害。自明朝以来，土匪猖獗，村民为了防“社贼之扰”，故修碉楼以自保。

自力村碉楼群和居庐群建筑精美，保存完好，布局和谐，错落有致。该村最有名的碉楼为铭石楼（1925年）、叶生居庐（1930年）和云幻楼（1921年）。铭石楼建于1925年，楼高六层。铭石楼楼主方润文早年在美国谋生，经营过餐馆，后以“其昌隆”杂货铺发家，成为本地首富，后回家乡兴建了铭石楼。小楼共有五层，它外形壮观，内部陈设豪华。叶生居庐有四层高，在二楼主人房里，金色的雕花大床与红床帘白蚊帐格外醒目，房间里的箱柜大半是打开的，柜面上还放有一张民国时期的毕业证书；厨房里的东西，齐全而整齐；四楼的神台依然金碧辉煌。据当地人介绍，“叶生居庐”的始建人为方广宽，据说他在建楼时将不少金子埋藏于夹墙中。云幻楼是另一座能够让游人进入的碉楼。楼高五层，门前屋后都有一大片空地，周围用水泥围筑了院墙。楼门口前有若干级阶梯，左右两旁各有一个像音符的装饰衔接栏杆，显得优雅、别致。云幻楼的大门口写着：淑气临门，春风及第。作者借楼寄意，散发情怀，这是他期盼“善良，美好”和人生前程的自白。楼内的厅堂里是中式的摆设，家具和屏风不如铭石楼里的精美。室内放着水车、铁铲等各式农具，虽说以风雅著称，但农家风味似乎更浓一些。除了建筑艺术精美、村落布局和谐之外，自力村的碉楼与村落完美体现了中国人的传统环境意识，是人与自然完美结合的典范。自力村中的碉楼分布在村后，与四周的竹林、村前的池塘、村口的榕树一起，构成了良性的生态环境，踏着村落里的田间小道，穿过绿树修竹直入村内，让人顿生世外桃源之感。

## 二、碉楼文化旅游开发的观念盲区

《关于乡土建筑遗产的宪章》指出，乡土建筑遗产“在世界范围内遭受着经济、文化和建筑同一化力量的威胁。如何抵制这些威胁是社区、政府、规划师、建筑师、保护工作者以及多学科专家团体必须熟悉的基本问题”。根据我们调查，开平碉楼保护和旅游开发不足的主要原因在于合理性观念尚未形成。合理性观念的建立，是文化开发行为中合理性行为的前提。在以文化为主导的旅游村落发展中，合理性观念的建立显得尤为重要。在目前文化开发行为尚无有关法规进行规范的情况下，文化旅游开发必须避免观念盲区。

目前，在开平碉楼与村落的文化旅游开发实践中，由于缺乏合理性观念的指导，不论是开发商、政府还是村民，都存在开发的观念盲区，致使一些碉楼村落步入了开发的误区。这些误区主要体现在以下几个方面。

误区之一：存在先发展后规范的观念。文化资源具有不可再生性，一旦流失之后便不可再生，具有珍稀性。在这样的背景下，在旅游文化开发的初期，有人便认为文化旅游中出现一些混乱现象没有什么了不起，等到一定时期再来进行规范和管理，这样有利于鼓励文化开发的积极性，给文化开发者以更大的发展空间。在这种观念的影响下，开平碉楼与村落里面出现了大量商人，不少人将附近的碉楼开发出来，在整个开平区域，只要有碉楼出现的地方，就有活跃的商人，企图通过这样一种刺激商业的方式来达到繁荣村落的目的，但其结果是形成了恶性竞争，弄得每个碉楼景点都缺乏特色。试想，如果碉楼文化旅游开发用先发展后规范的理念作指导，必然导致盲目发展、无序竞争、文化旅游市场混乱的结果。

误区之二：认为资源优势即为市场优势。在访谈中，我们了解到不少村民都认为，谁拥有了丰富的碉楼文化资源，谁就拥有了广阔的市场优势。朱大叔是碉楼景区一位普通的卖货老板，他在谈话中曾得意扬扬地告诉我们，他本人拥有一幢很大的碉楼，目前该碉楼已经出租给香港老板，自己可以因为拥有这样的一幢碉楼资源而发财致富，可以用碉楼租金到县城买新房。像朱大叔这样的例子并非个案。其实，村落碉楼文化旅游开发行为不同于一般意义上的经济开发行为，在这一特殊的领域，一些市场经济法则并不完全适用，如谁开发谁受益的原则、一切以市场为导向的原则等。碉楼资源只是旅游市场开发的基础，只有文化资源满足了市场需求，这种资源才能转化为市场优势。如果带有认为资源优势即为市场优势的片

开平的一座碉楼

面观念，这势必会导致盲目开发，或造成文化资源的闲置和浪费，造成文化资源的开发性破坏。

误区之三：存在风格雷同缺乏特色的方式。事物所表现的独特的色彩、风格等，是一个事物或一种事物显著区别于其他事物的风格和形式，是由事物赖以产生和发展的特定的具体的环境因素所决定的。然而，不少人忽视了旅游文化开发的特色，拼命追求、盲目打造“人有我有”，“大而全，小而全”。结果，导致不少景点建设内容雷同，缺乏鲜明特色。在碉楼村落景区里面，此碉楼景观与彼碉楼景观没有什么特殊的差别，几乎大同小异。试想，文化旅游开发如果用“人有我有”的观念来开发，其结果只能导致村落景观僵化呆板，没有特色。

## 三、文化旅游合理性开发的保障机制

开平碉楼文化反映的是人类和自然共同作用而产生的人类文化面貌。因此，对于文化景观，要确立文化旅游合理性开发原则，不仅要在思想认识上解决问题，还要落实到文化开发实践中。

一是坚持系统保护，促进传统村落历史长存。碉楼与村落文化是集建筑、村落、田园、山水、文化于一体的生命体，把稻田、河流、竹林、树林等环境要素纳入规划保护中，还原其历史风貌和传统格局。

二是坚持活态保护，延续碉楼村落的文化根脉。要充分认识到，保护、开发好碉楼与村落是弘扬历史文化、彰显地方特色、丰富文化内涵、提升文化品位的关键之举，全社会要进一步统一思想和认识，把碉楼文化与村落的保护开发与地方社会的经济文化建设放在同等高度来抓，碉楼与

开平碉楼俯瞰

开平碉楼简介

村落的保护和利用是文化与经济的有机结合，对于文化资源的利用，切忌目光短浅。

三是制定科学的保护开发规划。规划应着眼于碉楼与村落的全局和整体发展，不仅要保护一座座单体碉楼建筑，更要保护村落千百年沉淀下来的传统文化。

只有这样多方面引导、规范，文化旅游开发才能避免贸然进行，才会保证其开发能够有目的、有计划、有意义地朝着合乎理想的方向发展。

# 关于广东龙门县绳武围村非物质文化遗产保护现状的调查

顿德华

龙门县地处惠州市北部、增江上游。位于龙门县龙华镇龙华村委会的绳武围村始建于明代，由围墙、祠堂及周边的三合院式的民居组成。绳武围村历史悠久、结构讲究、规模较大，是龙门县域内具有较高文物研究价值的传统建筑。该村不仅有气势恢宏的建筑，而且还有悠久的民俗文化。

## 一、龙门县绳武围村的民俗文化

我们在走访考察中，了解到绳武围村的非物质文化遗产主要有如下几种。

第一，婚俗“担担”。“担担”，是龙门县传统婚俗礼仪中的一种形式。“担担”礼仪始于清代初期，距今已有350多年的历史，传说起源于一个美丽动人的爱情故事。吉日良时，新郎在数名亲友的陪同下，亲自上门接新娘回家拜堂成亲。新娘的父母吩咐亲戚去送担。担之中的盒箩，装有大橘、利是、红糖、黏谷、糯谷，还有两碗“暖房”的饭菜，寓意深刻。“担担”礼仪流传至今，它具有历史价值和民俗价值；盒箩用竹篾编织，用藤

绳武围村古建筑

作耳，工艺精致，造型美观，又有较高的观赏价值。

第二，客家山歌。龙门县境内有许多客家人，绳武围村周围也分布着许多客家人，客家山歌经过不断发展，形式内容越来越丰富，大体上可分为原生态山歌、革命山歌、客家童谣山歌、民俗类山歌等。

第三，迎娶习俗。当男方择好迎娶新娘的良辰吉日后，先提前一个月由媒婆带上礼金通知女方。待到迎娶日的前一天为起厨，新郎叫齐亲房家人帮忙，把新房布置完善，并将祖祠里外搞好卫生，张灯结彩；“绳武”大门及李氏宗祠挂满写着“李府”两字的灯笼，五光十色、焕然一新。迎娶日当天为正日，早上迎娶队伍吃完早饭，高举“李府”仪仗、大灯笼和彩旗，抬着大红花轿，吹响八音浩浩荡荡地前往新娘家。午间新翁接受亲朋的致贺，爆竹喧嚣，热闹非凡。下午男方家大摆筵席，中厅高朋满座，互为祝福，举杯欢庆。黄昏时刻，迎亲队伍的八音由远而近，亲朋村前迎接，在人群的庆贺声与门外的爆竹声中新郎把新娘子迎回了新房，众人在欢声笑语中闹洞房。次日新婚夫妇晨起之后，先拜祖祠灵牌，后拜家公、家母、亲房，毕后吃饭散厨。

第四，出嫁习俗。谁家千金自接到男方迎娶吉日的通知后，要提前三十天进入专用女房“藏月”。其意义一是母亲在与女儿分离前夕，提前间断见面冲淡别离之情。在女儿入了藏月之日起，母女只有在第四天、第十一天各相见一次，目的是使双方在日后女儿出嫁离别之时都不要太伤心。二是要在出嫁前使千金学会为妇之道与家务料理等。千金所住藏女房内有两厨一厅和三房楼阁，足够十多个同伴女孩住宿。千金家属天天派人送来柴米油盐菜，由藏楼姐妹教千金小姐做饭、料理家务；同时饭后时间教她尺码搓线，学习缝制小宝宝的衣服，及为人媳妇之礼节等，使其真正成为“入得厨房，出得厅堂”之贤妻。

此外，龙门县传统古俗节日犹多，除春节、元宵、中秋、重阳等大众节庆外，还有“十月朝”“七夕节”等传统节日。绳武围村民间会节文化最具地域特色，有的已演化为各有特色的村落文化。

## 二、绳武围村非物质文化遗产保护存在的问题

由于镇政府的支持，村民的参与，整体而言，绳武围村的非物质文化遗产得到较好留存。当前，绳武围村一批具有较高价值的典型非物质文化遗产基本都已被找出。应该说，绳武围村的非物质文化遗产工作取得了一定的成绩，但面对市场化、商业化的冲击，许多非物质文化遗产逐渐缺失了“乡土、乡情、乡音”。当前，绳武围村“非遗”保护工作主要存在以下几个方面的问题。

第一，外来文化的冲击影响了村落文化的传承与保护。美国历史学家

沃勒斯坦认为，人类历史虽然包含着各个不同的部落、种族、民族和民族国家的历史，但这些历史从来不是孤立地发展的，总是相互联系形成一定的“世界性体系”。随着大众传媒的高速发展及多元文化的发展，传统文化受到了不同程度的冲击甚至是破坏。在这种状况下，绳武围村也不可避免地受到了冲击与破坏。村落里年青一代不爱欣赏那些土里土气的民族文化了。据村支书介绍，他家小孩放学回家第一件事情就是看电视。电视娱乐已经成为孩子娱乐的主要方式之一，至于传统的艺术民俗，孩子们一无所知，也从来没有主动去关心过。传统文化慢慢淡出年轻人的视野，此外，村落中还有不少传统文化艺人逐渐退出了传统文化的创作与表演舞台。

第二，村民对非物质文化遗产价值认识不足。村民对“非遗”认识的不足，一方面导致了未被发现的“非遗”遗漏；另一方面，一定程度上也让“非遗”的民俗文化特色遭到忽略。就拿村落婚俗“担担”来说，“担担”

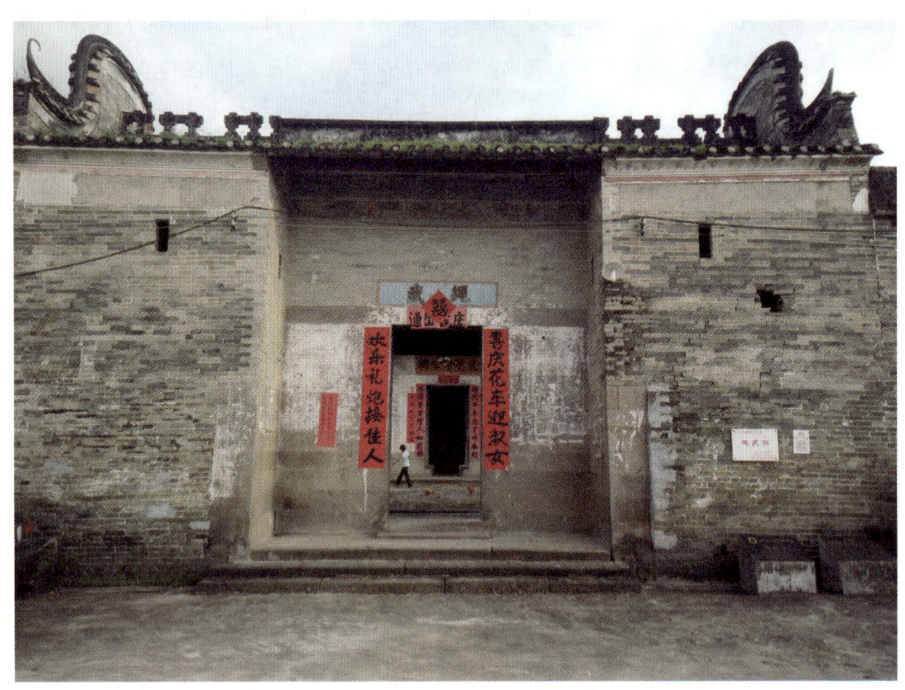


绳武围村古建筑

作为一种非物质文化遗产，是反映村民集体生活，并长期得以流传的人类文化活动及其成果，因而具有不容忽视的历史文化、科学等方面的价值。我们在考察中了解到，现代多数人根本不清楚其丰富的价值。我们以为，村落中大多数居民对民俗文化认知度不高，公众甚至部分领导干部对文化遗产的科学价值、历史价值、艺术价值不了解，正是这种所谓的不了解，掩盖了村落文化本应有的价值。村落中的年轻人多倾向于在酒店举办婚礼，导致村落传统的婚俗文化内涵被严重篡改和扭曲，这不能不说是一种损失。

第三，传承人面临断层的危机。非物质文化遗产的传承，主要靠言传身教，心领神会。面对开放与多元文化的冲击，绝技绝艺传人越来越少，而年轻人忙着打工挣钱、追求时髦，对传统文化不感兴趣，不能静下心来学习观摩。在这样的大背景下，非物质文化遗产的传承面临着严重的威胁。许多年轻人知晓西方的情人节、愚人节、圣诞节，但对民族的民俗节庆等知之甚少。一些非物质文化遗产项目传承人的孙辈认为学习这些技艺没有“钱途”，宁愿外出打工也不学习。由于缺乏传承人，非物质文化遗产出现了前所未有的断层危机。

## 三、绳武围村非物质文化遗产的保护策略

绳武围村非物质文化遗产中，特色山歌、婚俗“担担”、剪纸等无疑是最有特色的非物质文化遗产。我们不仅要使其得到继承和保护，还要不断地创新，寻求新的发展。特别要对传承人予以认定保护。

第一，从非物质文化遗产性质角度来说，非物质文化遗产具有独一无二、不可再生的性质。也就是说，这些非物质文化遗产一旦消亡或流失，就永远无法恢复或再生。所以，人们在充分认识到抢救与保护非物质文化遗产的必要性和重要性的同时，要对非物质文化资源的价值有清醒的认

主兑李公祠

识，要树立“以保护促开发，以开发促保护”的理念。

第二，加强对非物质文化遗产保护的宣传教育。人民群众是非物质文化遗产的创造者、传承者，也是非物质文化遗产的保护者。保护非物质文化遗产的工作，不只是某些部门、某些人的事，而是一个需要全社会共同参与并承担责任的工作。因此，应该加强宣传教育，特别是加强对村落中的青少年的宣传教育，最终让保护非物质文化遗产成为全民的共识和自觉行动。

第三，从法制层面来说，政府部门应从立法角度出发，出台一系列保护非物质文化遗产的规章与条例。因此，建议当地有关政府部门可以颁布山歌、婚俗等民俗文化的保护条例、保护方案、保护措施等。

第四，切实加强传承人的保护工作。费孝通先生曾经说过，文化是人为的，也是为人的。因此，从某种意义上来说，保护非物质文化遗产，关键就是要做好传承人的保护工作。要给予他们一定的经济待遇，使他们衣食无忧，并鼓励他们多收徒、授徒，培养更多的民族文化传承人。同时还可以运用现代科学技术将民俗文化相关资料输入电脑，建立数据库，进行数字化管理，以便更好地保存和宣传。

总之，村落民俗文化的保护需要人们在确保文化遗产原生状态不受损害的前提下科学开发，合理利用非物质文化遗产资源，让更多优秀的非物质文化遗产融入现代日常生活中，以此提高和丰富村民的精神文化生活水平。

# 关于广东龙门县绳武围村古建筑文化保护的思考

顿德华　屈志强　刘　维　郑如玉

绳武围村是龙门县龙华镇的一个古村落，始建于明朝万历元年（1573年），至今已有400多年的历史。绳武围村坐南向北，总面阔168.95米，总进深92.52米，占地面积约15632平方米，围墙内有祠堂、有民居，还有三合院。绳武围中的“绳武”二字，出自诗经《大雅·下武》，意即“昭兹来许，绳其祖武”之意。意思是希望后辈能继承祖业，踏着祖先的足迹继续前进。这里人文气息浓厚，人才辈出，至今仍然保存着数百年前的风貌。

## 一、历史传说：由“绳武围”到“新楼吓”

绳武围村是李氏族人修建的，据说，当年绳武围村太祖从龙华水坑村到本围开居建了新楼居住，明末清初动荡时，李氏族人惨遭匪寇惨绝人寰的血洗。在遭匪徒洗劫之时，十一世孙李待举（字莘士）因在外婆家，幸免于难。乡亲大都受到惊吓，把绳武围叫“新楼吓”，久而久之，绳武围就此改了名。好在李待举在大祸之后发奋图强，艰苦创业，修复家园，

龙门文笔塔

繁衍子孙，得以重振绳武围。在清朝的 200 多年间，这里走出 8 名举人、14 名贡生，取得了丰硕的科举成就，像李隶中、李步蟾、李柱兰等就是李氏家族的杰出代表。时代变迁，“新楼吓”村又逐渐叫成了“新楼下”。据了解，“绳武围”遭洗劫之后的很长一段时间，族人都以为只有李待举一根独苗了，后来才得知李素闲次子李茂聘的一支后人流离至河源市东源县，近年也偶有回来祭祖。

## 二、建筑文化：由特色风景到地域文化

绳武围村虽已经历 400 多年的风雨侵蚀，建筑结构却仍保存得相当不错，马鞍式、凤尾形屋顶，屋檐和梁柱上雕刻的各种图案仍栩栩如生。进

入绳武围村，首先看到的是主兑李公祠，这就是重建绳武围的李待举（字莘士）的祠堂，也是绳武围村最辉煌的建筑。主兑李公祠建于清朝，三进二井，雕梁画栋，采用了灰雕、石雕、砖雕、木雕等工艺，印证了历史的辉煌与豪迈。进入二进中，我们看到中门上“泽荫堂”的匾额完好如新。据了解，绳武围村先后开设咏春园、蓬春园、泰栈书院等私塾，并在清朝取得了丰硕的科举成就。

此外，祠前有“品”字形的三眼水井，祠堂与民居用隔火墙隔开。可以说，绳武围村内部有李氏祠堂、老旧的民房、威武的炮楼以及奇特的古井。而在外部则有河流环绕。建筑的西、北两面有增江河环绕，北部有风水塘以及农田水网，风水塘与农田水网相通并最终流入西部的增江河，河两岸是广阔的农田，这种设计体现了“河网密布、依水而耕”的江南岭南水乡特色生态环境。穿行于绳武围村，我们发现，虽然经过岁月洗礼，但从一座座气势恢宏的旧建筑中，仍可以看出当年该村的富庶和辉煌。处在这样的环境下，让人感觉这就是悠久的宁静古朴的文化气息。

## 三、保存现状：由传统的辉煌到现代的遗弃

绳武围村现存 3 座祠堂，但保护现状不容乐观，一是随着“空心化”加剧，部分传统建筑因年久失修濒临坍塌；二是随着现代化的推进，现代生活方式侵犯了村落的原始形态；三是由于缺乏规划，村民活动对建筑传统风貌格局造成破坏。出现这些问题的根源在于人们观念中没有意识到保护的重要性，国家也没有从立法的角度对其加以规定。目前古建筑的立法存在许多不足，大体如下。

一是立法的主体利益中立性不足。众所周知，作为制定规章制度的相关政府部门由于其自身的缘故，都希望将地方的古建筑开发成为旅游区，

绳武围村古碑

以此来推动当地经济发展，拉动地方 GDP 增长。政府部门虽然迫切希望保护当地的各种民族文化，然而在实践中出现了政府部门与旅游开发部门形成利益共同体，这在一定程度上损害了地方政府的公信力，也会在一定程度上影响了社会稳定。对古建筑保护而言，其出发点并不是真正意义上为了保护相应的古建筑或者文物，而是为了推动当地经济发展，这在制度层面上并不利于古建筑和古文物的保护。

二是立法主体层级相对较低。法律修改之后，设区的市均拥有了立法权。但是我们在走访过程中发现龙华镇绳武围村在市领导视察之后，当地名气也出来了，地方政府对其进行保护，然而地方部门所颁行的规定并非严格意义上的法律法规。因此，也就谈不上对地方立法的规范性治理和保护，地方机关由于权限等原因使得其治理力度相对较弱。

三是立法中关键概念的界定模糊。对于古村落中的古建筑，各个地方的立法都进行了一些界定，我们在龙门县龙华镇的几个古村落走访的过程中发现，对于地方上的相关文物保护的法律法规，村民等知之甚少，而关于立法中对古镇等相关概念的界定相对模糊，难以把握。一方水土养一方人，作为岭南文化中古村古镇的文化代表，在这里生活的人民有着自己的方言体系，从这个意义上来说，地方部门通过官方文字进行转化翻译的过程中可能会存有一定的误差，所以在制定相关规范性文件过程中可能对古建筑的保护并不够精确，因此可能也就保护力度不足。

## 四、改进措施：由规范立法到完善执法

一是加强地方立法的前期调研。由于地方方言等多方面的原因，地方所制定的规范性文件与地方实际相去甚远，概念界定等存在一定差距，对于这个问题应当从前期准备工作上着手解决。厘清相关概念的内涵，结合当下的语言习惯，予以精确界定，进行完善立法。

二是推动立法专业化队伍建设。专业的人做专业的事，这个观点在当下早已成为共识。地方立法队伍的建设说到底还需要落实到对法治人才的培养模式上面来；在《中华人民共和国立法法》修改之后，所有设区的市都拥有了地方立法权。新修改的《中华人民共和国立法法》给予了地方很大的自主权利，然而我们目前的高校在法治人才的培养上还是主要向司法实务类别的人才方向培养，对于立法人才的培养力度不够。

三是推动地方性法规制定和完善。在走访过程中我们发现，地方政府所制定的地方性规范性文件中存在着地方资本利益的身影。因此，对于古建筑的保护，地方政府部门所制定的规范性文件可能成为地方资本利益对当地村民产权利益侵害的帮凶。然而，将权力收归到省级人大之后，制定地方性法规，一方面可以保留地方立法的特色，切合当地传统民情；另一

绳武围村古碑

方面，制定地方性法规，能够在制度层面上体现出政府对文化保护立法的重视，这能够在相当程度上推动当地村民提升相关文物保护的意识。

## 五、结语

按照亚里士多德“良法之治”的观点，一个真正意义上的法治国家，被人遵循的法律必须是一个制定完善的法律，所制定的法律必须是良法，然而我们的理想与现实已然脱节。随着绳武围村在2013年被列入《中国传统村落名录》，游客接踵而至，让村民觉得有了新的发展机遇。因此，从立法、执法方面保护古色古香的绳武围村尤为必要。

# 坚持立法保护，传承乡土文化

## ——旅游背景下的沙湾古镇现状及其保护思考

顿德华　刘　维　屈志强　郑如玉

走在沙湾古镇景区，我们可以清晰地看到古镇的发展脉络。“石阶石巷”的古村落格局依旧保存完好，宗祠古屋错落有致。沙湾北村地处沙湾镇中心北部，辖区面积2.42平方公里，下设13个村民小组，常人口3209人，其中户籍人口1834人。沙湾古镇先后获得“中国历史文化名镇”“中国民间艺术之乡”“飘色之乡”“广东音乐之乡”等荣誉称号。

### 一、沙湾古镇悠久的历史文化底蕴

沙湾北村是沙湾古镇的核心区，有着800多年的历史，文化底蕴深厚，辖内有省级文化保护单位“车陂街”“留耕堂”等古建筑群，堪称岭南古建筑的代表。其中，车陂街是最能体现沙湾古镇风貌的一条重要古街道。它地处沙湾古镇的中心地带，呈东西走向，街内的古建筑群保存较为完整，并经过近年来的修复，三稔厅、何炳林纪念馆等已修复对外开放。此外，古镇中还有新锡堂、峙思堂、光裕堂、志观祠、珠海祠、安宁路的

沙湾古镇文物保护牌

衍庆堂（何炳林院士纪念馆）等建筑，其中最著名的是省级文物保护单位的留耕堂（何氏大宗祠）。何氏大宗祠是沙湾何氏家族的始祖祠堂，始建于 1275 年，其后屡建屡毁。目前所见的留耕堂为 1700 年扩建而成，面积为 3334 平方米，它是番禺区现存年代最久远、布局最严谨、规模最宏大、造工最精巧、保存最完好的粤中宗祠的经典之作，有“岭南综合艺术之宫”的美誉，是沙湾古镇的标志性建筑。

值得一提的是，沙湾古镇还有不少名人故居。最为典型的是何少霞故居和何炳林院士纪念馆。何少霞故居为清代典型的“三间两廊”建筑，内建通堂大阁。何少霞是广东音乐的创作和演奏家。对乡人何博众所创的“十指琵琶”弹奏技法尤为精湛，被乡人誉为“琵琶精”。他不但精通广东音乐的创作，能娴熟地进行多种乐器的演奏，而且为张月儿、徐柳仙等当

沙湾古镇建筑

时名伶创作了不少脍炙人口的著名粤曲，还是将粤乐灌录成唱片使之广为流传的先驱。何炳林院士纪念馆位于安宁中街，该地原是奉祀何氏留耕堂甲二房九世何志明及以下祖先的宗祠，建于清嘉庆年间。何炳林是中国第一颗原子弹研发的幕后功臣，他研制的 201 树脂用于核燃料铀的提取，为我国第一颗原子弹的成功爆炸作出了巨大贡献。

## 二、旅游业发展对沙湾古镇造成的影响

当前，许多古镇古村都将旅游开发作为村落文化保护和传承的手段，旅游开发对宣传古镇古村，提高知名度及增加本地村民收入等方面都有积极作用，然而，过度的旅游开发对古镇古村产生了很大的危害，其负面影

响主要体现在以下几个方面。

一是旅游开发中的保护性破坏。由于对古镇古村的旅游规划开发考虑不周，加之缺乏环境保护知识，开发商不注意古镇古村与环境的和谐一致，对景区进行急功近利的粗放式开发，导致在发展旅游业的过程中产生了一些不适当的行为，造成对旅游资源或其环境的破坏。如重建、修复的文物古迹严重脱离历史和原有风格，沙湾古镇不少名人故居的复原就显得不伦不类，失去了其原有的文化味道；再如，旅游所开发的民俗资源缺乏真实性，许多项目没有很好地与当地村民的生活实际相结合，有人甚至批评当下的许多民俗表演是媚俗；又如，建造的居民建筑等对旅游景观造成

沙湾古镇街巷

不相宜、不协调的破坏，不少建筑的装修都不注意古镇古村身份，失去了文化的原汁原味；最后是开发过程中不注意“三废”的处理，白色污染造成了景区的破坏。

二是旅游管理中的失误。人文旅游资源作为一种历史文化的产物，具有独特性和地方性，即越古老、神秘、奇特的东西就越有价值，越是环境特殊或封闭的地方，越能孕育出别具一格的人文旅游资源，也就越能对游客产生强大的吸引力。但不适当的旅游管理方式造成了对这种原真性文化的破坏。一些表演只有在游客出现的时候才上演，演员有时一天表演许多次，这种表演已不再是发自内心的自我表达，而是工具性重复式的表演，这对不可再生的文化遗产资源的破坏极其严重。

三是市场经济对村落的影响。由于市场经济的作用，村落也由封闭走向开放，也不断受到市场经济的种种冲击，这对村落的发展并不令人乐观。由于市场经济一味追求古镇的经济价值，比如，历史古城、文物古迹所在地允许经营一些与环境不协调的表演项目，呈现出经济化、庸俗化、洋化等特点，古村落无法与之抗衡，正在慢慢失去古村落原有的价值。

## 三、对沙湾古镇文化遗产保护与开发的思考

随着社会的发展，经济化和现代化必然伴随着对传统文化的冲击，这是当代社会发展中极具普遍性的问题，也是当下古村落不可回避的问题。在当下的历史文化境遇下，如何保护古村落文化，尤其是民族传统文化，已成为一个尖锐的问题凸显出来。

古村落保护是保护文化遗产的一项重要工作，我们以为，古村落的保护与建设仅靠政策和行政力量是不够的，亟须立法加以规范和有效的保护。运用法律保护是最有力的手段。一方面，要注重立法保护；另一方

沙湾古镇一角

面，还要注重执法保护。对于那些被确认有效的保护措施和保护方法，要将其固定下来，赋予其普遍施行的效力，通过立法程序，将其上升为法律并得到遵循。同时，还要围绕全面保护古镇古村落的风貌特色，从其特色、布局等方面进行详细规划，制定出相关的规章制度，采取一定措施保证其得以顺利施行和普遍遵守。当然，在执行的过程中，对那些没有法律规定但对古镇古村文化资源保护有积极效果的因素，要积极加以变通，灵活运用。

# 反差与悬殊：在保护与遗弃之间

## ——以普宁德安里与南村保安里古建筑保护为例

刘 维

揭阳市方氏是广东的重要郡望。洪阳镇属揭阳市普宁市，方姓人口占近一半的人口，故而洪阳镇又有“方半镇”之称。德安里位于广东省揭阳市普宁市洪阳镇南村，是清末广东水师提督、名将方耀与其兄弟共同营建的家族集居寨，始建于清同治十年(1871年)，前后陆续用20年时间建成，建筑保存相对完好，而南村保安里古建筑保护不受重视，在同一个地方，却出现了古建筑命运的天壤之别。

第一，规模庞大、保存完好的德安里：德与山河同万古；安如磐石奠千秋。

德安里的建筑，集潮汕民居建筑的大全，有大祠堂、三厅亘、五间过、四点金、下山虎、驷拖托车、五壁连、独脚狮等。德安里整个建筑组群分为“老寨”“中寨”“新寨”三部分。建筑格局老寨俗称“百鸟凰”，其建筑样式以宗祠为中心，象征独占枝头的“凰”，两边民居建筑向心围合，中轴对称，数量有严格的限定，必须为一百间房子，象征朝拜“凤凰”的“百鸟”。从主祠堂往后推，依次为五间过、七间过，七座超大型的大“下山虎”相连，在潮汕地区实属罕见。祠堂两侧自前至后依次为左

德安里建威第

右对称的“三厅亘”和“下山虎”，后面横排着7座“下山虎”，称为“后七座”，构成3条横向的通道，通称为“三街”。祠堂两侧与“三厅亘”之间有两条纵巷，“三厅亘”两侧又各有两条100米长的纵深火巷，俗称为“六巷”，每条巷子两侧整齐地排列着22间平房。故老寨又有“街六巷”之说。德安里老寨设计整齐划一，布局对称合理，样式严谨如棋局。德安里中寨与新寨的建筑格局是潮汕传统的民居“驷马拖车”。“驷马拖车”是古代乘骑方式的一种，多是达官贵人或富商大贾才能享受的待遇。这样一种由乘骑方式来命名建筑样式，看似风马牛不相及，但在形制上却有着合理的相同之处。德安里的“驷马拖车”是以一座面积1400平方米左右的大宗祠为中心，两侧各一座面积为600平方米左右的“三厅亘”大型建筑物；“三厅亘”后侧各两座“三间过”的“四点金”对称排列，祠堂后一座“五间过”“四点金”再加上两条火巷、从厝（德安里的从厝为6—7座“下山虎”）

德安里建筑

和后包，称之为“驷马拖车”。它们以中间的大祠堂象征“车”，左右两边的建筑象征着拖车的“马”，由此联合成一个建筑整体。除了建筑样式上的恢宏与严谨外，它还承载着生活其中的子孙对于先祖的崇拜与信仰，体现了潮汕地区的宗法观念和祭祀传统。三寨各具特色而又有机地联系在一起，房屋 773 间，外置护寨河，占地 6.3 万多平方米。它是潮汕地区现存规模最大、保存最完整、历史时期较长的巨型府第式建筑群，也是国内罕见的府第式古村落。

第二，荒废、无人问津的古建筑：南村保安里。

在寻找德安里的路上，眼前零散的一栋又一栋的老房子引起了我们的注意，于是进入这些老房子探个究竟。同样是在洪阳镇南村，我们惊叹于德安里可以保存得这么完好，但在另外的一条街，也就是南村保安里的古建筑却荒废着，无人问津。我们探访了几位零散居住的居民家，询问了村镇的有关情况，他们的回答更是让我们感到诧异。他们说，我们是至今为止第一批问他们关于古建筑保护情况的人员，镇政府对这片零散的古屋至今未曾过问过，更没有采取专门的保护措施。这大概也是镇政府的趋利性所致，毕竟以德安里的规模之大可以实现投入与产出成正比，而保安里这种零散的古建筑要保护并且开发，必定要投入大量资金。现实中，未必会有人愿意放着德安里那么恢宏的古建筑群不观赏，而前往保安里这种零散的古建筑区。其次，这里的居民对他们祖辈留下来的古屋虽然口口声声说不会卖出去，因为是他们家族历代传承下来的，但是他们却说希望能拆除再建新房子，可见村民对于古建筑的保护意识是十分淡薄的。我们遇见了一个很大的祠堂，听到阵阵清脆的敲锣打鼓声，走进一看是一座“赐福佛堂”。一位热心的村民给我们介绍，今天刚好碰上六月十九日，是观音菩萨成道日，佛堂布施粮油的日子，凡年龄达到 58 岁以上（含 58 岁，特殊者例外）的孤寡老人、五保户、残疾人士、特困户均可前来登记并领取布施粮油，行动不便的人由佛堂委托专人送到受布施人家中。她们正忙着给

南村保安里民居

附近的老人布施大米、食用油，而且很热心地留我们下来说中午她们准备了饭菜，规模很大形式也很规范。村里逢年过节每家每户都会拜神求佛烧香，这是多年传承下来的习俗。

第三，古建筑保护与未保护的深思。

这几天走了不少古村落，每个地方虽然发展程度、地势、交通、文化背景均有差别，但是受到政府保护的古建筑跟未受到重视的古建筑相比，存在天差地别，这种现象令人唏嘘。

没有受到政府重视的古建筑，往往是荒废在那里，或者有一两个老人守着古屋，当房屋出现毁坏状况时，必须要靠自己去修理。没有人居住的古屋则越来越荒芜，甚至出现坍塌。居住在里面的居民也缺乏古建保护意识，更不知晓相关保护政策。相反受到政府保护的古建筑，譬如德安里，它由普宁市市场物业管理局接管，负责德安里的日常管理、修缮、保护等工作，因而状况良好。

南村保安里古建筑

南村保安里建筑一角

因此，我们认为目前最重要的一点就是要增强全民对古村落古建筑的保护意识，不管是国家法律法规，还是基层政府的宣传工作，都要落实到每家每户；其次，当地政府有义务对当地的古建筑进行摸排，汇总报告，保护被遗弃的历史建筑；最后，政府要在贯彻好“保护为主、抢救第一、合理利用、加强管理”文物工作方针的基础上，进一步推动古建筑文化产业、旅游业的发展，让更多的人了解古镇文化。

# 关于广东普宁市德安里古村保护的思考

屈志强　顿德华　刘　维　郑如玉

德安里位于广东普宁市洪阳镇南村，是清末广东水师提督、名将方耀与其兄弟共同营建的家族集居寨，是潮汕地区现存规模最大、保存最完整、历史较悠久的巨型府第式建筑组群，也是国内罕见的府第式古村落。德安里的古建筑始建于同治十年（1871 年），光绪十六年（1890 年）建成，距今已有 140 多年的历史。整个德安里分“老寨”“中寨”“新寨”三部分，占地面积 6.3 万平方米，建筑面积 3.2 万平方米。寨内有客厅、祠堂、佛堂、书斋、卧室、餐厅、库房、阁楼、门房，还有寨前广场、后花园、莲池、寨门、围墙，围墙外有护寨河，房屋总数 773 间。整个建筑规模之大，构筑之精，造型之美，堪称建筑界的一朵奇葩。

德安里的古村落整体上来看保存比较完整，但是实际上位于南村的其他村落也有一些零零散散的古建筑，由于政府不够重视，直接导致这些古建筑被毁坏的现象十分严重。那么政府对于古建筑保护的立法现状究竟如何，其缺陷究竟在哪儿，我们经过实际走访得出了这样一个结论：只有被政府划为保护区的建筑群得到了相对完好的保护，且收取了一定的门票费用。

德安里博物馆

我国现行的《文物保护法》第三条规定："古文化遗址、古墓葬、古建筑、石窟寺、石刻、壁画、近代现代重要史迹和代表性建筑等不可移动文物，根据它们的历史、艺术、科学价值，可以分别确定为全国重点文物保护单位，省级文物保护单位，市、县级文物保护单位。历史上各时代重要实物、艺术品、文献、手稿、图书资料、代表性实物等可移动文物，分为珍贵文物和一般文物；珍贵文物分为一级文物、二级文物、三级文物。"根据国家法律规定，只有被国家划为文物保护单位的才是受国家保护的，这在一定程度上就将散落在这个区域之外的其他的古建筑排除在外。因此从这个意义上来说，政府部门对德安里的建筑保护就属于典型的区别对待：在景区之内的就重点保护，严格遵照《文物保护法》及国务院颁布施行的《文物保护法实施条例》的相关规定进行保护；然而对散落在这个区域之外的包括古建筑等在内的其他文物保护力度明显不足。我们在走访到德安里的邻村新安村的时候，在对当地居民进行关于古建筑保护的调查

德安里建筑木雕

访谈时，他们不约而同地表示对镇政府目前所采取的保护措施很失望。当地居民们表示他们所居住的建筑都拥有几百年的历史，然而到现在许多年轻人都不愿住在里面了，有些甚至就将其拆除建成了新的楼房，政府部门根本就没有人过来问过他们，更别说对建筑的保护问题了。随着岁月的流逝，古建筑的破坏也越来越严重。他们对这种现状也很痛心，然而面对生活的压力，他们也是无能为力。

经过深入的走访研究，我们发现现有的文物保护制度对于散落民间的古建筑等保护力度还相当欠缺，这不光涉及对保护区内的古建筑的保护，更涉及对于现存古建筑的发掘问题，如何提振当地政府对于文物保护的重视程度，根源还是得落实到加强政府行政的意识上。政府要积极主动地作为，杜绝懒政，实行能者上庸者下的制度。

在国务院颁布施行的《国务院关于进一步做好旅游等开发建设活动中

文物保护工作的意见》中规定要加大对文物保护的投入。各级人民政府要将文物保护经费列入本级财政预算，保证财政拨款随着财政收入增长而增加。要切实保障文物保护单位的日常维护经费和文物保护的抢救性投入。要加大基础建设投入，改善文物本体及其环境状况，加强文物保护基础设施和安全设施建设。国有文物保护单位的事业性收入应当专门用于文物保护。鼓励社会力量采取捐赠、设立文物保护社会基金等方式参与文物保护。文物旅游景区经营性收入要优先用于文物保护，具体比例由地方人民政府确定。文物保护单位管理机构要加强资金管理，严格遵守财务制度，提高资金使用效率。

但是目前存在的问题是，地方政府部门由于地方财政总量的限制，并没有那么多的资金投入到文物保护中，因此采用划区保护。政府部门将其建设成为一个旅游区，以此作为这些古建筑维护经费的来源。划区保护的旅游区尚且如此，何况散落在区域之外的古建筑？对古建筑保护力度的不足，反映的是当今政府唯 GDP 论的政绩观，也是一种缺乏责任担当的懒政心态。“为官一任”当“造福一方”，然而就德安里的古建筑保护现状而言，收钱的机构也进行了外包，却没有公开用于文物保护的财政支出状况，这些收入去了哪儿，政府层面对当地建筑保护的投入有多少，我们无从得知，政府在行政公开层面上还有很长的路需要走。

回到我国《文物保护法》中的分区域管理制度上来，我国现行《文物保护法》中的分区域管理制度，从根本上来说是为解决我国现存文物保护的资金不足所采取的一种对现实的妥协。然而，正是由于这种区分全国重点文物保护单位以及省市县文物保护单位的做法，在事实上直接导致了政府部门对于散落在民间的其他古建筑等文物的忽视，形成了一座座区域性的“文化孤岛”，这在相当程度上加速了当地文化的消亡。分区域管理制度，看起来似乎是一个一劳永逸的评选，评选上之后就有了对古建筑等文物进行保护的资本和诸多资源，然而对于评选的过程、发掘的主体等具体

德安里牌楼

问题，《文物保护法》尚无明确规定。许多文物未被列入保护区之内，于是一些古建筑等在得不到保护的情况下正加速消亡，留给我们的时间真是不多了。

“仓廪实而知礼节，衣食足而知荣辱”，只有在解决当地农村居民的生活问题之后才谈得上对文物的保护。当地居民所居住的都是上百年的古建筑，出现毁损的概率很大，然而依靠农村居民自己投入资金进行保护维修显然不现实。有些村民干脆选择直接将这些古建筑拆除修建成现代的小洋楼，这对我国的文物保护和文化传承实际上是十分不利的。因此，当下最应该做的还是应当对目前的《文物保护法》中的划区域保护制度进行修订完善，提振地方政府保护文物古建筑的动力，在某种程度上说如何保护尚未列入保护范围的古建筑有时更甚于目前所采取的保护行动。

# 关于广东沙湾北村的建筑与民间艺术的调查

郑如玉

古城古镇古村的文化探源迄今仍是中国文化遗产研究的重要部分，随着时代的变迁，信息社会的高速发展，人们生活方式的转变，部分古建筑正面临着拆迁改建的危机，古建筑的消失也意味着传统文化面临着消失沉没的危机，而今在飞速发展的时代保护古城古镇古村落文化的紧迫性显得尤为重要。秉承保护古村落的决心，深思如何有效保护传统文化，中华传统文化各有千秋，地域性以及彰显的人文性都有所不同，在各古村落城镇的考察中，即可发现从建筑到文化习俗、居民、环境等各方面都有不可比拟的差异性。

沙湾古镇是岭南文化的标志建筑群，坐落于广东省广州市番禺区，沙湾古镇自宋朝建镇以来，已有 800 多年的历史，在沙湾古镇中，岭南古村的元素随处可以寻觅，特别体现在沙湾北村的建筑群落中，例如特色的民居——蚝壳屋，靠海一代的居民将吃剩的生蚝壳伴以砂浆黄泥等铸造成房屋，蚝壳屋冬暖夏凉，筑房特色鲜明，古韵犹存。除此之外，沙湾古镇的民间艺术文化底蕴也相当深厚，尤以“沙湾飘色”闻名中外。

沙湾古镇在 1949 年之前并无东西南北村落之分，在 1949 年之后便划分为沙湾东村、沙湾西村、沙湾北村、沙湾南村。沙湾古建筑群落与“沙湾飘色”都集中于沙湾北村，沙湾北村保留有大量的古建筑，且都有岭南文化特色，沙湾北村占地 2.4 万平方公里，下设 13 个村民小组，共有常住居民 3029 人。但是本辖区的居民分布状况具有特色，在广东省的村镇中极其少见，该地住户是农村户口和城镇户口住民各占一半，在村中的住户大部分并非农村户口。沙湾北村居民以农村宗族为主，其中姓何的住户较多，现存有何氏大祠堂，何氏人口现约占全村人口数量的 60%，剩余的 40%都为他姓。但在沙湾村却有一个奇特现象，同时也从侧面反映出

沙湾古街巷

沙湾广东音乐馆

沙湾村的民主程度，沙湾村大部分的居民都为何姓，但其所选的村主任却非何姓，这点在中国的农村中是少有的，也从中反映出沙湾村的村民思想自由性以及民主程度。近年来，沙湾村在保留固有的文化特色中仍然坚持以基层党建为引领，推动经济社会持续健康发展，大力扶持新型工业、文化旅游等现代产业。目前，沙湾北村全面推进新农村建设，借助沙湾古镇的旅游开发，不断完善基础设施建设，先后被评为广东省名村、广州市美丽乡村等。

沙湾北村现仍存有民间艺术瑰宝，尤以“沙湾飘色”闻名中外。“沙湾飘色”是沙湾镇的传统民俗艺术文化活动，它起源于明代中期，由沙湾北帝诞迎神赛会娱神节目发展而来，在清朝时期达到鼎盛，作为一种民间的艺术表现形式，用于展示某个民间传说或者戏曲故事片段。它集合了材料、力

沙湾建筑

学、音乐、造型、装饰等工艺，以色柜作为展示舞台，色柜上坐立着的人物造型是“屏”，凌空而起的称为“飘”，具有丰富的艺术展示形态。传统的“沙湾飘色”活动每年都在举办，固定的展示节日为每年的农历三月初三北帝诞时举行，活动的组织也是由各乡坊轮流承担，在各村落或是镇上进行巡演，“沙湾飘色”一直保存至今，未曾消失，是中国民间艺术文化的瑰宝。

沙湾北村的文化底蕴深厚，传统文化典藏丰富，目前政府仍保存有大量的文化真迹，例如20世纪50年代时期的土改政策写本、当年农村的土地划分状况记录册、何氏宗族的族谱等。当地政府还设有图书室，配有各类书籍，供居民使用，加强营造古镇村落的文化氛围，推动当代人延续性继承传统文化。

沙湾古镇古村落中对传统文化保护仍有不足之处，当谈及传统文化的保护问题，仍然以延续文化为重点。时代的高速发展，推动人们向信息社会前进，高楼建筑逐渐出现，然而那些具有岭南特色的建筑又该如何立足，面对沙湾北村中存有的大量明朝、清朝、民国时期的古建筑，“沙湾飘色”等艺术瑰宝保护问题，沙湾北村的党支部书记提出几个关于古村落保护的难点：一是政府对于古村落文化保护的支持力度不够，例如政府部门所下达的资金不足，规划古村落的建设需要有一定的物质基础，资金不到位很可能影响古村落的保护；二是沙湾北村的古村落保护立法进展缓慢，早期并未有完整的保护古村落意识，许多古建筑都是拆掉重建，现有部分已被拆掉，保护来不及；三是政府部门应当委派专业人士发掘古文化遗产，目前的村落城镇中仍然存有尚未被发现之物，政府部门应当加强发掘力度；四是古城古镇古村落的旅游开发还在发展中，第三产业链条还未真正完善，还未能完全保护发展古村落文化；五是政府部门的宣传还不够到位，需要使群众意识到古村落保护的重要性以及当前建筑保护的紧迫

沙湾建筑

性，唤起群众的力量共同保护古城古镇古村落。

古城古镇古村落的保护还面临许多问题亟须解决，从当地人的访谈中可见保护立法的紧迫性，这些带着时代故事的建筑屹立在沙湾，展现着浓厚的时代人文风情，这些传统建筑一旦湮没在悠悠岁月里，一旦出现崩解拆迁，在历史长河中将难以寻觅。由此，政府应通过规章立法留住这些时代的印记，居民的文化保护意识更是捍卫传统建筑的坚实后盾，要多措并举，让传统文化在历史的长河中熠熠生辉。

# 云中的村落，历史的瑰宝

## ——关于惠州龙华古村落建筑的认识

郑如玉

## 一、龙门县龙华镇古村落概况

“水坑村”的古建筑群各有特色，大部分都为明末清初的古建筑，其中主要是贞节碑台、文笔塔、孟盛李公祠、谊亮二公祠、古民居等。这些建筑都集中在一个地方，也就是现在水坑村的村委会所在之处，现在仍可见四面的青苔围墙，墙壁厚实，在墙壁上可观察到有一排正方形空穴分布，这是当年水坑村为了保护村民安全，为了抵抗倭寇侵略而建的。围墙上的正方形空穴是村民用来攻击用的，村民将枪支透过墙壁伸向外围，以此攻击，墙壁厚实，即可防御又可攻击。

文笔塔，又称文昌阁，处于城堡式围楼屋中间，外形呈六角状，建于乾隆元年（1736 年），嘉庆年间，村民出资重修，现今保存较为完整。文笔塔坐西北向东南，高 18.5 米，边长 2.3 米，占地 14 平方米。文笔塔的外围附有博古图案，在塔身外围清晰可见。据当地村民所说，文笔塔的作用众多。部分村民说相传在古代，水坑村出状元之才，为勉励后来学子，

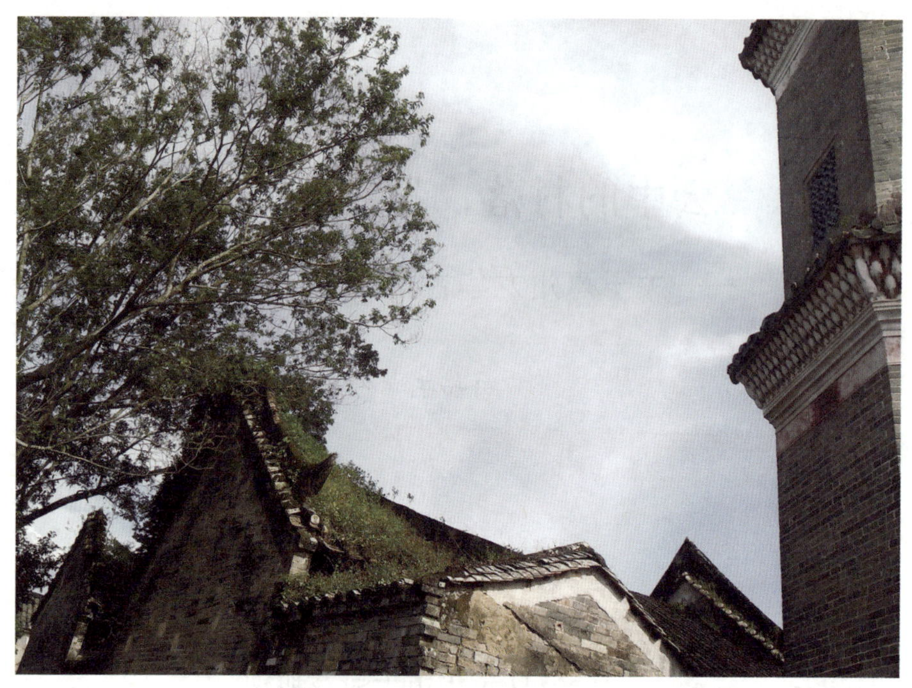

水坑村古建筑一角

特建文笔塔以希冀当地文明昌盛。文笔塔的周围还存有城堡式围楼，例如孟盛李公祠、谊亮二公祠，这些楼纵横分列，布局规整，屋檐花样新奇。据村民所言，整片围墙所围绕的面积可容纳当时的全村村民，这里也有居所、干粮等，当遇上侵略之时，全村的村民都可在这里躲避，无后顾之忧。

距离水坑村不远处还分布有二宅村、五宅古堡等古村落。二宅村目前仍有住户，它设有一个牌楼，以家族居住为单位，里面各自有各自的住房，大都为李姓人家。现二宅村的住户较少，大都为年纪较大的村民，稍微年轻的村民都为了有更好的教育资源、住房条件等，陆陆续续地迁往县城居住。五宅古堡建于康熙六年（1667 年），至今已有四百多年的历史，布局工整，纵列有序。古堡的墙壁上开设极小的窗口，类似于方形土楼的布局状况，封闭性较强。

在龙华镇的另一方位还分布有绳武围村，属于清代时期的古建筑，位于龙华村委会新楼下村，这个村落地址奇特，一般人难以寻觅，它的名称屡有变动。绳武围村命名奇异，绳武的意思即为继承祖先业绩，与中国的传统民居布局方位一样，坐北朝南，秉承古代建筑的风水指示。它总面阔168.95米，总进深92.52米，占地面积约为15631平方米。绳武围主要由围墙、祠堂和周边的民居组成。其中，祠堂位于中心位置，祠前有“品”字形的水井三眼，宗祠与民居住宅用隔火巷隔开，它的四周高筑围墙，安全性极高，内墙设有跑马道，墙体同功武村建筑相似，都设有方形孔洞，被当地村民称为“箭孔”，也是用于防范侵略的。绳武围的规模较大，其住所的主人为李姓，是当地的富豪。现今绳武围周边仍有居民居住，但人数较少，大部分村民外迁，不过每年的九月初九，李氏村落的族人都会回来为祠堂除草，尽管分布在各地，也都不曾违约，如期而归。

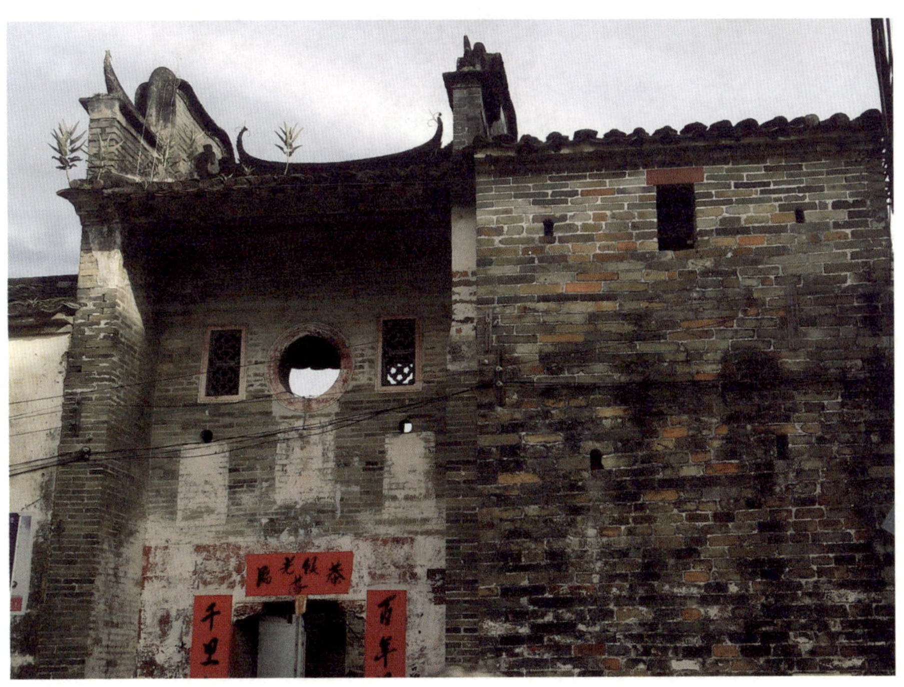

水坑村古建筑

## 二、走访龙华镇古村落，颇有感悟

龙华镇的古村落建筑格局带有岭南元素，但认真观察，其中也与福建土楼建筑有相似点。

首先，就整体的布局而言，它们秉承的文化内涵相似，都带有家族文化，特别是中国的宗祠文化。不论是水坑村还是五宅古堡还是绳武围村，他们的包容性很大，需要容纳整个家族的人员，其中必会有族长或者房长的居所。这点与客家土楼相似，客家土楼中的圆楼或方楼的建筑格局也是

水坑村古建筑墙

适宜全族居住。

其次，绳武围村的总体布局是以宗祠为中心，宗祠设在建筑中间；福建的土楼大部分也都严谨遵循这一原则，祖祠设立在整栋房屋的中间，讲究宗祠文化。

再次，龙华镇的各古村落中，都是碉楼式的古堡建筑，它们唯一的特性是宽大深厚的墙壁，在高围墙上方还分布有箭孔，据村民所言，是为了抵御倭寇；而福建的土楼的墙体也极为宽厚，窗户的排列较小，类似于绳武围的窗口设计。由此也可联系起来思考，在明清时期，福建与广东是否都是同受倭寇的侵袭，村民为躲避侵袭而故意设计的。但是，大部分的村落也并非如此设计，唯独这些地方的建筑如此，颇引人深思。

最后，绳武围的内部构造和福建土楼也有相似之处，民居都设有单元形式，虽是家族共住，但也有所区别，划分有序，但凡稍有活动，必是牵涉整个家族。

以上虽是两者的共同之处，但也有部分不同，例如，龙华镇的各古村落虽有宗族意识，所筑的房屋有家族性，但是它内有许多小巷分隔，呈现出既是独立的又是联系的建筑格局，而福建的土楼群则完全不同，土楼群是紧密相连的，四周契合，无小巷子分隔。

## 三、龙华镇的各古村落考察过程发现的问题

经过一天的走访，笔者根据村民所提供的口述资料，给予以下总结，其一，各古村落的村民都有文物保护意识，但居住的村民却逐渐减少，极少数的村民选择继续居住在古建筑中，一方面房子老旧不便生活；另一方面人们为了更好的生活迁离出村，这带来了古村落人口空心化的问题，应该采取什么样的措施既可保护古村落文化又能够留住原住民？其二，古村

落的民俗文化正在逐步消失，应当如何重振民族文化？如何重拾民间艺术？其三，古村落的旅游开发还不够成熟，据村民口述，真正了解古村落文化的人并不多，五宅古堡等地都少有游客而来，政府对于古村落旅游开发的布局是否存在不完整性？

# 传统村落叶村利源的发展现状考察

张恒业

安徽省黄山市西递镇叶村利源（以下简称“利源村”），位于安徽黟县东南部，与素有“桃花源里人家”之称的西递村相比邻，是一处四面环山，以丘陵地貌为特征的村寨，是历史上远近闻名的制麻村。该村为余姓聚居村落，余氏祖先早在元代时就将麻布制作工艺带到利源村，距今已有五百多年历史，该工艺使得利源村成为远近闻名的织麻布村。随着时代的发展，人们对麻布的需求日渐减少，其工艺也濒临消失，然而这种工艺在利源村依然存在，为了防止这种工艺消失，2010 年 9 月，安徽省人民政府公布了第三批省级非物质文化遗产名录，其中就有黟县利源手工制麻技艺。

2017 年 7 月 9 日，我们来到了这个因麻布制作工艺而闻名的传统的古村落，首先映入眼帘的是个臭水坑，旁边那个长草的破房子是原村委会（该村现隶属于叶村）所在地，街上只有几个人在走动，放眼望去，既有破损不堪的古建筑，又有半新的现代建筑，眼前的景象使我们对这个因工艺而闻名的古村落大失所望。但这也是我们来调研的原因，以下是我们发现的两个问题。

## 一、制麻手工技艺的保护问题

本以为利源手工制麻技艺已经列入省级非遗目录，其保护前景应该比较乐观，但事实并非如此，据利源制麻工艺传承人余荫堂介绍，其作为该工艺的唯一传承人，每年可以领取3000元的政府补助金，其所需要做的就是配合上级的调查，回答制麻工艺的相关问题。他今年已经75岁，但是仍未找到他的接班人，他接着说，现在麻布已经没有了销路，村内已经没有人做麻布了，而且年轻人都外出打工，也没有人愿意学这门技艺。

村民查利群叔叔带我们到他家去看真正的麻布，这捆布是他母亲亲手编制而成，并介绍说，这就是“披麻戴孝”中的麻布。问起麻布的价格，查叔叔似乎有些惆怅，说现在市场上根本没有真正的麻布，也没有人愿意买，说他的这捆麻布（大概5公斤）应该值3000元左右，我们亲手感受

村民自织的麻布

村中衰败的古建筑与新建的泥瓦房

麻布的质地，可以感受出制作手艺的精湛，虽然外表看着有些粗糙但质地却十分坚韧。

## 二、古建筑的保护问题

在村内调研发现，该村落分为两个部分，一部分是以前的村落中心，现如今已经基本废弃，没人居住，部分古建筑破损十分严重，几近倒塌；另一部分是近现代新建的房屋，村民基本居住在新居。与西递村传统村落不同，利源村凭借其制麻技艺，在改革开放之初率先发展，村民们赚到钱后，都盖了新房子，以前的老房子有的直接拆毁，有的长期闲置，最终损坏，而西递村前期经济发展不及利源村，村民没有钱新建房屋，只能居住在老房子里，后期则进行古村落保护，发展旅游业，因此利源村古建筑的

非遗展示空间内的麻布织机

保护现状远不如西递村。

在谈及对于古建筑的保护措施时，村委会主任表示，村里也希望能修缮那些古建筑，但由于修缮成本过高，上级政府也没有下拨资金，目前的状况实属有心无力。另外，我们发现该村并没有挂牌保护的古建筑，在问及为何不挂牌保护古建筑时，村委会主任的回答是“挂牌后，也没有资金对其保护，结果是一样的”，村委会主任也认为古建筑的修缮特别重要，但关键在于维修的资金，他说前段时间一幢古建筑快要倒塌，向上级政府申请修缮一直未果，考虑到这幢危房存在安全隐患，就决定将这幢古建筑推倒。在谈及利源古村落未来的保护发展规划时，村委会主任和村民列举出村落发展旅游业的种种优势，如后山上的石林、村内的十景等等，他们对自己的规划信心满满。

## 三、反思

从以上两个问题可以看出，制麻手工技艺客观上已经落后于时代，其产品成本过高、用途有限，已经达不到我们的需求，如果不能对其创新升级、开拓销路，仅仅依靠传承人，补贴再多的钱也难以阻止其消亡；古建筑的保护，毫无疑问是一件耗资极大的事情，任何个人、团体都有趋利避害的本能，如果对古建筑的修缮不能获得收益，从功利主义角度考虑，放弃古建筑可能会是最终选择。但是，传统技艺和古建筑承载了太多的历史文化，放弃它们造成的危害是不可逆的。

叶村利源缺乏修缮的老宅内景

# 世界的西递，西递的世界

## ——双重视角下古村落多元主体之间的话语机制分析

杨卓为

对于当下的中国文化而言，本土与世界、传统与现代、保护与发展等是不可忽略的战略维度。中国文化在走向世界的同时，传统文化作为战略窗口已经得到外界和自身更多的关注。而传统村落文化作为相对底层的民间文化，也已经冲破乡野局限，跃升到世界跟前。中国安徽省境内就有很多闻名中外的古村落，古村落中保存着诸多相对完好的明清古建筑。黄山西递则是代表中的代表，西递古村以完整的中国传统农村聚居的全貌和厚重的历史韵味而成为中国古村落文化中浓墨重彩的一笔，也因此被誉为“中国明清民居博物馆”。不过，西递古村更多地被人熟知的是它身上的另一个光环——世界文化遗产。在这样一个名目下，西递有了一个特殊的属性，西递成了世界的西递。而在这一属性的融入下，西递的世界也变得更加复杂。从世界到国家……到个体，都有其各自的行为逻辑和话语机制。

## 一、世界的遗产——共享话语下人类文化的自我认知

就人类的发展而言，文化是人类进化进步的标志。世界文化的多样性是人类文明开发与实践的具象体现，而多样性之间的交流与融合，则是文化升级与延续的重要路径。在这个意义上，世界文化遗产的保护与延续，是人类文化层次的重要升级，这是在人类命运共同体基础上人类文化自我认知的重要体现。人类财富归人类共享，而共享是为了更好地共生。在这样一套话语下，西递古村依靠完整原始的村落状态和丰富的中国传统文化积淀于2000年正式入选世界文化遗产名录，这正是人类文化自我认知的重要体现。

西递因为世界文化遗产的金字招牌而闻名遐迩。同时也正是世界文化遗产这一属性，在国家、地方政府以及居民等各方相关主体的合力下，较

西递村村巷

西递村古建筑

早地进行了旅游开发，取得了经济上的发展。如今的西递古村，有越来越多的外来游客来到这里，他们会与当地的居民沟通交流，感受当地的人文和自然风光。当地的居民会因为外来的游客而产生自豪感和喜悦感，从而也由此认识到古村带来的好处。换言之，西递已经是世界的西递，这是世界对西递的认知，也是西递对世界的认知。而西递的世界也从村落自身逐渐扩大，其角色升级转换的重要推动力量则是国家。

## 二、民族的基因——政治话语下国家主体的责任担当

在当今世界政治体系中，国家作为主要的行为主体需要对世界和自身的发展负责。国家努力推崇和介绍自身的优秀文化成果，既是对世界文化的贡献也是对国家和民族发展负责。在更深一层的意义上，中国在国家层

面对传统文化的重视体现了足够的政治智慧，符合国家与民族发展的战略需要，也是世界文明升级转化的历史需要。

西递古村所保存的200多幢明清古民居以及村落构造，不仅体现了古朴典雅的历史风味，更反映了建筑、雕刻、风俗、民情等诸多中国文化的优秀方面。因此，西递古村在某种层面上可以说是中华民族优秀基因的传承与体现。换言之，西递古村当今的文化地位和发展状态一方面有其村落自身的功劳，另一方面离不开民族基因的熏陶以及国家这一政治主体的责任担当。在实际生活层面，西递古村的居民绝大多数依靠当地旅游改善了生活条件，提升了生活水平，这与国家的大政方针密不可分。

但是这并没有使当地居民对国家关于古村落的法律和政策持完全的肯定态度。国家的政治态度在一定程度上是底层群众的坚强后盾，但是并不能保证相关法律和政策得到完全落实，从而实现群众利益的最大化。简言之，用当地居民的说法是，上面政策是好，但是到下面就变了样。当地居民认为有很多政策上的好处都没有落实到位，而这与当地的政府和旅游企业有关。

## 三、地方的资产——发展话语下政企管理的绩效追求

在西递，当地的居民都有按人头分红和房屋补贴。补贴会根据居民屋宅的价值来划分三六九等。但是在实际调研过程中，当地政府的说法和部分居民关于补贴金额的说法是不一致的。居民说的金额要低于当地政府讲的金额。简言之，居民对于补贴金额是不满意的。由于村委会、对景区进行管理的旅游公司以及当地政府的财务信息不公开，使得居民对当地政府及其下属的旅游公司不信任。从而给居民、地方政府和旅游公司带来冲突和矛盾。

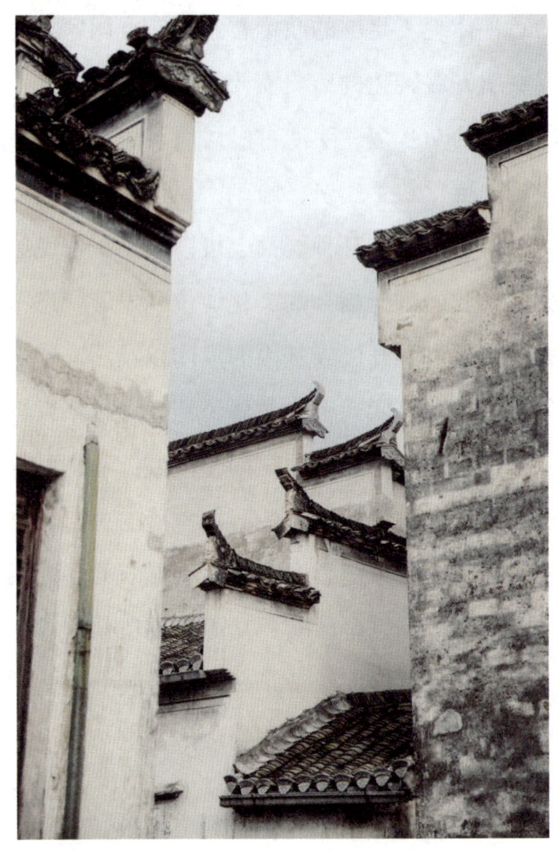

西递村古建筑的马头墙

毫无疑问，在经济发展的目标上，政府、旅游公司和居民在根本利益上属于共生关系。但实际并非如此。经济发展可以给政府带来财政收入和政绩，给公司带来效益，由于旅游是当地的主要产业支柱，因此政企管理模式下的西递景区是要依靠经济发展来追求绩效的。由于政府和旅游公司对景区有绝对的管理权，所以西递古村这一世界文化遗产成了实际意义上的地方资产。在国家和法律层面，当地政府必须要保证古村的保存完好的基本面，而在保存之外的发展，则取决于对上对下的操作。因此，在这个意义上，发展话语是政府和企业的，而不是古村居民的。居民可以确定的是，那古旧宅子是自家的，因为那是家庭一直拥有的财产。

## 四、家庭的财产——生存话语下个体命运的外部消解

对于古村的居民来说，在西递进行旅游开发和成为世界文化遗产之前，生活并不是舒适宽裕的，相反倒是艰苦的。他们自己也会感叹老话说的“三十年河东，三十年河西”。因此，对于他们而言，最真切的感受莫过于生活压力的变化。当下的生活水平提高了，比以前下田下地的生活要简单轻松。他们也认识到文化遗产这个概念对他们的重要性，或者更让他们有安全感的是他们所依靠所居住的古宅，这一越老越值钱的财产，让他们离生存的话题越来越远。他们不知道人类命运共同体，没有国家的情怀和眼光，也没有当地政府的手段和权力，他们守着这份家财，做着命运赋予他们该做的事。他们的身份还是古村的居民，还是自己房子的拥有者。只是有的时候想修缮一下房子以适应现代生活需求，发现法律和规定不允许，保护和发展不能都那么容易。

世界遗产、民族基因、地方资产、家庭财产，都是西递这样的古村落的代名词，只是在不同主体的话语下有不同的内涵。但其相互之间有着密不可分的内在联系，更重要的是都体现了古村落的价值。因此，从更深一层的意义上而言，我们需要的是世界的古村落，以及古村落的世界。

# 从基层政府角度看古村落保护的现实困境

杨卓为

在全球化背景以及中华民族伟大复兴的使命担当下，国家已经将文化保护和文化传承工作提升到了战略高度。在国家战略部署规划下，古村落

查济村与古宅区分开的商业街

保护工作已经取得了一定成效。但是相对于古村落的消亡和古建筑的消损而言，古村落的保护工作任重道远。加上古村落保护工作的实施难度很大，具体政策的落实就尤为重要。换言之，古村落保护工作的深入开展和细节实施是最终的落脚点。而在保护工作中，能分别从内外两方面对古村落产生最直接作用的还是古村落的居民和基层政府。但是，相对于古村落的居民而言，基层政府有着更强大的资源和能力。基层政府要引导、帮助、指挥居民保护古村落。所以基层政府在保护古村落的工作中有着最为直接、深刻的体会和经验。从这些体会和经验来看，基层政府面临的一些现实困境，正是目前古村落保护问题的一些症结所在。

## 一、上级政府对乡镇基层政府的影响

古村落的保护是一个综合复杂的系统工程，涉及众多政府部门和政府层面。而基层乡镇政府作为政策的末端接收者和执行者，只能受上级政府和部门的影响。因此，多项多重政策对基层政府工作实施有着一定的影响。纵向而言，国家、省级、市县级政府都会有下达乡镇的各类任务指标，这些任务最终都落实到基层政府层面。这就给基层政府造成了多重压力。基层政府要兼顾和完成不同层面主导的各项任务，这在实施过程中难免会有矛盾，这也是基层政府运行的现状。横向而言，古村落的保护涉及文物部门、规划建设部门、工商部门等等，古村落的保护开发利用都需要各方面的政策制定和相互协调，而政策项目之间都会有重叠和差异，而这些重叠差异就可能涉及矛盾之处。用基层公务员的话说，专项计划太多也会造成相互之间“打架”，无法形成合力。从政策制定上而言都是好的，但是从具体执行来看，这就容易使基层政府处于矛盾的状态。比如，各级政府和各个部门的工程项目都会对古村落产生影响，电力、卫生、排

呈坎村

水、防火、修缮等各项工程的实施都会对古村落进行一定的改变，但是古村落的古建筑经不起折腾，所以总是零散地实施工程项目对古村落的保护肯定会产生不好的影响；但是这些工程要是一起实施，如果中间等待执行的时间内在哪一块出了问题，也会造成严重的损失和破坏。这都是需要考虑的。

## 二、乡镇基层政府自身的局限性

首先，乡镇需要面对处理的事务繁多，可以说是责任大，权力小。而乡镇政府除受人口与计划生育局委托征收社会抚养费和《中华人民共和国城乡规划法》第四十一条第一款、第六十五条规定乡镇政府具有的执法权外，乡镇政府基本上没有执法权。所以，在面对具体工作时左右为难：如果严格守法，工作将无法开展，寸步难行；如果大刀阔斧地开展工作，就难免会越权或违法。加上古村落的保护没有形成立法，所以在应对一些违背保护工作原则的行为时，基层政府的执行更显无力。其次，基层政府的财力有限，而古村落的保护需要大量的资金投入。一般的古镇古村没有工业支撑，也很少有特色产业产品的发展，因此在经济上很难有所突破。这就使得保护资金捉襟见肘，但是如果开发，就很难在法律层面上把握限度而容易陷入过度商业化之中，从而失去保护的基础。再次，乡镇的行政管理在面对古村落的保护这一工作时，很少有具有相关方面专业素养的人员，更别说在实际管理过程中去解决更多方面的问题。因此，很多时候管理上只能大而化之，难以进行扎实有效的管理。

## 三、紧张环境下的利益诉求张力

从社会发展的进程来看，古村落的硬件设施和环境是很难满足当代人

呈坎村民居

的基本生活诉求的。因此，作为村民居户，要求住大房子或者住好房子无可厚非。但是新建房屋或者装修房屋都不是容易的事情。一方面，农村的规划问题，以及房屋产权不明晰的问题都限制了对相关主体利益诉求的满足，使得古老房屋的保护与利用问题无法得到积极有效的解决；另一方面，居民本身对于文化、经济、生存概念的理解处于相对较低的层面，再加上当前社会的贫富差距以及功利主义的影响，老百姓很容易为眼前利益所驱使。这样就容易产生与保护古村落相悖的拆建、买卖、修改房屋格局等行为和现象。保护和发展的矛盾凸显，获批的古村落很容易走向过度商业化、空壳化。结果往往是越保护，越保护不力。

毫无疑问，基层政府是落实古村落保护工作的关键。而概念上而言，困境更多的是强调所处环境对自身行动的阻力和限制。但并不代表自身是没有问题的。因此要取得古村落文化保护的最终成效，需要各相关主体在提高和改善自身的同时，也能认识到所处环境所带来的影响。

唐模村新建住宅区

# 保护、发展机制下对古村落居民的生活影响分析

## ——以安徽部分古村落为例

杨卓为

随着近些年国家对传统文化的不断重视，国家对传统文化的保护发展工作也越发开展得广泛和深入，越来越多的古村落进入国家历史名村的行列，加上其本身的自然特性和人文属性，古村落成为能够集观光旅游、休闲旅游、生态旅游、文化旅游于一体的重要旅游资源。而这一点与当下迅速发展的旅游业相融合，形成了保护与发展并行的运行机制。

笔者走访考察的古村落中，大部分是远离工业，山青水绿的世外桃源之地。当地的居民大多以农业和手工业为生。随着古村落被当地政府关注和强调、旅游开发的高调进入，古村落里居民的生活也发生了变化。换言之，在热闹的大环境里，这种保护、发展机制已经在各地有不同程度的运作。因此，在这热闹的现象所产生的一般逻辑或理解中，因为国家对古村落的保护，加上旅游开发的进入，古村落的居民生活应该会变得滋润，收益会比较大。但实际上，这种理论上的推断与现实的状况却有一定的出入。在笔者考察的安徽南部地区的部分村落中，在我们看到这种大势所趋、欣欣向荣的景象之时，却同时有另一种声音在生成。这种声音似乎包含了身不由己、无可奈何甚至是迷茫和不满。毫无疑问，我们不能否定保

护和发展的出发点以及其实际带来的利益和价值。但是，同样需要我们认识到的是，在错综复杂的现实当中，把握事物之间的落差往往才能补足全部的真相。

对于国家而言，古村落、古民居是文化的遗存，是历史的见证，而对于生活在古村落居住在古宅中的绝大多数平民百姓而言，那是他们的家乡，他们的居住环境，他们祖辈延续下来的东西。二者之间对于同一对象的认识和理解是全然不同的。因此，当自家的房屋被上升到保护的高度时，居民更加关心的是谁来保护他维持自身生活的底线。

一方面，国家对古村落古宅的保护是有规定的，一旦被纳入国家保护和规定的范围，居民就不能对自家的古宅进行随意的拆改建，而这给居民的生活带来了很大的限制。而农村的规划问题相对突出，建造房屋的土地很难获得批复，政府无法解决居民诉求。所以当政府不能通过其他方面来消解这一限制时，这将造成居民心理的不平衡。自家东西自己说了不算，

查济村伴随旅游发展起来的商铺

呈坎村居民的生活

而居住的环境却得不到改善。无论是心理还是现实，都不能给居民一个好的出发点来消解国家意志与居民认识的差距，这是现行保护机制下的第一重影响。

另一方面，国家对古村落古民居的保护也是分类别分层级的。从国家重点文物保护单位到县级文物保护单位，再到历史建筑等等，其相应的政策条令都是不同的。因此，当一般的古村落不能像西递古村那样成为世界文化遗产时，其中的居民并不能取得相对较好的红利与福利。除了国家级重点文物保护单位的私人住宅有国家专项资金外，其他的古宅很难有相应的配套资金，因此，在国家保护政策之下，不同的居民需要花不同的精力和金钱来进行维护。而这对于居民来说只是一种无可奈何的勉强行为。自己的精力和金钱并没有花在自己想投入的地方。所以出现了很多任由自家的房屋破败倒塌的情况，无论是保护的能力或者意愿，这都是居民所缺乏的。

如果只是单一的保护，那么古村落的保护本身是难以为继的。即使居民有保护古村古宅的意识，但是没有足够的金钱也是心有余而力不足的。因此，要实现长效保护必须要用发展来支撑。因此，旅游开发是强力之选。加上有国家保护政策的宣传，古村落的旅游可以说是如火如荼。我们在惊叹旅游发展的速度的同时，却很少关注居民生活。对于部分古村居民而言，旅游和他们只是打了个照面，没有什么交集，相反生活可能还受到旅游开发的制约。

旅游开发毫无疑问会注入旅游业态的形式，包括民宿、餐饮、娱乐等各种商业形态。但是对于没有足够资本积累的居民而言，他们失去了获得商业发展的原住民优势，外来的商业和资本在旅游开发中占据了相对优势。除部分当地居民的商业经营外，大部分居民还是保持自己原有的生活状态，自己的收入并没有得到相应的提升。相反，随着旅游者的进入，提高了当地的消费水平而使得居民生活成本变高，这让原本没有受益的居民还得接受物价的冲击。

村落中的居民生活

居民住房得到修缮的棠樾村

纵而观之，处于发展势头之中的旅游开发是能够获得商业收益的。或者说，只要存在旅游门票，就能保证旅游开发的硬收入。无论是当地政府所有的旅游公司还是私营的旅游公司，都是获得绝大部分收益的主体。而当地的居民，只能根据当地政府或者旅游公司的规定获得少量的红利或者福利。为此，当地居民与当地政府或者旅游公司的冲突最为激烈。而且，一旦要买门票，当地居民的亲朋好友过来走访都成了一件麻烦事。还有部分不依赖旅游发展的当地居民的生意也会受影响。商业化的藩篱看似吸引了游客对古村落的好奇心，但实际上也在很大程度上阻碍了社会交往的平常心。好奇心可以带来商机，平常心可以构建情谊。在这失衡的结构里，居民的生活失去了很多原本的意义。

古人说："仓廪实而知礼节，衣食足而知荣辱"。国家要想唤起民众对古村落的保护意识，开展具有实际意义的保护行动，就必须在具体的政策和生活中使当地居民得到实惠。无论古村落怎样保护，当地居民才是关键

老宅居民屋室内景

的活态要素。从闭塞到开放，从繁盛到凋敝，在历史发展的车轮下，还有多少东西能不被碾轧带走。古村落之所以能够成为古村落，是因为村落里的人民永远年轻。如果不能理解村里老人们的唏嘘，不能改变年轻人的离去，那么古村落也终将作古。

# 关于安徽休宁县黄村古建筑保护现状的调查

王　慧　杨卓为　张恒业　李智思　殷　浪

传统建筑作为有形的文化遗产，承载了一定历史时期及地域的传统文化，具有重要的历史价值、文化价值及艺术价值。尤其是古建筑，作为特定历史时空的文化结晶，不仅反映了其所处社会的物质文化发展状况，还是对群体生活方式、民众审美观念等多方面内容的集中体现，其保护工作对于中国传统文化的传承与发展具有重要的意义。我国历史悠久、疆域广袤、文化多元，遗存至今的传统建筑存量大、分布广，且地域特色鲜明。据统计，自 1982 年开始，我国先后公布了 132 座历史文化名城、252 个历史文化名镇和 276 个历史文化名村。自 2012 年开始，先后评选了 4 批共计 4157 个中国传统村落。对于如此庞大数量的古旧村落进行保护是一项巨大而复杂的工程，如何确保这项工程的有效开展，相关保护立法工作显得特别重要。调研组针对“古城古镇古村保护立法问题”，在安徽地区选点调研，了解该省历史文化名城、名镇、名村保护中积累的经验和存在的问题。

安徽省文化底蕴深厚，现存大量古城、古镇、古村。其中，包括国家级历史文化名城 5 个、国家级历史文化名镇 5 个、国家级历史文化名村 12 个，中国传统村落 163 个。古旧建筑遗存丰富，但其整体分布具有明

“进士第”内景

显的地域性，主要集中于黄山、宣城两市，形成了以皖南徽文化圈为主的古村落群。黄村即坐落于该区域之中。始建于唐末黄巢起义时的黄村，古名为黄川。村庄环山抱水，坐落于山坳里，因此依据地理环境衍生发展成以一山相隔一水相连为特点的上门村和下门村两个自然村。村里沿袭黄氏先人崇文尚武的遗风，成就了文武进士的光耀之举。如今的村落以其保存的明清古建筑闻名，这些古老的建筑错落有致，折射出深厚的徽风古韵以及优秀的华夏文明。

## 一、黄村古旧建筑的遗存现状及存在的问题

根据调研组统计，目前同属黄村的上门村、下门村两村，现存“进士第”“中宪第”等明清古建筑 21 处，占村中现有建筑总数的 1/10。但就其

保护状况而言，这 21 处古建筑中，除了被列为国家级文物保护单位的“进士第”得到相对较好的保护以外，村中古旧建筑的保护情况不容乐观。根据调查组走访可知，造成这种局面的原因有以下几个方面。

## （一）自然损害严重

就发生机制而言，自然界中万事万物的生存、发展、变迁等都离不开自然环境和条件的影响。在这一影响下，事物的完整性和原生性必然会发生变化。黄村，作为千年古村落，在经历了千年文化洗礼的同时也经历了千年风雨的冲刷。因此，粉墙黛瓦、马头墙也必然在时间和风雨的冲刷下消解容颜，不可避免地走向衰败。黄村的不少古旧建筑在经过长时间的使用之后，原有的建筑风貌都遭到不同程度的自然损坏，部分严重老化。加之受到现代生活方式的影响，部分居民因对住房条件有要求而搬出老房，也不愿花费金钱与精力再对老宅进行修缮，导致部分老宅受损害程度进一步加剧。黄村现存的 21 处古建筑中，除了“进士第”被列为国家级文物保护单位外，仅有 4 户老宅尚有人居住照看，其他的古建筑基本处于“被遗弃”状态。如建于清代康熙年间的“中宪第”，自 20 世纪 90 年代与“进士第”受到美国“田野小溪艺术文化基金会”的投资修缮之后，至今未再维护。这与老宅的家族成员搬迁至不同的城市，老宅空置无人打理有关。据了解，目前仅安排一位“五保户”看护房子。2016 年商山乡政府欲出资收购此宅，但因该家族成员意见不一，收购之事尚未落实。因此，“中宪第”仍然被“荒废”，处于自生自灭状态。

## （二）售卖拆迁

造成传统建筑严重损坏的原因，除了自然损坏及历史因素等不可抗力及不可逆因素之外，因保护意识薄弱所造成的人为损坏也成为当前黄村传统建筑遗存保护现状不容乐观的主要原因。

“命悬一线”的古建筑

首先需要提及的是当前在浙皖苏及山西等地区普遍存在的问题，即对古旧建筑及其部件的买卖迁移问题。早在20世纪中叶，我国部分地区已经出现祠堂、庙宇等公共财产相关部件的流失。至20世纪80年代以后，包括徽州地区的部分古村落里，陆续出现了民居被整体买卖并迁移的现象。最为轰动的即为1997年黄村的“荫馀堂”被整体搬迁至美国马萨诸塞州塞冷镇碧波地博物馆（1997年动工编号、拆迁，2003年正式对外开放）事件，这已经成为中国古建研究界、徽文化研究界，乃至整个中华民族的一大憾事。尽管如此，随后国内也出现了某位明星欲将其购买的徽州古宅捐向国外的案例。

事实上，除了这类因某种因素引起全社会范围内广泛反响的事件外，国内对古旧建筑进行买卖或迁移的现象也并非乏善可陈。如据黄村多位居民介绍，“荫馀堂”事件之后的几年，有不少来自上海、浙江、北京等地的商人、收藏家到村里欲购买古旧建筑，最终或因利益协商问题，或因家族成员意见不一致等原因未能谈妥。村民黄某即遇到过这种情况。黄某家

得到保护的“进士第”

宅建于明末，是典型的徽派建筑，因其家境殷实，老宅建筑从天井到窗椽雕花都十分讲究，历经300余年仍然整体保存得相对完好。10年前曾有浙江商人看中此宅，欲借旅游开发之机出价60万元对其进行收购，但因黄某不愿出卖祖宗遗产，交易未能达成。另据2014年《瞭望新闻周刊》的调查发现，陕西省文物部门公布的古建筑中，有寺庙、民居、戏台等古建筑逾2.8万处，但其中80%的古建筑都出现构件丢失的现象，还有不少戏台及庙宇被整座售卖。如山东一座文化公园以人民币5万元的价格从山西万荣县将一座清代古戏台买走，该县上井村的一座古庙的正殿、配殿、戏台等也被全部卖掉；广东番禺古建筑艺术馆也从晋中市榆次区庄子乡六台村买了一座古戏台。除此之外，部分地方甚至在房源寻找、拆卸、搬运、重新组装上形成了一条完整的产业链。

因此，关于古旧建筑及其构建的买卖现象十分普遍，尽管近些年国家及部分地方政府部门已经相继出台了一些法律条文明令禁止历史建筑及其构件的买卖交易或迁移，但仍然不能完全阻止这类行为及现象的发生。如中央颁布的《历史文化名城名镇名村保护条例》规定："任何单位和个人不得损坏或擅自迁移、拆除历史建筑"。《安徽省皖南古民居保护条例》规定："严禁走私、盗窃和违法买卖古民居建筑构件、附属文物。"但部分人员仍能通过运作将古旧建筑的买卖或迁移合法化，造成当地此类建筑的流失，这已经成为各地方政府及中央政府不得不正视的严峻问题。

### （三）不当的改造与使用

如果说主观意识下相关主体间的古建筑买卖行为对古建筑的损害是明显且巨大的，那么相关主体的无意识行为所带来的影响和后果同样不容忽略。

一方面，随着当代社会的发展及生活、生产方式的转变，传统民居在内部空间的格局和功能划分等方面并不能满足现代生活的需要，居民不得不对老宅进行改造和修缮。另一方面，在对旧房的继续使用及改造过程中，由于居民缺乏文物保护意识和专业维修素养，难以避免地对传统建筑造成再次破坏。对于当地政府部门的保护规划中对修缮房屋的相关规定，村民表示并不知晓，自家房屋出现问题，一般都是自己动手修，自己没法做的工作才会请村中的手艺人来帮忙。因此，这类非专业和缺乏文物保护意识的修缮，势必会对古建筑的面貌造成一定的损害。调查组走访的老宅中就有村民将电线直接钉扣在木梁和木柱上的现象，尤其是部分电线线路老化导致漏电，火花现象时有发生。且黄村的老宅中除了"进士第"配备了消防设施外，其他民居中并没有消防器具，存在非常大的安全隐患。

### （四）资金短缺，保护工作滞后

整体而言，黄村古旧建筑的保护工作相对滞后。上门村内有一幢有300余年历史的古建筑，20世纪90年代因破损无法居住，房主无力修缮，准备将其拆除，村委会向上级反映后，镇政府出资30万元将该房屋买下，准备建为博物馆。但政府收购以后，并未对将要倒塌的古建筑进行及时修

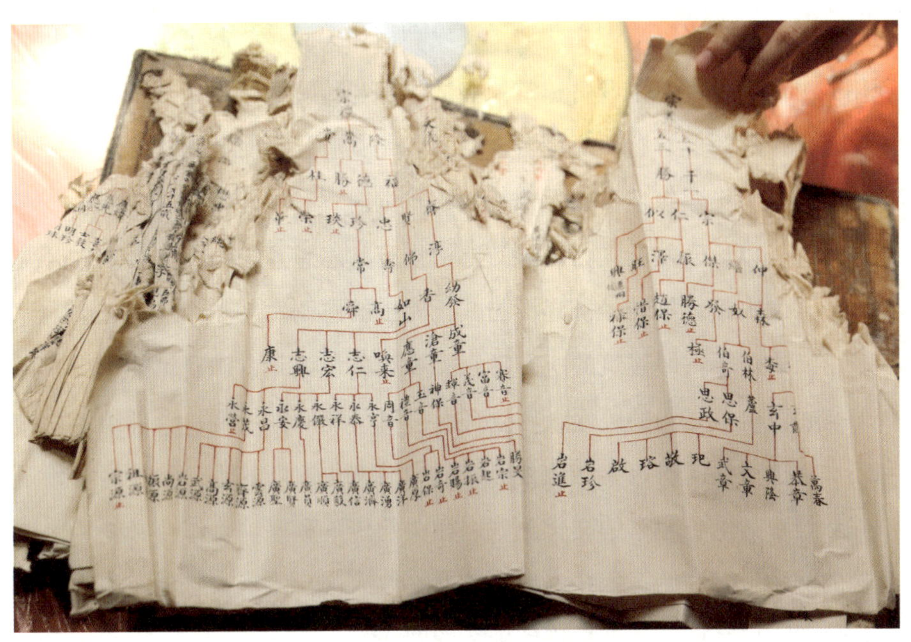

破损的黄氏族谱

缮。经年累月，该建筑的一面墙开始逐渐向外倾斜，墙体开裂，对此政府部门仍未组织修缮，只是派人带来木干支撑，至今尚未修复。

针对这一问题，调查组走访了村委会，副书记对这一问题的回复是：“我们也希望及时修缮，但县里一直没批钱。”他表示，像这样的古建筑的修复需要专业的古建队伍，开销十分大，村里没有资金，上级政府也一直没有下拨资金，所以一直耽误至今。保护资金的短缺是目前黄村古建筑保护面临的最大问题。

## 二、建议及对策

### （一）加大知识宣传及教育力度，加强文化遗产保护意识培养

第一，各级政府文化管理部门的相关人员，作为文化遗产保护与利用

的决策者与管理者，对于文化遗产开发利用相关政策的制定与实施、开发利用的方向与程度，以及古建筑原貌的保存与传统文化的延续都有着重要的决定作用。因此，这些决策者、管理者尤其应强化对历史文化名城、名镇、名村及历史建筑遗存的保护意识，自觉树立经济建设与文化保护一体化的观念，以科学发展观为指导，严格规范其思想意识和行为方式，开阔视野，科学决策，推动经济建设与文化保护的协调发展和相互促进。

第二，对于古旧建筑的所有者，需要充分认识到古旧建筑的历史文化价值与经济价值之间的关系，树立理性、可持续的发展观，合理地传承和利用文化遗产。同时也要认识到民族或地域文化遗产的生存和发展有赖于滋养和培育其生长起来的文化土壤，相关的传承和保护工作，必须从保护当地的文化生态开始，依托本地环境、本地人进行传承，避免经济利益先行致使遗产原真性及整体性遭到破坏的做法。

第三，对于新一辈的传承人而言，需大力推动传统文化在学校教育中的发展，如在基础教育、高等教育、职业教育，服务于残疾人的特殊教育中融入文化遗产相关内容，通过基础教育的启蒙，高等教育、职业教育以及特殊教育的合作，使文化遗产的保护理念通过教育的方式广泛传播，让青少年在潜移默化中增强对各类文化遗产的认知和保护意识。其中，基础教育领域主要是将文化遗产相关内容以浅显的方式融入中小学课程，使之作为公民教育的组成部分，使学生在少年时期即具备良好的文化遗产保护意识。进一步推动非物质文化遗产进课堂、进教材，在中等职业教育、高等职业教育及普通高等教育中设立与文化遗产保护相关的课程和专业，开展相关研究与教学活动，为文化遗产及相关文化产业的发展储备人才力量。同时让文化遗产和非物质文化遗产传承人进入高等院校的教学研究机构，使文化遗产保护精英化、专业化、职业化。

除了学校教育外，通过博物馆、展览馆进行的公共教育也是宣传教育的重要手段。各地可以根据当地不同情况进行博物馆或展览馆建设，并适时开展免费教育活动，以扩大受众范围，这对传统文化的传承与保护具有积极意义。

（二）完善监督管理机制及法制建设

第一，对历史文化名城、名镇、名村的古旧建筑进行分级挂牌，分层级具体规范居民对古旧建筑的使用与处理行为。

第二，要完善监督管理机制建设。监督管理机制要对相关保护计划的实施、扶持资金的下发状况等相关政策的落实起到积极的监督作用，维护遗产自身价值及传承人的利益。

老宅的居民

自然损毁的古建筑

第三，建立评估标准与评估机制，对古旧建筑的使用状况、保护规划落实状况、开发利用程度、遗产价值破坏程度等进行评估，并做好后续工作，评估不合格者需进行整改及保护措施的继续跟进。

第四，明确文化部门与旅游行政管理部门的职责、权力分工，有效遏制以牺牲遗产文化及历史价值换取经济利益的行为。

第五，进一步加强和完善法制建设，以强有力的法律条文明确有关古旧建筑的使用、开发及保护工作过程中应遵守的相关原则与细则，减少法律漏洞。

# 旅游开发对于传统村落保护的助益实效研究

## ——以皖南地区为例

王　慧　杨卓为

近年来，随着我国政治、经济、文化等各方面的快速发展及综合国力的提升，民族文化自信与文化自觉程度普遍提升，从中央至地方各级政府、社会各业界群体，皆对中华民族传统文化的传承与发展工作给予了前所未有的关注。尤其是在国家文化发展政策的导向作用下，作为中华民族传统文化孕育与传承的载体，传统村落的保护与发展工作也得到越来越多的重视。目前，我国传统村落的保护工作已经基本上形成了全方位、多手段、“上令下行、形成合力”的局面[①]，保护成效十分突出。但是，不容忽视的是，保护工作中出现的问题也十分明显。

具体而言，不同于单纯的物质文化遗产和非物质文化遗产，传统村落是“另一类文化遗产”[②]，保存了丰富的物质与非物质文化遗存，具有较高的历史、文化、科学、艺术、社会、经济价值，成为重要的旅游开发资

① 胡彬彬、吴灿等：《“江河流域”传统村落文化保护现状与建议》，载《光明日报》2015年4月2日。

② 冯骥才：《传统村落的困境与出路——兼谈传统村落是另一类文化遗产》，载《民族文化论坛》2013年第1期。

源。而对这类旅游资源的合理利用既能集聚资本，有效地保证保护工作的开展，又能带动地方经济的发展，改善民众的物质生活状况。因此，目前对传统村落的旅游开发成为保护工作的主要借力方式，以开发促保护也成为我国现行传统村落保护工作所采用的基本模式。但是对旅游开发进行借力的保护模式，除了能够提高经济效益，是否还实现了开发与保护工作的互促互进，是否有利地促进了传统村落的发展及村民生活状况的改善，其助益成效如何？在传统村落保护工作日益兴起的今天，这些问题值得深入考量。

下文将结合笔者对皖南地区传统村落的考察实况进行分析。①

## 一、皖南地区传统村落资源及其开发利用状况

安徽省作为中国史前文明的重要发祥地，历史文化底蕴深厚，拥有徽州文化、淮河文化、皖江文化三大文化圈。其中，被誉为中国封建社会后期典型标本的徽文化，因其广博、深邃的内容在安徽三大文化圈中独树一帜，同时也是我国极具地方特色的区域文化。徽学也成为与敦煌学、藏学并列的国内地域文化三大显学。作为徽文化发源地，皖南地区至今仍保存了大量的徽文化遗存，既包括以徽派建筑为主的有形的物质文化遗存，也包括徽雕技艺、徽剧等无形的非物质文化遗存。这些文化遗存多依附于传

---

① 2017 年 7 月，中南大学中国村落文化研究中心及中南大学法学院联合举办了以“古城古镇古村保护立法调研”为主题的田野考察活动，对全国 14 个省级行政区的历史文化名城、名镇、名村、传统村落的保护与发展现状进行田野调研。笔者作为安徽组成员，对皖南地区的 8 个历史文化名村和 1 个传统村落进行走访，它们分别为休宁县黄村、黟县西递镇叶村利源（传统村落）、黟县西递镇西递村、黟县碧阳镇南坪村、徽州区呈坎镇呈坎村、徽州区潜口镇唐模村、歙县郑村镇棠樾村、歙县徽城镇渔梁村、泾县桃花潭镇查济村。

统村落而存在，因其发展而得到发展。因此，也形成了安徽地区传统村落以皖南地区为代表的局面。

据统计，目前安徽省共有国家级历史文化名城5个、名镇5个、名村12个，国家级传统村落163个。但安徽省历史文化名城、名镇、名村及传统村落的分布呈现出明显的地域性，其分布以皖南地区的黄山、宣城、池州三市为主，尤以古徽州所在地黄山市居多，如黄山市目前共有国家级历史文化名城1个、名镇2个、名村10个，国家级传统村落92个。由上述数据可以看出，仅黄山市的国家级历史文化名村及国家级传统村落数量就分别占安徽省总量的83.3%及56.4%，整体上形成了以皖南徽文化圈为主的古村落群。

作为安徽省主要的旅游资源，皖南地区对历史文化名村或传统村落的开发利用工作开展得比较早。早在20世纪30年代，政府力量已经介入皖南部分地区的旅游开发工作，如1934年成立的“黄山建设委员会”。[①] 至20世纪80年代开始，皖南地区部分景区陆续成立了管理委员会，政府及旅游公司也逐渐介入当地传统村落的开发。西递村和宏村的开发即开始于这个时期。至今，皖南地区的传统村落皆得到不同程度的开发，并形成了相对成熟的开发模式。具体而言，其开发模式主要为：政府投资开发、企业租赁经营、村民自主开发。[②] 其中前两种开发模式在当下多数传统村落的旅游开发中最为常见，也是皖南地区历史文化名村开发的常用模式。而村民自主开发一般为前两种开发模式开展之前的早期状态，目前也存在于部分传统村落的旅游开发中。

就笔者调研涉及的村落而言，由政府投资开发的典型村落为西递村、唐模村、查济村；由企业租赁经营的为黄村、南坪村、呈坎村、棠樾村、

---

① 天娜：《黄山市旅游资源开发与可持续发展研究》，安徽师范大学博士学位论文，2014年。

② 叶洋洋：《国内古村落旅游开发模式研究综述》，《陇东学院学报》2016年第2期。

得到保护的南屏村“冰凌阁”既是景点，也是客栈

渔梁村；村民自主开发的为叶村利源。整体而言，历史文化名村的开发时间早，开发程度高，而传统村落的开发相对较晚，开发程度相对较弱，尤其是像叶村利源这类地域特色相对较弱、尚未得到足够重视的传统村落，基本上处于初步开发、待开发的状态。但是对于前两种开发模式下的村落，尽管其开发模式有所差异，但是对于一个独立的小型社会经济综合体而言，无论哪种类型的村落旅游开发必然对其经济、社会、生态环境等各个方面产生有利或有害的影响。① 而实际上二者对于传统村落保护与发展工作所起的作用及造成的影响却是并无二致的。

① 应天煜:《中国古村落旅游“公社化”开发模式及其权力关系研究——以皖南西递村与宏村为例》，浙江大学硕士学位论文，2006 年。

## 二、传统村落借力旅游开发的获益情况

### （一）交通条件日趋便利

交通条件的改善是传统村落进行旅游开发的先决条件之一，但不少传统村落位于交通闭塞的山区或偏远地区。因此，对这些传统村落的开发利用必须依赖于交通网络的构筑。随着我国现代化的发展及乡村建设工作的推进，不少乡村都被纳入现代交通网络之中。皖南地区多山地丘陵，传统村落多散布其中，因其作为重要的旅游开发资源对于社会经济的发展具有重要的推动作用，这些村落的交通建设便得到较早的关注。目前皖南地区的传统村落基本上已经实现了村村通的状态，且形成了以黄山为中心，省内串联黟县、歙县、绩溪县、旌德县、泾县等旅游大县至巢湖及合肥，省外连接景德镇、上饶、杭州的铁路网络及高速公路网络，已经实现交通便捷化与选择方式的多样化，出行十分便利。

店铺林立的查济村

古建筑内景

（二）基础设施逐渐完备

皖南地区的传统村落由于开发时间不同，其开发程度也存在一定的差异。因此，其配套设施的建设因村落的不同而有所区别。部分传统村落开发早、开发程度高，其配套设施已经十分完善。如西递村、宏村，无论是公共服务设施，还是食宿场所，随着旅游业态的发展，皆已十分完备。但也有不少传统村落开发较晚，尚存在配套设施不足的情况。但是，传统村落的开发必然伴随着配套设施的建设，如停车场、游客服务中心、公共厕所、公共活动区域等，这些也为传统村落居民的生活带来了极大的便利。如近年来，黄村共投入 669 万元对村庄进口和村内主干道进行维修，不仅拓宽了进村道路，还修建了“进士第”广场、停车场，在村口左右两侧砌筑徽派屏风，使村容村貌得到很大的提升，广场也成为老年人的锻炼活动场地。

### （三）居民收入来源增加

传统村落的居民的传统收入来源一般多以农业为主，部分居民为了补贴家用外出务工。但当传统村落一旦进行旅游开发，从景区卫生、景区管理到游客的餐饮、食宿、交通等服务行业皆需要大量的务工人员，这为传统村落居民提供了更多的就业机会，极大地丰富了当地居民的收入来源。因此，如西递村、宏村这类开发程度较高的传统村落，村民基本上不再种田，也较少外出务工，基本上形成女性在家开设餐馆、民宿，男性在外跑车拉客的生存模式。因此，对于传统村落的居民来说，旅游开发在一定程度上提高了这类家庭的经济收入。

## 三、旅游开发对于传统村落保护与发展的负面影响

尽管如上文所述，传统村落的旅游开发在一定层面上促进了传统村落及其原住民的生活条件的改善，但是这种作用对于传统村落的保护与发展却显得十分有限。旅游开发作为一种商业开发活动，追求经济利益才是其首要目的。因此，传统村落保护工作对这种商业活动的过度借力，往往会产生经济利益导向下的保护与开发观念的错位，从而使传统村落的开发成为社会团体与政治力量的逐利场，而传统村落及其原住民却在这场经济逐利战中可能受损。具体体现如下。

### （一）古村落“千村一面”，古建筑徒有其表

目前，随着传统村落旅游开发的发展，全国范围内的不少地区都出现因过度开发而导致的“千村一面”、古建筑徒有其表的现象。一方面，因部分地方政府与旅游开发公司错误的发展观念，出现不少拆旧建新的现象，将原本具有特色的地方建筑人为改造为统一的理想中的地方建筑，不

老宅的居民

但破坏了其原真性，还削弱了地方特色。另一方面，也有不少地区为了吸引游客，将不少外地或相邻地区的传统文化元素挪移至本地，从而出现相邻地域文化趋同的现象，难以突出地方文化的独特性。如受到宏村的影响，以牌坊和徽派建筑规模大且分布集中而著称的西递村，目前正在位于村口的“胡文光牌坊”前，进行人工湖的挖掘与开发作业，试图塑造如宏村南湖画桥般的景致，这种做法无疑损害了西递村自然及人文景观的原貌。

除了古村落“千村一面”外，旅游开发使得传统村落的商业活动频繁、店铺林立，虽然我国关于历史文化名村及传统村落历史建筑的修缮与改造有专门的规定，居民和个人无权对其擅自修缮或改造，但是部分村民或商户仍能通过关系运作使维修报告获批，对房屋进行大肆改造。相关部门除了对建筑的外观有着硬性的要求外，往往对于建筑内部空间的改造睁一只眼闭一只眼。因此，在旅游开发程度高的村落，多数用作商铺的古建筑，其内部结构基本上已经被掏空，空有其壳。如作为世界文化遗产，宏村声名远扬，每年接待游客逾百万人次，这对宏村相关配套设施的容量提出了较高的要求。据悉，宏村的商户已逾千户，对于一个村落而言，这个数量无疑是惊人的。由此也可想见宏村传统建筑被改造的程度，以被侵蚀殆尽来形容应不为过。

（二）住房条件改善困难

旅游资源开发的最大目的即获取经济效益，因此旅游资源的开发工作皆以盈利为原则，无论是政府企业还是民营企业往往以尽可能小的投入获取最大限度的经济效益。① 这种情况决定了旅游开发所带来的保护工作的不均衡，十分鲜明地反映在唐模村的保护与开发工作中。

始建于唐，兴于明、清的唐模村，距今已有千余年的发展历史，是皖南地区具有典型水口园林风格的古村落。该村目前尚保存有清代民居 100 多幢，省文物保护单位 4 处，清代祠堂 4 处。目前，唐模村的旅游业由安徽省政府下属的国有企业浪漫红文化旅游发展有限公司经营管理。旅游公司主要对村中檀干溪两岸的民居进行了修缮改造，形成“水街”一景，又开发了檀干园、同胞翰林坊、八角亭等。其间，徽州区政府为了响应省政府对旅游开发的号召，投入开发资金近 2000 万元，对村中的旅游配套基础设施进行建设，分别在村东、村西建成两处大型停车场、旅游综合接待中心，并修复了尚义堂、许氏宗祠、水街美人靠长廊，还对水街沿岸的民居进行了全面的“改徽”工作。但是，唐模村古建筑众多，除了分布于核心景区水街两岸的部分古民居以外，还有不少民居分散于村中的各个巷子内。但根据实际调研情况可知，村中的 100 多幢老建筑里，除了位于水街

① 冯海霞：《旅游地文化开发研究——以安徽歙县渔梁为例》，浙江大学硕士学位论文，2002 年。

新旧建筑混杂的渔梁村街巷

沿岸的檀干园、同胞翰林坊、许氏宗祠、许承尧故居等被挂牌为文物保护单位的古建筑得到较好的修缮，并被作为旅游开发景点外，巷子纵深中的古民居建筑几乎无法得到政府或者旅游公司给予的修缮资助，修缮工作十分欠缺。尽管也有部分老建筑被政府或公司收购，但能得到修缮的极少。根据走访可知，巷子中的老建筑多数墙体倾斜，甚至开裂，部分老建筑外观看似完好，而内部梁柱腐朽倾斜，窗橼门楣破损掉落。其中，被贴上“危房，请勿靠近”标志的老建筑不在少数。但是，受损如此严重的老房子不仅未得到应有的修缮，而且尚有人居住其中。据当地村民统计，村中这类破损十分严重的老房子占比近 20%，但因村民无力也不能自行维修，同时受农村宅基地相关政策的限制，其中一半被迫空置，村民四处流浪，一些人因无钱去外地买房，只能被迫居住于危房之中，勉强度日。需要注意的是，这种因旅游开发的逐利性所导致的选择性保护，在皖南地区的多数村落里皆可见到。

### （三）居民生活成本增加，生活困难程度加重

目前，关于古城、古镇、古村的开发，相关管理部门仍然存在严重的认知误区，在经济利益的诱导下，开发与保护工作本末倒置。让人不得不正视的现实是，在古城、古镇、古村落保护资金严重缺乏的情况下，多数古城、古镇、古村旅游开发的收入并未投入保护工作，更不以分红的形式惠及当地民众，旅游开发仅仅成为地方政府及社会企业共同获取经济利益的主要手段。因此，传统村落原住民在村落的旅游开发过程中，获益甚微。

与此同时，旅游开发毫无疑问会注入旅游业态的各种形式，如民宿、餐饮、娱乐等各种商业活动。但除了部分当地居民能够借助优势地理位置进行商业经营外，大部分居民因缺乏资金，仍然维持自己原有的生活状态，越来越多的外来商业资本在传统村落的旅游开发中占据优势。因此，对于没有足够资本积累的原住民而言，他们失去了获得商业发展、参与旅游收益分配的原住民优势。因此，对于大部分原住民而言，旅游开发并没有使其实际收入得到应有的提升。相反，伴随着旅游开发而来的是，不仅亲朋好友的拜访受到影响，还让没有获得实际收益的原住民接受物价高涨的冲击，致使其原本就不富裕的生活更加窘迫。

### （四）环境问题加剧

正如冯骥才先生所言："传统村落是脆弱的，旅游要考虑游客人量过多的压力，不能一味追求收益的最大化。"①但就目前的情况而言，我国传统村落的旅游开发工作已经失衡，呈现出过度开发局面，并由此产生了一系列的问题。如传统村落的开发必须考量到环境的承载力，它是生态学的

① 冯骥才：《传统村落的困境与出路——兼谈传统村落是另一类文化遗产》，载《民族文化论坛》2013 年第 1 期。

规律，也是传统村落可持续发展的基础，任何聚落所植根的自然环境都有其最大承载能力，传统村落也不例外，其所能消化承受的生活起居的单位人口是有限的，旅游开发导致各类商业店铺林立、游客大量涌入，对传统村落生态环境的承载能力提出了巨大挑战，而每一个生态系统对外来因素都有一定的承受范围，当超过极限时，生态系统就会被破坏，想要可持续发展就必须坚持人为活动与人文环境、自然资源相适应，生态一旦失衡就极易出现各种环境问题，在江河流域的田野考察中，因过度开发导致的人文与自然环境破坏并非个例，生态破坏十分突出。旅游接待过程中产生的生活废物、环境污染对环境的承载能力是巨大的负担，同时基础设施的建设如公路、公厕、旅店、饭馆等占用大量农田、草地，林地等，不可避免地削弱了环境的自我恢复能力，同时又增加了生活污水、生活垃圾、建筑垃圾的排放，造成当地生态环境的恶化。如呈坎村核心景区外围的商业街，食宿店铺林立，由于清理不及时，仍有不少垃圾散落街道，严重影响了景区的美观。另如唐模水街的檀干溪，由于大量生活污水的排放，生活垃圾的沉淀，不得不定期派人对其进行清理。

由此可见，旅游开发对于传统村落的保护与发展具有双重作用。究其原因，这除了与我国传统村落保护工作相对于国际社会起步晚、缺乏经验、保护机制不健全等因素外，最为重要的因素应是对保护与发展的错误认知。对于此，冯骥才先生曾有过论述：“（传统村落）可以利用，但不可以开发”。他强调了利用与开发的区别，指出：“利用是指在确保历史真实性和发挥其文化的精神功能与文化魅力的前提下获得经济收益；开发则是一心为赚钱而对遗产妄加改造，造成破坏。坦率地说，这种对遗产的‘开发’等同‘图财害命’，必须避免。”① 因此，我国各级政府文化管理部门

① 冯骥才：《传统村落的困境与出路——兼谈传统村落是另一类文化遗产》，载《民族文化论坛》2013 年第 1 期。

及旅游管理部门的相关人员，作为文化遗产保护与利用的决策者与管理者，应强化对于传统村落保护和利用的意识，树立经济建设与文化保护一体化的观念，秉持可持续的发展观，科学决策，推动经济建设与文化保护的协调发展和相互促进。

## 四、总结

综上所述，传统村落是重要的旅游开发资源，但在旅游开发过程中，由于相关管理者保护与开发观念的错位，使得传统村落开发与保护工作中过于偏重经济利益。尽管旅游开发能够取得较高的经济收益，并在一定程度上对于传统村落原住民的生活产生积极的影响，但是其对于传统村落保护所产生的负面影响也很大，开发并未能积极反哺传统村落的保护工作，反而可能阻碍相关保护工作的开展。因此，如何正确处理传统村落保护与开发的关系是当下传统村落保护工作迫切需要思考和解决的重要问题，而我国传统村落的保护工作也应在经历了初期如火如荼的发展后，开始进入一个相对理性的调整期。

# 第二篇　山西地区

# 古寺庙作为文保单位和宗教载体的身份博弈

刘灿姣　杨　刚　刘　洋　胡献雯　胡晓梅　邓一佳

寺庙，一言以蔽之：祭祀房屋也。一座座古刹星罗棋布，遍及神州大地，不但把祖国山河装扮得绚丽壮观，而且是我国极其珍贵的历史文化遗产，具有很高的历史价值和文化价值。

近日，我们在山西"古城古镇古村立法保护调研"考察中发现，古寺庙是许多古城古镇古村中的代表性古建筑（群），例如中国历史文化名城平遥古城的镇国寺、双林寺，中国历史文化名镇静升古镇的资寿寺，中国历史文化名村梁村的广胜寺，中国历史文化名镇碛口古镇的黑龙庙等等。古寺庙是承载古城古镇古村历史文化的重要历史遗存。

## 一、古寺庙保护的意义：中华民族优秀传统文化的载体

据统计，国务院公布的全国重点文物保护单位，先后有7批，计4294处。作为主要古建筑的中国寺庙被列为全国重点文物保护单位的达1088处（个别重复统计），占到全国重点文物保护单位的四分之一，充分

山西古寺庙

说明中国古寺庙不仅数量众多，而且历史文化价值很高，堪称中华民族古代文明中精华的部分。

中国古代参加寺庙祭祀活动的群体几乎涉及社会各个层面，上至帝王宫廷和官府，下到士族和百姓，无不参与其中。对民间来说，广大寺庙是慰藉普通民众心灵的场所，是百姓寄托精神信仰的所在。

“天下名山僧占多”是一句流传颇久的民谚，其实并不准确，应该是：“天下名山寺占多”。寺庙名胜古迹多在山水灵秀之地，因此往往是人们的游赏之所。寺庙这种独特的建筑集中显示了中国传统的祭祀文化，源远流长，内容丰富，包括敬天法祖、崇敬圣贤、崇拜教宗等思想观念，含纳天文、地理、建筑、绘画、书法、雕刻、音乐、舞蹈、庙会、民俗等文化艺术和民间习俗，反映着古代人们的审美情趣和价值观念，表现出他们的美好愿望和追求，清晰地透露出民族的心理和品格特征，也折射出当时的社会面貌和思想文化积淀，渗透和映照着几乎全部中国传统文化要素。中国寺庙不仅是典雅辉煌的建筑，还有神采奕奕的造像、壁画等精湛的宗教艺术品，保存了许多国宝级的文物和碑刻。

古寺庙是中华优秀传统文化和民族精神的物化载体。以“慈悲为怀”的佛教由印度传入我国，在漫长的历史岁月中，早已渗透到我国民族文化中；道教宫观宣扬“天人合一”的思想宗旨、顺应自然的行为原则、崇俭抑奢的生活信条、清静恬淡的精神境界。

## 二、古寺庙作为文保单位“静态保护”现状

### （一）许多“无身份”古寺庙保护困难

在山西平遥县，过去一个村落至少有两座庙，一座是观音堂，一座是老爷庙。大一点的村，村里 5 个堡就有 10 座庙，如此推算古寺庙数量庞

静升资寿寺

大。事实上，现存大量古寺观中，只有经过文物部门普查后登记在册的，才能称之为“文物”，并由文物部门负责管理。

按照我国现行《文物保护法》，对于已登记在册的不可移动文物，各级政府应将其逐批公布为文物保护单位。文保单位按其重要性可分为四级，即“国家级重点文物保护单位”“省级文物保护单位”“市级文物保护单位”和“县级文物保护单位”。然而对于大量未登记在册的“无身份”古寺庙，若当地无人牵头修缮，往往只得任其残败，使其面临自然老化和人为破坏的双重风险。

### （二）古寺庙作为文保单位保护资金缺口大

我国《文物保护法》明确规定，对于文保单位，各级政府应区别情况，分别设置专门机构或者专人负责管理。而在古寺庙的保护中，县、市两级文物保护单位都存在资金困难。根据《平遥县文物局“十二五”（2011—2015年）工作总结》，“十二五”期间，县政府与各乡（镇）签订了文物

山西古寺庙建筑一角

平遥古城天主堂

保护责任书，采取聘请文物保护员的形式指定专人负责管理县保单位，并将文保员看护经费列入县财政预算。

在走访中发现，有的县保单位依然没有文保员。平遥县文物局官网公布，平遥县共登录不可移动文物 1075 处，被公布为文保单位的共有 143 处。其中，国保 19 处、省保 1 处、市保 4 处，而县保则达到了 119 处。

《平遥县文物保护工作目标责任书》签署双方为县文物局和乡（镇）政府。该责任书详细列出了辖区内的县保文物名录，同时载明，辖区文保工作的第一责任人是“乡（镇）长”和“村委会主任”。

很多县保单位的所有权和使用权都归集体所有，文物局只是起到监管

梁村广胜寺壁画

作用。按照“属地管理”原则，县级政府认为：我们出资帮你修缮了，你自己的东西，自己要看好。但是现在一出事，又都想到文物局。

目前县保单位仍不断遭受破坏，原因就是“没有保护机构”。“按说文物部门划定了保护范围，剩下的就该乡政府派专人去保护，但村里又哪来闲钱发这份工资?”我国《文物保护法》规定，县级以上人民政府应当将文物保护事业所需经费，列入本级财政预算。但这在实践上往往遭遇困境。

### （三）平遥县文保员制度落实困难

“县文物局也很难办，不是什么事都能拿出钱，花任何钱都必须给县里打报告。能争取到维修资金，已经相当不容易了。”走访的老文物人说。

现在文保员的工资为每人每年 1000 元，由县财政支付。“文保员制度本来是平遥县首创的，2013 年在县里铺开，后来才在全市推广，但现在我们的文保员工资是全市最低的。”

2016 年 3 月，《国务院关于进一步加强文物工作的指导意见》下发，强调“严格追责”：“文物遭受破坏、失盗、失火并造成一定损失的，要依法依纪追究有关人员的责任。”那么谁来追责？追责的主体，仍是地方政府。文物保护，地方政府承担主要责任。国家文物局从省里往下，都是业务指导关系，而不是行政领导关系。乡镇政府也有责任，他们是安全责任的主体。而在《平遥县文物局“十二五”(2011—2015 年）工作总结》中写着，“十二五”以来，我县没有发生任何文物安全责任事故。

## 三、古寺庙资寿寺作为宗教载体经营“活态保护”模式探索

山西灵石县资寿寺是全国重点文物保护单位，资寿寺是一个古寺庙保护新模式的尝试。灵石县政府与晋中市政府先后派考察团前往少林寺商谈合作，终于在嵩山签订了合作项目书。资寿寺将依托少林寺，在保护千年古刹文化底蕴的前提下，将资寿寺打造成佛教文化产业园区。

### （一）传统形象的现代品牌保护

由静态的文物保护到活态的文化保护，由社会群体商业开发到宗教群体自主运营。资寿寺成为少林寺下院，由少林寺现任住持释永信的弟子释延邦接管，资寿寺现在的保护经营管理模式是，僧人是寺庙保护经营管理的主体，接受政府的监督。为了争取自主保护经营管理权，僧人和当地政府签署协议，自筹资金进行寺庙的修缮和保护，拥有资寿寺的使用经营权。从“关起门来”保护的文保景点运营思路转变为以文化传承为核心的

活态保护思路。

传统中国佛教的许多祖师道场和名山道场，都有其独特的传统形象，如四大名山与四大菩萨，云门禅与云门饼，柏林禅寺与赵州茶，等等。壁画、泥塑是资寿寺的核心元素，也是资寿寺的传统形象，拿当今市场经济惯用的话来说，就是佛教文化品牌。释延邦住持试图运用商标法等法律手段维护资寿寺的传统佛教文化形象。

### （二）引入现代管理与经营理念

中国传统的寺庙管理主要是以僧伽和合共住和依“百丈清规”建立起来的丛林制度，后来演变为明清时期比较流行的以子孙庙、子孙丛林和传法丛林为主的多种形式。在当今市场化的现实处境中，寺庙管理不可能仍然维护传统子孙系统或丛林制度。在借鉴现代管理经验方面，资寿寺作为少林寺下院，试图延续少林寺的品牌化管理和现代化运营模式。

现有管理体制阻碍了古寺庙保护新模式的探索。以少林寺为代表的现代古寺庙管理和经营理念与现有的政府管理体制存在一定冲突。例如，资寿寺僧人与所在地灵石县文物局就经营管理权存在很大分歧，文物局不希望资寿寺的经营管理权转移给僧人，因此在僧人进驻资寿寺的时候，县文物局曾对寺庙断水断电断网，以示反对。

## 四、古寺庙立法保护思考

星云大师曾说：“文物局、旅游局不应该和佛教扯上关系，要还给佛教清净，它不是一个观光的地方，你能到学校里去观光吗？它不是来消遣的。寺院可以参观，以便净化心灵，寺庙是超越的地方，用世俗的人事来管理佛教不太恰当。”

目前许多古寺庙，小有名气的就设置成为旅游景点，但大部分的古寺庙已经没有香火，更没有僧人，因此如何让古寺庙“活”起来值得深思。是否应该在立法保护古城古镇古村的过程中，将古寺庙作为一个特殊的个体进行合乎时宜的活态保护。古寺庙作为文物保护单位，是应该“关起门来”保护，还是应该让僧人进去，进行活态保护，进行文化传承，这是立法层面需要思考的。

党的十八大报告提出：“建设优秀传统文化传承体系，弘扬中华优秀传统文化。”寻求中华优秀传统文化与民族精神的现代价值和意义是实现民族复兴的根本所在。今天，我们对祖先留下的古寺庙这份极其丰富的传统文化和民族精神的遗产进行科学总结，给予现代化解释，赋予时代特征，呼唤中国古寺庙“活”起来，这对于弘扬中华优秀传统文化，增强民族自豪感、民族自信心和民族凝聚力，培育和弘扬社会主义核心价值观，激发广大人民群众的爱国主义热情，实现中华民族伟大复兴的中国梦，具有重要的现实意义。

# 关于平遥古城立法保护内容的调查

## ——历史建筑 VS 文化生态

刘灿姣　杨　刚　刘　洋　胡献雯　胡晓梅　邓一佳

作为活态城市遗产，平遥古城立法保护的内容并不仅仅在于保存其历史建筑，更在于保护和传承其文化生态。

针对平遥古城的立法保护内容问题，山西组深入东南西北四个城区开展了实地调研，深度访谈了13个人，并完成了调查问卷。调查对象从年龄来看涵盖老、中、青、少四个年龄段；从职业来看涵盖管理、交通运输、教育、服务、工业等多个行业；从文化程度来看涵盖大学、专科、高中及高中以下；从居住地来看涵盖世代居住在古城的人、租住古城房屋的人、居住在古城之外的人和外省游客。通过分析访谈内容，得到两种非常有代表性的观点：一是平遥古城立法保护的内容只是保护古城的历史建筑；二是还应该整体保护和传承古城文化生态。

支持保护古城的历史建筑的原因有：平遥古城的“一城两寺”最为著名。首先，古城是国内保存最完整的明清县城，城内历史建筑包括古城墙（古城墙每年用古建筑材料修缮一次）、古民居建筑（明清城市古建筑的代表四合院，现在要求修旧如旧）、各类寺庙、县衙、商铺客栈、街道等。其次，镇国寺是我国现存最早的木结构建筑，双林寺堪称明代彩塑艺术的

平遥古城历史建筑

精华。这些建筑保存完整，每年的修复工作做得也比较到位，它们是历史文化的“活化石”，保护历史建筑就是保护历史文化。

支持整体保护和传承古城文化生态的原因有：古城内至今仍有大量的原住民居住，被誉为“活着的古城”，古城保护应该重在保护原住民传统的生产生活方式，它涵盖商业文化、宗教信仰、民俗、传统手工艺等。第一，平遥是晋商文化的发源地，山西第一票号“日昇昌”保存至今，古城的商业文化值得保存和传承。古城原来的当铺、票号随着历史的发展虽已退出历史舞台，但客栈、小商铺等仍可以为游客提供便利，这种商业文化仍然可以延续。第二，古寺庙修复之后，仍应该为城里居民祭拜儒释道诸神提供便利条件，而不能仅将其当作旅游景点。传统的各种祭拜习俗和庙会仍需定期举办，并定期对原住民免费开放。第三，保护古城民族风俗的延续性，如丧葬礼仪、祭祖礼仪等等。第四，传统的手工技艺可以产生良

平遥古城商业街道

平遥古城历史建筑

吕梁李家山村

好的经济效益。平遥的饮食工艺包括酒、醋、牛肉、碗秃等的制作，美术工艺有中国推光漆器技术等国家级非物质文化遗产。

完整独特的建筑文化遗产是平遥古城立法保护的重点，这一点毋庸置疑，但也不能忽略对非物质文化遗产等活态文化的保护。平遥古城文化生态的活态传承与古城原住民的现实生产生活息息相关。利用古城建筑文化遗产发展旅游业是一件惠民生的好事，但不能“一条腿”走路，也要重视当地老百姓的人文环境建设，友善、淳朴的民风也需要一直延续下去。让游客在感受古城精美的历史建筑的同时，也感受到古城的人文关怀。老百姓不希望平遥古城演变成第二个丽江的呼吁值得立法保护者深思。

# 论民事、行政、刑事责任“三责并举”的古建筑法治模式的构建

刘灿姣　杨　刚　刘　洋　胡献雯　胡晓梅　邓一佳

笔者通过调研发现，古城古镇古村落的古建筑保护难度大，随意破坏现象十分严重。笔者在走访山西祁县乔家堡村时，发现国家级文物保护单

山西古建筑

位乔家大院周围的所有古建筑已化为一片废墟。作为2013年入选第二批中国传统村落名录的乔家堡村，在入选的同时，事实上已经消失了，乔家堡村已改名为乔家堡社区，村民整体搬迁到了原村北的新居。“民族文化千百年，消失只需一瞬间”的“文化遗憾”让笔者扼腕叹息，倍感心痛。究其原因，“我们没有足够的执法权……”已成了造成此类违法现象的行政不作为的通用语。笔者也走访了山西省平遥县多个古建筑的行政保护部门，几位负责人均表示，“有些居民私自拆改古建筑，我们给予行政处罚，对他们进行罚款，但居民用私拆改造后的房屋发展旅游商业的收益远远高于我们的罚款额度。显然在行政执法方面根据现行行政处罚法，在众多以旅游业为主要产业的古城中存在行政违法成本远远低于其所得收益的现

山西古建筑一角

山西古建筑一角

象。如何破除此番困局？从行政执法方面破局力不从心，那么从司法方面突破则不失为一个可行办法。

司法要想发挥更大作用，首先离不开立法上的完善。审视我国古建筑保护相关法律法规，笔者发现，《文物保护法》《治安管理处罚法》《消防法》《历史文化名城名镇名村保护条例》等法律法规，均从行政法的角度对损毁古建筑和影响古建筑安全的行为规定了相应的处罚措施，但碍于多头执法、人手短缺、处罚标准不一、执法力度不够等多个原因，相关规定在实际执行过程中，失之于宽、失之于软的现象经常发生，行政执法效果不甚理想，未能真正起到法律应有的震慑作用和警示效应。因此，要想弥补目前通过行政执法手段保护古建筑的不足，从制度设计的根源上解决古建筑保护的法律困惑，建立健全古建筑保护的民事公益诉讼制度就尤为关键。

原《中华人民共和国民事诉讼法》第五十五条规定：“对污染环境、侵害众多消费者合法权益等损害社会公共利益的行为，法律规定的机关和有关组织可以向人民法院提起诉讼”。此条文规定了公益诉讼制度。所谓公益诉讼是指针对违反法律、侵犯国家利益、社会公共利益的行为，法律规定的机关和有关组织有权向人民法院起诉，由人民法院追究违法者法律责任的活动，公益诉讼针对的行为损害的是社会公共利益，而没有直接损害原告的利益，是与起诉人自己没有直接利害关系的诉讼。而保护古建筑正是关系到国家利益和社会公共利益。因此，建立古建筑保护的民事公益诉讼制度当属题中应有之义。通过古建筑保护公益诉讼，可以要求有关责任人为损毁和拆改古建筑承担民事侵权责任，支付无上限的“天价”赔偿，与行政法最高限额仅 50 万元的罚款相比，对惩治古建筑的违法破坏行为更有力度，也更会让违法者“心疼”。但哪些主体可以提起民事公益诉讼？何为法律规定的机关和有关组织？原《中华人民共和国民事诉讼法》的相关规定不甚明确，而 2017 年 6 月 30 日全国人大对原《中华人民共和国民事诉讼法》第五十条进行了修改，在第五十五条增加了第二款：“人民检

山西传统村落

山西古建筑

察院在履行职责中发现破坏生态环境和资源保护、食品药品安全领域侵害众多消费者合法权益等损害社会公共利益的行为，在没有前款规定的机关和组织或者前款规定的机关和组织不提起诉讼的情况下，可以向人民法院提起诉讼。前款规定的机关或者组织提起诉讼的，人民检察院可以支持起诉。”这样一来，古建筑保护公益诉讼制度诉讼主体进一步得到明确，诉讼主体范围进一步得到扩大。古建筑的行政主管部门、符合条件的社会团体，特别是检察机关都可以依法提起公益诉讼。民事公益诉讼带来的“及时雨”，为古建筑保护提供了一个强有力的手段。各方主体要抓住这个时机，积极利用民事公益诉讼维护应保护的公共利益，用自己的实际行动回应立法，这样才无愧于法律的授权！

# 论平遥梁村的宗教与村落自治

刘灿姣　杨　刚　刘　洋　胡献雯　胡晓梅　邓一佳

梁村位于山西省平遥古城东南6公里处，南望太岳山，紧连西源祠村，东接西赵村，西邻岳壁乡，北衔尹回水库。东西长2.4公里，南北长2.6公里，总面积6.3平方公里，现有耕地1800亩，人口4635人。梁村

梁村重修广胜寺

古建筑群由“一街五堡”组成，“一街”是古源街，“五堡”分别为东和堡、西宁堡、昌泰堡、南乾堡和天顺堡。“一街五堡”呈凤凰展翅之状，广胜寺（原真武庙）为头，东和堡、西宁堡为翅，昌泰堡、南乾堡为腹，天顺堡为尾，故又称“凤凰村”。五个古堡中容纳了梁村大部分民居，演绎了梁村的历史文化，也展示了梁村独特的布局特征。2007 年 6 月 20 日，梁村入选第三批中国历史文化名村。

**表 1　梁村“一街五堡”保存情况**

| “一街五堡”名称 | 保存情况 |
| --- | --- |
| 古源街 | 古源街全长 1060 米，南至天顺堡通平沁古道，北至真武庙，过去神池之水穿村而过，是旧时梁村各种商铺聚集的主要区域 |
| 东和堡 | 东和堡最早可追溯至夏商时期，占地 10 亩之多，孤岗独立，四周环沟，堡内街道呈“北斗七星”之状，堡西门人称“黑洞门”集排水、行人、防盗等功能于一体，上建三官庙，堡东门写“迎瑞门”三字，坡高居险，西门若关，人车难入，易守难攻，为旧时的人居宝地 |
| 西宁堡 | 西宁堡历史仅次于东和堡，可称千年古堡，西宁堡占地 8 亩，堡墙雄伟，两面环水，景色秀丽 |
| 昌泰堡 | 昌泰堡占地面积约 40 亩，街道呈“土”字形。原有南北两门，现仅存南堡门，已恢复原样 |
| 南乾堡 | 南乾堡占地面积约 80 亩，街道呈“王”字形。南乾堡四周为土筑堡墙，高约 3 丈，长约 1200 米，基部厚 3 米，顶部 1.5 米，上可行人，且分段砌有接地水道，共有南北两门，至今保存完好 |
| 天顺堡 | 天顺堡建于清代，占地约 75 亩，街道呈“生”字形，天顺堡为旧时梁村富豪堡，其中木、砖、石三雕艺术气息浓厚，现保存较为完整 |

## 一、梁村的宗教遗存概况

梁村现存庙宇建筑 25 座，其中具有代表性的庙宇有积福寺、广胜寺（原真武庙）、源神庙、观音堂、老爷庙、西宁堡真武庙、东河堡三官庙、南乾堡三官庙、天顺堡三官庙、古神棚等。其中，既有道教建筑又有佛教建筑，有的佛道两家处于同一个屋檐下，有的甚至“佛、道、儒”供奉于一庙。梁村历史上还有过二郎庙、五道爷庙、娘娘庙、东和堡老爷庙等宗教遗存建筑，现已无存。

**表2　梁村的宗教遗存**

| 宗教遗存名称 | 简介 |
| --- | --- |
| 积福寺 | 积福寺位于古西街北端，占地7亩，为梁村史上最大的佛教寺庙，碑文记载“积福寺”始建于大唐贞观二年，距今已1300余年，为平遥县文物保护单位 |
| 广胜寺（原真武庙） | 广胜寺建于古源街北端，占地682平方米，是人们祈求平安、镇邪除恶之所。2005年，住持释觉善筹资5万元修复渊公宝塔。2006年，新建火供台、罗汉洞、地宫、东院二层楼。2017年，翻修真武庙，新建五爷殿、中院大殿、钟鼓楼等。现占地面积9700平方米，建筑面积4200平方米，总投资已达三千余万元。现已改名为“广胜寺” |
| 观音堂 | 观音堂位于古西街西端，与古戏台为邻，是古庙会的中心，庙内塑西方三圣像。1999年，村人居士史桂林等自筹资金2.6万元，复修此堂 |
| 老爷庙 | 老爷庙位于古源街北，占地1亩，庙内建筑正殿五间，为砖砌十字窖，南北各3间，2016年，村委会组织翻修了老爷庙 |
| 西宁堡真武庙 | 西宁堡真武庙又称玄武庙，位于西宁堡内，始建于乾隆二十九年（1764年），为二层建筑，占地24平方米，现内存壁画，有真武大帝塑像，下层为送子观音阁，建筑小巧玲珑，颇有几分灵气 |
| 古神棚 | 古神棚位于古戏台对面，建筑面积256平方米，建于清末，为全村祭礼、祈神、求雨、庙会等集体活动场所，神棚内设神龛，无固定神位，需求什么神，即在神龛内摆设什么神或牌位，可谓“永久神龛、流动牌位” |
| 源神庙 | 源神庙位于村南1公里，神池之北，为供奉源神而建，始建年代失考，金大定三年（1163年）重建，明万历四十五年（1617年）再次进行了维修，占地3500余平方米，每年农历三月初二为源神庙会，梁村、西源祠、东源祠三村联合举办社火，用整猪、整羊供奉源神爷，请戏班唱戏 |

续表

| 宗教遗存名称 | 简介 |
| --- | --- |
| 三官庙 | 三官庙庙内祭礼天、地、水三官之神，祈求天官赐福、地官赦恶、水官解厄，原有14座，各古堡中现存三官庙11座 |
| 三教祠 | 三教祠位于村内古西街末端，占地100余平方米，始建年代失考，清道光二十九年（1849年）维修，光绪十八年（1892年）再次维修，祠中供奉佛、道、儒三家祖师爷即释迦牟尼、老子、孔子三圣合一的形象，祠外保存三通古碑，三教合一，小巧玲珑，别具特色。2014年，时任村委会主任毛林光筹资5万余元修复此祠 |
| 西宁堡老爷庙 | 西宁堡老爷庙位于西宁堡南堡门对面，内塑关公像，为西宁堡居民祈求平安、财运等场所 |
| 二郎庙 | 二郎庙位于东和堡北高崖处，占地20平方米，始建年代不详，现建筑无存 |
| 五道爷庙 | 五道爷庙位于真武庙南50米处，占地20平方米，建筑无存，现已改为民居 |
| 娘娘庙 | 娘娘庙始建于积社寺东侧，占地60平方米，现建筑无存 |
| 东和堡老爷庙 | 东和堡老爷庙位于东和堡东门之上，占地20平方米，建于民国时期，现已塌毁 |
| 介神庙 | 介神庙始建于南乾堡，后迁入真武庙东侧，占地60平方米，现建筑无存 |

## 二、梁村宗教文化特点

### （一）信仰实用主义

梁村的每一个堡中都有三官庙。三官庙祭祀三官大帝，即天官、地官、水官，是道教供奉的三位天神，其中天官赐福、地官赦罪、水官解厄。在梁村每隔几代人就会对其重修一次。同时，梁村还有观音堂等佛教建筑，可见梁村人信仰实用主义的传统由来已久。西宁堡真武庙下阁供奉佛教观音，上阁则供奉道教真武大帝。而在梁村的神棚一般不供奉神位，要求哪一位神就供奉哪一位的神位，是典型的中国实用主义哲学的集中体现。

梁村古戏台

（二）三教融合共生

梁村具有融合佛教、道教、儒教三教合一的宗教形态。其中最具独特性的是三教祠，三教祠位于村内古西街末端，坐西朝东，占地 100 余平方米为村中毛姓人始建始建年代失考，清道光二十九年（1849 年）进行过维修，清咸丰二年（1852 年），购得祠后毛清都地基一块、槐树一株，才形成了现在三教祠的格局，光绪十八年（1892 年）再次进行过维修。

据村民介绍，三教祠为三开间加前廊式建筑，中供佛、道、儒三家祖师释迦牟尼、老子、孔子三教合一的形象。在宋代时，中国虽然有三教连称，不过彼此是完全独立的，明代之后互相影响，互相融合，最后形成了三教合一的中国宗教文化。三教的分合是贯穿一千多年中国思想文化史中一股重要的文化潮流，对中国文化乃至中国社会的变迁产生过巨大影响。

## 三、梁村宗教与村落自治

### （一）梁村宗教凝聚村落社会力量

梁村村民在参与村落宗教的过程中，发现他们的另外一种身份，除了是国家的公民以外，他们还是村落中的村民。以倡导“行好得好”对村民进行向善、行善的伦理劝诫的村落宗教，并非简单地将村落中的人们结合起来。在当前传统村落向现代社会转型中，村落宗教具有凝聚村落社会成员形成村落社会力量的作用。也就是说，村落宗教具有如下深层含义：不仅是村民在当代社会中表达他们作为社会主体成员的方式，而且在观念上逐步确立了他们作为独立的社会成员的意识，更为重要的是村民在参与宗教活动中逐步形成要求体现权威、表达自由的权利的利益诉求，这也是村民作为当前社会力量再行动的体现。

### （二）梁村宗教促进村落道德教化

在梁村，村落宗教作为道德教化的力量主要体现在能够引导村民一心向善并对村民的行为形成自我约束，因为“在某些情境下，一种超验的神秘现象的证明往往会刺激人们相信超自然力的存在和对人行为的监控，促使人反省自己的行为是否有违反道德原则之处”。梁村广胜寺住持释觉善认为寺庙对村民形成一种震慑力。村落宗教提倡的这种对神灵的惧怕有助于人们节制贪欲、培养责任感和同情心，村落宗教对于圆满的解释恰恰是村落宗教作为道德教化的重要功能体现。

人的道德水准决定了社会治理的水平。在中国快速转型的社会情境中，有学者提出将“善”作为中国的宗教伦理，以此来弥补因为现代化带来的道德与信任的缺失。就村落宗教而言所倡导的人心向善的教义，确实对村民具有道德教化作用，而且在村落发展过程中确实能够形塑村落道德体系。宗教信仰提出了许多人际交往的基本准则，如要孝敬父母、不得偷盗、不得违反国家法律、不得背叛宗教等行为规则，有助于形成健康的人格和良好的社会秩序，净化人们的心灵，营造良好的社会道德氛围，实现社会善治的目标。

### （三）梁村宗教推进村落自治

在考察梁村的过程中，信佛的村干部也会谨慎承认宗教是国家所允许的正规教门，也会含蓄告知笔者他们也参与佛教活动，并认可宗教在村落

梁村古戏台壁画

梁村街巷

治理中具备的作用。村民通过名正言顺的方式参与符合国家规范的宗教或者属于国家所宣扬的传统文化，运用他们的视角和立场解释他们自身和周围的生活。

从宗教在村落中所具有的功能来看，将村落视为“有神的社区”，并用社区之神和相应的礼俗、仪式来规范人们的行为，显然有助于理解村落宗教因素对于村落治理所起的作用以及对于村落社会秩序生成的功能。

## 四、梁村宗教参与村落自治存在的问题

### （一）村落宗教信仰和迷信观念相互掺杂

封建迷信在梁村是一种较为普遍的社会现象，笔者在访谈梁村广胜寺住持时，住持释觉善对笔者讲了诸多灵异事件，他口中的灵异现象并非真

的有鬼魂存在，而是由于他们所掌握的知识有限，无法利用科学解释这些现象，因此试图寻求用非科学方法进行说明。

（二）村落宗教信仰的功利性

梁村村落信仰虽然普遍，但属于复数信仰，并且信仰自由。笔者在走访梁村时发现许多村民的宗教信仰带有浓厚的功利色彩，抱着各种利己目的崇拜宗教，“平时不烧香，临时抱佛脚”是许多村民的信教态度，他们真正信奉的不是神，而是其自身利益，村民多是为了个人利益而去烧香许愿。

## 五、总结

村落宗教信仰作为中国广大农村既有的社会现象，有着深厚的历史、社会和文化基础。在立法保护古村落的过程中，应关注古村落村民精神世界的变化，需要关注古村落原有文化特征，正视古村落中的特有文化和古村落特有的信仰价值，特别是应高度重视那些扎根于农民心中的传统民俗宗教。不论是佛教还是道教都是中国传统文化的一部分，传统民俗宗教提倡改恶从善、与人为善、自我牺牲的精神，教育人们洁身自律，提高精神境界等，这些都是长期以来村落共同生活经验的结晶，它有利于改善村落人际关系，维护共同价值规范，稳定社会秩序。

“照塔千层，还需暗处一灯”，在村落治理中不仅需要关注国家政权建设，还需要关注地方文化在村落自治中的作用，因为村落文化与村落社会道德建设也是实现村落由自治走向良性自治的关键。因此，在村落治理中不仅需要政治自治，还需要进一步思考如何走向善治，以及如何思考宗教自治。正如李亦园所说：“关乎人文，以化成天下，发挥人文素养，提升

梁村古建筑一角

道德精神，转化世俗，有文明而尊重人性的民族，我们正在跨越发展中国家，但距离真正已经开化的国家的程度尚远，这正是回首对自己文化水准作出评估的时候。”

# 平遥古城立法保护与管理的现状、问题与对策研究

刘灿姣　杨　刚　刘　洋　胡献雯　胡晓梅　邓一佳

## 一、平遥古城立法保护的必要性

平遥古城是中国汉民族城市在明清时期的杰出范例，平遥古城保存了汉民族文化几乎所有的特征，而且在中国历史的发展中为人们展示了一幅非同寻常的文化、社会、经济及宗教发展的完整画卷。虽然因为年代久远、战乱和建设性的破坏，平遥古城在每个时期都受到了不同程度的损坏，但是时至今日，平遥古城仍拥有非常高的历史文化价值。

### （一）平遥古城是中国古代县城的完好原型

平遥古城是中国保存至今最完整的古代县城原型：完整的城防体系岿然屹立，中轴对称、“左城隍右衙署、左文右武、东关西寺（已毁）、市楼居中”的城市格局非常完整，整体风貌体现出高度的协调和统一，充分反映了中国传统的封建等级思想和正统的礼制观念，可以说是中国古代县城最完好的原型，展示了这座城市在社会、经济、文化、艺术、科学、技术和产业方面的发展状况。

平遥古城城楼

（二）平遥票号是中国经济发展史上的重要里程碑

平遥古城在明代之前还是一个比较一般的县城，但是在明代以后，平遥商人凭借地理上的优势、善于经营的头脑和吃苦耐劳的精神，北上南下，创造财富。尤其是在清代第一家票号产生以后，平遥一度成为中国金融中心，是当时最有影响力的票号总部所在地和金融业总部机构最集中的地方。平遥古城在票号兴盛的 100 多年时间里，对中国近代经济发展产生了积极的影响。经济的发展带动了城市的繁荣，促进了平遥古城社会、经济、文化艺术的高度发展。以平遥为代表的晋商文化具有非常高的研究价值，而平遥票号在中国经济发展史上是一个重要的里程碑。

（三）平遥民居是中国居住理念的完整体现

平遥的民居完整体现了中国汉民族的居住理念。首先，在民居择地、朝向、布局、形制、体量以及入口的位置、房屋高度等方面充分表现出“风水”的作用，充分体现出平遥特别突出的对于自然神明的崇拜，对来

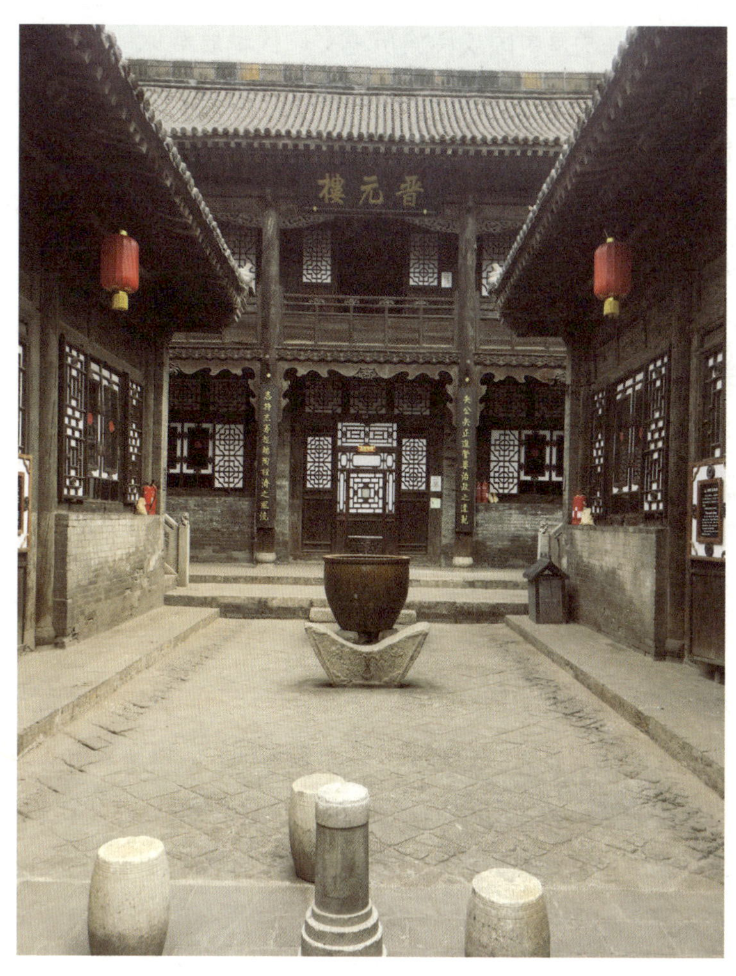


平遥古城传统民居

之不易的财富的守护心理。其次，民居的布局采用合院形式，以“礼”为本，讲求方正，纵轴强烈，均衡对称。在房舍的配置上，长幼有序，尊卑有别，是中国传统礼制思想的体现。再次，在民居建筑建造的时候则沿用了地方的建筑营造方法，根据气候条件、地理环境等因素，形成了独特的民居形式，呈现出浓郁的地方特色。由于居民的殷富，在建造技术和艺术上都达到了很高的艺术文化价值。

（四）平遥古城是中国汉民族历史文化的物质载体

平遥古城至今保留下来完整的城池格局、大量的文物古迹，这些文物古迹跨越时间长、技术精湛，不仅代表了中国古代城市在不同历史时期的建筑形式、施工方法和用材标准，也反映了中国古代不同民族、不同地域的艺术进步和美学成就。对多个时期特别是明清两代的社会形态、经济结构、军事防御、宗教信仰、传统思想、伦理道德和人类居住形式有重要的研究参考价值。

## 二、平遥古城的保护与管理现状

（一）历史风貌保存完整

平遥古城由城墙、店铺、街道、寺庙、民居共同组成一个庞大的建筑群，整座城池布局对称，特色鲜明，以市楼为轴心，以南大街为轴线，形成左城隍、右衙署，左文庙、右武庙，东道观、西寺庙的封建礼制格局。城内道路框架纵横，四大街、八小巷、七十二条蚰蜒巷构成八卦图案，南大街、东大街、西大街、衙门街和城隍庙街形成“干”字形商业街。古城内主要街道两侧完好地保存了220多家古店铺，拥有3700余处具有保护价值的古民居，其中保存完整的有400余处。

（二）文物遗存集中丰富

古城现有各级重点文物保护单位28处，其中国家级文保单位就有7处，市级文保单位2处，县级文保单位19处。古城近郊保存了五代、宋、金、元、明、清各个历史时期的文物珍品。古城墙在国内保存最为完整，双林寺被誉为“东方彩塑艺术宝库”，镇国寺堪称“中华瑰宝”，“日昇昌”票号是民族银行业的“乡下鼻祖”。平遥文物数量之多、品位之高，在全国县级城市中极为罕见。

平遥古城日昇昌票号

**表 1　各级文物保护单位**

| 级别 | 数量（处） | 名称 |
|---|---|---|
| 国家级 | 7 | 平遥古城、文庙、清虚观、日昇昌票号旧址、城隍庙财神庙、市楼、雷履泰故居 |
| 市级 | 2 | 百川通票旧址、蔚泰厚票号旧址 |
| 县级 | 19 | 吉祥寺、武庙、雷仁民故居、侯殿元旧居、范中霖宅、庞显贵宅、协同庆钱庄旧址、长升源黄酒老字号旧址、侯王宾旧居、程遵濂旧居、王荩廷旧居、张兴邦旧居、张生瑞旧居、旧义街王沛霖旧居、范治旧居、长泰永绸旧址、火神庙、安家街天主堂、尹吉甫庙 |

（三）建筑遗存类型多样

从建筑的功能现状来看，居住功能的建筑占48.81%，其他建筑中绝大多数为搭建建筑，也是作为居住使用，占33.86%，两者共占82.67%。从建筑的权属情况来看，私有建筑占77.51%，私房比例高。从建筑年代来看，新中国成立以前的建筑占总数的27.9%，其中明清时期的建筑占23.52%，新中国成立后至20世纪80年代以前的占40.73%，建筑使用年限近三十年以上的建筑占总数的近70 %。从建筑结构现状来看，具有传统特征的砖木结构和木结构建筑占总数的34.77%；其中木结构占13.88%，砖混结构占总数的53.01%。

**表2 建筑功能比例**

| 建筑功能现状 | 建筑数量（幢） | 比例（%） |
|---|---|---|
| 居住 | 10813 | 48.81 |
| 商业 | 320 | 1.44 |
| 文化 | 279 | 1.26 |
| 餐饮 | 45 | 0.20 |
| 教育 | 64 | 0.29 |
| 体育 | 1 | 0.00 |
| 宾馆 | 277 | 1.25 |
| 办公 | 60 | 0.27 |
| 医疗 | 35 | 0.16 |
| 工业 | 153 | 0.69 |
| 市政设施 | 9 | 0.04 |
| 环卫设施 | 6 | 0.03 |
| 仓储 | 56 | 0.25 |
| 空置 | 229 | 1.03 |
| 其他（包含搭建建筑） | 7502 | 33.86 |
| 家庭宾馆 | 133 | 0.60 |
| 信息缺失 | 2712 | 9.80 |
| 合计 | 22694 | 100 |

**表 3 建筑权属比例**

| 建筑权属情况 | 建筑数量（幢） | 比例（%） |
| --- | --- | --- |
| 公有 | 3336 | 15.06 |
| 私有 | 17171 | 77.51 |
| 集体所有 | 55 | 0.25 |
| 公私 | 48 | 0.22 |
| 信息缺失 | 1544 | 6.97 |
| 合计 | 22154 | 100 |

**表 4 建筑年代比例**

| 建筑年代 | 建筑数量（幢） | 比例（%） |
| --- | --- | --- |
| 明清时期 | 5211 | 23.52 |
| 民国时期 | 970 | 4.38 |
| 1949—1979 年 | 9024 | 40.73 |
| 1980—1989 年 | 2106 | 9.51 |
| 1990—1999 年 | 1980 | 8.94 |
| 2000 年以后 | 513 | 2.32 |
| 信息缺失 | 2350 | 10.61 |

**表 5 建筑结构比例**

| 建筑结构现状 | 建筑数量（幢） | 比例（%） |
| --- | --- | --- |
| 木结构 | 3076 | 13.88 |
| 砖木结构 | 4629 | 20.89 |
| 砖混结构 | 11743 | 53.01 |
| 钢筋混凝土结构 | 378 | 1.71 |

### （四）文化积淀深厚多元

平遥古城经过数千年的历史变迁，留下了各个时期不同的文化印记，建筑文化、寺庙文化、宗教文化、吏治文化、儒学文化和民俗文化等多种文化元素，构成古城的文化特色。平遥牛肉、推光漆器、长山药、剪纸、布鞋等土特产品享有盛誉，百余种地方风味小吃、民间传统风土人情等赋予了古城极其丰富的文化内涵。

**表 6　平遥县各级非物质文化遗产保护名录项目**

<table>
<tr><th>序号</th><th>级别</th><th>数目（项）</th><th colspan="2">名目</th></tr>
<tr><td>1</td><td>国家级</td><td>4</td><td colspan="2">平遥推光漆器装饰技艺、冠云平遥牛肉传统制作技艺，平遥纱阁戏艺人、平遥道虎壁王氏中医妇科</td></tr>
<tr><td>2</td><td>省级</td><td>7</td><td colspan="2">平遥票号、晋商镖局、平遥弦子书、白氏拔毒膏与生肌散、（长昇源）传统黄酒酿制技艺、宝龙斋传统布制作技艺、宝剑制作技艺</td></tr>
<tr><td>3</td><td>市级</td><td>7</td><td colspan="2">曹家熏肘传统制作工艺、（晋升）传统油茶制作技艺、（六合秦）传统透气枕制作技艺、平遥传统玻璃画艺术、平遥凤秧歌、平遥十二景诗文、乾德堂小儿止泻散</td></tr>
<tr><td rowspan="8">4</td><td rowspan="8">县级</td><td rowspan="8">53</td><td>语言类（1 项）</td><td>平遥方言</td></tr>
<tr><td>民间文学类（4 项）</td><td>平遥民间传说故事、平遥民间歌谣、平遥民间谚语、平遥古城地名传说</td></tr>
<tr><td>民间美术类（9 项）</td><td>平遥纱阁戏艺人、平遥彩塑艺术、平遥砖雕艺术、平遥石雕艺术、平遥壁画艺术、平遥古建彩绘艺术、平遥脸谱面具艺术、平遥传统玻璃画艺术、平遥木雕艺术</td></tr>
<tr><td>民俗类（15 项）</td><td>平遥票号文化、平遥镖局文化、平遥古建筑、平遥民居建筑习俗、平遥面食（碗脱、揪片、搓鱼、栲栳栳、拨烂子、糊糊等）、平遥面塑、平遥新婚礼俗、平遥丧葬礼俗、平遥生辰礼俗、平遥搬迁礼俗、平遥祭礼文化、平遥社火（节节高、九曲黄河阵、龙灯、舞狮、竹马、背棍、背弓、旱船、推车、二鬼摔跤、货郎担等）、平遥晋商治家处事箴言、平遥春节（元宵节）习俗、平遥传统筵席（十二棋、八八一领二、十大碗等）</td></tr>
<tr><td>民间音乐类（3 项）</td><td>平遥民歌、平遥民间吹打乐、平遥混秧歌</td></tr>
<tr><td>传统戏剧类（2 项）</td><td>平遥晋剧艺术、平遥凤秧歌</td></tr>
<tr><td>曲艺类（1 项）</td><td>平遥弦子书</td></tr>
<tr><td>传统手工技艺类（18 项）</td><td>平遥推光漆器装饰技艺、平遥牛肉传统加工技艺、平遥手工布器装鞋加工技艺、平遥剪纸、平遥曹家熏肘、平遥灯艺、平遥传统玻璃画艺术、亲圪垯传统手工技艺、（长昇源）传统黄酒酿制技艺、平遥手工布艺、平遥纸扎工艺、（六合秦）传统透气枕制作技艺、水磨头传统荆条编制技艺、赵壁瓦制作技艺、（晋升）传统油茶制作技艺、传统糲醋酿制技艺、传统石色颜料制作技艺、传统油单制作技艺</td></tr>
</table>

（五）管理体制逐步完善

近年来，平遥县在平遥古城遗产保护的管理体制上作出了积极的探索与创新。早在1989年就成立了文物局，负责全县的文物保护管理工作。同时，先后组建了环卫局、城乡规划局、园林绿化局、房管局、古城消防站等符合平遥古城保护实际需要的机构，使古城保护与管理工作分工更加科学、责任更加明确。特别是组建了城市管理行政执法局，在全国县城中首家实施了城市管理行政处罚权集中改革；成立了房管局，使古城内2300余户、7000余间直管公房得到有效监管；组建了平遥县公安局古城治安管理大队，对古城旅游市场进行统一管理。2013年7月，组建成立了“世界文化遗产平遥古城保护管理委员会”，为正处级单位，全面负责协调世界文化遗产平遥古城的保护、利用和管理工作，协调解决平遥古城保护、利用和管理工作中的重大问题。使平遥古城保护管理工作力度得到进一步加强。这些体制机制的建立，为古城文化遗产的有效保护、科学传承、永续利用奠定了坚实基础。

平遥古城街道

## 三、平遥古城立法保护与管理存在的问题

平遥历届县委、县政府都比较重视古城的立法保护与管理工作，在物质文化遗产保护、非物质文化遗产保护、周边环境整治、安全隐患治理等方面，投入了大量的人力、物力、财力，努力保障文物的真实性、完整性和整城生态的丰富性、继承性。但是由于受政策、法律法规、资金等多方面的制约，古城立法保护和管理的任务日益繁重，压力越来越大。

### （一）地方法规内容严重滞后

1999 年 4 月 1 日施行的《平遥古城保护条例》（以下简称《保护条例》）距今已近 20 年，大部分条例已经失去适用性，需要增加新的条款。第一，保护范围的划定急需调整。《保护条例》的第二章第十一条中将保护范围划分为绝对保护区、一二三级保护区、一二级建设控制地带和一二三级保护街巷，但从目前古城的整体保护需求来看，保护范围不再适合严格划分等级，古城所有区域需要一视同仁，以保护古城的整体性。第二，保护内容不完整。《保护条例》中没有非物质文化遗产保护的条款，没有不干扰古城原住民社区生活的相关条款。因为平遥古城是作为一座活态古城来整体保护的，所以城内百姓居住的民宅、百姓日常的生活也应该受到保护，《保护条例》中需要增加相应的条款。第三，管理主体不明确。平遥县政府为了加强对平遥古城的保护与管理，于 2013 年成立了平遥古城保护与管理委员会，按照职能，管委会全面负责平遥古城的保护与管理工作。因《保护条例》中没有明确管委会的管理主体地位，平遥古城保护与管理委员会不具备执法能力，全面负责平遥古城的保护与管理工作的职能没有法律依据，因此《保护条例》中应明确列出其保护职责。

平遥古城内的传统民居

### （二）违法成本低、法律法规落实不到位

《保护条例》规定，古城保护范围和建设控制地带实施建设需分级审批，有的需国家文物部门审批，有的需市文化部门审批，有的需县文物、规划部门审批，如按规定进行审批，居民付出的时间成本较高或者根本难以获批。同时，条例对未经批准擅自改造、拆除传统建筑的，责令其停止违法行为，恢复传统建筑原状，并可处以5000元以上2万元以下的罚款；擅自新建建筑物、构筑物的，由平遥县建设行政部门依照城市规划法的有关规定予以处罚，这一处罚标准明显过低，难以对古城私拆行为形成有效震慑。平遥县曾先后3次收到国家文物局关于平遥古城保护与管理的督办函，其中行政执法督办单2份。督办函反映的问题，一定程度上暴露出平遥县对《文物保护法》《城乡规划法》《历史文化名城名镇名村保护条例》等法律法规的贯彻落实还不是很到位，对平遥古城保护与管理方面存在的

问题的认识不足、应对不够、措施不力、执法不严，也说明平遥县古城保护管理的主体责任、监管责任履行得还不是很充分。

（三）管理职能整合难度大

为加强对古城的保护和管理，平遥县在2013年成立正处级事业编制单位——世界文化遗产平遥古城保护与管理委员会，按照职能，由管委会全面负责平遥古城的保护与管理工作。但是由于管委会没有实际的执行能力，如审批权，就大大降低了古城的保护效率，另外管委会也没有配备相应的专业人员，因此没有执行的前提。管委会目前的职能仅限于景区票务管理、古城修缮保护的备案和协调纠纷。在职能整合过程中，由于没有成功的经验与做法可供借鉴，在古城与新城一体化或分区管理上意见不一，致使古城保护与管理的执法机制、监督机制一直没有理顺，一定程度上影响了古城保护与管理的效果。同时，古城内物质文化遗产的复杂性也造成了管理职能整合难度大。古城内建筑非常集中，在2.25平方公里的范围内，共有建筑22154幢。从用途方面来说，居住建筑占82.67%、商业建筑占1.44%、文物景点占1.26%、宾馆建筑占1.25%、工业建筑占0.69%；从性质方面来说，私房占77.51%，公房占15.06%，公私混合占0.22%，产权不明占7.21%、管理难度相当大。除此之外，古城内共有大小街巷199条，其中保护街巷84条，行业性街巷6条，居住型街巷78条，居民2万多人，经营商铺643户；具有保护价值的院落473处，其中第三次普查登记364处，四类质量存在险情13处。总体来说，平遥古城属于一个保护区、景区、社区“三区合一”的活态古城，游客与居民交织，景区与社区混杂，文物与居民并存，公产与私产共有，既要保障文化遗产的绝对安全，更要兼顾居民的正常生活和游客的游览体验，情况复杂，管理职能整合难度很大。管理职能整合难度大还造成了多头执法和相互推诿的问题，致使一些执法不严、监督不力的情况出现，如平遥文庙尊经阁后墙新建钢架结构破坏文物历史风貌、县级文物保护单位武庙多年缺乏维修，存在未履行保护管理职责等问题。

（四）提高古城内居民生活水平的难度大

“活”城是平遥古城的特色，至今古城仍有户籍人口1.97万人左右，城内的经商者也有65%以上是本地人，这样不仅保证了古城的“活”，而且保证了古城的古色古香。但是改善城内居民生活水平的压力很大，首先古城内的建筑中绝大多数房屋质量较差，年久失修，居住条件恶劣，与现代生活适应性较差。古城内的建筑时限不等，性质不一。从时间来看，明清时期占23.52%，民国时期占4.38%，新中国成立后至20世纪80年代占50.24%。从结构来看，具有传统特征的砖木结构和木结构建筑占34.77%，其中木结构为13.88%；砖混结构为53.01%。特别是存在坍塌隐患的危房达743处、2153间，其中345处有人居住，且居住者多为老人、贫困者，他们行动不便，不愿搬离，近年来已有5处房屋突然倒塌，所幸没有造成人员伤亡。尽管2012年制定了《平遥古城传统民居保护修缮及环境治理管理导则》和《实用导则》，出台了《平遥古城传统民居保护修缮工程资金补助实施办法》，先后投资900余万元，修缮院落70处，民居500余间，但对于数量庞大、需要修缮的传统民居来说，修缮的力度仍然不大。城内修缮的要求是修旧如旧，所以城内的街道狭窄，这限制了居民对出行交通工具的使用，私家车虽然领证能进入，但是大多没地方停放，在旅游旺季居民的出行很困难，有些老人自称如果没有要事，不会出门。自从平遥古城申请世界文化遗产成功之后，当地政府便制定了逐渐外迁人口的计划，在这个过程中，城内的医院、学校、超市等占地面积比较大的设施都逐渐外迁，这在一定程度上给居民的生活造成了不便。此外，由于没有相应法律法规规范游客的行为，不受约束的游客行为也给城内居民的生活造成了一定程度的影响，如游客随意采摘居民种植物、乱扔垃圾等。

（五）旅游景区管理难度加大

近年来，人民生活水平整体提高，人民在物质生活完全能保证的情况下，开始追求形式多样的精神生活，旅游热在全民中兴起。平遥古城景区是国家5A级旅游景区，又是世界文化遗产之一，到平遥的游客人数逐年增长。根据人口容量的分析，平遥古城内可留宿游客6200人左右。已来平遥的游客平均有25%选择住宿，其平均停留天数为1天，客房平均出租率为80%，以全年适游天数250天统计，平遥年游客量为496万人。平遥2010年旅游接待总人数达到280万人次，2011年接待320万人次，2012年接待417万人次，年平均增长率达到14%，2016年达到835.1万人次，位居全省前列。在旅游的带动下，古城客栈、餐饮经营等的收益明显提升，规模一般的客栈，年收入10万至20万元，规模大的，年收入上百万元。古城内居民将个人房产改建为民俗客栈的意愿逐步强烈，甚至个别居民未经有关部门批准，私自对个人房产进行拆改建。特别是违法建设行为当事人往往通过夜晚突击拆除、节假日赶工建设或利用老人、病人阻挡执法等办法，与执法人员周旋，监督管理的难度日渐加大。餐饮的价格基本比较稳定，客栈价格因缺少监督，旅游旺季和淡季的住宿价格差距比较大，这会让游客有被宰的感觉，游客很不满，从而影响了古城的声誉。在利益的驱使下，古城出现了没有被规范的灰色导游职业，这样的导游没有正规旅行社的营业执照，也不受《导游人员管理条例》《导游人员管理实施办法》的约束。他们很多都是当地居民，对古城内的建筑结构和文化比较了解，他们一般不会先跟游客说是导游，而是热情地与游客搭讪聊天，知道了游客想去的地方之后，边跟游客聊天边往目的地的方向走，到了地方之后，他们会提出要收钱，这个时候游客只能在心中叫苦，但是又不得不给他们钱。此外，电瓶车的增多也影响了游客参观古建筑的效果，走在稍微宽阔一点的马路上，载客电瓶车频繁经过，游客不得不考虑自己的安全，这对游览参观造成了一定影响。

（六）保护资金缺口大

国务院《历史文化名城名镇名村保护条例》第一章“总则”第四条规定，国家对历史文化名城、名镇、名村的保护给予必要的资金支持。《保护条例》第一章“总则”第七条规定，平遥古城保护、维修、管理经费分别列入山西省、晋中地区行署、平遥县财政预算，并吸纳符合国家规定的拨款和资助。虽然以上法律法规有对文物保护提供资金支持的明确规定，但是落实下来，古城文物保护得到的资金却很少，因为以上法律没有具体规定对什么级别的、什么破坏程度的、有什么特殊要求的文物，提供哪个范围内的资金支持。所以需要修缮的文物很少拿到资金或根本拿不到资金。平遥古城文化遗存丰富集中，现有全国重点文物保护单位 19 处，省级和县级文物保护单位 101 处，经普查具有一定文物价值但尚未列入保护单位者为数更多。其中，国保、省保、市保单位保存维护较好，县保单位由于年久失修，很多存在不同程度的险情。尽管平遥县从 2013 年开始，已累计完成投资近亿元，先后对多处险情较大的县保单位进行了集中修缮、保护及周边环境治理，但是需要保护修缮的文物数量太多，财力愈加捉襟见肘。保护古文物，需要通过立法明确规定资金的资助标准，使资金的利用落到实处。

## 四、平遥古城立法保护的几点建议

（一）整体规划，形成以保护为前提的发展思路

在旅游开发与文化遗产保护两者的关系中，文化遗产无论在文化价值还是在社会价值中，都居于重要的地位。单从旅游发展一个方面来分析旅游开发与旅游资源的关系，显而易见，旅游开发是建立在旅游资源基础之上的。在平遥古城，发展文化旅游观光业，正是依托在以文化遗产为主的人文资源上的。这样的旅游资源具有不可逆转的特性，在开发的过程中一

旦将资源破坏，是不可能像自然旅游资源那样通过生态技术手段恢复的。因此，旅游开发应以保护文化遗产为先决条件。

世界文化遗产平遥古城作为特殊的旅游资源，为前来旅游的游客提供了良好的游览场所和高品位的艺术欣赏及历史文化知识，同时也为地方经济带来巨大的贡献。但是这种资源一旦受到自然侵蚀和人为破坏，价值就会大打折扣。所以，只有将保护工作放在第一位，使资源价值随时间的发展而升值，旅游业才能实现可持续发展。保护文化遗产，发展旅游业，使人类历史文化和生态环境都得到了保护，才能使千年古城保持稳定、平衡的发展。

针对平遥古城的发展，多个主体在多个时间曾进行过多次规划，这样不仅耗时耗力、劳民伤财，同时也影响古城的建设和发展。平遥古城有局部规划，但缺少全县范围的整体规划。因此，应邀请专业团队对古城进行全面规划，不仅仅是古城内部，还包括古城周边区域。在现有规划的基础上，完成整体的规划。特别是要划分出片区的功能范畴，比如商业区、旅游观光区、文化教育区、工业园区等。

### （二）集中职能，建立科学完善的古城保护体系

平遥古城作为历史文化名城，由建设部门主管，而作为世界文化遗产则由国家文物局主管。古城的管理工作涉及众多职能部门，因此出现“多头管理”“效率低下”的问题。为了解决这一问题，平遥县政府于 2013 年成立世界文化遗产平遥古城保护与管理委员会。平遥古城保护与管理委员会仅为一协调机构，专门的人员编制仅 20 人，而且真正懂业务、懂技术、懂管理的人才相当缺乏。但县文物局不仅对全县的文物保护实施监督管理，而且具体负责世界文化遗产平遥古城保护、利用和管理的日常工作。两个机构的工作职责重叠，这在很大程度上制约了各项工作的开展。

因此，要充分发挥世界文化遗产平遥古城管理委员会对古城进行全面

保护、系统开发与综合利用的作用。建立古城文化遗产保护联席会议制度，定期召开会议，对古城保护的重大问题进行研究讨论和解决。建立专家咨询制度，聘请国内外专家学者组成遗产保护顾问团，定期对遗产保护进行论证、研讨和监督咨询，加快制定完善平遥古城保护详细规划、旅游产业发展规划，根据古城保护形势的变化，认真修改平遥古城保护条例，积极争取省人大的支持，进一步明确古城保护的管理体制、实施主体、部门职责及处罚措施等，确保世界遗产保护的法制化、科学化和规范化。制订学习、交流与培训计划，逐步推行遗产保护专业队伍持证上岗和资质认证制度，全面提高从事遗产保护的专业技术人员的综合素质。建立文物保护预警系统，提高遗产保护的科技含量，构筑起古城保护的安全屏障，确保平遥古城的绝对安全。

（三）完善立法，全方位建立多元化投入机制

在《保护条例》中单列保护资金条款，在各级财政预算中设立古城保护专项资金，规定最低限额，并设立古城保护专项资金预算动态变更制度，从制度上保障古城保护专项资金的落实。按照取之于世界遗产，用之于世界遗产的原则，要对古城内传统民居建筑、文物古迹等分别进行全面调查摸底和分类挂牌，建立电子信息档案，按照财政收入与居民出资相结合的办法，制订维修计划，分年度、分步骤地付诸实施。要对古城的各类文物古建筑进行系统、全面、彻底的普查和检测，并聘请有资质的机构和权威专家进行综合勘察、评估，制订抢险维修方案，区别轻重缓急，逐步予以解决。

鼓励和引导社会资金投入古城保护领域，形成全社会参与古城保护的多元化投入机制。制定相关配套规定，对利用社会投资的文物维修项目通过以奖代补等方式予以支持。采取多种渠道和手段面向社会大众宣传保护古城的重要意义，从而形成人人参与、人人有责、齐抓共管、多方协作、

共同努力的古城保护局面，使自觉参与古城保护蔚然成风，鼓励募捐等方式进一步调动部分社会资金投入，完成历史建筑和传统民宅的修缮。总之，化解古城保护难题的破冰之路在于引入社会资本参与到古城保护中来，让社会力量凝心聚力保护古城，才能让古城焕发出生机活力。

随着古城保护专项资金规模的进一步扩大，更要做好专项资金的管理和使用，提高专项资金的使用绩效，制定并出台专门的古城保护专项补助资金管理办法、抢救性文物保护专项补助经费竞争性分配管理办法、抢救性文物保护专项补助经费申报指南等制度文件，这些制度办法从资金管理、项目申报、资金竞争性分配、项目实施管理、项目验收、绩效评价、评价结果应用等各个环节全过程作出了明确规定，从制度上保障了资金管理规范、项目申报公开、资金分配公正、项目管理到位、项目验收严格、绩效评价全面、评价结果应用科学，杜绝批人情项目、拨人情钱和虚报套取财政资金现象的发生，使专项资金能够及时拨付到历史价值高、损毁严重、急需维修加固的文物古建维修项目上。

### （四）强化责任，进一步完善执法和监督机制

首先，应在立法层面加强对古城保护的立法。制定专门的传统建筑保护条款，对传统建筑的开发利用进行法律规制，由专门机关对古建筑进行定期的维护、维修、保养，并杜绝基于商业目的的开发利用。

其次，应当在文物古建最大限度保护、最为充分保护的原则指导下，对法律法规中的如“必要的保护范围”“一定的建设控制地带”等不确定表述事项，进行更为细致详尽的扩展解释、界定，进一步明确保护范围和标准，提升文物保护执法的可操作性与可执行性。同时，对于违反保护操作规程的相关人员，通过严格的责任认定与追究制度进行处理。

最后，古城的保护必须责任到人，明确从政府首长到分管文物保护的副职领导，再到文物保护职能部门的领导干部等个人为不同层级的负责

人，另外将修缮责任、消防安全、使用监督等保护事宜全部具体到个人，这些具体责任人的信息应该在古建筑的显著位置公布，使保护责任人信息一目了然。责任到人之后，相应的处罚措施也要做到与现行的干部处分制度、行政法规、刑法规定实现无缝对接，填补责任追究的制度性漏洞。

# 平遥梁村的保护发展难在哪儿？

刘灿姣　杨　刚　刘　洋　胡献雯　胡晓梅　邓一佳

山西省平遥县梁村，位于平遥古城东南6公里处。梁村由古建筑群“一街五堡”组成，呈凤凰展翅之状，广胜寺（原真武庙）为头，东西长2.4公里，南北长2.6公里，总面积6.3平方公里。五个堡，其中东和堡、西宁堡为翅，昌泰堡、南乾堡为腹，天顺堡为尾，故又称“凤凰村”。五个古堡容纳了梁村的大部分民居建筑，天顺堡和南乾堡目前保存较为完整。梁村现有耕地1800亩，现存历史传统建筑占地面积13.42公顷，建筑面积49937平方米。2006年11月，梁村被山西省政府命名为“山西省历史文化名村”，2007年6月，又被建设部、国家文物局命名为“中国历史文化名村”，2012年入选第一批“中国传统村落”名录。

山西省各级政府比较重视梁村的保护与发展工作，在村落保护规划、文物修缮、村里环境整治等方面做了很多努力，取得了良好的成效。2015年，晋中市规划勘测局主持编制了《平遥县梁村历史文化名村保护规划》，从梁村特色和价值评价入手，制定了详细的保护规划和发展战略。2016年，设立了梁村乡村碑刻文化记忆展室，对梁村的现存碑刻统一看守、管理和展览。展室中保存和展示了54块碑刻，这些碑刻上启盛唐，下及当代，承载了梁村 1300 多年的历史。2017 年，广胜寺（原真武庙）住持释觉善大师翻修真武庙，新建五爷殿、中院大殿、钟鼓楼等。广胜寺现占地面积 9700 平方米，建筑面积 4200 平方米，总投资已达三千余万元，常年香火旺盛。这一系列措施提高了村民的保护意识，为旅游名村的开发奠定了良好的基础。但由于受到保护资金、居民安置、产权不明等方面因素的制约，梁村保护的任务重、压力大。

## 一、历史建筑保护的难题

梁村共有五堡，其中东和堡和西宁堡因无人居住已经基本荒废，无完整的建筑物和原生态的居民生活。南乾堡、昌泰堡和天顺堡内的建筑也大都由于使用过度、缺乏维护等原因，存在着建筑结构老化、衰败等问题，

梁村传统民居

梁村民居

只有少量住宅院落由于住有较少且相对稳定的居民而得到自觉的日常维护，破坏不太严重。古堡的部分堡墙，也因岁月流逝和缺乏保养而出现断裂甚至消失。部分居民因为没有保护意识，为了生产和生活需要，随意搬移古文物、破坏古建筑，有的甚至将部分文物据为己有。

由于早些年对村里的建筑保护没有整体规划，古堡内外修建了大量新建筑，特别是南乾堡和昌泰堡内的部分住宅新建筑，布局和形式与传统院落相差较大，与历史建筑协调性较差。另外，许多院落内部乱搭乱建现象严重，破坏了传统的空间与景观。一些新建筑夹杂于古院落之中或者与其毗邻，不仅破坏了观赏的协调美感，还破坏了古院落的完整性。致使古院落整体保护很困难，而且实施的过程还会与居民的利益发生冲突。

## 二、保护资金筹集的难题

近年来，梁村在各级政府的支持和协助下，于2014年5月制定了《平遥梁村历史文化名村保护规划》，该规划于2015年8月得到了山西省住房和城乡建设厅的批复。但是保护规划实施起来面临种种难题，难以落地，阻碍保护规划实施的最主要问题是资金缺口。

据2017年统计数据，梁村常住人口1712户、4848人，户籍人口1613户、4635人，其中，男子2360人，女子2275人。居民年人均收入约为5000元，会因为年景的好坏而上下浮动。梁村经济薄弱，村里大部分青壮年劳动力都外出打工，剩下留村居住的多为60岁以上的老人。按照国家人均年收入3026元的扶贫线标准，村里有30户贫困户，除了贫困户之外仍有许多不符合扶贫标准的“五保户”。梁村的“国青公司”和“恒荣袜厂”近几年效益不好，甚至出现亏损，驻村企业虽解决了梁村几百人的就业问题，但是没有能力拿出资金援助梁村的古村落保护。

**表1　梁村人口统计表**

| 总人口 | 老年人口（60岁以上） | 中青年人口(15—59岁) | 青少年人口（15岁以下） |
|---|---|---|---|
| 4635人 | 668人 | 3227人 | 740人 |

根据国务院《历史文化名城名镇名村保护条例》第一章“总则”第四条规定，国家对历史文化名城、名镇、名村的保护给予必要的资金支持，地方政府要根据本地实际情况安排保护资金，列入财政预算。根据住房和城乡建设部、文化部、国家文物局、财政部出台的《关于做好中国传统村落保护项目实施工作的意见》，各地要积极探索采取补助、无息贷款、贴息贷款等多种方式综合支持传统民居保护和基础设施建设。还有山西省人民政府关于平遥县梁村中国历史文化名村保护规划的批复中也提到加大遗

《平遥梁村历史文化名村保护规划》

产保护抢救性资金投入，积极改善人居环境。

梁村积极申请古村落相关保护资金，2015 年，梁村获得“中国传统村落”保护资金 300 万元，其中 150 万元为山西省农村环境保护“以奖促治”“以奖代补”专项资金，另 150 万元为山西省村级公益事业建设一事一议财政奖补资金，村委会利用这笔资金实施了维修天顺堡、南乾堡门楼及关帝庙修缮、古源西街石板路铺设工程。2017 年，梁村向平遥县发展改革委申请关于“古村落”一期保护项目资金 309 万元，实施天顺堡、昌泰堡、南乾堡石板路铺设工程，以及昌泰堡、南乾堡门楼，后街堡门、古西街东门楼之旧门恢建工程。这些资金与实施保护规划所需的一亿元资金相比，还远远不够。除了古院落和积福寺的修缮，村里的基础设施建设和后期的管理也急需大量资金。

## 三、村民拆迁安置的难题

梁村总占地面积 6.3 平方公里，建筑面积 49937 平方米，户籍人口

4635 人，是典型的土地少、人口多的古村落。村里原本存在的居住用地面积已经不少，再加上留在村里的居民还要靠农业生产生活，农业用地的面积显然要有保证，所以规划出新的居民安置房用地困难重重。另外，居民的安置房建设资金紧缺，目前村委会总共申请到 600 多万元资金都已用于古院落和文物的修缮建设，村里其他方面建设的资金都还短缺，短时期内很难拿出资金建设安置房。更重要的是，贯彻落实“一户一宅”制度，村里根本没有新的宅基地用以修建新的安置住房。堡内的古院落自从分给村民各户居住之后，他们世代都居住在这里，安土重迁的意识较强。农村一般来说比较封闭，与外界交流沟通的机会较少，所以村民的观念保守，安于现状的小农意识很强，政府如果引导他们搬迁，需要花工夫做思想工作。此外，居民对古院落、古文物的保护意识薄弱，他们对居民有责任协助政府保护和传承历史文化遗产的认识不足，把保护的责任过多地推给政府。

梁村碑刻文化记忆展室

## 四、院落产权明晰的难题

历史的沿革造成了梁村古堡内现有的产权格局，古堡内的两进或三进院落被分配给3—4户居民居住，他们拥有房屋的所有权。《民法通则》规定，房屋的所有权分为占有权、使用权、收益权和处分权四项权能，居民依法行使权利。为确保古村保护的完整性，每个院落宜居一户居民，这样管理起来方便，并且也能调动他们自己主动修缮和开发古院落的积极性，这在一定程度上减少了政府开发保护的压力。而一个院落3—4户居民的格局，加大了政府协调各户利益的难度，并且限于村民目前较低的生活水平，政府做思想工作的阻力重重。

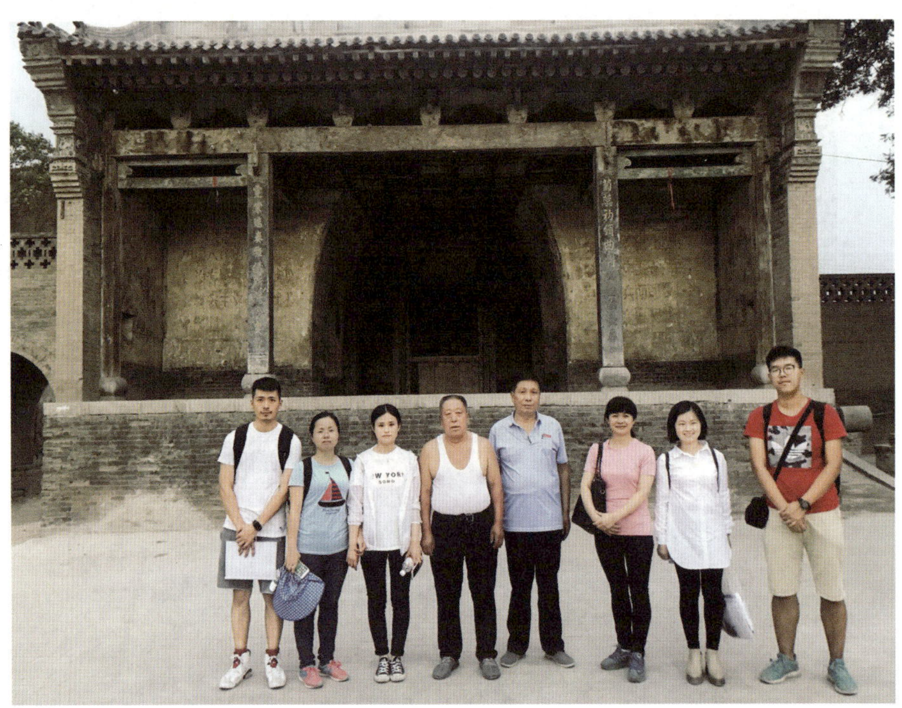

田野考察团队与村干部

另外一个问题是责任难落实，这就是俗话说的“一个和尚挑水喝，两个和尚抬水喝，三个和尚没水喝”，责任分散，总体布局起来困难。古堡内产权不清的问题仍然存在，政府需要下功夫处理产权纠纷问题。梁村有五个大姓，协调一般村民的利益与大姓家族的利益也有一定难度。鉴于梁村的实际情况，还有一个权衡改善民生和保护古村历史文化关系的现实难题摆在政府面前。产权不明、权责不清，也造成梁村利用外资的困难，村委会的上届领导班子曾经对古堡院落的产权和居民安置问题做过调查和规划，但是在和开发商协商时因产权和居民利益问题而搁置。

# 以"防"代"罚"：论政府职能前置的古建筑保护新模式

刘灿姣　杨　刚　刘　洋　胡献雯　胡晓梅　邓一佳

为期十天的田野考察进入尾声。我们走访了十多家古建筑保护相关管理部门，面对对古建筑的破坏行为，听到最多的回应便是"我们没有相关的行政执法权""违法成本低，修旧如旧的成本高""我们的执法权限不足，难以震慑肆意破坏古建筑的违法行为"等。然而，不可再生的古建筑及其人文历史环境一旦发生毁损，之后再严厉的责任追究也于事无补，被破坏的古建筑也难以复原。因此，保护古建筑，必须未雨绸缪，防患于未然，映射于法治层面就是，政府相关部门强化执法职能。

2014 年 3 月 31 日，一场大火将距今千年的唐代古刹圆智寺千佛殿的屋顶烧毁，殿内壁画也有些许脱落，大火燃烧 1 个多小时才被当地消防部门扑灭。据山西省晋中市太谷县文物旅游局负责人介绍，起火原因系监控线路老化引起短路，导致火灾发生。圆智寺始建于唐朝贞观年间，金天会九年重修，明清两代多次重修，现存建筑多建于明清时期，是第七批全国重点文物保护单位。寺院占地面积约 9000 平方米，从南至北依次为山门、倒座天王殿、钟鼓楼、东西厢房、千佛殿、东西配殿、大觉殿及东西禅房。山西古刹毁于一旦，令人扼腕叹息，但结果既已发生，

山西古戏台

无论怎样追责都难以恢复面貌。要想杜绝此类问题，唯有将政府相关部门的执法责任前置。

首先，从规划层面对古建筑及其历史环境进行整体性前置保护。

目前，我国一些地方政府往往将古建筑作为旅游增收资源，对周边建筑和基础设施的保护规划也以拉动旅游为目的，从规划层面对古建筑及其历史环境的保护和监控严重缺位。例如，为在最短时间内实现乔家大院5A级旅游景区的建设、完善乔家大院周边配套的基础设施、与昌源河国家湿地公园一起形成“全域景区”的发展规划，祁县县政府选择并实施了乔家堡村的整村搬迁工程，对全村所有古建筑进行了拆建。

政府要切实做好事前预防的安全工作，除了按照《中华人民共和国文物保护法》的要求，认真落实对古建筑等文物本体的保护外，更应重视对古建筑周边历史环境的保护。所谓历史环境是把作为文保单位的古建筑及周围环境从整体上视作相互联系的统一体，其组成部分不仅包括建筑物，还包括人类活动、建筑空间结构及周边环境等方面。小到某幢建筑物或建筑物之间的空间，包括道路、庭院、广场、公园甚至树木品种等，大到一座古城乃至传统村落的整个区域。这些相互联系的统一体即为古建筑的历史环境，提高全社会对古建筑特别是历史环境的保护意识，重视古建筑及其历史环境的整体性前置保护，已成为加强古建筑行政执法，探索、完善古建筑保护工作长效机制的重要环节。

其次，从审批层面实施多元主体共同治理。

山西古建筑登记在册的有28027处，其中许多古建筑都未设立专门保护机构，安全状况令人担忧。因此，对古建筑主体及历史建筑、游客管理、消防配套等各方面应开展多维度常态化检查。古城古镇古村落中的古建筑保护必须责任到人，明确从政府首长到分管文物保护的副职领导，再到文物保护职能部门的领导干部等个人为不同层级的负责人，另外将修缮

山西传统大院

山西传统大院

责任、消防安全、使用监督等保护事宜全部具体到个人。这些具体责任人的信息应该在古建筑的显著位置公示，保护责任人信息一目了然。另外，应鼓励非政府公共执行机构及民间自治组织共同承担起保护古建筑及其历史环境的责任，使其参与到古建筑的审批决策和实地保护等具体工作中来。

再次，从宣传层面强化民众保护意识。

政府主管部门应拓宽宣传思路，强化对周边民众、过往游客的提醒和宣传。一方面，与教育、科技、新闻出版等部门协同配合，组织开展传统媒体新闻报道、印发传单、知识讲座等形式多样的传统宣传活动，利用文化遗产日举办展览、开展有奖知识竞赛活动；另一方面，可利用微信公众号等新媒体，搭建古建筑保护互动交流平台，利用旅游参观者探古求知的心理，对古建筑及历史环境的历史文化、文保工作、保护范围等进行宣传，增强全社会的保护意识。

最后，从技术层面加强风险预警管理。

将技防与人防相结合，利用大数据和物联网等技术强化对古建筑群及其历史环境的实时监督，做好古建筑安全工作的风险预警管理，将风险降至最低，从而做到及时发现、及时处置。政府部门应加大技术投入，开展全国的古建筑风险监测，对分布在古城古镇古村落的古建筑开展大规模海量数据采集，在一些古城古镇古村落设立地区数据中心，收集所属地域古建筑保护状况的相关数据，传送到中央大数据中心，并与全国古建筑数据地图更新叠加，在古建筑的易损性和区域风险性之间建立相应理论和应用模型，从风险地图、最大危险负荷、监测、环境危险性指数等多方面予以大数据分析，为开展古建筑的风险预警和保护提供参考意见。

无论是强化执法惩罚还是执法职能前置，归根结底都需要地方政府、

山西古建筑一角

山西古城墙

当地居民、游客提高古建筑保护意识。只重商业利益，不重资源保护，无异于竭泽而渔，最终不仅会砸了文化招牌，更会留下文化遗憾。

# 第三篇　河南地区

# 爱心、责任与坚守：一位乡村女教师的光辉人生

## ——记修武县云台山镇一斗水村贾秀花老师

陈勤学

贾秀花老师是此次笔者在修武县岸上乡一斗水村考察时采访到的一位情系山区教育的典型人物，笔者通过与贾老师的对话得知，她从高中毕业就开始教小学与初中多门课程，一直到三年前退休，在一斗水村一教就是三十多年。在这期间，有过鲜花，但更多的是荆棘；有过欢笑，但更多的是苦寂。在这期间，她有多次机会走出去，到更高的平台、更好的单位施展自己的抱负和发挥自己的才干，并得到更好的发展，但她基于对大山基础教育的执着、对家乡学龄孩子的爱心与责任，放弃了更好的待遇而选择了坚守，这份大爱深深地感动了笔者，激发了笔者将她的事迹写下来的强烈愿望。

## 一、贾家大院

贾老师的家是一斗水村遗存的两处道光年间建造的传统民居之一，称为“贾家大院”。贾家大院始建于1850年，经历了百余年的沧桑，院落呈

贾家民居

正方形，是一个典型的四合院，占地面积528平方米，建筑面积320平方米，拥有上下两层共32间，房屋全部由石头精雕细琢而成，建造该民居的墙体材料皆取自当地的石头，其门窗、椽檐、阶石、栏杆等造型精巧，匠心独具。贾家大院和李家大院一样，是目前全镇保存完好、规模较大的古民居。

贾老师本名贾秀花，生于1958年，现年58岁，于三年前退休。家里现有五口人，一位83岁高龄的老母亲，当医生的丈夫，一儿一女两个小孩，父亲于二十多年前去世。贾老师家除两小孩之外都是共产党员，母亲是一位老党员，获得过修武县劳模奖章，并于2017年七一党的生日时荣获50年以上党龄荣誉纪念章。老人经历过抗日战争，她说当年她才七八岁，看到日本鬼子烧杀抢掠，而且在山上躲避时也遇到过日本鬼子，但鬼子对她还算友好，并没有为难她。现在老人对所有的影像作品的战争场面都不敢看，因为惨烈的往事会重新在其脑海中回放，勾起她痛苦的记忆。贾老师的丈夫现在云台山风景区当医生，他曾经当过兵，做过“赤脚医生”，也是一位老党员，负责云台山风景区内工作人员及游客们的医疗护卫工作。其两个孩子均已大学毕业，在焦作参加工作，他们有空会经常回来，这时候一家人可共享天伦之乐。

## 二、情系山区，痴心不改

贾老师于 1976 年 7 月高中毕业，那时她的成绩是完全可以在山外找到一份理想的工作的，她说当时作为共产党员的父亲劝她留下来，为村里

贾秀花老师

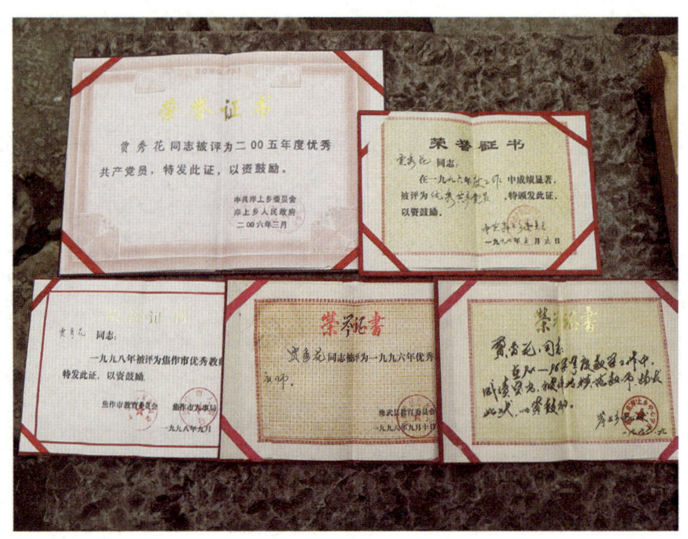


贾秀花所获荣誉证书

的教育事业贡献一份力量。以她的话说：“当时我想到了出山求学前乡亲们的嘱托，看到了家乡的期待，而且当时学校缺老师，我也明白在当时的村里当老师意味着什么，我心里很清楚，也经历过一番思想斗争，最终选择留了下来，因为我拒绝不了乡亲们和孩子们那份渴望和祈求的目光。”

“一斗水村地处深山，海拔 1300 多米，交通十分不便，外出上学得走很远的路程，对于小孩子来说十分不易。加之经济文化落后，村民有浓重的‘山沟意识’，多数家长不思教育，不少孩子要么不愿意上学，要么上不起学，都是我走村串户，挨家挨户说服动员才把辍学的孩子一个个劝回了教室，使沉寂的校园又恢复了生气。那时由于经济不景气，教师的工资低又不能兑现，其他的老师相继离开了学校。2012 年有一个很不错的小伙子在这里任教，也愿意留在这里，但谈了女朋友，经常因为通信不好打不通电话而失约，很无奈，最后还是我叫他走的。不能耽误了人家啊！我高中毕业又担任初中课程的教学，经常是一人教三至四门，一个人担负起一至五年级五十多名学生的全部课程，碰上哪个老师开会还得给他代课，或者自己要去开会，耽误了的课还得用周末补起来，几乎没有休息的时候。”

笔者问她：“您当时工资有多少？您后悔过吗？”贾老师回答说：“也曾后悔过，当时一天也就是挣 8 公分，一个月下来也只有 24 元，我手中现在还有五年的工资白条没有兑现呢。”我问道：“您没有找当地政府要吗？”她很无奈地回答：“找谁去要呢？领导一换，下届领导就说在谁手上打的条就找谁去要，我看还是不要了，就当是为小孩子们免费义务上课吧。尽管这样，我对家乡的这份痴心还是让我不能离开呀。我一走还有谁会进来呢？孩子们不是都不上学了吗？”贾老师的话使笔者体会到了山区教育工作者的不易和无奈，以及贾老师的高尚情怀。

## 三、魂系教育，爱撒讲台

爱事业、爱学生是教师的天职。贾老师不仅是学习上的老师，还是生活上的老师，她以慈母般的爱赢得了学生的尊敬、家长的理解和社会的好评。由于特殊的地理环境，学生分散在方圆数公里的几个自然村。在雨季和寒冬，对于家庭条件困难的学生，在他们生病不能来上学时，贾老师还会到他们家去辅导。还天天带学生到自己家里吃饭，把自己的母爱都无私地奉献给了学生。

贾老师回忆说：“记得 1995 年二年级学生李玲的父亲病故，母亲患肝炎住进了医院，生活无人照管，又不能自理，整天郁郁寡欢，性情孤僻，不能按时上学，学习成绩急剧下降，有失学的危险。我当时把李玲接到自己家里，用自己的爱，融解了她心中的那块冰，使李玲脸上又有了笑容，学习成绩也有了明显的进步。”

“1996 年秋季开学后，由于山洪暴发，河对岸的学生上学有危险，我

贾秀花的母亲（一名老党员）

就把学生全部接到家里来吃住，这样也能使家长放心，学生安心。”

贾老师对工作、对学生如此，对家庭、对孩子又怎样呢？结婚前，贾老师就提出了条件：婚后，丈夫必须支持她的工作。婚后，为了工作，她把家搬到了娘家村；为了工作，大部分家务都由丈夫来承担；为了工作，她提出让丈夫退掉一部分责任田，丈夫成了“家庭主夫”。有时候丈夫太忙，学校工作又走不开，回家晚了，耽误了孩子的饭，孩子只能吃方便面。孩子们都说，我们家没有妈妈，只有老师。

一说到这些，贾老师有深深的自责感。“公爹病重数年，我不能在床前侍候；父亲住院，我不能陪伴看护；女儿‘病毒性痢疾’复发，昏睡中呼唤着妈妈，而当时的我还站在讲台上……我当时是愧对家庭、愧对子女啊，但现在每次能听到教过的学生叫一声‘贾老师’，或者打几个电话问声好，我感觉还是很有成就感的，那时候所受过的苦和累也是值得的。”

“既然要干，我就要把它干好，干出样子，这是我的口头禅。我深信，有耕耘就会有收获，付出了心血就一定会有好的回报。”贾老师如是说。由于她的工作认真负责及教学方法独特，在历次统考中，她教的班级的所有科目都成绩骄人。

“曾经有人不相信，不服气，认为是监考老师对我教的学生在考试时有什么照顾。县教育局带人在暑假前来考查我的授课，最后一评比，还是很好。后来又叫不认识的老师监考，学生还是考得好，那个曾经表示怀疑的老师主动给我说‘贾老师，我真的佩服你，你是怎么教的，那么多学生，那么多的课，还能考得这么好’。我说都得下功夫，没有功夫那都是假话，付出了多少劳动就会有多少收获。”

是的，有艰苦的付出就一定有很好的回报。在1993年中师招民师的考试中，贾老师考出了全县第二名的好成绩。通过考试转为正式的老师，收入有了比较大的提升，并且随后通过考核，第一个晋级，考上民转正，也是第一个取得高级的职评，其他的奖励也获得许多：1993年晋升为小学高级教师；多次被评为乡级模范教师；并多次受到上级有关部门的表彰。

## 四、结语

贾老师以其实际行动践行着作为一名乡村教师的优良品德，无疑是值得我们学习和尊敬的。她既为乡村教育作出了贡献，也成为村落教育的一个标杆。在现今传统村落教育式微的大环境下，有多少人能像贾老师这样执着地坚守着？又有多少人能够忍受得了这份孤寂与清贫？

通过对最近的几个村落的考察，发现村落里面的学校基本都与乡镇的学校合并了，他们需要到很远的乡里面去上学，每个家庭必须得派一个大人陪读，这样又耽误了一个劳动力。从与村民的交谈中得知，政府说是为了整合资源，优化资源，节省资源支出，因为学校一多，他们得多请老师，要发工资。这样就导致一些村里没有小学。村民们非常希望村里的小学能够办下去，让小孩能够就近入学，不耽误大人的劳动。但无奈人微言轻，因此，他们恳请我们作为代表能向政府建言，不要取消村里的小学，请一些有资质的老师来任教，真正做到为老百姓着想。作为政府的决策者，能否考虑一下村民和基层教师的心声？

# 从李渡口村的选址看其空间形态的布局

陈勤学

李渡口村是明洪武年间，由李姓人从山西洪洞县迁居到郏县县城东北十二公里的蓝河东岸，依托此地秀美宜人的环境繁衍生息，逐渐形成一个重要的渡口，故命名为“李渡口”。该村东有黄岗相伴、西有蓝河环抱，

李渡口村村外广场

中间高、四周低，形似龟背。该村风景秀丽、环境宜人，依据一定的风水理念形成了独特的空间布局。

## 一、李渡口村丰厚的人文底蕴

李渡口村位于蓝河上游，早在西汉初年，便因有渡口而成村，明初李姓人由山西省洪洞县迁入，至明末清初凭借蓝河水上漕运的兴起，李渡口成为远近闻名的商贾来往与贸易集散地，其鼎盛时期规模可达上千人口、数十家商号，车水马龙、络绎不绝。据《郏县志》记载：清同治三年（1864年），全县境内共有二十五处集贸市场，李渡口即为其中之一。可见当时李渡口在当地商贸中的重要地位。

李渡口村在清代属于花梨堡，民国时设立郏邑李渡口镇，20世纪

李渡口村村外围寨墙

李渡口村文化广场

30—40年代属冢头镇，50年代更名为李渡口大队，归冢头公社，至80年代复名李渡口村，隶属冢头镇至今。

该村村民绝大多数为李姓，户户家风严谨，秉承孔孟之道，注重儒家文化的教化，一直遵循以儒家经典培育子孙后代的传统，“学而优则仕”是历代重视的祖训，作为经商之外的另一条出人头地之路。秉持这一理念，历经数代的经营与开拓，李氏一族不仅出了许多远近闻名的富户，而且在求取功名之路上也是人才辈出：有乾隆年间因治黄河泛滥有功而被皇帝册封为“天下第一监生”的李义仁；有光绪年间坚持“穷人吃药，富人拿钱”的济世堂药铺主人李文秀；有光绪年间管理土地买卖，行事公平的秀才李泽之；还有武秀才李泽道、李记、李启龙等。以宗族血缘维系的李氏一脉经过数百年的人才积淀逐渐在李渡口村形成了不可隔断的血脉宗亲关系。

## 二、李渡口村特殊的选址格局

该村地势北高南低，东西相对隆起，青龙白虎明列左右，呈现“东列黄岗知古秀，西邻蓝河万代青”的格局。寨内中间高、四周低，形似龟背。据祖辈留下的传说，李渡口村的选址为“五龙缠龟”地。“五龙缠龟”是指村寨选址时，以中心街中点为圆心向四周发散的五条射线状的龙砂层，而这五条地质层犹如五条巨龙将村寨缠绕，所以有“五龙缠龟”之说。这些龙砂层位于地表三米土质层下，自身又有三米砂层深度，从寨壕四角和村东、村西蓝河边可找到并挖出龙砂。据该村村民介绍，李渡口村现存古建民居多位于龟背东西轴线两侧相对隆起之处，虽然历经多次自然灾害的侵袭，皆安然无恙而得以保存，村民皆以为有赖于本村“五龙缠龟”的选址。

村中休闲广场

李渡口村内房屋构造

众所周知，龙和龟是古代人们崇拜的四灵之一，称之为祥瑞。李渡口村的形貌从整体上看属于东西走向，宛如龟背，龟有长寿、稳固之意；而五条射线状的龙砂层寓意该村的龙脉。取此二者和村前流动的蓝河水系寓意村寨永保昌盛，体现了村民对追求和谐自然环境的美好心愿。

## 三、李渡口村的空间布局

李渡口村外围整体筑有寨墙，呈圆形。寨墙高约三丈，上宽八尺，可以供古时村民巡逻、打更、护寨。寨墙外有四丈多宽的寨壕，壕内有水，形成护城河。正街长约三百多米，东西走向，有东西寨门。东寨门上方三尺高处，镶嵌着一块青石板，上书两个楷书大字“朝阳”，寓意李渡口村生机勃勃、蒸蒸日上、祥光普照；西寨门上方三尺高处也镶嵌一块青石板，上书两个楷书大字“迎龙”，寓意龙能给本村带来风调雨顺和太平盛世。

此外，寨墙内的街道并非常见的十字式布局，村内不设南北走向，而是以古道为中轴（称为正街）将寨墙内的民居分隔成南街和北街。此南北二街共同构成了李渡口村的基本骨架，各民居、四合院、店铺成为该范围内的基本建筑单元，并依古道走向而有序展开。正街引领南北两街，主要承担居住、交通、商业、互动等功能，南北二街则是居住与进行劳作之地。南北二街以网状形态连接着正街，各类宅院、商铺与宗庙皆依附于南北二街，形成一定的规律。

总体上看，李渡口村的建筑格局以北方特色的四合院为主，一般是两进和三进式院落形式。前面有门楼，中间有过厅，后面有堂楼，东西两边配有厢房。如现在遗留下来的清光绪年间秀才李泽之故居，为一进三宅院，占地面积600平方米，建筑面积400平方米，由宅院主房，东西厢房组成。主房为两层楼房，坐南朝北，高10米，建筑面积100平方米，红石基础，砖木结构，石窗砖雕，有五脊六兽，顶棚以小灰瓦覆顶。清乾隆年间“天下第一监生”李义仁的老宅则是一进三式，东跨院一进三，西跨院一进四式。石刻石雕工艺精巧，集中反映了豫中民居的风格和区域特点。

## 四、结语

村落选址是古代村落居民特别重视的行为，地理环境、风水追求、观念意识和审美取向都对村落的选址产生重要影响，地理环境是基础，风水、观念和审美是目的，为的是要形成一个和谐的人居环境。李渡口村在选址时注重整体规划，讲究风水，巧妙地运用了地势与地貌特征，遵循了“背山面水”“前有照、后有靠”的风水理念，构成了生动而完整的村落民

李渡口村街景

居生态体系。

由于自然和人为因素，李渡口村的古宅损毁严重，尽管村民有了一些保护的意识，无奈维修资金有限，而村上也并未出台合理的保护规划措施，也未请专业的团队进行规划保护，以至于该传统村落的生存状况堪忧。在与村民闲聊之时，也听到了镇领导请了本地的设计部门进行规划并修复的消息，但还未正式开始就已经遭到非议，主要是专业性不够。清华大学建筑学院副教授罗德胤直言指出规划书有种种不足。还有村民对村支书有诸多抱怨，只顾自己家的一亩三分地，对村里的发展基本不管，浪费了村里那么好的资源。

村民迫切希望有专业的团队来为他们村进行合理的规划，合理利用好村里的资源，使全村能像隔壁龙湖村一样，既发展了经济，增加了村民的收入，又因发展势头良好而得到政府的更多支持，引起外界的更多关注。

# 地方性非物质文化遗产的传承困惑与建议

## ——记大金店村纸扎马艺术

陈勤学

纸扎马艺术最初起源于丧俗，它是以竹或秸秆与各种纸通过扎制、贴糊、剪纸、彩绘等技艺融为一体的民间艺术。它是民众祭祀时满足其内心信仰心理及精神的一种艺术形式，是属于非物质文化遗产中的传统手工艺一类技艺。大金店村的丧葬纸扎马艺术做工精细，色彩丰富，在当地小有名气，人们都是慕名而来购买，但通过笔者进一步询问，其传承的效果和传承人的培养却不容乐观。如再不引起重视，假以时日，这一具有当地特色的非物质文化遗产将逐渐消失于公众的视野并可能彻底消亡。

## 一、大金店镇悠久的历史文化

大金店镇位于河南省登封市西南，距市区 12 公里，大金店镇属山区丘陵地带，背依少室山、面临颍水。东西宽约 9.1 公里，南北长 12.4 公里，总面积 112 平方公里，人口 5.8 万人。辖金西村、金中村、金东村等 31 个行政村，134 个自然村。

陈家估衣老店

大金店镇历史悠久、文物荟萃，素有“文物之乡”“武术之乡”的美誉。大金店镇老街，是一条有着千年历史的古街。东西走向呈“S”形，长约3公里，因此也称为“三里长街”。古街两边皆为清末和民国时期的建筑，它曾是交通便利、繁华兴盛的大集镇，有着“小洛阳”“小上海”之美誉。镇里有“负黍城”遗址，在该镇海河湾南城子村；金中村的“南岳庙”是金国四太子金兀术统兵攻占汴京，为彰显一统天下的野心，在这里修建的，以“位配南岳”。

大金店镇有丰富多彩的戏曲艺术：中部的大金店，南部的王堂、李家沟，北部的黄村、太后庙等地方都有民间业余剧团，农忙时劳作，农闲时排练，过年过节或者谁家有红白喜事叫去就演出。金东村的盘鼓队，阵容较大，有演员120人，有60面大鼓、60面铜钗，由于训练有素，他们的

大金店村主街

场地表演和行进表演在登封当地很有影响。扎纸马习俗是该镇的一大特色产业，主要是为了祭奠死去的先人，以求得先人对后世子孙的护佑。

## 二、大金店村纸扎马艺术渊源及制作手法

笔者在大金店西、中、东三个村里走访时看到，该村有四家售卖纸扎马的店铺，并且还有人在现场制作纸扎马，表明该村纸扎马工艺制作相当流行。

丧葬中为死者送物品的礼俗已相当久远，其渊源可追溯到原始社会时期，当时人们认为人死后其灵魂能转移到另一生存空间，也需要有物质享受，人们认为通过给死者烧纸扎马能给生者带来某种护佑，即灵魂不死的“万物有灵”观念。登封大金店镇属于中原腹地，受礼制文化影响较深，

当地民风重礼重孝，因此在当地焚烧纸扎品表示礼孝之风气在北宋时期就非常兴盛，一直延续至今。

人们都称扎纸马艺术的艺人为“扎纸草的”或“扎纸马的”。她们大多是心灵手巧、具有一定的剪纸功夫、年龄相对偏大的中老年妇女。她们利用村里收割玉米、高粱等作物留下的玉米秆、高粱秆、麻秆以及各种纸（白纸、彩纸以及金银箔纸），单凭一把剪刀便能剪出各种形象逼真的葬俗纸扎品。其种类主要以纸扎马为主，附带剪些其他的诸如“宝柜”“聚宝盆”“摇钱树”“元宝”“草莓”等。

纸扎马制作方法看似简单，其实相当复杂。总体上分为三道工序，首先是做骨架，即以竹或秸秆（当地少竹，多玉米和高粱，所以主要骨架基本用玉米和高粱秆，而以竹作为辅助）做出大体骨架，局部再以小竹片将

纸扎产品

甄大妈在做纸马

纸马的立体框架完善起来。其次是用剪好的成一条条的白纸将扎好的骨架外形糊起来，白纸的一边剪成一小条，好似马的鬃毛。最后再用各种剪好的彩纸条将纸马装饰得与真马相似，形成一匹匹五彩斑斓的纸马，表明人们在追求形似的基础上更注重美感的追求。

## 三、大金店村纸扎马艺术传承人缺失严重

笔者此次关注的是一位甄大妈，六十多岁，她是由临村嫁到当地来的，有两个小孩，都在外地工作。她正在家里做着纸马，后院还存放有两间屋大约有二十多匹近两米高、宽一米五的各类颜色的纸扎马。她说从事纸扎马手艺已经有二十多年了，年轻时候是有时间就做做，那时候农忙，

现在年纪大了，就以此为生了。笔者就一些问题与大妈做了一个交流。

“大妈，您好，您觉得这个难学吗?”

“这个很容易的，一两天就可以学会，当然要想做好还得常练习，常做。”

“那制作这个纸马的成本要多少，一匹要做多久，一匹能卖多少钱，一个月能挣到多少钱?”

“哎，这个都不好意思说，挣不了几个钱。一只做七八个小时就能完成，一个也就卖50元，成本一个5元，减去成本就挣45元，一个月下来按道理能挣个一千来块钱，但并不是每天都有人买这个呀，像现在这种时候是没人买这个的，你看我的后院放了那么多，现在最多一月能卖500元，过年或者七月半鬼节买的人多，而且我们村加上我做这个的有四个人，生意本来就不好，还有竞争，更加不好做了。像我们这种上了年纪的人，也做不动其他的了，能做这个卖点钱过日子就不错了。”

“这个纸扎马有年轻人学吗?”

“现在的年轻人谁爱学这个呀?又复杂又不挣钱，年轻人嫌这个来钱慢，又麻烦，基本没人学。”

“可惜了，这一技术看来以后要失传了，政府也没宣传，这是非物质文化遗产，国家对这个很重视呢，但当地政府并没有成立专门的机构号召年轻人去学习，也好让这一技术不至于失传。”

笔者很惊异于大妈能有此情怀，说明了大妈对这项传统手艺的热情与对它未来发展的担忧。不过，她作为个人传承的力量是有限的，还需要社会各界的努力。

## 四、对大金店村纸扎马艺术保护与传承的建议

大金店纸扎马艺术作为当地一项独特艺术，似乎并没有被列为非物质

文化遗产，而只是个别村民自己在家里默默地传承着，并没有受到各级部门的足够重视，且传承人的情况也不容乐观。它与其他地方的纸扎马相比也许微不足道，但作为当地的一项特殊产业，不应在社会发展的今天日渐式微，而应发挥其应有的作用。为此笔者建议：

其一，提高宣传力度。

在笔者考察的过程中，基本没有看到有关纸扎马艺术的宣传，以致外界基本无人知晓当地还有这门手工艺术，如果仅仅只是满足于当地的自产自销，那它的生命力肯定经不起社会发展浪潮的冲击。这体现在政府部门对纸扎马的价值的忽视，对文化保护的自觉意识不强烈，对民俗文化保护的理解不够。有些人认为这是封建迷信的东西，是很俗气的老旧事物。正是由于当地政府本身的理解和重视不足，才造成了文化保护的困境。

为此，针对大金店村的纸扎马艺术，当地政府应该进行大力宣传，宣介制作工艺、材料，宣传每个传承人的事迹。积极组织材料，申请非物质文化遗产，打响其知名度，做到让每个大金店村人甚至外来的游客都能知晓其历史、价值，为共同保护这一独特的文化遗产而努力。

其二，挖掘其学术价值。

由于意识形态与市场的改变，许多民间工艺走向消亡，文化产品逐渐商品化，其背后的文化价值往往被忽视，其学术研究基本处于空白状态，这就很容易导致民间艺术的衰亡。大金店村纸扎马艺术也面临上述问题，基本没有学术性的研究。因此，需要地方或全国性科研机构、学术团体对其历史、源流、发展、功能、独特性等方面进行全面的研究，提升其传播平台以扩大其影响力。

其三，成立专门培训机构，培养传承人。

高校作为文化遗产的重要基地，是培养传承人的理想场所。中央美院教授乔晓光主张把文化遗产教育引入教学体系中，培养专门人才；还可以在高校创办非物质文化遗产保护学生社团。大金店村可以由政府投资创办

甄大妈做的纸扎马

培训机构，请老一辈传承人进学校对学生进行活态传承。形成一定规模的产业，创建品牌，共同推向市场。

其四，加大对纸扎马传承人的认定和资助。

按照规定，非物质文化遗产项目的申报，必须要有一定的非物质文化遗产传承人为前提，而在我们的一些项目中对传承人的认定很模糊，有的其传承人就是当地政府。这一安排的结局导致“外行”取代“内行”，“官俗”取代“民俗”。大金店镇政府需要将甄大妈这样的手艺人从政策上加以扶持，并从根本上解决“愿意传承”的问题。这些政策可以有：一是通过表彰、命名、授牌等形式提高他们的知名度；二是为其产品注册商标，形成产业，并收购其文化产品，保护其合法权益并增加其收入；三是为传承人传承、展演提供免费场所；四是对于生活困难的传承人，可通过申请的方式，由政府出资对传承人进行补贴。这样，传承人在保证日常生活的情况下会更加不遗余力地培养年青一代传承人，着力宣传纸扎马艺术。

大金店村纸扎马艺术只是一个小的个案，其影响力可能远不如江阴、无锡、南京等地的纸扎马艺术，但作为一个地域性独特的产业，有其存在的理由，不应淹没在历史的洪流中，应通过各种手段使其发扬光大。因此，笔者期待各方力量的加入，共同推动当地纸扎马艺术与其他非物质文化遗产的发展。

# 共性与个性：传统村落保护过程中不可忽略的因素

## ——以郏县与宝丰县为例

陈勤学

传统村落由于所处的地域相同、文化底蕴相似等因素影响往往呈现出许多共性特征，并且也因地理环境的差异而呈现出各自的特性。共性特征

宝丰县大营镇白石坡村民居及街景

宝丰县大营镇大营村民居入口装饰

表现出同质性，个性特征表现出异质性。同一地域的传统村落保护要在充分尊重其共性的基础上突出个性，这样也就能够有效地避免处处都是“马头墙”的“千村一面”的局面出现。笔者在对宝丰县和郏县两个相邻地域的传统村落进行深入考察时，发现两地的村落之间存在许多共性，并且在共性的大范围之内还呈现出一些鲜明的个性。笔者力图探寻其共性和个性的形成原因，并进行学理上的分析，为该地区传统村落保护与规划提供些许理论上的参考。

## 一、郏县与宝丰县传统村落的共性

郏县和宝丰县地处河南省中部偏西，行政区划上属于平顶山市管辖，历史上属于豫中嵩岳文化区，该片区是传统村落数量最大又最集中的区域。以嵩山为中心形成了以嵩岳文化为主导的中原地域文化。该区域文化的特征是多元统一、兼容并蓄。能吸取各种优势资源与本土文化融合，在村落中也有体现。村子间百姓相互迁移的现象非常普遍，将不同区域间的小文化融入大文化区域中。

从地理环境的角度来看，以嵩山为中心的广大区域有着优良的地域优势，山体不高，纬度适中，山前有较多的丘陵和冲积平原，土壤利于植被生长，水源充沛，是营建村落的理想之所。

由于两县相临，属于同一个方言语系，历史上同属汝州管辖，二者之间的文化差异性小，故传统村落在许多方面拥有一定的共性。

### （一）村落类型相似

郏县堂街镇临沣寨村、郏县渣园乡渣园村、郏县冢头镇北街村、郏县冢头镇东街村、郏县姚庄回族乡小张庄村、郏县薛店镇冢王南村、郏县茨

宝丰县大营镇大营村村容

郏县冢头镇西街民居及装饰

芭镇山头赵村、宝丰县大营镇白石坡村等都属于农耕型村落。这些村落是以种植经济作物为基本营生，是在传统自给自足的自然经济基础上形成的一种生活方式，作物基本上用于满足自家日常所需；宝丰县大营镇大营村、郏县冢头镇李渡口村、郏县茨芭镇齐村等属于工贸型村落，即把工业和商贸业作为主导产业，主要是将商贸业市场化，通过与其他村镇进行商业和贸易往来以提高各家庭收入，并搞活整个村落的商贸氛围及提高整个村落的经济水平。

（二）村落构造相似

两地的村落社会形成、村落性格、地质类型以及组织内的构造要素基本相似。都是自然形成的村落，为黄河冲积平原地带，地质类型与构造相同，都是与一定的水系相联。靠近河流，村落基本沿河而建，引水建壕，因势利导，因百姓日常生活和村落防御的建设都离不开水。地势相对平坦，山前冲积平原往往地势平坦，土质肥沃，非常有利于村落的建设与发展。这种类型的村落在宝丰县、郏县一带非常多，如山头赵村、冢王南村等，都兼有平原和山区村落的特点，规模较大，承载了较多的人口数量，人均耕地充裕；周围地势平坦，视野开阔，一览无余。此外，村落民居的构造也大体相似，大都是砖木结构，一层或两层，二至三进式，大院以北方特色四合院形式呈现，院落地面多数是以青砖或者青石板铺就，整齐划一。硬山式屋顶，屋面以中间横向正脊为界分前后两面坡，左右两面山墙或与屋面平齐，或高出屋面。甚至大院屋脊上的装饰脊兽也大体相同，有龙、凤、虎等动物形象。

### （三）空间形态相似

由于两地村落都是处于平原地带和浅山区，基本无屏障，因此都以防御为核心，村落由外到内都贯彻着防御的观念，故从环壕、寨墙、内部的街巷空间，都体现出相同的以防御为核心的理念。比如点状空间是村落中人流易汇聚的点，也是村落中人员交往的重要承载之地，能够聚集人气，一般会在村口有固定的休闲场所，比如预留一块空旷场地或者一个固定的建筑物。郏县冢头镇李渡口村和宝丰县大营镇白石坡村就是这一类型。此外，笔者发现，该两地村落由于绝大部分在平原地区，平坦的地势形成了横平竖直的街巷空间，村落各个院落之间的联系也大多依靠这些街巷空间，其形状如“十”“井”字形骨架，像一条条的线形，主巷非常宽敞，内部巷道仅容一人可过，体现出很强的防御意识，村落形态多似圆形或椭圆形。

## 二、郏县与宝丰县传统村落的个性

任何传统村落都不可能一模一样，都会因自然环境与文化圈层的影响而呈现出地域间的差异性。主要体现在选址特征、宅院营造、装饰内容等方面的不同，正是这些个性特征使得以建筑为单元的村落凸显出其独特的价值。

### （一）村落选址不同

从村落的选址特征来看，每个地域又有其各自特征。一些村落水资源丰富，当地村民就充分利用水来作为与外界交往的纽带。有的在村前开辟水塘，作为日常用水的重要储备点；有的利用建寨壕来隔水并储存水，也可作为一种泄洪通道来疏解他处冲来的洪水，如李渡口村在其外围就建有寨壕；有的在以水建壕、引水入村的同时，为防止水患的可能，在村中修建龙王庙，希望通过敬神来消除隐患、祈求平安，如白石坡村在其村中建有一清广寺，里面敬奉有观音菩萨、地藏王菩萨等神灵。

### （二）宅院营造不同

尽管从总体上来说两地村落民居多采用四合院式结构，但从冢头镇西街村、南街村、李渡口村，宝丰县大营镇大营村来看，从宅院的布局上就能看出一些差异。处于临街的宅院，院落出入口从店面的房子中进入，宅院以商业为中心，形成一种前店后院的宅院形式。而李渡口村由于不是临街建商铺，则主要是采用以四合院为主带厢房的营造形式。

### （三）装饰内容不同

上文提到，两地民居的屋脊皆装饰有龙、虎等脊兽。还是以脊兽为例，李渡口村建筑装饰题材上有深受中国传统文化影响和当地民风民俗及

郏县冢头镇西街民居样式

传统伦理影响的各种装饰形象，除常规的脊兽外，还有不少与意象物有关，如有以卷草纹、莲花荷叶为主的植物纹样、以手拿拂尘或抱着大鱼的人物、牛狗鸡羊等动物，还有流云、蝙蝠和星辰等，甚至还有玄鱼和动、植物结合的装饰。而白石坡村的屋脊则以荷花进行装饰。

（四）非物质文化遗产遗存不同

两县虽同处一地，文化特性很相似，但所遗存的非物质文化遗产有诸多不同。宝丰县白石坡村与大营村有传统技艺：汝瓷炼制、牛铃铛制作；传统舞蹈：铜器舞；曲艺：铜器社；传统食品：琥珀馍。郏县冢头镇西寨村、北街村、东街村遗存有民间文学：闯王在西寨村的故事、薄姬的故事等；传统技艺：木雕、石雕工艺；传统食品：羊肉烩馍；传统舞蹈：铜器舞；等等。

## 三、郏县与宝丰县两地传统村落保护策略

笔者认为，两地虽然地域环境、文化资源、语言交往等方面相同，但在制定保护策略时，应在充分尊重他们之间的共性的同时，要更多地关注其个性的挖掘与表达，以突出地方特色，留住其原真性，可以从以下几个方面来进行。

一是充分挖掘、利用两地农耕文化资源。对于上述农耕型村落，要利用其农耕文化资源特色，以延续其农耕文化。让农民把当地的土壤、地质和耕种技艺有机结合起来，培育出许多独特的传统农产品，这些产品是循环经济和绿色经济的产物，提高其附加值。比如开发成农业观光型、传统农业体验型等模式，使农耕文化优势资源转变为经济优势资源，让传统村落里的村民延续传统农业耕种。在一些地势较平缓的村落，开发各种块状式农业项目，吸引城市富裕阶层来体验农耕文化。一方面，村民通过帮助游客体验农耕文明可以增加收入；另一方面，游客通过农耕文化的体验，会更加关注农村、关注农业。

二是依托两地村落丰富的文化遗产大力发展文化创意产业。两地传统村落丰富的文化遗产与特色产业，是文化创意产业最丰富的资源。应该充分利用这一资源，以市场为导向，让高校、科研团队深入传统村落进行研究。如将村落建筑上的各种装饰图案进行打散和重构，以现代设计手法做成新的符号以不同载体来呈现，做成品牌，形成品牌效应，带动当地文化创意产业发展。此外，大力发展各自的特色文化产业，将上文所提到的特色非物质文化遗产做精、做细，形成品牌，重点宣传，使特色品牌意识深入人心。

三是杜绝“保护性”破坏。传统村落的整体保护工作，绕不开政府的主导，但一定要杜绝好心办坏事的“保护性”破坏。主管文物的领导要是

文物方面的懂行者。古村的维护不以时间长短和经济收益来判断成效，尽可能做到恢复原状、修旧如旧。从笔者在县乡的调研来看，这方面的领导大多对本地的文物和规划认识不足，也没有聘请专业的有资质的技术人员进行维护。李渡口村就是很典型的例子，镇政府请了县文物局的队伍进行规划，其专业性和前瞻性自然差了许多。这就是对古村的保护以价格高低来决定的典型。

## 四、结语

传统村落的整体保护和利用工作没有现成模式可借鉴。但笔者认为，对当下的传统村落保护，个性的挖掘与传承才是重点。在当前传统村落生态同质化现象日益严重的情况下，任何移植与穿衣戴帽式的保护都不是村落保护的方向，那只会使人产生审美疲劳，只有在村落的个性上做文章，做到人无我有，人有我特，才是村落保持新鲜感和长久发展的唯一出路。

# 李渡口村、上戈村传统民居装饰纹样探析

陈勤学

从现存的河南中西部传统村落建筑来看，遗留较多的当属距今几百年的明清时期的民居。这些民居经历了历史风雨，尽管已风烛残年，但其建筑样式与传统纹样却记录了那个时代，反映了那个年代的群体文化。一般说来，传统民居装饰纹样主要体现在墀头、屋脊、影壁墙等处，是为满足人们的精神需求、信仰追求和审美趣味等需要而创造的一种艺术形式。李渡口村、上戈村作为两个不同县市所在的村落，分别用各自的传统纹样艺术符号承载着文化底蕴，探寻这些装饰纹样的人文内涵，能使传统纹样重新焕发新的生机，折射出其新的价值。

## 一、两村人文环境与历史沿革

李渡口村隶属于河南省平顶山市郏县冢头镇，坐落于郏县县城东北，距县城 8 公里，三面沃野，一面依水，一向有“东列黄岗千古秀，西邻蓝河万代青”的美誉。村子地势北高南低，东西相对隆起。寨内中间高四周

郏县冢头镇李渡口村民居外侧装饰

低，形似龟背，河道和寨墙遗迹环绕村庄。冢头镇现存资料显示，李渡口村位于蓝河岸边，因渡口而形成村落。

明初李姓从山西省洪洞县迁入，更名李渡口村，清属花梨堡，民国时期设郏邑李渡口镇，1934 年复名隶属郏县三区，1947 年属冢头镇，1958 年更名李渡口大队，归冢头公社，1984 年复名李渡口村，隶属冢头镇至今。以李渡口村为行政中心辐射杨庄、安庄两个自然村，组成这个拥有 330 多户、1400 多人口的行政村。村内有古寨墙、护寨河、明清古宅等古迹。

上戈村为洛宁县上戈镇下辖的一个行政村，是上戈镇政府所在地。全村村域面积 5 平方公里，村庄占地面积 400 亩。村内户籍人口 1100 人，常住人口 1030 余人。

上戈村乔家系山西乔家第二十二代孙乔万升的后代，元朝末年，自然灾害频发，黄河地区水患严重，加上战乱频仍，人口数量急剧下降。明朝初年，河南人口只剩下 189 万人，当时山西人口有 403 万人。战乱之后，土地肥沃的中原地区人口稀少，朱元璋决定往中原移民，使肥沃的中原土地有人耕种。那时，山西人口多，又紧邻河南，移民最方便，朱元璋就把移民源定在了“人多地少”的山西。移民之初，每日有万人从山西出发。当时的景象可用“汾河岸边，哭声震天；大槐树下，生离死别”来形容，以至于山西现在寻根祭祖流传着“若问祖先何处在，山西洪洞大槐树”。他们由山西洪洞县迁居至上戈村，重新建立家园，至今已有600多年的历史，现今所遗存的乔家大院乃清康熙年间所建，距今也有300多年的历史了。

## 二、李渡口村传统民居装饰纹样及其人文内涵

李渡口村的传统民居作为豫中民间文化的代表，其装饰纹样主要以脊饰纹样为主，并且在长期的发展过程中形成了自己的特点，其题材内容丰富，除深受中国传统文化影响外，还与当地的民风民俗及传统伦理有着密不可分的联系。既有常规的造型，又有与某种意象有关的图形，以直观的形象或者意象形象体现。经过笔者的仔细观察，发现有以下几类纹饰。

植物纹样：以卷草纹和莲花荷叶为主。众所周知，佛教纹饰里面的代表性植物纹饰为莲花与宝相花，各菩萨座底的莲花座，庙宇横梁上面的卷草纹就是很典型的体现。据给笔者讲解的李大哥介绍，取荷叶莲花与宝相花，主要是因为它们象征着一尘不染、清净超俗的淡然气质，反映了普通百姓的内心伦理世界。

动物纹样：动物纹样是李渡口村传统民居上应用最为广泛的一种，以龙为代表，其他的还有狮、马、牛、羊、鸡、鱼，通称“六兽”。除“六兽”之外，还有龙形的“大兽”与“小兽”，这些统称为吻兽。“六兽”装在屋脊上，单脊的房子上一字排开，中间为鱼，左右顺序为鸡、羊、牛、马、

李渡口村民居屋顶装饰

狮，两端为龙形的“大兽”。正脊是以相对的双龙为主，双龙中间一般有一个大圆球，称为双龙戏珠。“六兽”多为百姓日常生活中常见之物。狮子代表着一种威严，能驱赶恶鬼，起震慑作用；龙是上天降瑞、阳气旺盛的象征，同时也具有征瑞兆祸、威慑妖魔、清除灾祸、保佑平安的彰力，它能够护佑李渡口村年年风调雨顺，人寿年丰。

人物纹样：人物纹样主要以神仙形象为主，如佛、道教诸神仙。他们手拿拂尘、抱着大鱼或者昂首挺立于正脊之上。与我国劳动人民普遍的心理一样，李渡口村的民居脊饰神仙纹样表达了民众的一种信仰，他们希望通过信奉神仙以求得个人心理上的慰藉、保佑家人不受外来因素的侵害。

神秘纹样：以宝葫芦、火球为主，葫芦本是佛教的一种法器，传入我国后与我国文化不断融合，逐渐发展成一种不可或缺的装饰纹样。有火的地方往往有龙，但李渡口村与龙一起的火抽象化了，盖因民众忌讳在屋顶放火所致，而龙也没那么形象，相对简单化。

其他纹样：在李渡口村脊饰纹样中，除了上述纹样外，还出现一些流云、蝙蝠和星辰图样，“蝠”字与吉祥字“福”谐音，星辰和流云象征宁静和吉祥，表达了人们对美好未来的憧憬和向往。

## 三、上戈村传统民居装饰纹样及其人文内涵

上戈村装饰纹样以乔家大院为典型代表，乔家大院占地面积 30 余亩，目前尚有五处保存较好、相互连接的宅院。每个院子的布局结构相似：四合院、五间上房、三间厢房。一些上房为靠崖打出的窑洞，也有五间宽。它比山西乔家大院还早 70 年，据住在此大院的乔大叔说，山西乔家大院是从此处迁移过去的，两处宅院一脉相承。其装饰主要体现在屋脊、门窗、柱头和影壁墙上，其雕饰手法为木雕和砖雕。它上承汉唐雕刻之风，兼备甘肃、山西等地雕刻艺术风格，结合当地的人文特色，形成了独特的

洛宁县上戈镇上戈村乔家大院大门

雕刻风格，构图饱满大气，造型古朴生动。

屋脊与滴水：上戈村民居中正脊是屋面装饰的重点，主要采用砖雕形式，多以灵芝草、石榴花、牡丹花、仙鹤、鹿、蝙蝠、龙等动物进行装饰，形象相对写实，并兼配一些抽象云纹。滴水，俗称“滴子”，是屋面

洛宁县上戈镇上戈村乔家大院木门装饰

洛宁县上戈镇上戈村乔家大院外墙局部

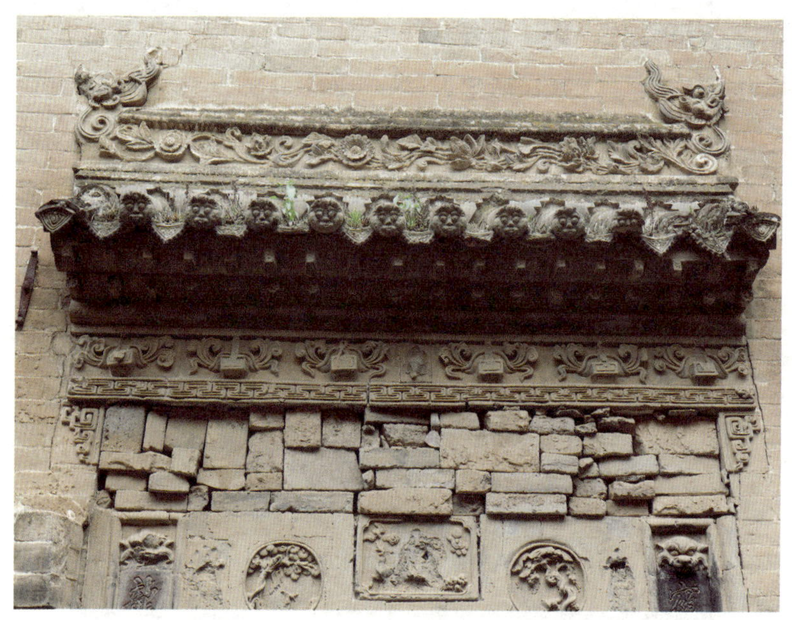

洛宁县上戈镇上戈村乔家大院影壁局部

瓦件之一，位于建筑物屋顶仰瓦形成的瓦沟最下面。上戈村屋檐的滴水为抽象的兽面纹，面目狰狞，栩栩如生，体现出很好的实用功能，又具有观赏价值。

墀头与柱础：上戈村的墀头是以砖所砌，墀头下面形成一堵隔风墙，两边一围门居中。柱头为方形，两头大，中间小。其装饰丰富多彩，上面以牡丹花和莲花装饰，中间部分多以人物和动物组合成一组故事画面，下面以蝙蝠与菊花纹进行装饰。柱础虽然是小物件，但其功能同样不可小视，既直接起到承重的作用，又有装饰之美。该处柱础呈复合式，上部为圆形，上下以圆点装饰，中间为回纹，形成一面鼓；下部为八面形，每面形成八公分长条加三角形，其余部分形成凹陷阴形，上刻狮、鸟等动物形象，并配以回纹与云纹；最下部分底部凿空，形成八角，装饰抽象纹样，构成一件动物纹饰。

门窗与影壁：正门基本无装饰，主要是两边偏门，皆以木雕刻成装饰图案，下部左为青龙，右为白虎，中间为人物场景，上部为植物纹样。窗户装饰大多为方形格相连，有的为四方形，有的为六边形。正对大门的山墙上，嵌着一座神龛。神龛四周镶有蛟龙、松柏、花卉等图案的砖雕。神龛中供奉的神仙早已不在，但两侧的刻字却依然清晰："鹤发坐中央神清貌古；龙头游下界望重风高"。

乔家大院砖雕刀工细腻，飞禽走兽纤毫毕现；木雕大都是技术难度很高的镂空通雕，花鸟鱼虫呼之欲动。松竹、葡萄，寓意着蔓长多子、挺拔、健壮；芙蓉、桂花，表示万年富贵。

## 四、结语

李渡口村和上戈村作为豫中两个非常典型的村落，其装饰纹样有许多相似之处，但也有各自不同。李渡口村的装饰更多的是体现儒家和道家文化相结合的特征，而上戈村的装饰则受山西风格影响更大，其装饰的手法更为细腻，题材更为多样，也和大院的大门不张扬，院子不宽，小巧、精致更加契合。两处民居及其装饰都形成了豫中不同地区的建筑与装饰的鲜明特征，为两地今后的村落维护提供了切实有效的依据，即有效把握住其个性特征，方能彰显出其个性魅力。

# 确山县竹沟镇竹沟村的行与思

陈勤学

确山县竹沟镇竹沟村素以生产“簧竹”而闻名，具有悠久的历史。五千年前，人类就在这里定居，从竹沟东南西北寨门附近陆续出土的大量陶瓷残片、瓦片可以判断，早在新石器时期这里就有人类居住。带着好奇心，笔者到了竹沟镇。

## 一、竹沟的辉煌历史

竹沟，因沟沟坡坡长满丰茂的簧竹而得名。据说该村在五千多年前就有村落的规模了。现仍保留着明成化十三年形成的老街（现名延安街），街长五百五十余米，以青砖铺路面，是连接东、西寨门，贯穿城区东西的主要街道。明末修筑的竹沟寨墙，四周垛口接连，为屯兵要地，现还留有遗址。

五千多年来，竹沟虽历经沧桑，却一直是汝、宛之间的陆路交通枢纽和商业中心，明清时期是毗邻县区的交通要道，商贾云集，后来商人经商

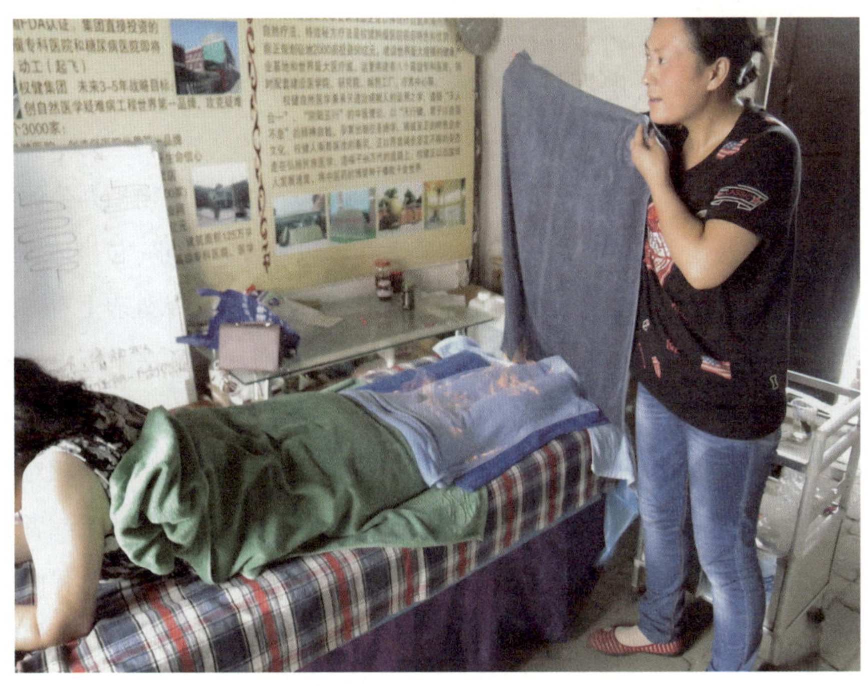


竹沟镇竹沟村的火疗

地转移，部分商人落户于当地，此后房屋为其后代所有，逐渐形成集镇。古民居主要位于竹沟延安街两侧，为明清时期山西、陕西商人来此经商所建，有山西、陕西民居风格：里面重梁起架，八砖扣顶；外面用青砖铺地与砌墙，青色小瓦与三角形瓦当，硬山屋脊，木门木窗，房屋有雕刻的盘头修饰，翘檐。现保留下来的基本为民国至解放战争时期的民居，还有一些是1975年此地洪水冲垮水库后重建或重修的。

竹沟村在革命战争时期作为中原局和河南省委所在地，刘少奇、李先念、张震、彭雪枫等老一辈无产阶级革命家曾在这里战斗、工作、生活和学习过，是新四军第二、四、五师的发源地，素有“小延安”之称。现已建成红色旅游基地，包括“确山竹沟革命纪念馆”和中原局各领导曾经工作与生活的传统民居。在每年建军节、国庆节等节日成为各小学、初中、高中进行爱国主义教育的重要基地。

## 二、公房居民和私房居民的不同生活状态

在博物馆后面有一条街，称为“延安街”，一边是原中南局办公的民居，另一边是作为公房民用的民居。笔者在东边民居房询问一位当地居民他所居住的房子的历史有多久，是否明清时期所建。因为从外表上看，他所住的房子像是有一定历史的古民居。但他说他所居住的房子历史并不长。1975 年，原竹沟水库在特大洪水中垮坝，导致水库下游大量房屋受损，其中也包括他家的。他家的房子就是在那之后建的，房屋结构相对比较简陋。他家就他一个人在，子女都出去打工了，家里有农忙收割或者过年时才回来。在另一间民居房也是两位留守老人，一个 50 多岁，智商有点问题；一个 80 多岁，患有腰椎间盘突出，孩子也不在身边。孩子们都

竹沟镇竹沟村的民居

是为了养家糊口，或者为了使家人、自己过得更好些而选择离家外出打工挣钱，从而把孤独和伤痛留给老人。

在该排民居房原中南局《小消息报》和《拂晓报》所在地里面，有两位大姐正在给另一位大姐做火疗，看得出她们很快乐，笔者被这种火疗所吸引，想进一步了解。火疗主要是治疗腰椎间盘突出、风湿性肩周炎等病症，是以中药加上热敷将体内的寒气逼出。火疗由来已久，是中医的一种疗法，符合中医治疗原理，与拔罐、针灸有相似之处。“火疗”中最为关键的环节是药绳，经过二十几味中草药浸泡的经络绳，放到人体背部后，再盖上一层保鲜膜，这样可以防止火疗时热量挥发。保鲜膜上，放上两层湿毛巾，酒精倒在第二层湿毛巾上，打火机一点，火很快燃烧了起来，依着药绳放置的形状，烧成了一条火龙。如此连续火敷三至四次（根据人的不同体质来选择治疗次数），一次二十分钟。

笔者从一位段大姐口中得知，她今年50多岁了，她父亲是中原局第五师的成员，她是革命者的后代，她原来是博物馆里面的工作人员，现在已经退休。退休后觉得无聊，想过得更充实一点，通过别人学习这门技术，投入七千多元，现在已经两年多了，既把自己的病治好了，也帮助不少人治好了病症，她也不用打广告，病人基本上是慕名而来。她每天都觉得很开心，又充实，过得比较有意义，不用像以前老是去打牌了。段大姐进一步说：“我现在很满足，国家政策好了，生活也比以前好多了，我们这个小地方来过两位国家主席，我感到很自豪。”笔者问她，政府将民居房保存下来，村民有什么意见吗？她说以前村民很不理解，还和当地政府的人起了冲突，认为不让他们建新的高大的房子剥夺了他们自由选择的权利。不过最近几年这种冲突没有了，她解释是因为年轻人外出打工见多了世面，观念也有了很大改进所致。

不过，在另一群生活在私房（即自己所建之房）的村民话语中却有着不一样的感受。他们抱怨旅游也没给他们带来多少实质性的改变，而且听

竹沟镇竹沟村寨墙

说上面有扶贫款下来，但基本没有到他们手中，因此他们似乎对上一级政府有不少怨言。这让笔者好奇，是不是一方是代表政府说话，而一方是代表百姓？毕竟段大姐是革命者的后代，从小所受到的教育就是正统的党性教育，并且一直在博物馆里面工作，享受国家正规的退休工资，其思想或多或少受正统思想的影响，因此她觉得她的生活过得很好。而私房里的村民没有固定的收入，一切都得靠自己的辛勤劳动，又没受过更多的正规教育，故他们的想法带有更多的功利性，认为要得到实实在在的实惠才是得到了政府的帮助，对政府的期望值很高，一旦有些地方得不到满足，则会生出一些不满的情绪。角度与层次不同，得到的结果往往迥异。

## 三、对比两种居民心态与认识

由前文可知，原中原局的各个部门都是将当地民居作为办公场所，通信队、供给部、孩子剧团、拂晓剧团、中共中央组织部、中共河南省委组织部、中原局各领导的办公室、中共豫鄂边委员会、宣传部、军事部、印刷厂等各机构共征用民居十多栋，共计不下三十间房。要征用这么多房屋，当时的百姓得牺牲多少？他们自己其实并不富裕，许多老百姓可能宁愿自己住得更差些，也要腾出地方来给党的同志更好地开展工作，这是基于对党的诸多同志为了革命抛头颅、洒热血精神的无限崇敬，相信他们能给自己带来光明，即使自己牺牲一点，也是为了更多的百姓能够早日看到

竹沟镇竹沟村中原局旧址

光明，这种为了革命的胜利而牺牲小我的大无畏精神表现出了当时竹沟村普通老百姓的崇高意识，也正是他们的这种精神促成了革命的燎原之势，是革命得以胜利的根本。

曾经，传统村落及其民居的价值并不为当地民众所认识，以至于当地居民为了新建平房而扒掉了许多有价值的民居。当政府有关部门出面制止或者想把一些有历史的、有价值的村落与民居保存下来时，遭到了村民的强烈抵制，并且和政府起了严重的冲突，这与其说是政府的公权力强制下的结果，不如说是村民的观念与思想认识不足所致。只有当他们走出去接受了新的思想，并认识到了传统村落及其民居的存在价值的时候，他们的思想认识有了提高，其观念也会随之而改变。因此，对于保护其祖上所留存的传统村落及其民居也就不再有异议了，并且也会积极参与保护。这时，村民思想发生了根本性的改变，由被动变为主动了。

## 四、结语

竹沟村的历史是辉煌的，随着历史车轮的前进，许多元素符号湮没在记忆的长河中，面对当时遗存下来的宝贵遗产，提升认识观念，不再认为传统村落和传统民居是落后贫穷的象征，作为拥有这些宝贵遗产的主人，积极参与其保护与传承，相信竹沟村一定能寻找到一片属于自己的蓝天。

# 血缘、宗族、建筑与村落

## ——赵沟村的聚居形态探析

陈勤学

血缘、宗族、建筑是构成传统村落及其文化的最基本的元素符号，在农耕社会中形成和发展起来的赵沟村，深受中原文化的影响，使得传统的礼制观念在这里得以长足发展与传承，其聚居形态也深受影响。赵沟村因居民大多姓赵而得名，基本属于同一个血缘与宗族体系。由于周围多山，其聚居形态体现出了极强的地域适应性。宅院的分布除基本保留对称格局外，还会根据功能的需要以及地形地势的变化而进行调整。除了正房在布局中位置不变，其他的建筑空间则出现压缩或增减，宅院周围的附属建筑也会因为各种环境原因，出现不对称、不规则的布局形态。

## 一、自然地理环境与文化背景

赵沟村位于三门峡市渑池县段村乡境内，南北长约280米，东西宽约70米，占地面积24平方公里，现共有7个村民组，12个自然村，745口人。该村四面环山、坐北朝南、依山傍水顺势而建，面朝笔架山、书山，背靠

赵沟村村口泉

龙、虎二山，与仰韶大峡谷、玫瑰谷漂流景区相连，一条文曲河自南向北穿村而过。同时由于赵沟村所处的地理位置相对偏僻和封闭，其遭受的战乱破坏相对较轻，这也为当地宗族的发展提供了有利条件。

该村始建于秦末汉初，距今已有 2200 余年历史，拥有区位优越、交通便利、旅游资源丰富等众多的优势条件，被外界誉为“中原石头城，深山小迷宫”“沿黄第一古村落”，是三门峡乃至河南省明清古建筑群保护最好的村落之一。

赵沟村原名十家庄，有一黄氏家族居住，到唐末宋初时，由于战争等各种原因，黄氏家族逐渐衰落，后北宋开国宰相赵普率家人旅居于此，其后人在此繁衍生息，逐渐形成了赵氏家族一姓独居的村庄，遂改名为赵沟村。相传，古村的山、河名称都是周文王到此避难时而得名并流传至今的。现存有文曲河、文王洞、藏兵洞、点将台等。

## 二、赵氏宗族的源流与发展

赵沟村是以姓冠名的村落，因为赵姓是本村的大姓。该村到底建于哪一年，并没有确切的文字资料可考。相传其家族渊源最早可追溯到北宋开国宰相赵普，赵普后裔先后出现过 3 位知县，1 位县参议，1 位国民革命军的师长，其中明英宗时赵丛曾任宛平县第 27 任知县，现存的赵氏宗祠供奉有赵家先祖赵丛及其画像。康熙年间赵成渠曾任山西曲涡知县。所幸，该村遗存的明清建筑大多有建屋的题记，将房屋的修建年代及业主姓名书写于一块木板上，悬于大门左上或右上之位置，算是给我们提供了一份较为真实的记录。

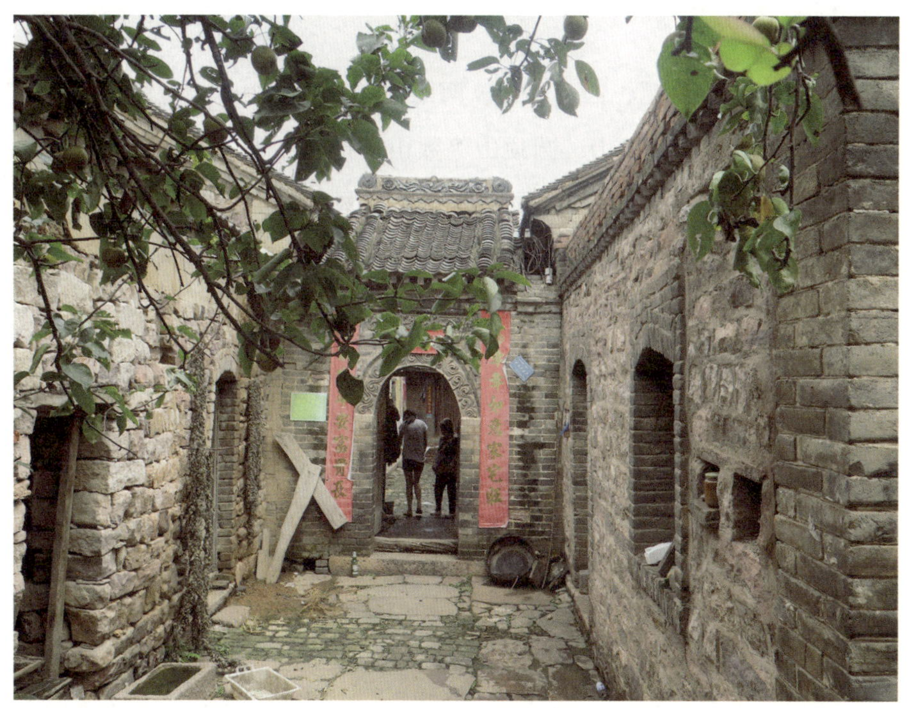

赵沟村民居

在所有的建筑遗迹中，最早的为北宋中期所建，如赵氏宗祠，只是后世有翻修。其余的建筑除有文字记载的外，大多为清代与民国时期所建。经过历代的建设，赵沟村形成了以血缘为纽带、以家族为基本单位的聚落群体，宗法制度得以确立，并形成以祠堂、族长、宗族、庙宇等为代表的聚落形态。

## 三、赵沟村的村落形态

村落形态是由居住地的住宅地、耕地、山林及河川、道路等共同组成的景观表现。从赵沟村的选址上来看，显示了多种复杂因素的相互作用，其中既包括观念上的，也包括社会、经济、生产与地域环境等多方面的因素。

赵沟村“风水好”，四面环山、两面临河、一水中流，古貌古风。古村被笔架山、书山、尖山、圆顶山等数山环抱，左青龙，右白虎，前朱雀，后玄武，风水极佳。该村的选址是否受风水影响，并无太多文字记载。但传统村落选址之“负阴抱阳、背山面水”的理念在赵沟村的村落建设上体现得很明显。

水是养生的命脉，人们选择居住地，首先会将水的便利性考虑进去。赵沟村建于半山腰上，其山脚下有水流经过，形成水塘，且村中有一口水质极佳的井，这些构成了该村的水系。

赵沟村受风水术影响最大的还是民居，民居的方位及形式又直接影响了村落的形态。民居的方位确定因个人的喜好而异，并非所有的民居房屋都是坐北朝南。

## 四、赵沟村的建筑及其生态

赵沟村的建筑主要有祠堂、庙宇、戏台，这些建筑所承载的功能同时也是赵氏宗族的组织形式。古村已发现古建筑群 3 万余平方米，石头古建筑 200 余处，多数为唐、宋、明、清石头建筑，现存赵氏祠堂 1 座，赵氏祖茔 1 处，古戏楼 1 座，古书堂 1 座，古庙 4 处，古牌楼数座，古茶馆数间，石头古街巷 30 余条，古池塘 4 处，古井数眼，石板、石碾、石槽、石臼遍地皆是，百年古树 3000 余棵，千年古树 80 余棵。这些建筑与良好的生态环境也是进行影视拍摄街景的绝佳背景，电影《玫瑰谷》《留驻桃花塬》均在这里取景拍摄。

祠堂是村落建筑中表现宗族力量最强的符号，它是礼制的中心，宗法制度的物质象征——祠堂里供奉着先祖牌位，象征祖先的精神和形体，祠堂也是族人集会的场所。赵氏宗祠建于北宋中期，民国二十四年进行了翻修。祠堂内还保留着“奉先思孝”匾额，相传以前祠堂正堂还供奉有赵家先祖赵丛的画像，祠堂两侧墙壁刻有族规、祖训，每年正月初一和二月十五赵氏族人在此举行祭拜活动。

此外，古戏楼也是该村有特色的建筑之一。该戏楼建于明初，复修于“文革”时期，改称“书山影剧院”。“书山影剧院”上面刻有五角星和党徽。此处系古村文化与娱乐中心。据传，古村原来多有火灾，院内建一火神庙，敬奉火神，古村每年在这里从正月十五开始唱戏，一直到农历三月二十一。

村里还有奶奶庙，供奉着家庭神——家乡奶奶（观音的化身）。该庙复建于嘉靖年间，“文革”时期遭到破坏，2007 年村民自发修复，是砖木结构的建筑，其砖雕、木雕均独具特色，此庙供奉 3 尊送子奶奶。村民反映其有求必应，十分灵验，初一、十五上香求子者，络绎不绝，香火旺

赵沟村戏台

盛。村民供奉家乡奶奶是希望她能给村里带来安宁，免受各种灾祸，多子多福。村民对家庭神的信仰往往比有正规教义的宗教神灵高。如哪家小孩生病了，到奶奶庙里烧香祈福，病就好了；或者哪家添了孙子、哪家小孩考上了名牌大学、家人找到理想的工作、儿子女儿婚姻问题解决了等等，都归结于家乡奶奶的保佑。

## 五、结论

血缘关系与地缘关系是赵沟村存在的基础。赵沟村作为一个宗族乡村其存在的前提是所有成员由相同的血缘关系联结在一起，并由此形成一定的亲属关系。这一具有共同血缘关系的族群作为一个整体，要继续存在，必须居住在同一区域内，结成地缘关系。血缘性表明其生物学特征，而聚族而居则表明其地理学特征。宗族乡村生活的区域，既是他们的生活基地，也是生产基地。血缘关系形成了宗族乡村无形的纽带。此外，宗族制度与聚居习惯构成了赵沟村村落形态的基本条件，四合院则是传统宗族乡村住宅的代表，这在赵沟村的民居建筑里面也有完整体现。正是血缘、宗族和建筑形态，共同构成了赵沟村文脉深厚、风水极佳、水土养人、布局合理、构建和谐的整体生态环境。

# 古村落休闲旅游产业的“公益化”与“商业化”

## ——以郏县堂街镇临沣寨为例

赵玉情

2017 年 7 月 9 日，河南组开始对郏县堂街镇临沣寨进行考察。《水经注 · 河水》记载：“柏水经城北复南，沣溪自香山东北流入郏境，至水田村。一由村南而北，一由村北而东，环村一周，复东北至石桥入汝。”因红石而得名的临沣寨，是国家文物局公布的第二批中国历史文化名村。

## 一、临沣寨的商业化发展设想

我们走遍临沣寨的旧民居与古城墙，发现古寨中保留下来的古建筑基本完整，好多古建筑都有人居住，民居优美古朴的造型吸引目光。我们走访原住民和游客以后发现，大部分人们认为古建筑文化底蕴深厚，观赏价值极高，实用功能强，来游玩的人们基本都是为了古建筑而来，从这里可以看出古寨潜在的商业价值。

在与负责文物保护的尹亮亮主任相互交流的过程中，他提出了很多关于临沣寨发展休闲旅游产业的设想，其中包括在古寨之中建设民宿、饮食基地等，这些设想充分利用了古村落的建筑文化与历史底蕴，以此促进休闲旅游产业的发展创新。

## 二、商业化发展的影响

### （一）积极影响

在与尹主任交流的过程中，小组了解到在临沣寨保护开发前期，由政府出资大力支持古寨民居的修缮与保护工作，古寨自身没有经济投入，保护开发依赖政府帮助。当临沣寨保护建设完毕，规划建设的民宿等休闲旅游产业发展的附属品可以投入使用，古镇能够实现自主经营、自主盈利。

临沣寨的当地学校

临沣寨关帝庙

（二）消极影响

随着人们生活水平的提高，人们对于休闲旅游的支持度也越来越高，为了迎合市场需求，古城古镇古村落开发暴露出千篇一律的问题，众多文化景点套用相同的休闲旅游产业发展模式，陷入商业化的怪圈，失去自己的特有优势，如此不仅会消耗古寨的历史文化资源，同时也会降低古寨的魅力与吸引力。

## 三、临沣寨的公益化发展设想

河南省平顶山市郏县堂街镇临沣寨村于 2005 年 9 月 15 日被评为中国历史文化名村，迄今已经 12 年，在这期间，国家给予大量资金修缮文物，保护古建筑，同时通过规划合理利用 240 座四合院，其中 50 座用于修建博物馆，40 座用于原住民居住，在其他旧民居中进行非物质文化遗产展示，同时实现传播、教育、体验有机结合。

尹主任向我们介绍说，临沣寨开发修缮完毕之后，将会免费对游客开放。将临沣寨周围的非物质文化遗产、寨中的民俗活动，例如“五虎庙会”等，有机结合起来，形成试验地。而其他服务业全部集中在距离临沣寨车程为 5 分钟的回民村，在回民村打造衣食住行玩的服务系统，减弱古寨的商业化气息，回归公益化发展主题。

## 四、公益化发展的影响

古镇根据自身特色，打造不同于其他古城、古镇、古村落的商业模式，将服务行业与古寨基本分离开来，有利于提升临沣寨的品牌优势。作为文化教育的基地，公益化发展能帮助更多人了解古寨文化，从而了解文物保护的重要意义。

临沣寨界碑

## 五、如何有机结合“商业化”与“公益化”

（一）坚持古寨民宿的淳朴性

通过和尹主任的交流，我们小组了解到，古寨民宿不由外来商户经营，而由当地原住民进行经营管理。以休闲旅游为中心，每个院子配备一名管事，为前来游玩的游客提供服务，带领游客了解非物质文化遗产以及其他文化，在商业化与公益化之间寻找平衡。

（二）大力建设回民村

回民村地理位置优越，基础设施建设齐全，也是一个具有特色的村落，服务业的系统建设与发展解决了在古寨里衣食住行玩的问题。规范回民村建设，有利于增强游客对古寨的好感。

（三）以文物保护、文化传承为中心

临沣寨村作为中国历史文化名村，自然地理环境优越，素有“长寿之乡”的美誉。古寨在开发的过程中，严格保护好这些底蕴厚重的历史文化，在展示给游客观赏的同时，将文化传播出去，增强文化的生命力。

（四）解决政府与原住民的矛盾

加强政府与原住民之间的沟通交流，保障原住民能清楚政府政策的具体条例与政策实施情况，保障信息对称，积极引导原住民认识到保护文物、传承文化的紧迫性和重要性。政府在执法过程中要因地制宜、因人而异，避免主观上的随意性，注重古寨的精神文化建设。

# 河南禹州神垕古镇文化遗产保护的现状及对策

朱菁莹

有着“中国钧都”之称的“中国历史文化名镇”河南禹州神垕，因盛产钧瓷而名扬天下，这里文化遗址众多，有全国重点文物保护单位钧官窑址及各种古寺庙、古民居、古祠堂等40余处。古建筑沿河而建，布局对称，雕梁画栋、细致精美，是中国北方明清式建筑的典型代表。神垕老街建筑景观独特，有较为完整的历史风貌，是钧瓷历史与传统文化价值的完整体现。笔者通过考察调研，对于神垕古镇发展进行以下几点总结概括。

## 一、文物保护中，保护与破坏并存

在神垕老街以及附近街区，笔者发现神垕房屋以宗族共同居住为主，并根据该宗族姓氏命名房屋，如“温家大院”“白家大院”，他们大多由古时晋商建造，在神垕古镇进行钧瓷制作与销售。同时众多房屋挂上了由禹州市人民政府颁发的诸如“神垕古民居”牌匾，与房屋主人沟通可知，此房屋年代久远，属于保护文物。根据相关制度与法规，居民无权私自对保

孔家窑纪念馆

护性文物进行修缮或翻新，一切相关修建均由当地政府负责。不可否认，该措施提高了居民对于古代建筑的保护意识，建筑破损时，居民可上报当地政府，由当地政府出资进行修缮，在一定程度上为古建筑的维护作出了贡献。然而，由于古建筑普遍老化落后，居民无法对自身居住环境进行改造，而选择另择住处，从而忽视古建筑的维护和照看。同时政府人力物力有限，并未制定完善的制度对挂牌古建筑进行定期查看和检查，从而导致无法及时发现古建筑存在的问题，从而造成不可挽回的损失。在笔者看来，古建筑的修缮制度法规存在僵化性弊端，政府应该考虑实际情况，制定一系列适合本地的保护措施，如成立文物保护小组，定期对古建筑进行检查，同时对修缮金额进行规定，若仅出现小问题，可由居民自身负责修缮，若牵涉数额过大，即可由政府接手。

## 二、政策实施过程中，政府与原住民产生不可调和的矛盾

为了迎接一年一度的钧瓷文化艺术节，打造国家5A级景区，神垕镇对神垕老街进行了改造和翻修，由国家拨款，不仅对寨墙、大街进行了翻修，同时对神垕老街附近的房屋进行无偿翻修改造，引入消防设施、自来水等现代化装置，致力于神垕老街的重新繁荣。该措施能促进地区经济的发展及群体利益的提升，但在实施过程中，笔者发现了不同的观点。通过对神垕镇政府文化站站长的采访，可知政府重视神垕镇改造，进行大量资金投入，对于居民也采取自愿合作的原则，在改造期间，对于迁移出去的居民，政府都会解决相关住宿补助问题。但我们在与神垕老街居民访谈时，发现改造方与民众因为利益冲突存在不可调和的矛盾。原住民不愿意搬出老房子，原因有四：一是对于老房子感情深厚；二是政府并未解决其搬迁住宿问题；三是政府公信力降低，到底搬出后是否还能搬回来是个未知数；四是政府改造后续对其老房屋征收10年使用权（内部住宿区为15年）。关于搬迁改造的相关政策并未得到落实，政府宣传力度不足，居民

神垕老街城门

对于政策不够了解，各有各的说法，同时不满意政府的执法随意，以及相关利益方的强买强卖措施，这导致政府与民众产生矛盾冲突。在笔者看来，发生此问题的最大原因在于信息不对称，同时执法部门执法过于随意。政府在进行修缮前为何不举行相关听证会，并加大政策宣传力度，定点定户下发文件，确保原住民对于政策的理解与支持；同时执法部门应做到有法可循，听取民众的意见，重视原住民这个古镇中重要的利益群体。原住民对旅游开发的态度，将直接影响古镇旅游业的发展。

## 三、钧瓷产业发展趋势及现状分析

神垕镇作为“钧瓷之都”，以钧瓷为代表的陶瓷产业链发展成熟，已成为全国最大的钧瓷生产基地及著名的陶瓷生产基地。钧瓷生产以工业化生产企业与手工作坊为两大发展方向，以龙头企业推动钧瓷市场发展，以手工艺人作为文化传承者；低端市场与高端市场二者并重，工业化的大批量生产和具有收藏价值的高端收藏品制作并重；注重以器型与釉色为主的钧瓷生产创新，拥有大量知识产权；同时其形成一整套规范的企业管理模式，不仅有其烧制方法的规定，现有企业多使用天然气、无烟炭或无烟煤烧制，政府对于环境污染管理要求严格，惩罚力度大，同时企业为了维护钧瓷市场的正常发展，对于自身产品的生产也有严格限制，并且对于残次品均严格销毁，防止其流入市场破坏价格均衡。目前钧瓷产业链中，虽仍存在假冒伪劣、残次品流入市场等现象，但不足以对整个行业产生较大冲击。目前市场日新月异，钧瓷发展也利用互联网进行营销，各个企业不仅利用自身网站进行展览和销售，同时还与各个销售网站以及文化产品类App合作，通过拍卖、直播等方式加深人们对于钧瓷的了解与热爱，从而扩大钧瓷市场。

## 四、以旅游助推产业的发展模式可持续性探讨

神垕古镇的旅游产业发展类似于景德镇模式，不是发展全域旅游，而是以钧瓷为中心进行四周辐射的文化创意旅游模式。此模式有异于千篇一律的古镇旅游模式，而是以钧瓷为中心打造具有神垕特色的文化镇。体验中国古代五大名窑之首的“钧窑”，就要来到“钧瓷之都”——神垕古镇。神垕古镇拥有诸多钧瓷文化创意旅游发展的基础条件，旅游资源丰富，如丰富的自然旅游资源、独特的人文旅游资源、精美的钧瓷商品，政府和旅游相关企业的支持以及良好的市场环境和巨大的市场需求。然而在发展过程中，神垕古镇遇到诸多问题须着重解决：一是完善设施设备，加强神垕创意旅游的基础设施、娱乐设施建设。二是引进和培养人才，采用本地培

卢家大院

制瓷工人在拉坯

养，高校合作，外来人才引进相结合的方式。三是加强政府和相关企业的合作，政府进行政策扶持及创新管理思想。四是创新旅游商品，如钧瓷商品生产和造型创新。五是其他旅游纪念品创新，如开发旅游文化主题公园。六是做好市场定位，寻找新市场，做大低端市场，做强高端市场。七是加强市场的营销宣传。

## 五、个人感受

神垕古镇的发展还有很大的空间，然而中国保存完好的古城古镇古村落都存在过度商业化的问题，神垕古镇不仅有着古建筑的沉淀，还有钧瓷千年来的传承，它崇尚的是以民众为中心的一个熙熙攘攘、香火相传的世界，即使需要保护，我们也应该从它的本质出发，而不是单纯为了区域利益去牺牲神垕古镇和神垕居民的原有生活，否则，即使保护得再好，这样的古镇也不过是一座可悲的空心城。没错，神垕需要发展，钧瓷需要传承，然而更加重要的是我们不能忘记那颗初心。

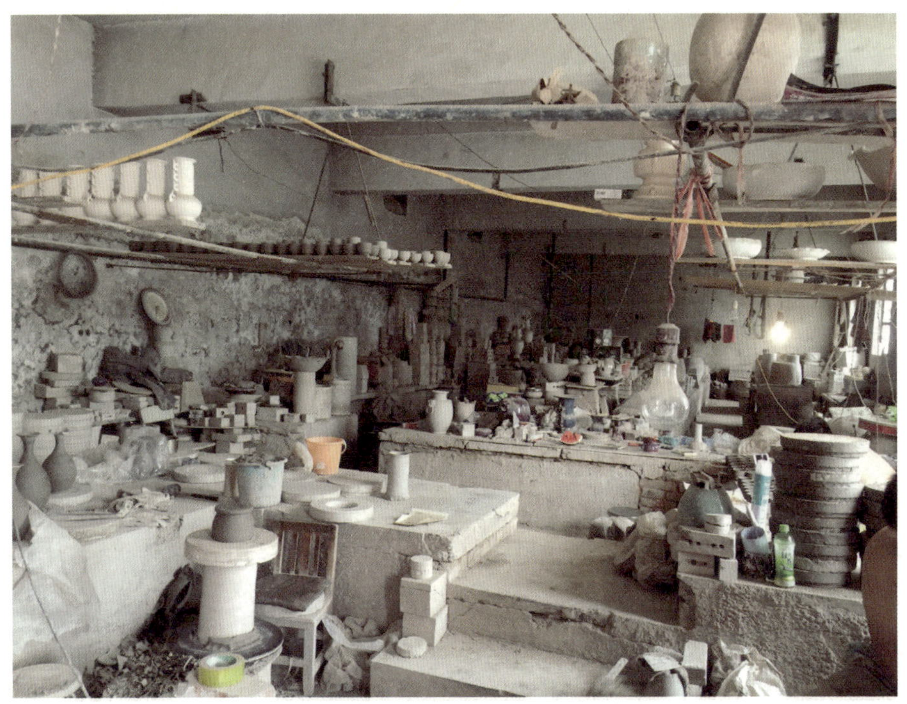

周家钧窑作坊

# 打开古镇修护的笼子

## ——以荆紫关镇为例

赵玉情

2017 年 7 月 11 日，河南考察组开始对南阳市淅川县荆紫关镇进行考察。荆紫关镇地处豫、鄂、陕三省接合部，素有“一脚踏三省”“鸡鸣三省荆紫关”之称。“南水北调”水源地丹江穿境而过。全镇总面积 168.2 平方公里，人口 5.6 万人，辖 37 个村委会。荆紫关古镇历史悠久，有着丰厚的商业文化和绚丽的古建筑文化遗存。自古水陆并通，为南北交通之要塞，古时水运有“丹江通道”，陆运有“商於古道”，明清时期商业高度繁荣。

荆紫关镇先后获得国家、省、市有关部门授予的“全国重点镇”“中国历史文化名镇”“全国特色景观旅游名镇”“河南省重点镇”“省级卫生镇”“省级文明镇”“五星级小城镇”等荣誉称号。

现场考察小组眼中所见的荆紫关镇与互联网上的介绍有较大的出入，如果说网上所描绘的荆紫关古镇是一只充满生机的凤鸟，那么我们所见的荆紫关古镇则只是一只普通的鸟，一只被关在笼中的鸟。

## 一、荆紫关古镇发展遭遇的困局

### （一）古镇空心化问题严重

作为重要交通据点，水陆交通发达，荆紫关古镇自古以来人声鼎沸、车水马龙，自20世纪80年代以来，随着交通方式发生变革、交通路线发生改变，古镇开始没落，大部分青壮年劳动力离开古镇外出务工，剩下大部分老人与小孩留在村中。在与古镇原住民交流的过程中，小组了解到，近几年，随着新街建设的完毕，古镇中原有的商铺基本全部转移到新街，古镇的商业逐渐褪色、没落，现在古镇内部几乎不存在还开门经营的商铺。古镇大部分人口流入城市，剩余古镇人口生活与生意分离，古镇空心化问题日益加剧。

采访当地文保所所长

荆紫关城门

（二）古镇房屋修缮不到位

在现场考察过程中，小组看到大部分古建已经修复完毕，少部分古建面临坍塌甚至已经坍塌。原住民汪阿姨告诉我们，古镇中大部分古建已经由政府一期工程修复完毕，基本是简单地将房子面向街道的一侧进行了修缮，其余部分不做处理。面临坍塌的房屋基本是没有人居住的，如果不提出申请，政府不会主动进行修缮。有些居民的房子已经被拆建成了具有现代气息的住宅，政府就将房子正面修缮成古建的样子，但是和他童年居住的原汁原味儿的古建差别很大，修缮出来的古建基本是山寨货。当地文管所张所长提出，现在进行文物修缮的工程队，从工程师到施工工人基本都不是专业的文物修护人员，没有相关经验。“修旧如旧”应当是按照旧的工艺修复旧的文物，只有尊重传统才能拯救传统，只有传统才能保护住传统文化的意义。古建日常的检修工作是个难题，小组在采访山陕会馆解说员的过程中发现，政府对于古建的日常修复工作存在盲区，太小的破损没有专人检修，也不能申报立项修复，只能等到小破损成为大问题，危及文物存在时，才能进行文物修复，由此间接地损害了文物，是保护性破坏。修复文物的工艺也面临失传，古镇工作人员透露，全镇现在只剩一位有资质的木工能够进行古镇建筑修复，现在进行古建修复的工程队所修复完成的古镇都失去了文化的意义，形不像神不似。

（三）私权与公权的冲突加剧

在荆紫关古镇中，平浪宫这类国家级重点文物保护单位属于国家所有，作为国家文物来进行保护处理，比较方便，但是住宅这类古建筑，属于私人财产，在保护方面存在法律盲区，文物管理所的工作人员只能通过劝解协商的方式向居民说明古建的重要性，若是协商不成，居民想要拆了自己的

荆紫关镇山陕会馆内景

房子也没有相应的法律条文规定，没有法律细则，执行过程十分困难。

### （四）多头管理导致部门权责不对等

在荆紫关镇的考察过程中，小组多次听到文物管理所的工作人员反映：“作为最接近古镇、最了解文物修护的事业部门拿不到国家拨发的资金，失去了自主修护古镇的权利，作为管理监督部门的行政单位却直接拿到了资金，并且直接进行招标、进行古镇修护工作，而事业部门却只能充当监督者的角色，即使有问题也无法申诉，还得承担修复问题的相关责任，这是很明显的权责不对等。”在这个过程中，作为应该发挥作用的基层事业单位

荆紫关镇禹王宫

失去了应有的权利，很多工作人员看到的现实性的问题，没有渠道申诉、没有资金解决，却还需要承担责任，面对古镇居民的指责而无能为力。

（五）古镇修复资金使用不明

小组采访的古镇原住民和工作人员都表示，每年国家的拨款下来以后，用于古镇修复的资金就从未公开过，资金使用的过程、明细都没有对外公开，居民和基层工作者都不知道古建修复花费的金额，不知道资金被多少层部门接手过，不知道使用资金的是什么部门。小组了解到，2013年修复的法海禅寺，于2015年7月8日坍塌，然后重新修缮，于2016年6月16日再次倒塌，重要的是，这些修复资金从未被公示过。

## 二、关于解决困局的方法建议

（一）发展古镇交通，积极进行交通建设

新街的建设转移了几乎所有古镇的商铺，导致老街的没落。充分利用古镇已经建设完毕的基础设施、设备，完善古镇明清一条街周边交通设施建设，将已有的、新开的商铺吸引到明清一条街上来，将起到抑制空心化加剧的作用。此外，要重视丹江的环境保护，可以适当发展短距离水运交通，作为旅游体验项目。

（二）完善文物修复细则

将文物修复重点放在规模修复、日常修复、重点修复、修复执行的问题上，赋予文物管理局基本的执行权利，给予日常修复资金，避免保护性破坏的发生；寻找真正具有资质的工匠进行文物修复，做到“修旧如旧”不停留在表面工作上。

（三）寻求公权与私权的平衡

运用公权保护好国家所有的文物，避免其出现损害。给古镇文物挂牌后，政府应当建立完整的保护机制，多向居民们宣传古镇保护的意义，明确私人毁坏文物的处罚措施，给予居民一定的经济补偿，给予文物管理局等职能部门一定的日常修复资金。

（四）将文物管理局“升级”

提高文物管理局的级别，使其作为职能部门，能够直接拿到国家下拨的古镇保护资金，同时能够督促行政部门履行监督义务。采用类似于分级处理的方式，由中央财政管理国家级文物保护资金，地方财政管理地方级文物保护资金。

（五）建立资金使用公示制度

从国家到地方每一级资金发放情况都在政府官网上进行公示。基层的资金直接使用情况不仅在政府官网上进行公示，还需要在资金使用地张贴资金明细，包括使用材料名称、单价、来源公司、工程队工资等基本情况，让居民了解资金使用情况。

## 三、总结

古镇是人类共同的财富，也是传统文化桂冠上的一颗明珠，我们不要让这颗明珠蒙尘，不应该让凤鸟被困在笼子里失去光彩和生机。以传统的工艺拯救传统，以现代的管理保护传统，以多样的宣传传播文化，实实在在地保护好现存的古城古镇古村落。提高立法质量，将鸟儿从笼子里放出来。

# 基于“互联网+”趋势下古城旅游产业发展策略的思考

## ——以洛阳龙门石窟为例

朱菁莹

现代信息技术的发展与广泛应用，对各行各业都产生了深刻影响，“互联网+智慧旅游”也逐渐成为旅游行业发展的新模式新思路。所谓“互联网+智慧旅游”，即通过互联网或移动互联网，借助便携的终端上网设备，主动感知旅游资源、旅游经济、旅游活动、旅游者等方面的信息，及时发布，让人们能够及时了解这些信息，及时安排和调整工作与旅游计划，从而实现对各类旅游信息的智能感知，取得方便快捷的效果。在以保护第一、开发第二原则指导的古城镇旅游产业发展来看，“互联网+智慧旅游”更能促进古城镇的可持续性发展。本文拟以洛阳龙门石窟为例进行分析，探讨“互联网+”趋势下古城旅游产业发展的相关问题。

## 一、龙门石窟发展简介

龙门石窟是中国石刻艺术宝库之一，位于河南省洛阳市洛龙区伊河两岸的龙门山与香山上。龙门石窟始凿于北魏孝文帝年间，之后历经东魏、

白居易墓

西魏、北齐、隋、唐、五代、宋等朝代，连续大规模营造达400余年之久。龙门石窟南北长约1公里，今存有窟龛2345个，造像10万余尊，碑刻题记2800余品。龙门石窟延续时间长，跨越朝代多，以大量的实物形象和文字资料从不同侧面反映了中国古代政治、经济、宗教、文化等诸多领域的发展变化，是中国古代最具有代表性的建筑群之一。

## 二、"互联网＋智慧景区"龙门模式的基本内容

2015年，龙门石窟与腾讯开展合作，正式开始"互联网＋龙门"的发展模式，双方充分整合各自优势资源，将腾讯互联网技术及资源与龙门石窟产业有机结合，让"互联网＋"成为保护传承历史文化的新动力。据了解，自上线以来，龙门石窟微信公众号平均每天增加粉丝9000人，平

均每天超过 12 万次点播体验智能语音讲解，上线 20 日超过 13000 位游客通过微信购票，成为国内“互联网 +”智慧旅游的典范。

据了解，龙门石窟的智慧旅游模式主要分为四大类。

在“互联网 + 购票”方面，实现了从“线下”到“线上”的转变。游客可以通过手机实现自主购买电子票，方式包括在龙门石窟景区官方微信公众号内购票、景区入口购票墙扫码购票、在各类宣传广告等媒介上扫码购票等。这样，在一定程度上可规避人流高峰期的拥堵风险，减轻了景区的售票压力。

在“互联网 + 游园”方面，实现了从“观光”到“体验”的转变。“互

龙门石窟一窟内景

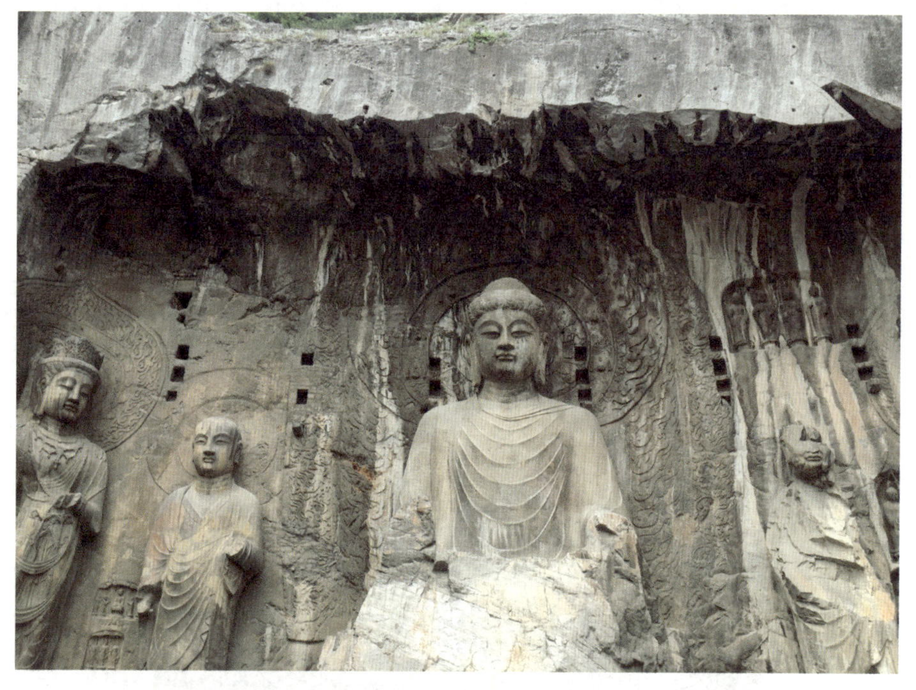

卢舍那大佛

联网＋龙门”智慧景区上线运营后，游客可以体验三大类十项产品，具体包括：扫码过闸机，实现3秒自助快速入园；向龙门石窟景区官方微信服务号回复景点数字编码，即可体验对应景区内64个景点的语音讲解、文字及图片说明；通过微信摇一摇功能，可以参与“体验360度全景洞窟”“拜卢舍那上心香”“龙门送您祈福魏碑”“卢舍那下许心愿”等互动体验项目。

在“互联网＋管理”方面，实现了从“大众”到“个性”的转变。统一管理智慧龙门平台，不断积累游客大数据，利用后台数据分析，根据游客信息开展有针对性的旅游推介、旅游服务等，逐步探索“龙门＋”的新服务模式；设立微信在线客服，实时与游客保持互动沟通，针对游客的个性化需求，快速高效地解决游客咨询、诉求、求助等事宜。

在“互联网＋宣传”方面，实现了从“平面”到“立体”的转变。充分利用互联网强势宣传渠道和影响力优势，借助腾讯网、微信、微博、客户端等手段，对腾讯QQ用户和微信用户开展高密度的立体宣传，塑造龙门石窟景区品牌新形象。

不可否认，在传统旅游行业融入“互联网+”模式后，真正实现了从“门票经济”到“产业经济”的转变。龙门石窟景区利用“互联网+”平台，在线投放当地特产、酒店住宿及娱乐设施等更多旅游产品信息，营造新的旅游消费业态，助推旅游业从“门票经济”向“产业经济”转变。“龙门+”产业新格局，为全国古城镇旅游业如何与互联网融合，总结出可复制、可推广的经验，提供了可供参考借鉴的标杆和典范。

## 三、对于传统古城镇开发模式的启示

### （一）“互联网+”成为活化历史文化遗产的有效手段

中华上下五千年，历史悠久，古城镇古村落较多，但多由于历史久远，战乱频繁，现存文物和都城遗址的展示处于静态、孤立运作阶段，旅游观赏性不强，可体验性较差，游客很难从中领会其博大精深的文化内涵。那么如何把静止沉默、无形的历史文化遗产，转变为深刻生动的文化旅游产品，必然需要有效活化历史文化遗产的措施。活化历史文化遗产，可借助互联网，通过现代信息技术、依托手机等智能终端，对景区文物资源、传说典故等进行活化，将湮灭在历史尘埃中的情形进行再现，为游客带来全新的旅游体验和感受。

### （二）“互联网+”有助于促进对古文物的深层次保护

目前中国古文物的保护传承，大多停留在表层，仅是进行基本收藏保护，或者进行图片文字等基础资料的记录。这对于深刻发掘文物内涵，展现中华先民的先进技术与高超智慧带来了不小的阻碍，但通过“互联网+”

模式，利用先进技术，如3D扫描技术对古文物进行彻底扫描与记录，将其从内到外、从表层到工艺技术进行一一展现，为园区文物保护与开发提供新思路、新方法；同时通过互联网终端，自动对各地各类文物进行比对分析，发现其中基本的发展规律与异同，为还原中国古代先进技术与真实历史作出贡献。

### （三）“互联网+”打造各方协作共赢的高效平台

互联网正在成为现代社会真正的基础设施之一，它不仅是一个可以提高效率的工具，同时是未来社会生产、生活方式的象征。在各个领域，可以通过互联网工具去中心化，打造四通八达、相互联结的蛛网型发展模式。尤其在古城镇开发中，有助于整合各方资源优势，不仅做到对古文物的保护传承，更可对精神文化进行守护和发扬，政府可通过“互联网+”沟通社会与民众，建立健全三方联动的保护机制。在古镇开发过程中，“互联网+”还可起到辐射带头作用，因为它可协同周边区域，打破实体地域的经济集合概念，真正发展区域化经济，实现共同致富。

## 四、个人感受

历史文化遗产的有效保护和发展不应只依赖于秩序化管理等传统发展模式，而是应积极与时代接轨，以新技术进行古文物传承保护，以新思路进行产业转型升级的创新管理，以新发展进行传统文化的活态传承，以新方式缩短文化遗产与受众的距离，以开阔思维拥抱世界、拥抱未来，只有这样，文化遗产才能实现可持续发展和真正的传承。

# 第四篇　陕甘宁青地区

# 家族式传统村落发展前景的忧与幸

## ——以陕西省绥德县贺一村为例

刘潇宇

在我国当下的农村整体环境中，传统村落相比于新农村建设下发展的新农村，增长与变化相对缓慢，是先民经历漫长历史时期，通过自发组织的方式，选择合适的途径，适应自然与社会的发展聚集而成的。其村落空间与形态成熟且独具“天人合一”的智慧，是华夏文明重要的聚集地。其中，家族式传统村落作为由古至今“聚少成多”自发形成的人工产物，其生成—生长—兴盛或者衰落的过程都源自村落中由家族聚合而成的“人”的意识，在我国璀璨的村落文化中有着独特的人文历史价值和历史地位。

地处陕北的贺一村位于绥德县城东20公里处，隶属于白家硷乡，是陕西省第一批入选的国家级历史文化名村之一。其中党氏庄园被人们称誉为经典的“陕北印象”，以规模较大、气势壮观、装饰精微、构思巧妙而闻名，散发出黄土高坡传统文化的精神、气质、神韵。该村落历史悠久，是明末清初山西朔县党氏来陕北屯田戍边而建，经同宗六辈人的逐步完善，历时近百年建成竣工。

据村支书介绍，随着2013年党氏庄园被公布为第七批全国重点文物保护单位以来，村庄的规划、修缮和开发工作也在加速展开，目前村庄每

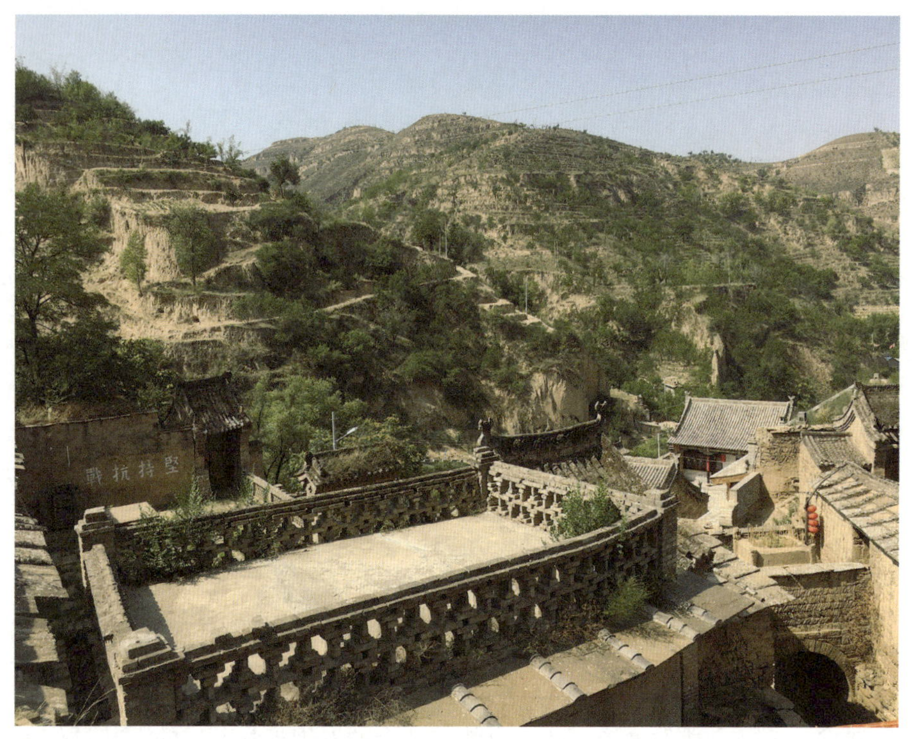


党氏庄园俯瞰

天能接待大概三四十名游客，《驼道》《保卫延安》《最后一个匈奴》《西安事变》《盘龙卧虎高山顶》等影视剧也纷纷在这里选景拍摄。

属于家族式传统村落的贺一村有着一般传统村落所没有的独特之处，这些特点成就了现在为世人所知的党氏庄园，赢得了外地观光客、写生艺术者和影视剧导演的青睐。

1. 独具特色的城堡式民宅群落

社会因素决定了人与空间的关系，空间的排列组合与人的生产、生活方式形成对位关系。空间塑造人的行为，人的行为决定了空间的利用和组织方式，人的行为和活动是影响村落尺度的重要因素。在这里，“村是一座院，院是一山村”，贺一村的主体建筑就是党氏庄园。其总建筑面积达100余亩，以窑洞为主要建筑，院落沿地形而变，随山就势的布局，显示了人与自然和谐相融的建筑人文与自然人文相统一的居住文化地域性。村落整体上是一个大型的、整体的城堡式民宅聚落，族人在这个聚落里进行日常的生活和生产活动，空间结构在自然上得以划分。虽然一些院落因年久失修，失去了往日的辉煌，但我们从目前保存的棱门院墙、穿廊挑石、内外影壁、匾额题刻，以及精美的石雕、砖雕和木雕中，依然可以看出其规模宏大、院自有别、雕刻精湛、内涵丰富、装饰典雅，具有极高的艺术价值和文化品位。

2. 社会结构稳定，集体记忆传承有序

由于地处深山、远离闹市，贺一村自给自足的经济模式将人与家庭、土地紧密地联系在一起，以家庭和家族为单位的定居文化使其处在一种稳定的血缘社会中，人与人之间的交往遵循着一些长期形成的约定俗成的习俗和文化传统。这些文化在一代代村民中有序传承，形成了深刻的集体记

刚刚修葺大院

忆，集体记忆催生了人们对于村落文化的认同感，它渗透在生活、生产、社交的方方面面，使人们在生活中延续本土的、地方的知识和经验。集体记忆的有序传承使贺一村形成了一套完整稳固的结构系统，村民们在地势较高的新址修建了党氏祠堂，用以供奉先人牌位，记录先人事迹。据介绍，如今这个家族的年轻人也仍然活跃在社会的各个领域。

这样一座依附于黄土高原之上的庄园，几百年来都是人丁兴旺、欣欣向荣的。但在国家经济高速发展的大环境下，村庄逐渐出现了一些传统村落发展滞后的"通病"，也因其特殊性而产生了一些较为少见的问题。

一是村庄空巢化严重，原住人口加速流失。党氏庄园共有 14 处院落，现今只有六七处院落还住着人。一些院落因年久失修，已成危房，不少家户在山下建起了两排新窑洞。目前，作为重点保护对象的 3 处院落都已经搬空了。重点保护院落中的一处是"武魁状元家"，门侧的"武魁状元旗杆"已倒，门口两尊石狮子早已损毁，院内散落着砌墙的碎石块，只有立在院中的照壁还能映射出当年的华美。一路走过去，不少院落都落了锁。我们和零星留在村子里的老人们进行了一些交谈，他们说，现在家族里有本事的人基本上都出去了，大部分住在镇上，年轻人基本都在外打拼，村里也没有学校等基础设施，小孩们也在外面读书。留在村子里的只有上了年纪的老人。

二是地理位置偏远，保护与发展双向受制约。从绥德县城搭乘出租车约一小时左右，深入到大山内，才能到达贺一村。县城没有直通村庄的中巴，只有一条宽约 4.5 米的水泥路通到村庄门口，交通十分不便。如果要对村庄进行大规模的保护和开发，设备和大型车辆进出都比较困难。由于蓄水需要，村庄外不远处筑起了一座水坝，拦截了流经村外的一条小溪作为水源，小溪如今只是一道干涸的深沟，自然资源遭到破坏。另外，村内一些古窑洞建筑大多年代久远，且门窗檐廊多为木质结构，由于时光消磨、风雨侵蚀、地震等自然物理诸多因素的影响，很多都是年久失修，随

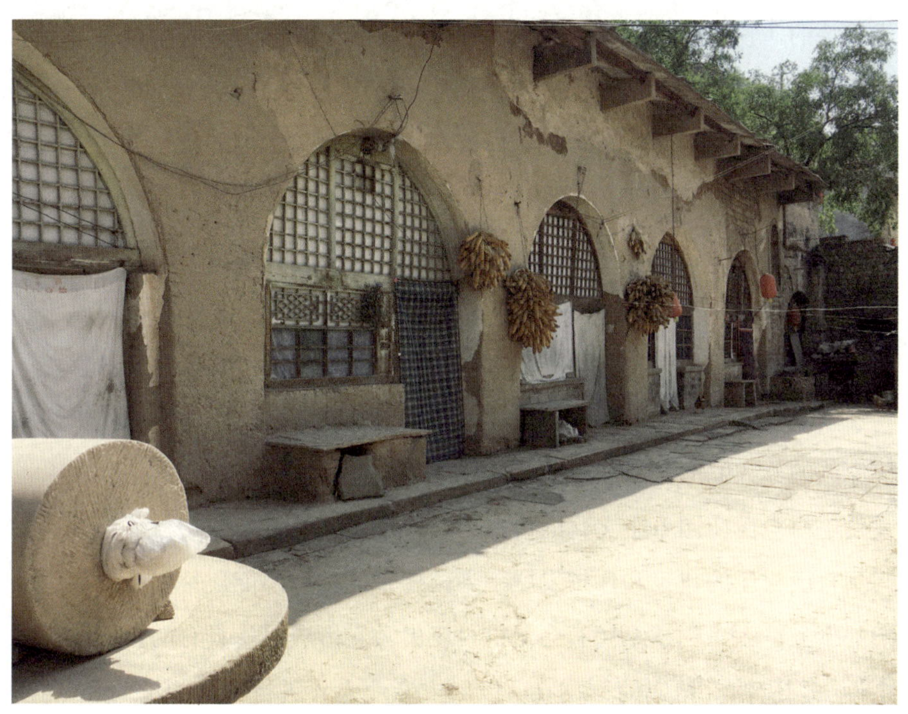

贺一村院落

时都有倒塌的可能，这为保存其完整性带来了困难。再加上村内留守人口少，年龄层次单一，没有劳动力和资金，也没有技术去进行保护和修缮，只能对庭院进行简单分散的看护。庭院大部分时间都是对外关闭的，游客游览也难以尽兴。

传统村落保护与发展需要综合施策，不仅仅要保护传统的民居，还要“生产”与创造，让旧的村庄“活”过来，重新焕发生机和活力，这就需要经济的发展与村民生活的改善。

首先是村庄的建设要以改善村民生活的物质环境为基础，以“修旧如旧”为主旨，在村落功能布局和建筑功能安排方面多考虑村民现代生活方式的需求，设置相应的公共服务设施，设计满足居民从事现代农耕生产和生活的居住空间。同时结合原有的聚集民宅的布局安排和建筑功能安排，为相关的非物质文化遗产提供展示和劳作的场所，开发“农家乐”等餐饮业服务，留住游客的脚步。只有环境好了、条件好了、发展的路子多了，才能吸引原住民回归村落，聚集村落的人气，吸引更多的目光。在建筑结构设计方面，① 要以现代建筑技术为支撑，在保证建筑的坚固性和经济性的基础上，对传统建造技术和建筑材料加以改进；在建筑造型方面，要从传统建筑立面形态和细部装饰中提炼文化基因，延续传统建筑的风貌特征，形成与非物质文化遗产和谐相处的环境氛围。

其次是强化村民的主人翁意识。作为家族式传统村落的典型代表，党氏家族的族人们应是村庄保护与建设的主体。他们是贺一村的主人翁，也是贺一村党氏庄园乡土文化的传承人，应尊重、鼓励与扶持村落主人翁参与到自己村庄的建设和保护发展中来。外来的帮助不能代替村庄主人应承担的事务，太多的越俎代庖会使得村庄失去它形成时所具有的自发性、自主性、创造性。相应的，政府可以引入专业人才进行实地的勘验和调查，以行业指导作为村落建筑维修的技术支撑，实现原生态保护，恢复历史环境与面貌，做到村落建设与文化传承互补。另外还可以吸引社会组织和民间资本加入到贺一村保护中来，给村落的发展创造条件、拓宽思路。

---

① 罗艳霞：《新农村建设中的古村落保护开发研究——以山西平遥西源祠村为例》，太原理工大学硕士学位论文，2008 年。

# 不觉辛苦只觉甜

曾　嘉

“读万卷书不如行万里路，行万里路不如阅人无数”。先哲的求知方式体现了“知行合一”的哲学思想。当我背上行囊，随“陕甘宁青”寻访组踏上征程之际，始觉对此将会有新的感知。

## 一、行万里路

“陕甘宁青”地域辽阔，约占全国领土的1/6。这里既是古丝绸之路上的主要经济带，也是西部大开发的重要城市群，更是传统文化保护传承的关键区域。“陕甘宁青”组此次寻访了4省8县16个村落，总行程2万多公里。“白云低头迎远客”，初踏大西北的广袤原野，直入眼帘的便是那千姿百态、风情万种的云。万里晴空间，有时只嵌着几块云朵，虽小却极厚，在空中懒散地游荡，卷舒自如。翠山叠峰之上，有时却堆砌着大块的浓积云，吊挂半空，纹丝不动，极像我家乡渤海之滨的大浪花定格于空中，自然大气，俯视着你的行踪。“我抬头向青天，搜寻远去的从前，白

绥德艾家沟村

云悠悠尽情地游。我低头向山沟，追逐流逝的岁月，风沙茫茫满山谷”。《信天游》中的民族风引导我们真切体会大西北“天高地厚”的古朴风韵。

一路走来，如果说辽阔壮观只是停留在视觉层面上，那么悠远厚重则是用心感悟到的。有600年历史的陕西富平莲湖村，是全国唯一保存完整的斩城（借天然高阜，削四壁夯筑而成），当年防兵燹、御匪乱威震一方。有“宁夏第一村”美誉的中卫县北长滩村，三十几户的小村庄，却拥有明清时期遗址古迹10余处，民居则是依山而建的“四梁八柱”式土屋，那错落有致、浑然天成的立体层次感，透出的是与自然抗争的顽强和不屈，令人震撼。坐落在千沟万壑黄土高坡之中的绥德郭家沟村，拥有陕北最典型的窑洞和院落。百余孔老式窑洞错落有致地散落在山梁之上，层层叠叠，石板院落里石碾、石桌、石槽一应俱全，展现了陕北窑洞生活的原始风貌，自然美里透着灵气，古朴沧桑中极具气势，浓缩了农耕文明的精粹。

建在山巅之上的天水贾川乡梅江村让我们领略了另一番景象。从县城坐四十分钟大巴来到梅江站，下车迈腿就想进村时，却被告知还有半小时的山路。抬头仰望，山巅一侧的洼地，林荫丛中隐约露出的村庄斜靠在山脊上，眼前盘旋蜿蜒的山路通向山中。犹豫之间，一位开车的同路人邀请我们上了车，小车在细长狭窄的山路上颠簸十五分钟，才到了真正的村口。古村显得很幽静，村民言及山路也很平静，似是习以为常。每天走这么远的山路才能进村，对我们有些人来说倒是一种新的体验，想想梅江村被誉为建在“山巅之上的村庄”，我们心里也坦然了许多，不禁暗自佩服梅江人的毅力。一路上最美的风景，莫过于青海西宁互助县五十村和寺滩村的道路两侧。人在车内，环顾两旁，蓝天白云下是青山和绿草，色彩的和谐绝非调色板上可以完成。蓦然间，田野上出现一头黄牛，金黄色的牛背，在阳光映射下，格外耀眼，使画面灵动了起来，仿佛远处飘来了牧童的笛声。“没见过青山滴翠美如画，没见过人在画中闹丰收。没见过绿草茵茵如丝毯，没见过绿丝毯上放马牛……”此曲融入此景构成此时的曼妙。

## 二、阅人无数

寻访传统村落，不仅要见物，更要见人。如果说见物是为保护好外在的“筋骨肉”，那么见人则是要传承好内在的“精气神”。生活在传统村落中的“原乡人”以及延续的民俗、民风和文化传承，才是保护中的“活态”，传统村落的“灵魂”。围绕见思想、见生活，“陕甘宁青”组相继访问了50多位“原乡人”。兰州西固河口村的张振祥可算是一位最有“思路”的

绥德党氏庄院

书记。河口古镇重建规划历经8年才获批准，为加快进度，张支书采取了对外“公关”、对内“攻心”的策略。他跑外请来大学教授、文史专家和新闻记者，深度挖掘古村历史脉络和文化底蕴，全面科学的重建方案经广泛宣传报道，引起各级领导和社会各界的高度关注，重建工作在各方支持下得以顺利启动。对内，张支书为唤起村民的自动自发意识，先后组织村民代表到陕西、青海、甘肃学习，开阔眼界，解放思想。村里老年协会主动成立“河口民居管委会”，协助村委落实管理重建工作。河口古街店铺修复，政府每户补助2万元，村民普遍出资七八万元。有了村民的响应配合，修复工作自然如期完成。绥德县贺一村与党家村同时被列入国家首批传统村落（陕西省仅5处），村里以窑洞为主要建筑，保存了最完整最具特色的城堡式民宅群落，被誉为“陕北印象”。对村里的保护开发，村支书党来强充满了“矛盾”心理。目前除了搞旅游开发，似乎别无选择。自己搞，多年实践证明，搞来搞去还是“原地踏步”；请人搞，党家村被边缘化的现状，他也是“心有余悸”。怎么做更好，党支书直摇头。“眼下也不能闲着”，党支书干事的劲头挺足，“抓紧修复村里的古建筑，绝不能毁在我们手里”。党支书的主要任务就是跑这跑那，到处申请告急，争得下拨款就抓紧修复，他与我们交谈的地点就在修复窑洞的现场。看着党支书“犯难”的焦虑劲儿，我们也一时语塞，不情愿地结束了采访。

如果说与“当家人”的“见思想”是喜忧参半的话，那么与“原乡人”的“见生活”则是触目惊心。一路走来，村落“空壳化”和居民“留守式”现象相当普遍。莲湖村放眼望去，偌大的村子，几乎全是老人和儿童。村里没有集体经济，村民除外出打工别无创收途径。受访的一位年近七旬的老奶奶，儿子病逝后，为照顾生病的老伴和年幼的孙女，只好半夜上山替人家装土豆，装一袋 2 元，天亮时可挣二十几元。当问及是否辛苦时，老奶奶叹息地说：“哪能管累不累，装土豆是一阵的活儿，干完了，这点钱

党家村景区内摆摊老人

也无处找呀!”访问的留守儿童是一位四五岁的小姑娘，她穿的衣服已说不准具体颜色，手里拿着一支旧画笔在玩。与她沟通时，我说了一句至今都后悔不已的话，“想妈妈吗?”谁知我话音未落，小姑娘的脸唰地变红了，她直瞪瞪地望着我，好像要从我身上找到妈妈的踪迹，最后怯怯地说了一声“想”，声音很轻，也很无助。看护的奶奶说:“她父母外出打工地方远，快两年没回村了，说是今年一定要回来的。”老奶奶也是有气无力的样子。青海西宁互助县五十镇寺滩村留守妇女成了村里的主力。进村途中，远远看到村口一群妇女围在一起忙着什么。近前一看，原来是砍旧砖块。烈日下，她们穿着长袖衣服，裹着头巾，光手用砍刀敲打砖块上的残留水泥。一下接一下，一块连一块，没有语言和表情，有的是暴起的尘土和成串的汗滴。“怎么不戴手套、口罩防护?”砍砖阿姨没工夫抬头看人，在一旁的工头说:“那样碍事，直淌汗，口罩也戴不住。”“这么重的活儿，阿姨们受得了吗?”工头看着我们笑了:“不干这，也没别的可干，一天挣六七十元，出点力也值。”看到大家都很忙，我们默默走开了。离村时，天下起了雨，村口那群阿姨依旧重复着枯燥的动作，没有任何遮雨措施，仿佛这雨是下给别人的。我们走近再看时，发现她们砍砖相当认真，每砍一块，都要仔细检查是否清理干净，有没有断裂。这堆破砖头与她们的认真仔细劲儿，极不般配。有人说，这样的活儿，20世纪70年代在城市有过，现在旧砖早当垃圾扔了。但在这，砍旧砖成了留守妇女的主要经济来源。我们忍不住多次回望，细雨中的砍砖人似乎很平静，看不出对生活的抱怨与不满。

## 三、深思感悟

白日寻访村和户，夜坐静思感与悟。寻访中的所见所闻，催人深思，几点感悟记录在下。

（一）旅游开发是保护传统村落的唯一出路吗？

保护传统村落，难在缺资金；破解资金难，出路搞旅游，这似乎成为当下大家的基本思路和普遍共识。旅游开发真是“灵丹妙药”和致富“捷径”吗？显然不可妄下结论。实现利益最大化是经济活动的最高追求，传统村落旅游开发如果急于搞“求利式”招商，看重打“功利性”算盘，难免落入逐利争名的窠臼。目前过度商业化包装造成“千村一面”，过度求利式开发又出现“千面一利”，凡此种种，对传统村落造成的威胁已经显现，并呈加重趋势。但除此一条，似乎又无他路可走。保护传统村落是功在当代利及千秋的大事，此类公益性事业理应得到公共财政的支持。在公共财政长期缺位情况下，摸索前行若不加以引导规范，势必会出现乱象。如果传统村落受到不可逆的创伤，那么即使公共财政最后能够提供支持，也只能“望村兴叹”了。被奉为“捷径”的旅游开发都能走远吗？想走“捷径”的人应该明白，“捷径”也不过是“曲径”的一种罢了。

（二）留守老人儿童要守多久？

寻访中发现，传统村落“空壳化”，老人儿童“留守式”，已成为许

党家村全景

互助五十村

多村庄格式化表象。苍凉既印在残垣断壁上，也刻在老人饱经风霜的脸上。年轻人因村里居住条件差不愿住，无经济来源无法住，多种因素促使他们带着乡愁远走他乡，而留守老人和儿童则成了古村的守护人和寂寞心灵的守望者，思念和牵挂在亲人间无障碍地传递着。村庄的“空壳”和家庭的“空巢”，直接导致村落保护、文化传承失去了“根”，缺少了“魂”，造成的恶性循环，势必会对保护传承带来桎梏。解决的出路在哪里？有无具体“时间表”？村里“当家人”们大都摇头无语，倒是莲湖村的一位老奶奶指着眼前的孙子说了看法：“这些娃儿长大了，如果考不上学做不上事，也得出去打工。他们的爹妈打不动工了，就得回来再给他们看娃儿。”老奶奶说得很平静，像是坦然接受的样子。的确，当下现状又能让老人作出怎样的假设和预判呢？这可怕的思念与牵挂，难道真要继续下去吗？

## 四、后记

一路来，一路去，一路奔行不停息；风沙吹，酷暑袭，甘苦相伴长见识；走村落，访古迹，传承文化立大志！时间如白驹过隙，漫长的道路在时间的长河中稍纵即逝。寻访有界思考无疆，保护传承要勇敢担当。明年暑期再相邀，青山在，人未老。完全有理由相信：重任在肩之人，再累也不觉得苦！

# 浅谈在传统村落保护开发中村落原住民的参与度

吴耀康

通过7月23日到7月25日的走访，我们发现韩城市党家村、榆林市绥德县贺一村、艾家沟村以及郭家沟村分别处在相似的旅游开发进程中的不同阶段，其中以党家村开发时间最久，但同时也暴露出更多的问题，那么我们该如何看待和解决这些问题，这种模式一定就是最好的旅游开发方式吗？陕西省的传统村落能否寻找到一条新的、更适合自身的旅游开发道路呢？

## 一、韩城市党家村：村落原住民在旅游开发中被边缘化

党家村旅游开发历史很长，村支书介绍从20世纪80年代开始党家村已经着手开发当地旅游资源。笔者一行人到达时发现，党家村具备了较为完整的旅游管理体系，旧村里的传统建筑群被合围起来，各个入口都有保安把守。景区外有新建成的停车场、售票处和景区管理处。在内部，有景区招聘的导游带领游客游览，地图、路标、绿化景观以及古建筑的文字介

党家村老村全景

绍一应俱全。景区的古建筑群保存得较为完整，从高处看灰墙黑瓦鳞次栉比，其中点缀着一串串的大红灯笼，十分美丽。只是村子里有一处大型的现代舞台正在建设中，庞大的钢铁架显得十分突兀。

景区内的传统建筑大部分无人居住，一些建筑如党族祖祠、党氏分银院、一颗印院等被用作展览馆，展示当地风俗或建筑主人的生平。景区内有五家农家乐，由没有搬迁的本村村民经营，我们进入一家农家乐与老板交谈，老板师阿姨的弟妹孙阿姨告诉我们，绝大部分村民已经搬到“坡上”（党家村旧址坐落在山沟中，当地人称旧村为“坡下”，新村为“坡上”）的新居居住，景区的工作人员基本上是由市旅游局招聘的外村人。另外，景区里时常有民俗表演，主题一般是党家村婚俗，但表演者是从外村请来的表演团队，婚俗也不完全是当地特有的。党家村每年能够从总体旅游收入中得到 100 万元，村民每人能分得 300 元（从村支书口中得到证实），大部分村民仍然是种地或者去韩城市打工。

之后我们走访了党家村村委会，村支书告诉我们：从2012年开始，市旅游局全盘接管党家村的旅游开发工作，而村委会只是做“配合工作”。村民基本上居住在坡上的新村，极少回旧居，只有经营农家乐和偶尔参与表演的村民会回到旧村中。

整个走访过程结束后笔者发现：在党家村的旅游开发中，村民的参与度极低。由于市旅游局的接管，村委会基本不参与旅游开发中的决策工作。而村民搬迁到新居后，对旧居的归属感和认同感也被极大地削弱，村支书说村民对每年分得300元也没有任何意见(孙阿姨却认为300元太少)。在对党家村景区进行观察后，笔者认为韩城市旅游局对党家村的旅游规划重点放在传统建筑上，而由村落原住民以及其创造的人文景观和田园风情却被忽略，以至于完全从党家村中被剥离出来，村落原住民在旅游开发的过程中被边缘化。

## 二、绥德贺一村党氏庄园：以党家村为规划蓝本

贺一村尚在开发规划的起步阶段，以村委会为主要执行力量，笔者一行人到达时发现党氏庄园入口处已经形成一套完整的“门面”：在村子入口处有新立的牌坊，水泥修葺的广场上立着四块新刻的石碑。村子内部的修复工作才刚刚开始，村支书正带领村民对党氏庄园三号楼的上院进行修缮。笔者在村落中走访一圈发现空巢化现象十分严重，基本看不到青壮年，这一点在村民和村支书口中得到证实。

村里的支书姓党，党支书对古建筑的保护意识很强，他告诉笔者，对党氏庄园进行旅游开发的主要目的是保护古建筑，他清楚地意识到村落建筑是贺一村最宝贵的资源，在规划的制定和执行中不能破坏建筑的原貌。当笔者同他谈到韩城市党家村时，他告诉笔者，贺一村党氏庄园的旅游开

党家村老村民居

发的规划便是与党家村相似的，后续将会进行招标，由专业组织接管村落的旅游管理。至于贺一村村委会是否会像党家村一样完全退出村落旅游管理，他却没有给出明确的答复："还没走到那一步。"

对于高龄化严重的贺一村原住民该如何参与到旅游开发中，他认为目前直观有效的方法就是由村民在自家院落开办农家乐，为游客提供食宿服务，自负盈亏。

笔者基于对贺一村的走访认为，目前党氏庄园处于旅游开发的起步阶段，旅游产业尚未成形。虽然空巢化严重，但其村落的文化生态依然完整地存在于建筑空间中。村委会仍是起步阶段整个规划的主要执行者和人力组织者，村落的原住民在旅游开发的进程中依然有较高的参与度。但此时外部力量已经蓄势待发，只待基础设施建设完备便会一举进入，从游客到旅游管理组织，甚至是政府，都有可能主动或者被动地将村落原住民及其创造的村落原生文化从古建筑中抽离出去，党氏庄园与党家村同冠"党"姓，党氏庄园会不会成为下一个党家村呢？

## 三、绥德艾家沟村：在古村落保护和开发中的民间积极力量——乡贤

艾家沟村在绥德县四十里铺镇的偏远“山沟沟”里，村里的保护开发计划正处在筹备阶段，尚未实施。小组在进村问路时遇到了村委会的会计李广林，我们向他询问村委会办公地的所在，他却带着我们来到了他家中（后来的访谈中，他的女儿李芳芳告诉我们：由于上一届村支书的问题，导致原村委会办公室被淹，不能使用。这件事并未得到旁证），恰逢李广林的本家兄弟李纯洁来串门。李纯洁今年66岁，是县国土局的退休干部，现居西安，每年7月份回到家乡居住一个半月左右，看望母亲和亲戚，也能避避西安的暑热。李纯洁相比李广林更善于表达，对村子里的历史、风俗了如指掌。访谈结束后他主动要求带领我们去看当地过去几位“掌柜”（当地人对财主的称呼）的旧宅。他对每一个老宅的主人、落成年份以及主人的生平等信息都如数家珍。

五龙山坐落在艾家沟村村口旁，山顶有一座大殿，叫作“五龙山无量祖师正殿”，是他的弟弟李纯雄捐款150多万元重建而成。李纯洁的身体硬朗，但是强烈的日晒使他的皮肤泛起红斑。即便如此，他还是撑着遮阳伞与我们一同爬山去看无量祖师殿，登山途中，他一直告诉我们当地的历史、饮食习惯等信息，要求我们多拍照，尽量详细地记录信息，也提到了希望我们多为艾家沟宣传。

由于没有碰到村支书，笔者无法得知村委会目前在艾家沟村的保护与开发中所扮演的角色，但是让笔者印象深刻的是当地一位乡贤对于村落中传统建筑保护和村落文化传承发扬所表达出的迫切希望，这一心理出自他对家乡文化的认同感、归属感和使命感。相较于普通村民来说，乡贤拥有更高的文化水平、更广阔的视野、更好的平台以及更丰富的资源，相较于

村干部来说，乡贤作出的建议往往更能被村民所接受，因为乡贤的威信更多的来自民间，由村民赋予。而作为对村落文化和风俗了解最深的当地人，乡贤可以看作是村落文化的信息库，同时也是村落文化最具有代表性的传播者。在传统村落的旅游开发中，乡贤力量的发挥不应当被忽视，这一群体不管是对村落内部还是外界都具有文化上的权威和吸引力。

在艾家沟村的走访中，笔者还发现了由于完全没有进行旅游开发，艾家沟村与党家村、贺一村相比村落原住民的生活并没有受到外界的过度干扰，尽管空巢化现象同样严重，但村落的原生文化却十分完整。艾家沟村内精美的古建筑、充满陕北色彩的独特风俗文化和黄土高原地区独特的田园景致是艾家沟村的核心魅力所在，笔者以一个外来者的身份提问，如果把艾家沟村套入一个千篇一律的开发模式中，这个村落会不会失去原有的魅力呢?

## 四、郭家沟村：无序的旅游开发，在现代流行文化大潮中村落原住民的妥协与迷失

初下车我们便感觉迷惑：目的地是郭家沟村，怎么来到了双水村？周围挂了不少的宣传标语都写着："欢迎来到双水村"。我们找到了村委会，而村委会的牌子上写的村名是"郭家沟"。我们找到了村子的会计郭世平，他告诉我们，郭家沟早在 2002 年便成为一部电视剧的取景地，是由人民制片厂拍摄的《道歉》，之后的十四年中陆续有剧组来此拍摄，2015 年播出的电视剧《平凡的世界》使这个村子以"双水村"的身份而闻名。郭家沟曾多次出现在影视剧中，但它却总是以其他地名出现，从未"扮演"过自己。而"双水村"作为影视剧中的名称险些取代了村落的原名"郭家沟"，郭会计说前些年村子里曾经有人想把村名改为"双水村"，由于村子已在

党家村新村民居

第三批中国传统村落保护名录以内，改名之事便不再被提起。即便如此，在村子里的宣传标语和游客的印象中，这里还是“双水村”，郭会计说之前觉得别扭，后来就习惯了：“你们随便怎么叫吧，反正我们就还叫郭家沟。”

在之前走访的村落中，政府始终占据着保护开发工作的主导地位，旅游开发的计划正在落实或者计划落实中，但是通过郭会计我们了解到目前村子里没有任何规划，在 2015 年 7 月份，政府请过陕西省设计院对郭家沟进行过相关规划的考察工作，但是至今没有关于规划的消息。村委会没有权力和能力开展保护开发的相关工作，郭会计说，“政府指导，我们对村子没有自治权”“你没有钱，你能说啥？”他认为政府对郭家沟的保护和开发工作并不看重，其原因是，“我们村没有人（当官）的”，上面领导只是说说而已，不然就能发展了。

关于村民在旅游开发中获利的问题，他介绍说当地旅游业发展一定程度上带动了本村经济发展，村民通过向游客售卖农副产品、开办写生基地和农家乐获利，出售的产品有洋芋加工食品、高粱饭等，村中有四个写生基地，每年每家收入为20万到30万元；但是只有曾用作影视剧取景地的民居才办得起农家乐，普通村民家即便开了也没人住。郭会计总结说旅游开发只能使“一部分人增加收入”。

村子里与旅游相关的基础设施并不健全，除了去年新修了一条通往村内的道路，以及少量的指引牌之外，没有地图、建筑说明等引导信息；停车场是公路旁的一块空地，车子开过时尘土飞扬；村内的管理也比较混乱，一处民房的墙上是充满现代感的涂鸦；村民在入口处搭设一排蓝色凉棚，售卖旅游纪念品和食品（非当地特色）；道路上散布着一粒粒牲畜和家禽的粪便；民居建筑的墙上挂着色彩鲜艳的广告，推销自家的特色食品；村内很多建筑墙上都印着影视剧拍摄所用的标语。

整个走访结束后，笔者发现，郭家沟村的保护与开发工作存在这样几点问题：一是政府力量的缺失，村内旅游开发工作毫无整体规划可言，全靠村民自发进行。这样导致了郭家沟村基础建设的不健全，村民经营的无序，破坏了村内的建筑风貌。二是现代流行文化的侵蚀，作为写生基地、影视取景地和观光场所，艺术生、剧组和游客的大量涌入以及伴随他们进入村庄的流行文化，使村落原住民不知所措，一味笨拙地去迎合他们的口味，村内随处可见的流行文化符号，影视拍摄所留下的痕迹以及险些变更的村庄名称，都在告诉我们这座村庄从实体建筑到村民思想观念都在一定意义上被流行文化所重塑和改造，而改造的结果却是村落风貌景致被破坏，村民的生产生活方式被迫改变。

通过对陕西省四个村落的走访，笔者发现，村落景区化是目前对传统村落旅游开发最常规的模式，但是这种模式带来的问题是显而易见的，被开发的村落越来越同质化，“千村一面”的现象越来越严重。当村落原住民与原住民文化被边缘化时，传统村落就失去了血肉与灵魂，沦为僵化封闭的建筑民俗展览馆。

旅游业是现代商品经济的重要组成部分，对传统村落进行旅游开发是目前古村落开发的广泛尝试，但是快节奏的旅游与慢节奏的乡村存在先天的冲突，旅游不是传统村落最优的开发方式。

现在已有相关人士提出乡村旅居将会代替乡村旅游，但是旅居作为商业开发的一种形式存在着收益效率的问题，如何平衡传统村落保护（特别是非物质文化遗产保护）与传统村落开发的矛盾依旧是没有解决的问题。

# 小纱灯，大文化

曾 嘉

说起兰州河口古街，就不能不提古纱灯。如果说河口古街像一条条蛟龙在村中蜿蜒，那么远远望去，古纱灯就似一颗颗夜明珠在风中摇曳，犹如为古街量身定制，专候蛟龙的嬉戏。难怪，当河口古街进入中国传统村落保护之日，也是古纱灯加入非物质文化遗产名录之时。

此次到河口村的寻访很顺利，我们很快见到村支书兼古纱灯的传承人张振祥。张支书热情敦厚、思维敏捷，对我们这些“娃娃生”格外关照，对将要提的问题也似乎早已“心中有数”。接乡里电话、答复村民咨询，张支书熟练、到位地尽职尽责。为避开办公室人多环境嘈杂，他领我们到屋外的戏台旁，仔细地听我们的问题，大家提问题的速度还不及他解答的速度。待提到古纱灯，张支书更是如数家珍，娓娓道来，显示出文化传承人的深厚底蕴和对古纱灯的钟爱之情。

## 一、古纱灯应文化需求而生

张支书说，河口灯会有史料可查，最早是同治末年到光绪初年的事。

河口村灯会

那时河口一带，交通发达，商贾云集，贸易兴盛。物质条件好了，人们的精神文化需求自然就多了起来。在隆冬农闲时节，一为庆贺河口古街全面修成，二为满足丰收后村民的文化娱乐需求，地方乡绅便有了举办元宵灯会的想法。为了显示河口的经济实力，大家开始对传统灯笼进行改造。选用上好的楠木、檀木和当地核桃木作框，到南方采选纱绢作面，聘请外地画师题字绘画，河口纱灯便在选材上乘、制作考究、工艺精细中出现了雏形。张支书不无骄傲地说，经济条件好了，人们的精神文化需求也就越来越高，这也是古纱灯制作越来越精良考究的原因。纱灯四个面，一个画师一天最多只能完成一个面的绘画，可谓细描慢绘，木工还要将灯架精准地铆住，使其收放自如，一个纱灯要靠几个人的通力协作才能完成。当时村里集中人力、物力、财力，制作了360多盏纱灯，足可体现当年的经济实力。的确，是生活自足后河口人的精神文化需求，促成了古纱灯由普通灯到纱绢灯的华丽转身。

## 二、古纱灯因文化内涵而兴

如果说古纱灯起初是因为选材精良、制作考究引起人们的青睐，那么它的长盛不衰，则与融入了丰富的文化内涵有关。张支书说，纱灯的灯面起初只是写一些祈求风调雨顺、国泰民安的吉庆话，作画也是简单的花鸟树木，比较单一。渐渐地，人们似乎不满足只看一些简朴直白的画面，而是渴求更广泛的选材和多样化的表现形式。于是，古纱灯不再是简单的制作，而是在创作中又加入了其他文化元素，这也成就了河口纱灯独具魅力的文化潜质和艺术特色。据河口村老人们回忆，当时村里有几位读过私塾

纱灯制作

的文人，根据人们熟知的小说戏曲内容，开始创作灯面。选入一些大家耳熟能详的故事，运用独特夸张的绘画艺术，使一批内容新、样式奇的纱灯出现在人们的视野。村里四条主要街巷，被用不同内容的系列纱灯装扮着，大量采用《封神演义》《西游记》《三国演义》等名著故事内容，有主题、有人物、有情节，宣扬除恶扬善，扶危济困。老人们还清晰地记着先辈们口口相传的一个传说，是说有一年的灯会异常讲究、隆重，村里四条街上挂满了纱灯：东街挂的灯面是《封神榜》故事，南街是《刘秀跑南阳》，西街是《三国演义》，北街则是《香山传》。这一年，村里不仅挂灯、观灯，还转灯、送灯，后来还有过街社火、灯会大戏。人们赏灯、看戏，相聚、相庆，主要为了祈求来年平安幸福、安居乐业。尽管老人们说的版本还有几种，但基本都是极力渲染灯会的盛况和文化特质，足见河口传统灯会的艺术渲染力和感召力。人们观灯游览，既能得到视觉享受，还被故事情节吸引，观后静悟，受教启迪，同时也是教育孩童增长知识的好教材。应当说，当年河口村民在家门口便可享受到文化大餐的熏陶和滋养，精神生活相当充实富足。也正因如此，河口古纱灯才得以兴盛、传承。

## 三、古纱灯靠文化创新相传

说话间，兰州某高校来联系要参观村里的宗祠。张支书爽朗地说："中午来吧，我抽空陪着看。"说完，他略显焦虑地说："现在关心咱河口的人很多，如果不抓紧把保护重建搞上去，无论如何也说不过去。就说灯会，现在讲的都是村里老人的集体记忆。古纱灯经搜集目前只有近百幅灯片，灯架也只有40多个，要想重现当年灯会盛况，只能'望灯兴叹'了。"张支书顿了顿又说："搞纱灯，现在难在无人、少钱、缺原料。另外，传承古纱灯也绝不是'修旧如旧'的事，必须创新，加入新的文化元素，赋

纱灯制作

予时代新内涵。村里准备组织人根据‘二十四孝图’和体现社会主义核心价值观的新题材进行创作。纱灯的美，不仅在于造型古朴、制作巧妙，更靠的是不断注入新的文化元素增加表现力。一句话，不搞文化创新，纱灯传承就无路可走。”我们不禁暗自佩服这位干过多年文化部站长的“当家人”对文化传承与发展的精辟诠释。张支书似乎也来了激情：“困难天天有，但办法总比困难多。河口村保护重建工作徘徊了四五年，前年终于定下规划方案，建设速度马上提升，目前钟鼓楼整修接近尾声，古街店铺外立面改造已经完毕，村民参与的积极性也调动起来，我们对保护重建古村和传承古纱灯都充满信心！”看着张振祥支书凝重坚定的神情，大家都不约而同地想起了“完全有理由相信”这句话。

“有灯无月不娱人，有月无灯不算春。春到人间人似玉，灯烧月下月如银”。唐寅的《元宵》避开城市，截取的是乡村月夜“灯月相辉”的美景。古代劳动人民创造的丰富精神文化遗产，当今仍须靠人民来发展。非物质文化遗产的保护与传承是一项全民性文化活动，必须切实提高大众对“非遗”保护的自觉性，通过政府引导，发挥民智，使“非遗”得到“创造性转换”和“创新型发展”。

新时代传承“老手艺”，须靠“新思维”助力。具体到古纱灯，应在继续挖掘、搜集、整理基本艺术元素的基础上，注入时代审美新元素，不断汲取新时代社会文化的丰富内涵，使传统文化加快融入现代文明。被誉为“天下第一灯”的四川自贡灯会，在这方面已探索出成功传承之路。自贡灯会自 1964 年开办至今已举办多届，其中去年举办的国际恐龙灯会接待中外游客 181 万人次，日均游客达 4.34 万人次。目前自贡市彩灯企业 365 家，常年从业人数达四五万人，年产值超 20 亿元。自贡灯会已从一个单纯的文化活动成功转变为集文化、经贸、旅游、城市营销为一体的颇有影响力的国家级品牌节庆活动，并且创建了国内唯一的“中国彩灯博物馆”。人民造就了灯会，灯会造福了人民，这种良性互动与转化才使灯会得以长期传承和创新发展。

习近平总书记指出：“不忘本来才能开辟未来，善于继承才能更好创新”。要以传统文化引导农村现代价值体系建设，就要积极探索优秀传统文化与社会主义核心价值观有效结合的可行性路径，用中华民族创造的一切精神财富，以文化人，以文育人，用传统文化守护现代文明，促进社会主义核心价值观成为乡村的自觉道德追求。

期待河口古纱灯早日发出新时代的光芒！

# 论古村落的保护与传承

## ——以陕甘宁三省区村落为例

卢　星

改革开放以来，中国经济迅猛发展，加速了中国现代化进程，水电、燃气、网络等基础建设的覆盖面越来越广。硬实力的增强使国家接着将目光放在了文化软实力上，而传统村落是集“人文”“自然地理”等为一身的文化综合体，传统村落保护被提上日程。但在前期经济的飞速进步中，如今的人们看到更新的现代化世界，其中就包括古村落的民众，笔者走访古村落的官方数据显示，当地外出务工的村民人数近几年不断增加，有的村落甚至占总人口的半数以上，并且基本是当地青壮年一代，而留守下来的老人作为传统和现代接轨的一代，随着时间的流逝也将不断离去。加之村落“保护修缮”存在重复模仿的问题，随着村民的不断移民，传统和现代将逐渐脱轨，甚至导致“文化断代”。没有“人”的存在的传统文化，其真实性又将如何沿存？

## 一、古村落的演变

传统村落作为一个文化综合体，从其演变历史可以追溯村落自身的自然环境、人群迁徙、文化背景等。陕西、宁夏、甘肃位于中国西北地区，位属黄河流域，人口迁徙原因有多种，而古村落的人口形成就有逃荒或者逃兵役等原因。例如陕西韩城市党家村，村落位于泌水河谷北侧，所处地段呈葫芦形状，进入村落要从山上走下坡路至山底。元至顺二年（1331年），党族始祖党恕轩因逃荒自邑县来此定居，从第一代居民开始，不仅带来的是人口，还有居民背后的文化甚至宗教——譬如儒家文化、道教等等。第一代村民定居之后，首先生活方式要适应当地自然环境，党家村所在气候属暖温带半干旱大陆性季风气候，由于雨水较少，当地主要种植小麦、玉米等作物；其次伦理秩序须符合其文化背景，村落建筑的制式、分布也是按等级的高低而排列的，比如一颗印院，不仅坐落在村落较上风的位置，且制式比下层的普通民居更加精致华贵。

但在改革开放以来现代文化的冲击下，党家村经历了开发、发展、繁盛、萧条、没落的发展历程。当前，党家村被列入中国历史文化名村名

党家村看家门楼

单，且被当地有关部门重视并开发成著名景点。然而，笔者在走访当地村民过程中，却感觉到他们对于村落发展表达出的矛盾意愿。

## 二、民生与出路

### （一）收入问题

人民生活的基础首先是物质满足，而笔者在与村民的访谈中得知，党家村景区从开发得来的收益中，给村民每人每年 300 元，并且景区直接由县级部门负责管理，大部分工作人员是由景点自己招聘的相关人员而非当地村民。而当地外出务工的农民不再种田是由于付出与所得失衡导致，例如一亩地需要化肥约 130 元，小麦种子约 60 元，小麦每年打药除草两次约 200 元，加上缴税大概 600 元左右，加之现在小麦减产，每斤小麦只能卖 8 角左右，单是成本就不够。农民因没有足够收入，为了生活基本出去务工来养家糊口。

再如宁夏固原市隆德县红崖村，得益于自身红色背景，以“打造红色旅游景区，保护历史文化名村”为理念指导发展成历史文化名村景点，但在近几年开发中，红崖村村委会会计告诉笔者，村落收入基本靠农家乐支撑，原计划的小吃广场如今空空荡荡，小商店等更是萧条低迷。

### （二）人口问题

宁夏中卫市北水滩村当地人口因迁走 7 户人家，现只有 30 户，并且基本都是老年人群，年轻人都外出打工另寻出路。这种空巢化现象和党家村几乎一致，因为村落的发展和村落的原住民没有直接利益关联，村民在见过更好的村外世界后，还有谁能主动回来，在落后的村落里生活下去呢？村落转型走上岔路，其可持续性也将成为问题。

河口村戏楼

## 三、传统村落的真实性

“真实性”应是传统村落文化保护中注重的关键，“修旧如旧”是表象性的保存，更多的应该考虑表象背后的内在文化支撑，才能更多地保护村落的真实性，以供后世参考研究。笔者认为村落的“真实性”具体构成如下。

### （一）人的关键性

如果村落是自然地理文化海洋上的航船，那么人就是掌舵的船长，是引导船只航行方向的主宰。以党家村为例，以经济眼光来看党家村无疑是成功的，村落基本原貌被保存下来，经过各式宣传成为当地著名景点且收入运营渐入佳境，但笔者在走访当地居民后了解到，除了置办农家乐等经营类的村民，其他的村民基本已经搬出至附近的新民居。如今的党家村已然是一个纯粹的景点，游客只能通过相关介绍文字和导游的解说，看着砖瓦如新的文物建筑来理解各自心中的党家村。

正如前文分析中谈到居民与景点利益的脱节导致人群流失的问题，“人”作为村落文化的重要起源因素却被完全忽视了，无论是表面上村民日常生活的展现，还是村落内在文化的体现。例如党家村传统建筑大门上的三层砖雕——麒麟、石榴、蝙蝠，其寓意分别是祥瑞、多子、多福，可是是谁在祈求这些愿望？是谁在抱着这些向往生活？在村落里，游客看到的皆是人去楼空后不能言语的“死物”，传统村落仿佛泡入福尔马林的“尸体”，是一个没有活力的躯壳，时间停滞在被现代文化冲击后相对落后的世界中，所谓的传承发展也只是口号而已。

### （二）信仰的多样性

不同的地域性文化构成中华文明的多元性，笔者在走访过程中不仅发现儒释道的互通共融，还有具有特色的地域性崇拜，如街亭村的城隍庙不仅供奉着道教的玉皇大帝，也有佛教的观音，中国特色三教合一的传统在传统村落文化中和谐共存，不论是从历史研究价值还是从宣传价值都值得去保护，这是文化发展的直接体现，是村落真实性的一部分。因靠山建成而有山神庙，因耕读文化而有文昌庙，这些因为各地区域文化发展形成的信仰，也是村落的真实性之一，通过对宗教信仰的研究能够看到其背后的文化内在——村民的精神寄托以及物质需求的变化。

### （三）建筑的真实性

在保护传统建筑时，从概念上建筑传统和传统建筑是不一样的，① 在修缮建筑时采用传统构件进行改造，这可以算是传统建筑，但是并不能算

---

① 黄印武：《传统与真实性——沙溪乡土建筑实践》，《南方周末报》2011 年 12 月 23 日。

红崖村民居

作建筑传统，前文提到党家村建筑因不同等级有着不同的制式和位置，这是符合当地儒家文化伦理秩序的格局，不同功能的建筑，无论其雕花纹饰、屋檐层高、用料色彩都有各自的特征，而在笔者走访宁夏隆德县梁堡村时，看到的却是重复一致的建筑和未完工的修缮成果。甚至在红崖村，还修建了原本村落不存在的凉亭。

这种画蛇添足的“仿古”做法并不是个例，像甘肃省兰州市河口村，村委会旁新修建的戏台由西固区政府负责，不管是设计方案还是修缮工人等皆是招标而来，其结果就是模仿江苏的传统建筑制式，不仅在戏台中央如同江南水乡一般设置了水池，并且为了赶工期，原本精细的木雕也变成机床模具生产的产品。

### （四）格局的完整性

从价值来说，传统村落并非都适合旅游发展，有的自身研究价值已经超出旅游产值，旅游开发可能带来破坏。首先不论旅游开发是否过度，单从基础建设上，对有些存在都已经岌岌可危的村落，其冲击性将是毁灭性的。例如北水滩村，村落完全因经营模式而成为自驾游景点，而300年左右历史的黄河水车等传统建筑则成为附属品。

如果说党家村和红崖村为经营发展，起码在村庄格局上基本做到了保护，那么甘肃天水市街亭村从格局整体性上就已经遭到破坏，城镇化后的结果就是不断地拆迁和重建，只有地标式的建筑如城隍庙可以得到妥善修缮，尽管如此，笔者看到庙内多处明代文物遗迹依然被随意存放在角落里。而像当地的子美阁、观音阁、文昌阁则只是由村民自愿组织管理保护而已。

如果村落重建修缮之后丢失了这些特色，即便不断投入资金打造传统历史文化村落，这种千篇一律的模式重复，对于保护来说也是一种破坏。表象的保护不是传承传统文化的捷径，这将会误导后代对于传统真实性的认知。

# 村落中国

中国大学生田野考察札记

中

胡彬彬 刘灿姣 主编
吴灿 邓昶 副主编

人民出版社

# 目　录

## 第一篇　黔文化地区

## 第二篇 云南地区

## 第三篇 广西地区

## 第四篇　川渝地区

# 第一篇　黔文化地区

# 传统村落名录专项政策的落实问题思考

杨　帆　曾钰诚　张晓雨　费楚君

针对现阶段保护传统村落的工作，国家与地方政策的有效落实是其得以继续开展的重要支持条件。许多传统村落已经得到了政府和有关部门的高度重视，保护工作按照规划正如火如荼地进行。然而在一些偏远山区，却由于各方面的条件限制而使政策的落实、深入出现了诸多症结，例如专项拨款难以到位、财政困难等等，严重影响了传统村落保护应急机制的建立。继而出现如传统建筑等文化遗产突发性破损，肩负保护重任的工作人员却束手无策的严重问题。于是，政策与落实工作的对接和矛盾，就更易使传统村落中大量传承千年的珍贵文脉有消亡的危险。

自 2012 年起，住房和城乡建设部、文化部、财政部等部门开始联合制定中国传统村落名录。该名录通过地方申报、专家评审模式，筛选认定具有重要保护价值的传统村落，并提供专项补助资金，以解决传统村落的保护难题。截至 2016 年 7 月，已经陆续公布三批传统村落名单，共计 2555 个。

贵州 2 组今日考察的安顺市平坝区二官村因保留了丰富的物质及非物质文化遗产，有幸于 2014 年入选第三批中国传统村落名录，并获得前期

300 万元的专项补助资金。国家如此有力的政策支持和雄厚的资金注入，似乎预示着二官村的传统村落文化将得到更好的保护及传承。但经过本组组员的实地调查之后，发现该村虽享受政策支持，但保护现状与预期相差甚远，甚至趋向退化，着实令人担忧。

## 一、物质文化遗产保护及修缮方面：以萧氏祠堂为代表

初入二官村，深深感觉该村落不同于其他传统村落，几乎没有明显的传统文化的气息：房屋大都是装修单一的新建楼房，河水里漂浮着腐烂的菜叶和垃圾袋，生活垃圾也随意堆放于路边，村子的公共设施譬如正在修建的污水处理厂不足一亩地，并且使用的是家用排污管道。本组组员试问村民，生活环境如此脏乱差，为何不治理？村民普遍的回答是：没有钱。本组组员继续追问，发现村民均不知道该村已于 2 年前入选中国传统村落名录，更不知道国家对该村提供了 300 万元的装修补助资金。

在接下来的调查走访中，本组组员勘查了一处木结构的传统建筑物。房子的主体部分已经塌陷，搭建房子的木头散落一地，可以一眼看到露出来的石头墙体。组员通过询问附近的一群老人得知这里以前是村民的聚集中心——萧氏祠堂。萧姓是当地的大姓，这个祠堂在今年年初的时候垮塌了，垮塌之前，村民们都在这里唱古歌、表演花灯、歇息乘凉。垮塌之后，他们不再有任何集体的娱乐活动的场所了，村委会对此也没有做出任何反应。祠堂作为二官村历史文化的重要载体，对村内文脉的延续具有重要作用。但是祠堂却日渐破败，并且是在当地获得国家专项政策的支持的背景下，却没有得到任何有效修缮，亦没有配套的村落应急机制来计划重建。具有历史性、血脉传承性的祠堂尚且无人问津，更何况村落中其他物质文化遗产了。

濒临倒塌的房屋

根据调研数据整理，二官村最重要的物质文化载体——传统建筑的现状或倒塌，或被彻底改造，被保留下来的已经不足全村建筑的五分之二了。虽然二官村被列入中国传统村落保护名录并获得专项修缮资金，但此种情况却越发严重。这不禁让人好奇，二官村的保护政策是如何落实的？资金是如何划拨利用的？随后本组组员通过与一个萧氏村民的访谈得知，他与家人完全不知道家住的传统建筑有何价值，是否应该被保护。总之，村民的一系列反应，体现出他们没有任何保护村落物质文化遗产的意识，当地政府机构并没有能够及时、有效地解决村落现实问题，进行国家政策的落实工作。

## 二、非物质文化遗产保护及传承方面：以花灯戏剧为代表

午餐过后，我们马不停蹄继续寻访贵州省非物质文化遗产——花灯戏剧的传承人萧成模先生。经过几番询问走访，我们在一个偏僻而简陋的砖瓦房见到了他。虽然萧先生已年近 73 岁，但看上去依然很有精神。在休息了片刻后，萧成模先生向组员简述了花灯戏剧的发展历程。

花灯起源于唐朝，至今已有 1300 余年历史，据资料记载，每年正月十五闹元宵时，王公贵族都会聚集赏月，借赏灯之机，唐二与幺妹一见钟情，挑起花灯，用以抒发喜悦之情。之后，每年正月十五闹花灯成为惯例，一直延续至今。

1952 年，萧先生第一次接触到花灯（俗称娃娃戏）这项传统戏剧表演，就一发不可收拾，一直“玩”到今天，从未间断。据先生介绍，他属于第四代花灯戏剧的传承人，作为一名编剧及表演者，他亲历了花灯戏剧的内容与形式随着时间变迁而不断推陈出新的过程。而这也正是花灯艺术的生命力所在。20 世纪 50—60 年代的花灯经典剧目，如《八仙图》《金铃记》等，因为剧本冗长拖沓，导致观众易出现审美疲劳。先生为了改变这种状况，对传统花灯剧本进行了大胆改编，不仅大大缩短了剧本的表演时间，而且还推陈出新，加入了许多现代元素及生活感悟，真正做到了贴近群众、贴近生活、贴近事实。与此同时，他还将传统花灯戏剧改编成情景剧，满足了观众多元的文化需求。

在以此为代表的非物质文化遗产得以生机勃勃地继承与发展的同时，萧先生也表达了他对传统花灯戏剧后继无人的担忧。根据本组组员统计，二官村仅存两支花灯戏剧的表演团队，但年龄结构极不合理。30—50 岁之间的花灯戏剧表演者约为 20 余人；50—70 岁之间的花灯戏剧表演者约为 8 人；70 岁以上的表演者为 1 人；30 岁以下的表演者为零。传承人的年

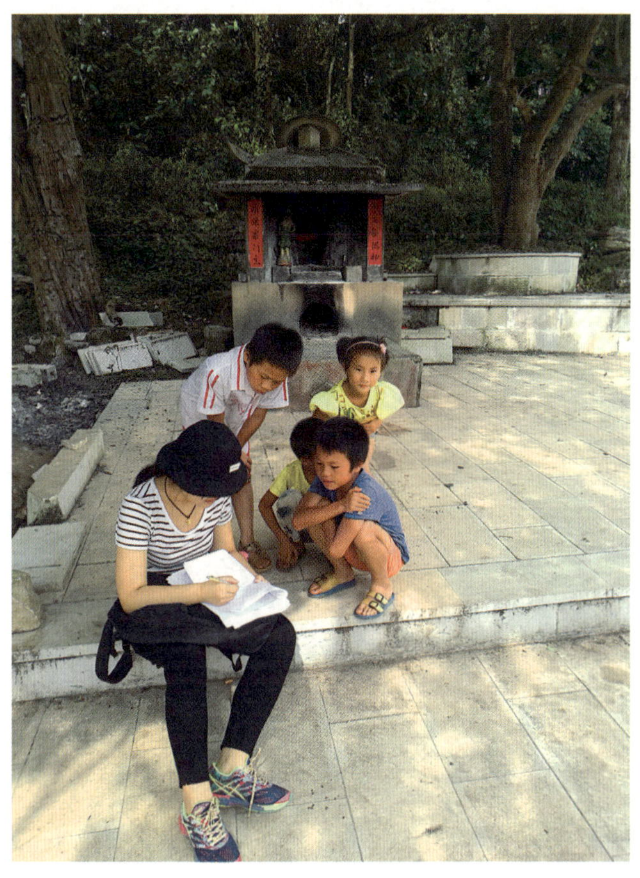

采访村民

龄偏高以及学习花灯的人数偏少，对省级非物质文化遗产花灯艺术的传承发展造成了极大阻碍。萧成模先生认为问题出现的主要原因要归结于政策的指引以及经济因素所带来的困扰：第一，国家非物质文化遗产和传承人的认定模糊，也缺乏公开透明性，因此失去了部分公信力。第二，表演花灯戏剧成本较高，尤其是服装道具的购置要花费一笔数目不小的费用，该笔费用却大都由表演者自掏腰包，政府极少给予补助，这让花灯戏剧表演者难以负担。第三，花灯技艺学习难度较高，且需要有一定天赋，急需大范围加大宣传力度，以增加学习者的信心。第四，政府在花灯戏剧相应发展的时间段之内给予扶持的资金较少，在到位的过程中也难以做到费用透明，传承人应享受的国家补贴也缺失，从而失去了原本的支持意义。第五，村里青壮年对花灯戏剧的重要性认识不足，大多外出赚钱谋生路，从而又使这一村落非物质文化遗产的传承丧失了人才基础。根据萧成模先生的推测，若花灯戏剧保护的问题仍得不到有效解决，预计5年后，该非物质文化遗产将会失传。

以花灯戏剧为代表的村落非物质文化遗产多而繁盛，其他诸如俗语、歌谣、历史故事传说等等，共同构成了灵动的二官村非物质文化体系。以上包括资金分配与注入等均是政策在落实中存在的部分实际问题反馈及影响。调研组组员尽量客观、翔实地记录分析。由此冰山一角，可窥见国家意识形态与村落实际工作之间的内隐问题及发展方向。

## 三、总结与建议

虽然二官村成功进入中国传统村落保护名录，但这并没有给村内的物质及非物质文化遗产的保护带来更多、更加有效的持续进行并发展的机会。因此，从政府层面上讲，更加细致、快捷的政策落实就成了首要工作。怎样找出国家对于传统村落保护政策的地方针对性；怎样建立和完善传统村落名录专项资金的指导和监督机制；怎样将传统村落名录的资金使用与管理纳入相关的法律、法规体系；怎样使资金预算编制科学、预算执行到位，用到实处、用出效果等等，均是需要统筹规划并实施的细节问题。其中对于资金，必须明白外在资助并不能彻底解决传统村落的修缮与保护难题。从村落层面上讲，如果当地村干部及村民自身的保护积极性没有被充分调动，这依然会影响政策落实的进度，导致资金使用偏移，传统村落持续遭到破坏，最终无法达到保护的预期效果。因此，传统村落的保

破碎祠堂

护不能仅注重经济上的资助，必须长期开展传统村落保护的宣传教育工作，使当地村干部及村民认识到传统村落的历史文化价值、科学艺术研究价值、社会经济价值和审美价值，从而主动地、积极地、自觉地参与到传统村落的保护工作中。

# 乡村公共空间建设的喜与忧

杨　帆　曾钰诚　张晓雨　费楚君

调查员在贵州省安顺市平坝区天龙镇打磨村虾儿井组实地调研中发现，当地公共空间建设发展势头“猛”得让人激动。从山坡到田地，从边缘到中心，打磨村虾儿井组都投入了不菲的资金，倾注了很大的热情，来修整乡村公共空间建筑及景观，以打造虾儿井组文化、彰显虾儿井组的个性和乡村精神。眼下，虾儿井组的公共空间设施、建筑及景观建设的数量之多、速度之快和体量之大都让人惊叹，在此基础上开展的乡村公共活动之繁、仪式之多更是让人应接不暇。不过，在惊叹和热闹之外，我们还应该作一些冷静的分析。

虽然经济发展落后，但该村公共空间建设积极，主要表现在以下几个方面。

其一，村内加大了传统公共建筑的保护力度。本组组员走访调查后发现，无论组长抑或普通村民都异口同声地表示，随着该村被列入中国传统村落名录，组里对传统公共建筑的保护愈加重视，禁止村民私自拆毁传统建筑。若因建筑老化、年久失修出现倒塌等情形时，需采用应急维修方案，不得拆毁乡村传统公共建筑。

采访村民

其二，随着村落被列为国家传统村落，打磨村虾儿井组更加重视公共基础设施的建设，近三年来已修建或正在修建如观光亭、村民活动中心、篮球场、公共厕所等公共服务便民设施。大多数村民都对公共服务便民设施的修建持肯定态度，认为有很多好处，便利了生活。

其三，村内公共道路整洁，环境保护工作到位。“既要金山银山，又要绿水青山”这句话真切深刻地体现在虾儿井组的村民生活实践之中。虾儿井组很早就将环保理念推行于丧葬习俗之中，现在全村已经全部实现火葬；村内的垃圾每周都有人定期清理，但需每家每户缴纳5元清洁费，用以支付工资开销。虾儿井组已全面禁止烧山开荒，以保护林地资源。

该村公共空间建设虽然火热，但本组组员调查后发现，仍有以下几个方面的问题，隐隐让人担忧。

首先，公共空间基础设施的使用价值不高。使用价值体现在公共设施的使用率上，例如村民集资修建的公共厕所建在一个小山坡上，举办活动时才会打开厕所的水阀，但这样的活动一年只有两到三次，所以公厕使用率很低。新置的健身器材在村里也基本上是孩子的玩物，村民一般不会刻意跑去使用健身器材，该村的孩子也不多，所以健身器材的实际使用率非常低。修建这些公共设施是为了丰富村民的文化生活，提高村民的生活质量，但是在我们看来，这些设施并没有真正发挥作用。

其次，虾儿井组公共基础设施的维修经费多数来源于村委会组织村民集资获得的款项，但用于传统村落保护的专项资金应该包括对这些公共基础设施的修建和维护费用，那么为何还需要村民自己筹款呢？专项资金的

公共空间（一）

公共空间（二）

使用应该做到使用一笔公开一笔。

再次，像做修建村民活动中心、篮球场、观光亭等大型公共基础设施募集资金的相关决定方面，村民没有主导权，往往是村委会（村支书、村主任、各组组长）进行商讨，然后向村内及各组发布决议，村民必须依照决议的规定缴纳集资款。本组组员从村民口中了解得知，只要村委会或者村组说要筹集资金修建公共基础设施，他们一般都会交钱，至于所筹集的资金具体用于何处？用了多少？部分公共基础设施是否改建？他们都回答不上来，均称不知情。

最后，村民缺乏参与决策的意识。当我们问及“村委会或者村组的集资决定没有征求你们的意见，你们是否持有异议或者感到不满”时，村民非常平静地回答道：“这有什么意见，村里或者村组的决定肯定是为全村好啊，我们啥都不懂，都交给村里或者村组决定了。”村民们没有意识到他们有权利参与决策的过程，没有意识到他们有能力影响决策的出台。

那么，为何要对此种对自己意义并不大的决策愿意出钱出力呢？我们了解到存在以下几个原因：第一，村民基本不知道他们有权利影响村委会作出的决定；第二，一个熟人社会中选举出来的村主任或者组长具有一定的权威性，村民个体提出的反对意见难以被认同；第三，村委会作决策是惯例，村民对于决策也已经习惯性地遵守了。

基于上述问题，本组组员认为，在乡村建设资金有限的情况下，建设乡村公共空间，不应盲目效仿城市的做法，应充分考虑村民的首要利益，听从村民的多方意见，优先建设村民急需的公共设施，始终在建设中

公共空间（三）

公共空间（四）

真正体现村民的意愿和利益，始终以村民的需要为一切工作的出发点和落脚点。

# 矛盾的石头房

杨　帆　曾钰诚　张晓雨　费楚君

建筑形式背后是一套基于“复杂的目的和信念”的组织制度，而作为“首要因素”的社会文化与建筑形式之间也存在着密切关联，它们之间的关系最终取决于特定人群对于理想生活的定义。根据上述论断，影响乡村建筑生成及演变的首要因素并非是诸多学者所研究的居住和使用的空间追求，而更应是乡村社会文化因素，如乡村社会关系、乡村权利关系及乡村价值观念等。本文通过整理黔西南石头寨村建筑从“匠心独具”到“千村一面”，再到“自厝同异”的变迁脉络，分析当前建筑背后所存在的不同群体之间的“复杂的目的和信念”，最终提出化解以石头寨村建筑为代表的乡村文化危机的应对之策。这其中，不仅牵涉石头寨村传统文化的延续与断裂，暗含地方政府及村民多元力量的互动及博弈，还关乎在旅游开发背景下以石头寨村建筑为代表的传统文化未来的可持续发展。面对村落的“千村一面”趋势，我们不能仅抱着“无可奈何花落去”的审美失落去指责当地居民的文化自觉缺失，而需要深入了解他们的审美现状、文化变迁和发展要求，换位思考去寻找更加和谐的解决方案。

## 一、石头寨村建筑的变迁

（一）匠心独具：自然及文化因素下的特质性产物

“寻山不知远，活石化为板，一板两板纵复横，重重石板鱼鳞盘。”

清代文人李宗昉于《黔记》一书中描绘了苍翠葱茏之中一片片石板如鱼鳞般的黔南石头房的独特景象。地处黔南黄果树镇的石头寨村，曾经以其井然有序、层层叠叠的石头房而闻名全国。这些充满特质性的建筑在当地已具有600多年的历史，其墙体均由方块石、条石或毛石堆砌

采访村民（一）

采访村民（二）

而成，坚固挡风；房顶由天然生成的薄石片铺就而成，石片厚薄均相同，多被加工成一样大小的正方形，再覆盖，构成形状一致、整齐划一的顶面图案。

根据村主任的介绍、村民的叙述以及对该村环境的观察，本组组员发现石头寨村之所以能够形成以石头房为特色的村落，主要受到当地独特的地域因素和文化因素的双重影响：一方面，石头寨村地处云贵高原，属于喀斯特地貌，山体由石灰岩组成，在自然力的作用下，侵蚀、风化形成很薄的表土层，营养供给速度跟不上植物的生长速度。因此，山上的树木虽然数量多却并不粗壮，而这些木材不适合用来建造房屋。村民告诉本组组员，村内长期流传着“无石不成寨，没水不落家”的说法，所以石与水对于石头寨村村民有着特殊的意义。石头寨村被石山环绕，层峦叠嶂，石料遍野，故而才选用原料易得且造价便宜的石头来建造房屋。另一个方面，部分老者在访谈中均提到当地与其他布依族人一样，曾有原始的石头崇拜。用石头建房，他们才能够在此安居繁衍；以石铺盖，他们才能得以安睡。村民开山取石造房之前，也需要备上雄鸡、刀头、烛、香、纸钱、谷子、利市等上山祭祀石头山神，希望房屋能被赐福。此外，村民会请算命先生看“风水”，选择依山傍水的福旺之地作为石头房宅基，这不仅避免了占用平地耕地，还可以防止洪涝灾害，更是当地居民传统宇宙自然观的一种体现。

经过当地村民的不断改造与推进，石头房成为村民理性、智慧的文化积淀，从而在与自然的融合、平衡关系中，形成了浓郁的民族特色，成为一种反映地方特质和族群风貌的民族文化。

### （二）千村一面：文化交融中的同质化转向

然而石头房的“匠心独具”却在20世纪末期文化融合的大背景下快速消逝。根据石头寨村村委会伍主任的叙述，石头寨村村民在1998年左右开始拆除传统石头房，并在原址建设平房。第一批建设平房的人主要有两种类型：一是在外打工返乡的村民；二是土地被征收的村民。这两类人的共同特征是都属于这个村的中上阶层，所以建造平房成了生活水平提高的标志。2000年以后，石头寨村出现了大范围推倒传统的石头房建造新房屋的趋势，此时的房屋都是模仿城市楼房来建设的。

我们随即走访了一户正在对外营业揽客的旅店。从外观上看，这是一座三层的平房，墙上的瓷砖在阳光映衬下，显得格外干净透亮，没有任何杂质，房内刚刚添置了崭新的家具，简单但又不失体面。这家旅店的老板姓陈，今年34岁，年纪轻轻，却已经是3个小孩的父亲。我们在与其闲聊时了解到，他以前也住石头房，由于家庭经济困难，维持基本正常的生活都成了问题。因生活所迫，他不得不外出务工。这一去就是十年。在外

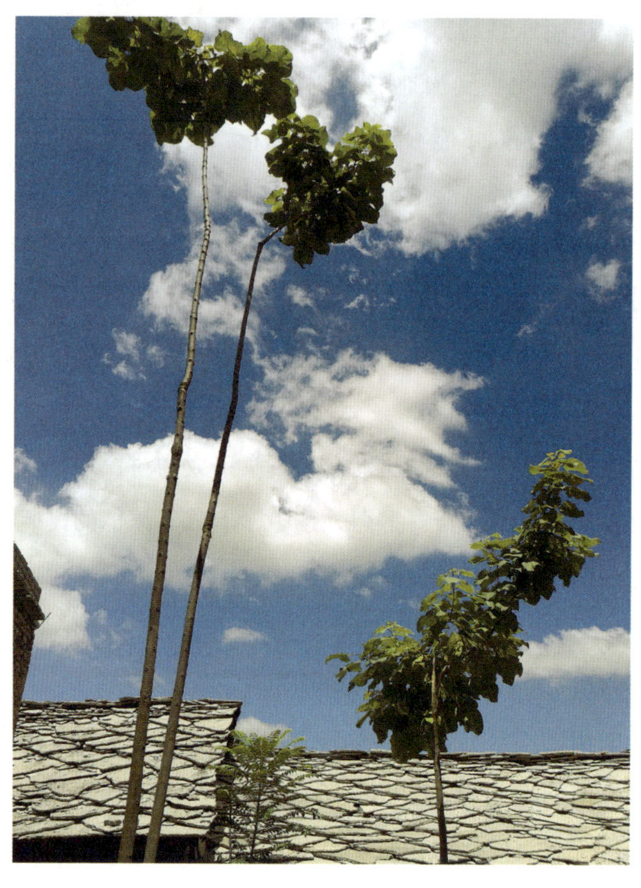

石头房（一）

打工期间，他通过省吃俭用，积攒了一部分钱。随着石头寨村旅游资源开发的展开，他毅然“返乡务工”，用自己积攒下来的钱建起了一座三层的平房，向游客提供住宿服务。当我们问及他为何重新修建平房而不继续使用之前的石头房时，陈老板解释道：“其一，在村里，平房就是财富与地位的象征。只要哪户家里赚了钱，都会重新修建一座平房，才会被村里的人看得起。其二，平房架构比石头房更为稳固，遇到自然灾害时，平房的抗灾能力往往比石头房要强。其三，平房的密闭性较石头房更好，不仅能够更好地满足人的私密性要求，而且能够有效地防止蚊虫进入。”

总结起来，村民推倒传统的石头房建造新居的原因表现在两个方面：一方面是石头寨村已不再是封闭的乡村，常年受周边及城市文化的感染。客观上表现为城市文化的强势性影响，传统的村落文化在面对经济上占有高地的城市文化时处于弱势地位，此时传统文化很容易被城市文化强势拉动。现阶段，农民工回乡改造自家传统建筑物就是这一现象的体现。主观上表现为村民价值观念的变化，是真正成为文化变迁的基本动力和心理基础。另一方面则是平房自身存在的合理性和优越性。在双方面作用下，石头寨村村民的思想也会趋向于市场化，对于自己没有直接经济价值的传统建筑物并没有珍惜爱护的意识，反而更加想要重新建造新楼房以彰显自己的经济地位。这样，传统的石头房逐渐消失，失去了传统的特色。

### （三）自厝同异：利益博弈中的矛盾混合体

当前，石头寨村成功入选国家5A级景区及国家传统村落名录，旅游发展成为该村建筑变迁的外部动力之一。地方政府深知旅游本质上是一种体验活动，“千村一面”的现状将不利于村寨旅游发展，对游客无任何吸引力。为此，他们在为营造一个“真实的”“民族文化氛围浓郁”的旅游特色村落而对石头寨村建筑进行整体的规划及改造，其主要内容就是对现有建筑进行“复原”，无论墙外的石头片、屋檐的石头板，还是山上刚刚完工的石头房，都有政府这双“有形的手”在控制。

我们从石头寨村村委会伍主任那儿得知，石头寨村近年来大兴土木，挖掘自身旅游资源，走出来一条旅游致富的道路。其中很重要的一环就是传统村落旅游资源的再发掘。由于人、历史、自然等多种因素的综合影响，原有的石头寨村传统村落建筑群已经消失殆尽，绝大多数石头寨村村民已经抛弃了传统的石头房建筑模式，修筑起了以砖瓦、水泥、混凝土为材质结构的平房。为了尽最大可能开发石头寨村的旅游资源，必须保存、

石头房（二）

修缮甚至新建以石头房为特色的石头寨村传统村落建筑群。因此对仍然生活在石头房内的村民，对其房屋进行修缮与保护，而对已经居住于平房的村民，由村委会“做工作”，再次将建好的平房拆毁，搬进政府新建的石头房内，上述费用的负担全由政府“买单”，村民只需支付石头房内的装饰费用即可入住。而当本组组员问及对于不愿意搬出平房的这一部分村民该如何处理时，他并没有正面回答，只强调这是政府的统一规划。本组组员看到，石头寨村村内近乎所有的“石头房”仅仅只是一个外观上的假象，在平房的水泥墙外贴有石头纹或者石头式样的瓷砖，屋顶则是用石头式样的板状物体铺成，以此形成了人们眼中从“千村一面”到“匠心独具”的回转。

对于此种发展情况，其实村民是有疑问甚至是怨言的。因为新房屋存在许多问题：或是从屋内结构仍然是水泥材质，一内一外，形成鲜明对比，很不美观；或是少部分建筑外观呈现“上平下石”的二元结构，即房屋分为两层，第一层是石头房的建筑结构，第二层是平房的建筑结构，混搭的结构效果更加混乱；或是为了呈现屋顶的石板效果拆除了原来的水泥材质，导致雨天房屋内漏水严重。

调研的过程使本组组员深刻感受到了政府的政策推广难度与民众的排斥心理。双方在村落的发展过程中不断博弈与妥协，致使当前的建筑变成了“自厝同异”的矛盾体。

## 二、建筑变迁背后的互动与矛盾

建筑背后，地方政府及村民之间的矛盾呈多元状态，具体表现为审美矛盾、文化矛盾及发展矛盾。

### （一）审美矛盾

“千村一面”深刻而真实地反映出石头寨村建筑的变迁格局，而这种传统建筑格局的变迁正是村民“审美观念”重构的生动写照。由于石头寨村村民对传统建筑“审美观”的变化与政府反“千村一面”的异质化审美路径相背离，因此在民居建筑修建格局与模式上，表现出村民“审美观”与政府“审美观”的差异，其实质是村民“审美权”与政府“审美权”之间的博弈与妥协的结果。平房与石头房，正是石头寨村村民与政府之间“审美观”矛盾与冲突的具象化，角度不同，立场不一，形成一对主观差异性矛盾。基于上述与石头寨村村民陈老板的访谈，我们可以得知，石头寨村村民认为其告别石头房而重新修建平房，是对现代化的追求，也是对美好生活的向往。但是，政府却持相反态度，认为石头寨村村民拆毁石头房改建平房的行为，是基于错误“审美观”的原因，是对“美好”事物的玷污与破坏。其原因有三：第一，“千村一面”的平房修建破坏传统村落所遗留下来的优秀文化底蕴。石头寨村凭借其具有特质性的石头房而闻名于世，“石头房”已经成为石头寨村的名片与符号，若将石头房拆毁修建平房，必然会破坏石头寨村的传统文化意蕴，继而摧毁石头寨村村民的传统文化认同感与归属感。第二，政府所追求的是尽最大可能与努力保存当地传统建筑形式与文化特色，“独具匠心”的石头房不仅符合政府追求建筑形式特质性的审美心理，也是基于政绩工程因素以及拉动地方 GDP 增长的主观目的。第三，政府将石头寨—布依族村民—石头房本能地紧密联系在一起，构成一个完整的村落文化体系，任何要素的欠缺或者脱离都是对整体“美”的破坏，缺一不可。石头房作为石头寨传统村落文化的象征性标志与符号，自然而然成了政府提倡、修建、保护的重点，反观平房则与周围景致、环境、文化格格不入。在政府看来，“千村一面”的平房非但不美，反而是对石头寨村传统村落文化的整体性破坏。石头寨村村民将“千村一面”的平房看作“美”的象征，而将自己祖先、族人世代居住的石头房划归入“丑”的范畴，而政府认为只有“匠心独具”的石头房才能代表“美”。从“千村一面”到“独具匠心”，从“美”到“丑”，石头寨村村民与政府对平房与石头房的不同认识和态度，实质性地反映出两者“审美观念”的矛盾与对立，从权利视角上看，也就是两者“审美权”的博弈与冲突。

（二）文化矛盾

根据本组组员调查走访得知，早期石头寨村村民对于石头山神非常敬畏与崇拜，时常要举办各种仪式用以祭祀石头山神，以求来年的风调雨顺、村寨繁衍生息。石头寨村石头房的修建不单纯是一项建筑工程，更多地承载了石头寨村的文化意蕴。无论石头房的修砌步骤、石头房的外观抑或石头房本身所具有的象征性功能，都蕴含着石头寨村的文化内核与早期石头寨村村民从古至今流传下来的文化理解和智慧。石头与石头寨村有着不解之缘，因为对石头山神的崇拜，早期石头寨村村民所进行的重大生产活动都需要履行一整套完整的仪式。例如，早期石头寨村村民开山取石造房之前，按照习俗传统祭祀石头山神。但是随着经济社会的发展，石头寨村村民的价值观与思维方式发生了显著的变化，汉族的传统文化与生活方式逐渐被石头寨村村民所认同、接纳，对于本民族的传统习俗的认知逐渐淡化。根据本组组员随机走访的六户石头寨村村民，都不约而同地表示："自己并不存在对石头山神的崇拜，只听村里的老人说过有这么一回事，自己也不懂"。并且这六户石头寨村村民所居住的也非传统的石头房，而是现代气息浓厚的平房。而从政府的视角来看，村民对于石头山神的崇拜作为石头寨村传统风俗的重要组成部分，同时也是开发石头寨旅游资源的一大亮点，保护对于石头山神的原始崇拜，就是保护石头寨村异质性传统文化风俗，为最大化挖掘石头寨村旅游资源提供坚实的基础与保障。因此，政府希望重塑石头寨村的传统文化仪式和信仰，其中重要一环是，必须使石头寨村村民重新回归原始信仰，即对石头山神的崇拜与认知。

（三）发展矛盾

当前，大部分传统村落均借助传统文化的招牌和资金发展旅游业来拉动当地经济增长，石头寨村即是其中的典型代表。从村落的自然环境来看，发展旅游业是非常合理的选择，但是在旅游资源开发过程中逐渐凸显出政府和村民之间的发展矛盾，主要表现为政府所代表的集体发展权与村民所代表的个体发展权的冲突，具体为以下几个方面：第一，利益分配悬

石头房（三）

殊。纳入经济增长的旅游收入大部分都归于开发商和政府的税收，但是作为普通村民的家庭收入并没有显著提高。第二，政府为发展旅游业随意安排村民的生产生活方式，比如改造房屋的外观、征地建造城市化的公园、禁止当地村民下河游泳等，都在一定程度上侵犯了村民的利益。第三，政策的不稳定性和强制性使村民的经济来源具有不可预测性，当地政府为发展旅游业制定政策为村民提供收益来源的同时，过分提高了村民对政府的依赖程度，使村民受政策的影响过大。旅游业打破了石头寨村村民传统的生活生产方式，尤其是在旅游资源开发中土地被征收的村民，迫使其在乡村过上泛城市化的生活。他们重新寻找经济来源，过度依赖政策来谋生致富，政策一旦改变，村民的生活将受到极大的影响，会引发村民与当地政府的矛盾。

集体发展权与个体发展权本应该是共同发展形成双赢的局面，但是政府因其占有相当的资源而处于绝对优势的地位，难以和村民形成平等的利益博弈与权衡，并且当地政府也需要考虑到上级的经济指标，因此在旅游开发中过于重视集体发展权而忽略了个体发展权。所以需要保障个人的发言权和对政策的影响能力，政府推行与个人利益相关的政策和决定时需要充分考虑民众的声音。

## 三、总结与对策

基于地方政府及村民需要的满足成为推动石头寨村建筑发展的本源性力量，但同时，两方所存在的审美、文化及发展矛盾也将造成石头寨村建筑以及其他传统文化发展的潜在危机，例如传统文化失真、文化冲突加剧等。如何化解潜在危机，本组组员认为应从以下方面着手。

### （一）政府“千村一面”的再认识

地方政府往往偏重于国家的权力的扩展，相对忽视对农民利益的维护，以至于其对乡村“千村一面”现象基本均以上层“他者”的视角来审视当前的同质化问题。当前，“他者”普遍对同质化现象持反对态度，并将其原因归咎于外来文化入侵及市场经济的渗入，认为是它们改变了村民生产以及再生产的环境和手段，认为是它们致使乡村许多原有的特质性文化在入侵之下日渐衰落甚至被彻底摧毁，甚至还有学者担忧一些固有特质性文化消失之后，代之而起的是一种同质化的霸权文化。跟随外界的脚步，地方政府对于“千村一面”的同质化现象基本持批评和抵制态度，尤其是当前旅游开发急需营造特质性文化的压力下，地方政府更是通过“穿衣戴帽”工程来争取短时间内复原传统的象征资源，试图掩盖“千村一面”的同质化现象。在此，本组组员并非为外来文化及市场经济辩护，但除了这两者之外，难道没有其他一些主观上的因素导致“千村一面”的同质化现象的发生吗？难道不需要考虑乡村文化的变迁主体——村民的想法吗？

在当前文化交融日益加速的环境下，村民的价值观发生了巨大的变迁，村民开始主动对现代化生活、对先进文化形成一种向往，并在生活理性引导下，不断适应时代、适应环境。“千村一面”便是村村民改变自身观念和行为的结果。本组组员在调查中发现，石头寨村民普遍对“千村一面”持认可态度，认为当前的平房外观漂亮、适合居住，并希望继续改进。但地方政府对村民的同质化选择并不接受，并以强势的态度要求村民始终坚守固有的特质性文化。这一矛盾虽然短期内不会造成社会及文化危机，但持续下去可能会导致两种极端结果：其一，村民服从政府，不再愿意接受外来文化，从而在死守本族文化的过程中产生封闭心理，成为落后群体；其二，村民不服从政府，文化冲突持续放大，最终引起经济、制度、意识形态等方面的冲突，甚至成为反抗运动的借口。

借此，地方政府必须对“千村一面”的同质化现象进行全面而深入的了解，不能仅以“外界”的视角审视其不利的一面，更应了解村民的想法。

（二）村民“匠心独具”的再塑造

当今社会，传统的“与世隔绝”的群落已经不存在了，展现在村民面前的更多的是多样性的文化、不同的价值观，以及在此基础上衍生的利益需求。在文化碰撞日趋激烈的背景下，村民尤其是外地打工返乡者，普遍认为旧有的程序烦琐、枯燥的传统文化是制约他们追求现代化进程的主要因素，致使乡村传统文化在大建设、大运动、大开放及大破坏中遭受了严重的冲击，石头寨村的石头房就是典型的例子。地方政府虽然一直呼吁传统文化的传承与保护，但更多的仅强调其经济价值，仅将其当作经济开发的工具，并未让村民认识到传统文化的其他价值。所以，村民只是在经济利益的驱使下被动保护传统文化。

对于村民来说，传统文化是本族世代流传的历史产物，蕴含着特有的、丰富的地域及民族文化信息，它不仅体现着最原始和最具特色的文化基因，同时也是乡村社会地方族群识别的重要工具，是其族群智慧与历史的现实表征，也是其族群精神、族群情感、族群个性以及族群凝聚力的生动体现。因此，必须恢复石头房等传统文化在村民心中最基本的尊严，提供其生存空间，提升其文化地位。例如通过教育及宣传工作加强村民对传统文化价值的全面认识，并培养其文化自觉的内在动力，从而使其表现出文化自信，积极主动地认可并承认传统文化优秀价值及其合理的一面，最后在此基础上重新树立传统文化自觉，从而将其传承和维系。

### （三）国家介入，调动多方力量共同解决“自厝同异”

当前乡村社会依然无法进行权利的合理分配，必然出现地方政府及村民博弈现象，一强一弱的鲜明对比下，结果只能是地方政府对村民的文化权、审美权及个人发展权的侵蚀，村民仅能通过私下的斥责来反抗地方政府对其的侵蚀及边缘化行为。这种现象的背后存在主体目标不准确、地位不平等、分配不公平等问题，而问题的背后更是一张复杂的社会网络，任何一方都是问题的制造者及推动者。所以，本组组员认为应通过国家的权威，调动多方力量，共同解决当前的矛盾。其一，可由国家建立一个表达及交流平台，通过定期的协商置换工作，使矛盾双方摒除相互间的不信任，尊重对方的审美权、文化权及发展权，通过交流从而达成共识。例如乡村文化未来的发展问题，国家应要求地方政府及村民在平等的条件下共同制定发展计划。国家必须强化村民的乡村文化主体身份，使其不再“失语”，毕竟他们对乡村文化的脉络、符号、载体及特点有着最直接的感受，所以更应引导他们的主动性，提出合理建议；同时，国家要对计划进行文化引导，要求地方政府具体执行，使文化发展不偏离自身特点，始终根植于地域与传统文化的土壤之中。

其二，对于一些乡村出生，具备文化自觉的精英人士，国家应呼吁其反哺桑梓、泽被乡里。百年之间，中国乡村的经济体制、社会结构及利益格局均发生了变化，在这种复杂的背景下，乡村精英集体开始解体，尤其是一些文化精英纷纷远离乡村，造成了乡村内部缺乏文化引导者及执行者，造成了乡村本土文化缺乏内生力量。21 世纪，一些乡村文化精英——新乡贤在乡村意识觉醒的背景下应运而生。新乡贤多为乡村出生，具有一定的文化知识，他们凭借自己的学识、眼光、经验愿意参与到乡村文化建设之中，愿意将自身所具有的知识、财力和创造力贡献给乡村。他们对传统乡土文化的回归及延续起到了推动作用，再一次为乡村文化的兴起创造了良好契机。因此，国家应重视并呼吁新乡贤回归，使其再次成为乡村文化体系的主要担当甚至核心力量，从而确保乡村文化的内生力量。同时，应鼓励新乡贤等地方精英组成监督团，对于当前部分不正当行为，起到舆论监督作用。

其三，国家应根据村民不同的文化诉求，将特质保护区与村民居住区切分建设。乡村是一个复杂的社会关系网络，在同一问题的处理上，不同文化诉求的群体之间始终难以形成统一的思想或达成统一的行动。不同的文化之间既有各自的独特性，又有不同的发展轨迹，若将其限定于同一片区域内，势必会造成矛盾，甚至是冲突。因此，为了保持乡土文化的多样性，为了凸显村民的主体地位，应根据村民不同的文化需求、价值取向及生活方式进行区域划分。例如将特质保护区与村民居住区切分建设，对于一些保持乡村文化传统脉络与逻辑的连贯性，以及固有衍生规律的文化载体可安排划分到特质保护区。而对于一些在村民追求现代化生活过程中，转向新的文化形式的全新文化标志应安排划分到村民居住区。两个区域按照不同的轨迹发展，从而满足不同人群所崇尚的理想生活，从而保证多元、和谐的乡村文化格局的形成。

# “聚合”与“分化”：基于一个瑶山乡生态移民项目的思考

杨　帆　曾钰诚　张晓雨　费楚君

任何事物都以一定的形式处于“聚合”与“分化”的对立统一运动中，朝一方“聚合”，则会在另一方呈现“分化”，而另一方的“分化”背后又是一次再“聚合”的过程。既然两者始终是对立统一、客观存在的，那么看待事物就必须考虑其中“聚合”与“分化”的现象、规律及逻辑。本札记从事物的“聚合”与“分化”两个方面出发，论述瑶山乡生态移民工程的演进及成效，从而思考现象背后潜在的文化危机，即基于国家统一性移民工程开展与地方传统文化传承的特殊矛盾而产生的文化“分化”危机，文章最后提出了应对之策。

## 一、“聚合”：政府的目的

瑶山瑶族乡地处贵州省荔波县西南部，属于脆弱的喀斯特地貌生态环境区，土壤有中度石漠化。在人为因素的干扰下，地表植物遭受破坏，土壤流失，土地退化现象严重，这严重影响了当地世居瑶族村落村民的农耕

瑶山乡生态移民

活动与生存安全。瑶山乡村民大多居住在深石山区，因为土壤石漠化，缺少田地，人均耕地面积不足 0.5 亩，人畜用水困难。仅仅依靠自家种植的作物难以满足村民家庭的日常所需，一方水土难以养一方人。因此，为了减轻人类活动对本就脆弱的自然环境继续造成实质性破坏，同时基于提高村民生活质量的政策考量以及便于对传统村落村民的统一管理与规划的主观意图，当地政府主导了生态移民工程。

生态移民工程将瑶山乡 5 个瑶族村落全部迁出，不仅是为了改善瑶族村民的生存环境，更是为了便于对村民统一管理，对迁入迁出区域统一规划。我们从瑶山乡政府工作人员处得知，生态移民工程前后分为三期，有效改善了 352 户、1231 名村民的人居生活环境。前两期工程，村民只需花费 7000 元就可以在山下购买一套简装修的房子；第三期工程开工时，

董蒙村规划图

购买费用增加到 3 万元，但依然明显低于当地市场均价，显然带有社会福利与公益性质。生态移民新建房屋已进行过简易装修，电气工程与供水等基本配套设施均已具备，随时可以入住，且三期工程都位于马路边上，交通便利，与外界的交流渠道畅通，且房屋统一规划，建设成有当地特色的房屋样式——千户瑶寨，这有利于第三产业的发展。

将不同村寨村民聚合在一起，是当地政府开展民生工程与发掘旅游资源的重要一环，村民的聚合不仅减小了政府管理的难度，降低了政府管理的经费支出，提高了政府的管理效率，而且推动了诸如学校、医院、垃圾处理厂、公园等公共配套基础设施的建设，是政府惠民、安民、利民理念的典范。这不仅提高了瑶山乡的整体形象，而且通过开发旅游、制造等第三产业，带动了村民致富，提高了当地政府的财政收入，可谓一举多得。

当前，瑶山乡生态移民工程三期已初步完成，来自瑶山乡五个瑶族村的村民纷纷购房入住，呈现出了“聚合”态势。我们经过深入调研，发现“聚合”虽然缩短了彼此的距离，其背后却是文化的“分化”。

## 二、“分化”：村民的选择

### （一）家庭文化“分化”

我们在董蒙村考察发现，该村现常住人口基本上是老人，他们基本沿袭着传统白裤瑶的生活方式，绝大部分仅会瑶语。一位在门口纺纱的奶奶告诉我们：“我儿子在瑶山乡买了房子，都到那里去住了，那里方便一些，离我孙子的小学也近一些，我都是一个人住在村里，他们平时一个星期也会回来看我一次，给我带一些东西。其实他们也总是喊我去下面的村里住，但是我不想去，那里要爬楼，旁边的人我也不认识，没得人说话，我一大把年纪了，不想到处走。”随后我们又询问了留守在村里的其他老人，发现情况基本差不多：儿女打工赚钱后便会在瑶山乡购买新房，而自己不太习惯外面的生活，都不愿意搬出董蒙村。

董蒙村是典型的瑶族支系——白裤瑶世代聚居的少数民族村落，迄今仍保留有古老的白裤瑶文化。家族文化作为白裤瑶的主导文化，一直影响着董蒙村村民的生产生活、价值观及精神信仰，家神崇拜便是董蒙村村民世代沿袭的家族文化行为的呈现。村民根据家中的各类因素对家神分离，例如门神、畜神、灶神、屋基神等。其中门神最为典型，许多村民会在住宅大门正上方系上麻绳，中间穿插大木刀、小木刀、狗爪、鸡毛等物品，以象征门神。祭拜门神多为家中老者牵头，定期召集家庭全部成员，共同祭拜，乞求家庭瑞福、平安。虽然那里居住着许多由董蒙村迁出的村民，但基本以年轻村民为主，他们的生活方式日趋现代化，几乎不会在住宅悬

瑶山乡生态移民项目简介

挂任何象征门神的标志与符号。

门神是董蒙村村民家族文化的代表，但是老人与青年人分居生活的彼此缺位造成了家族文化这种资本传承的断裂。尤其是年轻人的独立意识、主体意识都较上一代大大增强，家庭已经不是文化传承的唯一渠道了，父母已经不再是他们效仿的对象，所以他们在文化多元的环境中，与父母的距离越来越远，渐渐淡忘了家庭文化的传承责任，致使其"分化"。

### （二）族群文化"分化"

我们发现这里的氛围与董蒙村的完全不一样，失去了村里原来的纯朴热情的人际关系，对外来人员很有防备心，与董蒙村里的老人聚集在一起绣花聊天不同，这里普遍都是各自坐在自家门口。我们随即访问了一位从董蒙村搬到安置小区里的何阿姨，访谈中问起这个区域的人们是否会聚在一起绣花聊天时，她说："这里一般不会有人聚在一起，因为这里都是周围各个村寨搬过来的人，以前都不认识，也不熟悉那些人家里的情况，而且住的地方又没挨在一起，所以绣花就在自己家门口绣，平时要做工的话也不好请不认识的邻居帮忙。"除何阿姨外，其他村民也有同样的感觉，尤其是二期及三期搬迁居民，邻里之间更是陌生。

曾经的董蒙村，村民会以家庭为单位，多则十几户，少则几户共同组成"油锅"组织。"油锅"成员共同遵守组织纪律、相互尊重、和睦相处。"油锅"组织作为白裤瑶族群社会的重要组织，成员除保持共同劳作、养殖的习惯外，在节庆、婚礼及丧葬等民俗仪式中，组织成员也会相互配合、共同庆祝。而在安置区，迁入的村民已经脱离了原来的熟人社会的关系网络，彼此之间不再共同组成"油锅"组织，更不存在互惠关系，因此，邻里之间的陌生使彼此的相互包容性逐渐减小，摩擦逐渐变大，使各种的族群文化无法形成，也不再被对方认同，致使族群文化在邻里之间的冷漠中渐渐"分化"。

### （三）传统与现代的"分化"

我们在走访中发现该区域的房子大都无人居住，大片的新房都是门窗紧闭，门前堆满落叶，后院杂草丛生，是典型的"空心村"。我们走访时碰到一位刚从外地打工回来的大哥，他热情地与我们交谈起来："我是贫困户，当年买这栋楼的时候政府给了 5000 元的补贴，所以我最后花了 2000 元买了这栋安置楼。"我们继续询问他平时的生活情况，他说他一直在浙江那边打工，就这两天才回来的，过几天又去打工了，这个村子里很多出去打工的，因为这里没有田，种田都不能养活自己，附近也没有工作机会，所以就跟着打工大流到浙江那边去啦，一年就回来两次。大哥的妻子正在织布，我们发现在与大哥访谈的 1 个小时中，他们之间基本无任何交流。随后，我们继续向其妻子了解当地的情况，其妻子说她搬来很久了，平时农闲就会织布，但现在自己的丈夫已经不穿自己做的衣服了，但是自己依然在做，反正祖祖辈辈都会在农闲时做衣服的。

虽然新房外观靓丽，但因缺乏土地，村民基本无任何收入来源，因此，他们必须外出打工谋生，仅在过年的时候才回来与家人团聚。长期的外地工作与生活，使打工者获得了一种现代的文化支撑与认知，这与传统乡村地域及族群所形成的传统文化极不相符，致使自己与留守在乡村的家人出现文化上的"分化"。而"分化"最为严重的就是服饰等文化符号，其原本是世代风俗习惯传承下的文化产物，但打工者对其心存疑惑，不仅不穿戴，还对传统文化认同发生了动摇。

## 三、再"聚合"：主流文化的强势介入

瑶山乡的传统文化始终处在复杂的不断变动中，族群间各个成员的互相作用的运动状态，导致其"分化"。但"分化"并不是最后结果，在其背后逐渐呈现出另一种再"聚合"现象。

我们在走访中发现，留下来的部分青年基本上都参与到当地的旅游项目中，主要以歌舞表演为主。他们平时几乎不再穿传统的白裤瑶服饰，女性多是连衣裙、高跟鞋打扮，男性基本着T恤、休闲裤。我们询问一名从事民俗表演的小伙子为何不穿白裤瑶服饰时，他大方地说道："那是表演服。""表演服"三个字，似乎带有"他者"的视角再次定义这原本是白裤瑶民族最具代表性的文化符号，可见他已经开始背离了对白裤瑶民族的主观认同。而当地的小孩，从小就未与祖辈同住，没有接受任何白裤瑶文化的知识。他们在频繁的电视媒体、学校教育等文化传播中，价值观及审美观基本朝城市文化聚合。我们在与一些小孩交流的时候，发现他们喜欢

瑶山乡生态移民

看动画片，喜欢唱流行歌曲，认为外面的糖果好吃，认为外面的衣服好看。由此可见，从传统白裤瑶文化中分化出的个体，已经渐渐淡化了自己的民族身份，逐渐主动地、自发地朝城市文化“聚合”。

相对于个体的主动“聚合”，当地集体文化却是在无奈中默默被城市文化所覆盖。村民搬迁之后，彼此之间并不熟悉，也没有领头者发动集体活动来拉近彼此的距离。而集体文化并非是一成不变的，而是在集体成员彼此交往间萌发生成并传播传承的，它会因集体成员彼此的相互作用而发生变化，若集体成员彼此缺乏交流，那集体文化只能处在空白的状态中，直至消逝。集体生活的空白状态，为城市文化等外来文化的滋生创造了条件，村民在农闲时间不再纺织，开始看电视，集体活动也不再是打陀螺跳舞，而是开始打牌。最终，村民在被动的状态中，重新在城市文化中寻求到兴奋点，呈被“聚合”状态。

而有的外出打工者，为了适应城市的工作环境及生活节奏，必须放弃对白裤瑶文化的坚守，打破了文化的局限，重新建构起全新的文化系统，并主动地迎合城市文化。在迎合的过程中，打工者虽然逐渐找到城市适应系统的突破口并被城市接纳，但依然不断地被流动的、发展的城市文化排斥，始终缺乏一种归属感。所以，他们的内心依旧萦绕着浓浓乡愁，呈现的是坚守与变异的矛盾状态。其中一位打工归来的中年男子告诉我们，自己并非想出去打工，他觉得自己并不适合外面的生活，还是家乡好，但是要赚钱养家必须出去。随着区域流动成为一种趋势，打工者必须被动地接受文化改造，毕竟生存才是他们毕生的追求，因此他们在生活的压力下，逐渐淡化了原本的文化仪式，渐渐地向城市文化“聚集”。

的确，城市文化作为当今社会文化体系的主流文化，在思维方式、价值取向、精神信仰等方面都具有比瑶山乡传统文化更优越的特质，其主流的地位一直在“聚集”更多的从传统文化中分化出来的支系，使其他文化体系在不断地“聚集”中不断改造，由特质变成同质，由多元变成一元。

## 四、总结与对策

为了实现国家政治体系的稳定性和统一性，需要解决民族地区结构性的、地域性的“分化”现象，因此国家运用权威，并通过地方政府的具体执行，开展大规模的生态移民项目，这的确使单一的个体逐渐统一为“聚集”的集体，但其中却未对迁入村民传统文化进行协调和调控，使得表象“聚集”的背后呈现出一种文化的“分化”。文化“分化”后的分支，主动选择与外界的主流文化“聚集”，融合成一个更大的文化群体，至少原生性传统的文化越来越小。可以大胆预测一下未来的文化走向：在社会各界及各级政府的关注中，设施越建越好，迁入居民越来越多，但一定会随着留守老人的逝去及新生代的成长的过程，逐渐失去传承主体，在与外界主流文化联合、同化中失去特质性。同时在过分强势的主流文化中，瑶山乡村民的文化权利和利益诉求被忽视，极有可能导致歧视性和不公正的文化现象的频发，最终因文化上的差异及矛盾而引起瑶山乡村民个体的不满、抗议乃至冲突事件。

所以，从实际的实施效果来看，生态移民的确创造了一个“聚集”的生存生活环境，改善了瑶山乡村民外在的物质生活，但却潜移默化地改变他们对于传统文化的认知以及割裂与之相伴随的家庭、族群之间的文化传承与文化交流，造成了文化“分化”，最终被主流文化所“聚集”，成为文化附属品。因此，有必要采取适当措施，不仅能使生态移民这一系统惠民工程的“聚集”作用优势得到体现，也应趋利避害，最大程度避免因过分注重政策效益的实现，而忽视生态移民所造成的文化“分化”。也就是加强和凝聚“聚集”的同时，引导和制止“分化”，确保特质不被主流文化再“聚集”。

第一，重新缝补弥合家族血缘之间的代际联系，使家族文化的断层得以填补。“亲亲尊尊”“尊老爱幼”是中国传统文化的精髓，在中国传统文化的大环境中，“老”并非是贬义词，而是具有诸如地位高、资历老、经验丰富等正面意义。尊敬照顾老人也是传统儒家文化“孝”的体现，是中国传统文化的内核与基础。生态移民造成家庭中年轻人与老人之间的分离，老人不再是家庭决策的优先考虑对象，这意味着传统家族文化的逐步解体。因此，我们在推动生态移民的同时，应当维系以“尊老、敬老、爱老”为核心的传统家族文化，即可以在生态移民的迁入区的选址上，尽量考虑与迁出区老人联系紧密、方便家族亲戚走动、照顾、沟通。对于迁出区，政府应加大民生保障，推进基础设施建设，确保老人能够幸福快乐地安度晚年。

第二，重新构筑紧密丰富的集体文化生活，使家族文化仪式得以重现。族群、集体间的文化交流是村落文明得以传播的内生动力，缺乏族群间文化交流联系的村落，就如同失去特质性的平房一般，毫无生机与活力。同时，族群间的文化交流也是传统村落村民日常生活的真实写照。但凡重大活动、节日、庆典，村子里的人都会聚集在一起，举行具有浓厚民族风情的仪式，这不仅是村民特质性集体文化生活的体现，也是传统村落文化不可缺失的重要组成部分。生态移民工程使传统的集体文化生活逐步瓦解，从而对传统村落文化造成侵蚀。我们应该在执行生态移民的同时，提升村民族群文化交流意识，强化迁出村民集体文化的归属感与传承、延续传统族群文化的使命感，政府应当树立责任意识，多举办有益于村民之间交流参与的活动、比赛，在民族重大节日举办符合民族习惯、体现民族风情的仪式，有利于加强集体间的交流，深化族群间的情感。

第三，加强培育新兴产业，引导村民回乡创业。村民背井离乡，外出务工，究其原因还是受生活所迫。因此，政府应依托当地资源优势，发展诸如旅游业、制造业、服务业等新兴产业，增加就业岗位数量，开展从业指导培训。同时，还应当加强政策引导宣传，加大政策扶持力度，鼓励村民回乡创业，对创业村民予以指导资助，带领村民劳动致富、创业致富。政府不仅要留住村民的“人”，更要留住村民的“心”。

# 从建筑现象到传统乡村生活的迷失与“回归”

杨　帆　曾钰诚　张晓雨　费楚君

在如今快速发展，信息爆炸式交互，同时问题频发并得以不断用新方式解决的时代，一个传统村落是否具有生命力，是否有鲜活的文化特质，是否有族群魅力，并不在于社会的关注度和政府的保护投资额度，更不在于名人的探访次数或村落的旅游宣传密集度，而是取决于传统乡村生活的保留与延续。无疑，对于许多面临消亡危机的传统村落来说，被学术界纳入深入研究的范畴，被国家重视并得以科研立项，被社会各界所广泛关注等等，必是其向可持续发展之路前行的积极态势的反映。而在村落诸多的研究方面中，建筑又是最为重要的物质文化组成部分与关注点，是真正取决于传统乡村生活的保留与延续。对于规划而言，无建筑不能成“形”；对于管理而言，多数在建筑中成“策”；对于历史而言，建筑本身成“史”；对于商贸而言，建筑更是实现其发展的“基石”。传统乡村生活的空间主要分为两个部分，一是家庭生活的私人空间，二是村内生活的公共空间。组员在肇兴村发现该村生活场所的变化并不同步，对于私人空间的房屋改建得十分明显，但是对于公共空间的保护可圈可点。

## 一、失语：新态建筑对村落私人空间的主宰

现今，方盒子式瓷砖水泥混凝土小楼俨然已经成为许多村落的“标准配置”。在肇兴村的调研走访中我们不难看到，它们以“有序”或根本无序的水泥房取代了原本古朴有致的村落民居建筑。三层的房屋结构，下面两层是水泥房，第三层则搭建了土头的房顶，这种形式的建筑是该村典型的新态建筑物。在村民眼中新建筑设施齐备、干净整洁、宽敞明亮，还有方便的水电路和安全的构架。但是心里的一部分情感却消失了，对于传统木屋的感情，对于传统生活方式的改变。事实上，现代建筑对村落形成主宰的现象与结果就如同美国学者迈克尔·索斯沃斯所认为的那样：“居民应当拥护纯形式上的效率和功能……但这样的结果常常是灾难性的。忽视了互动、文化活动的场所，忽视了建筑是乡村日常生活的一部分。没有人

采访村民

传统建筑“穿衣戴帽”

的气息，缺少对人性和社会行为的根本理解。”令人痛心的是，这类建筑现象在某种程度上，却是以极其炫耀的姿态成为村落现代化程度与经济实力的“象征与标志”，甚至成为政府显示政绩的“脸面”。

我们走访多个村落后发现，经济发展水平较好的村落大都逐步步入水泥房时代，而在深山中的经济落后的村落的古建筑保留的比较多。在这些经济开始起步的村落中，政府为了保持其民族特色，要求村民将新建的“水泥房”包装成木质结构的房屋。一般体现为这几种形式的包装：一是在水泥房外覆盖一层木板；二是只在水泥房的基础上加盖木质房顶；三是直接在水泥外墙上刷上一层类似于木质结构的油漆。这种建筑物是一种妥协，街道上建筑物均是木质结构，但是可以明显感觉到很大一部分的建筑物的成色很新，在和一位建筑物较新的店主聊天时得知他的这栋楼房是在两年前建设完成的，而且该村也是在这两年兴起了这种外木内砖的“二元制结构”的建设，而肇兴村在6年前基本上都是低层的纯木质结构房。而在近两年新增的水泥房主要有两种情况：第一种情况是基于旅游开发的背景，本地村民将房屋整体出租给外地人赚取租金后，然后再重新建造新房屋供自己居住或者做生意。第二种情况是因为木质房的易燃性，一些房屋被烧毁或者为了预防房屋发生火灾而重建水泥房。因此肇兴村中“新态的”木质结构的水泥房逐渐普遍化，新态建筑物逐渐主宰传统村落。

## 二、“最后一根稻草”：传统公共空间的民族凝聚力

肇兴村在建筑物上不可避免地开启了水泥房时代，但是传统公共空间仍然为日常生活提供了主要场所。村民活动的公共场所主要有两处：一是鼓楼。肇兴村属于侗族村寨，在肇兴村里保留了五座完整的鼓楼，按照侗族依鼓楼而建民居的习惯，这里按照鼓楼分为五个团，分别取名为仁团、义团、礼团、智团、信团。村民聚集在鼓楼下主要有几种情况：首先是族内家庭的丧葬嫁娶，以前只有家族大事才能在鼓楼里举行，现在家家户户都能在其婚嫁葬娶时聚于鼓楼下煮粥蒸饭喝酒。组员在村内调研时，碰见一户人家在路边的鼓楼旁摆酒席宴请族内亲戚，即使肇兴村成为一个景点，但是他们的风俗习惯并没有因为有游客在附近拍照注目而有所改变。其次是在春节以及新米节时，村民会聚集在鼓楼下唱侗族大歌，全家族的人都会参加到唱歌队伍中，小到四五岁的孩子，大到七八十岁的老人都会唱侗族大歌。最后是冬天的鼓楼中间会架起炉子生火，为附近的老人提供

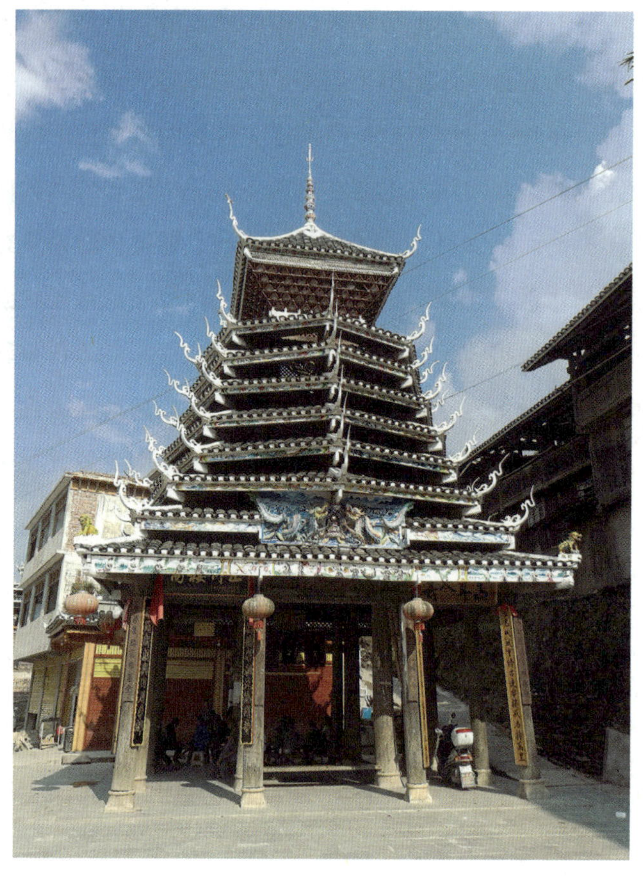

侗族建筑

说话聊天的场所。二是风雨桥，侗族村民称其为“花桥”，组员在经过风雨桥时发现有很多老人坐在桥上乘凉聊天。据村民讲述，村里的老人在气温升高的夏天会到花桥上乘凉和聊天，有时候妇女也会聚集在花桥上一起绣花。肇兴侗寨的鼓楼和花桥承载着村民最普通却最鲜活的传统生活。鼓楼和花桥为村民的公共活动提供了场所，为传统生活方式的保留和展开提供了物质保障。

乡村公共空间在这里仍然具有“作为一种建筑现象”的意义，作为村民文化交流的场所承载了日常生活化的传统文化。在滚滚而来的独立、快速的现代生活模式中，在各家各户都争相建设水泥房的时代中，公共文化交流空间是传统文化流传和保持的“最后一根稻草”，所以肇兴村的传统文化气息才被如此完整和浓郁地保留下来，传统公共空间的建设对传统文化的保留具有安全阀式的作用。

## 三、生活心态与传统的疏离

肇兴村旅游业的发展促进大批农民返回村中从事个体工商行业，在新态木质水泥房中生活的村民，已经不需要依靠也无法依靠土地维持生计，传统的以土地为中心的生活方式逐渐被打破。大量的研究成果表明，人们

侗族建筑

总是希望清楚地知道自己身置何处，同时在环境中确认自己。这是人生活的必需条件，是人产生认同和立足感的认知模式。只有在熟悉、适合人性的缓慢生活状态中，人才能更好地体验空间与环境，形成稳固的精神场所，进而有动力建设自己的富有特质性的传统村落。这是一种真实感，一类实践性。然而，透过上述的建筑及其周边空间的表象我们已经隐约可见现在村落中村民的生活心态：向往较富裕的城市生活，更羡慕城里人的收入及文化水平。他们对于传统乡村的生活印象逐渐淡化。仍然留在村里的村民在日常生活中也增添了很多新式交通工具——摩托车、小面包车等等，为了更快速地抵达目的地，为了更快捷地跑运输等等。快速，已经渐渐从单纯的时空概念转化为一种生活心态。骑着车或坐在车上看村落、看建筑，越来越多一闪而过的景象逐渐消磨掉原本清晰的静态景观记忆。于是，稳定的场所精神有所动摇。在人们的内心里，传统乡村生活也被渐渐模糊了。

## 四、控制商业化：传统村落的可持续发展之路

传统村落在旅游开发中逐渐迷失了自己的本性，村民原本与世无争的心态开始发生改变，肇兴村内的门面费也水涨船高，从 6 年前大约 5000 元一年的费用到现在 4 万元一年，村民依靠房租收入就已经可以实现脱离土地生活，村落中的传统生活方式逐渐消失。我们不苛责，也没有理由批评想要提高生活水平的村民，但是无节制的商业开发也带来了一系列的问题：其一，村内环境变差。我们与一位 34 岁的侗族妇女聊天时得知，该村寨中的河流在搞旅游开发前是十分清澈的，村民都可以在河里洗澡洗菜，清早起来还能在河里挑水喝。但是现在河水变得混浊不堪，而且村里的卫生条件也日益下降。其二，村内治安变差。村民原本夜不闭户的生活

侗族建筑

变成需要随手关门，并且村内的摩托车以及三轮车经常被偷。这些都是快速商业化带来的负面影响，公共配套措施跟不上经济发展水平。

保护传统村落，从内心稳固原住民的心态尤为重要。增强他们的村落归属感，以建设和发展传统村落为生活目标。那么，那种平和、朴素、缓慢，拥有成片传统建筑和周边富裕生活、交往作用空间的传统乡村生活是否应该被重视？答案是肯定的，因为它具有历史性、全维性、文化性、丰富性、民族性。但同时我们应该清醒地看到，村落作为中华大地上的一类聚居生活模式，不可避免地受到现代城市化及其生活方式、心态的影响。改变是必然的趋势。我们只需要关注这种改变的方向是否合乎村落本身的发展，是否符合人性，是否适宜村民在未来的繁衍与生存。从这一观念出发，我们说传统乡村生活理应“回归”。不成熟、不适宜、无特质的现代方盒子建筑不应该成为每一个村落的主宰，周边丰富的、吸引人的生活空间不应该被排挤和删除，村民的生活心态也不应该在冲击和发展中被扭曲。“回归”是回归科学、正常、适宜的生活。在如此的生活中，传统村落文化才有被传播、传承、延续的可能。

# 开放乡村中的传统治理资源与主客日常纠纷

## ——基于西江苗寨酒店污水案的实证考察

杨 帆 曾钰诚 曾 嘉 黄雄英

在国家福利政策和旅游市场发展的双重影响下，贵州诸多乡村开始从封闭的传统型社会向开放的现代型社会转变。此过程中，乡村社会内部成员结构出现明显变化，大量外籍商人及外来务工人员涌入乡村。由于外来者与本地人社会文化背景的显著差异，必然导致矛盾冲突频繁。如何化解主客矛盾是当代转型中的开放乡村所面临的极为紧迫、艰巨而又十分棘手的难题。

2017 年 7 月，中南大学中国村落文化研究中心贵州调查组对西江千户苗寨进行了为期 3 天的田野考察。西江千户苗寨是中国乃至全世界最大的苗族聚居村寨，无数游客慕名而来。游客数量的激增带来巨大商机，这驱使外地商人纷至沓来，租房装修，开店置业，短时间内成为西江旅游产业的主力军。外地商人的助力为千户苗寨带来了更为多元的旅游服务，但伴随而来的是冲突事件频发。为了化解矛盾，西江县政府运用本地传统治理资源——“议榔”进行民间调解。“议榔”是西江苗人在传统社会用于议定民间习惯法规的一种社会组织形式；是历史上苗族地区维护社会稳定、规范人们思想行为及保护民族村寨的一种社会制定文化。如今，西江

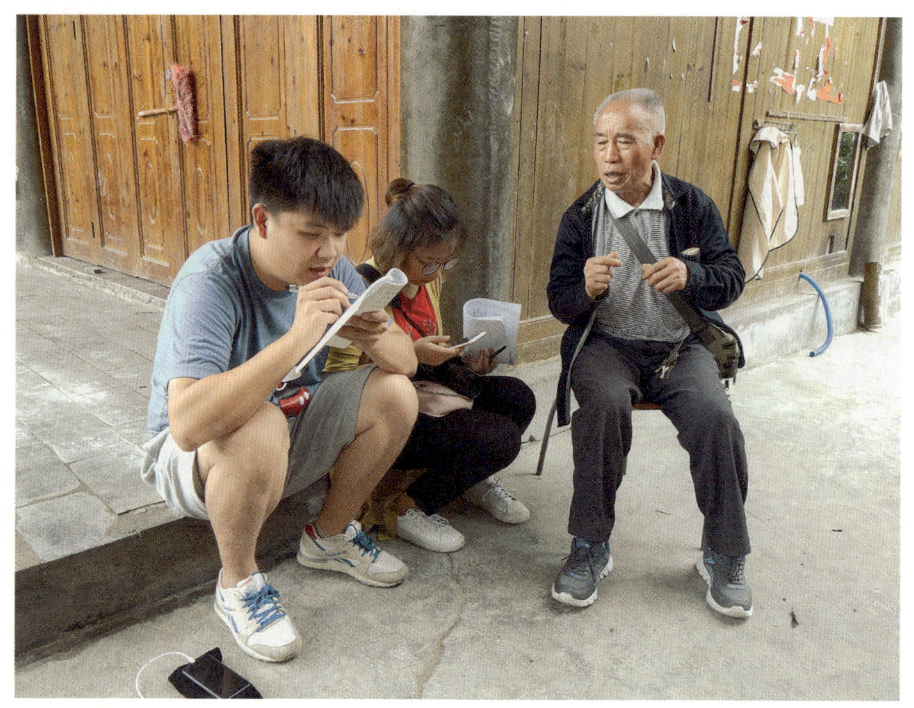

采访村民（一）

已不再是传统社会，在这开放的社会环境中，传统治理方式是否依然能够化解主客矛盾呢？外来者是否信服传统治理方式？对于调解结果，当事人双方是否能够接受？最终是否能取得公道合理的效能？本文将以一桩具有代表性的“酒店污水案”为个例，对上述问题进行说明与解答。出于对案件当事人双方隐私的保护，本文所使用的人名均经过处理。

## 一、直击案件：本地苗民与外商酒店的日常纠纷

2017 年 7 月 12 日，贵州组调查员前往西江千户苗寨进行“古城古镇古村立法”调研。走访中，一间名为“议榔室”的木头房，引起了调查员

的关注。经了解，该议榔室是雷山县司法局于2015年在西江千户苗寨景区专门设立的。“议榔”，意为大家共同来议定规约，由当地“方老”“央理老”“鼓社头”“寨老”等有威望的老者为主持人，召集一个村寨或几个村寨或一个鼓社集中召开议榔。“议榔”规约被称为“榔规民约”，类似于非少数民族地区基层社会的“村规民约”。“榔规民约”涉及的内容十分广泛，涵盖伦理道德、风俗习惯、生产治安、经济利益、男女社交、婚姻缔结、财产保护、民族团结等方面。在长期的历史发展过程中，这种制定文化逐渐渗透到苗族群众社会生活的诸多领域，已经成为苗族文化不可分割的一部分。

自成立以来，议榔室已成功调解了上百起地方性纠纷事件。调查员对纠纷存档材料进行了翻阅，其中月山兰酒店与李宇成生活纠纷一案，引起了调查员的关注。李宇成是西江土生土长的苗民，他于2017年3月11日向议榔室提交了申请书，控告由外地商人经营的月山兰酒店。申请书具体内容如下：

尊敬的西江村调解委：

我是西江村东引1组村民李宇成。我是在3月11日下午4点钟回到家时，看到西江月山兰酒店上面有一大股白泡沫，脏污水从高处流到我家房顶水泥地板上，经我和家人上去查看，是该酒店女服务员用洗衣机洗衣随意排放所致，且污水量大，从酒店的滴水处连成片和脏污水冲落到我家房顶地板上，当时地板有整片泡沫和脏水，存放的粮食都被污水浸洒到，而该酒店洗衣的服务员说是无意中排放，拒不承认过错，其实在洗衣机的侧边有栏杆一眼就能看见污水下面落水处，更能听到下面洒流水声，当时我向该酒店老板反映了这一情况，该酒店负责人到场后承认了酒店的这种恶性行为，但该酒店负责人既不认错，也不道歉，竟辩称是无意排放的。此种情况迄今还是屡次发生，这种恶意行为已侵犯到我房屋住宅，为此请求西江村调解委出面调解，按有关村规民约严以处罚，并制止此类事情及其他恶性侵犯事件发生。

谨呈上

西江村东引1组李宇成

2017年3月11日

申请书递交后，议榔室便组织“方老”“寨老”“理老”等当地权威人士及当事人双方，参与议榔。经过一天的讨论，议榔室公布了纠纷调解结果，具体内容如下：

2017年西江村调字（第006号）

申请人东引1组李宇成于2017年3月11日向我村调解委提出申请西江月山兰酒店的排污水溅到李宇成家里的争议调解，我村调解委于2017年3月14日受理后，经调解达成以下协议：

一、月山兰酒店在经营的房屋周围，必须保证排水安全。不得将排出的污水溅到邻家的地方，对此，月山兰酒店应尽快将排水处理好。

二、按当地习俗，月山兰酒店要给李宇成家购猪肉20斤，酒12斤，糯米20斤，鞭炮2圈，请一名当地巫师，一切费用由月山兰酒店承担。

对以上调解结果若双方无异议，说明本协议已达成共识。

本协议一式三份，当事人双方以及村调解委各执一份，分执具有同等效力。

申请方签名：李宇成

被申请方签名：孔卫冬

江村调解委

2017年3月14日

调查员甚为疑惑，月山兰酒店排放污水虽影响了李宇成日常生活，但并未触犯法律，为何要对其进行处罚？处罚内容为何还包括鞭炮？请当地巫师？月山兰酒店是否接受调解结果？为了解此案件纠纷的详细情况，调查员颇费周折，在苗族村民指引下，绕过蜿蜒的山路，找到了当事人双方。

## 二、当事人话语：文化习俗与入乡随俗

调查员首先赶到申请人李宇成家。虽已是傍晚，但李宇成没有下班，其妻子李大娘向调查员讲述了整个污水事件的经过。这次污水事件并非他们没事找事，小题大做，而是与他们苗族的传统习俗有关。“对我们苗人而言，污水是不吉利的象征，有污水排到你家的屋顶，你就会觉得很晦气，来年可能会不顺利，感觉有不好的事情发生，这个时候就需要请当地巫师进家门进行‘扫家’仪式，然后请家族的人一起吃一餐长桌宴，才能消除由此产生的不吉利。”“污水流到屋顶，并且弄湿了房间内所储藏的粮食，只有进行‘扫家’才能挽回，我们很在意，所以才会把月山兰酒店负责人告到了村内的‘议榔室’，让他们来帮我们讨回公道。”李大娘描述案件来龙去脉的时候，态度温和却很坚定，这让调查员印象深刻。过了大约半个小时，李宇成下班回到家中，调查员针对这起民事纠纷的缘由及其结果向李宇成进行求证。李宇成反复强调，这只是邻里之间的一起很小的纠纷，而且已经完全解决了。根据李宇成对纠纷基本情况进行叙述的情况，跟李大娘所述并无二致，出入不大。李宇成反复强调，他是依据当地传统习惯向村内议榔室申请调解。“假使这个问题放在别的地方，可能根本不算什么事情，但是我们这里却最忌讳别家污水流进自己家里，依据我们村制定的“榔规民约”，侵权方必须要进行‘扫家’仪式。”因为他之前加上这次已经忍受三次了，每次跟酒店反映都没有引起老板的重视，而且态度不太友善。所以他直接拟了一份调解申请书送至村内议榔室。

采访村民（二）

随后，调查员前往月山兰酒店了解情况。孔卫冬是月山兰酒店会计，负责处理本次纠纷案。孔会计比较和善，对调查员的询问很配合。他说："我们是从山东来千户苗寨投资做生意的，酒店的房子也是租借当地苗族村民的。这件事发生在前几天，具体情况是我们酒店的服务员处理洗衣机的污水不当，导致脏水流到相邻李姓农户家屋顶的平台上，浸湿了李姓农户家屋顶的瓦片以及瓦片底下存储的粮食。因为污水是从洗衣机中排出的，因此有些白色泡沫。但我们确是无意为之，虽然也及时进行了整改，但李宇成仍不满意，最后向西江千户苗寨'议榔室'递交了调解书。"孔会计作为酒店代表，作为"当事方"来到议榔室接受了调解。刚走进议榔室，孔会计立马被眼前来的人的阵势吓了一跳，李宇成带来了十几个人，面带怒色，像是要吵架的样子。但是，在"议榔会议"方老等人的主持

采访村民（三）

下，调解工作进展比较顺利，最终双方达成一致的调解意见：月山兰酒店停止对李宇成的侵害，排除危险并且赔偿李宇成猪肉 20 斤，酒 12 斤，糯米 20 斤，鞭炮 2 圈。由侵权方月山兰酒店花钱请来巫师，在李宇成家里作法举行“扫家”仪式。

当我们询问孔会计对议榔室的调解有何感想时，孔会计虽感到委屈，但表示还是能接受。“事情虽不像李宇成描述的那样严重，但是确实对李宇成储存的粮食造成了损害，加之有外面的污水流入房屋瓦片上，这依照当地传统风俗是很不吉利的事情，因此要我们在赔偿损失的同时，还必须请一名当地巫师作法，除去晦气。”孔会计说，“我们虽然是外乡人，但是来到本地，就要入乡随俗，尊重当地的风俗习惯。当时由于其他原因，东西没有买成，我们双方当事人又经过协商，折价赔偿李宇成 800 元钱，由李宇成自行操办。”

孔会计认为，通过纠纷的圆满处理，感受到当地民间纠纷处理组织议榔室对待纠纷和争议的态度是认真负责的，也比较公道。议榔室收到李宇成的调解请求，就及时开展了调解工作，让当事人双方充分表达了意见，最终给出双方都能接受的调解意见，并监督落实。这种做法，在当地基层社会是比较实用的，它使得一些细小纠纷在第一时间得到解决，避免事态扩大，对双方都是一种保护。“我们是外乡人，有了议榔室，我们也有了依靠。但是，搞好与周边邻居农户的关系也是我们的初衷，远亲不如近邻嘛!”孔会计说。

离开月山兰酒店后，调研员向周边邻居打听两家近期相处情况。邻居表示：经议榔室调解，两家关系相处和谐，再没有因污水问题闹过任何纠纷。

## 三、总结及建议

从该案例的完满解决，我们可以观察到，议榔室等民间调解机构及“榔规民约”等民间习惯法在基层社会仍然存在强大的控制力和生命力，它仍然主宰着基层社会的日常生活与法律秩序，它的地位和影响力依然不曾动摇，而国家执法部门及国家制定法此刻却仿佛退居幕后，失去了它应有的位置。案例中，双方当事人有意识地对国家法律进行了规避。当地苗族村民规避国家制定法而偏好适用“榔规民约”并不必然是一种不知法或不懂法的表现；外来侵权店主规避国家制定法而接受当地“榔规民约”的制约，也并不一定在内心之中认可“榔规民约”天然具有合理性。之所以形成这样一种选择，从苗族村民角度分析，是因为“榔规民约”在苗族村民日常生产生活中实实在在存在，且在一定程度上仍然起着作用，并为苗族村民所接受；从外来侵权店主的角度分析，如果按照国家制定法作为该案的裁判依据，那旅店店主并不存在法律上的责任，但最后店主仍然选择依照当地“榔规民约”的规定承担“扫家”的义务，因为外来侵权店主不想破坏与当地苗族村民之间的关系且受到“入乡随俗”观念的影响。当事人双方之所以不选择适用国家制定法，是因为选择适用当地“榔规民约”对各方都有利，双方都是邻居，相距不远，纠纷过后双方还要在同一空间中继续相互帮助、依靠地生活下去，不把关系弄僵对各自以后建立利益联系创造了条件。以上种种行为深刻说明了，无论本村、本寨的村民抑或外来经商的商贾，如果要在基层社会之中生存与发展，必须尊重当地的传统风俗。“入乡随俗”并非仅能从文化功能的角度来解释词语的内涵，其更多具有法律的价值。基层社会，国家制定法是没有话语权的，民间纠纷的处理均依据村规民约、“榔规民约”等传统风俗习惯，但并不能得出民间习惯法比国家制定法在任何方面都要合理，因为在基层社会，国家制定法是很难介入的，习俗、惯例就是“法”。民间习惯法治理下的基层社会非常稳定，其社会秩序甚至比很多国家制定法管控之下的现代化城镇还要稳定得多，排除基层社会存在少数熟人因素之外，可能要归功于民间习惯法的隐性作用。我们不得不承认，基层社会之中根据当地村民日常生产生活经验所生成的，并且随着时间的推移内容不断改善丰富，具有相对意义上的稳定性的民间习惯规范对于地方社会的纠纷化解，稳定社会秩序存在积极正面的影响。但是我们也不得不考虑国家制定法与民间习惯法的二元法制的并立，对于新形势下现代法治构建所要求的法制统一性所产生的阻碍，法律规避现象的出现虽然可以说明这是纠纷双方当事人理性且合理的选择，但这毕竟事实上在民间产生了两套同时具有法律效力的规范，从某种意义上说，法治国家的建立需要法制的统一性，也需要制度化和规范化。因此这就存在一个矛盾，即如何处理国家制定法与民间习惯法的冲突问题。

纠纷调解现场

基层社会需要民间习惯法，这说明国家制定法存在缺陷与残缺，但是，民间习惯法并非放之四海而皆准的真理，并非总是合理的，也不能说民间习惯法总比国家制定法要正确，我们无法得出这样的具有普遍性的假定并加以制度化。因此民间习惯法有其内在优势，而国家制定法并非完美无缺，相比由国家完全垄断纠纷的解决或者国家完全放任纠纷的解决，更为合理的还是两者之间的互动与协同，即一种混合型的制度模式。混合型制度模式不同于并立型制度模式（两者均承认民间习惯法的法律效力），并立型制度模式是将基层社会纠纷解决的空间划给了民间，由民间依据当地风俗习惯处理较为简单，影响较小的民事纠纷，而国家制定法仅介入民间刑事领域以及在当地影响较大的经济纠纷。混合型制度模式则不同，它承认国家制定法具有普遍效力，无论在城市还是农村，无论在普通地区还是在少数民族聚居区、少数民族杂散居地区，国家制定法均具有约束力。但国家制定法是开放的一是可调整的，它保持一种灵活性，留下了吸收民间习惯法的可能的余地和空间。正如《宪法》与《民族区域自治法》所规定的，民族自治地方可以依据本地实际情况，在不违反相关法律基本原则的前提下，对相关法律、法规进行变通适用。变通适用所制定的规范性文件，仍然属于国家制定法的范畴，而不属于民间习惯法。但是这种变动不能一蹴而就，要考虑当地原住民众对国家制定法的接受程度，这需要有普法的过程与时间的跨度，循序渐进地进行，具体分为以下三个阶段。

第一阶段：完全遵照民间习惯法或国家制定法。在各民族生成、发展的过程中，并非必然衍生出本民族的传统民间习惯法，进一步而言，即使衍生出本民族的民间习惯规范，也并非必然适用于本民族所有地区与所有族民。因此民间习惯法在发展之初，往往存在民族区域内不同地方适用“法律”依据不统一的情形。民间习惯法的产生是各方因素综合作用的结果，是偶然而非必然的过程。在此阶段中，则依照既往的纠纷处理方式适用相关的规范内容。

第二阶段：小案件适用民间习惯法，大案件遵照国家制定法。即小案件由议榔会等民间组织机构处理，大案件交村委会、国家司法机关处置。例如对于偷盗、通奸、斗殴等轻微违法行为以及民事行为部分存在着民间习惯上的处理方式；而抢劫、强奸、杀人、放火等严重刑事案件，皆交由政府处理，依照国家制定法决断。随着时间的推移，国家力量的影响正逐步深入，当地村民对国家制定法逐渐有了基本的认识，但在认识程度上显然不高，此时的社会治理状态与其说是国家制定法与民间习惯法的相互融合，更不如说是两者的相互妥协。

第三阶段：吸收民间习惯法的内容，完全遵照国家制定法。这包含两个方面的内容：其一，摒弃与现代法治理念相冲突的封建、落后的风俗习惯规范。其二，与现代法治理念相契合的传统习惯规范通过吸收、借鉴、继承等方式，纳入国家制定法的规范体系之中。例如“榔规民约”中有关盗窃、防火、环境保护、“扫家”“扫寨”等规定对维护基层社会的秩序稳定有着积极作用。此类规定与现代法治建设相呼应，应将之纳入国家制定法规范内容，继续发挥其维护基层社会秩序的作用。

# 原住民权益保障的矛盾与调适

## ——贵阳青岩古镇的现状分析

曾　嘉

村民自治背景下的村民利益表达机制，经过多年实践，已逐步完善。但在传统村落开发与保护中，由于旅游公司的介入，出现了村委会、旅游公司、村民三方共同管理村务的新局面。随着传统村落开发的不断扩大，资本逐渐呈现出绝对主导地位，再加之原住民更多迁出景区，村民原享有的话语权、自治权、参与决策和经营权等，伴随着古村变为景区，也悄然发生了变化。村委会与旅游公司的对话加大，村民夹在其中，地位越来越尴尬。原住民的话语分量减轻，可有可无，甚至到了失语的地步。

贵州调研组这次寻访的第一站是青岩古镇。古镇始建于明洪武十一年（1378 年），历经了 600 多年的历史变迁。2005 年被住建部、国家文物局批准为“中国历史文化名镇”，自 2010 年起，又相继获得“全国文明村镇”“全国发展改革试点镇”等荣誉称号，2016 年入选“全国重点镇”、全国首批“中国特色小镇”。更为可喜的是，青岩景区 2019 年 2 月被国家旅游局正式评为贵阳市第一个“国家 5A 级旅游景区”。

青岩景区核心区 0.8 平方公里，常住人口 10879 人，涉及三个行政村、两个居委会。古镇内整体风貌保存完好，拥有“九寺八庙”等人文古迹。

青岩古镇

古镇有商业铺面243家，商铺和民居穿插布局，多为前店后住模式。近年来，随着景区品质的提升，大量游客云集，2016年景区游客接待量高达538万人次。

## 一、青岩古镇商业开发中原住民权益保障之矛盾

青岩古镇的开发保护应该说是已取得喜人成果。但在寻访中，当地原住民似乎对旅游公司的诸多做法，对村委会在维护村民利益方面的工作仍不满意。受访的一位原住民范姐，在自家店铺经营当地特色食品玫瑰糖。玫瑰糖色艳味正，夏季冰镇后出售，入口徐徐咽下，甘甜清爽。可范姐的

心情却不像玫瑰糖一样喜庆。随着访谈的深入，范姐道出许多原住民的无奈：

1. 持票购物。范姐的店铺在景区内，都说“酒香不怕巷子深”，但是进范姐的“巷子”要收费。范姐说的收费，就是景区的门票费，虽然10元的门票钱不算太贵，可范姐觉得，村里的街巷和自家店铺，都是祖辈们辛苦劳作留下的，后人理应享用。如今旅游公司设了门槛，收的钱进的是旅游公司的账户，影响的却是自家的买卖，这是许多像范姐这样的原住民想不通的事。随着景区品质的提升，门票还要上涨。范姐认为，祖上留下的建筑是景区立身之本，原住民在景区中经营，为景区聚人气添活力，更是景区升级的功臣，景区门票收入增加了，理应为她们的经营受损负担一些。

2. 门雪难扫。自扫门前雪，原是尽本分之事。但在景区内，为了保持古建筑原貌，这样尽职责之事既要申报，更要等待。范姐自家屋顶漏雨要翻修，须到旅游公司申报，批准后方可维修。可申报呈交了，剩下的却是遥遥无期的等待。范姐说，现在晚上看屋顶担心，白天看屋顶堵心。过去埋怨村干部办事拖拉，因是本乡本土，还能跟着讨个说法。现在旅游公司的人拖起来根本没辙。自家事，自己做不了主，闹心得很。在场的刘奶奶及其他原住民似乎有同感，个别原住民甚至发起牢骚：修屋需要找关系，否则只能等，不会有结果。

3. 自家难归。随着景区游客增多，带来车辆进出拥堵，景区便作出新规，古镇居民自家车辆也不得开进景区。这可给像范姐这样做生意的店家添了不少难处。进货的车进不来，只好将货物从景区门口自行搬回店铺。范姐说，搬货这样的事还好说，费劲出力也能克服。可在上月，临街有位老人生病，救护车进不来，家人只好将老人背到通车处，影响了最佳救治时间。还有的居民家中办喜事，也是因为车辆不能进出，平添了很多麻烦。当问及遇到特殊事情的时候，可以和景区沟通吗？这下更触及了范姐

走访村民家（一）

和其他原住民的愤慨：景区曾规定 18 点到 19 点之间，允许村里的车辆通行，可这个规定，从来没有执行过，等于放空炮愚弄村民。范姐还说，景区的人愿意做表面文章，逢年过节或上级领导来检查，景区就会给店铺挂红灯笼装扮门面，可范姐的店铺不在主要街道，便不予装扮。范姐说，街巷因为领导是否会来检查，也被划分了等级，景区的人很会造“景”。

## 二、青岩古镇商业开发中原住民权益保障矛盾之调适

范姐和部分原住民的看法是否客观、全面，一时难下定论。但看得出，应与之对话和沟通的渠道并不顺畅。其实，原住民话语权丧失现象在

传统村落开发中已不鲜见，看似是小矛盾，却隐藏着大隐患。

“矛盾无处不在，无时不有”，是矛盾普遍性原理的体现。开发与保护这对矛盾体，也将与传统村落的走势相伴始终。但应该清楚，开发是为了更好的保护，而保护的主体不仅是古建筑，还有古建筑之魂的“原住民”。因此，维护村民利益永远是传统村落开发的关键所在。

第一，村民的话语权谁来维护？村委会应该运用《村民委员会自治法》等法律法规，切实担负起维护村民权利的责任。村民议事小组、村民代表大会等诸多行之有效的渠道，应该保持畅通与实效。资本的话语权，不应

走访村民家（二）

走访村民家（三）

大于法律的权威。村委会不能在资本面前胆怯与退让，要发挥村民当家人和主心骨的作用。

第二，旅游公司谁来约束？传统村落的开发与保护，说到底是权利与利益的“平衡”。村委会、旅游公司、村民，在其中的地位与份额应当明确，且均应受到保护，任何一方都不能偏失。否则，“平衡”就会变为“失衡”。报载，早在十几年前，江西婺源核心景区李坑，就因原住民的生存权和经济利益受损，村委会与旅游开发公司重新协商开发条件，其间，景区曾暂时关闭。这样的局面是三方都不愿看到的，最终受害的还是大家的利益。应该说，开发保护传统村落单靠旅游公司这一外来和尚，未必能念好“真经”。论起对风土乡情的熟悉与理解，原住民最有发言权。但在起步阶段，虽有必要引进外力(旅游公司）参与，但时刻也不能忽视内力(原住民）作用，对旅游公司的开发行为必须依法进行约束与规范。

第三，村民意识怎样提高？传统村落开发保护的最大参与者与获益者都应是村民。村民对传统村落开发保护价值与意义的认识，应在参与开发保护行动中得到加强和深化。村民的认识程度，直接关乎他们参与开发保护的自信心和自觉性，而提高村民认识的责任，各级政府及其相关部门责无旁贷，作为村委会更应知民情、解民忧、增民智。应采取组织村民外出观摩等多形式的正面引导，开阔其眼界，激发其信心。同时还要把约束条款通过村民议事机构形成决议写进《村民公约》，整治违规行为，弘扬正气，保护大多数村民权益。

“灯不点不亮，话不说不明”。范姐对店铺不临要道失却挂灯资格耿耿于怀的原因，还是主人公地位没有体现带来的心理落差。具有古镇开发决定权的基层政府，不能认为村民在一定时期认识上的局限性，就削弱甚至剥夺其话语权和参与权。要知道，村民“失语”，可能带来的是古村“失色”!

# 缺位与补位：少数民族传统工艺法律保护的困境及其出路

## ——基于黔西南布依族石头寨村的田野考察

曾钰诚

传统工艺属于非物质文化遗产的重要组成部分，也是我们进行知识创造与创新的重要来源。利用好、保护好、发展好民间传统工艺无疑对推进创新驱动发展战略起到良好的催化作用。由于宗教、地域、文化等原因，贵州黔西南布依族石头寨村虽然保存着丰富的传统工艺资源，但缺乏人才储备与创新，传统工艺的发展较为缓慢。主要原因在于：传统工艺的潜在价值并没有被激发出来，同时也缺乏相应的私法保护，导致传统工艺传承人的权益受到侵害。

## 一、黔西南布依族石头寨村传统工艺保护现状

1997 年国务院颁布《传统工艺美术保护条例》，该条例第二条对传统工艺美术的概念进行了法律界定，即："传统工艺美术，是指百年以上，历史悠久，技艺精湛，世代相传，有完整的工艺流程，采用天然原材料制作，具有鲜明的民族风格和地方特色，在国内外享有声誉的手工艺品种和

采访传承人

技艺。”黔西南石头寨村是布依族的聚集区域，特殊的地理环境与民俗传统孕育出别具一格的少数民族传统工艺技术。国家重视民间传统工艺的保护和传承，将其视为推动经济发展、文化繁荣的重要内容。2004 年我国加入《保护非物质文化遗产公约》，体现了我国加强非物质文化遗产保护的信心与决心。2011 年全国人大常委会通过《中华人民共和国非物质文化遗产法》，加大对民族非物质文化遗产的保护力度，掀起保护非物质文化遗产的新浪潮。通过总结，黔西南石头寨村传统工艺保护现状呈现以下五个方面特点。

### （一）传统工艺匠心独具，种类丰富

贵州黔西南石头寨村蜡染技艺是布依族传统工艺的代表，做工细腻、技艺精湛，有很强的艺术性和装饰性。蜡染是用蜡刀蘸熔蜡绘花于布后以

蓝靛浸染，既染去蜡，布面就呈现出蓝底白花或白底蓝花的多种图案，尤具魅力。由于蜡染图案丰富、色调素雅、风格独特，用于制作服装服饰和各种生活实用品，富有民族特色。这些传统工艺作品不仅是产品，更是创作者生活阅历的积累与沉淀，也是传统文化的见证和对美好生活的期盼。此外，刺绣、扎染等传统少数民族手工技艺也是构成黔西南石头寨村传统工艺的重要组成部分。

### （二）传统工艺处境艰难，假劣盛行

布依族石头寨村传统工艺品的产业化水平较低且制作技法复杂，工序烦琐，一件好的工艺制品要经布图、疏缝、压线、包边、配色、修饰等一系列工序。家庭作坊式生产虽然能够造就精美绝伦的艺术品，但与经济发展所要求的生产效率背道而驰，一件纯手工艺术品从开始制作到最终完成一般需要一周左右的时间，即便完成也不一定能立即售出，所以大多数传统手工艺者都生活在贫困线之下。

传统工艺产品的假冒伪劣现象也层出不穷，不仅严重挤占了优秀传统工艺品的市场，而且损害了传统工艺的名声，阻碍了传统工艺的发展。例如，布依族石头寨村的小商贩以较低的价格大肆购进蜡染工艺制品，然后转售给游客。这些商品没有任何说明性标识，图案近似，做工粗糙，创新匮乏，可以说不存在任何艺术观赏价值。但就是这样一种假冒伪劣的工艺品，由于其价格低廉，反倒很有市场，这无疑使传统手工艺人失去了赖以生存的经济来源，从而被迫放弃传承几代人的传统工艺，转而从事其他行业。

### （三）传统工艺人才断层，前景堪忧

人才在传统工艺的发展传承过程中，起着决定性作用。但随着时间的推移，熟悉传统工艺的传承人呈现老龄化趋势，而布依族传统手工艺者的子女又不愿意承袭祖传的工艺。据统计，布依族石头寨村 25%以上懂得

少数民族手工艺

蜡染技艺的人年龄超过50岁，70%以上年龄处于30—50岁之间，而30岁以下的竟无一人。人才匮乏的很重要的原因在于，对传统工艺的法律保护仍然不健全，政策引导与财政扶持效果并未显现。而传统工艺的经济效益较低，缺乏利用价值，手工艺者的后代出于经济方面的考虑，不愿意学习、继承祖传工艺。近年来，随着现代化娱乐方式在农村的普及，青少年更加青睐电影、电视、流行音乐等现代娱乐方式，本土传统文化在他们眼里显得“老土”和俗气。这一系列因素导致传统工艺人才的断层，严重威胁着布依族蜡染工艺的传承与发展。

（四）传统工艺推陈出新，求新求变

在传统工艺发展遇到“瓶颈”之时，部分传统手工艺人为了摆脱生存困境，积极进行品牌创造，推陈出新，在保证产品质量的同时增加符合现代人审美需要和生活需求的元素。例如在石头寨村，布依族村民在其制作的刺绣、蜡染等配饰上会附加一个具有民族特色风情的图案或标志，随着购买者的逐渐增多，无形之中就会形成品牌效应，使众多游客慕名前来购买，给布依族手工艺人带来丰厚的经济效益。更有甚者，手工艺人还专门依照游客的个人喜好和要求进行工艺品设计，所设计的产品更具纪念意义，深受游客的欢迎与喜爱。

## 二、布依族石头寨村传统工艺法律保护困境：私法保护理念的缺失

对于传统工艺的专门法律保护极度缺乏，唯一的专门性行政法规《传统工艺美术保护条例》从颁布伊始距今已逾 20 年了，随着社会的发展，立法的滞后性和弊端已经显露出来，但国家此后并没有出台新的法律法规予以替代。除此之外，我们还可以依据的政策法律文件有：《中华人民共和国非物质文化遗产法》《中国传统工艺振兴计划》《贵州省非物质文化遗产保护条例》《贵州省民族民间文化保护条例》等。由于上述规范性文件都普遍处于行政规范的保护架构，忽略私法关怀，缺乏对少数民族传统工艺传承人私权的关注与尊重，而在传统工艺振兴的大背景下，不强调针对传统工艺的私法保护，不对传统工艺商品化运作以及利益划分等民事关系设置法律规则，明显滞后于时代发展，难以满足日益增长的传统工艺制品的消费需求，不利于少数民族传统工艺经济权利的实现。可以说，布依族石头寨村传统工艺保护所遵循的制度规范均表现出行政权的渗透与制约，而对当地传承人私权保护的诉求并没有给予回应。根据调查者对黔西南安顺市镇宁县人民法院的走访了解，截至 2017 年 6 月，镇宁县人民法院

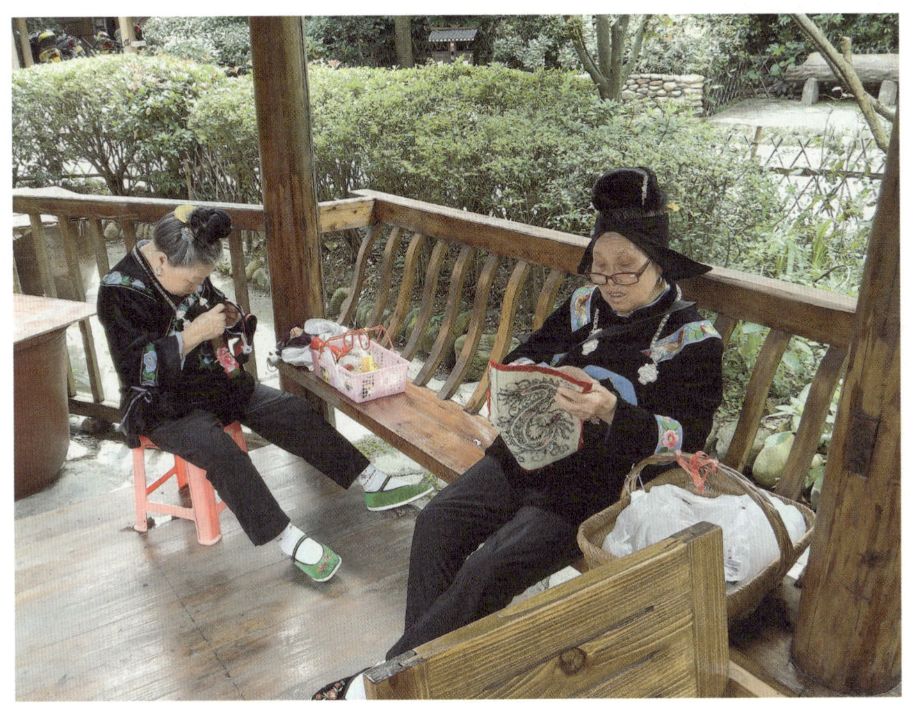

少数民族手工艺

仍未能受理一起基于石头寨村布依族传统工艺所引发的民事侵权诉讼。事实上，调查员从当地村委会得知，市场上盗用、剽窃、复制等侵犯蜡染工艺等布依族传统手工艺知识产权的行为屡见不鲜，但当地传承人并没有意识到其权利遭受侵害，不是对此听之任之，就是依赖当地文化执法大队处理。既要重视通过行政法保护布依族石头寨村传统工艺，也不能忽略运用民事规范调整基于传统工艺所产生的民事法律关系的路径。

## 三、少数民族传统工艺法律保护出路

少数民族传统工艺是非物质文化遗产的重要组成部分，本质是信息，这与知识产权法保护客体相一致。传统工艺制品本质是物，属于物权法调整保护的范围，而民族传统工艺强调的是一种技艺、方式、方法，同工艺制品有着本质的区别，属于知识产权法调整保护范围。同时，知识产权保护技艺垄断，能够满足权利人的要求。所以寻求知识产权法律制度对少数民族传统工艺进行保护最为直接有效。除此之外，还应当构建一部古城古镇古村专项保护法，寻求少数民族传统工艺的整体性保护。

### （一）专利法保护模式

运用专利法保护传统工艺必须满足实质性要求，即具备新颖性、创造性、实用性。但现实情况是，传统工艺并不具备专利保护所要求达到的新颖性与创造性要求。传统工艺具有历史性与传承性，技艺都是祖祖辈辈、世世代代流传沿袭下来的，已经经历了很长的时间并且没有足够的创新，难以符合专利保护所要求的新颖性标准。依照专利申请的规定，创造发明人应当对其传统工艺的创新性进行说明，而手工艺者单纯继承了技艺，并没有关注该技艺所具有的创新性内容。因此，应该对少数民族传统工艺获得专利权作出特别规定，只要满足最低限度的创造性即可纳入专利法的保护，获得专利权。与此同时，还可以通过建立类型化"数据库"，将传统工艺予以文献化、文字化、形式化，实现全国少数民族传统工艺信息数据共通共享。通过建立专利申请过程中"少数民族传统工艺声明制度"，对于提出专利申请的传统手工艺者必须说明其传统工艺的出处与来源，以确定其是否具备申请资格，否则应驳回专利申请。

### （二）商标法保护模式

商标的功能是为了区分商品的来源和出处，即能够将与之相类似的产品与技艺因服务商标和商品商标的不同而区别开来。传统工艺如果想继续葆有生机与活力，就必须改变老旧思维，创立自己的民族品牌，提升产品的知名度和竞争力，只有这样才能避免与社会发展脱节。如若不想方设法求新求变，发展自己的民族品牌，最终传统工艺将湮没于历史的尘埃之中。只要创立出自己的民族品牌，商标法保护模式就大有用武之地。商标法保护模式具有其他模式所不具有的优势，即所花费的成本较小、程序简单、有效期长。许多原住民的手工制品和艺术品可以直接注册商品商标，获得商标权的保护。商标法保护模式还可以续展商标的保护期限，这既符合民族传统工艺创作者长期持有商标和掌握技艺的主观愿望，又与传统工艺的历史性与传承性相契合。

### （三）版权法保护模式

少数民族传统工艺保护的侧重点在于对工艺、技艺方法的保护，而对于工艺所“生成”的产品理应受到法律的同等对待。依据“思想与表达二分法原则”的内容，版权法所保护的客体是，建立在物质基础上的有形表达，而不是方法、创意、理念等停留在人的脑海之中的思想。民族传统工艺制品是民间文学艺术作品的重要组成部分，都体现中华文明与作者情感的凝练与交织。我国《著作权法》第六条专门规定了对民间文学艺术作品的保护问题。虽然象征性、原则性意味比较浓，但是为我们日后保护文化遗产提供了新的思路和方法。2014 年国家版权局颁布的《民间文学艺术作品著作权保护条例（征求意见稿）》（以下简称《征求意见稿》）对民间文学艺术作品的保护问题作了细致的规定，虽然仍处于意见征集阶段，但意义重大。依照该规定，民族传统手工艺人在特定情形下可以永远享有著作权，权利主体以外的人使用传统工艺技术必须征得权利人的许可，并支付合理的报酬等。《征求意见稿》具有诸多亮点，但由于对一些具体问题规定模糊，例如民间文艺作品的权属认定、报酬收取与分配的程序性规则、传统社群族群的代表人选定等一系列问题，需要进一步完善相关规定。

少数民族手工艺

（四）构建传统村落特别保护法

整体性保护理念是近年来学术界针对以少数民族传统工艺为内容的非物质文化遗产保护所形成的新共识，并且随着探讨的深入，理论内涵不断深化。民俗学者刘魁立较早对文化生态环境整体性保护理念的内涵及其对于中国非物质文化遗产保护工作的重要意义进行了研究，并对此作了精辟的理论说明。刘魁立教授给文化生态环境整体性保护理念所下的定义是建立在科学认识与研究基础之上的理性判断，给我们提供了整体性保护理念的大体框架与理论提炼，但其中抽象性的骨骼脉络需要我们不断填充、拓展、丰富其理论内涵，使其具备实用性与操作性。刘魁立教授对于民族民间传统工艺整体性保护理念的判断与总结实际可以换位为：民族民间传统工艺文化生态环境整体性保护理念是指建立在人、情、物、景四要素基础上的“四位一体”保护理念与规则，各要素并非孤立的个体，而是紧密联系，相互依靠，并统一于国家少数民族传统工艺保护的战略决策与制度设计。“人”具体指传承人、权利人、传统工艺掌握者等以传统技艺为内容的非物质文化遗产的各类主体；“情”顾名思义，即原住民（或称“非遗”原生境地村民）对其少数民族传统工艺及其遗存的情感，而这种情感的培养是在民族演变与发展的过程中逐步形成的，是内生性的而非外力作用的结果；“物”专指少数民族传统工艺所产出的成果或者载体，例如各类具有实用、装饰、收藏价值的民族工艺制品；“景”即指整体环境空间，包含建筑、生产生活固有习俗方式、自然环境等诸多内容。传统村落是集人、情、物、景于一体的文化载体，保护传统村落就是保护村落所承载的少数民族传统工艺，而目前，我国尚没有生效的针对传统村落保护的专项立法，存在保护真空。因此，当务之急是构建一部完整的传统村落保护法律法规。传统村落特别保护法至少应含有以下六方面内容：

一，总则（或称“一般规定”）。主要规定传统村落特别保护法的立法依据、立法宗旨、调整对象、基本原则、法律渊源以及传统村落的定义、类型、适用范围。

二，传统村落的申报与认定。主要包括传统村落申报的标准和条件、传统村落的认定标准与评审程序、传统村落的申报程序等内容。

三，传统村落的发展资金与用途。具体规定传统村落发展资金的来源、用途以及管理，传统村落发展资金的进入与退出机制等具体制度内容。

四，传统村落的开发。主要规定传统村落规划的编制、传统村落规划的责任主体、传统村落公共服务设施的建设、传统村落大数据发展战略、传统村落民族传统工艺的支持与引导等。

五，传统村落的保护。包括传统村落保护的责任主体、濒危传统建筑物的抢救、传统村落数据信息库的构建、传统村落保护标志的设立、对与传统村落整体风貌不相协调的其他建（构）筑物的改造以及补助、奖励等支持措施。

六，法律责任。规定实施破坏传统村落的行为所需承担的民事、行政、刑事等责任承担形式。具体包括违法行为、归责原则、赔偿标准以及证据保全、诉前禁止令、救济途径等程序性规范。

# 火灾重建后古村居民生活的真实样态与问题反思

## ——以镇远县报京乡报京村为例

黄雄英

## 一、报京村基本情况简述

报京村，位于镇远县城最南端，原名报金，20 世纪 50 年代初改为报京。侗族称报京为布井，苗族称报京为碧井，是古城镇远的一颗独一无二的“璀璨明珠”，是整个黔东南自治州唯一的侗族聚集区，其中有 98%以上的村民为侗族，有周、刘、龙、邰、田、李等主要姓氏。报京村是北侗地区最具侗族特点的村寨，又称“报京大寨”，村落有近 400 户人家、常住人口约 2800 人，主要民族为侗族，距今已有 300 多年的侗族历史文化传承，被誉为中国最大的“北侗”大寨。村落建筑 98%为传统侗族吊脚楼。整个侗寨是依山而建，民居依山就势，次第升高，整个大寨以木结构、穿斗式、青瓦顶吊脚楼建筑为主，房屋为二层三开间空间结构。报京侗寨有洗葱塘、土地庙、芦笙庙、小神庙、侗粱公公庙等大量的文化空间，是民族文化表达和分享的载体，报京侗寨也沿袭了最完整的民族节习俗，其中“三月三”最为隆重，距今已有 300 多年的历史，是贵州省首批国家级非

采访村民（一）

物质文化遗产代表作。鉴于村寨重要的历史文化价值，2006 年，报京村被列为镇远县第六批文物保护单位之一，2013 年被列为第二批 915 个中国传统村落之一。

## 二、无处安置的幸福感

天有不测风云，2014 年 1 月 25 日 23：30，一场至今没有查明缘由的大火使报京村超过 1/3 的村寨被烧毁。据政府城建办官方数据统计，被烧毁的古建筑有 178 栋，其中有 148 栋古建筑（宅基地 11853 平方米）化为灰烬。村民有 296 户（1084 人）受灾，占总人口的 40%，总共损失达 970

万元。由于事件影响重大，前后引起了CCTV、新浪网、腾讯网等上百家数字媒体和平面媒体相继报道，火灾事件也引起社会对古村落保护的反思。

据村民A回忆，“当时正值寒冬之际，深夜一场意料之外的大火，把房子家具什么都烧没了。一夜之间，我们从丰衣足食变得一无所有，当时既恐惧又很绝望，感觉天就要塌下来了。在悲恸的同时又很自责，就这么活生生地把老祖宗留下来的遗产给弄没了……”1月25日的大火灾烧毁了约1/3的古村落建筑以及建筑内财产，传统古建筑原貌荡然无存，烧毁部分只保留了原来建筑的基底。总体来看，整个报京村寨的整体格局以及传统文化空间仍然尚存。灾后，镇远政府实施了较为及时的救援计划，鼓励村民互帮互助、投工投劳、出工出力、携手共建家园。“一方有难，八方支援”，社会各界也为灾区受难村民捐钱捐物，帮助受灾村民走出低谷，重建家园。

村干部B告诉我们，“灾后，当地村委会和报京乡政府是在综合考虑专家的建议和征求村民意见的基础上开始重建古村落的”，“我们在重建的区域尽量保持了原来的肌理格局，一方面，既要体现我们侗族传统的居住特色，让居民住得惯，有归属感；另一方面也要具有很好的防火功能，能够满足居民生产和生活的需要。我们采用了木头和砖相结合的砖混结构，也大刀阔斧地对基础设施进行整体提升，新修了马路，也完善了电力等基础设施建设。我们当时还成立了灾后重建指挥部，专门来搞古寨重建工作。所有灾民的住房由政府规划部门来统一规划，房屋机构和外部建设由政府来建设，村民自己负责内部装修”。

村干部的话让我们对灾后古村的重建有了初步的了解。我们进一步走访村民得知，当地规划部门按照人均配套面积30平方米进行安置，对村外有房屋的家庭实行500元/平方米的购买安置政策，对村外无房的家庭实行400元/平方米的购买安置政策，对有稳定工作的实行800元/平方米的购买安置政策。而本村的实际情况，是受灾村民一般都是村外无房且

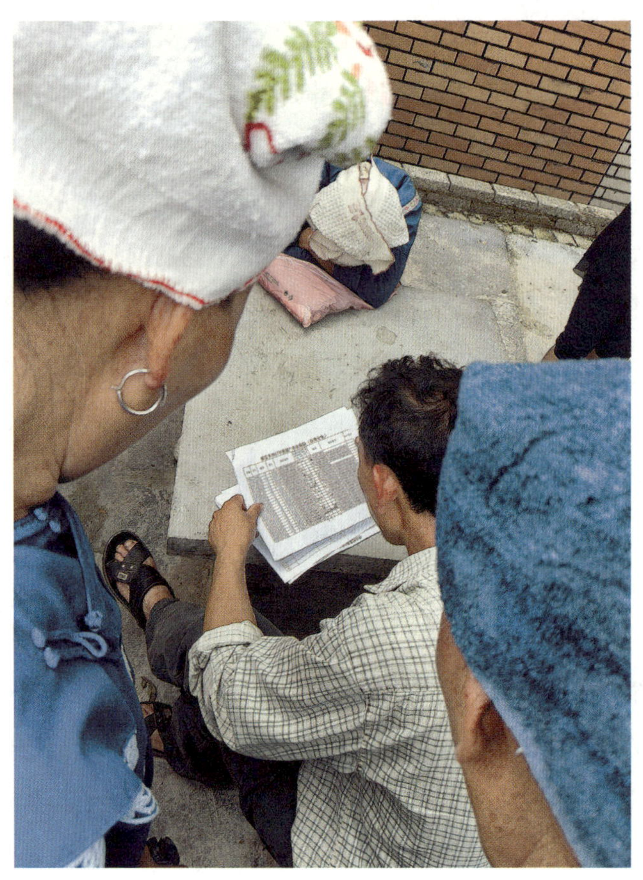

采访村民（二）

没有稳定工作的家庭。由于古寨重建后住房格局的变化，村里要组织动员一部分人搬到村口的新建安置区域去，好处是在原来的各户总体宅基地面积的30%的基础上增加20%。

大规模基础设施的建设是否妨碍受灾村民对新居住环境的适应呢？如果有，那么存在多大程度上的影响？受灾后“一无所有”的村民如何来购买新住房？受灾村民的基本需求能不能得到满足？受灾村民与未受灾村民之间是否会有不良情绪……带着一系列疑问，我们对村民进行了深入的访谈。在新修的马路旁的黄色木砖混合式的新房屋门前，我们先采访的是正在边缝衣刺绣边唱山歌的几位侗族阿姨。其中为首的C阿姨告诉我们，“虽然老寨区村民（没有受灾的坡那边的村民）有些羡慕我们新寨区村民（灾后重建地的村民）有干净整洁的新房子，有健全完备的基础设施，政府也说按照我们的经济发展水平和实际情况，这样优质的生活我们至少要少奋斗20年，但很少有人问我们实际生活的现实样态，到底习不习惯，幸不幸福。当我们把在新建筑居住的问题和困扰向政府反映时，他们反而觉得我们得寸进尺、不知足、贪得无厌。我们也是有苦无处诉啊！”C阿姨正在缝的衣服是为每年“三月三”准备的，一整套手工制作下来要3—4个月。而且她们手工制作的衣服和银饰更适合放在冬暖夏凉，用“桐油”涂抹过的木房子里面保存，而如今的新房子让她们有点不太适应。

在被政府贴有“不满足”的标签下，灾后重建的新寨区的村民真的能幸福生活20年吗？根据我们的调查得知，新寨区的村民现在是用银行贷款来还政府安置房的钱，村民D姐家4口人现在还有11万多元的银行贷款没有还，她很是焦虑。因为根据规定，如果在5年内不还清银行贷款的话，利息会比5年之内的“低利息优惠政策”高很多，怕到时候就更加还不起了。政府的政策是“先还后补”，还好今年政府的补助已经开始按照1000元每季度来发。D姐的丈夫在广东打工，每个月寄1000—2000元的工资回来补贴家用、还贷款，加上家里的孩子要上学，生活很拮据，不自在。

## 三、灾后不温不火的旅游业的发展与居民自我建设的背离

报京三月三“情人节”，是镇远县远近闻名的国家级非物质文化遗产，前后历时四天，节日文化内容丰富，有捞鱼虾、讨笆篓、洗葱蒜、讨篮子和踩芦笙等活动，给报京人民增添了一份喜庆祥和的节日氛围。每年在这

重建的家园

固定的几天可能会有一大批国内外游客来村里旅游，感受载歌载舞的侗族风情。但是在无成型产业、土地资源稀缺、年轻劳动力外出务工、种植业和“稻田鱼”养殖产业都不发达等因素包裹下的报京村，旅游业和服务业并没有能真正地发展起来，一直处于开发的初级阶段，用当地人的说法就是“雷声大，雨点小”。在村民们看来，政府只重视特定的节日，活跃一段时期的旅游经济，而缺乏对整个侗族文化的保护和宣传，导致整个村里除了节日以外，基本上没有旅游收入，村里的客栈也是长期无人问津。

深究其背后原因，我们不难发现，报京当地政府在灾后恢复重建里把发展刚“断层”的旅游业作为村内重要工作的出发点和落脚点。《报京村村民自治合约》第三十条规定：“为打造我村良好的旅游环境，在村灾后重建区域内，禁止养有鸡、鸭、狗等家禽、牲畜。有养的不准放出外面来，若发现有私自放出来的由村干部上门讲，凡不听的罚款200元，不交罚款的，村里不给出任何证明，除非把罚款交了。”诸如此类有着习惯法效力的村民自治合约在偏远的山区侗寨基层也有着仅次于法律的约束力，这些成文的规定不仅不利于村民的个体经济的发展，改变了他们的饮食习惯，而且妨碍了侗族人民的传统信仰：侗族人民每家每户在每年的7月份和过年等重大节日都要去附近的“侗粱庙”祭拜“侗粱公公”，带着猪头、鸡等祭品来祭祀，祈求平安和财运。村里制定的第三十条村规民约，对于生活不太富裕的侗民来说，无疑是“雪上加霜”，在日常支出之外又多了一笔开销。

## 四、结语：古村落在灾后重建中要多些人文关怀

不论报京村在灾后重建中有多重视旅游业的发展，“羊毛出在羊身上”，既然村里旅游的主要亮点是侗族的非物质文化遗产和传统的吊脚楼建筑，那么对侗族村民的人文关怀和尊重就显得尤为重要了，特别是对前两年刚刚经历过重大火灾的特殊群体。其一，在重建中当地政府错误的“唯GDP式”思维也值得我们深刻反思，不是说修了几条马路，装了几条电缆，盖了几栋新房子，村民就跨越式的过上了幸福的生活，而是要运用同理心——“把自己的脚装进别人的鞋里”，置身于侗族村民生活的场域、语境以及文化习俗中，从经济、社会、文化等各个方面去规划和重建。其二，政府在灾后重建中要给予村民一定的自由和选择空间。据村民透露，“政府在重建时，按照同一标准统一规划，村民需要改建、扩建、新建房屋的，必须按照镇远县报京大寨灾后重建房屋规划标准建设，房屋外观必须保持一致。”这种经过统一规划的新房屋不仅让侗族村民没有归属感和认同感，而且也不利于当地旅游业的可持续发展。

# 第二篇　云南地区

# 传统村落基础设施建设中存在的问题思考

肖　祥

传统村落是人类文明的根脉，它是人类先民与自然地理融合的文化遗存，记录着每个民族最原始的历史文化信息，体现了各地区人民所拥有的多样性生存智慧，是人类宝贵的文化遗产财富。2012 年住房和城乡建设部、文化部、国家文物局、财政部发布的《关于开展传统村落调查的通知》中明确了传统村落的概念，所谓传统村落是指：村落形成较早，拥有较丰富的传统资源，具有一定历史、文化、科学、艺术、社会、经济价值，应予以保护的村落。云南传统村落不仅数量众多，而且民族特色还很鲜明，从 2012 年第一批中国传统村落名录申报到第三批名录公布，云南每一次都以绝对的数量远超其他省份，目前共有 502 个村落成功入选中国传统村落名录。由于纵横高低且复杂多变的地形，以及多民族差异化的风俗习惯使得云南的村落建筑形制奇特，民族文化遗产丰富多彩，成为中国传统村落中最具奇特性、典型性与民族性的省份。

相比城市而言，大多数传统村落的自然环境更为优越清新，这些村落依山傍水，空气污染少，村民生活悠然宁静，似陶渊明笔下的桃花源，悠然而美好，人与自然在中国古老的“天人合一”的精神指导下和

楚雄吕合村（一）

谐共生，然而传统村落真正的事实是这样吗？出生在黔东南乡村的我通过自己这 24 年的乡村生活经验与这十多天的调查走访情况来看，事实并非如此，村落居民的生活并不是想象的那么美好。与城市相比，乡村在基础设施建设上十分落后，工业化与城镇化运动使得乡村在发展中逐渐被边缘化，中国传统的“乡村—城市”和谐共生的关系遭到破坏，小农经济的破坏使得乡村自力更生的能力丧失，并形成了“中心—边缘”这种新型的城乡依附关系，乡村传统的生活与风俗习惯正在瓦解，生命力被城市抽取，广大的农村地区在交通、卫生、医疗、教育等基础设施建设上都非常不完善。道路交通的不便影响了村落对外的沟通交流，经济发展也受到限制；卫生基础设施的缺失导致了乡村环境的脏乱差问题；医疗服务人员与设备的缺乏导致村民看病就医困难；许多村落师资力量匮乏，缺少民族文化教育，少数民族优秀的民族文化面临无人传承的困境。

## 一、环卫设施缺失

2016 年 7 月 24 日，经过漫长而疲惫的旅途，云南 1 组一行 5 人到达了此次云南调研考察的第一站——“吕合”，吕合镇是云南中部楚雄彝族自治州下辖的一个小镇，下午抵达时刚好赶上吕合镇每周举办的集市，街上十分热闹，周边的汉族、回族、彝族村民都相约前来赶圩，许多村民在街边摆着从山上采摘来的野生蘑菇、自家种的水果与制作的特色小吃售

重建后的家园

卖，小商贩则搭棚设摊贩卖服装、生活用品、农具等各种商品，集市显得热闹非凡。然而繁华的背后是满地狼藉，当天黑街上行人散去，街道上留下的是满地的宣传单、塑料袋与废弃蔬菜，街道上看不到垃圾桶，行人也习惯于将手中的垃圾随手丢弃在地，晚间清扫垃圾的工人非常辛苦，垃圾清扫成堆后直接就地焚烧，镇上到处都是难闻的呛人黑烟，造成了严重的空气污染，然而街边的村民却照常在滚滚黑烟笼罩下的街边观看悬挂于超市外的电视，已经习以为常。在传统村落吕合村中，环境卫生问题也不容忽视，因茶马古道兴盛的吕合村最终因铁路、公路的兴起而衰落，只留下

楚雄吕合村（二）

大理剑川寺登村（一）

如今破败的老街，世代聚居于此的回汉各姓村民大多生活较为贫困，由于环境意识的缺乏与经济条件的落后，吕合村基本没有环卫设施，居住在河边的村民把日常生活垃圾直接倾倒在有200多年历史的吕仙桥下，等待大雨来临时再把垃圾冲走，不仅污染了本村的环境，也波及下游，像吕合村这样的情况在中国并不少见。

而在剑川县沙溪古镇的寺登村，村落建筑与传统风貌保存完好，外表古色古香，一派悠然宁静，然而在这般美好的环境中，在经过村落西部住宅时，小巷旁的低矮沟渠却飘着阵阵馊臭味，由于寺登村保存完好的古建筑与丰富的文化遗产资源，村中的旅游业非常发达，临街遍布着许多家餐饮店，由于餐饮废弃物与废水回收处置不当，有的餐饮店把废弃的食物与污水直接倒在街边，然而寺登村的排污基础设施并不完善，排污不畅造成

楚雄吕合村（三）

食物残渣热天腐烂发臭形成了较为严重的环境污染问题，既不利于村民的身体健康，也影响了寺登村的整体形象。环境是反映一个社会文明程度与经济发展水平的重要评价因素，不仅影响了村民的日常生产生活，也关系到广大村民的身体健康。首先，需要提高村民的环境保护意识，村落是与周边的自然环境和谐共生的，村民需要爱护周边的山林与河流，构建良好和谐的自然生态环境，改善农村常见的脏乱差问题，禁止把垃圾倾倒在河流与山林中，防止污染水源与森林，生活垃圾分类集中收集处理，并完善村内的排污系统，通过村民自觉与政府参与帮助指导，加强村落环境卫生基础设施的建设，缔造一个整洁、健康的村落生活环境，共建社会主义新农村。

## 二、教育条件落后

“十年树木，百年树人”，教育问题关乎一个国家与民族的未来，人才是促进社会进步与发展的重要力量，而学校是国家培养人才的重要基地。中国的教育资源主要集中在发达的城市地区，广大的农村地区虽然人口众多，但由于居住分散，拥有的教育资源十分稀少，乡村教师在数量与质量方面都比不上城市，学校基础设施也十分落后，影响了乡村地区学生的学习发展。由于城市与乡村经济发展的不平衡，正所谓“人往高处走，水往低处流”，教育资源的流动也是如此，城市的社会经济条件在各方面都优于广大的乡村地区，优秀的教师都希望良好的生活环境与足够的薪资，因而大多数都选择留在了城市。而在贫穷落后的乡村，由于政府教育投入较少，工作条件艰苦，许多村落面临着师资匮乏、教师老龄化、后继无人的困境，严重影响了乡村地区教学活动的开展。

云南少数民族众多，各民族都拥有丰富多彩的民族文化，但学校在民族教育这一块非常缺失，没有发挥民族文化传习所的职责。在少数民族大量聚居的地区，幼儿园与小学没有采用汉语与少数民族语言进行双语教学，而是单独采用汉语教学，在课程设置中也没有开设关于少数民族风俗习惯与历史的特色课程。许多少数民族学生的父母对于自身民族文化的传承不够重视，认为家庭教育可有可无，与小孩在家用汉语沟通，有的甚至不会说自己民族的语言，出现只会说本民族语言的爷爷奶奶与只会说汉语的孙子无法交流的情况。在调研中与几个上小学的小孩交流时，有的说自己民族的语言太难了，他们对学习自己民族语言的态度是无所谓，显然他们平日在家中很少说本民族语言，学校也缺失这方面的教育，民族语言是一个民族最为重要的文化财富，麦克卢汉说“媒介即是信息”，那么少数民族语言这一重要媒介显然蕴含着重要的民族文化信息。如今丰富多彩的

大理剑川寺登村（二）

民族文化正在现代化浪潮中逐渐消失，民族间差异性减小，同质化增强，可以适当开设民族特色课程，让少数民族学生了解自己民族的历史并传承民族优秀文化。村民教育意识也有待加强，在访谈中发现许多村民对于孩子教育意识淡薄，有部分村民持着“现在读大学又不包分配，读着有什么意思”，孩子读书全靠他自己，没有认识到教育对于孩子未来的重要性，如今社会日新月异，对人的知识水平与学历要求越来越高，只有学习更多的科学知识，未来才能找到更好的工作，拥有更广阔的发展前景。

## 三、医疗服务不完善

农村地区地域宽广，村落分布十分零散，医疗服务相比城市而言，存在医务人员稀缺、医疗设备与药品缺乏，村民就医不便。农村由于落后偏远，加上待遇以及发展晋升问题，高学历、高技术水平的医务人员很少会选择留在农村卫生所，由于资金与人口数量问题，乡村医疗站很难购买先进的医疗设备与齐全的药品储备，无法在规模与技术上达到城市的水平，并且医务人员的态度也存在很大问题，态度懒散，不认真为村里的病人服务。

在大理市双廊镇长育村调研时，村中22岁大学生刘国富反映，村里医护条件非常差，总共有四个人，但只有一个医生会打针，硬件设施也不完善，陪爷爷去开药每次都要等半个多小时，每天下班下得很早，差不多下午4点多就下班了，许多老人身体不舒服，晚上需要输液睡觉才能安

大理剑川寺登村（三）

吕合村吕仙桥

眠，但医生都只给他们打小针，下班就走了，叫他们明早再来，老人晚上过得十分痛苦，想向上级反映情况以改善村里的医疗条件。就医难和看病贵是长期影响中国广大农村的重大难题，乡村医疗条件改善是一个艰巨的任务，需要国家加大资金投入，完善农村医疗服务。

## 四、结语

传统村落作为中国农耕文化与历史风俗的保留地，听着十分美好，实际上却是落后的代名词，其中问题重重。乡村生活看着闲适美好，但只有深入其中才会发现乡村里问题多多，在交通、教育、医疗、生活等基础设施方面非常不完善，影响了村民的日常生活以及发展，传统村落的保护并不是保护那些冰冷的古建筑与虚幻的文化遗产，作为村落最重要载体的人也需要加强保护。总体而言，乡村相比城市在基础设施建设上全面落后，村落与村落之间的贫富差距也非常大，村民保护意识的缺乏与政府保护措施不到位，导致许多村落传统建筑与原始风貌破坏严重，传统村落保护情况不容乐观。

# 关于宗教信仰在云南村落文化中的现状调查

雷　超

在对云南传统村落文化的调研中，我是负责宗教信仰这一块的。谈到云南各个民族宗教信仰的问题，我感触颇多。下面我就云南各民族的宗教信仰问题谈谈自己的几点看法。

## 一、庙宇众多，且大部分都得到了很好的维护和修缮

遍观我们小组走过的云南 6 个市州和 19 个村庄，每一个村庄都至少有一个寺庙或其他的宗教场所，在宗教文化盛行的地方甚至有 3 个以上的寺庙，且大部分的寺庙都得到了很好的保护和修缮。像我们走过的大理周城村，这个村子以白族为主，他们信奉的是他们本民族的宗教——“本主”，在他们村子里光本主庙就有两个。此外，村子里还有一个佛寺，在重大的节日时也是客流不息。而且，基本上所有的寺庙都有专门看管和护院的人，每逢寺院翻修或重建的时候，寺庙都会为捐款的人修建功德碑，这也大大调动了村民维护寺庙的积极性。基于以上两个原因，云南各个村

落的寺庙在所有传统村落建筑中是保存最完善和最好的。

## 二、寺庙不仅是信仰的象征，也是物资交流的载体

在云南的各个少数民族中，尽管各自信仰的宗教不同，但他们都有属于本民族的宗教节日或宗教活动。像白族有自己的“二月八太子会”，纳西族有正月十五的“棒棒会”，藏族有藏历十一月二十六到二十九的“格冬节”，回族有自己的斋月等等。尽管这些宗教节日的来历和所举办的活

甸头村慈荫庵神像

甸头村慈荫庵

动各不相同，但随着节日自身的不断衍化和时代的不断进步和发展，时至今日，这些节日除了自身所带有的特殊宗教意义之外，它还扮演着一个物资交流会的角色。在这一天，所有村民团聚在寺庙周围，除了必要的宗教仪式和活动之外，人们更多的是一起欢歌纵舞，交流感情，买卖物品，这种庙会不仅使精神信仰得到了很好的传承，也极大地提高了人民的生活水平，更促进了村民之间的交流和融合，可谓是一举三得。这也可能是云南的寺庙在现代文明中仍旧香火不断的原因所在吧！

## 三、不同的宗教信仰和谐共存，共同进步

云南是一个多民族聚居地，在同一个村子里你或许可以看到不同的民

族。不同的民族有不同的信仰，这就导致同一个村子里有不同风格的宗教建筑。让我们欣慰的是，如同我国法律所规定的那样：每个人都有宗教信仰的自由，都有信这一宗教或那一宗教的权利。在这里，不同的宗教信仰者都能做到和平共处、互相尊重各自的信仰。唯一有所区别的是有些民族坚持自己的本民族宗教信仰特色，有些民族选择兼容并包的态度。在某些白族人的聚居地，他们在自己的本民族宗教信仰中吸收了佛教、道教和儒家文化的一些精华，实现了“本主”和儒、释、道三教的大融合，这不仅是宗教的融合，也是文化的进步和融合。无论坚持传统，还是积极张开怀抱吐故纳新，只要能让自己民族的宗教信仰在历史的长河中传承下去并能和其他的宗教信仰友好相处、共同进步，那么它就是好的，也是正确的传承方式。

## 四、信仰流于表面而缺乏内涵

正如前文所提到的，云南大部分村庄都有自己的寺庙，这为村民的宗教活动提供了便利的场所。然而，在看到宗教信仰所具备的硬件设施时，我们更应该关注每一个信仰者的精神世界和精神需求。在我看来，大部分的村民在选择宗教信仰时都带有明显的功利色彩。与其说他们信仰宗教，还不如说他们是寻求自我精神寄托和精神安慰。在采访中，大多数的村民都是因为祖祖辈辈和身边亲戚朋友的影响才去选择信这或信那一宗教，他们不仅对自己所信奉宗教的来历、教旨和内容缺乏必要的了解，对是否去参加一些重大的宗教活动也是抱着不置可否的态度（老年人可能除外），更不用说在日常的生活中去主动接触和了解自己所信仰宗教宣传的道义。这种为信仰而信仰且带有盲目和从众色彩的信仰方式是需要我们加以注意和引导的。

## 五、对宗教信仰的认知上存在普遍的偏差和误区

受到历史、文化和地域条件等多重因素的影响，即使是在现代文明的冲击和熏陶下，云南大部分村民仍旧把宗教和封建迷信混为一谈，特别是在和村委会成员以及一些共产党员的交谈中，宗教甚至成为敏感和避讳的话题，他们对宗教基本上是持否定和怀疑的态度。甚至有的人把所谓的“占卜巫术”同宗教信仰混为一谈。然而，事实告诉我们，宗教并不等同于封建迷信。我们不否认宗教存在着一些带有封建迷信色彩的东西，但除此之外，宗教也有令人积极向上的力量和精神属性。我们把宗教信仰等同于封建迷信，这不仅是认知上的偏差，也束缚了宗教信仰在人民的精神

双廊村宗教集会

双廊村信徒集会（一）

世界里所产生的巨大力量和导向作用。在当前，我们要做的就是不断提高村民自身的文化和道德修养，提高村民自身的判断力，进行正确的舆论引导，让村民意识到宗教与封建迷信的区别所在，对宗教进行积极正确的改造，取其精华，去其糟粕，吐故纳新，革故鼎新，充分发挥宗教信仰积极、正面的导向作用。

## 六、总结

传统村落文化不仅包含外在的传统建筑，也包含内在的文化传承。宗教信仰作为文化传承的重要组成部分，毫无疑问它是一把“双刃剑”。一

双廊村信徒集会（二）

方面，它在引导人民精神世界和精神力量方面的作用无疑是巨大的；另一方面，如果处理不好的话，它所带来的反噬也是我们难以承受的。在物欲横流和金钱至上的现代社会，在传统文化和现代文明发生激烈碰撞和冲突的现代社会，在人民的精神信仰和精神支柱普遍流失的情况下，重新审视宗教信仰在塑造人的精神世界方面的作用无疑是必要的，也是刻不容缓的。只有在正确认识到宗教在人民的日常生活中所产生的不利和有利的影响，才能更好地发挥宗教信仰在引导人民走向积极、向上、乐观、自信道路的导向作用。这正是宗教信仰的价值所在，也是我们研究宗教信仰的意义所在！

# “化赊”：纳西的女性生活

## ——从纳西文化思考社会共同体

李智思

彩云之南，天晴如水澈，云低手可摘；玉龙雪山下，丽江古城边；群娱互助化赊节，自由浪漫纳西情最是难忘！

丽江古城忠信村手记

## 一、寻根溯本，何为化赊？

纳西族有一无具体汉字载体的民族节日“化赊”（纳西语），谓化赊一语代之是为聚会。化赊是一句纳西语，无确定的汉字记载。纳西族人仅知此节日源于古代，寻不到具体的年份，但已成为民族传统一直沿袭传承。形成之初因纳西族女人勤劳辛苦，晨出日未出，晚归北斗明。有人云：“娶个纳西婆，胜赛十头骡”“纳西为女人的天下，男人的天堂”，这些似乎都在称赞纳西女性。

为让辛勤劳作的纳西女性能够有一天固定的休息日，于是便有了化赊。所以化赊的产生其主要功能也是为让纳西族的妇女得到休息，以小群

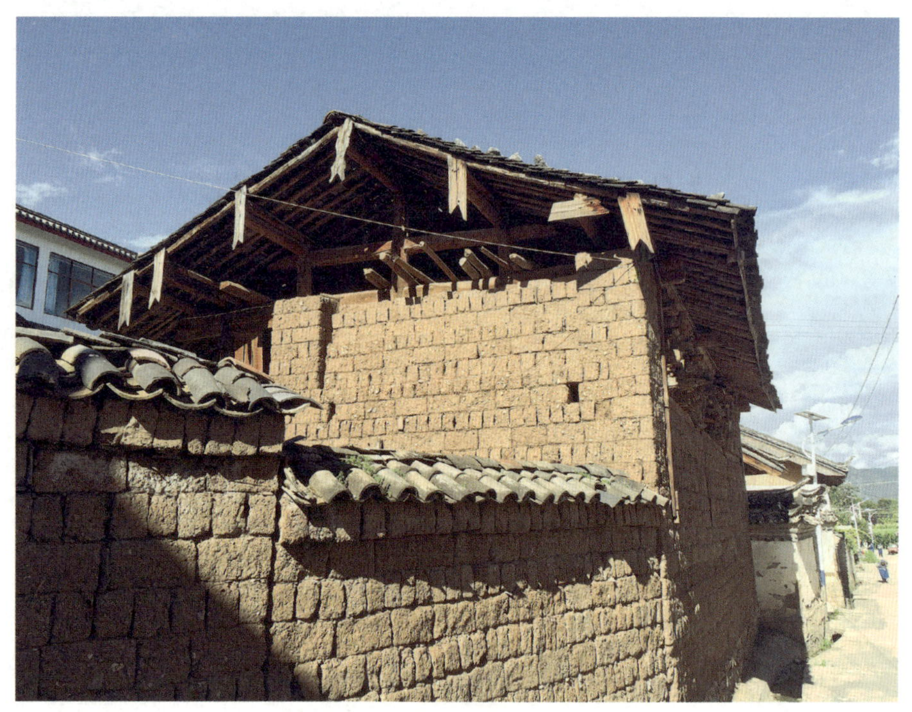

丽江普济村（一）

体的形式开展，成员之间聊天娱乐、交流生活、分享快乐，休息之时又增进成员之间的感情，还有一种功能便是化赕成为姐妹之间的互助形式，帮助遇到困难的成员渡过难关。现在纳西族的化赕形式主要为年龄相仿或性格相近处得来的女性组成一个化赕，化赕具有很强的包容性，化赕成员以纳西族为主，本村相识的白族、彝族和汉族等其他民族也参与其中，无人员限制，也无强制要求，更无经费限制，对于我们而言，更像是随性让人放松参加的一个开放性活动。化赕成员一起协商确定每个月某一天为化赕日，到了这一天大家便停下手中的事，事实上大家为了安心参与化赕，一般也会提前一天将事情都安排妥当，没有特别的事情成员都会参加。如遇特殊情况大部分成员不能参加的情况下，可改期进行，化赕的灵活性较强。

## 二、纳西族女性服装与勤劳背后的故事

纳西妇女的衣服主要由围腰、七星羊皮、披肩、领褂和长衫组成，其中七星羊皮代表的是北斗七星，寓意是指纳西族以前妇女非常勤劳，披星戴月。传说纳西女性的长衫裙是百褶的，裙子有364个褶子，指纳西族妇女每天都在干活只有大年初一才休息，另外衣服的披肩主要是为了妇女的肩膀防晒、护腰以及方便背东西。

“披星戴月纳西塞”是云南十八怪之一，意为纳西族妇女勤奋劳作，天未亮便做活，直到天空中出现星星月亮才停工，因为纳西女人勤劳辛苦而有了化赊，那为何偏偏纳西女人最忙也最能干？为何纳西女人是男人的天堂呢？纳西女人并不是天生就是这样，这与纳西民族生活文化息息相关。纳西族妇女勤劳能干，外部的重活和内部的家庭生计都是纳西妇女操

丽江普济村（二）

持，究其原因主要是在以前滇藏茶马互市，云南西北部多山区和激流，因此纳西族的男人们一般是通过马来运输货物，跑马帮路途遥远，地形复杂，搬运货物都是重体力活，那时候的纳西族男人大都在外面跑马帮，茶马古道的最终目的地为拉萨，一次茶马互易往返需好几个月，于是家中事物不管轻重都由妇女承担。当男人归来时，女人已经养成辛苦劳作的习惯，丈夫在外面风餐露宿，好几个月才能回家团聚，妇女也不舍让丈夫干活，只愿让回家的丈夫能安心休息。妇女仍旧会坚持承担一切家中事务，尽管现在已经很少有人跑马帮了，但纳西族的妇女管理家庭大小事务的习惯已经变成了一种传统习俗，而现在随着社会的发展和进步，纳西族也不再只有妇女干活而男人赋闲的情况了，也并不像传言中那样的“男人的天堂”了。抱着小宝宝的姐姐微笑着告诉我们，现在纳西族丈夫和妻子都是家庭事务的重要分担者。当我们询问夫妻谁当家时，妻子与丈夫会深情地对视一笑，便是最好的回答。

## 三、真切感受化踪，思考生活真谛

化踪活动要求不高，初期一般是寻一山水风景集体出游，一起烧烤游玩，现在主要形式为成员之间一起吃饭聚会，打牌聊天，化踪由成员轮流组织承办，这一天的活动都由其负责安排，其他参加的成员也会带一些时令蔬菜和自家种植的水果，饭食以当地时产的蔬菜面食为主，大家似乎都喜欢简单绿色健康的食物，并不要求大鱼大肉的酒宴，这与当今社会上的“酒桌文化”截然相反。现在，被利益的风气熏染过的饭桌开始变质，人们开始变得世俗，似乎吃饭聚会不再是以自己的喜好为主，更多的是偏向于吃饭的规格和名气，宴请亲朋更注重的是档次和面子，而不是他们真正的饮食偏好。因此，在这样的氛围下，人们开始在聚餐时隐藏真实的自

丽江普济村（三）

己，于是渐渐地在酒桌上听不见真心话，多半是违心的奉承。吃入的是攀比与面子，不再是美食与真情，这难道是真正的“酒桌文化”吗？我们开始反思，是什么导致了当今社会饮食文化的“变质”，是什么让原本简单的同学聚会变成“利益的交换台”，又是什么让纳西族的化賨一直保持着最淳朴的守望相助的民俗风情。化賨的举办费用也是由成员分摊，一般参加化賨的人们都会同时确定下一次活动的承办人，这种共同承担费用、共享快乐的活动很是让人憧憬和向往。

## 四、一场与化賨的完美“邂逅”

2016 年 8 月 3 日，考察小组来到丽江古城区的忠信村，我们走进了木翠华阿姨家，第一次出去做考察的我们有点生涩也带点腼腆，翠华阿姨很随和，很热情地招待着我们这群“陌生人”，我们说明来意后，阿姨非常痛快地接受我们要求做访谈的邀请，也正是这位阿姨告诉了我们何为化赊，访谈进行中开始陆续有人提着水果到来，于是我们便询问今天家中是否有聚会，原来今天恰巧轮到木翠华阿姨家负责筹备化赊，木阿姨家从 10 点后开始就不断地有成员过来，有些成员会带着自己的小孩，原来每月 3 日便是她们这个小团体的化赊日，这次由她负责提供场所和准备饮食，木阿姨参加的这个化赊的成员年龄大概都在 50—70 岁，不同年龄阶段的人有不同的赊，她们一般是年龄相仿、性格相近而组成一个团体，甚至还有人同时参加了几个赊，上午大家统一到负责举办的人家里，坐在一起聊天吃东西，中午的主食为丽江粑粑，晚上一起吃火锅，米饭为主食，一般选择时令菜，如当季产玉米和蚕豆。午饭过后，阿姨们都在二楼打麻将，小孩们则在一楼看电视，感觉像阖家团聚一样，其乐融融，场面既温馨又舒适。化赊的这一天，妇女不用干活，自由安排化赊活动，家属也会全力支持女性组织化赊，除了化赊以外，村里面还有杀猪客（年底家中杀猪的，邀请亲朋吃顿杀猪饭），当有人生命垂危的时候大家也要去看望和守夜，因此纳西族村民之间的聚会非常多，村民之间的感情也很深厚。我们问及是否会因为聚会多而造成经济负担和琐碎的烦恼，她们非常愉快地告诉我们这些活动都是相互的，大家一起承担费用，对家庭遭遇困难的给予帮助，不存在单个成员负担大笔开销，更多的是成员之间的沟通和关心，她们认为这些活动是纳西族对生活的热情和乐于助人的体现，这样的民族感情更浓厚，生活也很自由，她们有自己独特的感情交流方式。

## 五、纳西族新婚风俗中的女性关系

随着民族团结和大融合，纳西族的很多习俗已经被汉化，但是仍保留着其特色之处，翠华阿姨以她女儿结婚为例给我们介绍了纳西族的传统婚礼。纳西族人结婚选农历双日子即可，男方家一般无须给女方彩礼。婚礼不需要拜天地，纳西族新娘出嫁时也不需要哭嫁，反而是最好不哭，在纳西文化里认为婚礼是纳西女人生活的重新开始，下一步就是人生命运的开端，当新郎将新娘接回家门时，新郎的妈妈要站在楼上（一般站得比新娘高就好了）看着新娘走进家门，这么做是为了突出婆婆要“高”于儿媳的家庭地位，婆婆是儿媳的长辈，如果没有站在楼上，大家会认为儿媳以后不会孝顺婆婆，还会经常有争吵和矛盾，婆婆的地位也会低于儿媳。当新娘走入家门后，婆婆会端给新娘一杯红糖枣子茶，这时新娘接过杯子时就要开始改口叫妈，并说一句“妈妈辛苦了”或者“谢谢妈”，如果没有在这个时候改口，以后就很难改口喊“妈”了，就会很难融入家庭，当新娘和客人一起吃完晚饭后，婆婆会给儿媳一个红色的围腰（围裙），暗示新娘吃完晚饭后要去洗碗干活了，同时和新娘一起来的伴娘们也要一起做，家里的亲朋好友有些也会捉弄新娘，让她洗非常多的锅碗，而亲朋则是通过这些判断新娘是否能干。婚礼的第二天早上，新娘要最早起来打扫卫生，婆婆一般会把工具放在最容易看到的地方，如果这一天新娘没有早起打扫卫生，就会被大家认为是不勤快的人。

## 六、从化賨视角反思构建社会共同体

在社交网络不断发展的当今社会，从以前“face to face ”到“face time ”，到底是科技的进步还是社会沟通能力的退化？很多人向往彩云之南的特色生活，我想特色之处不仅是它的风景，还有它的风情与风俗。如果化賨代指初级群体，那么社交网络则将社会上的人隔离成一个个单个的个体，人们似乎在最熟悉的亲人旁更愿意亲近冰冷的电子屏幕，在网络的虚拟世界

普济寺

里我们开始变得很自我，团队意识变得淡薄。如果我们也有类似纳西化踪的活动，将其民族的优秀文化进行推广，政府积极引导，从小群体促进社会大融合，是否更有利于人们家庭生活的幸福和身心的健康呢？是否更能增强民族凝聚力呢？是否更能促进社会和谐进步呢？

# 大理白族本主崇拜初探

缪文凯

白族流行本主崇拜，源于原始社会社神崇拜和农耕祭祀，早在南诏时期就已成型，"本主"意为本境福主，是每个白族村社所供奉的至高无上的保护神。本主崇拜的发展过程伴随着对其他文化、宗教的吸收与融合，如今白族本主崇拜已由祖先崇拜、英雄崇拜衍变成包容性突出、功利需求浓厚、无严格教义信条的多神崇拜，是独具白族民族特色的独立宗教文化体系。

## 一、本主崇拜盛行，地域性特征明显

本主崇拜在白族中十分盛行，几乎各个白族村落都建有本祖庙，庙中供奉了各自崇拜的本主。笔者在大理考察的 8 个传统村落中共建有 10 座本祖庙，有时一个自然村就存在两个或两个以上的本祖庙，这些庙中所供奉的本主自然也截然不同，例如周城村就同时建有景帝庙和灵帝庙，全村 16 个生产小组，1 至 8 组供奉景帝为本主，9 至 16 组供奉灵帝为本主，两个群体的祭祀，信仰活动互不干涉。

白族本主崇拜具有明显的地域性限制，出现一村两本主这种情况的原因是这两个白族社群原来就是相互独立的聚落，后来因为某些原因从不同地域迁至此处共居，虽然生活习惯逐渐同化，但是不同的本主信仰保存了下来。白族村落对不同本主的崇拜可以作为研究白族不同支系聚落的迁徙与分布变迁的重要线索之一。当然在本主信仰中也存在多个相邻村落共同崇拜同一本主的情况，这些相邻白族聚落可能来源于同一祖先，这种多村一本主的情况以对送子观音、柏洁夫人的崇拜最为普遍。虽然各地所崇拜

双廊村火把节（一）

双廊村火把节（二）

的本主不同，但是将本主视为本地区最高守护神，祈求得到保佑和庇护的崇拜心理是普遍的。

## 二、本主崇拜带有三教融合的特征

白族本主崇拜的发展过程兼具纵向继承与横向拓展的特点。纵向继承指白族本主崇拜的对象大多为真实存在过的本地区的知名历史人物，如南

周城村龙泉寺外景

诏国的帝王将相、忠臣义士、英雄孝子等，他们是白族本民族的祖先或英雄，经过1000多年的发展，这类崇拜对象不断增加，使得白族的本主崇拜延续了一贯的英雄崇拜和祖先崇拜的特点。横向拓展是指白族本主崇拜并非只是单一崇拜本民族的祖先或英雄，现今各本主庙中一般除本主外还供奉有财神、龙王、观音、释迦牟尼、大黑天神、地母，甚至孔子等儒释道三教的神祇，使得本主庙成为宗教神祇的大熔炉，这反映了民间宗教信仰的世俗性和功利性。

不同的是大理白族本主崇拜与佛教的结合远比与儒道的结合紧密得多，信仰本主的白族人几乎都信仰佛教，在考察过程中，很多白族老人将本主信仰与佛教信仰视为一体，本主庙成了供奉本主和进行佛事活动的宗教场所，观音、释迦牟尼、弥勒佛等佛教塑像与白族民族英雄在庙中一同接受供奉，本主崇拜与佛教的结合甚至衍化出了白族重要的传统节日——太子会，每年农历二月初八信众们聚集本祖庙，抬太子塑像游东南西北四门，而“太子”一说是白族本族一王子，另一说为净饭王之太子释迦牟尼。从另一点具体来看本主崇拜中所包含的佛教元素分为汉地佛教和藏传佛教两大类，一些本主庙中所奉本主——送子观音明显属于汉地佛教的产物，而大黑天神则为藏传佛教的遗存，这在汉地佛教中较为少见，在密宗里被奉为神圣高贵的保护神。

周城村龙泉寺内景

大理白族的本主崇拜与中国民间其他的宗教崇拜一样都带有明显的功利性。在本主崇拜中并没有像佛教道教那样拥有诸多教义、戒律、信条，并且当地民众以需求为导向去选择主要的崇拜对象和次要崇拜对象，例如秀才举人辈出的村子本主庙中一般供有孔子。干旱少雨的地区本祖庙中就会列有龙王等施雨神灵的塑像，喜洲村的本主庙叫九神坛庙，供奉了九位本主，其主要功绩就是求雨抗旱，为百姓发展生产作出了贡献，而像财神、送子观音这样的神祇则为各大本主庙的标准配置。本主崇拜的功利性需求还表现在当地信众除了二月初八的太子会以外，并没有严格的、固定

周城村京帝庙

的祭拜仪式或日程，大多情况下对本主的祭拜属于个人行为，拥有较大的随意性。一般为家中有红白喜事，或家人出远门等才会进庙上香，即有所求才会有所祭拜。

## 三、总结

云南自古就是少数民族聚居区，位于汉文化圈和藏文化圈的边际地带，受到汉文化与藏文化的双重影响，大理又位于云南中西部，由于地理交通等因素使得与外地的交流互动受限，文化更新融合的频率较慢，汉文化与藏文化兼有，而又均为非主流，因此在宗教信仰方面形成了自己独特的本主崇拜，一般以白族本民族祖先或英雄作为主要崇拜对象，虽然也存在以大黑天神、送子观音、托塔天王等外教神祇为本主的情况，但是在所有本主崇拜对象中，白族祖先和英雄在数量上占绝对优势，而本主庙中孔子、财神、龙王等儒家道家神祇作为次要崇拜对象，对本主的神力进行补充和丰富。

大理白族的本主崇拜不重教义、信条而更偏重宗教实践和宗教行为，带有明显的祖先崇拜和英雄崇拜，是原始宗教向佛道等成熟宗教转变的过渡类型，极具民族特色。

# 守护与拓进

## ——从周城白族扎染看非物质文化遗产的传承与保护

王　慧

非物质文化遗产是中国传统文化的重要载体之一，具有深厚的历史文化价值。但与以固态形式呈现的物质文化遗产不同，非物质文化遗产以人为依托，普遍存在于人们的日常生活及生产实践活动之中，并通过活态传承的方式实现其价值，是人类智慧的结晶。我国不仅历史悠久、幅员辽阔，而且民族众多、文化发展极富多样性，所以我国的非物质文化遗产（以下简称“非遗”）种类繁多、星罗棋布，这体现了我国劳动人民杰出的创造力。但随着现代化进程的加快，文化生态环境的平衡遭受前所未有的挑战，包括非遗在内的不少传统文化已经或即将面临消亡的危险。正如孙家正教授所说:“现代化进程的加速，在世界范围内引起各国传统文化不同程度的损毁和加速消亡，这会像许多物种灭绝影响自然生态环境一样影响文化生态的平衡，而且将束缚人类思想的创造性，制约经济的可持续发展以及社会的全面进步。”尽管自2004年我国加入联合国教科文组织的《保护非物质文化遗产公约》以后，这种状况已经有了明显的改观，但在非遗的传承、保护和利用过程中也问题重重，甚至因保护、利用措施的不得当，部分传承较好的非遗逐渐走向异化发展的道路。因此，如何使非遗得到有序的传承、正确的开发、有效的保护，是当下急需探讨的问题。

综观笔者近日所走访的滇西北 14 个传统村落的非遗的传承、保护和利用发展状况，云南省大理市周城村白族扎染工艺的相关保护工作能够为这一问题给出些许启示。

## 一、云南滇北、滇西地区非遗的传承现状

云南地区共分布着 52 个民族，是中国少数民族数量最多的边疆省份。各民族劳动人民在长期的劳作过程中创造出内容丰富、形式多样的非物质文化，并以聚落为单位传承至今。因此非遗的民族性与多样性成为云南地区非遗最为显著的特征。尽管在全国范围内传统文化加速消亡的背景下，云南地区因地理位置偏僻、地形复杂、经济发展相对落后，区域社会的经济、文化等所受现代化的冲击相对较小，城镇化发展速度也相对较慢，非遗得到相对较好的传承，但就目前的调研情况来看，其传承的具体状况也不容乐观。

目前，笔者已经走访楚雄州、大理州、丽江市、迪庆州的 14 个传统村落，主要涉及汉族及彝族、白族、纳西族、藏族 4 个少数民族。虽然这些少数民族地区民族文化特色凸显，但因长期处于多民族大杂居、小聚居的环境之中，民族文化的交融和渗透已经体现得十分明显，部分地区不同民族的民俗、民众的生活方式在一定程度上也趋同，民族传统文化传承的断层现象显得尤为突出，这在传统村落的非遗中也有鲜明的体现。如部分政府所提供的“传统村落”申报资料显示，作为支撑材料的非遗项目一般有十几个，或者更多。但实际调研情况表明，除了民族传统节俗类项目得到较好的传承外，其他非遗的传承状况令人担忧，甚至部分项目已因时代变迁而消亡。如大理市沙溪镇段家登村及丽江市普济村，这两个村分别

以白族洞经古乐及纳西族白沙细乐闻名，村子里都有村民自发组织的古乐队，但这些成员中最小的为49岁，大部分在60岁以上。据乐队老人介绍，村子里除了乐队成员以外，几乎没有年轻人能奏古乐或唱古曲，他们多数忙于生计在外地奔波，无暇顾及这些“娱乐”项目，也有部分年轻人不屑民族传统而沉醉于当代的流行音乐。谈及即将失传的民族古乐，洞经古乐队的队长表示，尽管乐队已经经过努力整理出来部分古乐谱资料，但对于当地古乐即将面临消亡只能表示无奈，言之“后人想了解洞经古乐只能从书本中寻了”。而这样的情况并不仅仅出现在上述非遗中，白族村落的霸

周城村门楼

周城村白族扎染作品（一）

王鞭、木雕与民居彩画，纳西族的东巴文、打跳舞，藏族村落中的锅庄无不面临着这种威胁。又如白族村落大理市双廊村，其传统村落的申报资料当中共列有 21 项非遗，其中白族大本曲、扎染工艺、剪纸工艺为白族传统工艺，曾为该村非遗。但目前这些传统技艺在该村的传承已经中断，传承人无处可觅。而当地老街随处可见的扎染商品，皆由来自全国各地的商人从周城村购买而来，然后在此处开店兜售。

究其原因，造成非遗传承与发展危机的原因多样，除了上述的自然消亡、社会发展造成了传统文化生存土壤的改变这类不可逆转的原因外，在当代社会语境中，对非遗价值认知的不足、旅游开发带来的“保护”性破坏等人为因素则成为当代非遗面临生存和异化危机最为重要的推手，而推手背后主导非遗传承、保护和开发的人的“观念”才是非遗传承及生存境遇发展方向的最终决定因素。因此，以正确的观念作为指导，并实施适当的保护与发展措施是非遗能否得到良好传承与保护的关键。

## 二、周城白族扎染工艺的传承、保护和利用状况

扎染，古称扎缬、绞缬，俗称疙瘩染，是我国白族地区特殊的染织工艺，其发展历史最早可追溯至4世纪，在唐（南诏）、宋（大理）时期已经成为一项成熟的技艺。据相关史料记载，扎染工艺曾遍及大理洱海周边的白族地区，该区域的居民曾家家会扎染。至20世纪40年代前后，扎染业成为当地村民的主要经济来源。但历经时代变迁，这种发展盛况已不复存在。目前，多个地区的扎染工艺已经失传，喜湘镇周城村是现存的最为集中的生产区域。尽管村中掌握核心技艺的人屈指可数，但现在也基本上保持了家家会扎花（扎花是扎染工艺中的一道工序，传统扎染工艺的工序主要为收割板蓝、古法制作靛蓝、设计花样、制作模板、花样印刷、手工扎花、浸染、脱浆、染色、氧化）的局面，另有十余户扎染生产作坊。这种生产盛况的形成，与周城村所做的行之有效的传承与保护工作密切相关。

这些作坊大致可分为传统型作坊和新型作坊两种，多数以家庭为单位。其中，前者指创建时间早、传承有序、采用传统工艺技术进行生产的扎染厂坊，以段氏璞真扎染坊为代表。段氏璞真扎染坊最初由张士绅（国家级非遗传承人，已于2016年7月过世）创立，但其后代虽掌握了扎染工艺，却并未能将家族技艺继续发展下去，后来即被段树坤、段银开（分别为非遗省、州级传承人）夫妇接手。段树坤是段氏家族扎染工艺的第18代传人，他自幼学习扎染技艺，成年后曾经放弃过，但随着年岁的增长，开始对扎染工艺及民族传统文化有了新的理解，又辗转回归家族事

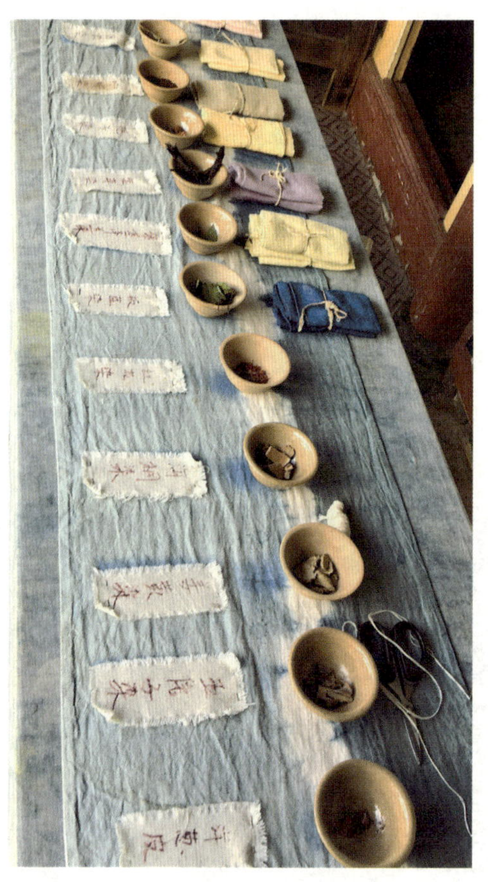

周城村白族扎染原料

业，全身心投入扎染工艺的传承和保护之中。目前该厂是周城村最大的扎染坊。另一类为新型作坊，这类作坊以传统工艺为基础和宣传手段，应对旅游发展的需要，采用新型生产方法和发展理念进行扎染产品生产，并与传统文化体验项目结合，生产旅游商品。所生产的产品并不局限于传统种类，还将各类现代装饰运用其中。如“蓝续”是当地一对青年兄妹开设的家庭扎染作坊，二人自小生活于此，大学毕业后在外地工作，村子开始旅游开发后，二人辞职回到家乡种植板蓝，凭借自身经验及家人帮助办起扎染作坊，取名“蓝续”，意在延续民族传统扎染工艺。作坊结合村内的旅游开发，为游客及扎染爱好者提供扎染工艺的体验课程，课程时间不一，参加课程的学生年龄也不尽相同，学生完成课程以后所做的扎染作品自行保留，作为纪念。所生产的产品既有以传统装饰纹样为主要内容的传统产品，也有结合现代年轻人审美趣味的产品。

以上两种类型的扎染作坊也代表了目前非遗发展的两种渠道，这两种渠道的并存，是当下非遗发展的普遍模式。但多数非遗项目在传承与发展过程中皆因保护与开发措施不当出现诸多问题，如非遗项目因过度创新或包装出现的异化现象，以保护为名义的营利性开发，不当的开发措施对非

周城村白族扎染作品（二）

周城村白族扎染生产过程

遗原真性、整体性的破坏等。而周城村白族扎染工艺在正确发展观念的指导下，实施了一系列合理的保护措施，因而得到了相对较好的传承。具体而言，这些措施主要体现在以下几个方面。

（一）迎合时代要求，适度创新

自 20 世纪以来，随着时代的变迁、社会的变革，人们的生活、生产方式在现代文明的冲击下发生了很大的变化，千百年来传统文化赖以生存的土壤成分也悄然转变，这种转变对中国传统文化的生存与发展产生了重大的影响。非遗作为中国传统文化的重要载体之一，其在当代的有序传承也因这种转变面临极大的挑战。因此，非遗在当代社会的生存与发展必须以适应当代社会的需求为前提，这就要求非遗在传承的过程中不断地创新。

周城村白族扎染作品（三）

周村扎染即是在传承的基础上不断创新才得以发展至今的。如在技术方面，传统的手工扎染制品采用植物染的方法进行着色，这种植物染以板蓝等多种植物作为原料，染出的颜色沉静素雅，但容易脱色，这曾经成为阻碍传统扎染工艺发展的重要问题。为了解决这种问题，段树坤带领扎染厂工人经过长期研制，最终克服了脱色的弊病，并保持了原有的植物染色方法。另如在扎染制品的装饰图案方面，传统扎染制品多以花草纹或几何纹为主。但为了适应当代民众的审美及时代需求，现在的扎染制品出现了不少具有抽象及现代装饰意味的纹样，这种扎染产品在新型作坊中较为多见。较为不同的是，这种具有当代特色的装饰纹样却在扎染厂的扎染作品中较为少见，而扎染厂的创新无论在内在理念还是外在形式上皆立足传统，取材范围涵盖中国古代器物装饰、建筑藻井图案、中国画等各类传统艺术。这不仅丰富了扎染工艺的装饰内容，也增加了扎染工艺的艺术性及传统文化底蕴，对扎染工艺在新时代的传承十分有益。

需要注意的是，造成扎染制品装饰创新题材差异的原因需要深思。目前，为了寻求出路及发展机遇，不少非遗项目将创新作为唯一途径，甚至割裂了创新与继承传统之间的关系，这种做法的最终结果只能是非遗发展的异化及最终的消亡。因此，在非遗项目的创新发展上应该充分认识到继承与创新的关系，在守护非遗承载的传统技艺、文化的同时，适度拓展，使这一传统文化在当代语境下更好地生存与发展而不脱离其传统文化的本质。恰如段树坤厂长所言："对于传统工艺的传承，传统和传承才最为重要，一切传统工艺都不能脱离传统文化。我们也有创新，但并不是每年都创新。我认为在创新的同时，更重要的任务是传承。因为任何时代的创新

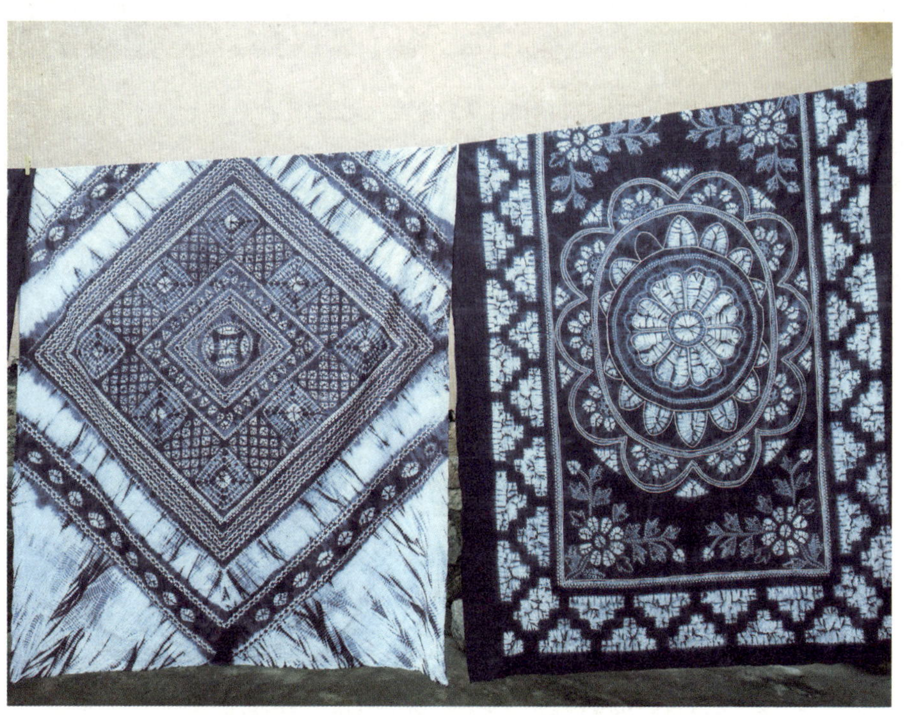

周城村白族扎染作品（四）

周城村白族扎染生产过程

必须是基于传统的基础上，偏离传统，它（传统工艺）就会被淡化。所以我们选择分传承和创新并存、静态和动态结合这两条路走。我们的技艺和传统是世界上任何一个国家都比不了的，在创新上我们国家或许会落后，但企业即使发展也好、转型也好，我个人认为，只要它能生存下去，不要谈太多的商业化，而是把传统技艺以匠人精神传承下来，再过十年二十年它的发展都还有希望。如果没有将传统技艺打磨好就一味地追求创新、开发新产品，必然会对传统技艺带来冲击，并使其淡化，淡化以后无论花再大的财力、精力和时间投入抢救都晚了。”

（二）广泛招收扎花工人，扩大技艺掌握群体

周城村是云南省面积最大的自然村，村中共有 1500 余户居民。虽然

村中仅有10余户扎染工坊，但几乎每户都有人从事扎染相关工作。尤其是扎染工艺中的扎花是周城村妇女普遍掌握的技艺。据实际调查情况可知，段氏璞真扎染坊的工厂有20多名工人，这些工人负责扎染厂扎染制品的加工生产，但厂里也会根据需要将简单易学又不涉及工艺核心技术的扎花任务分派给村中妇女，按任务量支付酬劳，酬劳标准一般为8元/块（1平方米），村中妇女可在家接受加工任务。如据笔者采访的一位陈姓村民（女，70多岁）介绍，村里的女性自幼时就开始学习扎花，几乎每个女孩子都掌握这项技艺，她是村中扎花工人中的一员，早在30年前就开始接受扎染厂的扎花任务，赚取酬劳以补贴家用。目前，她已经掌握了100多种扎花图案的技法，像她这样的老人村中还有不少。由此可见，村民帮助扎染厂或作坊进行扎花加工的生产模式早已形成，这种生产模式也是周城村的扎染工艺至今能够相对完好地保存并延续的重要原因。一方面，对于扎染厂来说，村民的参与缓解了扎染厂的生产压力，利于扎染业的发展；另一方面，对于村民来说，扎染厂的生产任务为当地村民提供了就业机会，减少了劳动力的就业压力，提高了村民收入，增加了村民的生活保障，对于缓解社会矛盾具有重要的意义。更为重要的是，对于扎花工艺的传承而言，其生存和发展有赖于滋养和培育其生长起来的文化土壤。这种模式调动了全村民众对扎花工艺传承的参与，使得扎花技艺得以在村中普及，形成良好的群众基础，为扎染这一传统工艺在当代社会的生存与发展营造了良好的文化生态环境，对于扎花工艺的完整性保护、生产性保护及有序的传承十分有益。

### （三）提供交流平台，促进技艺发展

为了促进扎染技艺的提升及扎染工艺的发展，扎染厂还会不定期地开展培训交流课程，本村村民只要愿意皆可参加，由工厂给每人发200元培训费。培训课程一方面向村民讲授专业的扎染技艺知识，提高村民技术水

平；另一方面为村中掌握不同扎花技艺和装饰纹样的扎染艺人提供一个相互交流和切磋的平台，推动扎染技术的共享，促进扎染工艺的进一步发展。由于有偿参加培训课程，村民的积极性较高，培训也取得了较好的成效。谈及工厂为学员发放培训费，厂长解释道："这是为了促进本村扎染技艺的提高，并依靠村民的广泛传播来培养村中扎染工艺的生存环境，以促进这项传统工艺的进一步发展。中华五千年文明传承到现在靠的是全民性参与，想要传统技艺得以保存和传承也必须如此。"

（四）充分发挥博物馆功能，扩大社会传承

博物馆是文化机构，还是收藏展览机构与宣传教育机构，具有传播历史和科学文化知识的功能。非遗博物馆是广大受众获取非遗知识的重要窗口，在非遗的社会传承中扮演重要的角色。周城村段氏璞真扎染工厂下即设置有扎染博物馆，博物馆包括展示空间和体验空间两部分。展示空间主要以扎染工艺介绍（包括染料、工序、工具、纹样资料等）、展品陈列两大部分，体验空间包括商品出售和技艺体验两部分。博物馆除了日常展示外，还和旅游公司合作，为游客提供展示和体验项目。尽管这种合作带有营利性质，但较之于纯粹以经济利益为目的的商业性开发行为，通过这种方式为企业带来了经济效益，也为博物馆的运营及扎染厂其他保护工作的开展提供了资金支持，还有效地扩大了传统文化的受众范围，对于扎染工艺的发展具有积极的意义。

## 三、总结

通过以上论述可知，周城村扎染能够在当代社会语境下得到良好发展得益于合理有效的传承、保护和利用的措施，而这些合理的措施则有赖于决策者正确的观念作为引导，如对非遗正确的价值认知观念、可持续的发展观念等，这些观念才是决定非遗发展方向及命运的主导因素。因此，结合周城村扎染的发展状况，对于非遗在当代的传承、保护和利用提出以下建议。

首先，各级政府文化管理部门及旅游管理部门的相关人员，作为文化遗产保护与利用的决策者与管理者，对于文化遗产保护相关政策的制定与实施、开发利用的方向与程度，以及遗产原有文化的保存与延续都有着重要的决定作用。因此，这些决策者、管理者尤其应强化对于文化遗产及非遗的保护意识，转变思想，自觉树立经济建设与文化保护一体化的观念，以科学的发展观为指导，严格规范其思想意识和行为方式，开阔视野，科学决策，推动经济建设与文化保护的协调发展和相互促进。

其次，对于传统村落文化的承传者或拥有者，需要充分认识遗产的文化价值与经济价值之间的关系，树立理性、可持续的发展观，在传承和利用文化遗产时，在最大化保护遗产文化价值的基础上实现其经济价值。同时也要认识到民族或地域文化遗产的生存和发展有赖于滋养和培育其生长起来的文化土壤，相关传承和保护的工作，必须从保护当地的文化生态开始，依托本地环境、本地人进行传承，避免经济利益先行致使遗产原真性及整体性遭到破坏的做法。其中，对于非遗的传承，还要正确处理继承与创新的关系，认识到创新是手段，传承传统文化才是遗产生命延续的根本。因此，其在守护非遗承载的传统技艺、文化的同时，拓展需适度，避免因过分创新而改变遗产的内在文化传统，使其承载的文化内蕴被异化。

# 昆明市东川区铜都镇箐口村考察行记

陈冠伟　方　强

云南省昆明市东川区铜都镇的箐口村，2012年4月11日被评为“云南省历史文化名村”。中南大学中国村落文化研究中心考察组于2016年7月25日，对箐口村进行了较为细致的考察。

## 一、箐口村概况

据村委会提供的新近资料，箐口村始建于清代，迄今已有200余年的历史。箐口村东邻牯牛山，西邻梅子村，南邻李子沟村，北邻嘎德村。全村辖6个村民小组，其中汪家箐、箐口2个组较大，另外4个组较小。村落形状大致为长条形，6个村民小组散布在海拔2000—2500米高的山地上。

村里现有农户403户，人口1467人，劳动力811人。土地面积16.4平方公里，耕地面积1171亩，人均耕地0.85亩，森林面积18841.5亩，覆盖率达90%。其居民绝大部分是汉族，主要姓氏有张、李、赵、陈、王、孙等。2015年村民人均收入约为2500元，主要收入来源为种植业、

采访当地政府官员

旅游业和外出务工收入。

村中建筑以现代式或混合现代式的居多，但其主要旅游景点汪家箐石板房村的传统风貌保存较为完好，并于2005年被昆明市列入民间“古建筑保护名录”。村中还有至少五棵栽植于清代或更早时期的古树，其中包括两棵桂花树，两棵柞木树和一棵樟木树。箐口村现在在村委书记冯兴能的带领下努力发展旅游业，着力打造以道教文化为主题的文化产业链。现已建成“老子骑牛大门”“紫霞宫”等人文景观，还有在观音庙旧址上重修的送子祠。村中另有据传为道家修仙之地的“仙人洞”，位于海拔3000多米高处，其形成年代暂未考证。

箐口村耕地类型基本为旱地，多种植玉米、土豆、红薯、花椒、核桃、梨、苹果等经济作物。村里的耕地和水源基本没有受到污染，适合种植农作物，但由于地形限制，土地小块且分散，致使其农耕方式基本以传统的手工耕作模式为主。耕地整地工具有铁锄、耕犁、耙等，运输工具有担、筐等，收获工具有镰刀、簸箕等。农业主要生产经营模式为个体小农经营，山林所有制结构为个体经营的林业。

箐口村的地理位置海拔较高，且山路曲折漫长。考察组于 2016 年 7 月 25 日乘铜都至箐口的专线公交，沿盘山公路而上，耗时近一个小时。途中车辆在没有护栏的单车道上急转弯 50 多次，渐入云霄，真是前所未有的体验。可想而知，在盘山公路修通之前，箐口村与外界的交通如此不便，几乎处于与世隔绝的状态。

关于箐口村形成的缘由，村民们的看法主要有两点：一是认为此处土地肥沃，山泉水源丰富，所以祖先迁居于此。这种看法并不能完全解释其祖先为何要来到如此偏远高险之地建立家园。另一种看法是为了躲避战祸与动乱。相较之下，第二种观点可能更接近事实。当然，也可能这两种原因都存在。

## 二、箐口村人口统计

箐口村里现有农户 403 户，人口 1467 人，这一数据在近年来基本呈平稳态势。村里的出生率和死亡率保持基本平衡，迁入者与迁出者也相差不大。

调查问卷显示，箐口村过去几乎没有独生子女家庭，不过这一现象近年来略有改变。虽然大多村民还是愿意生育两个或更多的孩子，但也有少数村民表示：一个都没钱养了，还怎么养第二个？重男轻女的观念虽已淡薄，但依然存在。一些村民虽然表示生男生女都一样，但又补充：生下来就一样了。言外之意是，在小孩出生之前还是更想要男孩。

箐口村规划效果图

箐口几乎所有家庭都重视教育。绝大多数村民都有中学以上学历，大学本科学历的有40—50人，研究生学历的有1人。虽然小孩上学会对大多数箐口家庭造成沉重的经济负担，但几乎每个家庭都愿意倾尽所有送小孩上学。村里辍学打工的现象几乎没有。

与其他很多村子一样，箐口村同样存在“空心村”现象，年轻人大多外出北上广深等发达城市打工，他们打工的收入也成为家庭主要经济收入。但与很多“空心村”不同的是，箐口村的留守儿童极少，父母如果外出打工，往往把小孩带在身边，一同走出大山。于是村子里留下的主要是老年人。偶尔有儿童留守，也必然有人监护，通常是母亲在家照顾老人和小孩，父亲外出打工挣钱养家。这些单亲监护的留守儿童，至少从表面上看起来，并没有因此产生不良的心理影响。一位女童对考察组说，她很支持爸爸出去打工，因为这样家里才有钱。当问及是否想念父亲时，她说，她虽然很想爸爸，但是爸爸经常打电话回来，所以她并不觉得孤单。女童对生活充满积极、乐观的情绪，“我喜欢上学”“大家都很关心我，我将来要回报他们”“我要努力学习，将来赚很多钱给爸爸妈妈”。

## 三、箐口村的经济

箐口村是一个极度贫困村，去年人均年收入在2500元左右，被东川区政府列为扶贫规划中最后一批脱贫的对象。与其他一些贫困村不同，箐口人非常信赖政府，对生活前景充满信心。村民们大都认为，当地政府和村干部为村子办了一些实事，虽然未必产生了足够的效益，但确实很努力，过程也基本公开透明。这种民与官的和谐，在贫困地区其实是不多见的。

箐口村正在努力发展旅游业，村主任冯兴能带领村民建设“牯牛山风景区”，已经取得了一些成效。现在每逢周末或节假日，总有不少游客到来。但目前村里的基础设施还很不完善，缺乏旅游业的配套服务业，因此游客的增长并未给村民带来多少经济收入。

目前，村民的主要经济来源依然是种植业和外出打工收入。村周围的森林已经禁止私自砍伐，因此林业方面的收入可以忽略不计。高山上又缺少连片的大块田地，种植业也很难形成规模，所以村民们的收成往往不高。

村里不时遭遇自然灾害。去年，为了扶持种植业，村委会利用扶贫款项购买了进口苹果、车厘子、大樱桃等种苗，鼓励村民种植，并打通销售渠道，预期带来大量增收。然而当年遭遇罕见的旱灾，山泉枯竭，作物缺少灌溉大量枯死。面对不可抗力，政府能做的只有补苗，勉励村民不要灰心，并期待未来数年的收成。因为地处山区，又可能遭遇崩塌、滑坡、泥石流等灾害，这种情况的应对通常以政府协助村民预防为主。政府派人勘察隐患点，然后将注意事项等发放粘贴到受地质灾害威胁的村民家中，并登记造册。然后村民平日自行注意观察周边情况变化，发现灾害迹象时及时通报相关部门，然后撤离至安全区域。在暴雨或连续降雨时期，村民们更是要高度警惕。

除了旅游业和种植业，村民们也会养殖一些家禽和牲畜，主要有鸡、羊、马等。但是受地形等因素限制，养殖同样难以形成规模，因此给村民带来的经济收入是相当有限的。

## 四、箐口村的旅游资源

当前，村里为了发展旅游业，修建了很多景观。其中有些是在原有建筑遗址上改建，如村里的“送子殿”，供奉观音等神像。送子殿在“文化大革命”时期被毁，如今在村委会的努力下得以重修。或者依托原有景观，附加新的景点，如在海拔 3000 多米高的“仙人洞”旁修建了“紫霞宫”，游客远远从低处望去，云雾缭绕，令人神往。也有为了打造风景区而新修的一些景点，如海拔 2200 米处的悬空栈道，游客立于其上可以鸟瞰山下的铜都镇，适合拍照留念。还有村口新修的“老子骑牛”巨像，横跨公路，也是值得一看的景点。

箐口村之所以能被评为省级历史文化名村，与新修的景点应该关系不大。村里最有历史文化底蕴的，主要在于村内的汪家箐石板房建筑群。

石板房建筑群主要形成于清代，占地面积约 6 万平方米。石板房的主要特点是房顶以大而不整的石板代替常见的瓦片，墙体则主要以石块或土砖堆砌而成。居住在高地的人们为了克服缺乏常见建筑材料等不利因素而采取了替代措施，逐渐形成了石板房这种特色风貌。石板房本来是云南高地常见的传统建筑，但大多分布较散。如汪家箐这般集中的石板房建筑群落，是十分罕见的。

## 五、箐口村的民俗与信仰

箐口人的生活安宁、和谐。村民们的精神生活非常简单，白天做点农活，晚上有时看看电视，有时则什么也不做。他们很少集聚，很少从事娱乐活动。偶尔参加一些家族活动，偶尔搭乘专线公交去城镇逛逛。村里几乎没有戏曲或文艺演出，外界乡村里常见的老人之间的棋局或牌局在这里也销声匿迹。因此村里平日比较安静，尤其在非节假日游客较少的时候。对村民们来说，过年的主要意义在于可以和家人亲友团聚，所以只有逢年过节时村里才会热闹起来。可以说，箐口人的精神生活是相当简单的，但又不能用贫乏等贬义词来形容。因为他们安定，乃至一定程度上的满足。

箐口村石板房

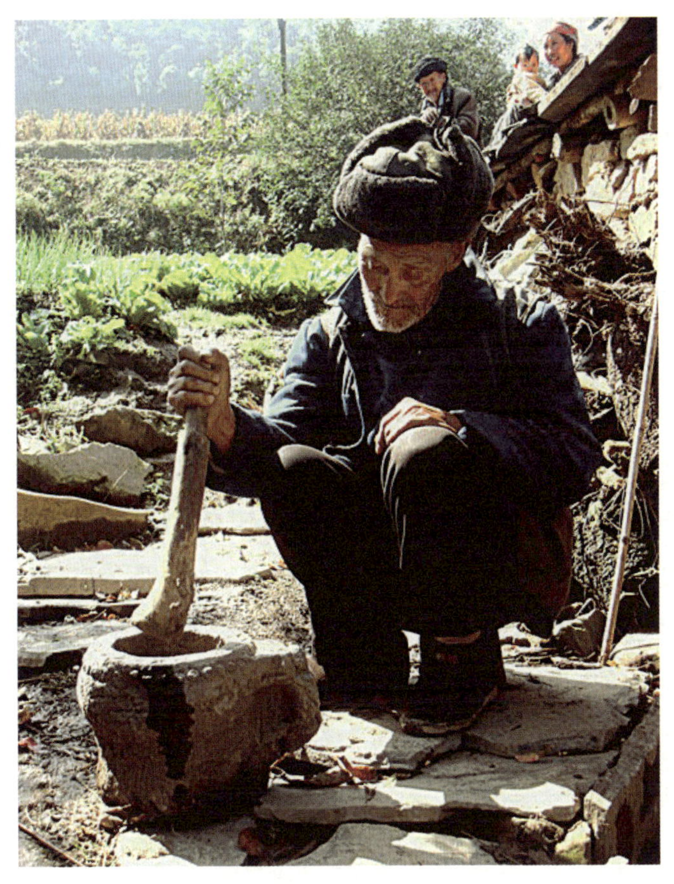

正在劳作的老人

城市里的声色犬马都与这里无关，城市里的人们也不一定比箐口人更有幸福感。

箐口人比较重视传统。对于婚丧等传统礼仪制度，村民们普遍认为非常有必要维持，而对丧礼的重视更胜婚礼。婚礼和丧礼的花费可能差距非常大。比如结婚前的彩礼，村民们通常认为不甚重要，可以量力而行，几百几千即可；而丧礼的花费少则一两万，多则五万至十万，可能耗尽多年的积蓄，但绝大多数村民仍然认为必须举行且不能简办。

村主任冯兴能告诉我们，箐口村的文化主要是道教文化，因此他牵头在村口修铸了老子骑牛像（有与牯牛山相应之意），又在传说道家修仙之地的仙人洞旁修建了紫霞宫，此外还重修了供奉观音的送子祠。可以看出这位能干的村主任力图重建箐口道教文化的决心。但是据考察组调查，箐口村民几乎已经没有任何宗教意识。除了极少数老年人，村民们基本不信神鬼，不认佛道。牯牛山脚下有一间基督教会，因此也曾有过传教士跋涉山路前来箐口传教，但毫无成效。冯村主任重建箐口道教文化的难度可想而知。

在箐口考察期间，冯兴能等村委会干部给考察组留下了深刻印象。他们志向高远，不仅想带领村民脱贫，还想让箐口村发展成为扬名四海的发达旅游景区，并评上全国历史文化名村。我们在祝福箐口的同时，也认为受限于一些客观因素，这些目标的实现难度不小。但箐口村确实拥有壮观而秀丽的旅游风光，也具备一定的历史文化底蕴，旅游业发展前景广阔。加之村民们内部和谐，在适当的扶贫规划指引下，克服困难脱贫指日可待。

# 万里京运第一栈：白雾村考察札记

陈冠伟　方　强　宋双双　姬琳琳

2016 年 7 月 29 日上午，白雾缭绕之中，考察组离开了白雾村。白雾村闻名遐迩，是中国历史文化名村之一。它为何当得起这一名号？它现今存在着一些什么问题？这是考察组之前抱持的疑问。

## 一、白雾村的概况

白雾村位于云南省曲靖市会泽县娜姑镇，距离会泽县城 25 公里，东接金钟镇和五星乡，西临小江和金沙江，与昆明市东川区和四川省会东县隔水相望，南邻大海乡，北与老厂乡和巧家县蒙姑乡接壤。村落位处高地，依山而建，形状大致为倒三角形，平均海拔 1920 米。当地气候宜人，年平均气温 13.7℃。

据娜姑镇政府提供的资料，白雾村建成年代可追溯至西汉建元六年（公元前 135 年）。古时白雾村是驿栈，是沟通川、滇地区的交通要塞。村落总面积 9.1 平方公里，其中耕地面积 3000 余亩。总人口 6622 人，辖 13

个村民小组。村民以汉族为主，主要姓氏有谢、李、陈、郭等。

白雾村现存传统古建筑 20 多处，其中许多被列为县级以上的文物保护单位。2005 年，白雾村被公布为中国历史文化名村。2009 年 12 月，白雾村获首届发现中国魅力小城（镇）“田园乡村魅力奖”。

明清时期，从东川矿区采下来的铜运到金沙江畔的象鼻岭，由马帮驮着去东川府换官牒，然后马帮沿昭通、大关、盐津进入四川宜宾，在泸州卸货。铜被装上小船，从川西坝子出三峡，到大运河口起碇。满载东川铜的大船北上至南京、天津，最后运抵京城由户部铸币。这就是历史上著名的万里京运，白雾村由此被称作“万里京运第一栈”。铜矿的开采和南铜北运的实施，给娜姑镇和白雾村带来了经济的繁荣和文化的昌盛。各地商人汇聚此地，会馆林立，而由各地商人带来的故土文化也在这里碰撞与交融，编织出一幅五彩斑斓的醉人画卷。至今尚存的楚黔会馆、通海会馆、江西会馆、云南会馆、湖广会馆和天主教堂等历史遗迹无不在向来往的人们诉说着白雾村当年的辉煌。

## 二、白雾村的文化旅游

白雾村作为历史上京铜运输的重要集散地，有着独特的优势来发展自己的特色文化旅游。

村落交通便利，去往娜姑镇和会泽县城都有公路直达。便捷的交通带动了当地的旅游业发展。村落里现今仍然保存着传统风貌的建筑有 20 多处，其中许多被评为县级以上的文物保护单位。这些建筑大多分布在白雾村主街两侧，是村落最大的旅游资源，主要有以下几处。

财神庙，原云南会馆，建于清乾隆三十二年（1767 年），占地 2049 平方米。其门楼结构形式在古建筑中少见。国民政府时期，白雾镇公所设

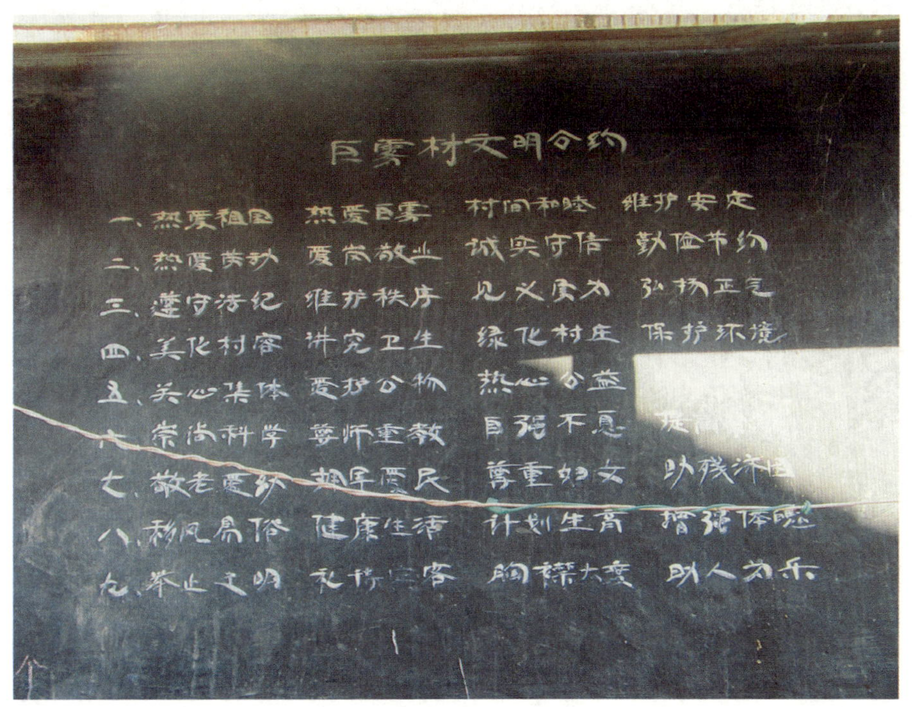


白雾村文明公约

于其内。土地改革时期，人民政权成立，为防土匪暴乱，又于门楼前修建土围墙及土楼。

三圣宫，原关帝庙，建于清嘉庆二十四年（1819 年），占地面积 1991.4 平方米，建筑面积 1550.35 平方米。山门临街，沿中轴线依次建有照壁、门楼、小山门、牌坊、魁楼、大殿、东西配殿及东西厢房等，共三进三院大小七个天井。整个建筑群布局严谨，错落有致，充分体现了清代中期的传统建筑风格。大殿塑有孔圣、关公、文昌雕像，故称“三圣宫”。历史上的白雾村有着全国各地的商人、游客，他们将自己地域的风俗习惯、文化信仰带到此处，融合出了一个群神汇聚的白雾村。村内还有一座天主教堂。三圣宫和天主教堂等宗教建筑的存在，正诠释了当地“神的和谐”这一宗教文化特征。

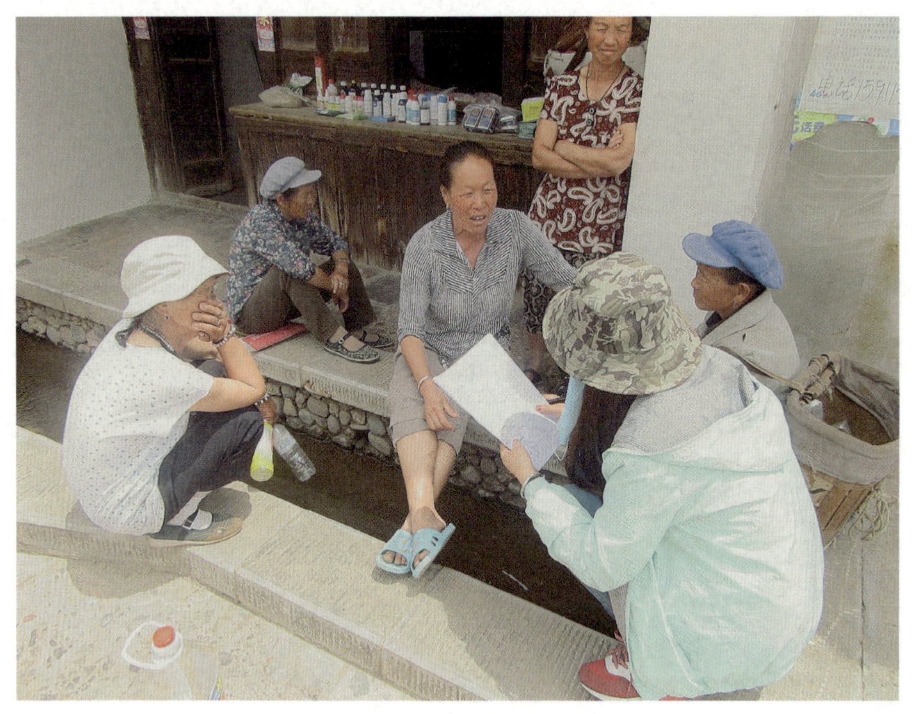

采访当地居民

陈氏民居，属典型的民居建筑，建于1945年，占地面积1171.71平方米。陈氏民居为二进院落，内院为传统的一颗印式四合五天井建筑。内院建筑从外观上看为一底一楼，实则是一底二楼，楼宇前檐设回廊串通。院中为正方形天井，全部用打制规整的六面石板按双喜图案铺成。院内前檐四廊廊柱置鼓形、瓜形、宫灯形墨玉柱石10个，造型别致，打磨精细。如今白雾村村委会就设在此处。

## 三、白雾村的礼俗礼制

白雾村重视婚礼和丧礼。据本地人介绍，当地的婚礼仪式颇有特色。

迎亲队伍到新娘家门前时，女方亲友会排成列往迎亲队伍身上泼水，称作“洗亲”。此外，新郎进门迎亲会被单独安排在一处吃饭，新娘则在后院吃饭，吃完后立即从后门“逃走”，新郎则马上追出，不管追多久，据传有追过两座大山的情况，最后把新娘“抓”回来，迎亲才算完成。男方把女方迎进家门后，婚宴通常会持续整整三天，然后女方回门拜爹娘，整个婚礼才算完成。

村民对丧礼则更为重视。丧礼开始与持续的时日是由“阴阳先生”确定的。一场丧礼往往持续多日，耗资巨大，少则数万元，多则十万以上，可以让孝子倾家荡产，甚至可能欠下巨债。贷款办丧礼在当地并不是新鲜事。

相较于婚丧等礼制，白雾村的宗法礼制观念已经退化。村里的郭家祠

采访当地文化工作者

正在娱乐的老人们

堂已经被用作普通民居，不再是祭祀之所在。据采访，村里的族谱也普遍遗失了，人们早已没有保存家谱和族谱的习惯。当地的大家族如陈氏、谢氏等也没有公认的族长，尽管族内的小纠纷仍依靠族内有威望的人来调解，但也越来越多地依靠法律手段。村委会所在的办公大院内设有专门的调解办公室，娜姑镇上也有会泽县人民法院的派出法庭，而这些都有利于在家族势力消退、族内自治消失的情况下村民纠纷的解决。

## 四、白雾村传统文化的流失

与大多发展旅游业的传统村落相比，白雾村有几点明显优势：首先，文化底蕴深厚，众多历史建筑是先人宝贵的遗产；其次，名气已经打响，拥有全国历史文化名村等荣誉称号；最后，村落的经济已经得到初步发展，与旅游业配套的各项基础服务设施已比较健全，村民的收入也相对较高。可以说，村子已经度过了发展历程中最艰辛的时期。但是，据考察组观察与了解，白雾村在保护传统文化方面仍存在明显的不足。

首先，镇政府和村委会只重视建筑等物质文化，对非物质文化不够重视。

近年来，随着旅游业的开展，娜姑镇政府开始对传统建筑进行保护和重建，但对于非物质文化遗产的保护不够。譬如被列为非物质文化遗产的“洞经音乐”后继乏人，现有传人年龄偏大且身体健康每况愈下，这一非物质文化遗产已经面临着失传的危险。此外，据资料记载，同白族一样，白雾村也有他们自己的土靛扎染技术，这在白雾村的旅游介绍上面也有记载。不过经考察组的调查，这种技术实际上已经失传，村子里已经没有人会这纯天然的染布技术了。

在采访娜姑镇政府关于白雾村资料汇编整理的专家时，在考察组提到“对于这些已经或即将失传的技艺是否有采取挽救措施时”，专家表示：现在并没有采取任何具体的挽救办法。也许是经费不足，也许是这种技术在现今生活中存在的意义不大，所以当地政府采取了放任自流的态度。可以说，他们不是不知道这种技艺的文化意义，只是下意识地忽视这个问题。

当地政府对非物质文化的忽视，还体现在很多方面。譬如村里的古戏台，只有在上级部门送文艺会演下村等重大活动时才发挥作用；古戏台前的文娱广场，平时也只用作停车场。一年一度的火把节，在云南各地至今仍很盛行，而在全国历史文化名村的白雾村，却备受轻视。据考察组观察，火把节当日未见组织任何活动，虽然当晚有小雨，但从白天开始因火把节而有所行动的也只有一些期待热闹的孩子。

其次，即使是对物质文化的重视，也只是相对而言的，实际上仍远远不够。

在走访过程中，可见很多传统风貌的房屋破烂，几乎未有采取任何保护措施。除对部分庙、道馆等建筑进行了修复，大多古建筑都处于荒废或破败的状态，有些甚至只剩下遗址。例如江西会馆、古城墙等。在修复一般民居时，主要依靠村民个人家庭的力量，但必须按照政府的规划进行修复，而政府给予的补贴并不能令多数村民满意，村民们维护建筑传统风貌的积极性因而大受影响。

又如曾经存留的双面阳线木刻板年画，上面刻画了白雾村村民信奉的各路神仙，是当地文化大融合的有力表现。但因为政府不能或不愿出资收购，木刻版画就被版画继承者转卖掉了。

由此可见，虽然白雾村的旅游业似乎正在发展起来，但其传统文化却正在逐步丧失。若不立即采取相应保护措施，其旅游业之生命力恐难持久。

# 教育兴村之典范：淑基村的启示

陈冠伟　方　强　姬琳琳

经过了整整一天的长途跋涉，考察组来到了曲靖市师宗县竹基镇淑基村。村委会和镇政府工作人员热情地接待了我们，并带考察组前往村里的重要景点窦氏宗祠、窦氏故居等地进行考察。

## 一、淑基村的概况

淑基村位于师宗县城东北方向，距县城14.5公里，辖348户、1132人，现有耕地面积1103亩，人多地少，主要以传统的种植业、养殖业、铸造业、文化产业和劳务经济作为经济支柱。村落周边大范围内无任何化工设施和大气污染源，绿树环抱，空气良好，水质清澈，环境优美。

据传，1654年，为躲避战乱，偃武修文，窦氏先祖窦云开率子由陆良迁居淑基。当时老百姓都是用绳子拴养鸡鸭，由此取名“束鸡村”，经过历史的变迁，演变为今天的“淑基村”。

淑基村是清代历史文化名人、岳阳楼长联作者窦垿的故里，现仍保存

采访当地政府工作人员

有明清时期建筑风格的二十四座院落，包括古色古香的窦垿故居、窦氏宗祠等。窦垿名作《示儿录》《待焚录》等历史文物古籍亦保存在村落博物馆里。2011 年淑基村被评为国家级文明村，2012 年 12 月被评为云南省历史文化名村。

## 二、淑基村的重要建筑

在竹基镇政府宣传委员和另外两名政府工作人员的引导下，考察组来到淑基村。在讲解员的耐心讲解下，一个曾经辉煌的家族掠影逐渐浮现于眼帘。

窦氏宗祠始建于乾隆二十八年（1763 年），道光元年（1821 年）增修，

窦垿故居

1998 年 8 月至 1999 年 3 月，族人捐资近 13 万元用于维修。宗祠坐北朝南，依山势而建，原为土木结构，现改为砖木结构，有正房大殿三间、左右陪房各一间、东西厢房各三间、大门楼三间。大殿屋脊、边沿、大门楼用琉璃瓦镶嵌。屋脊上嵌有龙、麟、凤、鱼、人物。宗祠大门由两只雄狮托起，门中央悬挂“窦氏宗祠”“燕山派衍”匾额。整个祠堂设计布局严谨，斗拱飞檐，庄重肃穆，气势恢宏。每年清明时节，族人从四面八方前来参加传统的宗祠祭祀。可以说，窦氏宗祠是教育窦氏子孙继承和发扬祖先传统美德、不忘根本、承先启后的殿堂。

窦垿（1804—1865 年），字于坫，号兰泉，云南师宗淑基村人。清道光九年贡生，赐同进士出身。署吏部主事，考功司印，员外郎，江西道监察御史。为官时正值鸦片战争之际，民不聊生，朝廷腐败。窦垿因不附权贵，刚正不阿，仕途几经坎坷，后病逝于贵州任上。一代名臣林则徐即由窦垿举荐于朝廷。

窦垿故居始建于清道光十六年（1836年），是省、市、县三级文物保护单位，建筑面积约1500平方米，坐北朝南，土木结构，青瓦覆盖，分上下两层，在上层和下层之间铺设楼板。窦垿故居有着悠久的历史渊源、丰富的文化底蕴及古朴的建筑风格，集传统文化、艺术风格、等级格局为一体，为现存民居建筑中保存较好的古建筑群。这些建筑坐落于山清水秀的淑基村后山麓，由单座建筑组成庭院，进而以庭院为单元构成四合院布局，虽历经200多年的历史沧桑，但雄伟壮观的斗拱飞檐、古朴幽雅的雕梁画栋仍清晰可见。

窦氏族人重视教育。自古以来，只要到了上学的年纪，村里不分男女都会被送进学堂读书，所以下至低龄孩童，上至八九十岁的老人都是识字的。而窦氏族人不仅仅重视文化教育，也重视道德教育，淑基村至今馆藏木刻图案版的窦式“十八家风”。

## 三、淑基村的精神生活

淑基村给考察组留下的深刻印象之一，是居民精神生活的丰富。进入淑基村，首先映入眼帘的是种类繁多的体育场所和器材。村民们闲暇时候的娱乐方式有很多，除了唱歌、跳舞之外，村内的文体中心经常聚集中老年村民，举行棋牌活动，同时聊天联络感情。文体中心不远处就是篮球场和门球场，还有地掷球和乒乓球等等。淑基村在前一回的全镇乒乓球大赛上获得了第三名的好成绩，上一次比赛的比分牌还未摘去。

如此丰富多彩的文体生活，是村民们幸福度较高的证明，这在今天的传统村落里是比较少见的。因为一个地域的人们如果没有解决基本的物质生活，是不可能有丰富的精神生活的。淑基村的人均年收入在7000元左右，全村被列为贫困户（年收入3000元以下）的仅有3户，就乡镇地区而言经济水平不算低，这是村民精神生活丰富的原因之一。窦氏族人自古以来就非常重视教育，重视人的内涵，因而在今天也注重精神文明建设，这是原因之二。

村里有一幢现代与古典式样完美结合的淑基小学，近年又花费巨资翻新，这是村子如今依然重视教育的明证。除了文化教育，也重视传统道德教育。村里竖立着大量的宣传道德修养的文化墙，几乎连接了整条主街道。这种宣传教育的力度，在各地都是少见的。当前村里拥有大专以上学历者达70—80人，在同等规模的传统村落里是难得的。教育的能量显然一直在淑基村发挥着作用，这也是村民普遍收入较高的原因。而经济水平提高后的淑基村，又将更多的资源投入到教育上，实现了良性循环。

## 四、淑基村传统建筑的保护与启示

淑基村的干群关系是十分融洽的。在考察组的多方走访之中，村民们大都表现出对村干部和镇政府的信赖，只有极个别村民向我们反映了不满，并且仅仅是源于一些并无证据的猜疑。我们可以做出基本判断：淑基村绝大部分村民是信任并拥护当地政府的。这种良好的状态对村落未来进一步的发展无疑会起到促进作用。据观察，村委会和当地政府之所以得到村民的拥戴，与平和的管理政策是分不开的。

村民们对自己的生活拥有相对较高的自主权。村委会和镇政府比较尊重民意，没有将一些似乎正确却引人反感的政策强加于村民。譬如在维护古建筑传统风貌方面，许多传统村落都采用高压的政策，勒令村民不得私自改建房屋。而在淑基村，村民却拥有一定的自主改造权。省级文物保护

新修窦氏祠堂

单位窦垿故居，迄今大部分保存完好，但有一小片被改建成了现代式的建筑，这种破坏式改建损坏了建筑的整体风格，令人十分痛心。在询问镇干部为何允许这种事情发生时，镇干部回答：这是村民自己的房子，他们有权进行改造。这样的回答多少有些令人吃惊，当地政府似乎牺牲了对文物的彻底保护，保留了村民本来的自主权，从而换取了村民的支持。

那么，是不是可以说当地政府“不作为”呢？可是同样令人惊讶的是，即使淑基村村民拥有改建房屋的自主权，破坏式改建的也仅仅是一小部分而已，其余大部分保存得相当好。相比之下，我们所知道的很多传统村落，强迫村民住在古旧式房屋，却不能改善村民的居住条件，这不但会激起民愤，还使大量传统建筑也在日益破败中慢性死亡。就结果而言，我们恐怕不能简单地判定哪一种做法正确。

如何在新农村建设的浪潮下保护传统村落，是一项意义重大的课题，但这并不是保护几栋古式建筑那么简单。许多地方政府不懂，或者出于某些考虑装作不懂，因而走在片面而扭曲的道路上。毫无疑问，我们的传统建筑需要积极保护，但若这种“保护”是建立在侵犯原住民权益、给原住民带来长期痛苦的基础之上，与“以人为本”的精神完全背道而驰，究竟意义几何？我们需要保护的原本不仅仅是传统风貌的建筑，更重要的是生存在这些建筑中的活态文化。如果这种文化的本质已经被扭曲，村民们只是充满怨恨而无可奈何地生活在所谓的古式建筑中，“文物保护”意义就大大缩减了。

淑基村为我们提供了思路。它在规划保护方案时重视普通村民的意

新修窦氏族谱

愿，并为之预留了牺牲的空间。它并没有像其他许多传统村落那样不切实际地一味追求完美，因而反而能做得更好。虽然它的传统建筑没有某些村落那么多，但保存了精华，更重要的是村民们自愿且愉悦地生活在其中。蕴含了真实的活态文化的文物性建筑，即使数量较少，其价值也是那些所谓传统风貌却空空洞洞的建筑所不能比拟的。

但是必须指出的是，如果以保护传统建筑为目标，并不是所有村落都可以像淑基村这样采取比较宽松的管理政策。实际上，如果没有比较严格的管控措施，一些历史文化名村的传统建筑很快就会被钢筋水泥大量取代，很多村民根本不会考虑古建筑作为文物保护单位的价值，一个又一个传统村落就是这样消亡的。淑基村之所以没有出现这种情况，是建立在村民整体素质较高的基础上的。也就是说，淑基村重视教育的成果最终反映到了维护自身传统风貌上。

无数事实证明，扶贫需先扶智，教育是解决很多问题的根本途径。淑基村的整体文化素质较高，所以村民们视野宽阔，有更多的办法发展自我，提高整体生活水平；同时也能更好地理解政府的每一道决策，并达到一定层次的道德修养，所以能够在保障自身基本需求的基础上，为全局利益和长远利益作出一定的牺牲。可以说，淑基村通过教育，基本解决了在发展自我的同时保存自我这一重大难题。

现在的淑基村，有安详的老人，天真活泼的孩童，满怀激情的青年，到处都是温馨和睦的氛围。在这样的生活状态下，村落无疑将会有更为美好的发展前景。

# 多依源头第一村：腊者村考察札记

方　强　姬琳琳　宋双双　陈冠伟

## 一、腊者村概况

曲靖市罗平县鲁布革布依族苗族乡位于滇、桂、黔三省（区）接合部，素有“鸡鸣三省”之美誉，是云南省仅有的两个布依族乡之一（另一个是罗平县长底布依族乡）。腊者村是鲁布革乡罗斯村委会辖下的一个自然村，面积2.7平方公里，地处低纬度亚热带河谷，是国家4A级名胜风景区多依河（布依语为“高达”之意）的源头所在，海拔为800—980米，年平均温度18.7℃，年降雨量1200—1300毫米。

腊者村辖两个村民小组，共120户，526人，均为布依族。村民的主要姓氏有王、黄、刘、董、何、田。腊者村2015年的人均年收入达6000多元，收入主要来源于种植业和林业。外出务工人员相对较少，主要流向广东省和昆明市。村落中布依族传统生活气息比较浓郁，民族民间传统文化资源丰富。2006年5月8日，该村被云南省人民政府命名为第一批非物质文化遗产名录“鲁布革乡腊者村布依族传统文化保护区”。2012年12月17日，该村被住房和城乡建设部、文化部、财政部列入第一批中国传统村落名录。

## 二、腊者村的经济

腊者村位于山中的河谷地带，气候湿润，属于典型的亚热带气候。2015年，腊者村的人均年收入达6000多元，其收入主要来源于种植业和林业。

腊者村耕地较少，村子四周的山上遍种竹子。除了竹子，多种植15年左右即可砍伐的经济林木，并以林业作为村子的主要经济支柱之一，这与别的许多传统村落的林木只可种植不可砍伐的情况迥然不同。考察组在村寨里走动时，发现有不少村民都在做竹制品，例如烧烤扦子、筷子等。由于气候原因，附近山上的竹笋生长很快，竹笋品质优良，与竹制品一起构成了村民收入来源的一部分。

腊者村风貌

腊者村界碑

与外界很多“空心村”不同，腊者村的外出务工人员相对较少。接受采访的村民大多都说：以前出去过，后来因为小孩要读书，就不能出去了！在他们的观念中，孩子受教育是更重要的。大致而言，村民们较少外出务工的原因有三：一是布依族世世代代生活在村子里，用自己的语言交流，生活自给自足，对自己的生活状态比较满意，没想过也不愿意出去；二是布依族属于亚热带气候，可以较早种植蔬菜贩卖，并且背靠大山有丰富的森林资源，各种竹制品的制作都可以为他们带来生活上的保障，依靠外出务工收入养家的情况相对较少；三是布依族的大多数人都重视孩子的教育，为了孩子的健康成长一般也只会选择离村子较近的地方打零工。

腊者村汉化的情形不是特别严重，至今仍存留着许多布依族的传统风俗习惯，其中保存比较完整的是传统节庆习俗，比如农历二月初二的“祭老人房”“对歌节”，农历三月初三的“祭山”“泼水狂欢”，农历七月十四的“尝新节”等。

布依族传统的“祭老人房”是一种比较原始的宗教信仰。所谓的“老人房”即指寨神。到每年的二月初二，各家各户都要奉献鸡蛋和猪肉祭祀寨神，祭祀完毕后村民就地聚餐，以祈求风调雨顺，人畜平安，祭祀时间通常为三天，在此期间，所有村民不准做农活，不准大声喧哗，不准外来人员进村。

布依族村民每年三月初三还要“祭山”。仪式开始前，用当地一种特殊的植物根茎把糯米依据植物根茎的颜色分别染成黄、灰、紫三种颜色，加上未被染色的白色糯米合称为“四色糯米”。随后村民带着“四色糯米”和其他必要的祭品在山前聚集，由“摩公”主持祭祀。祭祀过程中摩公口中一直念着咒语，代表村民和山神沟通，祈求风调雨顺，人畜平安。“祭山”活动完毕后，村民会来到多依河旁举行盛大的泼水狂欢活动。

“尝新节”，俗称“吃新节”，在七月十四之前，村中的家庭主妇们会

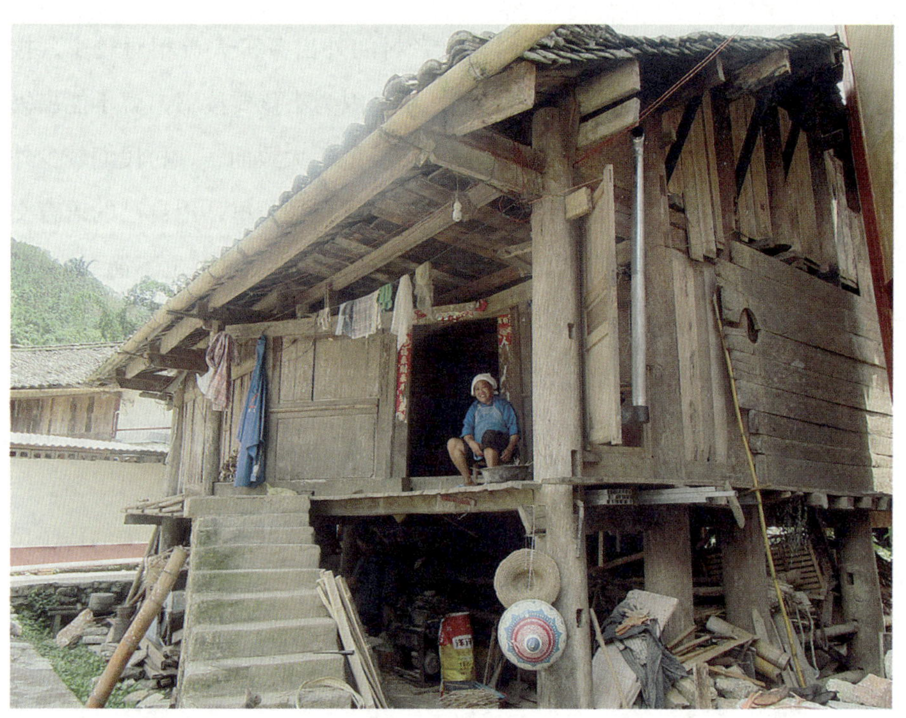

腊者村民居

正在浣洗的老人

到田间采摘新谷，打出新鲜的白米，七月十四早上，家庭主妇们蒸熟新鲜的白米，烹好鲜鱼，然后邀请家中老人带着孩子去田间祭祀祖先，祭祀完毕后老人带着孩子回来全家聚餐，以此预祝五谷丰登。

在村中一位兽医黄立龙先生的讲述中，考察组也了解到了一些关于腊者村婚礼和丧礼的习俗。

村中相恋的男女在结婚前，女方不被允许去男方家。至结婚当天，新郎一方要派本家中人通常为 4 男 4 女去迎亲，而新娘一方也要派本家中人通常为3男3女去送亲，这些送亲之人要在新娘回门时跟随新娘一起回去。新娘出嫁时要穿手工制作的布依族传统服装，在新郎接新娘的路上和接到新娘回去的路上，迎亲之人一般会唱山歌。结婚后第三天，新郎新娘要向家族中所有的长辈敬酒。

丧礼时，村民不要求随份子钱。如果去世的人是岳父，姑爷则有“拉羊”的习俗。所谓“拉羊”，就是姑爷参加岳父的葬礼要牵头羊去，如果家中没有养羊的话也要买头羊牵去；到岳父葬礼现场后，由前来参加葬礼的村民们动手杀掉，煮熟后村民们一起享用。但姑爷不能在葬礼现场吃饭，而只能到已死岳父隔壁邻居家吃饭。如果去世的人是自己的父亲时，自己的舅舅们有“拉牛”的传统。具体操作方法及过程和上述“拉羊”习俗大致相同，不赘述。

此外，村里还有独具特色的“诞生礼”。只要有新生儿诞生，一家之主就会在中堂附近的墙壁上悬挂数量不等的由四个长方形木条对接组成的近似等边梯形的木框。每个木框里都会摆放一个或者两个材质多样化的杯子，杯子里插着一些香，在杯子的两侧会摆放着不同数量的倒扣着的小碗，在木框的上方会垂着一条红色的丝带。在家里悬挂这种摆设，以求保佑新生儿能平平安安、健健康康地成长。这种习俗寄托了长辈对后代子孙健康成长的期望，体现了对子孙的爱。

## 三、腊者村的布依族服饰

腊者村的妇女平日都穿着布依族的传统服装，头上包有头巾，上衣一般为蓝色大襟绣花短上衣，主要是领口、盘肩、衣袖处都镶有“栏杆”（即花边），下面则是黑色长裤。这些花边现在都是她们自己在缝纫机上完成的，很少再像以前那样进行手工刺绣。虽然妇女们现在做衣服都是用买来的布匹，但属于她们的织布、染布、刺绣技艺还没有失传，依旧有人在进行这项古老而又传统的手工技艺。

在布依族，每家每户都有背小孩的背篼，这种背篼是特制的黑色布料，由小孩子的姥姥亲手绣上带有吉祥寓意的花纹，然后在小孩出生之后，由人测算出最好的日子送去小孩的家里，目的是希望孩子可以健康茁壮地成长。考察组看到一个未完成的背篼，黑色的底，金色的镶边，中间有各种颜色的花纹，组合出一个漂亮又精致的图案。

## 四、腊者村的语言

腊者村村民全部为布依族，村民之间的日常交谈以布依族语言，但与非族人交谈时依情况而定使用云南方言或者普通话。考察时访问当地村民得知，村里布依族现已只剩下语言而没有文字了。文字失传的原因，有人说是因为太复杂而逐渐消失。

村民都很重视普通话和汉字的学习，这样有利于与非本族人交流学习以及适应社会的发展。至于本民族的语言，新一代认为不需要学习，因为似乎没有什么用处，去外面也用不上。村民们似乎遗忘了自己的文化，也并不执着于维护自己的民族特色。不过短时间内也不需要担心布依族传统文化失传的情况。一个村民告诉考察组，孩子出生之后，父母都是用本民族的语言与之交流的。家是孩子的第一任老师，所以，在潜移默化的影响中，布依族语言还是会很广泛地应用在他们的生活之中。

## 五、腊者村的发展与管理

云南省政府将腊者村村寨整体纳入了传统村落规划保护范围。政府对腊者村的政策较好，据村民所讲，对于村民建的房子，政府补助较多，村民大多很满意。

与其他许多传统村落一样，腊者村现在也在着力发展旅游业。这与鲁布革站建成后形成小三峡风景区密切相关，腊者村位于多依河上游，又是布依族村寨，其独特的民族风情可以成为旅游业的资源。

腊者村仍然保存着大量传统吊脚楼，但现代式建筑也已大量兴起。对于腊者村的保护，应该注意自然生态环境以及村寨历史环境（主要包括村寨的独特建筑、民族服饰等）等的保护，在发展与保护之间求得一个平衡。布依族的历史、文化与记忆大多在村寨里，若一味现代化，势必不利于布依族文化的传承。

作为一个少数民族村落，腊者村村民之间的纠纷大多由罗斯村村委会调解解决，村里也有专门的调解委员会用于解决村民的日常纠纷。在这个布依族聚集地没有族长，也并没有看到有民族特色的乡规民约或者家法家规。与师宗县淑基村等汉族聚集地相较，淑基村 70%的人口是窦氏大家族，更因为是清名人窦垿的故乡，因此有较完整的族谱和家规（家风），而且除此之外，窦氏家族的族长对于家族内的小纠纷的处理方案极具权威和执行力。但即便如此，在淑基村窦氏家族的族人也未过多参与村务的管理。而会泽县白雾村的大家族早已无族长，也无族谱，族内自治早已消失。

村落家族的消退与经济的发展、人口的流动密切相关。但即便家族文化对于乡村现代化的发展有一定的阻碍作用，也不可忽视其在凝聚人心和解决纠纷、安定社会方面的积极作用。就当前中国乡村还停留在人情社会这一现实而言，利用地方大家族的势力解决家族内部纠纷是有效的。基于此，在推进乡村发展与现代化的过程中，必须正视村落家族的影响。

# 文山州广南县者兔乡传统民俗考察

方　强　陈冠伟

者兔乡位于文山州广南县城西北部，土地面积 528 平方公里，辖 8 个村委会，116 个自然村，154 个村民小组，居住着壮、汉、瑶、彝、苗 5 个民族，其中壮族人口占总人口的 93%。

2016 年 8 月，中南大学中国村落文化研究中心云南考察组走访了者兔乡辖下的者妈村、里夺村、西芽村等三个传统村落。

## 一、者兔乡重要民俗掠影

者兔乡每年最盛大的传统节日，除了春节便是农历三月的花街节。花街节又称“开秧门街”，壮语叫“圩龙那”，节日具体时间为每年农历三月的第一个龙日。古时的花街节在壮族人民的生活中充当着传递春耕生产节令信息的重要角色，后来则逐渐演变成壮族青年男女冲破婚姻包办枷锁、争取自由恋爱、自由择偶的节日。现在的花街节则是文山壮族村民们放松身心、联络情感、弘扬民族传统文化的重大节日。

村中留守儿童

在花街节，来自不同乡镇的居民和不同城市的游客会聚于此，壮族传统文化也在此大放异彩。者兔乡辖下几乎每个村委会都拥有自己的文艺演出队，壮族铜鼓舞、臼唱舞、龙桠歪、纸马舞、盘子舞等相继在花街节登场。这些舞蹈的动作设计均来源于者兔乡居民平时的生产生活，向外界展示了壮族文化的魅力。另外，如今的花街节不仅有歌舞表演，还有摄影比赛和斗牛等活动环节。

者兔乡还流传着“九龙山祭祀”“祭龙神”“接龙神”等祭祀礼俗。“九龙山”是被誉为“万山鼻祖，江河之源头”的神山，在神山周围的壮族村寨留有一块神田，在其土地上栽种出的紫米专门用于祭祀九龙山的山神。“九龙山祭祀”并没有明确的时间，在每年发生旱涝等自然灾害的时候都可以举行祭祀活动以祈求风调雨顺、赐福百姓。祭祀活动由摩公主持，参与对象往往不仅是本乡村民，也包括其他邻乡的村民，但只有男性能参加，而且并不是所有男村民，而是年龄在50岁以上的老者。祭品种类也比较多，如猪、牛、羊等，由参与祭祀活动的村民集资购买。祭祀过程中也是只有几位乡干部能够跟随摩公直接参与祭山活动。祭祀完毕后，祭品当场分食，不允许带回家。

“祭龙神”活动是者兔乡流传已久的另一个传统习俗。龙神在古代神话中向来都是掌管刮风下雨的神祇，“祭龙神”正是为了向龙神祈求风调雨顺。摩公充当着联系村民和龙神的角色。者兔乡辖下的每一个村委会都

民居与稻田

有自己特定的“神山”。每年的农历四月的第一个龙日，各个村委会的所有男性村民便会在摩公的带领下登上自己村委会特定的“神山”山顶，祭品是由村民集资购买的一匹“龙马”（一头猪）。但大部分男性村民只能在外围观看，只有每个村民小组的组长才能在摩公的指挥下参与到“祭龙神”的具体环节。在祭祀过程中，摩公念着村民们都听不懂的咒语。待到祭祀活动完毕后，村民们便会分食祭品，不允许将吃不完的祭品带回家。而此类祭祀活动不允许女性村民参加的原因，据说并不完全是因为男尊女卑的传统习俗，另一个原因是女性喜欢在祭祀结束后私自将祭品带回家。

除了“祭龙神”和“九龙山祭祀”，还有规模宏大的“接龙神”，一般十年才举行一次。但遇到乡里大兴土木之际，例如居民们统一添置新房时，也可能举行“接龙神”活动。“接龙神”的目的是将龙神迎回家以镇

者兔乡民居

者兔乡石狮子信仰

风水。活动当日，年龄在 50 岁以上的男性村民都会在摩公的带领下登上“祭龙神”的神山山顶，其中四个男性村民抬着一顶轿子。而所有的女性村民会依次站在男性队伍行进的道路两旁，手捧盛满自家酿造白酒的酒杯等待着队伍原路返回。摩公在请龙神的过程中，除了几个助手外所有人都要回避。在请龙神的仪式进行完之后，摩公会即时以木雕等形式做出一个牌位放入轿子中，代表已经成功请到龙神，然后队伍原路返回。这时站在路旁的妇女们会争先恐后地向队伍敬献手中的美酒，据说只要手中的酒被参与接龙神的村民喝掉，龙神就会光顾其舍，给她和家人带来好运。

## 二、者兔乡保护和发展传统民俗的措施和经验

在保护优秀传统文化方面，有些村落做的功夫比较多，有些则不够重视。相较考察组本次走访过的其他大多数传统乡村，者兔乡的传统民俗保存得算比较完整。这些民俗的相对完整保存离不开当地政府的努力。者兔乡政府为保护云南传统村落文化，至少开展了以下实质性工作。

一是政府全力支持者兔乡“花街节”的举办。虽然广南县其他乡镇也有举办“花街节”，但是规模最大、最热闹的当属者兔乡举办的“花街节”，其时也会有很多相邻乡镇居民慕名而来。乡政府为举办“花街节”专门建立了九龙民族文化广场，者兔乡的很多传统民俗以及非物质文化遗产项目都会在文化广场为观众上演。这种做法虽然存在使传统民俗变质的潜在危险，但不可否认的是有利于传统民俗的传承和发扬。

二是政府鼓励和支持“祭龙神”“九龙山祭祀”等活动的开展。最近几年，在政府的支持下，传统祭祀活动的规模不断扩大，村民的热情也一直在增长，村民对于参与传统祭祀活动的自信与自觉也不断提高。这些无疑会给当地传统习俗的保存和发展注入“强心剂”。

三是政府不断加大力度宣传者兔乡的传统民俗和文化。者兔乡政府专门成立了保护和发展传统村落文化的部门，还借助网络平台宣传传统文化，不仅建立了者兔乡微信公众号，还有官方网站，在宣传者兔乡和壮族传统文化上可谓不遗余力。

四是政府在九龙民族文化广场附近还建立了一所“广南县壮族文化传习馆”。传习馆占地面积约 100 平方米，分为上下两层。馆内展示物品 250 件，图文 50 幅，集实物陈列、展示展演、宣传教育等功能为一体。藏品包括壮族旧式织布机、脱粒机等生产工具，壮族男女传统服饰，树叶编制而成的蓑衣，等等。该馆的“镇馆之宝”是一件由火草为原料制作而

者兔乡文化传习馆

成的被子，非常轻薄耐用，被子的面子还加入了壮族刺绣的元素。火草是一种目前尚未由人工引种栽培的草本植物，每株仅有5—10片叶子，叶片背面有一层白色的绒毛薄膜。火草被就是用这种绒毛制成的，其成品之珍奇可想而知。

者兔乡又有“铜鼓之乡”的美誉。传习馆里有一个专门的出土铜鼓展示区，收藏了十多面花纹各异的出土铜鼓，许多至今仍在大型活动中使用。传习馆的建成有利于传承和保护壮族传统文化，并使保护和传承形式“活”起来，为培养壮族民族文化传承人，保护、传承和发展壮族文化营造了浓厚氛围。

# 广南者兔乡的壮族服饰与铜鼓艺术

姬琳琳

壮族是我国人口最多的少数民族，考察组本次走访了者兔壮族乡的里夺村、者妈村和西芽村，我对他们的传统服饰比较感兴趣。

壮族人民有两种传统服装，一种是他们的节日盛装，这种衣服在小孩子出生之后，由母亲按自己或者父亲的身形做好放置起来，到孩子结婚之时拿出来穿。它是用特殊的材料织成布，做成衣服，绣上精美艳丽的花纹图案。这种衣饰只有在重大节日的时候才会穿，而且不可以清洗，因为衣服沾水后，就会被损坏，不能再穿。这种衣服大多为黑色，由特殊的工具碾压过后，又亮又平整，但是透气效果不太好，女式服装一般是大量的银饰项链和手链、耳环等；男子的一般为一条特别漂亮、五彩纷呈的腰带，上面镶有银铃铛和银树叶，随着男子的舞蹈或动作，叮当作响，特别悦耳。

另一种就是他们日常所穿的衣服，女子的一般为蓝色或黑色，现在衣服的颜色和样式虽有改变但总体上变化不大。用彩色的头巾包头，在包头之前习惯在头上套一个头环，这样应该是为了固定好头巾，使之不会在劳作时掉落。上衣一般为藏青色或深蓝色的右衽偏襟上衣，在襟口和袖口处绣有条纹状的彩色花边，下面是较为宽大的黑短裤或者是黑色的裙子，有时还会系上五彩的围裙，喜欢在鞋子上绣各种花鸟鱼虫的图案，看起来精致又漂亮。男子的衣服没有很特别的地方，是类似于唐装的对襟短上衣，下着黑色长裤。也许是因为不够方便，现在的男子平时很少穿传统服饰，只有女子依旧初心不改地热爱着这些传统服饰。

者兔乡是有名的“铜鼓之乡”。壮族人民对铜鼓的热爱可谓是源远流长，现在传世的铜鼓还有 20 多面，这些铜鼓大多保存在当地的“传习馆”中，现在还在使用。铜鼓在他们的生活中占有很重要的地位，作为商量事情、驱赶野兽等的重要媒介，鼓有着非常重要的意义。在传世的这些铜

铜鼓

壮族男性传统服饰

鼓上，我找到了它们的一个共同点：这些铜鼓的中央都是一个太阳形的图案，但不知这是否与他们的民族崇拜有关，还是有什么特定的含义，场馆的负责人也不清楚这个图案的意义。

这些铜鼓面径在44—49厘米之间，高约24—28厘米，足径在45厘米左右，长13厘米前后，宽一般为3.5厘米，鼓面中间为12芒的太阳纹，由里至外共有13弦，每弦的纹饰各有不同，如晕乳钉纹、菱形纹、云雷纹、花瓣纹、复线三角纹、同心圆、树叶纹等，还有特殊的动物纹，如青

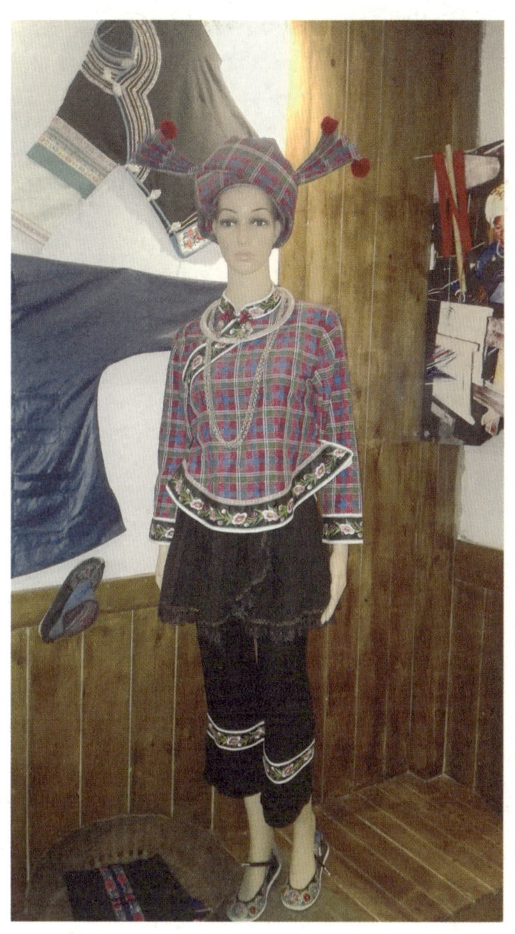

壮族女性传统服饰

蛙纹、蜈蚣纹和虫纹之类。这些铜鼓是壮族劳动人民智慧的结晶，是他们的乐器，也是他们的武器，更是他们文明传承的实物证据。

# 广南者兔乡的治安与“年薪制”

宋双双

壮族是我国少数民族中人口最多的民族。此次小组考察的文山州广南县者兔乡的西芽村、里夺村、者妈村就是典型的壮寨。壮族人民除了能歌善舞、热情好客外，还表现为团结一致不区分对内对外。在采访过程中，有村民说，在寨子里，结婚时，可以礼钱到，若人有特殊情况时可以不到。但是寨子里有老年人去世，在村子里的男人都必须要去帮忙处理丧葬事宜，以示对老人的尊重。当然壮族人民的团结与和谐并不仅仅体现在这种事情上。

在考察过程中，小组成员与乡镇上的干部交谈时发现，在者兔乡违法犯罪案件相当少见，究其原因主要有以下几个方面。

一是壮族人民民风淳朴又团结。小组成员考察的三个村子的干部都表示村民在听到鼓声时，不论时间都会迅速集结，尤其是在夜晚村寨中遭遇到贼或者有其他意外发生时，敲鼓是最有效的求救方式。

二是村干部及乡镇政府工作人员的工作成效较好。者兔乡的不少村干部都在创新村寨管理方式，比如里夺村村干部的“年薪制”，者妈村村干部的抽签轮流制等，这些措施都在很大程度上提高了村干部的工作效率。

采访当地政府工作人员

而乡镇政府工作人员的认真负责也是制约违法犯罪案件发生的一个原因。在者兔乡每年的农历三月都会举行隆重而又盛大的花街节，不少外地游客到此观光旅游，为了维护社会秩序，乡镇政府工作人员会协同武警做好安全保卫工作。即便在平时的“街天”（即通常意义上的集市日），街上也都有镇政府相关工作人员的巡逻。

三是者兔乡所处的地理位置较偏，位于半山区，交通不便，经济不发达，外来人口相对较少。乡里都基本为本地居民，这在一定程度上制约了违法犯罪案件的发生。据乡镇干部说，曾经在农村信用社门口发生过一起抢劫案件，被害人刚取完钱就被抢了，因为事件发生在农村信用社门口，所以被监控拍下了，侦查人员对比监控很快就锁定了犯罪嫌疑人——因为外来人口较少，就犯罪嫌疑人的辨认只要集合各村村干部识别即可。

小组在考察西芽村、里夺村、者妈村时采访村干部及部分村民时得知，村民之间的纠纷基本都是调解解决，除了特大刑事案件，比如杀人或者故意伤害他人才会有司法机关介入。在村寨里几乎很少有村民会不经村镇调解就直接用诉讼解决纠纷。村民之间的纠纷一般先由村干部在村里调解解决，若双方不服或矛盾激化，则村干部会把情况汇报给乡镇政府，镇政府会派专门人员来调解解决，若调解不成才会通过诉讼解决（极少）。此种纠纷解决方式一方面节省了纠纷解决的成本，另一方面也更利于调解方案的执行和矛盾双方关系的恢复。而广南县司法局设在者兔乡政府的派

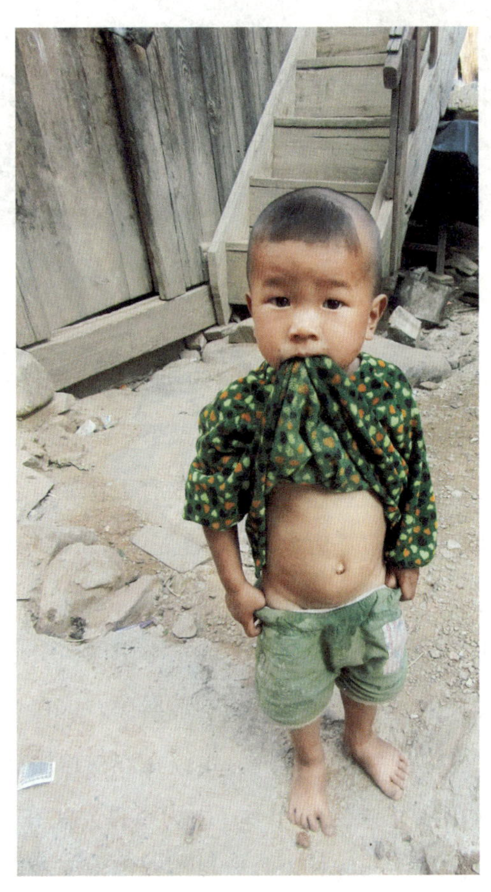

村中的留守儿童

者兔乡概貌

出机构——司法所也时常做普法工作或者接受村民的相关咨询。

在考察者兔乡西芽村、里夺村、者妈村时，小组了解到村寨中的青壮年外出务工人员较多，而文化水平较高的年轻村民几乎没有留在本地工作的，除了部分在乡镇政府上班。因此，村寨中有能力的管理人员较少，又因为村寨干部的待遇过低、事务繁重等原因，致使很少有人在村寨里做干部，农村基层组织作用边缘化现象日益严重。基于此，者兔乡依据具体情况，创新了村小组干部的管理模式。

在者兔乡里夺村，实行的是村小组长的“年薪制”。这是基于里夺村是一个自然村，并非一个行政村，没有独立的村委员，但村子仍需要管理人员，而管理人员的工资待遇等没有法定来源。实行村小组干部“年薪制”就在一定程度上解决了这个问题。“年薪制”是指里夺村村民经过村民大会表决，以无记名投票的方式，选举村小组组长，年薪 2 万元，副组长年薪 1.8 万元，任期三年。选举的小组组长、副组长在年初时做一年的工作规划，年末时做一年的工作报告，村民依据规划的实施情况，表决对村小组组长、副组长年薪的认可或者扣除。

实行村小组干部的“年薪制”有以下优点：第一，提高了村干部工作的积极性和主动性。村小组干部有了“年薪”做保障，工作积极性进一步提高，为了完成年度任务，村干部对工作更主动、更用心、更负责。第二，调动了村民参与村建设的积极性。因为村民每年都筹集一定的资金给村干部，因此在村建设中对村干部的安排和指挥都会积极拥护和支持。第三，村干部的廉洁自律意识进一步增强。有“年薪”做保障，生活负担相对减轻，就不会在村集体资金、惠农资金上动手脚，贪污挪用现象明显减少。第四，党和政府的各项惠农政策的落实到位。实行“年薪制”，村小组干部年年都要接受村民的评议、考核，对不合格干部将不兑现“年薪”，为此，村干部在落实各项惠农政策时会公开、公平、公正。

当然，若要确保“年薪制”的优势发挥，离不开上级领导机关的监督指导。者兔乡政府在监督指导村干部工作这一方面做得相当不错。尽管近年来各级政府对者兔乡各村资金扶持较多，但者兔乡各村委会罕有挪用惠农资金的现象。在小组来此地考察期间，乡政府正努力监督引导各村委会做好低保的申请认定工作，积极调整不合理认定，确保每个贫困家庭都可以获得政府的资助，但也绝不纵容“懒汉领低保”这一不良风气。基于以上，我们认为在当前反腐以及建设社会主义新农村这一大环境下，者兔乡政府的做法值得借鉴及推广。

# 关于传统村落民居建筑的思考

## ——西庄镇诸村考察札记

方　强

西庄镇地处国家历史文化名城——建水县西部，位于泸江河上游，东接临安镇和南庄镇，西邻石屏县坝心镇，南连青龙镇，北与甸尾乡相连，面积144.81平方公里，其中林业用地7.5万亩，耕地22154亩，矿产资源主要有煤、铅锌矿、钛矿、黏土、石英石（砂）、石灰石等，下辖10个村委会，58个自然村，82个村民小组，9222户、34982人，其中农业人口32600人，占总人口的93%，居住着彝、傣、哈尼、壮等15个少数民族。这次我们的考察行程共涉及了西庄镇辖下的四个传统村落，分别是团山村委会团山村、新房村委会新房村、马家营村委会马家营村和绍伍村。

我们首先来到了居民口中旅游业发展比较成熟的团山村。团山村现存传统民居16座，寨门4座，寺庙3座，宗祠1座，占地面积18384.5平方米，建筑面积16158平方米，村中现存的古建筑由传统的汉族青砖四合大院、彝族土掌房和汉彝结合的瓦檐土掌房三类建筑组成。因完整保存了19世纪滇南乡村的特色风貌与社会人文环境，被称为“拥有云南最精美的古民居群”而入选2006年世界纪念性建筑遗产名录。世界纪念性建筑保护基金会认为：“这里的建筑物有着端庄的外表，装饰着价值极高的优雅精致的木雕花格窗户，雕镂精细的木、石、砖各种浮雕，并有非常美丽的彩绘装饰，是世界上极为罕见的未经触动的珍贵遗产的典范。”

透过这些所掌握的资料，我们对走访团山村充满了期待。到达目的地后，我们朝着团山村的门楼径直走去，出乎意料地遭到了两名保安的拦截，原来进入团山村的主体建筑群要买门票，每人50元。

思考一：传统村落是否应该被圈起来对外出售门票？

我们在此之前也走访了不同地方的几个传统村落，虽然这些村子旅游开发的程度各异，但传统村落被圈起来对外出售门票还是头一回碰到。因此这种奇特的现象不禁引发了我们关于传统村落是否应该被圈起来出售门票的思考。笔者认为传统村落不应被圈起来对外出售门票，原因主要有以下三个方面。

一是传统村落是人类共有的遗产和财富。传统村落是自然和历史遗留给今人的宝贵财富，我们每个人都有见证其沧桑历史的权利。而一旦传统村落不再免费对外开放，那么必然会失去很多历史的见证者，保护传统村落的意义也会被削减。

二是传统村落应该“活态”保护，而非“固态”保护。传统村落并非一件实实在在、触手可及的文物，其内涵和外延十分广泛，既包括固态的传统建筑等物质文化遗产，又包括活态的民风民俗等非物质文化遗产。将传统村落圈起来不再对外免费开放，无疑会在一定程度上限制村内人和村外人的联系和交流，限制传统村落自身的更新和发展。

三是传统村落被圈起来对外出售门票虽然增加了当地的旅游收入，但是并没有增加村民收入。在走访团山村的过程中不止一位村民抱怨村委会和乡政府。其中有一位村民告诉我们村中虽然凭借收取门票每年可以有300万元收入，但是每年只分给每人300元，其余资金不知去向。收取门票赚取利益却不为村民谋利益，不为村民脱贫致富，如此下去，村民与村干部的矛盾只会逐步加深。

采访当地居民

思考二：传统民居建筑是否应该加以适当的修缮？如何修缮？

在走访传统村落的过程中，我们总能看到很多传统民居建筑几乎未经修缮，非常破败，但仍有村民携家带口居住在内。这种情景在我们之前去过的国家历史文化名村——白雾村尤为常见。笔者每每看到这种场景都会在想：如果这个村子没有被列入国家传统村落，那么这些传统民居建筑是不是应该就是人们眼中不宜居住的危房？政府不对这些传统民居建筑加以适当修缮，是否算是侵犯了村民追求幸福生活的权利？在笔者看来这些问题的答案是肯定的。

当下国家实施的相关法律法规明确规定，一旦村寨和建筑被评为传统村落或者文物保护单位，居住在内的村民便丧失了对其居住的房屋的修缮权利。而往往政府又没有足够的资金对其进行定期维护和修缮，只能眼睁睁地看着这些散发着传统气息、充斥着文化底蕴的建筑越来越残败，居住在内的村民将会日益加剧对其生活环境是否适宜继续生存的担忧。这些居民连最基本的生活环境都保障不了，又何谈共奔小康社会呢？

众所周知，传统民居建筑是传统村落极其重要、不可或缺的组成部分，也是外来游客能够直观感受这座村寨魅力所在的关键因素。因此从长远来看，保护民居建筑的传统格局和风貌对保护传统村落、留住“乡愁”、留住国家传统文化和精神文明的根具有深远的意义。居民作为国家的个体存在，拥有保护和传承中华传统文化的义务，但是笔者认为居民同样拥有追求丰富物质生活和精神生活的权利。如果能够更好地满足居民的权利，笔者相信也能激发居民履行义务的积极性，但是在这两者之间寻求一个平衡点，也确实不是易事。

接天莲叶无穷碧

西庄镇民居

笔者认为，河南省信阳市郝堂村的一些成功经验可以借鉴。郝堂村在专家李昌平、学者孙君和当地政府的共同努力下，其建设取得了很大的成功，如今在河南省已是小有名气。郝堂村在保护传统民居建筑方面的具体做法是：保护民居建筑的传统格局和风貌，只对其外部进行必要的和适当的修缮，旨在加固加牢而不改变其外貌。但对民居内部进行大整改，增加一应俱全的现代生活设施。这种做法既保存了传统建筑和传统村落的格局和风貌，又提高了居民的生活水平，可谓两全其美。笔者认为，这种做法值得在其他传统村落的保护规划中推广。

这种做法又牵扯出来一个更为棘手的问题：经费问题。这种维修方法需要花费的资金往往比传统民居建筑本身所具备的实体价值要高出很多，这也是实施初期很多村民不能理解甚至排斥这种做法的原因。笔者认为，借助当下国家和政府精准扶贫的大背景，只要扶贫基金能够顺利到位，推广这种做法的愿望也未尝不能实现。而一旦这一愿望得到实现，居民追求幸福生活的权利便会得到保障，同时也会更好地履行保护传统村落和传统文化的义务。

思考三：当下政府在规划保护和发展传统村落的过程中为什么热衷于建设仿古建筑，而不是真正恢复传统建筑？

我们所走访的西庄镇四个村落中，除了团山村，另外三个村落都是充斥着随处可见的仿古建筑，而真正流传下来的传统建筑却为数不多，甚至是凤毛麟角。新房村的一位村民告诉笔者，政府要求村里每家每户盖新房时都建硬山式或者悬山式屋顶，如果遵循政府要求建造的话，可以得到一万元以上的财政补贴。政府这样做的目的显然是为了引导村民建造仿古

乡会桥车站

建筑。那么，现在政府在规划保护和发展传统村落的过程中为什么热衷于建设仿古建筑，而不是想着去真正的恢复传统建筑？笔者认为应该有以下一些原因。

一是建设传统建筑较之建设仿古建筑造价要高很多。在云南，传统建筑多为木质结构建筑、石质结构建筑或者是石木混合结构建筑。这些传统建筑虽然所用材质可能不尽相同，但是在当下社会都较之砖头水泥更难获得。而在古代，这些建筑材料一般都为就地取材，较易获得。并且传统建筑经常会涉及非常精美的木雕、石雕等装饰技艺，一来二去造价自然很高。

二是传统建筑没有仿古建筑耐用和安全。如上文所述，当地传统建筑多以木材作为主要建筑材料，而木材经常会受到火灾或者虫蛀等威胁。相比之下，仿古建筑多以砖石、混凝土为主要建筑材料，其耐用和安全程度自然不是传统建筑所能比拟的。

三是仿古建筑作为传统建筑和现代建筑的折中建筑形式更能为大家所接受。传统建筑有上文所述的缺点，自然很难得到政府和村民的青睐，而钢筋水泥的现代化建筑在传统村落的格局中又会显得格格不入，很难达到规划开发传统村落旅游资源等目的。仿古建筑作为二者的折中建筑形式，既克服了传统建筑的种种弊端，又能较之现代建筑更好地融入传统村落的格局之中，顺理成章地成为政府和规划师的首选。

思考四：传统村落的现代式建筑是否应该以传统建筑形式做外在包装？

现在不少的传统村落会出现不伦不类的建筑，这种建筑的特征是：建筑本体是现代钢筋混凝土建筑，建成后在现代建筑的基础上做些包装，使得这座建筑远远望去更像是一座传统建筑。这类不伦不类的建筑是政府和村民之间妥协的产物。政府追求仿古建筑抑或传统建筑的重塑，而村民则追求现代建筑的构造，在双方僵持不下继而各让一步的情况下，便出现了这类“畸形发育”的建筑。在这方面给笔者留下深刻印象的则是在文山州广南县者兔乡的所见所闻。

在者兔乡走访的三个村落中，很多村民都正在兴建或者已经建成了现代建筑。对于此种现象，乡政府工作人员陆先生向我们表达了政府的无奈。“虽然国家不允许他们自己拆旧房建新房，但是他们齐心协力地都去建我们也阻止不了，只能在后期对这些新建建筑做些外在包装了。”当被问及如何对这些建筑进行外在包装时，陆先生解释说：“先在房子外表全部贴上相似于石材或者木材的瓷砖，然后在平房顶上加上硬山式或者悬山式屋顶，这些包装的费用基本上都由村民自己出，政府会补贴一万两千元左右。”

陆先生的说法引起了笔者的思考：传统村落的现代式建筑是否应该以传统建筑形式做外在包装？很显然，这个问题的答案是否定的，传统建筑不应也不能成为现代建筑的外在包装体。即使是仿古建筑都不能取代传统建筑的价值和地位，更何况这些只是对现代建筑进行简单外在包装的建筑呢？如果传统村落的民居建筑都发展为这种建筑形式，那么对传统村落的保护将变得毫无意义。但是话说回来，如果遇到者兔乡这种特殊情况，即政府已经不能阻止村民兴建现代建筑了，权衡之下，采取这种没有办法的办法也可以理解。

# 石屏县宝秀镇郑营村的考察记录

姬琳琳

云南省红河哈尼族彝族自治州的石屏县宝秀镇郑营村，是国家级历史文化名村。郑营村依山傍水，在烟雨笼罩下，如同一幅浓淡相宜的水墨画。进村道路的两旁种植着蔬菜和稻米，还有几方清澈的鱼塘，充满了鲜活的生机。

## 一、郑营的传统建筑

村内有不少保存完整的传统民居，最为突出的就是被列为国家级和省级文物保护单位的郑氏宗祠、陈氏宗祠、陈氏民居等古建筑。

郑氏宗祠，建于1925年，是我国目前保存下来的最完整、气势宏大、造型别致、结构严谨、雕刻特别精细的宗祠之一。在沿着街道走到郑氏祠堂时，看到了满目的鲜红，在祠堂的大门口，堆满了红辣椒，忙碌的妇人们用剪刀不停地修建着辣椒的长梗。抬头望去精美而又繁复的木雕，缠枝绕梁的花瓣纹，贴有金箔的图画，孝子悌女的故事，文才飞扬的诗句，无

当地民居

一不显示出一个大家族曾经的辉煌历史。

进入大门，未雕琢好的木料摆放在两边，左右的墙上还各有一块功德碑，其中一块上刻“光绪拾叁年岁在丁亥季冬月上旬　族人等刊立某某捐银叁拾两……”这是一个大约为三进的四合院样式的祠堂，正房的左右各有东西两侧厢房，并在厢房旁边开有角门，用于平时的进出。祠堂正房门口各有一株桂树，许是鼓励族人可以蟾宫折桂。只是树的年龄较小，应为今年新栽。透过祠堂正房的窗户，我们看到空空荡荡的室内仅有一张桌案，第二进的院子的房间里面也是如此。祖宗牌位不知所踪，可能是在修缮祠堂时转移了，也可能已经湮没在历史之中。忙碌的妇人们没时间来回答我的问题，我们只能乐观地臆测他们的老祖宗们在一个妥当的地方暂歇。

## 二、郑营的经济状况

对村子里的居民进行采访之前，我们先找到了郑营村的村委会，村干部告诉我们：这个村子的人大都靠在附近打零工赚钱，一般都是早出晚归。这两年通过养殖大闸蟹，在 10 月份左右，会有大批的游人来这里吃蟹，村子里的 12 家农家乐收入都不错，但平时没有什么人来这里游玩。农民的人均年收入在 7000 元以上，不需要扶贫政策。近年来风调雨顺，村民的生活状况还是很不错的。

但在对村民的采访中，我发现与村干部讲的有些出入（这种情况在我们走访过的大部分村寨都存在）。我们在村子的尽头处采访的一户人家，

正在忙碌的当地居民

郑营村民居

简易的土墙瓦房，没有院子，小儿子今年要上高中，夫妻两个经常在周边打零工，有时候妻子在家照顾家庭，丈夫去昆明做包活，在农忙时候回来种田。因村子里正在搞开发，修缮各种房屋，我就问他们："如果盖房子的话，需不需要也盖成仿古式的建筑，有无硬性规定？"他们回答："肯定有，上面确定说了要盖成这样的房子，可是那需要很多钱，我们根本没有能力做到。"所谓的无息贷款，必须要找公务员担保，程序烦琐，就先这样住着了。提起教育问题，他们还是很满意的，认为村子里的学校硬件设施完备，师资力量也很好，儿子接下来要读高中，需要交学费，负担虽会加重，但只要儿子愿意读，他们就愿意全力以赴供他读书。只是他们有提到一个奇怪的现象：这里交了学费以后，学校不会给他们开具收费证明。这是心有顾忌，不愿被查到有乱收费的现象，还是有什么别的隐情呢？

现在村子里的大部分土地也都租给了他人种蔬菜、水果，这些土地的流转使用，给村子里的人民带来了一定的经济收入，减少了他们生活的负担。经过改建和修整以后，郑营村应该会形成一条完整的吃住行的玩乐旅游线路。只是不知道发展起旅游业后，正在修缮的民居和祠堂会不会失去他们原本的特色。

# 金平县传统村落考察

宋双双

本次小组考察的村子离中越边境的距离较近，位于红河州金平苗族瑶族傣族自治县。

## 一、芭蕉林村

小组考察的第一个村子是位于金平县大寨乡的芭蕉林村。芭蕉林村是一个在山顶上的小自然村，人口只有213人，差不多有50户。芭蕉林村村民都为瑶族，多为1979年对越自卫反击战时来自越南的难民后裔，后根据中国政府的相关政策解决了户口问题。

芭蕉林村生活环境恶劣，所在的山头时有山体滑坡的迹象，村庄上面山体裂开缝隙，14户家庭受到滑坡影响。因此政府已在另一处山间选好了平整的新土地，在今年年底让芭蕉林村整体搬迁过去。据村支书说，每家需要缴1万块钱的土地平整费用，其他后续盖房费用政府会给补助以及将近20年的贴息贷款，合计差不多10万元左右。

在芭蕉林村，交通不便，没有盘山公路，只有山间土路，摩托车行走

采访当地中学校长

最为便捷，村里的自来水是山上的泉水，非常卫生。村民收入以种植香蕉为主，极少数外出务工，种植香蕉并无补贴，也没有免费的肥料、树种等，在遭遇自然灾害时也是如此。芭蕉林村所有村民都有医疗保险，和非边境农村人口享受的标准相同。

芭蕉林村位于山顶，较为闭塞，几乎无外来人口，治安状况良好，尽管村中年轻人外出务工较少，但矛盾纠纷违法犯罪状况较少发生。村中辍学率不高，尽管小孩子上学需要走很远的路到乡里，但是村民都比较重视教育。采访中得知，村里有好几个大学生。

## 二、勐拉乡

随后，考察小组来到了勐拉乡的下勐村，首先采访了一位乡中心小学的教导主任刀先生。我们通过刀先生初步了解了下勐村的基本情况，勐拉乡的教育情况和越南靠近红河的边境教育情况，以及中越边境地区教育存在的一些问题和人民的福利保障问题。

下勐村是一个傣族村寨，这里发展很不错，村民以种植香蕉和橡胶为业，收入颇丰。村民多承包大片土地用来种植香蕉、橡胶，然后雇佣越南人管理从种植到收获的全过程，价格是一棵 3 元。村寨中的年轻人外出务工较多，多去上海、昆明等地，大多为初中文化。

采访渡口村村主任

当地的传统乐器

勐拉乡有小学生 3500 人，7 个中心校，1 个分校，120 个教师（包括 8 个行政人员和 3 个转岗职工）。一个老师教所有科目，带 60 个学生。当地九年义务教育已经普及，只有高中和大学收费。

刀先生认为边境教育存在以下问题：一是边境线上学校过少，学校距离大多数学生家较远，需要早晚接送，浪费了大量人力。对于此问题笔者认为可以采用寄宿制教学，以周或者月为单位放假。二是教师少，学生多。为 35 个人设置的教室却至少有 55 个人上课。教室爆满，教师无法照顾到每个学生，也无法注意到每个学生的学习情况。三是尽管现在国家以

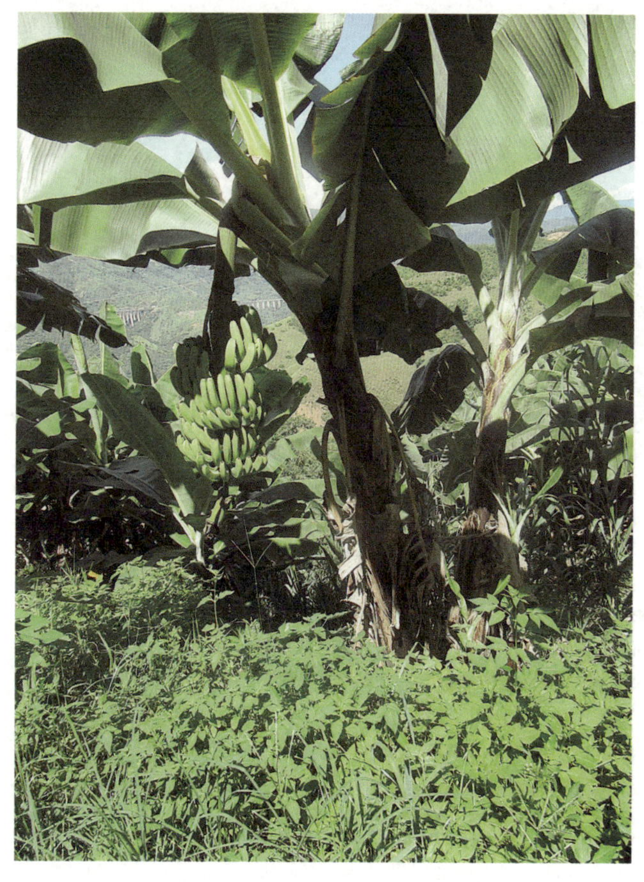

当地种植的香蕉树

每天 4 元钱的标准给每个学生提供了营养餐，但未配备厨师，而是由任课老师兼职做饭，工作非常辛苦。这主要因为地方财政投入不足而致。四是缺乏少数民族语言教学。以金平县为例，境内多为苗族、瑶族、傣族、哈尼族等少数民族，但教学时对于刚入学的学生因为年龄和家庭教育基础等原因并不能尽快适应汉语教学。五是报考边境教师的人，工作后多因为条件艰苦申请调走或辞职，而有边境户口的报考者因成绩不能优于其他地区的报考者多不能被录取到教育岗位。

基于问题二、三，笔者认为可以增加边境教育财政支出，多招聘教师，扩建小学，解决学生多、教师少、班级小的问题。以合同的形式招聘营养餐的后厨人员，解决任课教师既教学又做饭的问题。就问题四、五，笔者认为可在招聘教师时考虑当地人民具体情况，对于有当地户口又志愿从事教育行业的报考者予以适当照顾。

在进一步的采访中，考察组对中越边境人民在搬迁安居房福利问题及偷渡问题等方面有了简单了解。在金平，若是政府对于当地人民计划内搬迁是有补助的，标准为中央 1 万元，州 1 万元，州以下政府 2 万元，但实际落实时大概只有 3 万元，而平时房子翻修没有补助。且中央政策落实到农村时有出入，与村干部关系好，平时表现积极等就会被优先考虑。关于安居房，就是针对自建的老房子在翻新时给予补贴，但补贴是有名额的。比如在下勐村有 150 户村民，但享受安居房补贴的不到 30 户。而在越南，政府对于边境线上老人有更多的照顾，生病后基本不用钱，还可以一天补助折合差不多 3 块钱的人民币的越南盾。越南边境上的边民安居房若是木房瓦顶则一户补助折合 4000 元人民币的越南盾，若是砖房瓦顶、平房则补助标准不同，补助人选层层上报，尽管也有补助名额限制，但相对公正。

除此之外，关于边境偷渡的问题，由于边境线长，边防站相对较少，中越边境人民的贸易往来频繁，中越边境人民可持边民证自由出入，这些都为越南人偷渡到中国提供了便利。我们小组采访时得知，在勐拉乡偷渡的越南妇女多达 300 人，大多住在山上。因为在越南妇女的地位低，偷渡到中国嫁给中国人的较多，但因为母亲一方的偷渡身份，所生小孩大多不能上户口，除了少数有钱有关系的。在云南边境此种情况较多，云南省政府并没有因此放宽政策，不鼓励偷渡行为。当然这种越南新娘的婚姻无法律保障，无论是对中国人还是越南人而言都存在较大风险。

笔者之后采访了一位在中国做生意的越南边境乡镇的信贷员童女士。我们就越南边境人民的医疗、贫困补助、边民收入、贸易纠纷处理等问题对她进行了采访。

在对越自卫还击战后，中越边境线很少有人居住，为鼓励边境开发，实行救助政策。越南政府以救助粮、化肥的形式提供，大概为每人每月20斤救助粮，定期有化肥种子，但不提供生产工具。三年过后，实行困难户政策。困难户政策沿用至今。除此之外，越南边民享受的政策和越南内地人民的政策相同，只是困难户认定名额相对较多。越南政府针对困难户有很多优惠。困难户享受免费医疗，而非困难户则只能报销50%，上学乃至用电也是免费的，过年时还会再发相当于200元人民币的补贴。

越南边民人均年收入比越南内地高，一方面因为土地广阔，产出的物品来中国交易比国内交易价格高；另一方面，边民多到中国做工。据童女士说，就当前的劳动力价格，在越南做工一天是50元人民币，但在中国境内大概在100—120元之间。而在金平打工一天为80元，在越南边境打工一天是30元。因此，来中国投靠亲戚或者打工回越南后生活都会改善很多。

中越边境的贸易纠纷以调解为主，管理规则和国内市场管理一样。不能私下调和解决时，两国当地政府会派专人调解。越南北部边境人民反华情绪低于越南沿海人民。在中国，中国政府对于通过正当程序来的越南人民给予国民待遇。童女士告诉我们越南边境人民很羡慕中国政府对于边民的安居房、公路以及公共设施的投入。在她看来，中国政府对于边民的投入远远超过越南政府，如果给中国政府打30分的话，那么越南政府只能打10分。

## 三、金平县

因为是在中越边境，笔者较为关注这里的治安以及走私情况。采访时也提起过，但不知为何回复都较为模糊，人们承认有走私，但对具体情况讳莫如深。在回县城的路上，我们采访了一位出租车司机。司机说，金平这里的治安状况其实并不好，走私也较为猖獗，走私多为“僵尸肉”，从越南走私到中国。城内有哈尼族的黑社会团伙，不定时因利益纠纷火并，此黑社会团伙不仅控制县城内的娱乐场所，据群众举报还涉赌。更为严重的是，此黑社会团伙还和当地的公安系统有勾结。若的士司机所述属实，那么金平的地方腐败急需整治。

金平县城的外地人多来自湖南、广西，但做什么不是特别清楚。据出租车司机说，金平县城内有为数不少的吸毒和贩毒人员。吸毒人员反复被强制戒毒，又反复复吸，戒毒所进出多次。笔者印象最为深刻的是司机说起有些吸毒人员从事的“碰瓷”勾当。该勾当具体操作如下：首先用一个外观看起来完好，其实内部构造已经损坏的手机在路上装作打电话，锁定被害人目标时即靠近假装被撞，手机掉地上摔坏。然后采取威胁手段索取几百元甚至更高的赔偿。被害人多为金平县各村寨进城的乡下人，为息事宁人，也畏惧于威胁，多赔钱了事，很少有人报警。司机说前几天刚遇到一起，他拉的几个乘客上车给他说碰坏手机赔钱的事，他就知道是被骗了，主要是因为乡下人不懂就被威胁了，其实报警或者强硬一些结果都会好很多。

笔者赞同的士司机报警的做法，因为就笔者在此之前在湘潭某区检察院实习做过的碰瓷案件的被害人情况汇总来看，报警是最有效、最直接的方法，无论是物品被损坏碰瓷，还是交通肇事碰瓷。遇到碰瓷后应保持头脑冷静，现场拍照留证及时报警。当然，若是当时没有识别出是碰瓷，事后仍可报警。因为碰瓷除单独作案以外，多为团伙且为连续性犯罪，报警不仅可以让公安机关尽早立案做好侦破案件的部署，而且对于抓获犯罪嫌疑人后财产损失的追回也有益无害。

因为考察行程时间所限，笔者没有机会和时间采访更多人员。对于金平县的治安状况的了解，笔者也有自己的直观感悟。晚上，金平县城的大广场非常热闹，卖吃的的、遛弯的、打篮球的等等有很多人，一派欢乐与祥和的氛围。就这一点而言，这里的社会秩序应该还是可以的。但是在这种平和的日常生活里也不排除那些站在对立面的违法犯罪的人和事的存在。假如出租车司机所说是真，那么金平县对于打黑、反腐、反毒、惩治敲诈勒索等犯罪行为还有很多的事要做，还有很长的路要走。

# 基于法治视阈下对乡规民约实践的思考

## ——以对弥渡县密祉镇文盛街的考察为例

陈勤学

当前，传统村落的保护与传承已得到社会各界的广泛认同。但在其保护过程中却呈现了众多令人费解而又无奈的状况，如保护性破坏、开发性破坏、自主性破坏和强制性破坏等。这在很大程度上是因缺乏针对传统村落保护的法律所致，使得基层政府与民众并无法规可依，从而导致了传统村落在现代化进程中出现了一些令人意想不到的现象，产生出新的社会问题，在一定程度上也激化了政府与村民之间的矛盾。法律固然是保护传统村镇的规范性约束，但乡规民约也不可或缺。笔者基于对密祉镇文盛街的考察后发现，在无正式传统村落保护法规出来之前，该村对传统村落的保护及日常生活普遍遵乡规民约办事，其中古民居保护中动用“归并”就是乡规民约形式的典型事例。

## 一、乡规民约的法治内涵

乡规民约有广义和狭义之分。广义的乡规民约是指乡土社会中存在于

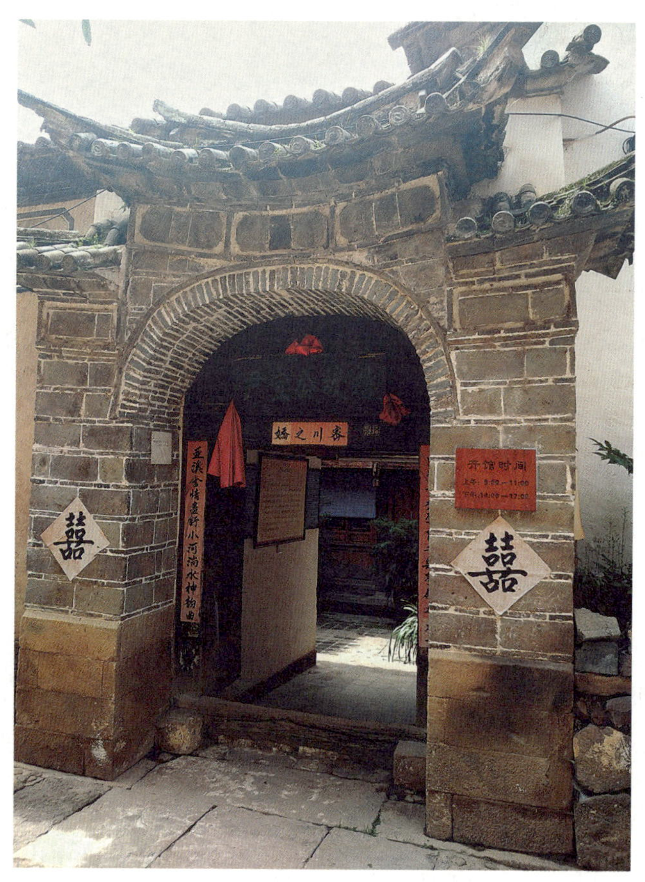


《小河淌水》作者尹宜公故居

国家公共法之外的公共性原则；狭义的乡规民约是指经村民商讨、制定并遵守的适合本民族、本地域习俗的行为规范。它或者是由代际口口相传，或者以通告的形式张贴悬挂于村口或公共场合的显要处。它需要在国家的公权力的指导或引导下行事。因此，它既有国家性质，也有民间性质，主要是民间性质起的作用更大。

法治内涵的乡规民约可体现为一种非正式的制度，它具有自发性特征，通常具有自我约束和自我管理的效力。我国 1998 年制定的《中华人民共和国村民委员会组织法》第二十条第一款规定：“村民会议可以制定和修改村民自治章程、村规民约，并报乡、民族乡、镇的人民政府备案。”尽管国家制定有相关法律，但乡规民约却有其广泛的生存空间，其前提是必须纳入国家的公权力范围之内施行。乡规民约通常在各乡村广泛应用，特别在少数民族地区盛行，除了有国家法之外，还普遍存在着受习惯法的约束。它将习惯上升为一种约定，是一种民事习惯约定，体现的是村民集体的价值判断，是全村村民意志的体现。

乡规民约往往能发挥其特殊的作用，这种作用是国家法不能比拟的。它具有法律所不具有的更多灵活性，并不像法律一样需要强制或严格执行。有时法律上遇到的棘手问题，乡规民约却能轻松解决。另外，它是基于乡民之间的一种互相信任的约定，因更具有人情味而广为村民所遵守。

采访聂氏叔侄

## 二、密祉镇文盛街田野调查基本概况

密祉镇位于云南省中西部，东北与弥渡县苴力、寅街两镇接壤，西南与巍山、南涧两县毗邻，距县城30公里。面积140平方公里，辖6个村委会、36个自然村、40个村民小组。截至2012年末，总人口为16455人。密祉是文明礼仪之邦，素有“三乡两区一古道”的美誉，即“中国花灯之乡、文化之乡、世界名曲《小河淌水》的故乡、州级自然保护区、省级革

聂氏祖屋入口

文盛街景

命老区、文盛街茶马古驿道”。2007 年 1 月文盛街被列为省级历史文化名村，同年 12 月密祉被列为省级旅游小镇，2008 年密祉被列为省级生态示范乡镇，2011 年再次被列为省级旅游型特色小镇。

密祉镇是历史上开南古驿道的途经之地，古代在密祉集镇西南的文盛街村设有茶马驿站，今天则保留了以文盛街为轴心的较为完整的古村落风貌和格局，现全村有 360 户，1285 人，以汉族为主。

文盛街又名“马食铺”，在这里就成了通往滇西南的要塞。文盛街有文物古迹 10 余处，古驿道的明清古民居宅建筑群，保持着其旧有的古驿道风貌特色。文盛街茶马古驿道，因地制宜，依山布局，打破了构图方正、轴线分明的建筑风格，道路（巷道）随山势曲直而布置，房屋就地势的高低而组合。居所、民居建筑多为“三坊一照壁”“四合五天井”“四

珍珠泉

合院”，也有“一颗印”式院落，土木结构，青瓦屋顶。文盛街市井设计，石板古道依山势布局，有主街，有巷道，有沟渠也有暗沟，街依沟延伸。高低错落，酷似江南集镇，又近于山镇特征，别具一格，极具保护与传承价值。

通过文盛街古驿道古迹，可寻找到积淀深厚的多元“马帮文化”“饮食文化”“花灯文化”“民歌文化”的历史渊源。

在密祉镇设有一个法庭，镇政府中设有司法所和一个派出所。据采访得知，近年来民事类案件在所有案件中居多数，主要涉及合同纠纷和借贷纠纷。司法所主要负责对群众加强普法工作。而文盛村在日常生活中出现的民间纠纷首先考虑由村里的长者出面调解，本着互谅互让的原则协商解决，实在解决不了的再由法院出面解决。

## 三、文盛街社会治理中乡规民约的有效实践

从考察的整体情况来看，乡规民约在文盛街居民的日常生活中占了很重要的位置，该村的村规民约是与当地的民风民俗紧密相连的。他们通过乡规民约解决邻里纠纷、化解夫妻或婆媳矛盾、维护村容村貌、维护村级基础设施等，在法律照顾不到的地方发挥着作用。

邻里关系中有不成文的规则，如进行农田灌溉时，每户必须保护好自家的水渠、田埂，不得倒灌、浪费农田用水；各户在建房时，必须在新建房屋背后留出三尺间距，以给邻居做过道与房屋滴水留出空间；哪户的牲畜糟蹋了邻里的庄稼或菜地，过错方要向对方赔礼道歉等等；婚姻家庭方面，主要涉及尊老爱幼，即年轻夫妻除有义务照看好自己小孩外，必须孝敬长辈，即使因兄弟多分家也不例外；在维护村容村貌方面，规定全村村民都有责任和义务保护环境，各户门前实行卫生三包，即包环境卫生、包公共设施、包公共秩序，爱护公共财物和公共卫生等等；就古镇的古民居及公共建筑来说，当地村民都认为不能买卖他们祖上留下来的祖屋与公共遗产，认为卖掉这些遗产是对祖先的不敬，没保护好是后代人的失职。

在采访中，笔者恰好见证了一个典型的乡规民约成功实践的实例。位于文盛街古道上方离村委会100米的一处聂家院子，面积大约300平方米，为四合院的土木结构、青瓦屋——上下两边各有两间东西厢房，院内走道宽2.5米，长40米。笔者一行进入里面院子，正巧主人一家人在商讨着

老屋归并的问题。经过问询得知，原来是侄子夫妻俩外出打工挣了钱，在老街外建了新式砖瓦房，而祖屋则无暇照顾。因此，欲将祖屋给其叔叔，由其进行日常的修缮与管理。双方签订合约，其内容如下：

甲方：聂 ZJ（叔）

乙方：聂 HS（侄）

经甲乙双方协商，乙方因新建了房屋，不再居住在祖屋里，为了使祖屋不致因无人照看而坍塌、毁坏，故特将原居住之祖屋给叔叔。为促进家庭和睦、防止经济纠纷，经双方协商，就祖屋翻建、修缮及房产产权归属问题达成以下协议，双方共同遵守：

一、乙方将祖屋无偿归并给甲方，乙方今后不得再以各种理由向甲方提出经济方面的补偿。

二、甲方有义务对祖屋进行保护和修缮，不得以任何理由私自出售祖屋。

三、今后甲方对祖屋进行任何形式的改造与修缮，乙方均不得干涉，但必须秉持修旧如旧的原则，保持原来风格。

四、房屋所有权是乙方，甲方享有永久使用权。

五、本协议一式三份，双方各执一份，聂家长辈作第三方见证人执一份。

六、本协议效力约定：任何单方面的改变房屋结构和风格的行为都不具有法律效力，必须经双方协商而定。

甲方（签字）：

乙方（签字）：

见证方（签字）：

订立地点：

年　月　日

从上述规约可看出，双方本着友好协商的原则，以一种特别的方式来保护传统民居，也体现了双方对祖上遗留之文化遗产保护的责任心，以及一定的文化自觉。

## 四、结语

事后，笔者带着一些疑问去镇政府咨询负责规划的杨主任，政府遇到这种村民间的让渡或归并房屋的协议，政府部门会采取什么样的方式？是支持还是反对？杨主任告诉我们说，在传统村镇的保护法未出台之前，对村民之间的这种归并协议，是村民自觉自愿意思的真实表示，也是乡规民约的合理体现，政府是支持的，不作过多的干涉，只是需要他们到政府部门备案，也就是需要以国家的公权力为基础。

由此可见，法治视阈下的乡规民约并未矛盾，二者之间是可以协调的。在弘扬优秀传统、发挥礼序家规、增强道德教化方面，乡规民约还是法律处理乡村问题的调节剂或润滑剂。正如王岐山所说："法制建设是乡规民约的前提和方向，乡规民约是我国法治建设的有益补充。"作为蕴含了丰富传统人文思想的传统村落来说，乡规民约更应该大力提倡，更应该为构建更为和谐的乡村文化秩序服务。

# 云南黑井古镇文化旅游产业制约因素与发展思路

陈勤学

云南省禄丰县黑井古镇拥有独特的自然景观、深厚的历史文化、丰富的民俗宗教文化，自 1995 年被批准为省级历史文化名镇以来，其旅游接待人数和整体旅游收入逐年上升，其文化旅游产业的发展取得了显著成效。

## 一、黑井古镇概况

黑井古镇位于糠丰县西北部 92 公里的黑井镇中部龙川江河谷地带，龙川江将其分为东西两岸，两岸高山耸立，黑井城处于谷底，整个城镇呈条带状沿河岸延展。境内居住有汉、彝、回、苗等 6 个民族，全镇总面积 133.6 平方公里。城镇总规划面积为 77.06 公顷，总人口 18313 人，常住人口 4140 人，下设 9 个村委会、96 个自然村、126 个村民小组。

黑井因盐而兴，明清时期，黑井上缴的盐锐占整个云南财政税收的近七成，一度成为西南丝绸之路上的著名盐都，各地盐商云集于此。加之黑井为古屯兵之地，中原文化也随着兵源的进入而慢慢渗透，形成了集中原

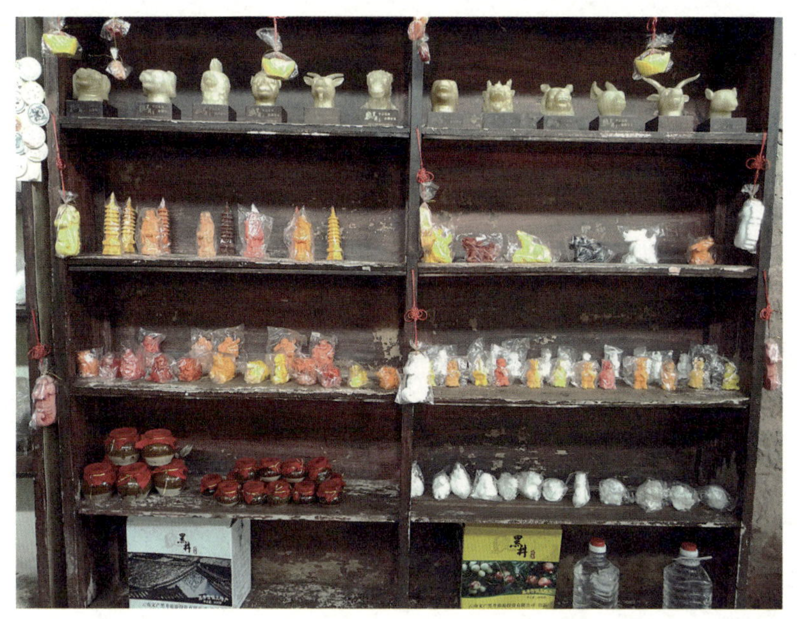

各种盐制产品

文化与地方文化于一体的多元文化体系。至今，黑井镇仍然保留有大量的明清时期的古民居、庙宇、牌坊等建筑及大量文物，古镇风貌依旧，历史文脉清晰，地域特色鲜明，其历史文化、建筑文化、宗教文化、饮食文化在省内外独树一帜。

1995 年，黑井镇被批准为省级历史文化名镇；2005 年入围全国 56 个“魅力名镇”；2006 年入选“云南十大名镇”；2007 年被评定为国家 3A 级旅游景区和省级文明风景旅游区；2010 年被评为中国旅游文化名镇。2016 年接待境内外游客 15 万人次，实现旅游收入 2600 万元。

## 二、丰富的旅游文化资源

黑井历史悠久，早在 3200 年前的新石器时代晚期就有少数民族的祖先居住在这块古老的土地上，据《黑盐井志》记载："土人李阿召牧牛山间，一牛倍肥泽，后失牛，因迹之，至井处，牛舔地出盐。"为纪念此黑牛功绩，遂将此地称为"黑牛井"，后称"黑井"。此后，盐业贸易的发展和壮大为黑井创造了深厚的物质基础和人文条件，推动了黑井地域民俗文化的多元发展，形成了以明清建筑文化、盐业文化和宗教文化为主的多元文化。由考察得知，目前，黑井镇有县级以上文物保护单位24处，其中省级保护单位2处（建于清道光年间的武家大院和神妙丰古盐井遗址）。此外，还有庆安堤、黑井文庙等7处州保单位和黑井文笔塔、诸天寺、史家大院、禄丰明清盐运古驿道等15处县保单位。

由于黑井是古代屯兵之地，盐业的兴盛也使各地客商云集于此，各种文化向这里渗透，形成了中原文化与地方民族文化融合、多元文化的集合

黑井镇全貌

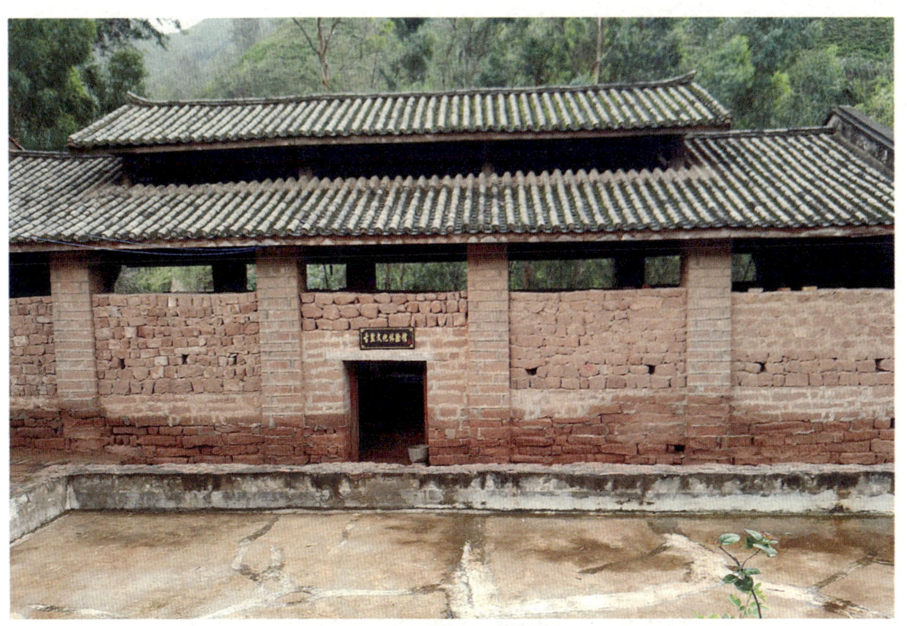

黑井镇制盐池与盐博物馆（一）

体。具有明清风格的建筑在这里随处可见，宗教寺庙林立，目前尚保留有12座。黑井历来尊师重教，据黑井志记载，从元代到清末共有进士13人，1人被皇帝钦封为“武功将军”。目前，黑井有小学一所，中学一所即禄丰四中（初中），师资力量较好，每年都有优秀学生考入楚雄市就读。据多位村民证实，黑井镇对教育非常重视，村中一些上了年纪的老奶奶也进过私塾，年轻人只要愿意读书，家里尽可能满足其上学。正是由于这里的教学质量和生源不错，在其他地方的村小撤并的情况下，此处还能保留小学和中学，其教学质量和教学效果可见一斑。

## 三、文化旅游已见成效

在镇党委、政府的主导下，引进外资参与文化旅游的开发，并确立了

武家大院

文化旅游产业为发展龙头，辐射带动第二、三产业发展的经济产业发展格局。从2012年以来，共接待游客160万人次，实现旅游收入1.8亿元。目前，黑井的主街“美食文化街”两旁客栈有7—8家，美食店无数，服务业发展强劲。至2016年，接待餐馆由原来的6家发展到40多家，客栈、旅馆（宾馆）10多家，全镇农民人均收入由970元增长到8535元，取得了良好的经济效益和社会效益。①

从黑井镇潘镇长处得知，自开展旅游文化产业以来，黑井镇多方渠道

① 来自《黑井镇文化旅游产业发展情况汇报》。

筹措了6000多万元资金用于基础设施建设：街面整治、文庙修复、城镇次干道建设、街灯安装等。还聘请专人打扫街面，每户居民门前设立1—1.5米长、0.5厘米宽、0.8厘米高的红石板，并配上3—4盆鲜花，整个街道焕然一新。此外，通过政府补贴、群众投入的方式完成了大部分临街外立面的整治工程，采取修旧如旧的原则，整体规划。既让古镇旅游人居环境不断得到改善，又创新了古镇保护与开发的新模式。

尽管制盐业已衰微，但政府出资修建了古盐制作博物馆，恢复古法制盐作坊，进行盐文化的展览，设立制盐池与体验区。组织专人对黑井的民间故事进行搜集和整理，出版了《黑井民间故事选》，收录民间神话故事、传说故事、其他故事等100多个。还编辑出版了《失落的盐都》等系列文化丛书，拍摄了《黑井往事》《光荣的愤怒》等电影；对特色民间传统民俗文化、碑刻拓印装裱、彝族歌舞、地方花灯等历史文化和非物质文化进行了一定程度的挖掘。

## 四、文化旅游的制约因素与发展思路

### （一）制约因素

首先，交通不便成为制约黑井进一步发展的现实因素。交通的便利一直是加速地区发展的助推器。进入黑井的主要通道只有成昆铁路和广黑公路。成昆铁路离黑井的最近一站在广通，进来只能坐汽车。由于广黑公路等级低，道路高低不平，旅游大巴基本难以进入，这严重影响了游客进入的积极性。此外，基础设施建设也有待改善。笔者注意到，镇内基本看不到消防设施，镇内文物多为木质结构，一旦有火灾发生，消防安全就成了最大的问题。

其次，文物保护资金缺口较大。尽管前期已经投入了大量的资金用于维护与修缮一部分建筑，但还有相当一部分古建亟须修缮。部分文物保护单位因资金短缺而面临倒塌的危险。如武家大院、文庙等建筑还需要资金维护。

再次，古镇保护规划与居民认识之间有矛盾。一方面，古镇的保护乃大势所趋，政府本着保护文化的原则，不允许居民拆掉自家祖屋盖新房；另一方面，居民却向往新式的砖瓦房。尽管政府出资将居民的房子外观进行统一改造，但由于只是进行立面改造，其内部结构与现代化程度并未改变，因此居民并不领情，说政府做的是表面工程。政府开辟了新的区域将居民迁移入内，一部分居民由于受原来生活习惯的影响以及认识的不足，不愿意搬迁等等，这些都给规划管理工作造成了压力，执行起来相对困难。

最后，传统文化的挖掘缺少专业性人才。无论是物质文化遗产还是非物质文化遗产，由于掌握其技艺与文化需要一定时间的积累，当下的年轻人大多不愿意去学习。而真正掌握的却是上了年纪的老年人。文化的传承面临后继无人的困境。黑井的龙灯会、太平会、龙王会等地方特有的民俗文化和节庆活动需要专人进行深入挖掘、整理，并进行活态传承。

### （二）发展思路

首先，完善规划，制定相关法律。一是通过编制《黑井镇旅游特色小镇特色专项规划》，对黑井镇独有的特色风貌、特色景观进行再设计，紧紧抓住黑井特有的文化，以规划指导特色小镇建设。二是尽快出台有地方特色的《古镇规划保护法》，以法律来约束政府工作人员的行政执法以及居民破坏文物之后的执法，做到有法可依，有法必依。

其次，加强管理，营造积极健康的发展氛围。黑井作为发达乡镇，目前却没有工商、交通等机构，古镇的社会秩序的维护与协调难度较大。笔者在黑井镇商业发达的中心街上发现，小商小贩随意摆摊设点，路面基本被占用。因此，需要成立相关的执行机构，加强对古镇的有效管理，以适应古镇发展的需要。

黑井镇制盐池与盐博物馆（二）

再次，加强沟通，树立政商友好合作平台。加强和各有资质的企业沟通，完善沟通机制，继续多方筹措资金，依靠招商引资，引入外来资金，共同推进文化旅游项目的落实和旅游基建平台的提升，实现文化旅游的“双赢”目标。

最后，制定长期规划保护，逐步实施。文化是不可再生资源，对其进行长期有效的规划保护能使其价值最大化呈现。分层级对古镇进行长期有效的规划保护，逐步实施。如对建筑层高、外观、风貌、特色进行一定的限制，使其处于严格控制之中，对其有效性保护与合理性的利用可以最大限度地减少对古建风貌的破坏。对代表黑井核心文化的盐业文化，除做好对外宣传外，要成立专门机构将盐产品做成品牌，打破目前小规模及小范围的推广模式，将其推广至云南全省，甚至全国。

# “两块红砖”的古村：关于村落保护立法的人文反思

杨会娟

时间在古村古镇的保护中似乎扮演了重要的角色，今天云南组在楚雄市禄丰县的调研中先后去了两个不同的古村（镇）——位于禄丰县金山镇的炼象关及黑井古镇。作为云南省文化名村的炼象关是在近几年才进行保护的，而黑井古镇的保护早炼象关十年。当已经保护了十年的黑井镇让我们眼前一亮时，炼象关却在进行着将青石板路换成现代瓷砖式红石板路的村民及村支书口中的“方便式保护及改造”，当地人的理由是老石板路没有那么平坦。而有千年古镇之称的黑井古镇却把他们具有当地特色的红砂石古建及红砂石路面保护成具有本地特色的文化标志。时间让这两个目前具有同样色彩的石板路在古村(镇）得到了“保护”，却呈现了不同的结果。两条红石板路在保护的漫长历程中究竟承载了怎样的命运？笔者认为，文化成为保护的中心论题。

## 一、两个不同的村（镇）

为了保护而保护的炼象关。类似于炼象村一样为了保护而保护的古村（镇）不在少数。这些保护还处于保护措施的初步阶段，国家有关保护传统村落的资金，在村子里优先用于公共厕所、停车场及平坦的水泥或瓷砖式石板路。在建筑物露出的黑心红瓦中，曾经的丝绸之路的关口变成了水泥墙、水泥柱。这些实质性的改变，只是为了不让这些古建筑物倒塌为第一要务，至于到底在保护什么，恐怕连负责保护的人自己都不知道。这类古村落，笔者去年在广西传统村落的调研中也屡见不鲜。

硬商业与软文化的黑井古镇。而类似于黑井古镇的这种保护较早的村（镇），如今已经发展成具有统一规划及极具看点的旅游特色地，四五个小时的山路并没有减弱游人的热情。目前，唯一一所用马驮生活用品的坐落于半山腰的禄丰四中，却留住了老师和学生们学习的热情。那采自山石的红砂石路在历史的长河中留在它应该留的黑井。

## 二、保护中的博弈

### （一）被动保护与主动保护的争议

在村落保护中，文化看似不起眼，物质遗存往往被当成主角。而在这些物质遗存的后面是怎样的文化战争，在这两个村子的对比中显得一目了然。为了用掉国家给的资金并进行大潮流式的保护，却让保护的对象发生了明显的转移或嫁接式的变质，这便是炼象关。而同处这一地区的黑井人，一支古代商人的后裔，曾经一度让这个小小的镇子的税收占据整个云南省的 60%，在文化的大浪淘沙中把住了文化的血脉继续前进。这便是文化底蕴在意识中的映射，文化意识在今日的古村（镇）保护中，起到了保护主体选择主动还是被动的主要因素。

黑井古镇的红砂石古建

（二）硬件保护与人文保护的矛盾

作为以文化为主要传承血脉的商人，黑井在古镇的保护中可以说已经扮演了正面角色，而在今日的走访中我们依然发现了很多的问题。在古街、古盐铺的保护中却只注意到了“门面”工程。与维持古镇容有关的部分都由政府统一来保护，而生活在房间里的人，却要进行“实用”性自行维修，比如房子漏水、电路改造等。在这个看似遍地文化人的古镇中，也面临着保护的人文性缺失，何况在今日的炼象关。

（三）“为谁保护”和“保护谁”之争

在今日文化遗产保护热的语境中，保护是人们提及较多的字眼。物质遗存往往被看成保护的焦点，建筑的主人却是保护的门外汉，保护对象更多的是物而非人，所以“保护谁”成了我们应该思考的问题。这个问题至今看似一团迷雾的原因是，“为谁保护”这个问题没有真正地搞清楚。在包括去年调查的大部分村镇中，保护是为了别人，这个主要对象是国家。为国家保护被冠以了合法称号以后，整个保护处于从国家角度去思考的大方向。国家为什么要保护，难道只是单纯地为了留住那些文化遗存吗？这是一个比较有争议的话题。

## 三、古村镇保护立法建议

### （一）工具式立法的危险

法律往往被看成一种保护合法的工具，以公正合理的目的解决问题。而古村（镇）立法并由于地区性、个案式及针对人群的不同有些差异。笔者认为，那种为了拯救仅存的物质遗产而忽略法律人文性关怀的工具式立法是相当危险的。

黑井古镇的红砂石街道

炼象关修复的瓷片街道

（二）立法对象与执法对象的明晰

“给谁立法，立法给谁，谁来执法”可能是古村落保护中应予以明确的首要问题，法律可以保护一部分人的利益，但是就看这一部分人是什么样的人。同时，执法者的身份决定着法律的公平，笔者虽然不懂法的公平，但是很担心处于弱势的古建筑及非物质文化遗存及一些住在古建筑中的村民，有被任意摆弄的危险。

## 四、结语

作为一位从事文化学的人，笔者希望，在古村（镇）的立法保护中多些人文考虑，同时真正用法律的手段保护到那些不会说话的建筑及没有真正发言权的古村村民，用法律强硬的一面及“温情的手”让我们的眼前一亮，最终让文化意识成为法律保护的主角。

# 法律条例与民间意识的双向互动

## ——以云南两条“茶马古道”的保护为例

杨会娟

民间意识是古村（镇）保护的关键之所在，法律条例的执行是为了更好地提高民间保护意识，村民集体保护意识的提高是整个村落保护的最终目标。这个过程需要以主动保护与法律的手段相结合的方式来进行，最终让保护者和被保护者重新建立感情的纽带，最终保护的是建筑与人的那份精神依托，这可能是我谈及保护的灵魂之所在。近几日来，云南组在楚雄及大理的考察中，深刻体会到了民间保护意识及法律条例双重互动的重要性。在位于云南楚雄市禄丰县的炼象关及大理市祥云县的云南驿两个分别属于丝绸之路重要途经关口的“茶马古道”上，不同的互动效果带来了不同的保护成效。

## 一、两种意识下的不同结果

云南两个丝绸之路之“茶马古道”，炼象关和云南驿，在历史的长河中，呈现在我们眼前的是截然不同的风貌。走进炼象关，用现代红色瓷砖

云南驿古道建筑

覆盖的青石古道已经让整个古驿站像许多古建筑一样消失在了今日的钢筋混凝土中。牢牢树立的四个关口被水泥白线式仿古青砖、不太合宜的现代壁画抹去了历史的风韵，只有那几根饱经沧桑的木柱子告诉我们这里曾经的辉煌。要是没有当地人解释这是一条古道，没有人会认为它就是一条古道，而且是堪称“九关十八铺”中的第三关。同样作为驿站的云南驿却呈现出不一样的局面，长长的青石茶马古道，让来到这里的人仿佛能够想象马蹄声及人来人往的场景，那些可以在电影电视中看到的场景，在《大理公主》《二炮手》《徐霞客游记》等电影电视中可以寻找到它的影子。

这两个具有共同历史地位的地方为什么会在今日呈现出如此不同的结果？笔者调查走访发现，村民文化、法律意识是最主要原因。在炼象关的调查中，村民对于法律或一些规约条文并不感兴趣，他们现在关心的主要是如何把这个地方开发。在分管文化保护及资金的村干部那里，我们听到更多的是一些对政府的抱怨，至于上面的政策是什么，他从不关注。有一个 63 岁的老人，很担心地告诉我们，他们这里的庙快倒塌了，现在通过民间捐款集资正在维修。当我们提到立法的问题时，村主任、村民则表现出一副茫然的表情。而在云南驿镇，问及村民，他们谈的总是与维修保护有关，一个只有小学文化水平的驿站住户讲述了村里的一些保护措施，并对法律有很高的期待，希望能够依法保护自己的家园。在村政府，一个分管财务的村干部将整个云南驿的文化保护历程清楚地讲给我们听。

## 二、从法律条例到民间意识

从上级的法律条例到民间的法律意识，这是一个双向互动的过程，而

云南驿古建局部

云南驿古驿站

在古村（镇）的保护，这种双向循环显得格外重要。法律条例的编写执行是为了更好地增强民间保护意识，村民意识的提高又为法律的全面执行起到积极的作用，最终在双方的共同作用下提高整个集体的保护意识。笔者认为，只有村民整体意识的提高才能真正实质性地保护古村（镇），因为他们始终是村（镇）的主人。在炼象关和云南驿，我们看到的是两种不同的“双向互动”。在炼象关，法律在这里并没有存在的土壤，法律条例与民间意识并没有形成互动。一个已经被破坏严重到不能再补救的古村（镇），仅存的青山石板路也在2017年的基础设施建设中被“保护性地毁灭”。时至今日，村民及村干部的口中惦记的只有开发和国家拨给的资金，关于资金用于何方，他们的设想基本与保护没有太大关系。在没有法律意识与文化保护意识的村（镇），这种“双向互动”的通道是关闭的。而在云南驿，却呈现出不同的局面，保护已经从说教式的冰冷的东西变成了他们保护家园的强力救星。在村民眼里，他们村的保护虽然是一部血泪史，但最终留住了他们对家园的那份情怀，并肯定了保护的成效。47 岁的李姓村民表示，只要政府来保护他们就开心，政府不保护他们就自己动手，但是怕自己水平不够，破坏了古迹。在这里，我们看到的是保护中“双向互动”的通畅。可以说，双向通道的通畅运行是古村（镇）保护的最理想状态，也是保证古文化保护动态化发展的必然之路。

## 三、主动保护、被动保护及集体主动保护意识的形成

法律条例与民间意识“双向互动”顺畅的村（镇）往往是保护比较好的村（镇），要达到这种通畅必须要经历三个过程。从少数人自发主动保护到上级法律文件的被动推动，最终到达集体保护的主动性保护阶段。云南驿的保护过程，就清楚地划分为这三个阶段，时间跨越将近 20 年。

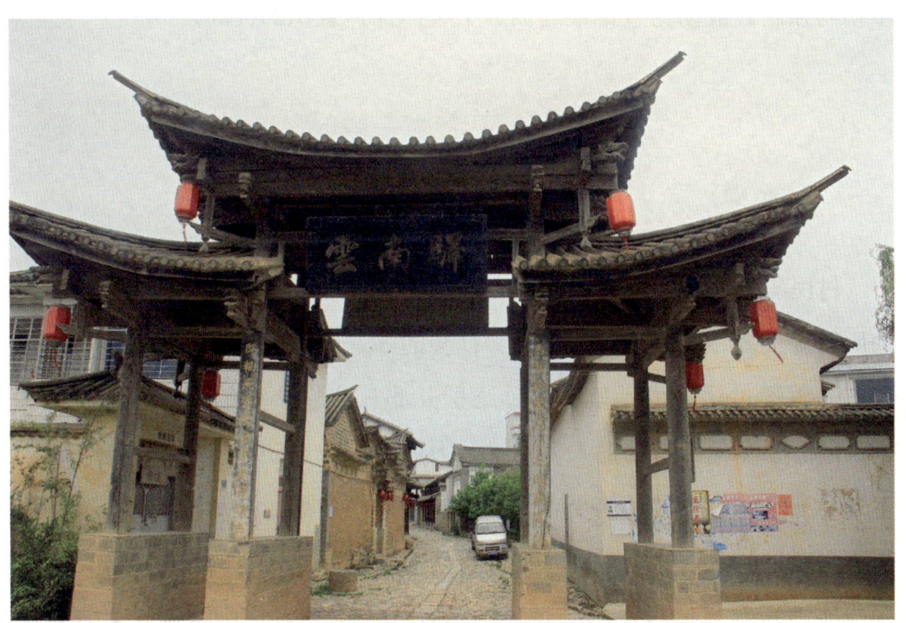

云南驿门楼

1998 年，村民主动提出要保护古村（镇），自发组织，保护意识开始起作用，村民将有一段被水泥路覆盖了的青石板路回归原样。2003 年，村委会作出了约束性的保护，向一些村民提出不准建房，主要考虑外观和整体形象不能破坏，资金则来源于民间捐款及政府投资。2013 年，云南驿申请成为国家级历史文化名镇，国家拨款，村里成立了云南驿指挥部，由政府出资，每户补助 1 万元保护本户的古建筑，商铺每米出资 3000 元，由村民责任到户到人进行保护。在云南驿保存完好的古建筑推动下以前云南驿所属的前锁乡也被改名为云南驿镇。从 1998 年的少数人自发组织，到 2003 年村里出台相关政策，制定了完整的保护条例，通过拍照、监管、签协议、指导的方式进行维修。在主动意识与被动调节的沟通中，少数人带动了大多数人，在今日的采访中，村民对保护已经不再反对，而是更多地关心如何继续保护。从一小部分保护意识强的村民最终发展成被绝大多数人内心默认的意识，这是一个需要经历十几年的历程。在这个过程中，主动与强制、被动与宣传最终促成了集体保护意识的提高。

## 四、总结

村民与其所居住建筑的情感在新的发展形势下，逐渐分离。造成分离的原因有很多，历史的、经济的、社会的等，要重新焊接这份感情在今天我们必须通过法律的手段。这种维护并非只依靠法律的单打独斗就能做到，还需要多重力量的加入。在这些力量中，有主动建筑与物重拾情感的主动参与者，也有被动接受者。法律的主要任务是让被动接受或无意识者变成主动参与者。这个过程，这种感情的维系并非短暂的作秀，而是应该寻找能够激发当地村民内心情感的途径，让保护者成为被保护者真正的主人。

# 关于传统村落“门脸式保护”争议性的思考

## ——以云南古村为例

杨会娟

在古村（镇）保护中，保护往往先从核心区及重点保护对象入手，但是这种核心与重点保护思想时常被质疑。只有门脸，没有内容的古村（镇）建筑比比皆是。当我们看到一扇比较古老的门，推开门之后，铝合金门窗户的现代式像粽子一样被包裹着。这就是在“门脸式保护”意识下产生的结果。云南组在几日的考察中发现，这种现象的产生是多方因素共同造成的。我们只有应用法律的手段平衡各方利益，根据每个村（镇）的实际情况，具体分析保护的阶段性特征，才能最终实现从“保门脸”到保整体的跨越。

## 一、“门脸式建筑”形成原因

“门脸式保护”在云南，包括笔者去年在广西的考察中都有发现。这种保护形式的产生是多方因素共同的结果。

首先，时间是首要的因素。在古建筑整体保护相对完整的祥云县云南

喜洲古镇局部

驿，我们发现这种现象亦十分明显。茶马古道的第一大户，黄土墙与青砖古道，让我们能够想象昔日古道上的繁荣景象。而当我们推开他们家的门时，一座现代式建筑让我们回到了现实。这户村民告诉我们，他家房子改建于 2002 年，当时房子已经很破旧了，就进行了改造。他也是在古房子的基础上改建，门窗全部重装，而侧面的房屋还保存着木质结构。他们村 2003 年以后就开始保护，在这期间随着保护意识的提高，新建的房子大部分都到外面重新去建了，时间成了一个既核心又重要的因素。

其次，有些门脸内古建丧失是审美意识碰撞中的一种妥协。在黑井古镇的采访中我们居住的永和客栈的房东表示，他们并不那么喜欢古旧的东西，高大的钢筋混凝土房子住得很舒服，在这里政府要求大家保证门面。在其他村落也有村民表示现代性建筑美观，保证古建筑的重建是上面规定的。最终，保“门脸”是政府指导与民众审美相互让步的结果。

再次，地域的限制促使了这种情况的产生。在文盛村与黑井镇，狭窄的山环式村落布局，让这里的地域十分受限制，人口的膨胀让村民无法得到新宅地，只能将古宅子分为几家，里面进行私人改造，而门脸的位置是公共区域，一家不能私自动用，就被留了下来。

另外，保护资金利用的倾向性及保护意识的片面性因素，最终让这种我们看了觉得不伦不类的两脱节式建筑产生了，甚至有些门面上半截是古旧的，下半截却是新的，门脸也处于新旧半分家状态。

## 二、消失的"门脸"及"门脸难保"困境

与其说"门脸式保护"多少是为了面子工程，而连根拔起使其失去"门脸"则让人更感痛心。这种行为就发生于我们7月11日在文盛村的考察中。这所房子处于整个保护区域的主干道上，一所具有茶马特征的房子，我们

只被保护的门口

目睹了村民将其整体拆除的整个过程，从内到外全部推倒。正在房顶上拆除的村民告诉我们，没法住了，政府又不来修，村里又没地批给他们。我们关于此事也问及了镇里管这方面工作的干部杨栋。他指出，这里的土地非常紧张，房子是村民的，他们要拆也没任何办法，没有资金补助给他们，只有通过口头劝说的方式，让他们在重建的时候按照规定的标准进行建设，并没有权威性的法律条文和他们沟通。村里的干部对这些都不是很了解，他们对镇里工作人员也不屑一顾。同处于云南地区，不同的县、镇关于保护的差别很大。云南驿的村干部表示，镇上及县里明确规定不能再次破坏主干道，特别是历史留下来的门脸，村民现在关心的是如何进一步保护，而在同是国家级历史文化名村（镇）的文盛村情况却截然不同。土地个人所有权及集体意识性保护的矛盾在文盛村体现得十分深刻，两种关系的分裂与背离最终造成“门脸难保”的局面。

## 三、争议性解决方案

门脸作为一个古村（镇）的脸面，是进入村落的第一印象。“看人先看脸”，古村（镇）同样需要一个合理的符合其特征的门脸。当我们感叹只保门脸没有内容的时候，有些地方连最为基本的门脸都消失殆尽。虽然保门脸成为一个备受争议的话题，但也成为保护中先行的一个方法。特别是处于保护初级阶段的村（镇）保门脸是一个最基本的保护内容。先保门脸虽备受争议，但确实是一种可行而又十分具体的保护方法。

### （一）古村（镇）保护法势在必行

文盛村连根拔起的古建筑是各方矛盾升级的产物，为了防止文盛村成为下一个消失的古建筑，村落立法势在必行。法律往往发挥着平衡各方利

周成村一角

益的作用。没有实际权力的乡、镇、村干部希望国家能够出台相应的法律，让他们在口舌之争的调节中能够有个依据，也好开展工作。一些地方性的法律文件及保护条例的权威性在不同的地区实施起来受限制。在云南易县里出台的法律文件在村民那里就可以成为一个依据说服他们，而在文盛村，经济生活水平与人多地狭的现状，让一些地方性法律文件往往没有太大作用。

（二）“门脸式保护”与整体保护的协调

在村（镇）保护中，不能实行“一刀切”，应根据村（镇）不同的保护状况，具体问题具体分析。处于保护初期的村（镇），由于资金、技术及人的意识，保“门脸”需要花费很大的力气。对于已经保护相对成熟的村（镇）整体性保护理念必须形成。在保护的过程中，必须有能保全绝不只保门脸的意识。而且，太门脸的行为也往往会伤及村民生活的实际情况。所以，保门脸不单单是为了保门脸，而是在不能保全的情况下最保底的保护。

（三）重点保护与二次保护

政府现在的倾向是保证核心区域，把大体的氛围，维持整个保护的效果。而在重点保护之后的二次保护中，往往显得力量不够。我们在黑井镇的考察中发现有只保门脸的现象，在进一步的保护还只是保证门脸。所以说要调节好重点保护与二次保护的利害关系，保证国家资金利用的合理性，不能只管外不管内。只管死建筑而不关注里面所住之人，只保住门脸的而对里面不闻不问。

## 四、总结

在村（镇）保护中，那看似有些流于表面的“门脸式保护”工程，却是各方利益共同角逐的结果。在各方利益协调不恰当的时候，门脸难保现象时常发生。在古村（镇）的保护中，门脸先保在部分村落是一个必经的过程，先保门脸是一个不得已但可以保一部分古建筑的一个行之有效的方法。这个时候我们必须有法律的武器作为支撑，并在实行过程中根据古村（镇）的实际情况进行最大化的保护，抱着能保总比不能保强的思想，具体情况具体对待，最终形成先保部分，再进一步深入保护的方法。

# 云南禄丰金山镇炼象关的保护与开发对策

陈勤学

伴随着新型城镇化和新农村建设的加快推进，在保护与开发古村落方面，面临着共同的现实困境：一是古村落消失速度不断加快，古村的原生

城隍庙

个性正在逐渐失去；二是古村落的发展环境不理想，古建的物质性老化和功能性衰退严重；三是政策、资金、人力投入匮乏。要解决这一问题，除了要引起足够重视外，立法保护才是根本。

## 一、炼象关辉煌的历史

在此次考察调研中，禄丰县金山镇炼象关是第一站。它是从昆明至大理古都沿途遗存的“九关十八铺”中的第三关（即由昆明碧鸡关、土官老鸦关至金山炼象关）。炼象关之名始于元代，因该地有红色巍峨的高山，远望似经火炼过之大象一般，故而得名。据史料记载，炼象关防建于明崇祯十六年（1643 年）。从关口到关尾总长有 900 米，共建有五座关楼，分别是炼象关楼、重关楼、观音阁、过街楼、登门楼①。整条街盐商云集，庭院密布。有古民居、寺庙、牌坊、楼阁等，构成了一幅特有的物质文化景观。作为古丝绸之路的必经之地，大量的盐、丝绸、茶叶、货物以及马帮从炼象关经过，使其成为一个盐商云集、万马归槽的商贸活跃集散地与转运驿站。炼象关是集盐文化、马帮文化于一体的古村落。

因盐而兴的炼象关积淀了深厚的历史文化，拥有异彩纷呈的民风民俗与内涵丰富的古建筑文化。有以刘家大院为主的古民居，以炼象关、三华寺、重关楼、东西魁阁为主体的古建筑，以衍庆桥为代表的古石桥，以及以三华寺与城隍庙为核心的宗教文化。这些形成于明、盛于清的古建筑群，以商铺、关隘为中心，构成以儒学文化为依托的独特的人文景观②。另外，每年 5 月 28 日在城隍庙举行盛大的拜佛会，附近寺庙住持与信佛

① 转引自刘世仙：《浅谈禄丰“炼象关”的保护与发展》，《安徽文学（下半月）》2013 年第 11 期。

② 参见刘世仙：《浅谈禄丰“炼象关”的保护与发展》，《安徽文学（下半月）》2013 年第 11 期。

过街楼及周边现代建筑

者大量云集于此。这些人文景观是明清时期炼象关历史文化、宗教文化、建筑文化、民俗文化的生动体现。

## 二、炼象关矛盾的今生

炼象关尽管至今仍然保存有一些传统民居和几座关楼，大体古村格局没变化之外，其许多文化遗产已经不复存在（如据村主任所说，原来的观音阁里供奉着一尊千手观音，由一盲老太守护，20世纪80年代初不慎失火，整个观音阁付之一炬）。从考察中得知，现今古镇上出现了许多令人费解的现象。

其一，炼象关中的古丝绸之路，尽管从今年开始由政府出资从关口到关尾将原来的石板路进行重新修建，铺设了齐整的红砖，整体感观虽好，但与其原有的大小不一、参差不齐的特点不相符。虽说还保留石板路，但由于过于整齐和现代，并没有达到与古街相匹配的效果。

其二，从临街的建筑来看，大多以现代化的二至三层的砖瓦房为主，而明清时期所建之民居却只留下零星的几栋一两层的低矮样式，且大多因破败而无人居住。古建筑文化只能从三华寺、城隍庙和几座关楼的形制得以体现，新老建筑风格极不协调。

其三，以炼象关等五座关楼为主的古建筑得以修缮，但其周围的环境却并未引起重视，要么杂草丛生，要么道路泥泞。特别是标志着村中儒家文化经典的文庙——东西魁阁，更是破败不堪。只能由村中信士出资请人设计与修建，政府的资金与帮扶并未得到体现。

其四，村中居民大多向往高大明亮的砖瓦房，而对其祖辈遗存之古民居基本没有留恋之心。一方面固然是古民居与现代化建筑相比有其局限性，但更多是居民对于古民居的价值的认知不足所致。

## 三、炼象关的保护对策

### （一）加强政府引导，加大立法保护

炼象关在2002年就被云南省人民政府命名为省级历史文化名村，2005年又被省政府列为全省60个旅游特色小镇、22个开发建设型小镇之一，2006年被州政府列为楚雄州四个旅游小镇开发建设项目之一，禄丰县、金山镇也将其列为历史文化旅游产业重点建设项目保护开发点。2004—2006年，政府陆续下拨资金保护古建筑，但到位资金不多，每年只有20万元。但据村民反映，2016年开始下拨资金修建道路、停车场等

炼象关关楼

基础设施，直到 2017 年才开始正式进行修缮和维护工作①。

另据村民反映，村中不少古建筑及其配饰以前由外地来的人偷走不少，转卖到昆明等地，致使村中古建大量减少。因此，各级政府应加强领导，出台相应的保护法规，除对现有的古建采取修理如旧的保护性措施外，还对保护不力、盗卖古建者进行有力的打击。

---

① 金山镇政府：《中国历史文化名镇名村基础数据表》。

### （二）深挖历史文化，展现特色风貌

在对炼象关进行修缮保护的同时，要深挖其历史文化，突出地方特色和地方肌理，将炼象关的历史文化、宗教文化和民族文化特色进行大力宣传与展现，使后人能够充分体味到古村风貌背后的文化魅力。山、亭、台、楼、阁，作为承载古村文化魅力的载体，应使其发挥出应有的光辉。使旅客在深叹“滇西大马路，九关十八铺”曾经的繁荣与辉煌，翻阅着炼象关一卷卷地方史册，看着红色巍峨的炼象山时，能真正领略到其特有的地域文化韵味。

### （三）进行文化定位，打造地域品牌

首先，进行品牌战略，树立品牌并打造“炼象关”品牌。可以将其与昆明碧鸡关、土官老鸦关进行品牌效应联动，产生巨大的品牌效应，使外界对其耳熟能详。其次，进行主题定位。提出“重造茶马古道，再现雄关商铺”的口号，以古道的辉煌带动商铺的繁荣为目标来再现昔日的辉煌。再次，进行旅游产品的开发。前期开发大众观光旅游产品，中期将历史文化、人文景观与休闲体验作为重点，最终形成集观光、度假、休闲、娱乐、购物于一体的旅游品牌。最后，依托炼象关已有的影响以及禄丰旅游经济带的联动效应，全面整合相关要素资源，将炼象关打造成一个历史文化厚重、区域特色浓郁、生态环境优美的云南省知名的特色旅游品牌。

### （四）进行多维宣传，打开知名度

笔者从禄丰县金山镇到杨山乡再到炼象关，一路上并未见任何宣传与介绍炼象关的标语、广告牌。其知名度并未为外人所知，只是从网上知晓其为历史文化名村，这与其作为历史文化名村的身份极为不符。因此，应从多维视角，以多种手段与方式将其历史文化进行对外宣传，使其品牌知名度深入人心。

# 文化自觉与文化自信：关于云南沙溪古镇保护的现状调查

杨会娟

在云南的考察，我们看到了太多古建筑被破坏的情况。今日在沙溪古镇的考察中我们却看到了截然不同的情景。高度的保护意识让这个白族古镇留住了文化生存之根。古建筑的保护在这里似乎是每个白族民众默许的行动，文化的自觉与文化的自信在这里显得特别自然，没有任何做作。

## 一、文化自觉：精神高度决定物质保护的行动

在沙溪古镇的四方街槐树下，白族民众正在捡拾微风吹动下落在地上的槐花（可以在夏天泡水喝，具有下火作用），他们并没有因为游客的到来或别人的踩踏而停止自己的工作，他们也没有拿着棒子或上树去摘，只是默默地捡。在这些捡槐花的人中，并非只有老人，年轻姑娘也在其中。"白族人的历史在发展中保住了属于他们自己的坚持"，一位白族姑娘这样告诉我们。他们本地文化兼收了汉族的文化，但同时也保住了本族的文化精神。每一个村庄都有自己的本祖庙，也有儒释道"三教合一"的

沙溪古镇被修复的古建

庙宇。他们按照自己的方式生活，并没有由于文化旅游而抛弃了自己所种的田及传统的手工艺。他们还是慢节奏在这里继续创造属于他们的农耕文明，做着他们的手艺活，背着他们的箩筐。十分团结的沙溪白族民众最终留住的是属于他们白族特有的精神文化，一砖一瓦只是这种精神统领下的小小行动而已。这里的节日、信仰并没有像其他一些地方那样需要政府的组织，他们全都处于一种自然的状态，人们穿上民族服装过的是自己的节日，走进每个白族的小院，二层式的民居，树木、盆景的布置特别自然，让人感觉十分惬意。在这样的生活要求和精神追求下，他们和生活中的一砖一瓦都保存着最自然的状态，保护民居成了每个村民自然的行动。

## 二、活态传承：传统技艺活态化是古建保护的强力支撑

在沙溪古镇，具有白族文化特征的古建筑能保存完好，绝非空穴来风，技术工艺的支撑是核心。当地白族有属于自己的工匠，每户重新修缮自家房子都是请当地工匠按照白族的风格样式进行。在最本土的技术支撑下，他们在古建修复上具有本民族自己的文化内在推动力。在最了解本地建筑特征的工匠们的辛勤劳动下，他们保护的不仅仅是一幢幢古建筑，更多的是在保护本族文化的血脉。这种技术推动下的文化自信不是每个民族都具有的。在沙溪，我看到新建房子的木架土砖式建筑，他们的雕刻虽没有古人的精美，但也是纯手工完成。“打铁还须自身硬”，沙溪古镇人在掌

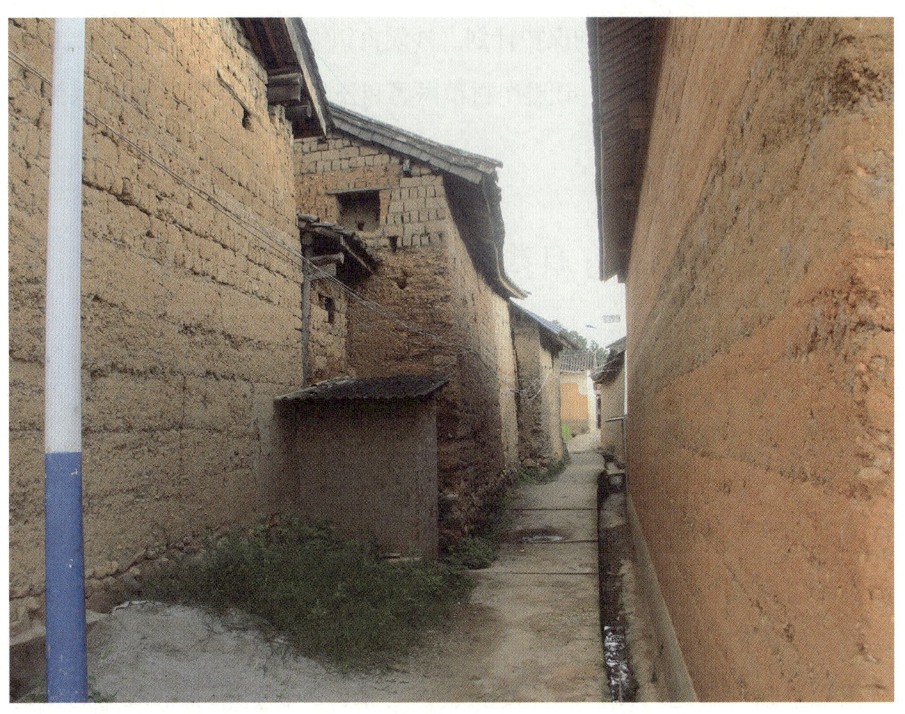

沙溪古镇街道

握自己本民族技术精华的同时也在修复着他们的文化，他们不是借助外来的技术力量，而是自身拥有一种文化内在的修复能力。这种仍在进行中的工艺技术让整个沙溪的传统工艺呈现出一种自觉的活态传承，按照良好的文化轨迹运行。

沙溪古镇的公共建筑项目，由于技术的难度，是借助了外来力量完成的。整个古镇的基础设施和文物发展规划是与瑞士联邦理工大学合作共建的。其中寺登村的四方街、兴教寺等文物古迹的修缮都是由云南省城乡规划设计研究院、世界遗产规划保护研究中心与瑞士联邦理工学院、国家区域与地方规划研究所负责完成。而本祖庙及民居完全是当地村民自己进行保护，政府没有出资。白族文化的包容性让这个古镇的保护显得更加和谐。在保存民族自信的过程中，沙溪又以开放的态度让整个小镇的保护做得更好。在寺登村的推动下，周边的村落也在进行保护，他们把整个镇里的村落连接成一片，做更为长远的保护计划。沙溪古镇人以开放的态度、自觉的行动、充满自信的文化意识，让整个村镇民居和公共建筑得到了全面的保护。

## 三、文化自信：自觉保护与法律规制的协调统一

沙溪古镇的中心村寺登村及对面的华龙村等几个村子连成一个片区进行整体性保护。寺登村村民自觉地按照白族古民居的特征来维护自己的家园，白族文化的良性循环及保护在这里好像成为一种默许。然而，法律条例亦然在这里默默地发挥着作用。四方街古街鞋店的老板是白族本地人，据她口述，政府依然时不时来给她们强调法律，并不是口头的说辞，是有文件拿给她们看的。据她回忆说，她在 2006 年就在古镇开鞋店，当时政府就一直强调古建的保护。即使在我们看来已经保护得非常成功的古村镇，法律依然在默默地发挥着巨大的推进作用。沙溪古镇的保护是在村民

沙溪古镇戏台

的自觉保护加上法律条文的督促下共同完成的。整个古镇的保护是村民主动保护与法律加强下的全体主动保护的结果。在这个过程中，白族民众的民族认同及民族自信让他们保护了祖宗留下来的文化遗产，并在不断的实践中保证了居住之人与居住之房之间的感情。这种文化自信最终在历史发展的过程中找到了他们的文化命脉，并与法律在互相融合的过程中，成为文化遗产保护的双向标。

## 四、结语

沙溪古镇保护的成功，首先是白族文化的自觉传承，这种传承让整个古镇保持着本真的样子。这是一种“活态”文化传承下的集体认知，是一种深入到他们骨子里的保护，这亦是一种以物质保护为载体的精神保护。在这种精神的指导下，物质保护只是其中一个小小的行动，但就是这种小小的行动，最终保住了文化的根基。所以说，保护的最终是文化意识及认知的提高，但是在今天，当大部分古村落村民还没有实现文化认识的转型时，还在以牺牲古建筑而成全物质生活时，沙溪的人们已经具有了精神的高度。即使在这种精神的追求下，法律依然在默默地发挥作用。在目前的形势下，其他古村落的保护法律亦显重要，我们现在只有用法律的手段把那些还处于朦胧期的村民叫醒，避免让那些沉睡得很深，等一觉醒来古村落建筑已经成为钢筋混凝土的悲剧再次发生。

# 传统与现代的冲突：周城村白族扎染技艺的现实困境与活态传承

陈勤学

从当前的文化遗产保护来看，各地古村更多的是将有形的物质文化遗产作为保护的重点，而对其隐性的非物质文化忽略或者重视度不够，这不符合传统村落文化的整体传承与保护理念。我们在保护有形的建筑文化的同时，更应重视保护传统村镇中无形的非物质文化。

现代语境下传统非物质文化遗产正面临着传承困境，周城村白族的传统手工技艺——扎染也面临着现代转型大环境下的生存困境。现代语境下传统扎染技艺如何突破生存困境，一些个人和企业正在进行着不同的尝试，以活态的方式对其进行着有效的传承。

## 一、周城村白族扎染技艺概况

周城村位于大理古城北郊，西靠苍山，东临洱海，是云南省最大的白族自然村，是集“山、村、田、湖”景观为一体的村落。整个村占地近2万平方公里，由1000多个院落连成一片。村中有一条南北向主街（茶马古

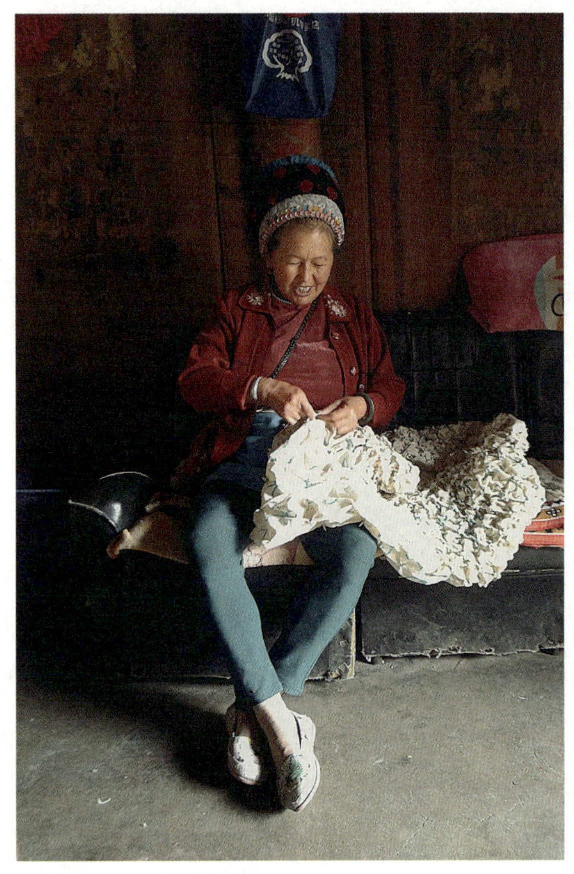

白族大娘捆扎、缝结布料

道),7 条主要巷道。村里房屋建筑多为“三房一照壁”“四合五天井”封闭式。巷道两侧的白墙青瓦楼房，是周城白族的传统石墙土木结构建筑，“大理有三宝，石头砌墙不会倒”是这种建筑特征的写照。周城村有丰富多彩的民族节日，其中最著名的为“三月街”。周城村因为拥有蝴蝶泉而闻名，还因为这里至今仍然保留有十分完好的各种白族传统习俗，又被誉为“白族民俗的活化石”。村内佛教盛行，境内有银相寺、龙泉寺等佛教寺院。

扎染制品是周城村的传统工艺，其扎染都是家庭手工作坊式的传承，被喻为“白族扎染之乡”。2006 年，白族扎染技艺被列为第一批国家非物质文化遗产。扎染产品成为周城村最重要的产业之一。其产品多次获奖，深受游客喜爱，并出口日、美等国。

周城村的扎染原料为纯白布或棉麻混纺白布，染料也是就近取材，从苍山上采集蓼蓝、板蓝根、艾蒿等天然植物，做成蓝靛溶液。主要经过扎花、浸泡、染布、晒干、拆线、碾布等工序。即先将白布捆扎成想要的花形，然后将其放入装有染料的大木桶中，以火烧之，将白布全部染成蓝色、黑色或红色，扎花的地方由于染料渗透不进，从而自然地露出形态各异的花纹。纹样类型有小蝴蝶、梅花、龙凤呈祥等；构图方面讲究对称与均衡，纹样饱满。总体图案丰富、色彩和谐、做工精巧，富于层次感。扎染面料被广泛用于服饰、家居装饰，具有较高的美学价值与实用功能。

据白族扎染技艺的传承人张仕绅老先生介绍，周城村的扎染技艺起源于明末清初，已有近400年的历史，其鼎盛时期，村里“家家有染缸、户

白族祖屋

户出扎染”。民国初年，大理出现了专业化村镇，周城村因所用染料成本低、固色好，加之用的是自产的土靛，且做活精细，而成为当时远近闻名的织染村。

## 二、周城村白族扎染技艺的现实困境

周城村扎染技艺尽管深受人们喜爱，并且有其辉煌的历史，但在特殊时期经历过浩劫。据张老先生回忆，“文化大革命”期间，所有大队的扎

蓝续绿色文化发展中心的创新产品

扎染产品

染作坊几乎全部被毁。后来遗留下来的土靛（用板蓝根染色）技术还是他本人想方设法冒险保存下来的。

20 世纪 80 年代，有十多家农户率先开始了家庭式扎染，开始恢复了手工扎染作坊，并建立起了“周城民族扎染厂”。至 2005 年，全村扎染厂共有 26 家，规模较大的有 16 家，其余为个体经营。

随着大理成为热门的旅游地，传统民族艺术赖以生存的小家庭经济急速解体，工业商品迅速占据了传统市场，扎染成为旅游产品。为了降低成本以适应市场的需要，传统扎染用于染色的板蓝根染料也被成本低的“洋靛”所替代。在思维模式方面，小型扎染厂只满足于做大和增加产品种类，却对员工的整体素质的提高没能引起足够重视。由于地处村镇，员工的整体素质不高，在图形创新性上面显得不足。多数只是对图案进行简单的变化，缺少突破性的改进，纹样多雷同，千篇一律。近一半的图案都是客户自己带来，厂家只是进行简单加工，这些不足严重制约了扎染厂的发展。

周城村街景

扎染技艺是非常精细的手工活，就扎花来说，就需要极大的耐心与细心。张先生说："现在本村扎花的主要是中老年妇女，只有少数年轻女性扎得好。大多数年轻女性根本无心学习该技术，还缺乏耐心，或者在扎花时为了节省时间偷工减料，这样对图案的精细度和售卖影响很大。"

另外，由于大量的年轻劳动力外出打工挣了钱，他们觉得做扎染人累，收入少，由于是技术活，还会使手指关节变形，本村年轻人大多选择外出打工，就连原来手艺好的人都改了行，使得这一技艺的传承面临断层的困境。

## 三、周城村白族扎染技艺的活态传承与创新实践

笔者在走访中发现，村中除了有少量的厂房和家庭作坊式传承扎染

外，对扎染技艺进行较为有效的保护的就属著名非物质文化传承人张仕绅父女。他们接管了原来村里的扎染厂——周城民族扎染厂。主要经营印花品、工艺织锦、出口本厂自产的扎染制品系列，对扎染进行活态传承。除用传统的染料外，还在颜色上做出了大胆的改变。一改传统的单色形式，将大红、橘红、青蓝、紫等色进行混合运用，使色调更艳丽、清新。在题材上面也打破以吉祥图案为纹样的传统，将现代装饰画以扎染的形式呈现出来。做到了内容、形式与色调的创新。

此外，以清朝举人张立志的故居为中心成立了一家以专门创新传承白族扎染艺术的公司，名为“蓝续绿色文化发展中心”。该公司对扎染技艺的创新实践是一种行之有效的传承方式。

蓝续绿色文化发展中心是一家成立于2014年的文化发展机构，它旨在与当地的社区居民携手，通过社会创新、传承、发展当地的少数民族绿色文化，探索文化传承和发展之路，践行可持续的绿色生活。笔者从该公司了解到，该公司以不同子项目的形式，将白族传统扎染分为四个不同分区进行创新传承。

项目一：古法扎染新生计划

主要目的是探索古法扎染，致力于传统扎染传承和创新。期望给予老艺人有可以传承扎染技艺的平台，大众有了解、体验白族传统文化的空间。使当地的年轻人能在交流中感受到本土扎染艺术的价值，使扎染重新回到对人、对环境友好的原初价值。通过恢复古法扎染技艺，记录白族扎染图案故事，探索扎染的新实用美学。开展当地扎染体验活动和白族族人一起用心守护自然在手中的生命力。

项目二：绿色手工坊

用心守护经纬线编织的温度。主要和社区老人携手，采用古法织布技术，将传统花样做创新，与现代设计相结合，挖掘背后的故事和价值，使手工布可持续发展。

项目三：蝴蝶之梦亲子屋

该项目服务于全国。秉承蓝续可持续生活方式的理念，通过集中式的共同学习与生活，让参与者在大理，与白族古老民俗、手艺、艺术文化和山水自然接触，走近真实大自然，在尊重自然的前提下，开阔视野、寻找自我、感受亲情与友情。

项目四：社区学堂

以社区群众为主体，透过与本地村民共同设计和开发的各项活动和课程，使族人、蓝续及外来伙伴共同学习和参与，重新探知白族传统的绿色文化和生活智慧，反思现代化的生活方式，加强对本民族的自我认识和认同感，树立文化自信，建立绿色生态、和谐发展、多元共存的幸福观。共同建设白族美丽的绿色乡村。

希望通过以上子项目的活动，使每个人都能成为传统的转译家、传播者、守护人和践行者。

在该实践基地，我们发现，除染色用的工具外，各类不同花纹的成品，有面料、床单、桌布、围巾、枕巾、手帕、门帘、窗帘、沙发巾、挎包、坐垫、茶杯垫、围腰、服装等，种类繁多。各类染色用的植物展示，如核桃皮染、艾草染、五倍子染、姜黄染、红花染、板蓝根染等。

在人才方面，企业还聘请多位以前在周城村从事扎染技艺的传承人做指导老师，组成一支“老人带，青年人跟”的队伍。并与大理学院进行校企合作，将学校有志于此的优秀学生纳入进来，从实习生做起，逐渐掌握扎染的各项技艺。他们将学到的技艺再带到学校进行传授。在笔者考察的时候，就有一批老中青的广东企业人员来参观学习，可见其影响力已引起了一部分人的关注。这种活态的传承方式也值得其他类别、其他地区的非物质文化遗产项目创新传承借鉴。

# 黑井古镇现状及其现象的思考

王　亮

我们从上一站炼象关到达黑井镇，已经是晚上六点多了。作为云南省的四大古镇之一，黑井古镇自古以来就是一个产贡盐的地方。黑井古镇依

保存较好的街道及民居

古街两旁

山傍水，水流湍急的龙川江成为孕育黑井镇的母亲河！

黑井是一个有故事的地方，古代的黑井故事与盐相关！据《黑盐井志》记载："土人李阿召牧牛山间，一牛倍肥泽，后失牛，因迹之，至井处，牛舔地出盐。"为纪念这头黑牛的功绩，遂称此地为"黑牛盐井"，后称"黑井"。因为出产的盐质量较高，历代皆为贡盐的主产地，因而一度经济繁荣。但是，随着海盐进入，昔日的"盐城"早已失去了旧时的辉煌，但保留了许多明清风格的民居，碑刻、石雕、古塔、石牌坊、古戏台，以及古寺庙、古盐井、煮盐灶户等，特别是享誉国内外的保存完好的典型明清建筑——武家大院，吸引了众多的海内外游客。

在调研中我们发现，昔日的黑井镇，在发展经济的同时，对教育也很重视。不论有钱的大户人家，还是家境较差的家庭，都会非常积极地鼓励自己的小孩读书。所以，在偏僻的黑井镇上还有比较古老的文庙。据说，昔日的盐商们赚钱以后，会邀请一些知识渊博的教书先生来执教。这种尊师重教的理念，对今天的小镇产生了重要影响。在调查中发现，这里很少有辍学儿童。这里有一所禄丰四中就是建在黑井镇左边的半山腰上，除一切物资都要靠肩挑马驮外，学生都是靠步行上山上学。但是这并不影响他们的教学质量，也不影响孩子们上学的决心。所以，当一个地方有了足够发达的经济，又能够非常重视教育，那么在这个地方就会形成良好的社会风气，并进一步促进经济的发展。即使今天，黑井镇昔日的荣光早已不在，但是却呈现出向上的氛围。这里的人民依靠良好的教育基础，依靠先辈们留下的良好的外在物质和内在精神，在土地稀少的情况下，依然顽强扎根，并保护好祖辈们留下的财产，这是他们的骄傲。

整体来看，黑井古镇的建筑保护得是非常好的。调查中发现，有几大措施在支撑他们：第一，较早地制定了规划，并严格地执行规划。黑井古镇的规划，早在 2002 年就完成了。基层政府非常注重按照规划来约束村

龙川江畔民居

民的行为。因而，虽然这里土地稀少，村民的居住状况不容乐观，但是很少出现违规建房的行为。第二，村民有较强的保护意识，能比较自觉地遵守保护规划。因此，即使有村民翻新自己的房子，大体上还是会按照原有的风格，基本上不会独树一帜。

当然，我们也发现黑井古镇的保护纯粹是依靠政府的引导和村民的自觉。在调查中我们得知，在处置一些违规行为过程当中，缺乏明确的法律依据，因而纯靠劝说。但是有少数村民并不理解，这些房产属于私人所有，村民翻新房子也是自己的资金，政府又凭什么来干涉？在这里，公民的基本权利与公共权力之间发生了冲突。而解决这些冲突还需要我们有良好的法律支撑。黑井古镇之所以能够保护好古建筑，是因为这里有良好的教育基础。但是在其他地方，能否有这样的自觉性恐怕还存在疑问。法律仍然是解决保护问题的基础。

武家大院内院

# 第三篇　广西地区

# 乡村背后的美丽“庄园”

曹源迪

夏云村，一个非常美丽的村庄。夏云这两个字听上去更像是一位婀娜多姿的少女的名字，所以为这个村子平添了几分立体感。同样，伍家湾村

灌阳县夏云村古建门窗

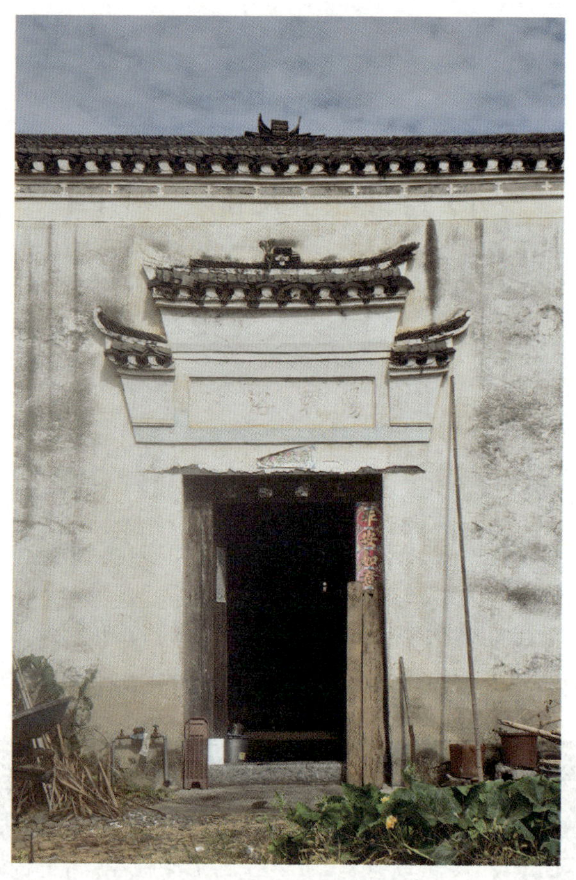

灌阳县夏云村古建一角

的名字像是一个存在于港湾之中的村子。其实我对于这两个村子的理解在一开始简简单单的只是停留在字里行间，但当我真正踏上了这两个村子时，我发现我对于这两个村多了一份淳朴的理解，也多了一份真实的感觉。

2016 年 7 月 29 日，晴，太阳公公很早就起床了，和太阳公公一样，我们起得很早。简单地吃过早饭后，便踏上了去往夏云村的路途。在车上，我打开了百度搜索，了解到夏云村是个美丽且略显古朴的村子。到了水车乡，问村头的一个正在休息的中年男人，他指了指，示意夏云村就在

灌阳县夏云村红色旅游建筑修复

桥那边。走了不到 500 米就到了夏云村，夏云村很安静，远处听见狗吠三声，似乎是我们的到来打扰到了村里本应该有的宁静，其实我们并不是外来的“入侵者”，我想是这只小狗太敏感的缘故吧。“村里的古建筑正在修复……我们这里很富裕，有人在打工”，村头的一个中年妇女说道。当我进一步问到“打工”的含义时，这个中年妇女笑着说道：“村里有老板承包了一百亩地，我们现在很多村民都到那里搞种植，我们不怕，老板给我们开工资。”咦！这个很新鲜啊，居然村里有自己的“庄园”。我比较疑惑，但是又很欣喜，因为这是头一次听到村里有这种庄园式的经营模式。路上遇到另一个村民，他说道："我们这里的地不多，外面老板包田经营让我们很安心，有钱挣啊。"我意识到这种老板承包，村民种植的庄园模式确实给他们带来了不少的收益。很不错的经营模式啊，在有限的土地上，集合了各种资源，创造了收益，这种互利互惠的庄园模式让村民吃了颗定心丸。吃过午饭，搭上蹦蹦车，继续前行，到达离夏云村不远的伍家湾村，这里没有夏云村热闹，但是却看到了村民在悠闲地打着纸牌。当我继续问"庄园"这个话题时，一个村民自信地答道："我们这里也有土地承包，老板承包，我们搞种植，孩子也在身边，不愁吃，也不愁穿。"我想我应该寻找到答案了，无论在夏云村，还是在伍家湾村，这里的人都过得很安逸，一个很重要的原因是庄园式的经营模式对于村民致富具有很重要的影响，集合了资金、土地、人力三种资源，发挥了三种资源的最大效益。我豁然开朗，庄园式的发展对于传统村落的发展很有好处，实现了资源的整合，促进了乡村的发展，人民生活水平也得到了提高，同时也减少了留守

灌阳县夏云村马头墙建筑

儿童的数量。

乡村背后的美丽“庄园”，也许只是在欧美国家看到过，但是此时却在夏云村与伍家湾村形成了一种固定的经营模式，这种经营模式打破了资源限制的壁垒，实现了资源的优化配置，而这种资源的优化配置对于古村落的发展具有提纲挈领的作用。有时候，换一种经营思维，都可以迸发出智慧的火花，而智慧的火花将带来财富。

# 新环境下传统村落非物质文化遗产发展的自发之路

## ——以广西月岭村的桂剧为例

杨会娟

文化是一个地区特有的符号，文化的同质化就像一把无形的刀，把丰富多彩的文化规定在一种千篇一律的网格里，使文化失去了存在的特性。

灌阳县月岭村祠堂里的戏台

灌阳县月岭村门口的牌匾

在大工业审美的牵动下，一些地域文化默默流失，消失在人们的视野中或变异成另一种形式。今天生活在城市高楼大厦中的人们迷失了方向，文化的悲剧会不会在远离喧嚣的村落中重演。带着对作为全国历史文化名村的文化遗产发展的疑虑，我们小组来到了广西壮族自治区桂林市灌阳县的月岭村。这个村落是桂剧的发源地，是保护完好的以福禄寿为布局的清朝古建筑群和繁盛的庙事活动，让我们看到了以桂剧为扩散点的村落文化发展脉络，能够想象昔日这里戏剧文化发展的辉煌。然而新时期新的环境因素致使非物质文化遗产的生存环境发生了巨大的变化，非物质文化遗产的传承与发展成为我们面临的重大问题，作为非物质文化遗产的生存土壤的村落更有责任面对这些变化。

## 一、桂剧的坚守

文化艺术坚守的人们是文化得以传承的基石，在月岭村我们就遇到了这些文化战士。刚进村子，我们就看见一个门楼上面挂着一块写着各历史年代进士、举人名字的牌匾。从门楼进去是一个祠堂，入口有一个戏台。据村民说这里经常会有桂剧表演，那不是很闪亮的舞台，有一些简单，带有某种乡村意味。在考察途中遇到了桂林古村落研究协会的秘书长，他正在和一些老人谈月岭村的历史。碰到了专家后，我们很谦虚地说明来意，他很热情地把我们带到了当地有名的桂剧老艺人唐章仁的家。今年 91 岁

考察组与桂戏传承人合影

的老人思路清新，用灌阳话给我们讲述了他与桂剧的那些事。原来老艺人三代都是桂剧名家，他的父亲、母亲都是桂剧演员，在从小耳濡目染中学习唱桂剧。有50年教龄的唐老，也算是桃李满天下，在20世纪七八十年代学生人数特别多。老人给我们介绍了一些桂剧的基本知识和戏班的基本构成。整个桂剧包括演员也就是“角”和演奏乐队，两者紧密结合，术业有专攻，分工明确，唱的只负责练习唱，弹拉有专门的人。整个戏班有唱角12个，拉二胡、敲锣、打鼓的6人，整整18个人才能开唱。他以前主要唱的是老戏，即唐、宋、元、明、清时期的历史戏，有《白蛇传》《三娘教子》等。谈话间，从老艺人的神情中我们能够感受到他对戏剧的那种热爱，直到现在他的住所还是学生们排练的场所，他并没有高谈阔论，只是默默地坚守，在90岁高龄还在为桂剧的发展作出自己的贡献。

## 二、桂剧的传承

文化的传承不是简单的咬文嚼字，它是在传承中不断寻找适合自身发展的道路途径。现在老艺人起居由他的徒弟唐老师照顾，徒弟唐老师是现在月岭村桂剧的负责人，是一个性格开朗的50多岁的阿姨。提起桂剧，手里拿着饭勺的她就唱了起来，两句戏词间我们就看见了她眼里的泪花，这种镜头我们只有在现在流行的电影无数次重拍中才能看到，而在这样的一个临时生活场所，没有舞台的灯光，更没有掌声，却让她演得那么动人。我们能感受到她的那种“功力”。唐老师对老师那种无微不至的关怀，他们之间建立的那份浓厚的师生情，更像是一种超越了儿女亲情的剧缘之情。现在每次出去演出排练时都会有老师的口头指导（老艺人腿不好）。当我们问及桂剧的传承时，唐老师表示自己也曾当过三年的老师，也把她的女儿和侄女培养成了桂剧演员，现在跟随她演出。虽然学习桂剧很苦，但还是有本村和邻村的孩子来学，本村的多一些。在这里我们仿佛看到了一个有血缘关系的桂剧传承的链条。

## 三、桂剧的发展

文化的发展是在和现实的碰撞与挑战中找到了适合的土壤，并能播撒可以存活的种子。在提及现在的演出与过去有何不同时，唐老师说她的老师有些死板，演出的好坏与它的观众密切相关，现代桂剧在唱法和语言上也要让现代观众听得懂。就此，她在语言排练上有一些变化，唱腔唱调更为灵活，语言表达上更大众化，让更多的人听得懂。由于现在他们主要在丧葬或庙事活动中演出，人数不够，常常需要 1 个人扮演多种角色，要会唱也要会打。要是按照传统的桂剧演出的话，人数众多、费用高不能满足小规模演出的特征。按现在的实际情况，他们调整了戏班的成员，已经组成了一支小规模的、灵活多样的小型剧团，这个剧团在灌阳小有名气。在提及桂剧的内容时，她表示主要还是以教育和民族故事为主要剧目，有《王宝钏》《玉堂春》等。最后，唐老师表示 10 月份她将会到湖南衡阳演出。据了解，她曾在湖南衡阳、长沙、株洲攸县、桂林多次演唱，在湖南特别受欢迎。在没有演出的日子里，他们也在婚嫁中吹奏一些现代乐器。笔者认为，虽然在发展中唐老师的演出显得没有其老师那一代专业，但也算是艺人们寻找到了一个属于现代桂剧的表演舞台。

## 四、结语

新环境下，中国传统村落非物质文化遗产如何得到有力的传承与发展，并不是沿着我们想象的或细心规划的道路发展，而是主要在于群众在现实的环境中探索以适应当下的形势。月岭村桂剧的发展给了我们一些有益的启示，我们看到的是传统艺人自身的调整与发展，这是一个值得推崇的自发的过程。我们看到的是传统戏剧文化的一种发展途径，一种以小规模文化活动为中心的农村戏剧舞台，这个舞台在中国村落文化的传承与发展的过程中显得有血有肉。艺人们在全球一体化的侵蚀中走出了一条属于自身保护的民族文化的发展之路。令笔者甚为感慨的是，任何文化的发展都需要有很好的群众支持，有好的文化氛围，才有其生存的土壤。

# 传统村落里温情的守候者

杨会娟

生活在古老宅院里的人们往往被看成是被现代文明遗弃的一种特殊群体，他们与自己的房子捆绑在一起，不论在外人的眼里他们是怎样的一种生活，古宅都是他们构建内心世界的载体。在广西 20 多天的田野考察中，笔者发现，生活在古宅中的人们对与他们相伴的房子呈现出这样以下几种状态：古宅是他们抱怨的对象，却又是他们最值得依赖的家；希望得到修缮却不成的矛盾与内心的坚守；高度认可中自豪感显露和外人不能体会的内心；热情中的宽容是他们对待外来人的态度。

## 一、抱怨与依赖

老房子常常被划定为穷人居住的地方。住在这里的人生活在矛盾中，在外人看来这“寒碜”的地方就是他们的家，由自卑产生的抱怨时有发生。当我们在乐湾村以前的地主大房子考察时，问及坐在门口的村民老房子是否有人居住时，他回一句“穷人在里面住”。这句话像是某种心理暗

灌阳县青箱村墙头

示，与我们的想法达成一致。在熊村考察时，遇到正在整理韭菜的一家四口：50 多岁的父母，30 岁的儿子，上初中的女儿。他们告诉我们，房子这么老了，也没人来修，下雨时屋顶会漏雨，看着别人都搬出去了，而自己的地少，没办法只能在这里住着。当我们问及在老房子住的感觉如何时，他们表示，房子还是挺不错的，这么多年了也习惯了。只是在别人看来，自己的家显得不体面。老房子在他们心里成为不能代表现代文明的东西，又是他们每天生活要面对的现实，也是目前他们温暖的家。在那些抱怨声的背后我们看到的是人们对老房子的依赖，在分地不均的广西，土地成为人们建造新房子的门槛。据阳朔扬美村的村支书说，他们现在要建新房子，一个宅基地要 10 万元，而且还买不到，老房子成了地少的人们的最后依靠。

## 二、期望与守候

在抱怨声中看到希望的人们还是表示愿意坚守着这些古宅，这是迪塘村的村民与自己所处的古宅最真切的描述。在 8 月 25 日桂林迪塘村的考察中，59 岁的阿姨特别激动，她表示为什么政府说的去年就要来修缮这些老房子，而到现在却还没修，她们家的那个房子漏水很严重。当我们走进这个曾经的地主大院时，收拾得干干净净的老房子，用竹条临时加固的

青箱村古建筑

希望的守候

窗户，走在二楼吱吱作响的木楼确实令人担心。院子里整整齐齐摆放的花盆让我们能感受到她们对老房子的精心呵护。最后，我们问及她要是政府修缮旧房子，她还愿意住吗？她表示愿意住，她说她家的院子有那么大，好多人来参观，很漂亮的。同村 70 多岁的老爷爷也表示，他还是想住在老房子，只要修缮一下就好了。

## 三、认可与自豪

在外人看来那窗户小、光线黑暗、破旧的老房子却值得一些人守候。在他们眼里，小小的木窗聚集了更多的光线，昏暗的老屋是夏日炎炎烈日和冬季冷空气的最大克星。笔者在江口村考察时，84 岁的奶奶不停地邀请我进屋子看看。在狭长昏暗的屋子里，那对着河边的窗户是老人最值得骄傲的地方。她说透过窗户可以看看河水，在这里夏天特别凉快，孩子们过节的时候都会来到她这住。她用水瓢舀了桶里的水说这是井水，特别地甜。在熊村考察时，80 多岁的老太太自豪地说自己就喜欢老房子。他们用内心的极度认可守候着老房子，守候着他们内心深处的自豪，那是一种来自他们习惯了的、生活的自豪，这种自豪像是在异乡的人谈及自己故乡时的那种骨子里的美满，在别人看来是那么的微弱，但对于自己来说是一种从树根散发出的生命一样。

## 四、热情与宽容

古宅那些老人像是往日历史的见证者，如过了时的人一样被看待，像是有一些顽固不化的人们守护着那些老房子。在人头攒动的阳朔龙潭村，今年 97 岁的老奶奶主动和我打招呼，她不停地示意我进屋坐坐，凉快一下，并一直让我吃她们家自己种的花生。耳朵有点不好使的奶奶说，她一直住在这老房子，已经习惯了，她儿子和儿媳妇也已经 70 多岁了。孙子都住外面去了，她们三个老人住在这里。当我问你们村开发了，这么多人来打搅你，你觉得烦吗？她笑了笑后，用桂林话告诉我，只要大家来看就好呀，我们这儿的房子有历史了。她还说有些游客看见她问奶奶你在这里怎么过的呀？我给你些钱吧。她说自己过得很好，不要多少钱，孩子们会给她。月岭村 92 岁的桂剧老艺人用宽容的态度迎接着那些访客，再次让我们知晓他们的那种宽容。住在古村落里的这些老人并不是老古董，他们用最热情的问候迎接所有的人，就像古村落一样宽容那些遗弃与坚守它的人们。

## 五、总结

纵观古村落最后的守护人群，笔者发现主要有四种类型：第一种：常常抱怨却苦于无法建造新房子的人群，“面子”与别人眼中的“穷人”是他们矛盾心理最真实的苦楚，这部分人群年龄大约在 60 岁以下。第二种：有着默默等待中的不耐烦和期待修复的心理的人们，他们不管出于什么原因还是想着那个属于自己家的老房子，是一种期望中咒骂式的坚守，这部分人年龄在 60 岁到 80 岁之间。第三种：把现代建筑看作是老房子无法比拟的，老房子成为与自己生命密切联系在一起的精神空间，认可与赞扬是默默坚守的内心表达，这部分人群大约 80 多岁。第四种：用慈祥中的热情宽容对待打搅他们生活的人，这是古村落最具发言权的长寿老人发出的时代信号。那些古村守护者，都是我们心目中的“穷人”和“老人”，但是他们的精神“不老”也“不穷”。那些守护古村落“根”的人往往被用另一种眼光审视，这是世俗对他们的评判，这种评判在笔者看来，将会是一种“忘本”的武断。古村落最后守护者能否守住古村文化并成功地将之传承呢？

# 琉璃瓦下的文化嫁接与文化保存

杨会娟

今天我们来到了灵川县九屋镇的老寨村。在上午去过廉政文化其他之后，几经转车到达了山脚下，看到这儿的山显得那么的巍峨，再也不是我们在桂林市看到的那种温和的、南方柔情的山。在小峰师傅的指引下，我们一到老寨村就遇见了村支书，在看完我们的介绍信之后他说村里没有相关的资料，然而我们的目光就直接转移到这些建筑上面，那旧土瓦片式的木制建筑看起来也是经历了风雨，在这些老建筑中依稀夹杂着那些崭新的建筑，原生杉木刷了黄色清漆的建筑像是这老寨招待客人的新礼仪，让人不时地感觉到一丝丝的做作。我的眼神一下就落在这新宅那显眼的琉璃瓦上，那发着光的深蓝色是那么耀眼，与旧宅的土灰色瓦片的含蓄形成了强烈的对比。为什么那种独具“盘瑶老寨”特色的土瓦片硬是要换上“新装”。经村支书介绍，这种土瓦两年就需要修缮一次，而琉璃瓦可以长久使用。这是人在保护传统建筑上的一种推卸责任还是建筑本身的不可持久性我不得而知，但是为什么不把老宅保留，新宅重新建造呢，为什么总要在牺牲老一辈的基础上成全下一代呢？

老宅修复太贵，那列为国家级历史文化名村的老寨村的那些国家修缮

桂林灵川老寨村新旧建筑对照

经费，莫非只是为了修建寨子门口的那些公共厕所吗？这到底是两种瓦片的争执还是在金钱利益驱使下的名存实亡的保护呢？那琉璃瓦下崭新的房子在外形上和老房子没什么区别，那种让人感觉徒具空架子的建筑是在和大自然叫嚣，这种生搬硬套文化的嫁接是与山为友的瑶族人民在刀耕火种的文化延续中的合适之选吗？从村里 76 岁的老人那乐观的笑容和谈话中我感受到的是那种骨子里的质朴山民们的原貌，那种把生活看得平淡简单似山泉水的生活，与村支书那种所谓为了整个村子而忙碌的生活，是这两种瓦片映射在生活中的“活的”人身上的影子吗？有些人并没有把文化保护挂在嘴上，把传承堪称比登天还难的事，而是在西岭村陪孙女上学的时候一个人在屋子里默默地为了六月六尝新青做了全家人节日要穿的衣服，一针一线，从裤腿到帽子，从里到外。这里家家户户的女人都是为了节日一针一线地做了节日服装。

在琉璃瓦的房子建筑中，全村人都来为新建房的人帮忙，除了做事的木工收取一些费用（在本村也比其他村收费低），在老寨村盖个新房子可以说是全村人集体出动，在村寨内部解决。这些让我们想起了瑶族人民在瑶族历史上写下与朝廷抗衡的团结斗争史。这种团结斗争在当代，我们在老寨村重建新宅的过程中依然能够体会到。这些瑶族人身上体现的这种精神不正是在文化嫁接中真正需要保护的东西吗？

作为中国廉政文化基地的百年清官村代表的江头村，村支书和村主任家大院里三层高的楼房让我们为之咋舌，住在旧屋里那些行动不便的老人是否得到了相应的扶贫补偿，水塘洗东西的大姐说扶贫的感觉甚少。在廉政桥头上拦截游客收取门票的女人以及我们四人一顿的素

桂林灵川县老寨村的老建筑

桂林灵川县老寨村全景

菜饭都被索要一百元的价钱与周敦颐爱莲祠堂墙壁上那些周姓清官的如莲花一样出淤泥而不染的品质形成强烈反差。在这里，我们真的想知道人们真正想要的是怎样的生活。期待在后面的调查中能让我们陆续找到答案。

广西7月份的天亮得挺早，我在凌晨6点钟续写完昨晚未完的田野札记。来时的所有顾虑在活生生的生活面前显得那么的多余，社会调查真的不是在办公室就能搞出来的，在实际调查中我们才能看到那种立体的生活。我们只触碰一点点而已。昨天在山路让我想起了20世纪30年代就来广西瑶寨调查的费孝通，他是在失去爱人的悲痛中继续着那压在他肩膀上的一种责任，一种承担。现在的调查比起那个时候好了太多，但是我们深感也有新的问题有待于进一步去调查。老寨村村民急需把自家的产品通过更好的流通，与外面的需求对接。自身的发展与作为历史文化名村的扶持，在他们身上显得那么渴望！文化的自发在政府介入后会发生什么样的运行轨迹？那种统一建筑风格的保留是否属于真正的保护文化？荷兰人在村子里办聚会点的经商模式和桂林人在那里开发假期教育基地都是为了得到什么？有机会的话，我们还要进行延续性调查。

# 非定向评议型项目制：公平与效率平衡下的传统村落建设路径

## ——以广西桂北、桂南传统村落为例

曹源迪

项目制是通过资金与项目的匹配形成了优化配置的基本格局。在现阶段经济增速较慢的情况下，推动项目制改革，从中观层面实现了财政资金的配置效率。但由于财政资金配置的层级差异，处于经济发展末端的传统村落目前仍然以粗放型财政资金直接补偿为主，这在一定程度上降低了财政资金的使用效率，同时也带来了权力寻租条件下财政资金供给不对称的问题，对于传统村落建设极为不利。本文通过对广西壮族自治区桂林市、南宁市江南区、防城港市 21 个传统村落进行田野调查后，发现构建非定向评议型项目制有助于盘活财政资金，促进财政资金在各个传统村落之间配置的合理化，实现财政资金配置公平与效率平衡的基本目标。

## 一、项目制的基本概念及应用优势

从财政资金配置的角度看，项目制是对转移支付的挑战，区别主要存在于三点：第一，资金流动形式。项目制是借助于第三方实现转移支付的。不以现实资金直接流动为目的，通过上级政府或本级政府以公开招标形式直接向社会购买公共服务，从而实现项目驱动地方发展的模式。而转移支付是上级财政部门依据国家财政政策直接对下级财政部门进行资金补偿。第二，自由度。项目制具有较大自由度，包括对于所选项目在法律框架内具有自由选择权与管理权。即本级政府可以根据当地实际情况进行项目选取与项目调整，同时在项目运行过程中，对项目运营具有一定的管理权。而转移支付则是以资金流向作为管理依据，在某种程度上，受制于财政资金本身用途，是一种定向财政资金补偿。基于以上两种判定，项目制在提升财政资金配置效率上具有一定优势，而目前，由于长官意志与行政层级分化造成了权力寻租现象的产生，而转移支付在信息不对称的作用下加大了权力寻租产生的风险，不利于财政资金的实际配置效率提升。第三，管控性。项目制相较于转移支付在管控性上更强，由于项目制是对项目投资以及建设的直接监督，而转移支付是对资金的隐性管理，所以通过直接观测，就可以对项目建设实施情况进行直接反馈，实现了财政资金对接项目的透明性，减少了权力寻租发生的概率。

## 二、传统村落推动项目制合理性探讨

传统村落是基于乡镇管理层级的村级单位，位于财政资金配置的底端。从资金流向上看，传统村落资金流向以上级与下级间行政权力为依附而成形，财政资金直接配置具有较大风险。而相对于转移支付，项目制则有助于扩大财政资金的使用范围。一方面，通过项目制，传统村落村民可以通过民主评议提出所需项目，进行通过财政资金配套形式推动项目建设，实现项目对接传统村落发展需要；另一方面，县级政府与村委会可

江口村

以通过项目管理形式直接对项目进行建设运营管理，降低了管理成本，提高了项目收益。从宏观上说，项目制是以项目选择与投入为核心的财政转移支付体系。通过以上论述，项目制相较于传统财政转移支付具有两大优势：第一，财政投入效率提升。项目制摆脱了对于传统财政转移支付的资金直接补偿限制，通过资金的自由流动，实现了财政转移支付资金高效对接所选项目，提高了财政与地方经济发展的匹配度，进而提高财政投入效率。第二，财政的公共性。项目制在某种程度上反映了村级重大事务的财政供给模式，推进项目制有助于在民主选择的格局下，在法律的框架内，发挥财政支出的公共性特点。

相较于城市项目推动，传统村落推动项目制更具有合理性。第一，从经济发展角度考虑，传统村落位于乡村经济发展末端。通过对广西壮族自治区桂林市、南宁市江南区、防城港市 21 个传统村落进行调查，发现传统村落大多数分布于发展较为落后的乡镇，且多处于市与市之间的交界地带，财政支出的集中性较差。下表选取了 21 个传统村落中 10 个由于地域条件发展较落后具有代表性的村落。

| 传统村落名称 | 所属区县 | 距离区县中心平均半径 | 地理位置特点 | 经济发展情况 |
|---|---|---|---|---|
| 夏云村、伍家湾村、月岭村、青箱村、江口村 | 桂林市灌阳县 | 23 千米 | 县与县交界地带 | 较弱 |
| 熊村、上桥村、老寨村 | 桂林市灵川县 | 45 千米 | 县与县交界带、县与区交界地带 | 较弱 |
| 杨溪村 | 桂林市恭城瑶族自治县 | 20 千米 | 县与县交界地带 | 较弱 |
| 江西镇同新村木村坡 | 南宁市江南区区 | 42 千米 | 位于山顶，位置较偏 | 弱 |

同新村木村坡的古树群

通过上表，可以发现传统村落普遍距离所属区县中心较远，且受区位因素的影响，造成了经济发展情况较弱的局面。如果采取一般性财政支出或转移支付，由于地理位置的干预，财政资金配置效率较弱，如下图所示。

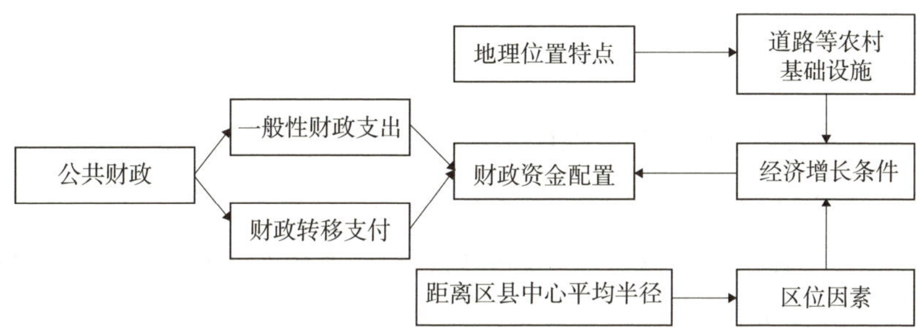


第二，从公共财政的本质出发，公共财政的本质在于公共性。公共性是指公共财政是维护公共利益而产生的。所以从这个角度出发，项目制相较于一般性财政支出和转移支付其在民主选择权与灵活度上更具有优势。从民主参与程度上看，传统村落中村民利益处于先天弱势，主要体现在两个方面：第一，村民利益与公共利益存在不均衡等价。主要是指由于行政层级与管理弱化等因素的影响，村民利益的加和不完全等于公共利益大小。通过对广西壮族自治区桂林市、南宁市江南区、防城港市21个传统村落进行田野调查，发现21个传统村落中大部分村民所获实际收益较小，核心指标就是扶贫收益大小。在问卷调查中，大部分村民认为自己所获扶贫收益（不含政府养老金）很小，受访村民认同该观点的约占所有受访村民的95%以上。第二，村民知情权与民主决策权的剥削。在对广西壮族自治区桂林市、南宁市江南区、防城港市21个传统村落调查过程中，约90%的受访村民表示未参加过村级事务的讨论，表示对于财政资金去向并不知情。约80%的受访村民表示村级扶贫补助信息并未公示，认为自己的知情权与民主决策权受到侵犯。所以一般财政支出和转移支付对传统村落公共利益产生较大负面影响。而从项目制所具有的特性出发，项目制有助于拓宽传统村落村民民意表达通道，保障传统村落村民合法权益。

## 三、项目制优化路径与非定向评议型项目制

基于传统村落项目制合理性探讨，相较于公共财政一般支出形式，项目制具有较大优势。但经过对广西壮族自治区桂林市、南宁市江南区与防城港市 21 个传统村落进行田野调查后，我们发现对于传统村落在项目制实施上存在以下三个问题。

第一，村级项目财政配套资金供给的非连续性。在对广西壮族自治区桂林市、南宁市江南区与防城港市 21 个传统村落村委会负责人的访谈中，约 60%的受访村主任表示村级项目财政配套资金链存在“断裂”现象，即村级项目财政配套资金在时序条件下，容易出现资金链断裂的现象。由于国家政策与自治区规划在一定时间内存在微观上的不对称，造成了财政支出的阶段性调整，对村级项目财政配套资金的供给产生一定影响，导致项目建设进度受到影响。

第二，村级民主机制的“被动性”失灵。在对广西壮族自治区桂林市、南宁市江南区和防城港市 21 个传统村落村民与村主任的调查中，发现约 90%的村民对于村级事务具有极大参与热情。然而，在对 21 个传统村落村主任进行调查时，约 85%的村主任表示由于村级事务决策程序烦琐以及上级压力传导，对于公共财政资金使用产生“被动接受”的情绪。村级民主机制产生了“选择性”失灵状况。

第三，土地的私有化。在对广西壮族自治区桂林市、南宁市江南区和防城港市 21 个传统村落村民进行调查时发现，土地产权存在不变更或者很长时间才变更的情况，且在土地流转上存在认知盲区。在对 21 个传统

村落村主任进行访谈时，70%的受访村主任表示在推进村级项目改造时，土地征用存在较大难度。在对21个传统村落村民进行土地调查时，约65%的受访村民认为土地分配是影响家庭收入的主要因素。所以从项目制推进的条件上说，土地私有化对于项目制推动存在较大的负面影响，特别是道路建设上存在较大难度。

通过对以上三个问题分析，建立非定向评议型项目制有利于优化现有项目制，如下图所示。

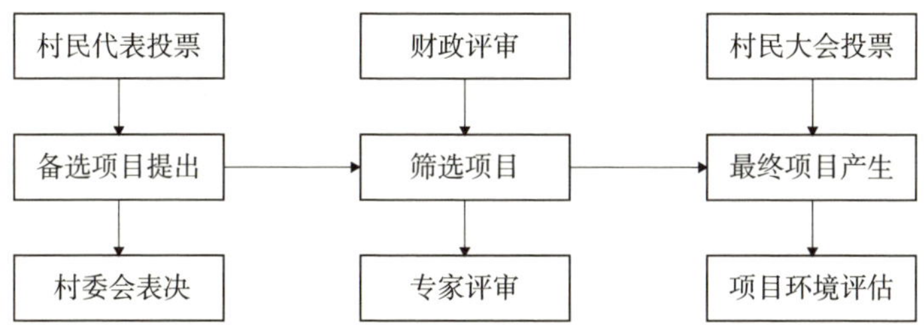


该图显示非定向评议型项目制运行流程。在第一阶段中，村民代表投票与村委会表决共同决定备选项目，此时不指定备选项目是什么，可以自由提出备选项目。在第二阶段中，政府财政部门通过参照财政预算与国家政策相关规定，同时组织专家进行评审对所有提出的备选项目进行筛选，筛选出的备选项目进入第三个阶段。在第三个阶段中，由村民大会进行投票，同时引入科研机构对所选项目进行环境评估共同决定最终项目。以上三个阶段中每个阶段独立完成，相互间不产生任何影响。非定向评议型项目制具有三个方面的优势：第一，充分发挥民主机制。在非定向评议型项目制中村民代表投票作为非定向评议型项目制运行开端，有利于充分吸收村民意见，同时在最终项目产生过程中，也有村民大会投票，充分发挥了民主机制，同时也有利于在项目实施过程中，村民充分参与到项目建设中。第二，政府科学决策。在非定向评议型项目制运行中，政府财政部门评审与专家评审相结合，在筛选阶段，既保证了财政资金来源的充足性，也保证了项目建设的科学性，保证了筛选的合理性，实现了政府的科学决策。第三，传统村落的保护。项目环境评估中核心是项目建设对于传统村落保护影响的评估，在不破坏传统村落建筑与周围环境的前提下，进行项目建设有利于保护传统村落，最终实现传统村落的和谐发展。

# 第四篇　川渝地区

# 三重空间

## ——关于四川平乐镇地方性形成机制的思考

王子涵　王　荟　朱式业　张佳庆

2017 年 7 月 10 日，我们川渝组走访的就是古镇的核心保护区，并对其文化遗产的现状及其保护情况进行深入调查研究。我们将平乐古镇核心保护区的文化遗产分为物质文化遗产和非物质文化遗产两部分进行调查，整理结果如表 1 和表 2，并试图运用文化地理学的“三重空间”理论作为论述框架，对川西建筑中物与物对应的物质空间、人与物的社会空间以及人与人的精神空间，进行从具象到抽象、从开放式描述到建构式解读的提炼，并尝试将这一提炼过程置于当地社会结构的动态视野中予以进一步思考。川渝组试图在上述“认识—运用—再认识—再运用”的良性研究循环的基础之上，结合我国文化产业实践的现状与趋势，对川西建筑的保护性发展与发展性保护的这一双重议题给出方向性与实操性的建议。

## 一、“平乐”地名的由来

平乐古镇位于四川成都市西南所辖邛崃市境内，距国道318线9公里，离邛崃市区 18 公里、成都市区 93 公里，距双流国际航空港 60 公里，是邛崃市西南片区的区域中心镇。东接临邛、成都，西连雅安、康藏，周围与水口、油榨、孔明、临济、道佐、火井等镇乡毗邻，自古便有“一平二固三夹关”的美誉。

平乐古镇古称“平落”，但由于人们认为“落”不吉利，改名为“乐”。它是国家历史文化名镇，镇区人口约 13000 人，建设规模约 164 公顷。总体布局为“一镇两片”，即以白沫江为界把城镇分为东西两片。功能分区为“一心、两区”。一心是指以古镇核心保护区为中心。两区是指骑龙街以南为旅游接待、古镇观光、行政服务、居住、商贸、遗迹保护区，骑龙街以北为居住、文教、卫生综合区。

**表 1　平乐镇历史文化遗迹、自然景观表**

| 类别 | 项目 | 位置 | 备注 |
| --- | --- | --- | --- |
| 文物古迹 | 芦沟造纸作坊遗址 | 同乐村 | 成都市级文物保护单位 |
| | 天宫寺摩崖造像 | 金华山金华村 | 四川省级文物保护单位 |
| | 李家大院 | 花楸村 | 全国重点文物保护单位（待批） |
| | 卓王孙冶铁遗址 | 古镇东南侧 | 四川省级文物保护单位 |
| | 秦汉古驿道 | 骑龙山脉 | 全国重点文物保护单位 |
| | 乐善桥 | 横跨白沫江 | 四川省级文物保护单位（待批） |
| | 徐家碉楼 | 马流村 | 成都市级文物保护单位（待批） |
| | 三义庙摩崖造像 | 花楸村 | 全国重点文物保护单位（待批） |
| | 天下第一圃花楸老茶树 | 花楸村 | 成都市级文物保护单位（待批） |
| | 川主庙碉堡 | 花楸村 | 邛崃市级文物保护单位 |

续表

| 类别 | 项目 | 位置 | 备注 |
|---|---|---|---|
| 风景名胜 | 芦沟自然风景区 | 同乐村、关帝村、大石村 | |
| | 金华山自然风景区 | 金华村 | |
| | 花楸山自然风景区 | 花楸村 | |
| | 齐口风景区 | 马流村 | |
| | 金鸡沟自然风景区 | 金鸡沟 | |
| | 骑龙山自然风景区 | 骑龙山脉 | |

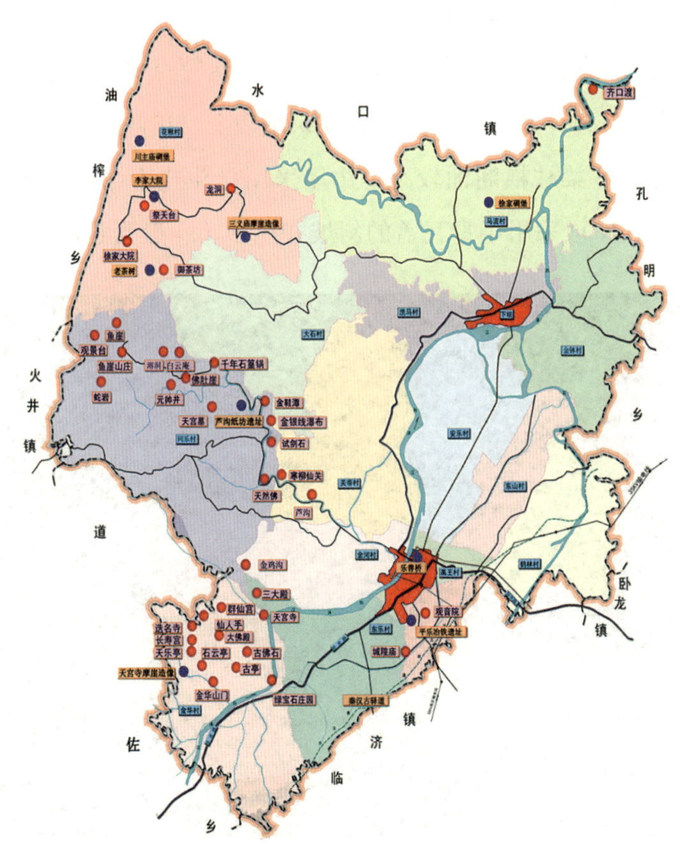


平乐镇文物古迹与风景名胜一览表

表 2　平乐镇历史非物质文化遗产表

| 类别 | 项目 | 位置 | 备注 |
|---|---|---|---|
| 非物质文化遗产 | 瓷胎竹编 | 平乐镇竹编一条街 | 国家级非物质文化遗产 |
| | 竹麻号子 | 平乐镇核心保护区 | 国家级非物质文化遗产 |
| | 古法造纸 | 平乐镇 | 四川省级非物质文化遗产 |
| | 孔明灯 | 平乐镇 | 四川省级非物质文化遗产 |

## 二、川西民居的发展与困境

### （一）川西民居的建筑特点

川西民居是传统民居建筑流派之一，其建筑特点概括为“红基石、粉白墙、小青瓦、木本色”十二字。在建筑结构上，川西民居通常采用抬梁式木结构体系，梁柱横断面较小，山墙采用穿斗式木结构。在建筑外观上，屋檐大，屋顶采用小青瓦盖的斜坡式屋顶，一般为悬山式，前坡短、

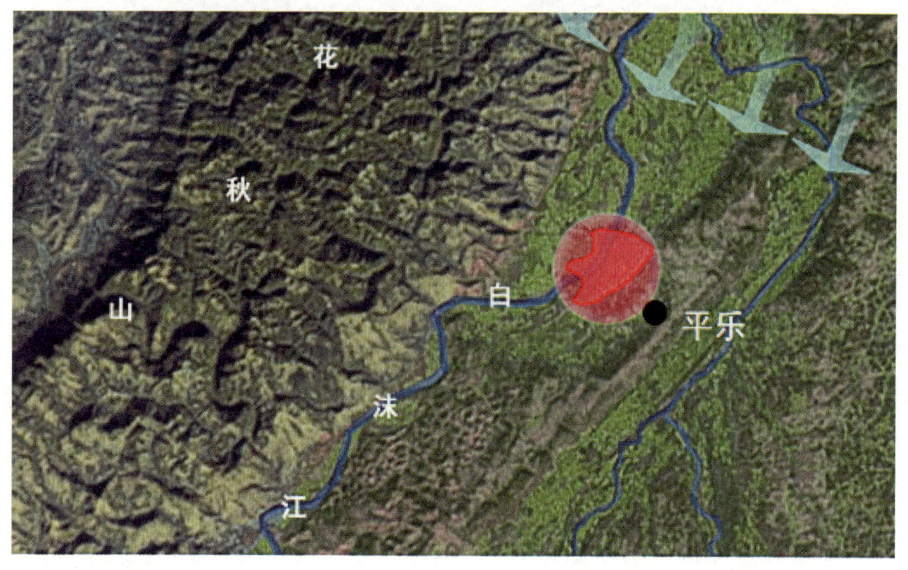


平乐镇地理方位区域图

后坡长，这有利于屋面排水。传统川西民居还常将堂屋高出两侧屋，正房再高出两耳房。小青瓦排列于屋脊上，压住脊瓦防止风害。立面处理上常在实墙上开有小窗或高窗，立面造型上不拘泥于对称，如侧向开入口，处理成歪八字朝门和各种龙门。墙壁会根据不同材料而有不同的运用，多用竹编与板壁。用材因地制宜、就地取材，既经济节约，又与环境十分协调，相映成趣。由此呈现出回归自然本色、追求天人合一的质感与美感。

### （二）川西民居的区域形成与划分

平乐城镇是国家历史文化名镇，邛崃市西南部片区中心，以发展旅游、商贸为主导的旅游服务型城镇。具有特色的川西民居主要分布在以白沫江为界的两片建筑群，沿白沫江以东沿线的建筑主要以清代木结构建筑为主，江西街两侧建筑主要为民国时期修建；白沫江与骑龙街之间、黄金堰沿线砖混结构建筑主要为20世纪90年代修建的。通过走访以及相关资料发现，福惠街、长庆街、台子街、禹王古街、江西街沿线区域为平乐古镇历史建筑保存情况较好的区域，因此被政府指划定为核心保护区的古街部分范围为西至原平乐中学，北至大桥街北侧建筑、平沙落雁一期，南至原平乐水厂以北，东以福惠街东侧建筑、安乐堰为界，面积为13.61公顷。

为打造5A级景区，平乐镇对古镇东至骑龙山、西至绕场路、北至污水处理厂、南到绿宝石庄园，规划区总面积约为4.26平方公里的区域进行全面整改，减少商业性建筑的数量，保护古镇的原真性，实行“修旧如旧”原则（外观除了修缮复原外，不得作任何改造，对文物古迹建筑应做到修旧如旧），对具有代表性的古建筑如王氏铁匠铺等修护给予资金扶持。

### （三）川西民居的保存困境

现在，平乐古镇的保护存在以下问题：可供游客参观的区域（具有代表性的古建筑）非常有限；在重点保护区内的古建筑没有得到完全的“修复”，仍存在年久失修以致坏掉的情况；一些建筑并没有得到应有的保护，因为古建筑现在仍然是居住使用的，还有存放杂物的现象。这些问题归根结底在于我国的法制体系目前没有对古民居的村落社会环境及其相关产权、经营权的界定与保护制定针对性解决方案。

《中华人民共和国文物保护法》在我国虽然已经出台，正在研究制定《非物质文化遗产保护法》，但是没有专门的古村落保护法规法条保护作为物质文化遗产与非物质文化遗产的古村落。其中民居产权也是一个重要问题。私有财产在《中华人民共和国物权法》中得到了明确的保护，居民的财产占古民居产权的一大部分，它们不被列入文物保护单位中，以致一部分古民居的保护“无法可依”；而有些房屋被列为历史文物保护单位的，文物保护单位不享有它们的产权，造成了文物管理工作的困难，造成居民拥有产权，没有独立经营权力。平乐古镇在古建筑里的原住民以经商为主，可为其解决谋生问题并对古建筑加以规范管理作为景点给游客参观。

四川省平乐古镇川西民居

古镇内具代表性川西民居

近年来，政府加大了对历史文化街区的保护力度，修复或维护了部分古建筑，基本都以沿街立面修复为主，但是对古建筑纵深的恢复性建设还不够，且部分居民因未能在正确的指导下将自家的民居建筑进行了盲目的改建或维护建设，造成历史街区古民居建筑风貌不一，新旧不协调的场景。这些也应该通过立法途径进一步敦促政府统一修复、协调布局。

## 三、传统工艺传承的思路与规划

平乐镇可溯源至两千多年前的西汉时期，集镇沿江而建，以当地盛产的竹子为源头，形成了一批体现劳动人民智慧和辛苦劳作的非物质文化遗

古镇内重点保护区域

产，以“古法造纸、竹麻号子、孔明灯制作技艺和瓷胎竹编”最具代表性。

## （一）日新月盛超越保护性思维

我们在考察过程中发现：在如何对待非物质文化遗产的问题上，基层干部、普通村民和游客具有立场和观点的相似性——以保护为主要观点；与之存在明显反差的是传承人的观点，他们认为保护只是一种可以促进非遗发展的途径，而不是推动非遗可持续发展的动力。单从保护的视角或以保护者的身份面对非物质文化遗产，既不科学，也不实际。准确对待非物质文化遗产的原则是：在发展的视野下发展非遗。

以平乐镇瓷胎竹编技艺为例。这项非遗是怎样出现的？又是怎样兴盛后又转向衰微的？衰败后又应当采取何种措施？不得不引人深思。在20

世纪 70 年代成都竹编厂一技术骨干将竹编技术传给了当地传承人李万东，之后李万东又带了许多徒弟，技艺就这样一直传承至今。当时是竹编的高峰期，很受社会各界的喜爱。随着社会发展和时间推移，平乐竹编成为当地旅游开发的主要项目之一，并且被列为国家级非物质文化遗产。

从非传承人（基层干部、普通村民和游客等）的视角来看，更多的人认为这项手工技艺源自生活和市场的需求，这是一种大众思路。由于瓷胎竹编传承人大多为师徒制，通过口耳相传的方式，传承人会对这项手工技艺的发展史有较为深入的了解，从他们的角度来看，这项技艺虽然源自生活的需求，但在瓷胎上进行竹丝编织，是一个逐渐改良工艺发展的过程，伴随技艺的发展，产品的精良化是延续继承并创造的结果。对待一项非物质文化遗产，虽然不能单独站在某一类人群的角度上，覆盖所有人对问题

橘深色部分为核心保护区

的看法，但非遗传承的主体是传承人而不是普通大众，重视传承人的意见对促进非遗甚至活态文化的强盛一定能产生非同凡响的结果。永续地发展非遗，仅仅靠政府、社会等外在主体的力量是远远不够的。考察中，我们发现了一些新的问题，从不同的主体了解到不同情况，例如：

1. 镇政府在平乐镇的小学开设了非遗课程。从政府工作人员口述中得知，出于对非遗传承的需求，镇政府开设这项课程并获得上级单位资金支持；但在其他途径了解到，一方面这项课程并没有对非遗的传承起到实质作用国；另一方面课程的开设并没有常态化，仅在上级领导或单位检查时临时组织课程。

2. 瓷胎竹编作为一项国家级非物质文化遗产在平乐挂牌的情况下没有国家级传承人，地方政府和相关部门没有积极地对传承人等级评定作出努力。

非遗是不同历史时期的人们通过不断建设的结果，不是片面的保护可以完全取代的，从发展的视野看待非遗，我们或许就不会在一项非遗濒临湮没时才会对其抢救又力所不及。

（二）内外联合触发非遗活性

在对平乐镇现存非遗传承人的访谈期间，有其他高校学生和社会人士向传承人表达对技艺本身的好奇以及对学习技艺的浓厚兴趣，但均被传承人回绝，我们了解到，非当地人员学习手工技艺类非遗往往存在流动性大的缺点，他们在外地无法复原生产场所，即使完全掌握整套技艺也无法真正开展非遗传承活动，非遗的发展与创新无非是纸上谈兵。

非遗传承的主体应当是非遗的传承人，其所处区域的原住民也应扮演重要角色，但在我国，由于法律、政策、资金等多重问题和各地方差异化因素的影响，在实际工作中，传承人的作用往往被边缘化、弱化，其主体地位更无从谈起。

平乐镇政府和景区管委会在古镇的整体规划中，没有针对非遗设立集中展示区域，非遗场所散落在古镇周围且大多位置偏僻，没有任何宣传和指引，一般游客难以找到。网络信息学中，内部链接是指同一网站域名下的内容页面之间互相链接。非遗所在的城镇或乡村的小范围可以比作网站，在这个“小网络”中非遗场所、景点和原住民通过互相链接和影响形成关系。为了突破这个“小网络”的封闭性，寻求与外界“大网络”的融合，有必要通过强化区域知名度带动外界对非遗的了解；进而也可以通过非遗本身影响力的提升，带动区域的发展和知名度提升，实现互利互惠；最后，也可以通过区域居民的内部传承，形成小范围的非遗良性发展生态圈，增强非遗的活性。

同时，非遗的产生与发展无法离开社会环境的作用。在现代，以“产”“官”“学”为主体的社会力量，在非遗的总体规划、产品及生产模式创新等方面发挥的独特作用不容忽视。由于资质认定、资金保障和相关法律规范等方面存在诸多问题，成为阻碍其广泛参与非遗传承与发展的主要症结。基于高等院校和科研院所独有的专业性、创新性，政府部门的公信力与保障力以及企业的资金优势与市场优势，这些因素应该充分地参与到非遗体验场所的研发、设计、制作与推广过程中，使这些场所兼具传承非遗、创新研究与面向市场这三重功能定位与价值主体。由此，社会将更容易通过这样一个外部平台接触到非遗本身，而这也可以充分地将外部力量“由外而内”地引入非遗所在区域，惠及当地的经济、文化、社会良性生态的构建。

### （三）吐故纳新拓宽发展思路

基于上述分析，我们将提出如下三条具体的发展建议：

1. 设立基层非遗联席会议机制，以地方政府分管干部为召集人，以各级非遗传承人为主体，吸纳专家学者、原住民、社会公益人士，及时解决问题，出谋划策，形成合力。

2. 参考高等职业院校办学模式，以政府主导，鼓励社会力量参与，开设省级非遗专业学习学校，通过资质认定选聘非遗传承人为教师，完善学校开展非遗传习的基础设施，定量招收非遗传习人，对传习人进行资金补贴，毕业后通过专项机制引导并帮扶其创新创业。

3. 鼓励由政府引导、企业注资、高等院校和科研院所参与研发，共同开设非遗工作坊，根据自身特点和优势，精准、有针对性地选取自身所处省份或区域的非物质文化遗产，进行传承和创新创业活动。

## 四、基于后现代地理学综观平乐镇的三重空间结构

### （一）“空间性”视角下重思平乐镇文化遗产的形成

以索加为代表的后现代地理学并不试图从时间维度、历史维度去分析一个地方的形成背景，而是将不同的空间因素作为分析的基本框架。在这个框架中，一个基础性的概念划分就是“空间”与“空间性”的区别。索加认为，前者指的是空间本身，是一个既定的自然条件，而后者则是以社会为基础，由社会组织或创造的空间，它既是各种社会关系、社会结构具体化、景观化的结果，又是社会生产与活动的前提与假设。因此，空间性形成于空间，又偶然于空间。

列斐伏尔的学生索加则进一步发展了“空间三元辩证法”，提出了超越作为第一空间的感知空间与作为第二空间的精神空间的“第三空间”（the third space）[①]。这一概念将引导我们在一个动态的、实践的以及社会的环境中理解文化空间。

---

① 唐正东：《苏贾的“第三空间”理论：一种批判性的解读》，《南京社会科学》2016 年第 1 期。

从“空间”角度看，平乐镇镇域内气候温和、雨量充沛，属浅丘型地貌，山、丘、坝各占三分之一。这就是平乐镇的空间属性，但是邛崃市周边的城镇并不缺乏与此类似的自然环境，所以真正造就平乐镇独特地域风貌的，其实是从相对宽泛的、普遍性的空间环境中孕育的专属于平乐镇的“空间性”。借鉴前述理论框架，平乐镇的空间性具体可以表现为两个方面。

1. 作为社会生产与组织结果的“空间性”

千百年来平乐镇人借助茶马古道与白沫江的水路交通优势，具备了在农耕时代相对开放、流动性高、颇具活力的社会生产与组织模式，这才使平乐镇古街、古作坊、古民居、古码头层出不穷，纷繁排列，在平乐镇天然固有的空间性的基础上除了衍生出有形的物质文化遗产（主要是指有形遗产），包括历史文物、历史建筑、人类文化遗址。平乐古镇核心保护区的有形遗产主要有乐山桥、吴染坊、银家大院等，同时也进一步发展了以人为本体的非物质文化遗产的活炭文化，造就了平乐古镇以“人”为客观主体的社会生产和组织结果的“空间性”。

2. 社会机制整体运作基础条件的“空间性”

相对开放与结构多元的社会空间也激发了平乐镇人进一步地创造富有生活新意与本地特色的产品。平乐镇水源充沛，竹资源丰富，尤其盛产慈竹，是整个四川瓷胎竹编最大的原料产地，也是传统瓷胎竹编保留较为完整的地方之一。四川素有“竹乡”的美誉，其竹编最早起源于汉代，到了清代在巴蜀地区流传为瓷胎竹编工艺，又称“竹丝扣瓷”。它是通过选竹、刮青、破节、晒色成竹片，然后选料、烤色、锯节、启薄、定色、刮片、冲头、柔丝、抽匀、染色等十几道工序加工成丝，再采用景德镇白瓷，紧扣瓷胎，以挑压方式，从起底、翻底、翻顶、锁口进行编织，编织过程中保证不露丝头，不起纹丝、叠丝，保持经纬比例匀称地编织在白瓷外表。竹编工艺款式多样，极富地方特色，深受人们的青睐。可见，瓷胎竹编之所以能够在平乐镇产生和发展，是有其原因的：没有平乐镇的自然环境，就没有瓷胎竹编的原始物料，没有平乐镇既定的生活模式，就没有瓷胎竹编的需求与生产，同时没有这一地区相对开放的环境，也就没有景德镇瓷器与本地竹编的“强强联合”。

3. 囿于“二元空间”：平乐镇文化遗产的生存困境

综上所述，空间性形成了可观、可感的社会性产物，构成了社会空间的主体，并且是物质空间与精神空间相互转化影响的关键枢纽，社会空间同时是社会行为的前提与结果、媒介与表征，因此在它的建构与具体化过程中充满了多方社会力量的矛盾与斗争。这一观念打破了对于空间物质性与精神性的简单二分。自亚里士多德的物理学起，空间就被首先理解为一种独立于主体之外的物质性场所，而笛卡尔的心物二元论则进一步将物质空间与精神空间截然分开。但是当福柯将对全景敞视监狱的空间分析投射于资本主义社会的权力背景时，学术界就开始意识到，人类所处的空间既不是纯粹物质性也不是纯粹精神性，而是一个社会实践媒介化、权力关系直观化的动态过程[①]。该理念首先由列斐伏尔(Lefebvre) 提出，他首次突破了传统二元空间模式而提出了“空间三元辩证法”，既任何空间都包含感知的（perceived）、构想的（conceived）和生活的（lived）三种认识维度[②]。

## （二）“三重空间”框架下重思文化遗产的立法保护

结合加索的三重空间理论可以进一步推论，上述所谓的纯粹的空间，就是作为第一空间的物质空间，而所谓的“空间性”，标识的就是作为第二空间的社会空间，而只有在社会空间的基础上，才能发展出精神空间这

① 米歇尔・福柯、保罗・雷比诺：《空间、知识和权力——福柯访谈录》，载包亚明主编：《后现代性与地理学的政治》，上海教育出版社 2001 年版，第 1—17 页。

② 赵海月、赫曦滢：《列斐伏尔“空间三元辩证法”的辨识与建构》，《吉林大学社会科学学报》2012 年第 2 期。

一第三空间。可见，空间性形成了可观、可感的社会性产物，构成了社会空间的主体，并且是从物质空间向精神空间转化发展的关键枢纽，社会空间同时是社会行为的前提与结果、媒介与表征，因此在它的建构与具体化过程中充满了多方社会力量的矛盾与斗争。

因此三重空间中相较于物质空间与精神空间，社会空间是最为活跃与动态的一层。当古村落的生存发展卷进现代化社会进程中之后，法律就成为一股冲击传统的社会运作模式的力量深刻地参与到了社会空间的演变之中。因此，基于这一空间维度的理解，我们才能更为准确地理解古村落及其文化的相关法律的落实现状与完善对策。

1. 高起点规划保护

平乐镇历史文化悠久，拥有众多的历史文化遗存，是四川省历史文化名村，拥有格局完整的历史建筑群，是“农耕文化”的活化石，具有极高的保护价值。为加强古镇的保护，实现平乐镇的文化传承和发展，2004年和2007年先后两次邀请四川省城镇规划设计院编制了《平乐镇历史文化名村保护规划》。2012年又邀请深圳鑫中建筑顾问有限公司编制了《平乐镇历史文化名村保护规划》，并于2012年9月顺利通过省住房和城乡建设厅专家评审会专家审查。规划的编制为花楸村历史文化遗存的保护提供了有力的保障。

2. 健全机构，制定规章，严格保护

从2004年开发乡村旅游开始，平乐政府和村“两委”专门成立了花楸山风景区管委会，由镇村两级人员组成，负责对花楸村的建设、开发、保护进行规划和管理。主要措施有以下几点。

第一，进一步加强对古建筑、古遗址等附近建筑的规划控制，严禁在其范围内新建建筑物。逐步迁移、拆除或包装与古建筑等风貌不协调的建筑物。

第二，本着“修旧如旧，整旧如故”的原则，逐步对本村历史文化遗产进行整治修复。主要概括为以下几点：

“脱”——将与古建筑等不协调的其他建筑和堆放的杂物脱离古建筑本身和附着物。

“修”——把破旧不堪的建筑结构进行整修，修旧如旧，保持本来面目，并对已经破坏的进行恢复式修建。

“空”——把原来有，但没有保存下来的空缺的地方进行修复，恢复原来的面貌。

“圈”——把已经认定为或有历史年代可能的古建筑、古遗址等历史文化资源及遗产进行圈定式保护，不得随意动用。

第三，搞好环境建设和镇容卫生，尤其要坚决保证古建筑及物质遗产周围环境不被污染。

第四，加强宣传，要求群众要自觉遵守、严格执行保护规划。

第五，通过开群众大会，制定了平乐镇村规民约，保护平乐历史遗存。

第六，正确处理山区建设与文化遗产保护的关系。古大院保护、古茶园保护、其他历史文化挖掘和山区开发要相对独立，相得益彰，共同促进地方经济的发展。

# 困境与出路

## ——关于四川邛崃市花楸村保护现状的调查与思考

王　荟　张佳庆　朱式业

## 一、花楸村概况

花楸村地处四川省邛崃市西南山区平乐镇境内，是一个历史文化资源丰富、古建筑保存完好、生态环境优美的中国传统村落。距成都市区 101

花楸村环境

李家大院

公里，距邛崃市区 28 公里，是平乐镇最远的行政村，距平乐集镇区 14 公里。全村面积 12 平方公里，平均海拔 900 米，人口 1680 人，下辖 24 个生产小组。

花楸村原为李家大院到龙扫尾一带，后于 2005 年村组合并，花楸、官田、范沟合并成现在的花楸村。

## 二、困境：花楸村保护的现状与矛盾

### （一）文化遗产保护现状

1. 雄浑质朴的历史遗存

花楸历史悠久，唐朝时期佛教就已在花楸广为流传，现存的唐代摩崖造像岩鹰寺就足以证明；宋代景祐二年（1035 年），花楸人开始种植茶园，并制作手工茶。从宋代开始，花楸人在此地开始利用竹木造纸，造纸业一度昌盛。后因康熙御封邛州花楸堰为“天下第一圃”更让花楸闻名天下。

2. 别具特色的传统建筑

花楸村众多古院落主要集中在半山腰上，且多数仍在使用。由于保存有限，现遗存的基本为明清时代的民居，其中最具代表性的为李家大院。李家大院系清代名商李洪楷所建，全部竣工于光绪末年，历时 56 载。大院建筑风格为川西民居样式，采用传统的穿斗结构，结合台、梁、阁等建筑构件，均为木质材料。院内木雕、石刻等工艺精湛，与传统建筑相得益彰，集中反映了明清时期的民居建筑风格和工艺水平，具有独特的历史价值。

（二）文化遗产保护困境

第一，村内基础设施、古建筑群破损严重，维修保护投入不足。徐家大院外造纸遗址简介和造纸用的木架损坏；高家坡墓群、三义庙摩崖造像等由于没有实施防风化等保护，风化严重，亟须修复；李家大院、杨家大

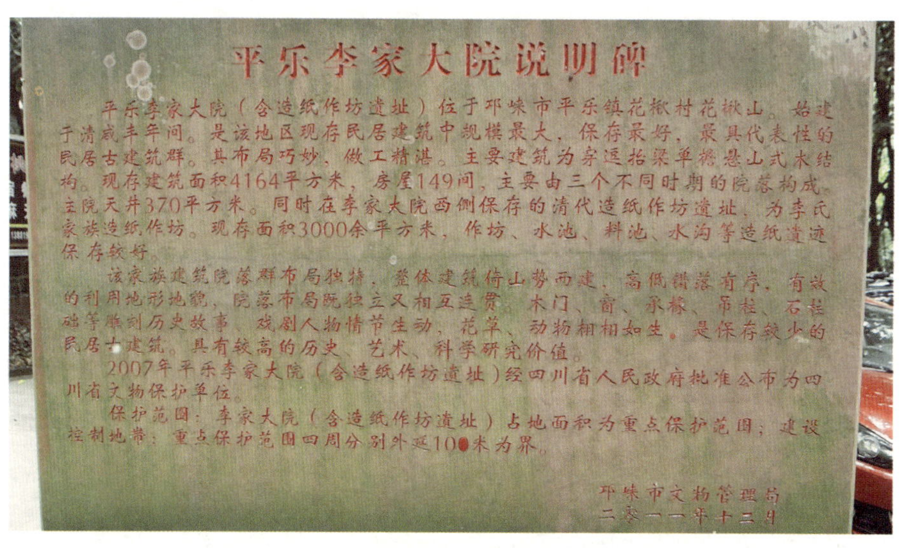


李家大院说明碑

院、徐家大院等老院落，由于年代太长，已不能适应现代生活需要，很多群众希望改建或搬迁，所以对建筑保护存在不配合的情况；古建筑群房屋基本全为木架房，且农户电线老化却不愿更换，存在极大的消防安全隐患。第二，管理人员整体素质参差不齐，责任心不强，不能很好地实施保护工作。

## 三、出路：立法视角下的保护对策

### （一）传统村落立法应当注重有形遗产保护与活态传承相结合

过去的保护往往过分偏向古建筑的保护，而忽略了传统村落中的非物质文化遗产。实际上，传统村落中不仅有古朴的民俗民风建筑，也承载着村落中的人们的村落文化，它包含着人们的生活形态、劳作方式、民俗信仰、道德与价值取向观念等①。因此，传统村落的立法工作不仅要保护古建筑，而且要充分重视传统村落文化的创造者、传承者的作用。

### （二）传统村落立法应当均衡各部门的利益

传统村落保护的工作，往往异化为政府的某些部门利用其手中的资源优势“创收”的手段。更有甚者，一些地方政府官员以保护传统村落之名行官商勾结攫取私利之实。最后造成对于传统村落的过度商业开发，由此造成的后果不仅背离了传统村落保护的本意，更严重地损害了传统村落背后所承载的农耕文明②。除此之外，政府的各个部门为了本部门的利益，往往在申报传统村落之时尤为积极主动，而一旦申请得到批准，又相互推

---

① 游文亭：《从立法角度保护古村落初探》，《吉林农业》2014 年第 15 期。

② 吴纪树：《我国传统村落保护立法刍议》，《牡丹江大学学报》2016 年第 12 期。

徐家大院

诿管理职责，这种“重申请、轻保护”的现象已经严重危害到传统村落保护工作的成效。因此，如何平衡相关政府部门之间的利益，强化传统村落保护工作的责任意识，也是传统村落立法工作不可忽略的重要前提。

# 物我相映，古道常新

## ——非遗视野下平乐镇瓷胎竹编调研报告

王子涵　张佳庆

在那个用自己双手的温度去感知竹子韧度的时代，也是一个工艺的品质与手艺人的品德息息相关的时代。竹编中凝结的不只是时间和精力，更是一份浸入内心的耐性和虔诚以及一种物质与精神交融共存的纯粹心境。在如今机器主导着我们的生产与生活的时代，如何传承和创新蕴藏在竹编背后的审美意趣与自然体悟，这将是文章思考的重点。

## 一、追述：历尽过往，不知今夕

我们在游师傅的工作坊进行了近三个小时的访谈，冷清的工作坊与在古镇河边嬉水的游客的喧闹形成了强烈的对比，来到平乐古镇游玩的旅客很多但很少有人会到游师傅的竹编工作坊逛逛，甚至有不少前来平乐镇旅游的游客，对于瓷胎竹编这项国家级的非物质文化遗产全然不知，川渝小组的成员也是先通过平乐镇镇政府进行实地调研的资料梳理，才挖掘到这项传统的技艺进而联系到非遗传承人游师傅的。

川渝组成员访谈照

但是埋藏于这萧条景象背后的，却是一段兴盛繁荣的过去。竹编起源于汉代，早在那时，四川，平东就已有“竹乡”之称。其竹编工艺发达，艺人技艺高超，到了清代光绪年间巴蜀地区流传为瓷胎竹编工艺。20 世纪 70 年代，成都竹编厂技术骨干林绍清师傅（当时他已 73 岁）到平乐采购竹子，同时将竹编技术传给了当地传承人李万东，后李万东又带了许多徒弟，技艺就这样一直传承至今。作为非遗传承人的游师傅就是当年成都竹编厂的一名学徒，据游师傅口述当年就是在成都竹编厂学习编制技能而谋生，而这项传统的竹编手艺在它的繁盛时期，从业人员达两千余人，工艺瓷胎竹编曾一度成为平乐的支柱产业。

游师傅也是跟随着当年手艺精湛的老师傅从选竹、刮青、破节、晒色成竹片起步，然后学习选料、烤色、锯节、启薄、定色、刮片、冲头、柔

川渝组成员与四川省瓷胎竹编非遗传承人合影

丝、抽匀、染色等十四道工序加工成丝的制作工序，并一直到现在都在平乐古镇的竹编一条街经营者自己的竹编工作室。工作室的木制陈列架子上展示着游师傅及其工作室同事的一件件瓷胎竹编工艺品。竹编具有“精选料、特细丝、紧贴胎、密藏头、五彩丝”的技艺特色，被誉为“东方艺术之花”。在这些手工艺者的脑海中，没有效率优先的冲动、没有利益最大化的逻辑，他们有的是一种栖息于时间的态度、一种物与我平和相处的心境，默默地、诚恳地完成每一道工序。当时间的切磋琢磨凝结成静态的成品之后，那是一个个物我合一的结果，它们诉说着一个古老的时代的依稀延续，在那个时代，人们的世界可能只有一个村、一个镇子那么大，但是他们的生活富有质感地与天地的一阴一晴、自然的一草一木、手边的一物一器密切地联系在一起，儒家谓“天人合一”“格物致知”，不过于此。

## 二、求存："变"在世道，"常"在人心

在20世纪80—90年代，平乐竹编厂有十多家，仅镇上就有"红星""万家""江西"等好几家，其中万家竹编厂的工人就达到三四百人，当时是竹编工艺的高峰期。而现在每个工厂最多只有几十个人，并且能够完整地完成整个竹编工艺流程的仅剩几人。老工人们说竹编工艺的学习时间较长，一般为1—2年。在制作过程中100斤慈竹可拉一斤丝，一斤丝卖200元，工作时间为50—60小时，制作技术要求极高。这样算下来花费时间长，且收益不高，所以很多年轻人不愿意学。如不及时采取抢救和有效的保护措施，竹编工艺将濒临失传。

如今瓷胎竹编厂似乎陷入了一个消极漫长的沉睡阶段，在工业化与商业化双重紧逼的夹缝中迷失了生存的进路。游师傅所担忧的找寻不到适合的人选去传承这项传统技艺，是当前所面临的最为严峻的问题。的确，一切是需要改变了。但是真正的问题或许并不是是否要改变，而是如何改变。毕竟，太多的急于求变、急于求新已经侵蚀了中国大量优秀的传统文化底蕴。儒家自古就在"变"与"常"的辩证中认识到，随着社会的需求变化，任何文化载体——无论是物质的还是精神的——都需要因时因地而有变动，这就是"变"的一面，那么什么是"常"呢？对于儒家，它的"常"可以被理解为"仁、义、礼、智、信"，也可以被理解为"一以贯之"的"忠恕之道"。

那么对于瓷胎竹编呢？我想，无论时代把瓷胎竹编推到什么地方，它所保有的"常"说到底就是通透与真诚。这二者是人的本心的两个侧面，当它试图与天地自然交往时，它不会划定封闭的界限，此谓通透；而当它试图进入生产与生活时，它不会为了去追求外在于己的目的而伪装自身，这就是真诚。由此，传承人们对竹编技艺"做一事、终一生"的态度最终

将生命、生产、生活过成了一个整体，如果在改变中这三者被割裂分离，那么这一改变就是对“常”的消解，由此，瓷胎竹编作为一种与天地通、与人心同的器物也将不复存在。这无疑是我们接下来寻求对它的保护与发展所需要避免的。

## 三、聚焦：调整思维，走出误区

回顾我国非遗保护的历程，虽然取得了不少成绩，但时至今日始终难以取得重大突破。在抽象层面，这一困境表现为上文所述的在“变”的过程中对“常”的遗失，而在现实层面，它则表现为两个方面的思维误区，它们已然给非遗保护带来了深刻的不可持续性与片面性。因此，为了走出这些误区，我们需要作出如下调整。

第一，从保护传承人调整为保护非遗本身。地方政府、学者抑或与非遗相关的直接主体似乎有一种误解，即对非遗的保护就是对传承人的保护，对传承人的保护就是对非遗的保护。长此以往，形成了以传承人为焦点的畸形非遗保护体系，在该体系中，地方政府传承人存在的实际问题和传承方式、方法关注力度不够；学者循环奔波在各地非遗消亡的路途上；传承人面对曾赖以为生的非遗无奈而悲凉。因此，在“后申遗时代”对保护非遗不仅是对传承人的保护，更应当回归到非遗本身。非遗深深地扎根在孕育其生命的文化土壤之中，伴随非遗文化生态的转变，非遗应当融入当代生活。

第二，从资金支持调整为资源支持。“授人以鱼，不如授人以渔”的道理朴素却难以践行，将“鱼”授予非遗显然实际且易执行，对于地方，授“渔”以非遗需要拥有前瞻与创新思维的指导。从资金支持转向资源与智力的支持，要求整合社会资源，帮助传承人获得“活化非遗”的产业环

川渝组成员访谈照

境与衍生渠道。

非遗融入当代生活抑或重新回归人们的生产生活，需要非遗自身的革新，非遗不是古建筑、不是文物，其发展不是越原真越好，非遗作为社会生活的一部分，应当随着社会的进步而发展。当非遗不能满足社会的需求，我们对其保护也谈不上对非遗“活态”延续的本真。从资金支持到资源支持的转变不是另起炉灶和从零开始，而是非遗在社会转型的阵痛期中的适应过程，是文化重构的过程。资源支持即是为非遗发展的可持续寻求适应社会发展的方法。尤其在面临由于社会突变而引发的种种传承问题时，在这种情境下，非遗需要新的社会资源和渠道以寻找属于自己生存和发展的方向。

## 四、措施：法治产业，双线并举

针对上述思维模式的调整，本文将从法治化保护与产业化发展这两个方面为瓷胎竹编的传承与保护提出具体的建议。

第一，确立非遗地方立法的地方特色。首先，要重视乡贤对非遗传承制度确立的独特作用。乡贤在地方文化建设过程中拥有不可替代的地位，他们较之于专家学者更能在地方非遗保护过程中产生共鸣，能够防止因草率、无经验导致对地方非遗传承产生不良后果，覆水难收。乡贤可以充分认知地方民风、民情、风俗和实际情况，可以在解决国家法因顾及各地差异而不便详细规定、留有空白、需要补充漏洞的问题，因而地方立法的存在价值就是体现地方特色。

除此以外，国家还要强化区域生态环境保护在非遗地方立法中的前设作用。非遗产生并发展于区域环境，包括区域生态环境，因此，在非遗地方立法中体现地方特色，要重视非遗所必需的地方珍稀天然原材料的保护

瓷胎竹编成品

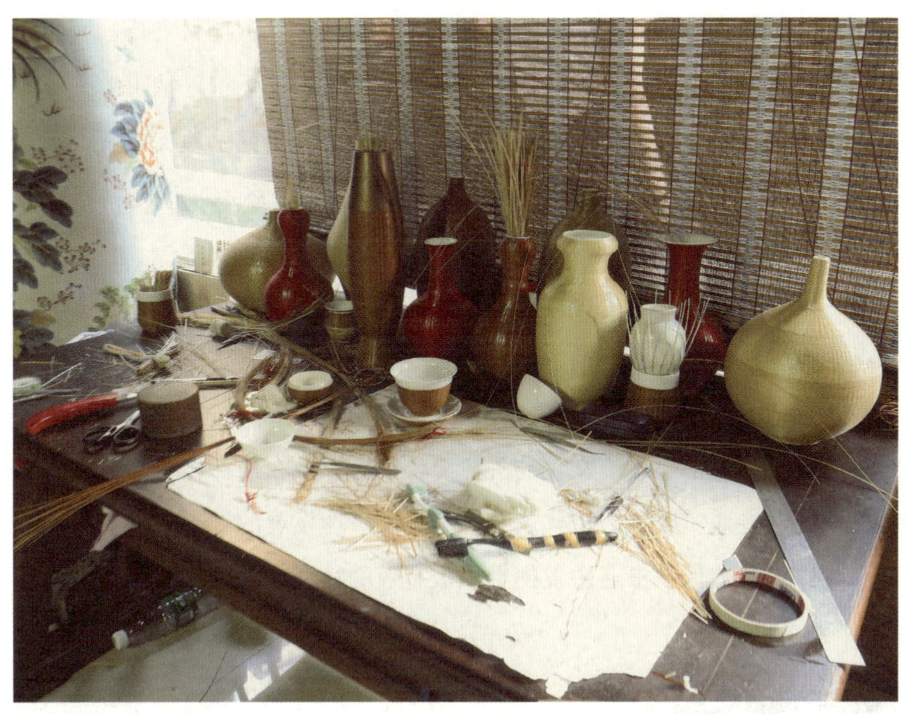

瓷胎竹编工具

和生态环境的保护。在这个过程中，要摒弃只抢救不发展的立法方针。全国大多实行保护为主、抢救第一，政府主导、社会参与的方针。非遗是活态文化，不能只抢救不发展。要发展就应当借助市场机制，不能绕开私法的介入。实际上，鼓励社会开发利用是《中华人民共和国非物质文化遗产法》的立法原则之一，但是地方法规却未将这些原则比较详细地贯彻到地方立法中。摒弃只抢救不发展的立法方针，对非遗自身发展和非遗制度化传承都有裨益。

第二，构建“产、官、学”非遗发展模式。所谓“产、官、学”发展模式，即瓷胎竹编以项目为单位通过与企业、政府及大学研究基地的合作来谋求新的传承模式。在这个整合体系中，地方政府负责提供税收、法律、产业等方面的政策支持，为瓷胎竹编的创新发展建立良好的外部环境；大学则负责提供市场预测、发展前景、创意开发等智力支持，为此有必要成立专门的非遗创新发展研究基地，而文化企业无论是从事单一行业的文化公司，还是综合性文化公司，在政府和大学研究基地支持下，都需要投入必要的启动资金并建构独立的营销体系，最终走向市场、实现利润，完成整个体系运作的最后一环，形成持久良性的产业生态。

在这些环节中，最为关键的是作为整个体系的智力资源、创意资源与人才资源的核心生产平台的大学研究基地。大学代表着文化创新体系的前沿，也代表了国家在文化遗产相关研究领域的最高水平。尤其作为青年群体的集聚地，大学对本土文化的关注与认同，以及在遗产相关知识方面的基础研究与专业实践能力也代表着国家遗产事业发展的未来。因此，大学应该在国家非遗保护事业中发挥更积极有效的社会作用，在大学中设立非

非物质文化遗产瓷胎竹编传承人游师傅

四川省平乐镇瓷胎竹编一条街

遗传承工作基地，使得青年人在与非遗传承人的研培互动实践中，发挥高校在文化遗产保护与可持续传承中的社会作用。

# 对传统村落风貌保护与建设的思考

## ——以四川邛崃花楸村为例

龙明盛　熊　乐　路　辰　管宇琦　江欣玥

2016年8月4—7日，我们先后考察了邛崃花楸村，雅安上里古镇五家村，自贡艾叶镇李家桥社区，通过对这三个村落的考察以及结合前期的考察，我们对传统村落风貌建设这一问题作了重点探讨，发现传统村落风

成都市邛崃市平乐古镇花楸村李家大院内景（一）

成都市邛崃市平乐古镇花楸村李家大院内景（二）

貌建设中存在着很大的问题，主要有以下几个方面。

首先是乡村建设景区化问题。在我们考察的这三个传统村落中，虽然地理位置不同，但是都被收录到“中国传统村落名录”中，都有一个共同的“头衔”，都准备或者是正在发展旅游业，在村落风貌的保护与建设中，我们听到最多的一个词是“打造”，均以建设为目标，本地特有的乡村风貌正在逐步消逝。上里古镇五家村是国家4A级风景名胜区，当地游人如织，古街上商业气息浓郁，作为保存完好的省级文物保护点的韩家大院，也因为游客的到来向外敞开了大门。大院住户共24户，其中20户将大院内房屋作为家庭旅馆招徕游客；其余有2家在古街上开商店；只有2家完全未参与到旅游业中。而要进入这座清道光年间修建的宅院则需向这24户人家支付3元/人的门票费。

成都市邛崃市平乐古镇花楸村李家大院大门

其次是乡村建设公园化问题。近些年来，乡村游兴起，在大力发展乡村游的同时，为迎合城市市民的需要，在乡村各项设施的建设中大量引入城市公园的建设理念与设计要素，一切都是以满足游客的游玩需要为前提，导致“乡村公园”的大量出现。阆中市天宫乡天宫院村为了宣传当地的风水文化，专门建成了罗盘广场，游客在广场上拍照留念之后就离开，并没有了解任何与罗盘有关的知识，如此旅游便也变得无任何文化宣传可言。乡村旅游打造趋于公园化，在一定程度上造成对本地核心价值文化的冲击和稀释，同时对游客的旅游体验也是一种伤害，文化旅游要尽量实现双赢的局面。

再次是乡村建设同质化问题。由于传统村落建设目标趋同，建设手段一致，这不可避免地导致了千村一面的乡村建设同质化问题的出现。雅安市上里古镇和秀山洪安古镇为两个开发比较成熟的旅游景区，古建筑均被包装成统一化的房屋样式，若为危房或被完全毁坏，则改建成砖瓦房并在房屋外面装饰古建筑的木质墙壁、瓦檐等。古街上出售的商品除了当地特色的食品外，很多都是在全国很多地方都能买到的小商品，并无任何与当地非物质文化遗产有关的纪念品。而拥有柚子龟这类非物质文化遗产的后溪古镇却并未将其开发为自己的特色，使其埋没于民间。

这些问题的产生，有着深层次的原因。首先是乡村规划落后，缺乏相关专家的参与和指导，财政支持总不尽如人意，村庄建设主体缺失导致建设景区化问题的出现。巴中市青木镇黄桷树村的旅游业发展就是如此，政府的态度不积极，财政支持严重不足，导致该村落的发展一直停滞不前，且已经有一部分传统民居属于“危房”。

再次是在发展旅游的过程中，以旅游为导向的城市规划必然会更多地考虑旅游市场的需求来发展乡村游、古镇游，在这个过程中，一味追求旅

在成都市邛崃市平乐古镇花楸村采访刘书记

成都市邛崃市平乐古镇花楸村民居

游业发展来带动经济效益，而旅游热潮中会出现大部分盲目跟风的跟进者。对于传统村落文化的保护来说，缺乏保护意识的村民与规划不得当的政府建设，将使传统乡土文化受到现代文明的冲击。

最后由于乡村规划手段落后，大量运用城市规划的手段来做乡村规划，这也导致了千村一面的乡村建设同质化的问题出现。

近些年来，由于社会经济的发展导致城市化进程加快，传统乡土文化式微，在传统乡土生活方式向现代城市生活方式的转变中，传统村落的建设与保护面临着巨大的压力，传统村落风貌建设问题仅仅是其中的一个方面。传统村落保护何去何从，这需要我们不断探索与思考。

# 从兆雅镇新溪村杨家祠堂祭祖看当代农村乡土关系的重建

龙明盛　熊　乐　江欣玥　管宇琦　路　辰

8 月 9 日，我们川渝组一行五人来到泸州市泸县兆雅镇新溪村进行田野考察，在新溪老街偶遇杨氏家族当代族长杨家林先生，老先生今年 74 岁高龄，精神矍铄，在得知我们的考察目的后，带领我们来到杨氏宗祠参观并接受我们的采访。通过对杨氏家族祠堂重建以及家族祭祖活动开展的了解，我们发现在当地农村人口老龄化、空心化而导致的乡村社会关系体系在逐步解体的同时，一种通过宗祠祭祀活动而展开的新的社交关系体系正在重新建构。

## 一、杨氏家族的祭祖活动

### （一）祠堂、族长、房长与议事会

兆雅镇新溪村杨氏家族最初是宋徽宗在位时从今湖北省麻城市孝感乡迁徙来四川的，经过长期发展，在新中国成立前已经成为当地望族，有规模宏大的祠堂进行祭祖及族中相关事宜的商讨。“文化大革命”时期，由

泸州市泸县兆雅镇新溪村古街

于政治原因，祠堂成为粮站库房，几经辗转而无人管理，破败不堪，之后政府收回杨氏祠堂并有复修的打算。2002 年，以杨家林先生为代表的杨氏族人开始商讨重建祠堂事宜，族人集资购买旧房一栋作为祠堂，并购置了 50 多套桌椅及电风扇、电视、扩音器等相关设备。从 2003 年开始，每年清明节，杨氏家族便重新开始祭祖活动。家族族长为大家公推，负责家族各项事务，杨家有七房子嗣，每房由族长任命一名房长及数名副房长，负责本房事务。家族中的重大事务由族长及各房房长共同商议后决定。

### （二）祭扫坟茔与子孙教育

每年的清明节，新溪村杨家子孙和从外地赶来的杨家后人聚在一起，组成有代表性的祭祖团体，一起前往杨氏祖宗的坟前祭拜。每次祭扫祖坟都会带上部分年轻的杨氏后人，目的是引导后辈认识祖先坟茔的位置，明了祭祀的方法和程序，延续祭祖事宜，传承本族文化精神。在杨家祠堂的墙上，张贴着家族的家规家训家法，以方便对家族晚辈的教育。

家规、家训、家法：

一、遵守党和国家的政策法令。二、尊老爱幼，男女平等。三、耕读为本，业精于勤，荒于嬉。四、族人之间和睦团结，共济扶贫。五、个别家庭纠纷，有歧视虐待者，以教育为主。六、严禁贩毒吸毒，嫖娼卖淫。

家族精神：互敬、互爱、互助、共强。

队员在泸州市泸县兆雅镇新溪村采访杨书记

泸州市泸县兆雅镇新溪村休息的村民

杨家的家规、家训、家法和家族精神等既传承于祖宗的遗训和教育理念，又随着时代的变迁而不断创新、不断进步，以满足新时代的要求。

（三）祠堂祭拜与宗族大会

在祭扫祖坟之后，则是全体参加祭祀的杨氏后人在宗祠的集体祭祀。其祭祀程序大体如下：

第一项：唱国歌。从杨老先生的口述中得知，杨氏宗族以往的祭祀程序是没有这一项的，是在2003年祭祖仪式上加上的。祭祀程序加上唱国歌目的是培养杨氏子孙的爱国主义情怀，同时也是教育子子孙孙在学习和各种工作岗位上响应祖国的号召，顺应时代潮流，适应新时代的要求。

第二项：祭祖读文。在长辈读完祭祖文之后，族长率领全体族人对祖宗牌位三鞠躬，追思祖先筚路蓝缕的艰辛。

第三项：族长汇报族中大小事宜，内容包括宣读或讨论家族中的重大事项、汇报前一年家族中的相关事宜，对于家族中虐待父母，经族中长者屡次劝导却屡教不改的人，向全体族人通告并严厉批评，杨老先生很得意地告诉我们，在杨氏后人里，没有对母亲不孝的人。

第四项：族中长辈讲话。

第五项：荣誉族长讲话。

第六项：族人会餐，餐费自理，每人十元。

## 二、祭祖活动展开的原因及影响

第一，寻根的内在精神需求导致祭祖活动的展开。自新中国成立后，杨氏家族的祭祖活动被打断，后因为祠堂被挪作他用，从此长达数十年，再无祭祖一事。近些年来，随着社会经济水平的提高，一方面，人们自身寻根问祖的内在精神需求得到加强，对于重建杨氏宗祠，家族成员有着强烈的需求。在杨氏家谱修谱序言中这样写道："歌有说必有谱也，人之有姓以谱为准也，水有源，树有根……我杨门之清白传家，这风采来源于谁，疏通运河这一伟业又属于谁呢，儿知父，父知祖，由此类推，寻根追底，方知杨姓始。"另一方面，宗族长辈出于对族中晚辈教育的考虑，也呼吁重建祠堂。在杨氏家谱中关于重建祠堂一事是如此描述的："我杨家祠堂原在老祖宗的辛勤劳动下创建起了雄壮的杨氏宗祠，中华人民共和国成立后由于多种原因无有祠堂。为了教育子孙后代，要遵纪守法，尊老爱幼，经杨家祠领导组多次开会研究决定重建祠堂。"

第二，活动客观上强化了族群特征和宗族认同，实质建构了新的乡村社交体系。在当代农村人口老龄化严重，人口外迁速度加快、村庄空心化后，以往的基于村落为纽带的社交关系体系开始松动，乡村社会需要寻找新的适合于当下乡村的新的社交体系及方式。祭祖活动的展开，在客观上加强了杨氏族人的族群特征与精神认同，在祭祖当天，无论本村还是外村，所有杨氏族人的代表都会齐聚宗祠，在族长和各房房长的带领下按照规定的程序完成祭祖仪式，在整个活动中，通过对“杨氏后人”这一身份的认同，在杨氏族人之间开始构建出一种新的人际关系网络，这种网络是以宗族与血缘为纽带建立的，是乡村社会对社会的发展与变迁而导致的社交关系变化的一种自发的应对。

第三，新形式的社交关系体系的建立，成为乡村与城市互动的新方式。在访谈中，杨老先生也告诉我们，他们这一族人总数估计会有数万人之多，在每年的祭祖活动中，从重庆、成都、上海等城市里都会有大量的杨氏后人赶赴宗祠祭祀，他们中的很多人早已经远离乡村，有些甚至是在

队员在泸州市泸县兆雅镇新溪村采访杨书记

泸州市泸县兆雅镇新溪村的老街

城市的第二代、第三代，因为祭祖，把他们和在泸县长江边的这个小村庄联系在了一起，虽然每年都只有短短的一天，但是也为城市市民与乡村农民之间建立起了一个联系的纽带，成为城市与乡村互动的新方式。

# 繁荣与隐忧

## ——老观灯戏传承的考察札记

龙明盛　熊　乐　路　辰　管宇琦　江欣玥

2016 年 8 月 1 日，我们川渝考察组一行五人来到老观古镇。这里是灯戏的起源地，老观灯戏俗称“喜乐神”，在川东北地区广为流传，以“丑”“踿”“搞笑”著称，而幽默夸张、妙趣横生的表演风格，灵活性强且贴近生活，具有极强的娱乐性和观赏性，故灯戏被誉为戏剧“活化石”。演灯戏、看灯戏、议灯戏曾一度是老观人生活中的一部分，因此老观镇也被称为“灯戏窝子”。在 20 世纪 90 年代初，由于社会的发展，灯戏这颗民间艺术的明珠渐渐被人遗落，剧团解散，演员各自成家立业。近几年，在各方的努力下，灯戏重新开始传承与发展，并取得一些成绩。2009 年，灯戏通过四川省“非遗”专家组的审核，被列为四川省非物质文化遗产。2014 年 8 月，以老观灯戏为载体，老观古镇被文化部评为中国民间文化艺术之乡。如此生动形象地描述川东北地区民俗的戏剧是如何被保护、传承、发展的呢？针对这一问题，本小组进行了具体的调查。

走访的第一站是老观镇文化站，杨志先生接待了我们，并为我们详细介绍了近几年来灯戏的发展情况。灯戏目前已是省级非物质文化遗产，围绕打造“中国灯戏之乡”这一目标，政府积极整合相关的灯戏资源，并先

南充市老观镇老龙村老龙街民居

后投资50余万元，注册成立了“阆中市老观民俗文化艺术团”这一灯戏表演的专门团体。培训演艺人才，收集整理相关剧目，挖掘出《送丝蚕》《竹篮计》等30余本具有代表性的濒临失传的灯剧剧目。并经常外出巡演、比赛，屡创佳绩。同时，每年的春节、元宵节等节日，还有大型的灯剧公演活动。同时，艺术团还加大了对剧目的创新，例如近些年创作的《幺儿幺女》，反映出现代社会空巢老人这一社会问题，在演出中也获得了很好的评价。可以说，随着这些活动和措施的展开，灯剧传承与发展问题在一定程度上得到了解决。

同时，为了了解当地原住民对灯剧的态度，几位组员对10—30岁、30—50岁及50—80岁不同年龄段的人群进行了走访。通过走访发现，老年人对灯戏有着不同程度的了解，但会唱的人却很少，同时也表达了愿意观看的意愿。然而，中年人的态度要相对复杂许多，有喜欢的，有不喜欢的，也有无关轻重的。在访谈中有一对中年夫妇就表示自己对灯戏不是很

老观古镇

喜欢，在不久前刚刚进行的子女的婚礼中就没有请灯剧团表演。而年轻人则多半是不喜欢，有些则是不清楚。

同样的灯戏，为什么政府和原住民对它传承与发展现状的认识会产生如此大的偏差？这是本小组非常感兴趣的问题。

通过走访分析后，我们认为，造成认识发生偏差大致有如下两个原因：从政府角度看，对于灯戏的传承与发展，政府花费了较多精力。先后投资 50 余万元，整合相关的资源，建立了灯戏人才库，确定了安霞、侯万柏两个灯戏传承人，成立了老观镇民俗文化艺术团，加强了灯戏人才的技能培训与推广。就实际情况来说，灯戏的传承与保护工作确实有一定的发展。

而从原住民的角度看，政府对灯戏的宣传推广力度并不够。首先，灯戏的演艺人员多是从群众中招募，平时各自忙于生计，只有在下半年节庆日时才有余暇演出，灯戏的表演并未形成常态化，多是在重大节假日才出现，原住民接触灯戏的机会实际上并不是太多。其次，通过走访本小组也了解到，灯戏的传承还是通过古老的拜师学艺的形式进行，学习灯戏意味着需要投入大量的时间和金钱。这诸多客观原因，导致了年轻人学习灯戏的意愿并不强烈，造成了人们对灯戏的陌生感，并且由于平常接触不多，难以养成对灯戏的亲近感。

这些问题导致的后果就是灯戏可能会渐渐在老观古镇销声匿迹，在当下灯戏传承与发展繁荣的情况下，存在着一个巨大的隐患，在年轻人对灯戏的态度渐行渐远的今天，如何才能保证灯戏长久的传承和发展呢？对此，我们提出如下的建议。

首先，严格选拔、确定灯戏的传承人。作为灯戏传承的火种，传承人的选择直接关系到灯戏未来的发展，在传承人的选择上，一定要是发自内心喜爱灯戏的人（且综合能力较强）。现在有一部分人学习灯戏，很大程度上是因为灯戏能够带来一定的经济效益，而灯戏的发展必定不会一帆风

灯戏（一）

灯戏（二）

顺。在它发展低迷的时候，只有那些发自内心喜爱的、有热情的人才能真正地把传承灯戏这件事情做好。

其次，在保持传统经典剧目的情况下，加强对剧目的创新，让灯戏能够变得让年轻人易于接受，说到底，灯戏就是为老百姓服务的，是让人在繁忙的工作生活之后放松身心的娱乐节目。因此，在保留传统经典剧目的基础上，还要加强新剧目的创作，作品要关注当下，关注现实，接地气，能够给人一种很亲切的感觉。例如，近些年创作的灯戏《幺儿幺女》就是很好的例子。

再次，加强灯戏的宣传推广工作。本调研小组在老观镇考察时发现，未见任何有关灯戏的介绍及宣传栏目，在此方面，政府及相关组织还须加强。同时，对于年轻人对灯戏渐行渐远的问题，还应当加大对本地原住民的灯戏推广工作，例如在中小学中加入一定量的乡土教材内容，让学生有机会从课堂上接触到灯戏并从小培育孩子保护灯戏的意识。

灯戏（三）

最后，明确自身地方剧种的定位，在发展中保留住灯剧自身的特点。灯戏作为土生土长的地方剧种，是因这个地方而产生的，在灯剧中，处处透露出这一地方的生产生活特点和价值观、世界观等属于当地的独特的人文精神。在灯戏创新的过程中，一定要注意保留这些有价值的东西，这些东西是当地人的精神根底之所在，远方游子的乡愁之寄托，而这就是人们之所以需要灯戏的最本质的原因。

# 进城与下乡

## ——对邛崃平乐古镇花楸村的困境、保护与传承的思考

龙明盛　熊　乐　管宇琦　江欣玥　路　辰

2016年8月4日中午，本调研小组来到了此次考察的目的地——成都市邛崃市平乐古镇花楸村。整个行政村村域面积为12平方公里,501户，共1580人，其中劳动力约有600人，大部分村民外出打工，余下在家的不足200人,60岁及以上的老人有400余人，其中80岁以上的有100余人，基本在家留守，其余为妇女儿童，这是村书记刘本金老先生告诉我们有关花楸村人口结构的一组数据。随后在和李家大院龙门客栈老板李大哥的访谈中我们得知，李大哥所在的十四组总共有40余户人家，总人口100余人，现在在家的劳动力仅有10余人，房屋空置与留守的有20余户，而李大哥的爱人所在的五组，有二三十户人家，现在也仅余10余户。从中我们可以发现，和许多传统村落面临的问题一样，整个村庄空心化现象非常严重，村庄面临着消亡的危险。

## 一、现实状况

经过走访调查，我们认为造成这个局面的原因主要是以下两个方面。

成都市邛崃市平乐古镇花楸村民居

（一）民生问题非常突出

1. 交通问题尤为突出。花楸村地处山区，距离平乐古镇 14 公里，2002 年以前，公路还未开通，2002 年村里发动群众修路修到山脚下，2004 年才把公路修上山。下山道路 3.5 米宽，上山道路 3 米宽，路面狭窄。2004 年后，虽然道路的问题解决了，但是车辆的问题没有解决。由于位置偏远，路窄急弯多，基本没有车子愿意进来，村民进出只能请摩托车接送，进出单程就要 20 元。尤其让村民头疼的是村中小孩上学的接送问题。花楸村没有教学点，读书要去 10 公里外的下坝乡甚至是更远的平乐镇，平时没有专用校车或公交车接送，而本村的私家面包车接送又面临非法营运的尴尬。

2. 医疗供需矛盾突出。刘书记告诉我们，花楸村仅有一个卫生室，只能治疗简单的伤风感冒，再严重些就必须去外地了。而村中人口老龄化严重，老年人数量众多，基本的医疗供应与老年人的卫生需求之间存在巨大

成都市邛崃市平乐古镇花楸村御茶坊

的矛盾。

3. 产业发展不力，经济压力巨大。花楸村的主要经济来源是茶叶和竹林。但是由于地处山区，耕地有限，总耕地只有590亩，即使是其中80%种植了茶叶，也只有400余亩，并不能形成规模。村中唯一一家经营茶叶的私营企业“花楸茶业”也经营不力，连年亏损。竹林的砍伐出售也不能带来多少收益，收购价仅仅是两毛一斤，而茶农仅靠贩卖生茶，难以维持生计。

（二）旅游发展陷入困境

自2004年修通公路开始，村民开始发展乡村农家乐休闲旅游。开始有10余家，2004年到2008年间，旅游火爆，政府曾一度设立了游客中心，派人参与管理，后来由于游客减少，随后又撒手撤出，现在仅存7家，其经济来源也仅是靠自驾游的客人勉强维持。

## 二、优越的自然条件与深厚的人文内涵

而与此形成鲜明对比的是该村所具有的极佳的自然与人文条件。该村海拔900米左右，地处山区，村落周围茶园环绕，大山之中遍布慈竹，空气清新，景色优美。在村庄间，修有2.4公里的石板路，宽约1米，皆是20厘米厚石板铺就，蜿蜒盘旋在树丛竹海之间。另外，该村历史文化底蕴深厚。这里茶文化源远流长，其产茶历史可以追溯到秦汉时期，树龄最老的达到了1038岁。据《邛崃县志》记载，康熙因喜爱花楸茶叶便御封此地茶园为“天下第一圃”，从此成为贡茶而名扬天下。除此之外，这里还有以李家大院为代表的规模宏大的清代古民居建筑群，被誉为“川西最大的古民居群”，尤其是代表性建筑李家大院，大院顺坡砌石成坪，历经56载而成，规模宏大，共3个院落、7个天井、149间屋室，占地面积13000平方米，其中还有光绪皇帝赐的御匾，其规格之大、材料之精、雕刻之细，在清代亦属上乘。

成都市邛崃市平乐古镇花楸村茶园

## 三、各方的努力与困惑

对于花楸村的保护与开发，政府也可以说是付出了极大的努力。2004年，为发展花楸村的旅游业，邛崃市政府将花楸村由下坝乡划归平乐古镇，并制定了多种保护与发展规划，并成立相应的管委会对其开发旅游进行管理。但是政府的管理思维还是停留在普通景区景点卖门票的观念上，还在为旅游点位、旅游线路规划等头疼。2004 年，政府曾经与民企接洽，准备在山下为村民修建集中安置点与村民置换房屋，将村民集体迁出，统一打造，后因故未果。而从村民的角度来看，他们也是感到无奈与困惑。李家大院住户 13 户，农家乐仅有 4 家，龙门客栈李大哥便是其中之一。他的龙门客栈客房不多，上下一共 6 间。而大院中很多住户外出打工，房屋空置。我们问李大哥，为什么不把这些空置房屋租赁下来，整修以后作为客房使用？他也很无奈地表示由于曾出现过政府房屋置换的政策，现在

成都市邛崃市平乐古镇花楸村李家大院内景

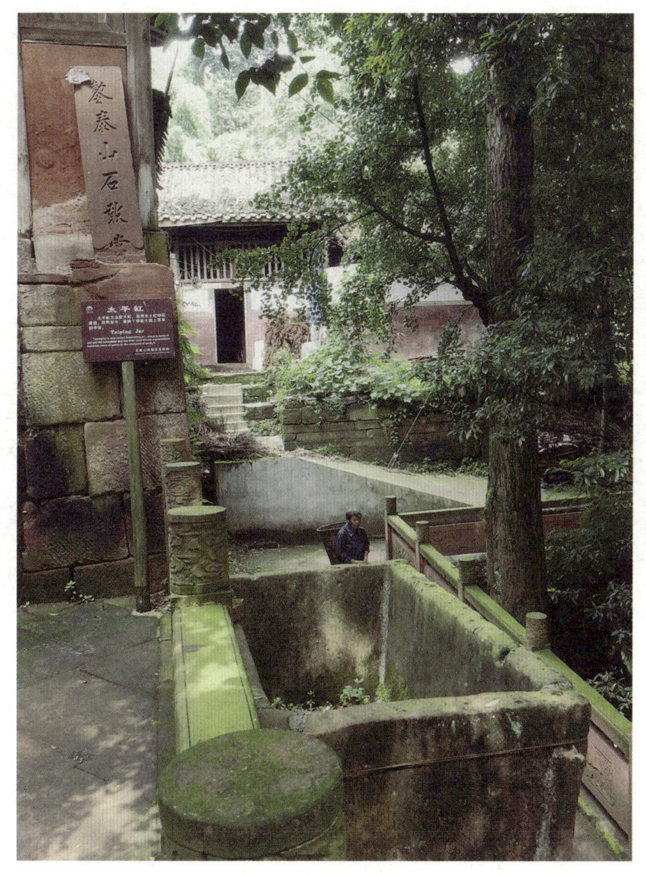


成都市邛崃市平乐古镇花楸村民居

自己也不敢轻举妄动，万一政策出现变动，投入的钱很可能会打水漂，虽然时常有客人慨叹接待能力不足，却也只能无奈接受现状。

## 四、以旅居带动产业，达到保护与传承双重目的的可能

近些年来，随着人们生活水平的提高，很多城市人群很希望有机会回归乡村生活，在传统村落中小住数日，在闲适与安宁之中放松身心、享受

成都市邛崃市平乐古镇花楸村李家大院大门

生活，乡村旅居休闲游已渐成时尚，而花楸村独特的地理与人文优势使得这种旅居游成为其最佳的发展模式，花楸村完全可以以旅居游为着力点，带动茶、竹等相关产业的开发，在吸引游客的同时也能够带动一部分原住民的回流，从而使得乡村发展进入一个良性循环的轨道。

首先，巨大的市场需求使得这种设想有着实现的可能。龙门客栈的李大哥告诉我们，除了冬季之外，他这里基本上每天最少都会有一桌客人，一周平均也有两到三个电话询问旅游住宿事宜，并且有很多客人都向他表达了租赁一间房屋不定时来小住的意愿。而村书记刘本金老先生也向我们提起很多客人来购买或者是租赁房屋甚至是买地自建房屋的想法。这些都充分说明，旅居市场的需求是十分巨大的。

其次，花楸村在地理位置上具有独特的区位优势。花楸村距平乐古镇14公里，距邛崃市区28公里，距成都市区101公里。从地理位置上看，距离并不算太遥远，驾车出行，很快就能到达。村落地处山区，茶园翠竹，环抱其中，森林绿化率极高，空气清新，风景优美，人居环境极佳。

再次，极具民族特色的古建筑群规模宏大，我们所见的民居中 90% 均为 100 多年前修建的房屋，这些修建精美的传统民居散布在茶园竹海之间，且这些建筑中绝大多数都只有老人留守或者废弃，大可用来作长短期的租赁。这样，一方面使得这些空置房屋能够得到妥善的修缮，另一方面也能够吸引外面的客人来村小住，在增加村民收入的同时也带来人口流量的增大，而随着人口流量的增加，村里农家乐、茶、竹等主要产业的销路将不再是一个问题，这又会进一步推动相关产业的发展。

最后，在发展乡村旅居游时，原住民和政府都要把握好自己的定位。村民要注意农家乐等形式一定要保留乡村特色，不能根据市场的需求来过多地改变村庄原本的面貌，使得农家乐走向酒店化。同时村民们应大力打造当地茶竹产业，规范管理好茶园竹林，一方面可以通过乡村体验游来吸引游客，另一方面可以通过游客打开茶叶和竹制品的销路，不仅可以带来

成都市邛崃市平乐古镇花楸村村道

产业的收入，还可以提高当地产品的知名度。而对于政府而言，则需要转变发展思路，不能一味追求门票经济，一方面要在做好各项有关民生的事项的基础上加强基础设施的建设。比如开通出村公交或旅游专线，方便当地居民进出和学生上学的同时能方便游客出行，消除游客的交通顾虑，拓宽狭窄的山区公路，方便自驾游。对乡村旅居出台相关的政策并积极加以鼓励和倡导，在以村民为主导的前提下可以引进旅游公司进行规划，根据自身特点打响广告，提高知名度。另一方面政府需大力帮扶产业发展，引进技术人才提供技术指导，多方面打开销售渠道，鼓励当地村民回乡创业或在家“打工”，打造出茶竹自身的独创品牌，通过推行一系列政策尽可能减低村民创业的风险。双方合力，就一定能够以旅居为支点撬动相关产业发展，进而实现保护和传承传统村落的目标。

# 川渝两地传统村落保护现状考察札记

龙明盛　熊　乐　江欣玥　管宇琦　路　辰

截至目前，我们川渝组一行已经从重庆市秀山县、酉阳县、涪陵区走访至四川省南充市阆中市、巴中市，共计 10 个中国传统村落，其中第一批入选中国历史文化名村的传统村落有 8 个，其余为第三批入选的村落。经过 10 余天的走访考察，我们发现，在被评为中国历史文化名村之后，这些村落无一不打算以观光旅游为突破口来发展经济，为什么处在不同地域不同环境的这 10 个村庄会作出如此一致的选择？在作出这种选择的数年间他们的发展状况究竟如何？旅游是传统村落保护和发展的唯一选择吗？带着这样的困惑，本调研组实地考察后，就此展开讨论与思考。

为什么这些古村落与当地的政府都会不约而同地选择以旅游业为发展的突破口？

通过考察，我们认为，其原因主要有四个方面：首先，就村庄与村民而言，旅游带来的实实在在的收入是推动他们作出这种选择的最大动因。对当地村民来说，发展观光旅游业可以吸引大量的外地游客，游客的旅游与消费则能够增加当地就业机会，促进当地经济发展。在巴中市青木镇黄桷树村的考察中，村委会王秘书一再强调村庄发展旅游的迫切心情！

其次，也有些村庄想通过发展旅游业来带动村庄自身产业的发展。在

酉阳县酉水河镇后溪村柚子龟传承人

秀山县梅江镇民族村，在对石书记的访谈中，书记给我们描绘了一幅以旅游为突破口带动村庄产业发展的宏伟蓝图。他希望自己的村庄以后能四季都花果飘香，以此吸引更多的人来游玩。同时，以游客的消费为契机，大力发展种植、养殖等产业，根据现代人对高品质绿色有机食品的需要，结合互联网，大力发展订单式农业！

再次，虽然处于不同地域，但共同的历史发展背景也导致他们作出了这一选择。这 10 个村庄，如今大都已没落，但在以往的历史进程中，很多都是历史悠久、赫赫有名的，并且各自都有着辉煌的过去和令人羡慕的文化传承。例如秀山的洪安古镇，处于酉水河边，昔日是川、湘、黔三省商贾云集之地，周围地区大量物资汇集于此而下沅水，入洞庭。在当地原住民心中，与令人失落的当下不同的是，每当谈到当地辉煌的过往，他们都会情绪高昂，面有得意之色。在他们心中，繁荣昌盛的经济、络绎不绝的人流才应当是村庄的本来面貌，而旅游业的发展得以使村庄重现昔日之荣光，恰恰能从深层次满足原住民的心理需求。

最后，这些村庄因久远的历史、独树一帜的传统建筑、独具特色的非物质文化遗产及令人骄傲的繁华过往，不仅使得他们具备发展旅游的条件，同时还获得中国传统村落历史文化名村的称号，这个称号也成为推动他们作出发展旅游这一选择的一根救命稻草！这一点，从他们差不多都是在获得传统文化村落申请审批通过的当下开始规划发展旅游可明显感受得到。

同时我们也发现，对于旅游的规划和实施，往往都是以当地政府在主导。因为对政府而言，一旦发展旅游的规划获批，便意味着大笔的资金投入和大量的项目建设。对于所有入选历史文化名村的村庄，中央财政将下拨 300 万元作为首批建设资金，并在建设过程中会有后续资金的输入。例如在民族村的建设中，国家和省市县的配套建设资金投入总共有 1000 万元，而老观镇的建设投入则有 1.4 亿元。这些项目工程，一方面可以缓解官员的政绩压力，同时也为其中的利益交换与输送提供了一种可能。

巴中市恩阳区黄桷树村老街

酉阳县酉水河镇后溪村老街

那么，发展旅游真的是解决所有问题的良方吗？

通过考察发现，虽然对旅游业的规划有美好的蓝图和希冀，事实却不尽如人意。除了一些尚处于起步阶段的村落暂时无法评估其结果外，大部分村落的发展都没有达到其最初的目标。在酉阳县后溪村和河湾村，走访中几乎难见游客的身影，村支书也坦言即便有游客前来游玩，在此地逗留的时间也不会超过一日，如此一来，外地游客在此消费的机会微乎其微。村民希望搭上发展旅游业的便车，通过开客栈、餐馆、卖纪念品等来赚钱，而过少的消费机会使得当初的愿望落空。

同时，由于发展旅游产生的利益冲突又导致了基层各种矛盾的激化。在洪安古镇走访时，退休的杨老先生对政府在旅游开发中的种种贪腐行为咬牙切齿，在河边划船的大姐对投入的巨额建设资金却并未产生效果怀有巨大的疑虑，河湾村村民对政府与干部作为的冷漠与无视，都充分说明了这些问题。而矛盾的激化又进一步导致目标难以实现。酉阳土家族苗族自治县西水河镇后溪村一位中年男性村民描述，2012 年他不满当地政府禁止建设砖瓦房的规定，坚持拆掉了自家木房住进了舒适宽敞的砖瓦房；而建规局相关工作人员则表示，这种行为破坏了街道的整体古旧风貌，对当地的旅游业造成一定的负面影响，要求他以每平方米 80 元的标准给建规局交罚款。

针对这些问题，我们提出如下建议。

1. 村落对自身村庄的定位与发展的规划要结合当地的条件综合分析，并不是所有的村庄都需要发展旅游业。在重庆市涪陵区青羊镇安镇村，我们调查了解到安镇村自古土地肥沃，物产丰富，是有名的优质产粮区，素有“米粮仓”之称，完全可以以其良好的土地资源，把重点放在农业产业开发上。政府可投资建设完整的种植业产业链，辅助当地农产品精加工销往外省，创造更多的收益。参观保存最完好的“石龙井庄园”时，讲解人员表示涪陵区已投入了 1000 万元来保护和恢复庄园正厅，但在旅游开发

秀山县梅江镇民族村木质传统民居建筑群

秀山县洪安镇边城村洪安古街

方面还是先以保护为主，并无详细具体开发为旅游景点的规划。同样，也不是所有的中国传统文化村落都适合观光旅游开发，如上文所提及的青木镇黄桷树村，农业发展滞后，产值低，人民生活贫困，传统建筑遗存较少且大多破败明显，加上交通并不便利，此时应大力加强基础设施建设，修复传统民居，解决农民危房住宿问题，同时帮扶农民提高种植业发展水平并打通销售渠道，改善当地经济发展状况和人民生活水平，待情况好转并积累一定经济基础后，可利用资金复建牌坊、戏楼等传统建筑，宣传本村落的传统文化，根据实际条件如有必要，再结合农村旅游，逐步完善当地的旅游体系。

2. 若要发展旅游，一定要结合自身优势发展与自身特点相适应的特色旅游产业。提起旅游，大家想到的就是阳朔、丽江、凤凰等地的观光旅游的模式。实际上，这种模式并不适用于所有的传统村落。有意发展旅游的传统村落一定要结合自身优势，发展与自身特点相适应的旅游开发新模式。例如在酉阳石泉苗寨，这个村庄地处深山，耕地甚少，就不适合发展以种植、采摘为特色的乡村旅游，但同时这里的房屋依山而建，山泉环绕，古木参天，环境优雅，很适合外地游客于此地居住一段时间，放松身心，所以石泉苗寨可发展以体验古代耕读传统的乡村旅居生活游。而在一些土地肥沃耕地资源丰富的地区，则可以依托产业开发，适度发展赏花、采摘等乡村农家乐。我们在巴中青木镇黄桷树村的考察中就了解到，在前几天，不远的另一处村庄策划了一次以葡萄采摘为主题的采摘节，吸引了大量的游客，收益不菲，这令黄桷树村村民很是羡慕。结合黄桷树村相似的地理位置、土壤条件，此村庄大可采取相似的方式发展经济作物产业，形成当地独特的乡村旅游模式。

3. 发展旅游的同时要注意保留和发展自身的文化特色。可以说，每一个传统村落都是独特的，有着自身独特的文化和传统习俗。在酉阳县后溪村的走访中，小组组员发现了当地独特的柚子龟，既是土家族传统的手工

酉阳县酉水河镇河湾村民居群

艺品，也代表了能追溯到新石器时代的人类文明。柚子龟制作工艺烦琐复杂，精致异常，是难得的人间珍品，当地只有一位传承人刘仲华先生在自家的药店里出售自制的柚子龟，目前几乎面临着失传的危险。若能将柚子龟打造为后溪古镇的特色伴手礼，不仅可以宣扬土家文化和灿烂文明，同时还能成为后溪旅游的亮丽名片，提高古镇的知名度并形成独属于后溪的独特魅力。而在阆中市老观镇，发展自身文化方面就取得了非凡的成就。政府对传统戏剧民俗灯戏加强保护，投入大量资金对传统曲目进行挖掘并组织了老观传统民间艺术团，不断创造新的符合当地民俗和民情的新曲目，使得这一传统戏剧“活化石”再一次焕发出勃勃生机。在每年的节日庆典中，当地居民积极参加文化活动，民俗风情游甚是火爆，在吸引大量游客的同时使得灯戏这一不可多得的民间艺术得以发展。在千村一面的旅游同质化的今天，在发展旅游的同时也应积极保护和宣传当地有特色的非物质文化遗产，体现出该村落独特的风俗民情与文化底蕴，旅游产业才能实现可持续发展，走得更为长远。

4. 政府应当加强资源整合，强化基础设施和相关的配套设施的建设。无论村庄是否选择以旅游开发为经济发展的主线，政府都应当以民生问题为主导，积极开展相关基础设施的规划与建设。在酉阳县河湾村的走访中，一位 40 多岁的男性村民说不仅祠堂荒废着，甚至政府连出村的道路还未修通。村里现在连村民自身使用的公共厕所都没有就在搞什么旅游开发，这不是本末倒置吗？这 10 天走访的传统文化村落均位于离主城区 30—80 公里不等的偏远山区，交通很不便利。村庄若想利用传统文化及当地特色发展旅游业，第一要务便是建设前往此村庄的道路，将村庄从偏远不便的尴尬位置中解放出来，同时为了保证游客宾至如归，相应的公共设施、公共车辆的配备也要跟上步伐。而这些项目不是仅靠民众之力就能达到的，这需要政府与民众齐心协力加强对旅游资源的整合，并建设相关的配套设施。另外仅单独一个古村落作为旅游地有时显得有些苍白，难以满足游客长途跋涉之后的心理预期。古村落大都依山傍水，若能同时打造周边自然和人文景点，形成完整的旅游线路或旅行地聚集区，产生出"1+1>2"的神奇效果，那么对游客的吸引力将大大增加，同时能增加游客在当地的停留时间和消费机会。如丽江不仅作为古镇存在，同时搭配玉龙雪山、虎跳峡、泸沽湖、拉市海以及香格里拉等，成为一个旅游集散中心，使得丽江的吸引力在本身魅力的基础上翻了数倍。再如宏村西递，仅仅古民居或许单调，但搭配黄山形成完整旅游线则前往者甚众。而这则需要当地旅游规划者独到而长远的眼光。

因此，传统文化村落若想依据其特色和文化开发旅游产业，应当在保证民生的基础上加强旅游开发配套设施的规划与建设，同时要注意充分听取村民的意见和建议。在保留自身文化、民俗特色的基础上结合发展当地经济和特色产业。

# 论传统村落消亡危机与再生长的可能

## ——以川渝十六村为例

龙明盛　熊　乐　管宇琦　江欣玥　路　辰

自 7 月 22 日离湘开始田野考察，到目前我们川渝组已经走过了川渝两地有代表性的 16 个传统村落了，这些村落所处地域不同，经济发展各异，但是都面临着严重的消亡危机。每走过一个村庄，我们在惊叹前人独具匠心的创造的同时，又有着深深的忧虑与惋惜，“日之夕矣，羊牛下来”，那些日暮人归的场景，似乎离我们渐行渐远。毫无疑问，这些传统村落是有着重大的历史文化价值的，但是，它们究竟还能走多远？传统村落会消失吗？它们还有没有再生长的可能？这是我们小组始终在讨论的问题。

## 一、传统村落的现状

### （一）传统村落正在加速消亡

在田野考察中，我们发现在所有考察的村落中，除上里古镇五家村由于旅游业发达发展较好外，其余 15 个传统村落都不同程度地面临着消亡的危险，具体表现在以下两方面。

泸州市古蔺县太平镇平丰村民居（一）

1. 人口外迁形势加剧。在这些村庄中，劳动力大量外出务工，留守老人与留守儿童数量巨大。在邛崃市花楸村，在 1580 人的总人口中，60 岁以上老人达到 400 余人，常年在家的 30—50 岁年龄段的劳动力不足 200 人。而在泸县兆雅镇新溪村，在鼎盛时有 400 余户、1600 余人，在现今，600 余米的古街空空荡荡，只有十余户。三四十人居住，基本为 60 岁以上的老人，其余住户基本搬迁一空，大量房屋缺乏修缮，损毁严重。据老支书杨家林介绍，1963 年以前，该地为乡镇机关所在地，后由于政府机关搬迁，大量人员随迁至一公里外的兆雅镇，人口流失严重。

2. 建设空心化趋势明显。与村落空心化和整体建设风貌破败形成鲜明对比的是，更多的村民选择在村庄附近或者离村较远的公路边修建房屋。在古蔺县太平镇平丰村考察时，发现依山而建的古村落除了稀稀拉拉的几个红色历史博物馆与旅游商店外，基本难觅原住民身影。平丰村村主任李声学先生告诉我们，在山上住不方便，住在这里的人大都搬迁到山脚下的公路边，在那里修建房屋生活了。

（二）传统村落消亡原因分析

1. 传统区位优势不再。通过田野考察我们发现，这些传统村落之所以能够形成与兴盛，其原因无外乎两个：一是当地自然条件优越，生产生活条件良好。例如涪陵区青羊镇安镇村，地处丘陵，地势平坦，在 9 平方公里的地域内，耕地面积达到 3260 亩，稻田面积 2622 亩，土地肥沃，适宜生产。二是交通区位优势明显。在 16 个传统村落中，有 9 个是当时的水陆码头与区域贸易集散中心，其中靠近大江大河的村落有 6 个，另外 3 个分属于古驿道交通要道与货物集散旱码头。而随着社会发展，主要交通运输工具与运输方式的改变，这些地方不再具有明显的区位优势从而导致村落发展陷入困境。

2. 农民生产生活方式发生改变。在传统农耕社会里，土地是农民收入的主要来源之一，而在当今社会，由于土地种植收益太低，平丰村李主任

泸州市古蔺县太平镇平丰村民居（二）

泸州市泸县兆雅镇新溪村民居（三）

告诉我们，在平丰村种植一亩玉米，产量一般是700—800斤，最多的也不会超过1200斤，扣除种植的前期投入，日均只数十元收入，而随着农民就业渠道增加，外出务工的收入要远远大于土地种植的收入，主要收入来源的改变导致了农民生产生活方式的改变，经济方面的压力、传统建筑的保护与农民改善自身住房条件的需求等等方方面面的矛盾导致了人口的流动与迁徙，村落建设空心化等问题的出现，加剧了传统村落的消亡。

## 二、传统村落再生长的可能

### （一）传统村落再生长正在发生

1. 传统农耕文明正在向现代农业转变。在我们所接触的村领导中，很多村主任都提到了一个发展的思路，那就是利用旅游来带动本村的农业产业的发展，强调农业发展的产业化方向。秀山县梅江镇民族村的石书记就曾经向笔者描述了本村的果园、旅游、养殖、加工等产业化发展的构想。如果他们的构想能够实现，农民将再一次回归土地与乡村。

2. 农村乡土社交关系正在重构。由于土地对农民的束缚作用减少，人口流动与迁徙速度加快，传统农村基于地域的社交网络开始解体，同时，基于宗族与血缘的族群社交网络开始重建，表现最明显的当属各地民间祠堂的重建与祭祖活动的开展。在兆雅镇新溪村，杨家林先生向我们介绍了杨氏一族从 2003 年开始的清明祭祖的具体情况，而在古蔺县太平镇平丰村，李声学主任告诉我们，虽然李氏还没有修建自己的家祠，但是他已经多次呼吁族人赴外地祭祖，这种基于血缘的乡土关系的重构，是对地域社交网络开始瓦解的一次被动回应，它保证了乡村社会的凝聚力与稳定性。

### （二）传统村落再生长需要引导

虽然传统村落的“再生长”正在发生，但是这种“再生长”是无序的、散乱的，是农民自身为了适应社会发展而做出的对自身生产生活方式的一种无意识的调整与改变，对这些改变政府与社会要加强引导。

1. 扶持农业产业化发展，构建适应现代社会的新型农耕文化。说到底，传统村落的发展离不开土地，离不开土地上的人，而传统的农业种植与发展方式是不能够适应当今社会发展的，农业产业化的发展是促进传统农业转型、构建新型农耕文化的一个有益尝试，但是农业产业化是一个系统工程，农民的产业化生产仅仅是其中的一个环节，它还牵扯到社会的方方面面，需要政府的参与与扶持。

2. 在交通网络的规划与建设中，对有重大历史文化价值的传统村落要加以保护与政策倾斜。交通区位优势是许多传统村落兴起与繁荣的主要原因，也是它们衰败与消亡的主要推手。在交通网络的规划与建设中，要适

泸州市古蔺县太平镇平丰村老街

当考虑传统村落的区位特点，对有重大历史文化价值的传统村落，要保留甚至是加强其具有的区位优势，使得这些传统村落能够以活态形式传承。

3. 在田野考察中，农民意见颇多的是传统建筑的保护与自身居住需求之间的矛盾。在农村，对新修房屋规定是一户一宅，拆旧盖新，对传统建筑，国家的总体要求是要保护，想要拆除很难，这也在客观上导致了农村建设空心化的出现。因此，在传统村落建筑的保护中，一方面对有重大历史文化价值的建筑及街区要加强保护与修缮，同时要加强研究，改良传统建筑建造材料、技术与建筑格局，使之与现代生活相适应。另一方面，在不破坏整体建筑风格与当地文化风貌的前提下，允许使用现代新材料与新技术建造房屋。

4. 对当地特色的历史、民俗、文化等要加强保护与传承。如果说建筑是凝固的历史，那么在传统村落中保存的具有当地特色的历史、文化、民俗等就是其中最出彩的内容。以祠堂祭祖为代表的宗祠文化，以土地、山神为代表的原始崇拜与祭祀文化，以及各地各具特色的戏曲、民俗等，都是最值得珍视的，因为它们是我们民族文化的根。对这些，要加强保护与传承。

# 远方的“家”

## ——酉阳县苍岭镇石泉苗寨考察札记

龙明盛

传统村庄会消亡吗？在社会现代化转型的今天，传统村庄存在的意义与价值何在？这是我在考察了四个村子的现状后常常思考的一个问题。在石泉苗寨，似乎找到了一点答案。在这里，我并不担心它的消亡。

酉阳县苍岭镇大河口村石泉苗寨民居

酉阳县苍岭镇大河口村石泉苗寨民居群

截止到2014年，从这里走出了2个博士，8个硕士，61个学士；在今年的高考中，参考考生13人，二本及以上线12人。这是村中石邦玉老先生提供给我们的数据。与此形成鲜明对比的是，整个村寨分上中下三寨，共108户，总人口524人，这个村子地理位置偏僻，可耕地不多，生存困难。是什么原因使得这里显得如此的与众不同呢？带着这样的疑问，我们开始了此次的考察。

这个村子形成的历史并不算悠久，明朝末年石氏先祖石才燧由江西迁徙至此处。在数百年的繁衍生息中，石氏家族形成了"耕读为本，忠孝传家，忠厚做人"的家训。而石氏族人大多能恪守家训，忠孝传家，忠厚做人，在访谈中，石老先生给我们讲述了族中影响最大的"孝子剜肉伺母"的故事。大意是说在清朝光绪年间，有祖公石永禄，娶一周姓祖婆为妻，生两子。祖婆27岁时，祖公去世，祖婆独自一人照顾公婆与两个幼子，对公婆非常孝敬，在村中广受赞誉。至周氏祖婆47岁时，生病在床，不能自理，眼睛也逐渐看不见东西。两兄弟散尽家财，聘请名师，也未

酉阳县苍岭镇大河口村石泉苗寨的石邦玉先生介绍圣旨碑

能使祖婆病情有所好转。某日，祖婆想吃肉，弟弟石合昌对母亲说：“妈妈，我去给你买。”然而此时兄弟俩再也没钱买肉了，于是弟弟拿起平时割漆的漆刀，从自己的手臂上剜了一块肉侍奉母亲。不久，母亲病情逐渐好转，十余年后才去世。此事在村中尚有圣旨碑可资佐证。在这样的背景下，整个村寨民风谆朴，人才辈出。在有清一代，曾经出过举人一人，秀才三人，其他饱读诗书而被周边聘请为人塾师者，不计其数。

与其他的传统村落一样，今天的石泉苗寨空心化也是非常的严重。村庄中常住人口只有 150 人左右，其中六七十岁的老人占了大半。在春节期间和寒食节的前后十天，家家都会归来祭祖，跪拜先人，打扫坟茔，在祭祀场所给后辈们宣讲祖先的往事。在平时，也会不定期地举行祭祖的仪式，组织族人远赴黔江的两河、酉阳的达沙、河南的祁县等地方去祭拜先人。

通过这样一些活动，把先人勤耕苦读、忠孝传家的家风传承了下来。在石泉，孝敬父母的人很多。还有一个值得关注的现象是：石泉出去打工的人虽然多，但多半是以陪读的形式出去的，一旦孩子考上大学了，他们很可能又会回来。在留守儿童的管教中，爷爷奶奶并不会溺爱孙儿，如果自己管不了，父母亲必定会回来一人管教。而对于在外出生的第二代和第三代石泉人，虽然他们大多只是在节日期间才回乡数日，但是通过参加上述的一些仪式和长辈们宣讲先人的历史，使这些长在外地的孩子对石泉这个地方的认同感大大增强。有一些第二代的孩子还表达了自己退休后要返乡定居的意愿。近年来，开始出现了一些公职单位退休人员返乡的情况。

在这里，我很直观地体会到了村庄作为中国传统文化精神的物质载体

酉阳县苍岭镇大河口村石泉苗寨民居

队员与石邦玉老师合影

这一事实。有一些文化精神，不在一定的情境里，是很难体会的。比如说，慎终追远，只有站在先祖的坟茔前，才可以让人有一种淡淡的忧伤。人员可以流动，世界那么大，每个人都应该出去看看，可是，自己的根，却是不能丢的。看了石泉后，觉得中国的乡村永远不会消亡。

# 村落中国

## 中国大学生田野考察札记

下

胡彬彬　刘灿姣　主编
吴　灿　邓　昶　副主编

人民出版社

# 目　录

## 第一篇　江西地区



## 第二篇　湖南地区

## 第三篇　湖北地区

## 第四篇 江浙地区

# 第一篇　江西地区

# 红色革命与传统村落：基于江西吉安市传统村落的考察

黄彦弘　李　峰　王晶晶　金　令

在吉安市青原区，我们对文陂镇和富田镇的五个传统村落进行了考察，在五个传统村落中我们都发现了红军遗址及系列的宣传语录。因而，这些村落既是千年古村同时又都是“红色古村”。近70年来，红色革命对千年古村产生了深刻的影响。

在实地调研中，我们发现，这些村落，不仅规模大，而且，村中曾有不少财主，比如渼陂村，当年就有四大家族之说，财富非常丰厚。在陂下村，村主任告诉我们，他们村里很多有钱人，他自己祖上就非常富有。他告诉我们，家族中有没有钱，只要一看祠堂就可以很清楚地体现出来。因为富有的人，建立的祠堂相对比较精致。可见，红军当年之所以选择这些大村落定居，原因非常清楚——没有充足的粮食，怎么闹革命。

我们行走在这些古村落中，有一个很深的体会，这些村落都很大，一般都超过了一平方公里，村内街巷纵横交错，如果没有当地人的带领，我们很容易迷失方向，在村落中几乎很难走出来。而且，村民告诉我们，先前这些街巷都安装了门，一旦发现有贼进村，只要知道在哪一条街巷，把门一关，贼是不可能逃出去的。这样的街巷，对红军来说，不失为一种有

渼陂村——“二七会议”旧址——外厅

利的地形，一旦发生交战，完全可以利用街巷的纵横交错来和敌军迂回作战。在这种复杂的地形中，熟悉地形的一方当然处于绝对优势。在陂下村，村主任指着一面墙告诉我们，墙上的洞，就是当年会战时留下的弹孔。可知，当年红军与敌军在村中确实有过激战。

这些大村落，面积既大，建筑也多，尤其是祠堂，作为村中的公共地，不常住人，这就为红军提供了空间。我们发现，红军当年的会议大多在祠堂召开，开办的学校也是在祠堂中，医院也是建在寺院或祠堂中。我们在陂下村发现，在村落的中心地带，居然建有十多座祠堂，这些祠堂集中在一起，为红军集中办事提供了方便。毛主席当年开办的学校就在这些祠堂中。

正是因为这些大村落，为红军的发展发挥了至关重要的作用。可以说，没有这些大村落的接纳与收容，红军的发展就会受到很大程度的制约。

当然，红军的到来不仅改变了村民的观念，而且还让一大批有志之士投身行伍，造就了一大批优秀的军事人才，荣耀故里。比如，渼陂村出身的梁兴初将军就是个典型，他早年是个铁匠，受红军的影响，他参加了红军部队，后来，梁兴初成为中国人民解放军的高级将领。还有其他的，诸如梁必业将军等人。正是因为跟着共产党闹革命，使他们名满天下。从这个角度说，红色革命确实为村落培育了人才。

红军进行土地革命，实施“土地法”，从根本上改变了村落的结构。先前，土地高度集中在地主手中，主仆制度明显，地位不平等。1930年，共产党的“二七会议”后，红军实施土地法，不论男女老幼都可以分到土

渼陂村——“二七会议”旧址

地，让村里绝大部分没有土地的农民拥有了自己的土地。这是一个至关重要的会议，老百姓欢欣鼓舞、拍手称快，但是对于土豪劣绅来说，这是致命的。在陂下村，村主任告诉我们，当年村里的部分有钱人携款去了台湾，一去不返。

我们从南昌一路走来，发现传统村落的破坏相当严重。但是，当我们来到吉安的青原区，发现从目前的五个村落来看，基本上都保存完好。尤其是渼陂村，是我们所见过的古村落中相对最为完整的一个。同样是江西，为什么会有这么大的不同？我们认为，红色革命应该是其中的一个重

匡家村——富田区委旧址

陂下村——宗祠

要因素。尽管我们在调研时，村民认为，他们的村落也遭到了严重的损坏，但是我们发现，他们所说的严重破坏，其实基本都集中在某些部位上，比如，砸坏一块匾额、撕坏一副对联等。村民说，在“文革”的时候，他们要想保住某个字、某块匾额，只要在上面写个“毛主席”，外人一般都不敢动。因为他们有这个底气，在外人看来，说不准就是毛主席题写的，当然不敢动。可以说，红色革命几乎成为古村落的护身符。可以说，红色革命的历史客观上保护了村落。

在早期，村落成为红军的根据地，为红色革命提供了强有力的支持，如今，红色革命的历史为这些千年古村增加了色彩，很多成为村落中著名的景点。比如，在渼陂村，著名的“二七会议”就曾在这里召开，旧址现在还在。1930 年前后，毛泽东、朱德、彭德怀、黄公略、曾山等革命领袖都曾在该村领导革命，他们的故居都保存完好。村里更有系列的红色革命标语，如“读毛主席的书，听共产党的话”“彻底实行土地革命”“配合红军消灭白匪”等。可以说，渼陂村是该时期共产党的活的博物馆。在陂下村，也有毛主席的旧居、毛主席开办的学校、会议旧址等，这些红色旧居、遗址、标语等，对于这些古村来说，无疑是一笔很大的财富。如今，这些红色革命已经融入村民的生活中，成为古村落中不可分割的文化现象，同时，也是该村中最耀眼的景点，往往深受游客喜欢。

如今，这些千年村落，都已经慢慢地衰落了。我们在调研中发现，作为革命老区，村民充满了期待。如何保护村落，如何发展这些村落，成为村民极为期待的焦点。我们与村委会座谈，很多村委会对此倍感压力。一方面资金不足；另一方面技术要求极高，这些都是困扰地方政府的关键所在。

# 婺源人的徽州情结：以虹关村为例

李　峰　黄彦弘　王晶晶　金　令

我们在婺源的田野调查进行了一周的时间，感触颇多。大家都知道婺源原本属于徽州，新中国成立后划到江西省行政区，至今已有 60 余年。而现如今在婺源，仍然能感觉到他们身上那念念不忘的徽州情结。那么它的具体表现有哪些呢？

虹关村——继志堂

虹关村——木雕—琴棋

一、返皖运动。自古以来婺源就是徽州六县中的“龙头”，是徽派文化的集中代表，大名鼎鼎的理学家朱熹就出生于此，由此可见婺源在徽州或者徽派文化中的地位。然而，20 世纪 30 年代，当时的国民政府出于“剿共”的需要，强行把婺源县划入江西省内。对于这种文化传统上的割断，当地人很难接受，于是当地的民众与乡绅、民间社团、在外的婺源籍人士纷纷以上书、游行、散发传单、抗议等方式来表示自己的不满。长达十数年的婺人返皖运动开始，并最终取得“胜利”。新中国成立后，由于当时的特殊情况，婺源被再度划入江西，并延续至今。

二、高度统一的建筑形式。虽然现在婺源隶属于江西省，但是我们坐车一过三清山，就发现婺源的房屋建筑明显不同于江西其他地方。在对婺源进行了较详细的田野调查之后，就更加证实了这一点。不管是婺源的古建筑，还是现代建筑，可以说和徽派建筑一模一样。比如在老宅子里，不管是民居、官宅、商宅等，都是深墙大院，都有天井、明堂、精美的三雕、青瓦白墙、马头墙等建筑形式。而在现代建筑中，只要在婺源县内，不论是经济较为发达的城镇，还是偏僻遥远落后的农村，基本全部都保持了青瓦白墙、马头墙的建筑形式。这种高度整齐划一的徽派建筑格局是在江西其他地方根本看不到的。

三、传统技艺之徽墨。安徽地区以盛产文房四宝而享誉中外，徽墨就是其中的典型代表之一，而徽墨最重要的产地之一就是婺源。时至今日，徽墨在这一地带还在生产。我们在与虹关村中唯一一个生产徽墨的年轻人交流时，他随便就可以说出关于婺源徽墨的古文记载，尤其是清朝盛行于二十三行省的辉煌记载让他久久不能释怀。他的父亲更是很激动地说以前他们祖上和这个村子里面的人都是做徽墨的，而且规模很大，产品销售到全国各地。他又很无奈地说现在村里其他人都不做了，只有他们一家在做。他说他们不想丢掉老祖宗的手艺。

四、相似的语言、生活习惯。此次，我们调查的小组中有一个来自安徽的组员，她在婺源农村进行调查时，就发现当地人的土话她是可以听懂一部分的。有一次在做调查时，她无意间听懂了老人的土话，老人在得知

虹关村——木雕工艺

虹关村——竹丝笔

她是安徽人后就显得很激动。我们在婺源调查的几天中，吃的糊菜和粉蒸菜比较多，当地人说这只是他们这边的特色，江西其他地方没有。在询问过安徽籍组员之后，才得知她们那边也有这样的吃法。60 余年过去了，很多东西都物是人非了，而婺源人还基本上保持着他们原有的生活习惯。

五、只言片语。我们在婺源进行问卷调查或者访谈时，不论对方是农民、村委会干部、退休教师、旅游公司负责人等，在进行有关于当地历史与文化的访谈时，他们大多都会说一句一样的话："我们原来是属于徽州府的"，"我们原来是安徽的"。不经意间透露出了心理上的文化认同。还有就是在问及有关他们的地方特色时，比如说到他们喜欢的糊菜、粉蒸菜时，他们就会着急的补一句："我们这边是这样的，其他地方和我们不一样"。他们很少用"江西人"或者"我们江西"这样的主语来称呼自己。只言片语也显示了他们并不真正认可自己江西主人翁的身份。

那么产生这种现状的因素有哪些呢？

首先，自古以来婺源就是徽州府的一部分，文化同源，地理相连，几千年的历史融合和教化，早已使他们融为一体。同时，由于朱子出生于婺源，那么婺源自然就是理学文化的重镇，甚至可以说就是理学文化的代表。安徽人自然不希望婺源划入江西境内，因为他们非常看重婺源所代表的理学文化。这些从历史中胡适对于返皖运动的支持与帮助就可以看出。而且，虹关村旅游负责人也表示现在黄山市也希望能将婺源划入境内。二者结合，使得婺源人念念不忘徽州情。

其次，婺源处地多山田少，交通不便，工业发展缓慢。因地制宜，为了促进当地的经济发展，提高人民收入，婺源当地政府大力发展与扶持旅游业；而旅游业主打徽州文化和自然风景。根据我们在婺源的调查得知，婺源现在正在努力打造中国最美乡村。这样一来，就只能尽最大可能保持和恢复徽州文化。而作为其重要组成部分的徽派建筑，就必须尽可能保持原样，来吸引游客、发展旅游、增加收入。所以，也就不难理解为什么在婺源可以见到那么高度整齐划一的徽派建筑格局了。

再次，徽墨在中国历史上早已享有盛名，而作为江西行政区一部分的婺源如果一直坚持打造徽墨的品牌，就可能会让上级政府处于尴尬的境地。徽墨，顾名思义，就是安徽的墨嘛。如果不坚持徽墨牌子，打造婺源品牌，就割断了与徽墨的历史联系，没有徽墨的名气，便失去了竞争优势，很难打开市场。所以，加上之前的历史文化联系，制作徽墨的婺源人就有着更加浓厚的徽州情结。

最后，婺源地处江西上饶最北部，毗邻安徽黄山市。而且境内多山，在古代，三清山更是阻挡了其与江西其他县市的交流。而现在从婺源开车到安徽黄山的时间要比到上饶少，南昌就更不用说了。而且虹关村中的人大多都在浙江、江苏一带打工，到南昌的少之又少。这样一来，他们若选择更短的交通路线，就必经安徽黄山等县市，现代的交通使得他们又相对紧密地联结在一起。可能实质上，从婺源去安徽黄山的人比去上饶的人多。就如我们调查的虹关村村民，就有一两个之前在黄山打过工。

总而言之，权力与文化相冲突时，权力可能会出于某种当时客观形势的需要将文化相联系的区域划入不同的行政区，但是这种划分只是表面的，它并不能真正割断彼此之间的文化联系。文化这种东西可能并不是直观的、显性的，但是它的影响却是极其深远的，并不是权力所能驾驭与主导的。婺源虹关村人的徽州情结便是最好的例证。

# 传统村落旅游开发的反思：以江湾村、李坑村、渼陂村为例

李　峰　黄彦弘　王晶晶　金　令

传统村落因为其独特的人文环境和自然环境，被旅游团体所看重。因而在现当下的中国乡村旅游是方兴未艾，不可否认的是乡村旅游确实提高了村民的收入，使得传统村落文化得到一定复兴。但是，随之而来的问题也不容忽视。

一、激化村民内部矛盾。在村落未被旅游开发之前，由于村民都集中生活在固定的区域，时间一长，不可避免地会有一点儿小摩擦，但是这些摩擦大多是生活中的细节问题。例如你家的牛、羊可能无意间吃了我家的庄稼，或者你家的脏水流到了我家门口等等诸如此类。尽管大家会有小摩擦，但是并不会从根本上去影响他们之间的关系，彼此之间还是能和睦相处的。但是，在江湾村，这些在旅游开发以后发生了根本的变化。来乡村旅游的人多了，村民就能在自己家门口开店做生意，这自然是好事儿，可是矛盾的集中点就在于并不是每家的房子都是临街的。那么这样一来，自然有的人家就不能开店做生意，最终收入就没有开店的人家多。都是一个村子里面来旅游的，因为收入的悬殊，就加深了村民之间的嫌隙。我们在江湾村调查时，就有做保安、清洁工的村民说自己并没有因为旅游开发有

江湾村

很大收益，而且这类人群大多对旅游开发持冷漠态度。

二、生活压力变大。以一般的思维模式来看，都认为旅游开发会给村民增加收入，其差异只是在于村民个体之间的多少而已。然而，在婺源的江湾村，事实却不是这样的。旅游只是让江湾村的部分村民提高了收入，有很多村民反而成为江湾村旅游开发的直接受害者。我们在江湾村调查时，根据村民反映的情况来看，主要是由于旅游开发导致外来人员增多，随之提高了当地的物价水平，远远高于县城和黄山市区的物价。如过年时一斤豆芽可以卖到 6 元左右、一斤青菜可以卖到 17 元左右，是县城同类物品价格的两倍有余。但是他们的收入并没有相应的增加，如一个保安的月工资约为 1200 元左右。他们虽然生活在乡村，可是其消费水平却与城市相当，使得当地人的生活压力变大。

三、对于古村落保护的冷漠。不论是村落内的传统民居还是传统的公共设施，都属于村民所有。那么，如果这些传统建筑有所破坏，村民肯定有义务而且也愿意对其进行维修。事实却与此相反，因为村民在村落旅游开发中的分红很少，如李坑村一年一人有2000元左右，江湾村有300元左右，而渼陂村每人只有20元左右，这与旅游公司一年几百万、几千万元的收入是极不成比例的。作为村落主体的村民感觉并没有得到与其在村落中地位相符的分红，心里对旅游公司充满不满，但是，往往他们对此又不能去做一些实质性的改变。心里的不平衡和其自身素质的束缚，使得他们丧失了对于古村落保护的热情。如在李坑村就可以看到很多老房子年久失修，摇摇欲坠，纵有户主，也未对其进行修缮。村民或索性拆除老房子，大批的新房子如雨后春笋般拔地而起。

四、民风的转变。传统村落大多处于偏僻遥远的山区，交通不便，且与外界交流少。过着慢悠悠的田野生活，粮食、蔬菜大多取自于自家的田地。市场经济对其影响有限，村民之间友爱相处，也非常注重自身的道德修养。但在旅游开发之后，由于受到市场经济的不良影响，民风由重义转变为重利。最能证明问题的例子就是江湾村和渼陂村，江湾村是一个被旅游过度开发的传统村落，渼陂村基本上处于没有被开发的境地。我们一行

江湾村——祠堂

江湾村——牌坊

在江湾村调查时，不论是搭便车还是寻求熟悉当地风土人情的村民，其开口大多是："你给我多少钱啊?"说实话，听到这样的话，我们往往内心滋味很不好受，因为在我们的心目中农民是朴实的象征。但与此形成鲜明对比的是渼陂村，它基本处于没有被开发的状态。我们一行来到渼陂村时，天色已晚，人生地不熟的我们费了很多周折才在村内找到投宿的地方。让我们感动的是，老板见此情景（当时村内饭店极少）免费为我们煮了满满两大碗的粉面。同时，在渼陂村一个老者家中做访谈时天气非常炎热，老者见此情景，从冰箱里拿了两瓶冰冻矿泉水给我们，而且坚决不收钱，并不断地说这是他们当地待人的礼俗。一前一后，鲜明的对比，引起我们的诸多感慨。为什么有这么大的差别？旅游开发是原因之一。

五、传统建筑。传统建筑是村落中最为显而易见的分子，是村落文化的重要载体。传统建筑之于村落，犹如孔子之于中国。其重要性不言自明。然而，在旅游过度开发的江湾村，传统建筑基本已没有，取而代之的是充满现代元素的商店、旅馆、超市等，可以说在这里你所能享受的和城市几乎无异。而在渼陂村，村内祠堂、民居、官宅、戏台、古街、古井、牌坊不仅有保存，而且数量浩大，成片集中。这是在渼陂村以外其他村落所少有的。

那么是不是旅游开发就必定会导致这样的结局呢？其实关键要看我们怎么做。怎么办呢？我们认为可以从以下几个方面考虑：第一，对于村落的旅游开发，一般来讲需要政府、旅游公司、村民三者之间的密切合作。不论是地方政府的不作为，还是旅游公司的无序开发、村民的不配合，其

江湾村——现代民居

江湾村——远景

问题往往都聚焦于利益分配不均等。不仅要注意这三者之间的平衡，同时也要注意村民内部之间的利益分配平衡，防止两极分化。第二，乡村旅游开发时，政府一定要发挥主导作用，不能任由旅游公司为了追求经济利益而无序开发，甚至面目全非地改变传统村落的面貌。以渼陂村为例，始终以保护第一、开发第二作为村落开发的宗旨。

# 祖宗信仰：以陂下村、匡家村、渼陂村为例

李　峰　黄彦弘　王晶晶　金　令

今天，我们一行在吉安市青原区富田镇陂村进行田野调查，陂村总体来说，保存现状较好，传统建筑基本成片且规模大，但是这边的旅游业并不是很发达。但是，在陂村有一个很明显的特征就是，此地祠堂数量多（现存有30余座），且集中分布，有时几个祠堂相连成一片儿。祠堂，供奉祭祀祖宗的场所，是一个家族香火延续的历史载体。它所传达的是后人对于先人的缅怀和尊重，即对祖宗的一种信仰。我们发现，尽管今天的中国社会大背景已经不同于古代社会，然而对于祖宗的信仰在陂下村、匡家村、渼陂村还是有相当基础的。具体集中于以下几方面。

一、对祖训的严格遵守。"形家云：树林乃山之皮毛，觇共荣枯，可验气运之盛衰。况居风水所关者，可轻相斩伐乎？我族江北松洲上届及石桥下，则环周江渎其间先人所培植松竹等树，几经岁月始至干霄蔽日，正藉以补此北向空隙，及抵大舍一段艮风。匪独为宗祠所关系又为一族居址所凭依。昔建书院于其他者，使子弟肄业其中，朝夕出入，仆欲剽窃者，亦知恐惧而不敢犯也。至如善乐堂之中洲与少傅及祠后新置崇仙寺右园土十三处所植树木又关我祠后托，故自松洲而下相连一带，树林大而合抱，

陂下村——翰林第——梁氏宗祠

小而拱把，以及一枝一叶咸宜严切禁长。若各房先世坟茔恋林各当保护”。这是匡家村祖训十二则中的最后一则。祖训从最初的制定到现在早已有几百年的历史了，我们认为它可能已经仅仅只是存留在族谱的某个鲜为人知的角落里了。事实却是匡家村周围山峰上的樟树不仅多，且很粗壮，基本上房前屋后、村里村外、山上山下连成完整的一片。原因就在于村民对于祖训的严格遵守，使得这些生长在龙脉上的樟树得以逃脱作为木材的命运和避过了历史上的各种运动（如“文革”），得以完整地保留至今。在与匡家村村支书的交谈中得知，即便是现在，村民还是非常严格地遵守祖训，不动龙脉上樟树的一枝一叶。由此可见，匡家村村民对于其不动龙脉樟树的祖训是发自内心的一种尊重。

二、红石头、斜门。我们在调查时，发觉不论在陂下村，还是匡家村、渼陂村等村落，在这些村落祠堂的大门处经常用红色的石头作为石柱和石狮的原材料，红色看上去色彩鲜烈，是吉庆好运的象征。还有诸如有村民住在祠堂附近，其房屋在修建时大门不能直对祠堂，大门应以适度倾斜修建，否则视为对祖宗的不敬。不论是红石头还是斜门，它们的表现形式有千万种，但是其本质都是一样的，即对祖宗的信仰与尊崇。

三、娶亲、重大节日。祠堂作为宗族的象征，其在村民的日常生活中扮演着重要的角色。如在某些村庄，当村内有小伙子娶媳妇时，过了门的新媳妇就必须到祠堂内去拜祖，即从文化的层面来讲真正成了这家人的一分子。另外，有些村子，孩子满月或者过百天，就会在自家内的宗祠举办酒宴宴请亲朋好友。在重大节日，如有舞龙、舞狮等民俗时，祠堂往往是必经之地。其中最为隆重的莫过于全族人（少者几百人，多者上千人）一年一度的祭祖活动，大家相聚一起，共同缅怀先人。尽管现代的生活方式节奏很快，但人们还是尽可能地来祭拜自己的祖宗。

四、修缮、重建宗祠。在陂下村、匡家村的古村落保护与开发中，我们注意到一个共性，那就是他们都非常重视自己的祠堂。据匡书记介绍，对于祠堂的维护，往往是尽最大可能修旧如旧，保持原来的面貌，只是将其中丧失作用的零部件替换，不做根本的改变。对于那些已经破坏十分严

陂下村——轩公祠

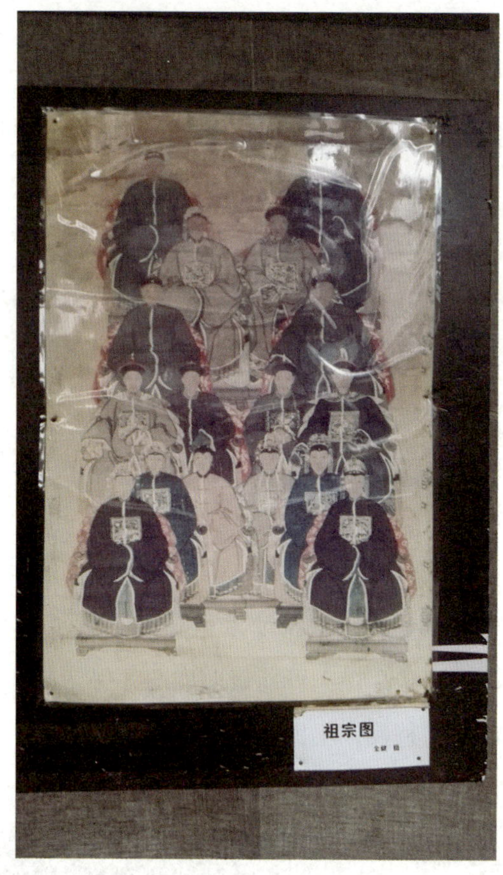


陂下村——祖宗图

重或者只有遗址的祠堂，就在其遗址上用现代材料仍然严格地按照原来的格局进行重建。古时，由于祠堂在族人心目中的崇高地位，因而其建筑大多规模不小。对于它们的维修，离不开政府的资金支持，同时亦不能没有村民的理解与支持。我们注意到一些祠堂在重建时，往往都会有族人的捐款（大多数是自愿的）。村内修旧如旧的老祠堂和修饰一新的新祠堂，都显示了村民对于自己祖宗的认同和归属。那么为什么会这样呢？

一方面，祖训有理，符合事实。祖训上讲到龙脉上的樟树关系到此族的盛衰是有一定道理的。我们不从阴阳风水的角度来看待这个问题，而从生态的视角来看，保护周围的樟树，可以涵养水源、净化空气、保持水土，使当地成为一个易居的场所，自然适合本族的繁衍。否则，随意砍伐，造成水土流失、水文变化等现象的发生，使得本族在此地很难立足繁衍。族人千百年来因遵守祖训而收益，所以至今村民仍然在严格遵循。

另一方面，几千年的孔子教化，使得包括孝道在内的儒家文化深刻影响着中国人的生产生活。不论是考取功名，还是日常的家庭教育等等，都非常突出孝道。孝道，自然有对祖宗的尊敬和信仰。因而在红事、重要节庆日时，都会在祠堂进行。一者以示对祖宗的尊敬；一者告诉乡里，互相分享。

# 村落中的外姓：以渼陂村为例

黄彦弘　李　峰　王晶晶　金　令

在我们所调研的古村落中，一个村落里往往就只有一个姓氏。比如，在渼陂村，村支书说，他们村全都姓梁，偌大的一个村落，近3000人全是一个姓氏，是由一个宗祖繁衍而来，颇为壮观。实际上，我们和其他村民交谈时得知，还有一个外姓居住在村里。在匡家村，村支书也说他们也全都姓匡。不过，在我们追问之下，他们终于说出了实情，还有一家是外姓。哪怕是渼陂村和匡家村这样传承了千年的古村，实际上，目前也还是有极少数的几个他姓居住者。他们所说的全是一个姓氏，其实也是有根据的，只是应该追溯到新中国成立之前他们的祖上之际。匡家村的村支书很自信地告诉我们，他们的族谱上可以查找，到目前还只有一户外姓。

一、外姓的来由。像渼陂村和匡家村这样强大的独姓村，居然还有外姓，我们很好奇，这些外姓是如何融进来的？据我们调查发现，实际上，靠他们自身的力量，根本不可能进村落户。基本上都是在新中国成立后，由于政治权力的强势推行，外姓才有机会落户村中。比如，在李坑村，全村本来都是李姓，我们请到的导游李老汉，听他的言语中就能体会到，“我们李坑”的频率很高，给人的感觉底气很足，似乎这村就是他们家的。

渼陂村——敬德书院

在提及其他外姓时，他用很轻蔑的语气说："他们先前都是为我们祖上做事的"，也就是长工，是李家的仆人。新中国成立后，他们被安排在李坑。恰好我们在李坑村碰到另外一个陈姓村民，他的言谈明显低调许多，很少谈及他们的祖先。不难看出，外姓的成分由原来的长工和仆人组成。在渼陂村，村支书在描述隔壁村时，说它很小，才不到 100 人。我们很疑惑，在渼陂村这么大的村落旁，为什么会有这么小的村落呢？有没有一种可能，这个小村落中的人，原来都是你们祖上的仆人？他很惊叹我们的看法，说道，新中国成立前，那里原来就是他们梁家安排仆人居住的地方，新中国成立后，那里的人也就成了一个小村。其他村落的外姓，基本上都是如此。新中国成立前，外姓要进入村落，几乎不大可能。有些村落有多个姓，主要因为有些姓氏的人数虽少，但和主要姓氏一样历史悠久。比如陂下村，罗姓的人口虽然远不如胡姓，但他们的历史和胡姓一样长远。

二、外姓的地位。即使当前，外姓的地位在村里都不算高。比如，李坑村的李老汉，对李家之外的外姓有一种很强的排斥感。和陂下村的一位

渼陂村——小祠堂

老太闲聊，从她的言辞中，我们也能感觉出她对村里唯一的外姓不屑一顾。我们在村里观赏，没有看到主姓之外的其他一个姓氏建有祠堂。祠堂是一个家族的象征，没有祠堂，说明其家族在新中国成立之前没有任何势力。这也从侧面证明，外姓在新中国成立前应该没有在村里落户，之所以有外姓，都是外来的长工、佃户等。这些人在当时的地主家看来，他们是不属于本村的人，尽管他们一辈子甚至几辈子都在那个村里做帮工。

三、外姓的隐患。在这种大宗大族的村落中，外姓明显是弱势群体。他们在村里，几乎没有发言权，势单力薄，发展的空间严重受到限制。和外姓的交流中，我们发现，他们有难言之隐。外姓张氏说，小孩之间的吵架，看起来很小，但是，对方时不时地会用一些侮辱性的言辞来辱骂，往往涉及家庭甚至家族，他们只能忍气吞声。又如，在婚姻上，他们娶儿媳的压力明显比其他家庭要大得多，因为是外姓，势单力薄，他们一般愿意把女儿嫁到外地。在我们所调研的张家，上一辈两兄弟，一个未娶；下一辈，一男一女，儿子已经在外买房娶亲，女儿外嫁，很明显，若干年后，这里将不再是他们的家。对于外姓张氏来说，这样的结局，虽然有些失落，却不失为一种可取之道。

四、外姓被排挤的原因。从上可知，在这些传统村落中，本来都是独姓村，数百年甚至千年来都没有外姓人能够入住。尽管村里有外姓，但都是帮工，是绝对的外人。这种观念，历史渊源非常深厚，靠权力手段强行推进，但它是否合理，尚需要时间检验。

其次，一个家族数百年定居于此，形成了一个强大的宗族。这样的宗族具有强大的亲和力和凝聚力，这种力量越强，也就越排外，外姓人不可能进入这样的宗族，明显会被边缘化。

另外，一个村落，本来人口众多，但土地有限，要养活固有的人口已属不易，所以，新中国成立前，外姓不可能拥有相应的土地。新中国成立后，即使同样拥有了部分土地，但是依然很难融入大家族的圈子。

陂村——宴堂祠

还有，新中国成立后，那些翻身做主的帮工，尤其是在“文革”时期，曾经对他们昔日的东家进行报复，在一定程度上，让他们之间的关系蒙上了阴影。我们在李坑村时就得知李老汉对外姓非常痛恨，因为在“文革”时期，他们李姓家族被那些翻身做主的帮工打击报复，使得他们李家受尽了磨难。要抹平这一缕伤痕，不容易。

外姓人如何在村里生存得更好，值得深思。

# 家训与信仰：基于富田镇传统村落的考察

黄彦弘　李　峰　王晶晶　金　令

在富田镇，我们考察了五个村庄，都是传统村落，其中有两个是国家级保护对象；有一个是省级；有两个虽然并没有这样的称号，但也是有数百年历史的古村。这五个村庄连成一片，其中就有名重天下的《正气歌》的作者、民族英雄文天祥的故乡——文家村。不管走进哪个村落，最显眼的莫过于大樟树。其实，是不是古村落，有时候根本不要打听，只要到村口看看，有着一棵或十数棵三五个人才能合抱过来的大树昂然矗立时，基本上可以确定是古村落了。这五个村落全是如此。信步走进村落，随便走近哪棵大樟树一看，少则三五百年，多则一千多年，令人叹为观止。有些村落，不仅标明樟树的年龄，甚至还有名字，比如夫妻树、迎客树、合欢树、锁钱树等。这些名字当然是今人的杰作，但明显寄托了今人对古树的情感。

为什么会有这么多的古树？为什么会保护得如此完好？为什么在“文革”时期没有被砍掉？一系列的疑惑呈现在我们的脑海里，但在实地调研中，我们发现，很多村民其实也说不出其中的缘由。基本上都认定，老祖宗留下的东西，不能随便损坏。村民是这样认为的，基本上也是这样执行

横坑村——济公祠

的。哪怕是今天，走在新建的马路上，也能意识到当地村民对古树的尊重。比如，我们行走在路上，本来是笔直的马路，突然改变了方向，原来是绕过了耸立在马路中间的古树，很明显，马路是为了给古树让路。

不难看出，在富田镇，不论是历史上还是当前，村民对古树都有一种情感。在匡家村，村支书匡书记对他们村的历史文化貌似有一定的了解，于是，我们抓住机会询问有关古树的故事。匡书记的话让我们茅塞顿开。

匡书记说，他们的祖先非常重视树木，在族谱上都有明确的记载。后来，他带我们游览他们匡家的总祠堂，恰好，我们在祠堂的墙壁上发现了他们的家训，共有十二则，其中，第十二则家训云："形家云：树林乃山之皮毛，觇共荣枯，可验气运之盛衰，况居风水所关者，可轻相斩伐乎？我族江北松洲上届及石桥下，则环周江渎其间先人所培植松竹等树，几经岁月始至干霄蔽日，正藉以补此北向空隙，及抵大舍一段艮风。匪独为宗祠所关系又为一族居址所凭依。昔建书院于其地者，使子弟肄业其中，朝夕出入，仆欲剽窃者，亦知恐惧而不敢犯者也。至如善乐堂之中洲与少傅及祠后新置崇仙寺右园土十三处所植树木又关我祠后托，故自松洲而下相连一带，树林大而合抱，小而拱把，以及一枝一叶咸宜严切禁长，若各房先世坟茔峦林各当保护……”

十二则家训中，居然有一则全是讲为什么要保护树木，在家训中是很少见的。从这一则家训中，可以看出匡家先祖们对树木非常崇敬，或许正是因为他们的祖先有这样的敬仰，很多古树到今天依然昂然矗立。

如家训所示，树木是非常神圣的，是有关气运的大事，不可随意砍伐，否则，不仅家运不好，而且，还可能会带来神灵的惩罚。匡书记告诉我们说，这种观念深入人心，即使在“文革”时期，也没人敢随意砍这些古树，因为这里的村民都知道，早年有人不相信这样的观念，砍伐了古树，很奇异的是，自此以后，他们那一家人生活的各方面都不怎么顺利。村民私下里都认为他家犯了大忌，不该砍古树。在村民的心目中，古树是很有灵气的，砍伐古树迟早会遭受神灵的惩罚。这种观念代代相传，至今，也没有人敢动古树的念头，在今天看来，或许认为这是迷信，没有科学依据，但是，没有一个人敢拿一家人的命运来做赌注。匡书记说，实际上，他们这里的樟树很香，方圆数百里的商人都知道，所以，经常有木商想要买这些古树，但是，没有一次如愿以偿的，村民不可能答应。对于村民来说，古树是神圣的，不得砍伐谋利，即使修路、建房等重大的决策，也要先考虑古树，不敢犯忌。所以，对村民来说，宁愿不赚钱，也不会轻易去砍伐古树。

另外，家训中指出，从风水学的角度来说，樟树的栽种可以弥补地势上的不足。不仅匡家的祖先们有这样的观念，我们在横坑村考察的时候，也遇到了同样的现象。对地方典故比较熟悉的、该村土生土长的钱老师站在他们村后的樟树下告诉我们，这两棵大樟树从风水学上来说十分重要。他转过身指着远方说，他们村后方很空旷，不符合风水学上所说的临水枕山的观念，他们的祖先意识到了这一点，因而，很早的时候在这里种了两

横坑村——族规之秉礼、存诚

棵大樟树，以便抵挡村后边的不足。所以，数百年来，这两棵大樟树被村民视为宝物，这在他们的族谱中有着明确的记载。正因为有这样的观念，恰如匡氏家训中所规范的那样，一枝一叶都禁止砍伐，人人都是监护者，客观上保护了大樟树。我们在江湾村时，发现后山郁郁葱葱、古树参天，村民告诉我们，他们村的人都把后山视为他们的龙脉，禁止任何人进山砍伐，这是他们的族规。可知，这样的家法族规无形中保护了古树，保护了环境。

无论是从风水还是气运上来说，都是比较神秘的，似乎都有一种超自然的力量存在，对村民来说，这便是一种代代相传的信仰。信仰是不容置疑的，是神圣的。在传统社会中，强制的家训管束又进一步强化了村民的观念，坚定了村民的信仰。

因为有信仰，才有了敬畏之心；因为有敬畏，才有所不敢为、不乱

横坑村——族规之正伦、起敬

为。大樟树在村民的观念中是神圣的，是不可随意侵犯的，更不能随意砍伐。正是因为大家都有了这样的共同的信仰，客观上保护了村落中古老的大樟树。

无疑，古老的大樟树是古村落的见证者，与古村落一样，生生不息；然而，随着时间的推移，村民观念的转变，古村落正在慢慢地消失。幸运的是，与古村落共命运的大樟树却一直延续了下来。造成古村落与大樟树不同命运的缘由，或许我们可以列举出十数种，但我们认为，信仰是其中最重要的因素。

由上可知，因为有信仰，村民对古树有敬畏之心，不敢随意砍伐古树，然而，对于古村落，村民不仅缺乏敬畏之心，据我们考察所知，村民对村落的历史文化的了解几乎一片空白，哪怕是生活在国家级的历史文化名村中的村民。因为无知，所以才无畏；因为无知无畏，所以才无所不为、肆无忌惮。村民们可以一夜之间摧毁一座数百年的承载着明清文化的老房而无任何内疚；管理者也可以视而不见。

在一定程度上说，是否存有信仰与敬畏的内生力，或许成了古树与村落的存亡的分界线。

# 第二篇　湖南地区

# 古镇旅游开发的几种关系：以湘西凤凰古镇、德夯苗寨、山江苗寨为例

李　峰

古城、古镇、古村保护的目的是为了永续利用、传之后世，开发的核心在于传承和尊重优秀传统文化，并非单纯地追求经济效益。

自20世纪90年代以来，政府文件、媒体报道中古镇保护、旅游、开发等字样相继成为热词，古镇旅游项目在全国各地如火如荼地开展，古镇旅游成为我国公民的主要休闲方式之一。不可否认古镇旅游带动了地方经济的发展，但同时古镇旅游开发也隐藏着诸多问题。本文以湘西凤凰古镇、德夯苗寨、山江苗寨为例来探讨以下三种关系。

## 一、历史价值与经济效益的关系

各族人民在漫长的历史长河中留下了丰富多彩的文化遗产，都蕴藏着自身族群的文化密码。具有重要历史价值的古建筑是古镇旅游开发的物质基础，而地方特色浓厚的风俗习惯则是古镇旅游的灵魂。通过田野调查，我们发觉古镇旅游开发主要存在以下问题：一是半土半洋，参差不

传统工艺

齐，现代符号过多。凤凰古镇的古建筑破坏尤为严重，沱江两边基本都是采用现代工艺、材料建造的仿古建筑，且多是现代装饰的娱乐场所，以酒吧、KTV、烧烤摊等为主。二是地方特色缺乏。凤凰古镇和德夯苗寨都是苗族聚集的村寨，凤凰古镇主要是沿江而建，故多为吊脚楼；而位于坡地之上的德夯苗寨也采用吊脚楼，摒弃了原先传统的黄泥屋建筑样式。不论处于经济发达地带的凤凰古镇，还是位于交通闭塞的山江苗寨、德夯苗寨，商店内售卖的物品、博物馆内展演的民俗活动，几乎一模一样。

因此，在古镇旅游开发中必须平衡好经济效益和历史保护之间的关系。尊重历史传统，保护好古建筑，定期维修，减缓自然风化、老化速度。同时在修建新屋时，要尽可能保护好古镇古建筑的完整性。十里不同风，百里不同俗。虽然同为苗族，不同的环境、数百年的历史发展，使得苗寨一些风俗习惯略有差异。因而，要增强文化主体意识，既要坚守自身传统，又要与时俱进。

## 二、原住民与外来者的关系

原住民即指生于特定地方、长于特定地方的人，与此相对的概念则是外来者。本文中二者的关系主要为两方面：一是“大老板”与“小摊贩”。古镇中主要干道沿边、中心位置，黄金地段的商铺、饭店、旅馆、酒吧等的经营者，几乎都是来自福建、广东等沿海地区的外来者。而在简陋街巷、偏远地段移动性摆摊者都是原住民，其售卖物品也主要集中于腊肉、苗服租赁、水果、茶叶等。二是苗寨民俗表演团体人员中的大多数都不是

苗寨

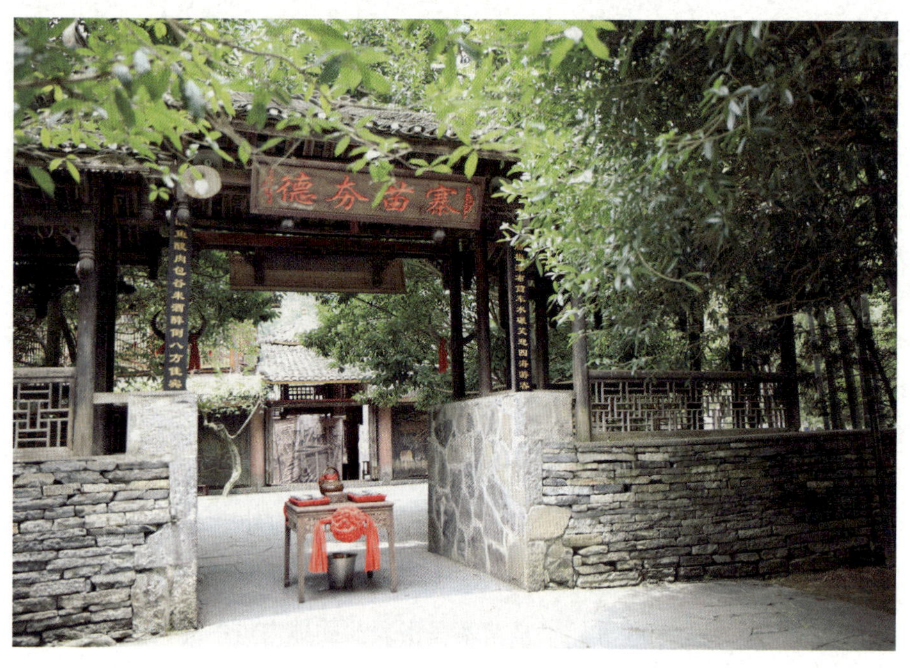


苗寨

原住民。如山江苗寨的表演团体中只有两位是原住民，其他均来自周边村寨乃至贵州、云南等地；德夯苗寨的风情表演团体中，至少有一半来自于周边村寨。

古镇旅游开发离不开人，离开人的村寨也就成了无源之水、无本之木。古建筑是苗族文化的直接体现，而苗族居民更是苗族文化的传承者。弘扬村寨传统文化，苗族居民不能缺席。作为具有悠久历史文化村寨的主人，他们的各项合法权益应当受到积极保障，理应让优秀传统文化的创造者合理、合法地享受古镇旅游开发带来的红利。

因此，这就要求我们在旅游开发保护的过程中，维护好原住民的合法权益。比如在古镇旅游开发中，当地政府要通过法律、条例等文件来规定并保证原住民在旅游开发经济活动中获得应有的收益比例，同时因人而异地辅以政策优惠、资金扶持、技术帮扶等，让村寨留得住人。

## 三、旅游利益分配中的三方关系（原住民、旅游公司、地方政府）

在古镇旅游开发的过程中，利益主要来自于门票收入，“分蛋糕”的合理程度对于古镇的保护与开发至关重要。“分蛋糕”者主要有三方：原住民、旅游公司、地方政府。而现实中“分蛋糕”的通常是地方政府与旅游公司，其形式是地方政府把村寨等承包给旅游公司，由其经营管理开发，地方政府通过税金或其他形式参与分红。如山江苗寨的门票费是160元/张、德夯苗寨的门票费是100元/张，如此高额费用，原住民却一分钱也分不到。为此，原住民对地方政府、旅游公司开发古镇的热情度、支持度大为缩减，甚至形成各自为政、互相对立的不良局面。如边城古镇，由于没有分得旅游红利，原住民与地方政府为了争夺客源，都会贬低对方。

一方面，应当在原住民利益得到足够保障的前提下，再由旅游公司与地方政府进行旅游红利分配；另一方面，地方政府应当在古镇内进行古城镇保护的宣传教育，同时地方政府也应当与原住民经常进行沟通交流，以利于古城镇的保护与利益分配的协调。

# 关于湘西凤凰山江镇苗寨文化遗产的保护现状及建议

郑茜茜

传统文化作为人们在社会实践中形成的知识体系，是民族实践的产物，是民族历史过程的积淀，是保持民族文化认同感、归宿感的最后一道壁垒。优秀的传统文化不仅影响着一个民族的思维方式、民族心理、审美情趣和行为习惯，其所凝聚形成的民族精神更是激励和凝聚人心的重要力量。我国历史悠久、地域广阔、文化多元，如何在广大疆域历史长河中对各具特色的优秀传统文化进行与时俱进的保护，是需要我们深思并刻不容缓解决的问题。湖南省文化底蕴深厚，现存大量古村、古镇、古城。其中最具代表之一的特色文化便是湘西土家族苗族自治州的苗寨文化，凤凰县山江镇苗寨便是其典型代表，我们深入地对其特有的传统苗语、苗服、苗银饰、民居等进行了比较细致的考察。

## 一、山江镇苗寨文化遗产保护现状

山江苗寨又名总兵营，位于凤凰古城西北 20 公里处的一个峡谷中，

苗绣

是一个极具浓郁苗族生活气息的小山寨。因位置比较偏远，所以其特有的传统苗家文化、苗家习俗等都得以保存得比较完整。根据当地苗族博物馆馆长龙馆长叙述，山江镇苗寨传统文化主要分为四个方面来进行保护与传承。

首先，是对传统苗语的保护与传承。语言作为一个民族文化的载体，与民族精神特性密不可分，它伴随着民族的成长而发展，既是民族精神的外在表现，又承载着民族的历史和文化，是一个民族得以存在和延续的保证。目前山江镇苗寨大部分居民都对苗语有一定的了解和掌握，尤其是在湘西特色文化旅游业兴起后，因为经济利益等原因的驱使，越来越多的苗族年轻人愿意加入到学习传统苗语的阵营中，苗语传承被注入了新力量，才形成了现在苗寨苗语保存完整度与普及度都较高的良好局面。其次，是对苗族服饰的保护与传承。服饰是一个民族的标志，尤其对于没有文字的苗族而言，服饰更是其历史传承和文化传播中看得见、摸得着的“无字天

苗服

书”，它能准确地传递出包括居住环境、崇拜的神灵、文化的融合等许多信息，所以保护重要性也不言而喻。我们通过采访当地苗族博物馆馆长龙馆长得知，十几年前苗寨苗服的保护与传承就已走向衰落，当时看苗寨举办长龙宴穿苗服的往往只有寨子里上了年纪的几个老人，为了改变这一颓势，最终将苗服再一次发展成为今天寨内居民的常服，注重传统文化保护的龙馆长等人作出了不可磨灭的贡献。再次，是对苗绣以及传统苗族建筑的保护与传承。苗绣色彩丰富，样式繁复，不仅具有极高的艺术美感，其丰富的图案背后所蕴藏的文化内涵更令世人所折服，与传统苗族建筑一样，都是苗族历史文化中不可或缺的部分。目前，苗寨的苗绣不仅成为全国非物质文化遗产，为了让其得到更好的保护与传承，苗寨设立了专门的苗绣作坊，以此来吸引和鼓励更多的人对其进行了解和关注。最后，是对苗族特定文化技艺传承人的鼓励与保护。如银饰制作人、苗绣接班人的继任等问题，要化解老一辈传承队伍逐渐老化的困境，唯一的解决途径就是鼓励和支持更多的新鲜“血液”加入传承大军。在这方面苗寨发展得很好，如从事苗族银饰锻造技艺的麻茂庭，2009 年成为湖南省第三批“国家级非物质文化遗产项目传承人”，这一举动不仅让更多的苗寨居民改观了对银饰工艺的看法，更重新激起他们对银饰工艺的参与兴趣。经过不断发展，现在山江苗寨的银饰工艺保护也已自成体系。另外对于苗族传统的节庆文化，如“三月三”“四月八”“六月六”等特色节日也都在山江镇苗寨得到了很好的恢复与传承。

## 二、山江镇苗寨文化遗产保护取得成效的原因

我们通过各地区的实地走访调研发现，与其他地方相比，山江镇苗寨的传统文化保护不仅已经卓有成效，而且还形成了自己独具特色“上有支撑，下有主力军”的保护模式。探其原因主要有以下几个方面。

### （一）政府的率先表态与支持

我国分别于 1982 年、2003 年制定并实施《中华人民共和国文物保护法》《中华人民共和国文物保护法实施条例》，为保护文物历史文化遗产扫清了制度障碍，提供了有法可依的大环境与制度保障。在这一大背景的支持下，2006 年 6 月，湘西土家族苗族自治州制定并实施《湘西土家族苗族自治州民族民间文化遗产保护条例》，条例第三条明确规定本地区应受到法律强制保护的传统文化范围，既包括语言服饰，也包括传统建筑与特殊技艺等。这使传统文化保护有了强有力的法律支撑与制度保障。根据龙馆长叙述，地区条例制定出台时，他当时还担任副州长一职，当时政府部门实质上对条例的筹备和起草工作，还走在中央的相关规定正式出台之

前，虽然最后的公布实施未立即紧随其后，但这一举动对之后营造良好文化保护环境的重要性不言而喻。这不仅极大地改善了传统文化保护所面临的困境，而且鼓舞了从事相关传统文化保护的工作人员，为其提供了明确的方向。

（二）民间力量的异军突起

民间力量对传统文化的保护与传承力度不可小觑。湘西本地区最具代表性的民间力量是以沈从文、黄永玉为代表的文化界人士。他们的前瞻性思想及其强大的号召力极大地带动和鼓舞了众多后辈们对传统文化保护的投入度，如接受我们采访的龙馆长坦言，自己就曾受到过沈、黄两位的影响，所以退休之后将自己的全部精力投入到对苗族传统文化的保护与传承中，积极运用自己的资源和人脉成立苗族博物馆，并邀请知名苗族歌唱家

苗族工艺

苗族首饰

宋祖英担任名誉馆长，借助其正面影响力不断推广苗族的服饰、银饰等文化，都取得了极大的成效。而其以个人力量成立的博物馆，使得大量珍贵文物得到保护，其通过对外展览开放收取适当门票费用的经营方式，不仅促进了苗族传统文化的传播，而且还实现了博物馆内文物保护、翻新维修等费用自给自足的良性循环，一举多得。这群拥有“文化私心”的民间人士对传统文化的保护与传承作用不可估量。

### （三）以经济为基础的传统文化保护链的形成

经济基础决定上层建筑，考虑到部分群众的知识局限性，单方面对其谈论和灌输传统文化保护的重要性毕竟太过虚幻，很难调动其积极性进而取得实际成效，所以必须建立合理的激励机制去鼓励与引导他们。湘西特色旅游业的发展就提供了一个这样的机遇，它因苗族特色而兴旺，率先使

苗族首饰

苗族本地居民尝到保持自己本土特色的甜头，久而久之就会有更多的当地民众愿意自发地加入到特色文化的保护与传承队伍之中，以旅游业的利益链条驱动传统文化的保护与传承，反过来保护传承得当的苗族特色传统文化再继续不断促进旅游业的兴旺与发展，从而形成以经济为基础的传统文化保护链的良性循环，让广大群众享受到了实际成果，无形之中提高其对特色文化保护传承的积极性。

## 三、山江镇苗寨文化遗产保护存在的问题

湘西凤凰山江镇苗寨传统文化的成功保护与传承，为其他相关地区提供了众多具有实用性价值的经验与建议，但不可否认，其在不断的文化保

护与传承过程中也暴露出许多不容忽视的问题。

首先，存在过度开发旅游业问题，致使众多传统村落失去其原有的文化价值与意义。如湘西某些地区的地方政府完全为了追求政绩，将古城古村或山寨大面积卖给开发商打造旅游商业区，为了便利规划，肆意鼓动和诱惑该地区原始居民搬迁，短时间内看起来它无疑会促进经济的发展，但从长远角度分析，原始居民才是景区得以真正存在和发展的特色与根基，是能吸引游客的关键所在，而政府领导为了短期的个人政绩，采取措施致使当地土著居民搬离原始居住地，这其实是使依靠特色文化发展的景区成为无本之木、无源之水，当其赖以生存的根源不再存在，景区的未来何谈发展？只会面临离枯竭不远的困境。

其次，存在相关法律制度不健全、不完善的问题。毋庸置疑，相关法律与条例的出台为传统文化的保护与传承提供了良好的法治平台与制度保障，但在法律执行过程中所暴露出的规定过于笼统、责任主体不明确、监督机制缺乏、程序执行过于复杂与烦琐、文化破坏成本低廉、惩罚力度不够等问题，极大地影响了法律规制作用的发挥，阻碍了传统文化的保护与传承。

最后，存在部分当地居民对自己本民族特色文化的认同感与自信心不足的问题。客观来说，这主要是针对当地大部分年轻人而言的。因为经济的发展、生活水平的提高，这一代年轻人的看法、观念、视野更容易受到科技和外来环境的影响，年轻人在不断享受外来世界技术的熏陶时，也不得不面临对本族特色文化的淡漠与遗忘的尴尬处境。如何在面临外来环境各种观念技术的冲击同时保护和传承好本民族特色文化？这一直是一个值得我们深思的问题。

## 四、针对文化遗产保护问题的完善建议

传统文化的保护与传承是一项必须长期坚持的事业，在坚持过程中直面难题、认准定位、找准方法、对症下药、坦然面对，才是我们的应有态度。所以针对上述问题，我们提出如下建议：

第一，政府对特色地区的开发与规划必须有合适的监督机制制约。根据“法无规定不行使”的公权力自治原则，没有经过国家正当程序认可的公权力不得行使，行使的公权力也需要受到合理的监督与制约。针对旅游地区的开发规划问题就更不能是个别领导为了追求自身政绩而采取的手段，好的决策者会从长远眼光出发合理规划，作出造福一方的决定。当遇到不能严格要求自身的决策层，就有必要建立起监督机制对其进行制约，以防其为了个人利益牺牲集体利益。发展虽是硬道理，但国家与社会的发展绝不仅仅只是经济的发展，领导的政绩也绝不能只是经济效益的提升，国家与地区的文化、政治及经济都稳步前进才是真正的发展。

第二，建立权责明确的法律体系。在崇尚依法治国的今天，法治需要法制的成全。法律的制定与执行也不再仅仅是一个口号，它已成为国家有序运行、社会健康发展、个人权利保障的必要武器。在传统文化保护领域建立权责明确的法律体系，可以防止和避免责任主体逃避责任、互相推诿的困境。

第三，培养当地居民自身的民族文化认同感与自信心。比如开展汉语苗语双语教学，让更多的年轻人加深对自己本民族文化的了解，使特色的传统文化真正成为其人生的一部分。归根结底，一个民族的文化要获得传承与发展，最关键的还是要获得本族人民的坚持与认可，文化由民族而来，最终又表现在民族自身，政府与法律都只能治标，却不能治本，怎样真正发动人民群众才是我们最需要考虑与面对的问题。

# 村镇民间社团的人类学考察：以湘西古村古镇调研为中心

黄彦弘

在湘西村镇调研之际，那些看似跟我们没有任何关联的民间社团，往往成为我们经常接触的重要对象，这使我们逐渐认识到，民间社团是地方社会中一股不可忽视的力量。据相关统计，一个县级市的市级社团就可能有上百个。可知，随着社会的进步，民间社团也获得了长足的发展。

“关于民间组织的含义和范围，或者，从另外一个角度说，如何称谓现代社会中广泛存在、活跃活动的这类组织，历来是一个颇为见仁见智的问题。从语义上看，‘民间’一词与‘政府’相对应，民间组织是指‘不属于政府’的组织。”基于此，我们选择与“政府”对应的“民间社团”作为调研对象。民间社团称谓不一，品类繁多。

## 一、民间社团与社会认同

### （一）非正式社团

我们这里所指的非正式社团，是未经过民政部注册登记的非正式的社会团体。在聚族而居的荆坪古村，非正式社团表现为族长及族委会。据族长介绍，目前，他们不仅有族长、副族长，还有九个房长和族委会等组织机构。据族长介绍，族委会不是随意组成的乌合之众，要成为族委会中的一员，其实并非易事，尤其是要成为一个合格的族长，条件尤为苛刻，至少要具备五个方面的条件：1. 孝敬长辈，尤其是孝敬父母；2. 配偶应是原配夫人，离过婚的、有过外遇等“不良行径”的一般不予考虑；3. 要有子嗣，只有女儿还不行，必须得有自己亲生的儿子，过继的也不行；4. 对家族内部事务要热心，要愿意无偿投入；5. 既要有文化还要有丰厚的家底作为支撑。族长必备的五个条件中，前四个都集中强调个人的德行，可知，作为族长德行十分重要。尽管如此，但是不缺人选。族长很高兴地告诉我们，明年要换届，目前已有四个后备人选，到时候九个房族的遍布全国各地的32 万余人会按照一定的人口比例推选出代表来参与选举，最终确定人选。

边城街道

街景

我们可以想象明年选举时的盛况。

在附近的村镇，我们发现，几乎每个村落都有族长及族委会，只是族委会所承担的责任和义务略有不同而已。一般情况下，族委会是家族内部的自发组织，没有任何官方名义，不受官方授权与认可，家族祠堂就是他们的主要集聚地；然而，他们并不违法，相反，他们还热心于家族事务和地方社会事务，且是无偿的、义务的。

### （二）合法社团

合法社团就是在政府部分登记注册的被政府部门认可的社团，一般都有挂牌，有共同的既定目标，成员身份相对复杂，超出了一定的地域。在黔阳古城，我们打听到陈会长是黔阳古城古建筑和地方文化保护的热心人及组织者。在访谈中，陈会长告诉我们，他们于 2007 年成立了“黔阳古城旅游文化开发研究会”，主要是由一批志同道合的民间人士组成，所主持或参与的活动基本上都是义务的。显然，“黔阳古城旅游文化开发研究会”是经政府批准和认可的合法的民间社团。

这些合法民间社团完全隐形于村镇之中，但是，当我们走进村落调研时，明显能感受这股力量的存在。当我们向村民表明来意之后，大多数村民会不由自主地把我们推荐给这些民间社团及头人。比如在荆坪古村，村民不约而同地向我们推荐他们的族长及组委会的相关成员；在黔阳古城，当地人向我们推荐陈会长；在山江镇苗寨，很多人向我们推荐龙文玉老先生；等等。

## 二、民间社团与情境

这些民间社团的存在其实并非偶然，而是渊源于历史或社会情境。如果没有一定的历史或社会情境，民间组织就没有生存的土壤，必然会没落甚至消亡。有些民间组织源远流长，有些民间组织与当前的社会情境紧密相连。

### （一）民间社团与历史情境

在荆坪古村，族长告诉我们，他们的老祖宗潘贞周自北宋熙宁元年（1068 年）从山东乔迁至此，已有 950 年的历史，族谱上记载相当明确，有据可查。仅荆坪潘氏一支目前有族人 32 万余人，这些人分布在世界的各个地方，潘氏繁衍的兴旺发达可见一斑。

族长告诉我们，自 1997 年起，他就参与到族中事务中，由族中成员升为副族长，2003 年任族长至今。可以说，在长达二十年的宗族管理中，族长参与甚至主持了家族内部的诸多事务。对潘氏家族文化投入了大量的

民居

精力。自从参与到族中事务之后，一方面受了老族长的影响；一方面由于日积月累，自己慢慢地开始喜欢上了家族及姓氏文化。他举例说出在外地出差时看到的一副对联：“国有史，历中华文化五千年，姓氏文化可为凭；家藏物，袭炎黄建筑五十世，历代建筑方为证。”族长十分赞同此联的观点，感慨地说，经常听人说中华文明五千年的历史，其实不必到其他地方去找，翻开他们的族谱就一目了然。姓氏文化连绵数千年，正好从侧面验证了中华文化五千年的辉煌历史，应该说姓氏文化是历史最强有力的无声见证者，因而，族长认为，关注和研究姓氏文化是非常有意义的。二十多年的持续关注，让他深深地爱上了他们家族的姓氏文化，并认为姓氏文化是中华文化中不可或缺的重要组成部分。族长告诉我们，凭借着二十多年来对家族文化的了解，使他深刻地认识到，在发扬和维持家族姓氏文化中，族委会及族长发挥了重要作用。家族文化要发展，就必须得有族委会，这是千百年来承接下来的传统，他们不能丢，更不能在他们手中断代。

不仅族长等人热心投入，家族中远近宗人也积极响应参与宗族活动。2003年，他们举办了一次来自全国各地的六千余人参与的大规模祭祖活动，可见，宗人对祭祖及家族观念的高度重视。族长说，他们外出寻找分散在各地的宗人，每次宗人相遇，虽然素昧平生，但是彼此感到特别亲切，一瞬间体会到了亲人的感觉。

族长告诉我们，实际上，并非只有他们家族的人关注姓氏文化，据他所知，周边的李氏、曾氏、黄氏、尹氏等，和他们一样，也都有族委会等组织，他们对宗族事务也有不同程度的组织和管理。

从对族长的访谈中，我们不难得出，族长及族委会组织的存在，一方面是历史使然，他们的族长和族委会组织代代相传，从未间断，有据可查；另一方面看，即使在当下，宗人仍然有一种强烈的社会认同感。

（二）民间社团与社会情境

如果说族长及族委会有浓厚的历史背景，那么，陈会长等人的“黔阳古城旅游文化开发研究会”就是当前社会情境使然。黔阳古城历史悠久，承载着厚重的历史文化，在现代化冲击的今天，加强对黔阳古城的保护时不我待，这种保护不仅需要政府力量，同时也需要民间力量，这便是陈会长等人的民间社团存在的社会情境。十年来，陈会长等人对黔阳古城的旅游发展作出了重要贡献，在工作期间，他们潜心挖掘古城历史文化，认真整理本土文史资料；积极开展地方民俗活动，努力传承本土传统文化，多种途径宣传黔阳；加强文化交流，广交天下朋友；通力协助政府招商引资，热心帮助客商了解黔阳、看好黔阳；热心公益，乐于助人；围绕古城历史文化遗存保护、促进黔阳旅游产业发展的主题，通过多种渠道向政府相关部门进言献策。可以想见，如果黔阳古城和地方传统文化无须保护，那么，陈会长及“黔阳古城旅游文化开发研究会”就没有存在的社会基础。

可知，正是因为历史传统和社会情境促使这些民间组织的存在，当然，民间社团一旦存在，必然会形成一股力量，反过来领导和组织社会群众，控制和推动地方事务的发展。

## 三、民间社团的社会治理

在访谈中，我们发现，不论是何种形式的民间社团，他们在一定程度上控制着他们身边的社会，尽管方式不一，但是殊途同归。比如，在荆坪古村，族委会有一项重要的职能就是组织家族中的一些祭祀活动。一年中重要的活动集中在清明和冬至，各房房长必然会组织大家一起清明扫墓祭祖；秋收之后，到了冬至，要组织秋后祭祀，向列祖列宗禀报，以便让祖先们也一起分享丰收的喜悦。在这些活动中，族长、房长、族委会的头人作用凸显出来。他们是领导者、组织者、权力拥有者。不仅如此，他们还组织了龙舟赛等民间活动，族长兴致勃勃地告诉我们，作为主要的组织者和领导者，他会亲自在开幕式上宣布开幕。

不仅如此，族委会在调解家庭内部纠纷的时候表现也非常明显，在很大程度上起到了村委会无法替代的作用。族长说，在他们村里，前些年，有个儿媳妇对公公很不孝顺，儿子也无能为力，以至于老人家只能出去乞讨度日。族长告诉我们，碰到这样的情况，村委会基本上无能为力。基于此，族委会多次派人去调解，他们派去的调解人员是有讲究的：房长是该房的直接负责人，因而，最初由房长出面调解；房长解决不了，再由副族长出面；副族长解决不了，由族委会出面调解；族委会还是解决不了，说明问题已经相当严重了，族长成为最后一道防线；再不然，就只能上法庭了。此次家庭纠纷正好历经了由房长到族长的全过程。从最初的房长到族委会都未能取得任何进展，族长感到事态的严重性，亲自出面，恩威并施，最终问题得以顺利解决。

在黔阳古城，陈会长告诉我们，他们对保护古城贡献出了应有的力量。陈会长为我们讲述了一个事例。在古城内，有一座康熙五年修建的“小公馆”，大致就相当于我们常说的政府部门的接待所。早些年，他们那一辈人都见过。“小公馆”大约有七八米高，在当时，看起来相当雄伟，他们小时候还在里面玩耍。后来又几经转手，由公有变为私有，成为今天的“危泽甫”遗址，新中国成立后，成了政府部门办公之地。据陈会长回忆，有一年冬季，一群工作人员在“小公馆”烤火，因外出吃饭，未灭的烤火引发火灾，“小公馆”因此毁于一旦。“小公馆”虽然毁了，但是，四周的墙壁尚存。后来，政府强征此地，并摧毁尚存的残垣断壁，建造新的工程。陈会长及当地百姓都非常清楚，尽管已经是残垣断壁，但是它的存在，尚能保持古城固有的街巷格局，一旦摧毁，将严重破坏古城固有的格局。为此，陈会长和我们谈起了他们当年为保护墙垣如何与政府周旋的曲折过程。在陈会长等人的组织和领导之下，作为民间代表，他们向当地政府部门申诉，申诉无效，他们又上访市文物局、市信访局、市规划局、报社，甚至“四大班子”，斗智斗勇，在面对拆迁队的强力压迫下，他们组织当地群众不惜以身体护墙。在他们的努力下，残墙被保护下来，最终得到了上级相关部门的高度认可。陈会长带我们实地考察，的确如此，虽然已是残垣断壁，但正是因为残墙的存在，使原有的街巷格局依然完好无损。

在普通百姓的心目中，这些民间社团及头人已然成为他们的权威、领导者。虽然同样生活在这个地方，或许不善于表达，或者习而不察，面对访谈，大多数村民语焉不详或者只知一鳞半爪；因而，村民更愿意把我们推荐给他们心目中的头人。我们在访谈中发现，这些头人不仅具有较高的威望，重要的是，他们还掌握着地方的历史典故和文献。

在荆坪古村，族长告诉我们，他们的族谱非常齐全，而且还拥有不少地方文献；在黔阳古城，陈会长对本土传统文化的关注已达十年之久；在山江苗寨，龙老先生凭借个人之力创办了中国苗族博物馆，在博物馆里，代表性的苗族传统文化基本上都有展示；在杨家滩，谢先生告诉我们，他关注和宣传保护清代湘军将领的故居群已有六年之久，在这六年中，为了保护好这些故居群，他不仅抓住一切机会向相关单位和热心人士宣传，同时也有意识地搜集和积累了大量的相关资料。他们都是地方的知识精英，在访谈的过程，我们发现，他们对地方典故了如指掌、信手拈来，讲述起来不仅滔滔不绝，而且兴致高、不知疲倦。要了解地方知识和典故，如果没有这些人的引导，在很大程度上说，恐怕很难全面地了解。

“在近代社会，法律成了社会控制的主要手段。”“今天，社会控制首先是国家的职能，并通过法律来行使。”但在地方社会，法律有时候难免显得无所适从，相反，民间社团及头人却能发挥出意想不到的作用。民间社团及头人平时隐形于地方社会，不见其踪迹，但是，在矛盾冲突或重要庆典之际，这些民间社团及头人就成为重要的组织者，成为事件的重要推手，在地方社会发挥着不可替代的作用。在一定程度上说，民间组织是一只无形的手，是一种力量，他们借助于传统道德或文化等特定的方式，控制或推动社会于无形。

## 四、边缘权力与乡村治理的思考

有组织必然会有职能，有职能必然会赋予组织者一定的权力，否则活动无法开展。有了民间社团，很多日常生活中的事情无须国家权力的干涉就能迎刃而解，至少使大事化小、小事化了，在很大程度上促进了地方社会的和谐，社团边缘权力和国家核心权力和谐共存。

但这毕竟是两种不同类型的力量，与自上而下的核心权力不同，边缘权力根植于地方社会，因而，更多地代表地方社会和普通百姓的利益，国家权力和边缘权力难免发生碰撞，边缘权力当然不可能凌驾于国家权力之上，但是否就一定要无条件地服从于国家权力？陈会长告诉我们，当年洪江市委书记下令强拆古围墙之际，他们竟然违抗以市委书记为代表的国家权力，组织百姓用身体维护了古围墙，实践证明，他们的行为最终得到了上级部门的高度认可。可见，国家权力本身无可挑衅，但是，当国家权力被利用来为“政绩”“官阶”谋私利，违背了国家和大众利益的时候，作为普通百姓利益代表的民间组织及头人，提出自己的申诉，甚至据理力争，亦在情理之中。

当然，任何事物都应该一分为二，社团边缘权力其实也是一把双刃剑，如果因为习惯性地、自以为是地处理地方社会的所有事物，势必会造成不必要的不良后果。

在荆坪古村中，族长谈及其中的一桩调解案件：曾姓和潘姓结为夫妻，结果因为夫妻间的不和最终酿成惨案。这个案例发生后，族长作为潘氏宗族的全权代表出面调解，并最终在潘、曾两个族委会的调解下达成了“和解协议”，并未上诉法院。此案明显是个刑事案件，作为族长及族委会的民间组织，越过法院的刑事诉讼而最终私了，并未受到法律的裁决，是否合法？虽然族长认为“圆满解决了”，是否真的那么“圆满”呢？在前文所述调解不赡养公公的案例中，族长给我们很形象地讲述了他当时解决这个矛盾的情形。他一进家门，使劲地一跺脚，大声呼喊儿媳的名字，警告儿媳说，不赡养公公的做法是虐待行为，触犯了法律，限她三天之内，必须把老人家接回家，否则，一定把她告上法庭，送进监狱。在族长的威逼甚至恐吓之下，儿媳最终认错，并在第四天把公公接回了家。族长告诉我们，他之所以有这样的底气，一方面是他觉得自己作为族长有责任有义务去调解这个家庭矛盾，另一方面是他事先对相关法律进行了适当的了解。族长的动机当然是好的，但是这样的处理方式是否合法？同样也很值得推敲。

虽然民间社团处在国家社会的边缘，但它仍然是地方社会中的一股不可忽视的社会力量。在核心权力缺席的情况下，民间社团及头人发挥着应有的维系作用。民间社团也是一把双刃剑，如何趋利去弊，有效地引导和推动民间社团及边缘权力的发展，是当前不容忽视的社会问题。

# 危泽甫的故事：古城开发的法律反思

李　峰

黔阳古城有2000多年历史，沅水和㵲水在此汇集，至今仍保持明清时期的丁字形街巷格局，在丁字形的中心位置有一块书有“危泽甫遗址”的指示牌，曾经辉煌的公馆，如今只剩两面断壁古墙。

“危泽甫遗址”残存的厚重古墙诉说着那段过往岁月的繁荣、沧桑。据我们田野访谈得知，“危泽甫遗址”是清代时期黔阳县城的公馆（相当于目前县级政府单位招待所），后来不知出于何种原因，公馆便在晚清时期出售于私人危泽甫，其后历史不甚详细，直至新中国成立后，成为当地镇政府办公场所，使用期间对公馆没有任何维修。据一位60岁左右的老者回忆，公馆规模宏大，古墙高达8米，年幼时他们常常嬉闹于此。在20世纪90年代，伴随着城市化进程的加快、市场经济制度的流行等，土地资源变得比较紧张，于是镇政府和黔城三中分别拆除了公馆的四分之一新建了职工宿舍和学生宿舍。1993年，在年末之际，马虎大意的政府官员在离开小公馆去参加年末聚会庆功时，并未熄灭木盆中的炭火，之后公馆毁于火灾，只剩下两面古墙。

事情到这里并没有结束，2013年旅游开发商获得了“危泽甫遗址”

古庙

的土地使用权，其建筑方案是拆除两面古墙，建设为大众广场（方案获得原洪江市委领导同意）。而当地原居民则认为不可，因为他们觉得这样会从根本上破坏黔阳古城的丁字形格局样式。于是一场围绕拆除与否的较量拉开序幕。其中，以原住民“四大家族”为牵头人带领村民据理力争。一方面，村民们告知媒体，利用舆论影响力，加快信息流通速度，对政府造成压力；另一方面，由于市委领导的影响，各方为了逃避责任、规避“风险”，互相“踢皮球”。“四大家族”曾先后陆陆续续联名上书洪江市文物局、城市规划局、信访办、纪委、市委、市人大等部门，最后都没有结果。其中最为激烈的一次是 2013 年，洪江市政府工作人员以借鉴古镇旅游发展经验为由，邀请牵头人去重庆、贵州等地考察。不料，他们出发之后第二天，政府工作人员便试图趁机强行拆除古墙。村民便打电话紧急联系牵头人，牵头人在得知消息后，一方面取消行程；同时打电话告知媒体，利用

关圣殿

媒体舆论对政府施加压力；再者，组织村民在村内进行集体抗议。随后，牵头人紧急返乡，立马联名上书怀化市人大，市人大得知情况后，成立问题调查小组。市人大调查小组成员实地调查之后，便向洪江市下达三项意见：1. 不能拆除，已经破坏的，马上恢复。2. 这个做法是错误的。3. 类似的例子以后要上报。至此，古墙拆除与否的争论告以结束。时至今日，洪江市地方政府仍以资金不足、建筑工艺水平等理由并没有对“危泽甫遗址”进行恢复，这里仍是两面古墙。

孤立的两面古墙仍静静地矗立在丁字路口，它更像是一份深刻的历史教训。通过这一则短小故事，我们便可以发现古城、古镇、古村在保护传承方面存在着以下问题。

第一，政府的社会文化职能弱化。作为清代小公馆的“危泽甫遗址”，是黔阳古城重要的历史文化遗址，维持着古城内街巷格局，是当地宝贵的文化遗产，也是研究清代及民国政治、经济、文化等的重要物证，但当地政府对其具备的重要历史价值缺乏认识，在新中国成立之初到20世纪90年代只是作为政府的办公场所，且没有进行任何维护。同时也没有作为历史遗址对民众开放，实现其文化教育功能。一直到今天，政府也没有对其进行恢复，强调古城文化遗产的旅游开发，以景区模式突出经济效益，没有充分发挥其弘扬民族传统文化、提升民众文化素养的重要作用。

第二，职权不清，行政效率低下。在村民“四大家族”联名上书洪江市市级政府部门时，各个职权交叉部门出现互相推诿的现象，令基层人员无所适从，行政效率低下。

第三，权力高度集中，听证制度缺乏。单向的组织结构，往往要求下级服从上级，通过命令、计划、调控等手段不容置疑能够提高政府的工作效率；但同时往往也造成了权力高度集中于上级，下级往往看上级的脸色

破损的墙壁

办公，缺乏独立性。在本案例中就因为洪江市委书记个人的拆除意见，同级的各个组织部门都没有提出反对意见。

同时，在关于古墙拆除与否的议题上，其中并没有采用听证制度，政府不论在决策前，还是在村民举行集体抗议后，都没有听取当地原住民的意见与建议。

关于古城、古镇、古村中的保护建议：

第一，加大政府文化部门对于古城、古镇、古村开发的参与力度，加大其对于古城、古镇、古村开发中文化效益实现的监督实权，不能让文物成为旅游开发实现经济效益的工具，文化部门要注重从文化层面的角度去保护与利用文物。

第二，加强保护古城、古镇、古村的法律制度建设，在目前，立法是中国解决问题最为有效快速的途径。明确政府各部门之间的责任划分，避免互相推诿；落实听证制度建设，畅通公众参与渠道，充分尊重原住民的意见与建议；建立健全监督机制，加大民众监督参与力度，建立健全验收评估制度；等等。

# 第三篇　湖北地区

# 传统村落保护中的“分”与“合”

## ——以湖北历史文化名镇羊楼洞为中心

林 伟 高振凯 陈雨新 周盼盼

### 一、直击田野——历史文化名镇羊楼洞

羊楼洞古镇位于湖北省赤壁市西南30千米处，紧临京珠高速公路和京广铁路，行政划分上属赤壁市赵李桥镇管辖。古镇始建于明万历年间，距今已有400多年历史，是著名的“砖茶之乡”。在其极盛时的光绪年间，镇上常住人口达4万人，茶庄200余家，有5条主要街道，各业店铺数百家。古镇现存古街一条，全长约400米。街道两侧保留清代、民国时期的住宅80多处。1996年蒲沂市人民政府将羊楼洞古镇列入第四批市级重点文物保护单位，在街道入口树立保护标志，划定保护范围，并成立专门保护机构负责保护工作。2002年湖北省人民政府将羊楼洞明清石板街列入省级文物保护单位。我们在羊楼洞古镇调研期间，将整个羊楼洞古镇分为“有形建筑”和“无形文化”两大块以厘清当地状况。

**表 1　羊楼洞古镇文化项目整理表**

<table>
<tr><th colspan="2">有形建筑</th><th colspan="2">无形文化</th></tr>
<tr><td>古镇整体结构与村落堪舆</td><td>古镇空间结构、建筑群体特征（高度和屋顶形式），以及古镇“三山”（松峰山、马鞍山、北山）“两水”（松峰港、石人泉港）</td><td>民间文学</td><td>以“羊楼洞”地区为主的特色方言，当地胡爱保老人在退休后搜集到将近 200 句方言以及地方谚语</td></tr>
<tr><td>街道机理与结构</td><td>复兴街、庙场街，以及其他具有历史底蕴的街道与小巷</td><td rowspan="3">民间技艺</td><td rowspan="3">羊楼洞古镇“砖茶工艺”于 2014 年被评选为非物质文化遗产。羊楼洞素有茶乡之称，也是“洞茶”故乡，“仙山名茶”闻名遐迩，香飘海内外</td></tr>
<tr><td>具有历史价值的主体建筑与单体建筑</td><td>建筑的空间结构、院落、建筑立面、内部装修以及建筑周边环境等</td></tr>
<tr><td>其他的历史遗迹与村落周边的自然元素</td><td>古桥、古庙、古井、重要的古树等</td></tr>
</table>

羊楼洞古镇的形成与演变都与当地茶叶加工、茶叶贸易的发展演变密不可分。经济发展影响到古镇的方方面面，茶叶加工和贸易的收入成为其经济收入的重要来源。为适应和满足其需求，古镇在商务、金融、邮政、产业加工等方面都显现出明显的特色，这些特色都与古镇的街道、建筑存在着某种隐形的联系。自 2014 年镇上的青砖茶被评为非物质文化遗产以来，整个镇子的产业都围绕该资源进行调整。自此，镇上以“砖茶”为主的非物质文化遗产、以明清古民居聚落为主的文化保护对象呈现在世人面前，而法律制度如何保护这些，各个机构之间的权利如何搭配协调，如何协调不同文化保护对象成为面临的问题。

## 二、“他者的眼光”——羊楼洞古镇的现状

就现状情况来看，由于羊楼洞古镇老街用地性质较为单一，主要以居

湖北羊楼洞古镇一隅

住为主，新建的观音街取代了老街在古镇的主体地位。因为受到具体条件的限制，新的公共设施都被安置在新街上，老街的商业功能逐渐消失。老街上人口陆续外迁，年轻人大多外出学习或工作，现老街的居住者以老年人和儿童为主，街道也随之失去了活力。

羊楼洞古镇上的老街目前存在不少问题。首先是基础设施落后，生活环境差。老街管线全部外露设置，电线直接架设在木质房屋上，存在很大的安全隐患，对街道景观也有很大影响。古镇上众多的垃圾也随处可见，对于古镇整体美感影响较大。

随着经济的发展，以及对于文化遗产的认识存在不足，民居建筑破坏较为严重。例如复兴街 133 号住宅原本是一座两进的大宅，内部设有木质绣楼，设有固定的楼梯通向二层阁楼，屋后的小院还设有假山，建筑风格

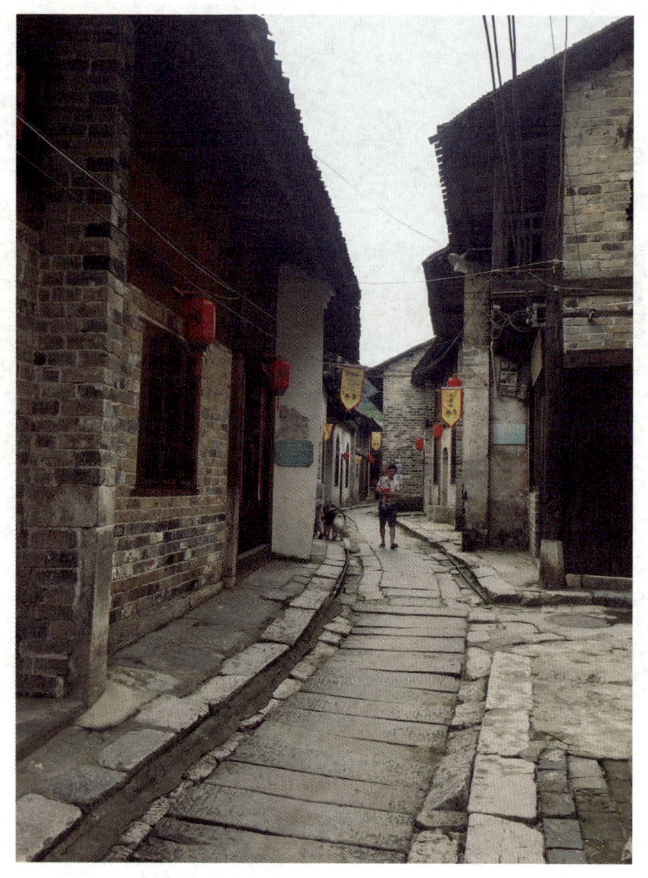

湖北羊楼洞古镇的商业街

别具特色，在羊楼洞古镇中属于质量好、艺术价值高的住宅。但是据当地人介绍，这样的房屋逐渐消失殆尽。目前对于建筑的保护是否存在一部较为有效的法律或者制度？

## 三、帕森斯“分化—整合”视野下的古城—古镇—古村

整个古镇的保护要注重“有形建筑”和“无形文化”相结合。“有形建筑”

强调的是物质实体，即古镇的群体风貌和建筑个体。对其古镇的物质实体应采取保护与利用相结合的方式；“无形文化”强调的是历史形成并能继续存在和发展的具有优良品质的居住模式、组织形态和生活方式，特别是地区性的文化特征。两者相辅相成，使“无形”和“有形”共同构筑整个古镇的历史文化底蕴。

### （一）整合文化圈：以“赤壁”为中心进行整体性保护

羊楼洞古镇位于湖北省赤壁市，有着优越的区位条件，紧临京珠高速公路和京广铁路，交通便利。赤壁古城以赤壁古战场为核心，是历史上著名的“赤壁之战”发生地，是我国古代“以少胜多，以弱胜强”的七大战役中唯一尚存原貌的古战场。陆水湖是国家级重点旅游风景名胜区，因三国东吴名将陆逊在此驻军而得名。再加上羊楼洞古镇，整个保护原则就从单一“点”的保护形态转化为“线”的整体性保护，形成“赤壁古战场—陆水湖—羊楼洞古镇”贯穿一体的保护机制。

### （二）主体建筑“分化”保护：街道与重点建筑的合理性保护

街道是羊楼洞古镇的核心，是居民生活最重要的公共空间，是体现传统集中反映古镇历史风貌的主要载体，在古镇的保护与利用中具有举足轻重的作用。空间开敞是传统商业街特有的空间特色，建议羊楼洞住宅的临街立面以开敞木排门为主，恢复部分住宅的商业功能，恢复街道的商业特征。街道内部，存在部分改建建筑，这类建筑如果近期无法拆除的，建议对其立面进行整饰，做到与整个街道历史风貌相协调。保持羊楼洞古镇现有道路形式，包括道路的材质和铺装方式，完善街道的生活服务设施。

### （三）构建传统村落法律框架：从盘清建档到法律保护框架构建

从目前中国传统村落的保护现状和长远发展来看，传统村落的保护与

湖北羊楼洞古镇的民居修缮

发展不仅仅要清晰明确地盘清传统村落的多样性原生态信息、组织一些抢救性保护性活动和严格申报与审批流程这些工作上，还必须将对传统村落的保护与发展上升到国家法律层面，加强立法工作，整合多种民间现有的法律法规条令，建立健全针对传统村落保护的法律体系。

国家层面应该根据传统村落保护工作的分工和特点“分化”制定相关专项法律法规。在羊楼洞古镇，面对具有“文物保护单位”授牌的茶叶店和具有“非物质文化遗产”标识的茶叶店之间，最重要的应该是根据不同的对象分开立法，具体应包含以下几个方面：针对传统村落中的建筑的专项法律法规；针对传统村落中空间环境的专项法律法规；针对传统村落中非物质文化遗产方面的专项法律法规。

# 港口变迁与古镇保护：基于新店古镇老港口的考察

林　伟　高振凯　陈雨新　周盼盼

## 一、新店古镇概述与社会变迁——以新店古镇老港口为中心的考察

新店古镇是鄂南边陲的一个小镇，小镇区位优越、土地肥沃，孕育了当地一代又一代的乡民。古镇位于赤壁市区西南 39 千米处，西以潘河为界，与湖南省临湘市隔河相望，东接赵李桥、茶庵，北连车埠、余家桥。古镇为羊楼洞村茶叶远销海内外作出了不可缺少的贡献。当地村民——街道上的饶姓大爷为我们大致介绍了一下当地的历史，“我们新店建镇 400 多年了，早在明清时就是蒲圻六大古镇之一，是鄂南著名的古茶港，专门运送川字茶、青砖茶等，近的到达两湖周边、内蒙古等地。远的通过丝绸之路出境到达欧洲，往东北走销往远东，现在蒙古国、内蒙古等很多地方还在使用我们的茶叶……”而关于新店古镇镇名的由来就有不同的说法：当地人有的认为是相传很早的时候，这里曾经一片荒凉，但是交通条件得天独厚，属于老天赏饭吃的区位，便有人在寺山之西、新溪之东结茅

新店古镇老港口附近的码头

而居，久而久之便成为路人歇脚饮水、吃饭住宿的最佳场所，当时开设了“新开饭店”，简称为“新店”；但是这样的传统并没有得到很多当地人的认可，有的人说是因为当时村子里有条河叫作“潘河”，因潘河是季节河，遇枯水季节，船到不了港口，只能在潘河中段，即现在的新店石板街沿岸汇集，久而久之便在此形成一座各种物资的集散转运驿站，进而店铺云集，该地故而得名“新店”。无论哪种传说都是新店古镇生活符号的某种隐喻，那就是便利的交通和码头经济文化共生的契约精神。商贾贸易给新店带来了前作未有的变化，在历史长河中不断演变。

**表 1　新店古镇各个时期发展变化表**

| 时间段 | 新店古镇发展概况 | 乡民的反应与古镇的变化 |
| --- | --- | --- |
| 明洪武至崇祯年间 | 新店古镇港口逐渐确立，并且街市形成 | 原来的港口设在赵李桥附近，当时新店的经济发展并不快，但因为潘河在赵李桥段遇到枯水季无法通船，只能停航，而在新店的河道却可以常年通航，所以后来将港口改在新店。至此，当地的经济便蓬勃发展起来。沿河的居民点发展成为居民带 |
| 清代至民国初年 | 街道不断壮大，商铺云集，规模较大，进入了鼎盛时期 | 自新店被确立为新的港口后，潘河的水运优势具有非常重要的地位和作用，经潘河而出的主要是羊楼洞的茶叶，运销武汉等地，也包括通城、通山、崇阳一带的土特产运销。人们纷纷来此经商，街市的规模也由原来的沿河聚居带向镇内扩充，街道数量增加，并且功能明确。码头不断发展带动了当地社会文化的建设，新店设有地方社学，称新溪社学，属全县五个社学之一。1909 年，开设了新溪女子小学，这是新店最早的女子学校。自此新店进入全新模式 |
| 民国中期至抗战前夕 | 工商业不断发展，出现了成熟的经济运行模式，不是单一的码头经济，新店古镇进入成熟期 | 1926 年 12 月，新店成立工会，当时全县只有新店、城厢两镇成立了工会。1931 年，新店成立邮政代办所。1934 年，由县城至赵李桥再至新店电话线架通，新店设总机一部。商业、手工业继续呈现繁荣趋势，当时周边地区很多居民都来此购物，从事运输贸易的人也常从街上带些特产回家，逐渐方便了居民的生活日常 |
| 抗日战争到“文革”结束 | 新店古镇逐渐走向了衰退期，由于战争等社会因素，新店古镇的往日气息逐渐湮灭 | 1937 年爆发日本侵华战争，羊楼洞的茶叶产量锐减，茶坊、茶庄相继倒闭，新店与羊楼洞的茶叶贸易基本停止。乡民的日常生活遭受到严重的阻碍，民居等建筑相继被破坏 |
| 改革开放以后至今 | 政府支持，经济逐渐复苏中，并且重焕往日光彩 | 改革开放后，新店的经济开始复苏。由于羊楼洞的茶叶不再经过新店港口，而是通过铁路、公路运销向外地，走水路的机会很少，时至今日往日喧嚣的潘河恢复了宁静，村口的耄耋老人还依然沉浸在往日繁华的美好中，新时期的新店应当走向何方？如何转型？新店古镇需要开始寻求新的发展机遇 |

## 二、新店古镇老港口变迁的几点表述

码头位于新溪河畔，曾一度相当繁荣。新店是一个码头集镇，它的发展最早源于水运，码头成为沿河街道中最具特色的地方，也是其标志和特征符号。古镇更是一本百科全书，所以具有超强的生命力，除了千姿百态的建筑，还有生活方式、家族管理、养生保健、子女教育等方面的讲究，凝聚着我们民族赖以生存的许多智慧。新店古镇的老港口从默默无闻到繁荣昌盛到衰退沉沦再到今天不断注入新鲜的活力，整个过程不仅仅是一个古港口的变化过程，更是一个社区文化生态不断迁移的呈现，它带动周边茶叶生产的活力，也给予周边的居民生活不断的刺激，改变了众多人的生活。

### （一）老港口——情感共同体的延伸

有人说过现代城市是“建”出来的，在批量生产中失去了地域风格；古镇是“长”出来的，深深地根植于当地的一方水土。新店古城的码头经济给乡民带来丰厚利润的同时，也给乡民带来了公共场合的交流，此时的港口就是一种能够提供生活上交流的场所，妇女们在老港口洗菜、洗衣之时找到一种情感的交流方式，这更是人与自然之间亲密的交流，情感在河岸边会不断地被释放。在调研期间，我们发现作为百年名桥的万安桥因为年久失修已呈破败之像，村民往返岌岌可危；河岸边原可洗菜洗衣的青石板不再光亮，静默地沉睡在往日喧嚣的记忆中；河岸边往日守护着周边一方土地的土地庙也在这场声势浩荡的社会变迁中成为岁月的牺牲品。日常、情感与信仰，在老港口的社会变迁中无疑会不断暴露出来。“狂飙突进的年代，人们身不由己地向未来生活快速穿越，格外需要守护一种乡愁意象。回望来时之路，慢与快，退或进，其判断标准并非社会表象，而在乎世道人心。”

新店古镇中的老商店

（二）新时期——从“功能建筑”走向“文化古建”

西方国家在 20 世纪中叶陆续开始的经济转型和产业升级，使许多城市显露了衰败的迹象，这种经济的震荡也直接显现在了城市面貌上——荒废的工业区、破败的港口区、废弃的老城区，并由此带来了诸多社会问题。而港口作为一种功能性建筑，无疑在历史变迁中发挥了重要的作用，就像新店古镇，从明清时期就是当地经济的重要场所，他的实用性是巨大的。但是在新时期，这些被淘汰的老港口不能因此荒废，而要赋予其更多的文化内涵。真正占主导地位的资源以及绝对具有决定意义的生产要素，既不是资本，也不是土地和劳动，而是文化。新店古镇的老港口具有其独特的历史价值和文化内核，深挖文化内核，引导新店古镇的老港口走向新时期的转型，将给当地带来新一轮的容光焕发。

## 三、古镇“护身符”：细化古镇立法，走向公民意识

### （一）细化保护对象，立法保护更具针对性

由于历史的原因，我国对古镇文化缺乏有效的法律保护机制，在城镇化建设中导致一些古迹被人为毁损。新的房屋可以不断地建造，但古代物质遗产一经损坏，难以复原。因此，需要政府和社会形成共识，通过立法保护古镇文化。而最重要的是要细化法律中的保护对象，对各种不同文化

新店古镇中的老商业街

新店古镇周边的民居

事项的法律界定和法律条例要有更加具体和针对性的意识。例如，本文中的新店古镇老港口，涉及社会生活层面和文化层面，就应当给予其特有的“护身符”，而不是将这个“护身符”放之四海皆有效。对相关法律规定的进一步细化，有利于西沱古镇的保护和开发。

### （二）从强制管理到“公民意识”

古镇文化保护的目的是为了使后代能够领略中华民族优秀文化遗产的精髓，但历史文化的保护不仅是政府的事，也是每个公民的责任。由于当前一些居民对历史文化遗产的潜在性的价值认识还不够充分，保护意识比较薄弱，因此，需要通过媒体宣传、学校教育、社区教育等手段，加强市民群众对历史文物的保护意识，形成全民共同以保护古镇文化遗产为荣的局面。只有在不断提升“公民意识”的层面，法律的实施才会事半功倍。

# 古村文化扶贫："既要埋头苦干，更要放开思维"

## ——基于湖北赤壁羊楼洞镇的思考

陈雨新

## 一、村落名片："繁华茶乡"的生命历程

羊楼洞镇拥有得天独厚的区位优势，它位于赤壁市区西南 26 公里的羊楼洞镇，为湘、鄂交界之要冲，明清之际系赤壁 6 大古镇之一，为"松峰茶"原产地，素有"砖茶之乡"的美称。自唐太和年间皇诏普种山茶起，本地就开始培植、加工茶叶。宋代曾一度以砖茶作为通货与内蒙古进行茶马交易。明嘉靖初，制茶业已相当发达。集镇随之而兴。极盛时茶庄 200 余家，人口近 4 万人。形成于 17 世纪的万里茶道，纵贯河南、山西、河北，穿越蒙古沙漠戈壁，经今蒙古国进入俄罗斯，全长 0.65 万公里。作为与福建武夷山、江西铅山河口、湖南安化齐名的万里古茶道四大原产地之一，生产的砖茶远销欧洲，在中西文化交流史上留下浓墨重彩的一笔。当地居民告诉我们，青砖茶具备降血脂、生津止渴、帮助消化、杀菌止泻的功效。随着时代的变化、政治格局的演变和现代交通的发展，羊楼洞逐渐被人们遗忘，慢慢淡出人们的视野。古镇有 5 条主要街道，百余家商旅

店铺。"洞茶"远销海外，为"中国大茶市"，誉称"小汉口"。

镇区现存一条以明清建筑为主的古街，主街宽 4 米、长 2200 米，伴有数条丁字形小巷。古街建筑面积 0.7 平方公里。街面全部以青石铺设，历代运茶的"鸡公车"将石板碾成寸余深槽。东西松峰港上多为吊脚木楼，有 3 座长条石桥贯通港东。街道随松峰港曲折逶迤，别具一格。街东南松峰山下，有观音名泉，水质清澈甘醇，是历代精制名茶的水源。羊楼洞明清石板街可称为中国制茶业发展的历史缩影，不仅见证茶叶驰名中外的历史，也是当地村民生命历程的所有见证。

## 二、村落喧嚣：从"茶乡文化"联动建筑古迹

羊楼洞古镇现有明清民居建筑 160 余幢，其中不乏豪门大宅，住宅形式多为封闭的四合院式天井院，以斗转封火墙围合成一个院落。多进厅最为多见，亦有纵向数进和横向护厝相结合的大型合院。大量的石柱、石门坎、石鼓、雕花条石、雕花窗棂、石雕漏窗及彩绘屋檐、吊脚楼等遗迹，依稀可见羊楼洞昔日的喧闹和繁华。

羊楼洞古镇北面为北山，南面为松峰山和马鞍山。古镇几何重心更加靠近北山，受到北山阳面影响略大于其他两山阴面的影响，如此布局可保证充足的阳光。羊楼洞古镇的平面布局基本为线形，村落沿河而建。清澈的河水穿行在村落之中，仍有村民沿用以前的生活方式，在河中洗衣服。几乎每家每户的后院都是一片菜园，菜园紧邻小河。这种"菜园、流水、人家"的居住模式在我国古代是很普遍的，这样居住的人们基本可以达到生活自给自足，而菜园和小河也能很好地调节民居周围的小环境，也让人们的生活更好地融入自然。正是因为作为中国砖茶之乡，砖茶给这里不仅仅带来了丰厚的经济利润，也带来了羊楼洞建筑的特色以及文化的丰富。

## 三、“今日之落寞”：羊楼洞镇现状

我们一行来到羊楼洞明清石板街，这里位于赤壁市西南区 26 公里赵李桥镇境内，是羊楼洞古镇残存的部分，1996 年被原蒲圻市人民政府列为第二批文物保护单位，2002 年被湖北省人民政府列为重点文物保护单位。顶着烈日，脚踩青石板路，四百年前的车水马龙，商业贸易，一辆辆马车拉着青砖茶奔赴俄罗斯、欧洲等地的情形仿佛就在我们身边。

### （一）现实中的“空心村”

以往只是在媒体中多次提到“空心村”的概念，可眼前是我们第一次

湖北羊楼洞古镇的传统建筑

湖北羊楼洞古镇的商业街

扎扎实实看到的一幅景象，一户户的门窗紧闭，石板路上的游客也寥寥无几，门口偶尔坐着几位乘凉的村民，其中也并没有年轻人，基本上都是60岁以上的大爷与大妈。我们对本地居民张大妈进行了走访调查。她提到关于本地居民的组成，如今已多为中老年人口，年轻人和小孩比例极少，年轻人基本都外出打工，因为古村附近只有一所小学，教育设施和教学质量得不到保障，并且缺乏进一步教育的条件，所以小孩跟随着在外工作的父母，在父母工作地上学。最早的蒲圻师范学校坐落于羊楼洞古镇，可随着时代的变迁与经济的发展等因素，也搬去了赤壁市市区。

（二）授人以鱼不如授人以渔

我们最先看到的是当地的老年人群体和留守儿童群体的直观感受。我们在访谈过程中发现，当地老人基本仅依靠社保生活，个人拥有土地不多，平时偶尔种种自食农产品，基本不会对外出售，没有农产品收入；整条羊楼洞明清古镇大概有5—6家茶庄和纪念品小店。我们去的那天是周六，属于公休日，但在古镇待了整整一上午，并未见到有任何游客购买纪念品或是砖茶，可见通过旅游业给当地居民带来的收入增加极其有限。当地村民并没有一技之长，世世代代依靠茶叶为生，但是现在的茶叶制作已经高度现代化，手工制茶工艺已没有人知晓，从前村民最擅长的技艺似乎已经被现代化的“机器”所取代，而对于接受新的技能在老年人这一辈似乎更为困难，扶贫最重要的就是文化扶贫，最重要的一点就是“授人以鱼不如授人以渔”，技艺的传承才是扶贫的要点。

（三）古建的未来与村民的未来

有不少古宅早已人去落空，经我们询问，原来古宅毕竟历经历史的风霜，居住起来缺乏舒适度，不少居民想要重建自己的家但政府不允许拆毁古宅，他们只能选择搬出去在其他地方另起新屋。保护古宅固然是好事，但有人的地方才有生气，并且一旦居民全部迁出，那最后一批与老宅共同生活的人也将慢慢从古宅消失。人们将无法再了解当地居民是如何在古宅里作息，只能在冰冷的介绍中去自己想象。如此一来游客只能观赏到“死的历史”，再也无法看见“活动的、最真实的历史”。政府的担心也并非没有道理，本地村民由于受教育程度较低、缺乏文化遗产保护意识，难免会做出一些行为不利于羊楼洞古镇古建筑的保护。依我们看来，怎样教会当地村民保护古建筑、鼓励他们保护古建筑、利用古建筑发展旅游业发家致富才是解决问题的关键。当地政府也确实作出了一些努力，比如主动帮忙修葺羊楼洞古建筑的破损，给古镇每家每户居民都发放了消防灭火器，并

湖北羊楼洞古镇周边的民居

且耐心教他们如何使用（由于房屋的基本结构都由松木制作而成，一旦发生火灾后果不堪设想），定期来居民家中宣讲，提高居民的防火意识。但依我们看来，这些远远不够。据张大妈介绍，他们居住在古建筑内，政府未给予任何补贴。政府保护古建筑是一方面，让本地居民更加舒适地生活在老房中，其实也是一种保护。我们临走时，张大妈不禁回忆起三十年前村子里的情景。那个时候没有电视，没有手机，更加没有网络，夏天即使到了晚上也十分炎热。家家户户都搬出自制的竹床（竹子采自松峰山），将竹床以条形排开，铺满这条 0.7 平方公里的老石板街，无论男女老少大家乘着凉，聊着天，伴着星星入眠……由于时代的变迁，这些景象早已不复存在而成为历史，但希望我们能尽绵薄之力记录羊楼洞这份历史，保护这份历史。

## 四、文化扶贫延伸：既要埋头苦干，也要放开思路

习近平总书记说，要提高扶贫措施有效性，核心是因地制宜、因人因户因村施策，突出产业扶贫，提高组织化程度，培育带动贫困人口脱贫的经济实体。诚然，扶贫的要点仍然是“授人以鱼不如授人以渔”，但是在面临具体问题的时候，这样的指导方针也需要一个思考，像羊楼洞这样的村子在中国还有很多，现代化冲击下原来一批批有传统技艺的艺人手艺逐渐消失殆尽，他们被迫失去了属于自己原有的技艺，取而代之的是高度机械化的生产方式，导致村民“有技无处施展”“有技逐渐散失”“有技最终无技”“有老技艺不用，被迫学习新技艺”等，在我们看来扶贫是没有捷径的，既要有埋头苦干的精神，更要放开思路，将拥有技艺的那些人妥善引导，结合非物质文化遗产的保护措施，逐渐实现脱贫致富。世事万物过犹不及，国家在倡导精准扶贫的同时，需要每一个扶贫工作人员准确了解每一个贫困户的具体情况而非走走过场，既要了解他们的短板也要了解他们的长处。这样才能因人制宜，为每个贫困户量身定制好的脱贫方案，弥补短板发挥长板，更要妥善引导长板，最终通过短暂的“加油”让他们拥有更加强大的“奔跑”能力，避免当地村民二次返贫。

# 湖北汀泗桥古镇发展现状调查

陈雨新

## 一、“美丽的传说”汀泗桥来源

汀泗桥古镇，咸宁市中心镇，咸安区“南大门”，因始建于1247年的湖北省最古老的石拱桥——“丁四”桥而得名，2008年获批“中国历史文化名镇”称号。据当地村民介绍，汀泗桥已于新中国成立前因为暴雨而倒塌，下图为重新修建后所恢复的原貌。

大约在唐朝末年，汀泗桥镇仅为武昌—长沙驿道上的一个驿站，依山傍水，住着三五户人家。紧靠河边有一户姓丁的人家，父子五人乘船到河西做事，不幸遇上大风暴而船毁人亡。仅剩丁四一人在家打草鞋幸免于难。忠厚的丁四别无所长，但打得一手好草鞋，他打的草鞋又结实又好穿。丁四把卖草鞋的钱一吊吊地积累起来，都装到坛子里，埋到床铺下。丁四打草鞋卖草鞋，从青年到壮年，又从壮年到古稀之年，草鞋样式越来越多，草鞋销路越来越广，鞋铺的生意越来越红火，床铺下的银两也越来越多。丁四存钱的目的就是为了修一座桥，方便路人也愿河里不再有冤魂。谁知天有不测风云，这一年洪水提前而至，淹没了丁四的家。丁四摸

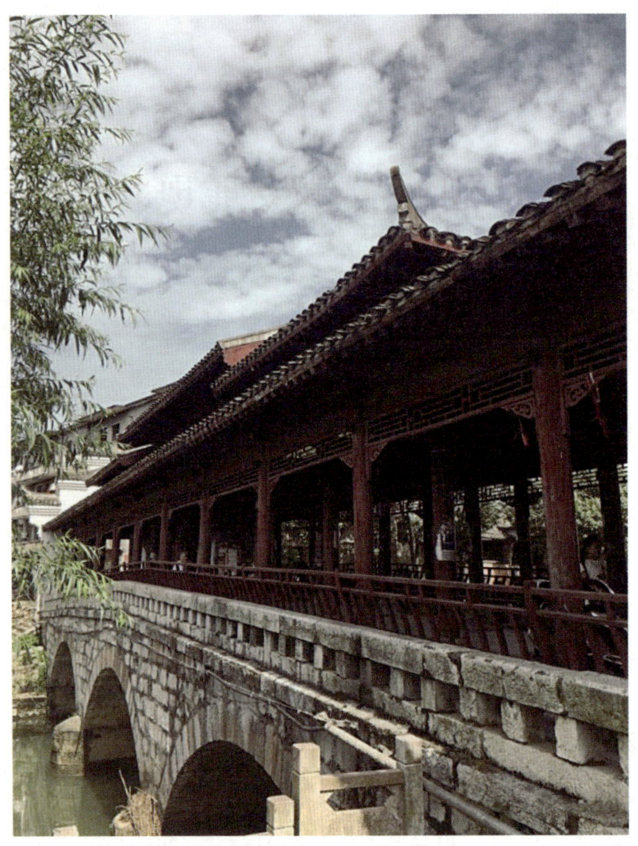

汀泗桥古镇的汀泗桥

着洪水回家，乡亲们误以为他寻短见，得知他是要取修桥钱后感动不已。丁四去世后，村民们听说他打草鞋就是为了修桥，都自告奋勇地出钱出力修桥，于是才有了今天的汀泗桥。

让这座古镇成为历史不可磨灭的一部分的另一个原因是，在 1926 年，叶挺率北伐军独立团夺取汀泗桥，直逼武昌，吴佩孚兵败于此，从此汀泗桥战役闻名中外。

我们一行来到了北伐汀泗桥战役纪念馆。馆内并不如外表那样恢宏大气，相比起来略微逊色。叶挺曾在汀泗桥成立过指挥部。1926 年 8 月，吴佩孚纠集主力军队扼守咸宁的军事要隘汀泗桥，企图凭险顽抗，阻止北伐军前进。8 月 26 日到 27 日北伐军在与敌激战一昼夜屡攻不克的情况下，采用全线夜袭、背后包抄的策略，一举击溃了吴佩孚主力，占领汀泗桥，从而打开鄂南门户，为北伐军直取武汉起到了重要作用。

## 二、当地居民走访："董家马号"后人

"董家马号"位于东正街 36 号，建于清代 1880 年，建筑面积 100 平方米，二层建构，高 10 米，斗檐，砖、木、条石结构，马头墙，活动式木门面，前店洽谈生意，后院栓马匹、堆货物。现为董姓子孙董永金管理。经董姓村民介绍，其家从祖上开始五代经商，从事租赁马匹的生意。董姓村民还有三个姐姐和两个哥哥，现与 93 岁的老母亲共同住在老房。其他的兄弟姊妹有的在武汉、有的在咸宁、有的在深圳，而唯独只有他在家中陪伴年迈的母亲。他五年前从广东打工回来照顾老母亲，之前一直是老人独居（老伴很多年前就已经去世），老人身体向来硬朗，几乎没怎么住过院。近年来过年兄弟姊妹也从未聚齐过。家里陪着老人的另外一个物件是一个崭新的相框，一对新人围绕在老人的两旁。这是去年老人孙子结婚的照片。这张喜庆的照片给房子添加了些许的生机。老人家的记忆力也还不错，能够清楚地记得日军侵华时占领汀泗桥的情形，那时夜夜有人在外面巡逻，家家户户大门紧闭，生怕弄出一点声音来。当董姓村民谈及家里其他兄弟姊妹时，我们不禁惊讶，他现在在村子里也只是依靠低保生活，而他的兄弟姊妹却个个在另外的城市混得风生水起。既然如此，老人为何不跟其他富有的子女一起居住过更好的生活？经我们询问，原因如下：1. 老人家早已习惯这样的居住环境；2. 老人家"安土重迁，落叶归根"的传统思想；3. 难以适应城市的居住环境，内心孤单。

## 三、当地居民走访：庙巷深处的寂寥

顶着烈日，我们来到一条叫作庙巷的小巷子，这条巷子二十年前居住着十一户人家，而现在的居民早已寥寥无几。被称作“庙巷”的原因在于原来在小巷深处有一座庙；后来被改建为小学，“文革”后小学也不复存在。我们对当地居民张大妈进行了访问。张大妈今年 75 岁，老伴儿早已不在人世。当告诉她我们是来自湖南的大学生时，她马上骄傲地跟我们说她孙

汀泗桥古镇一隅

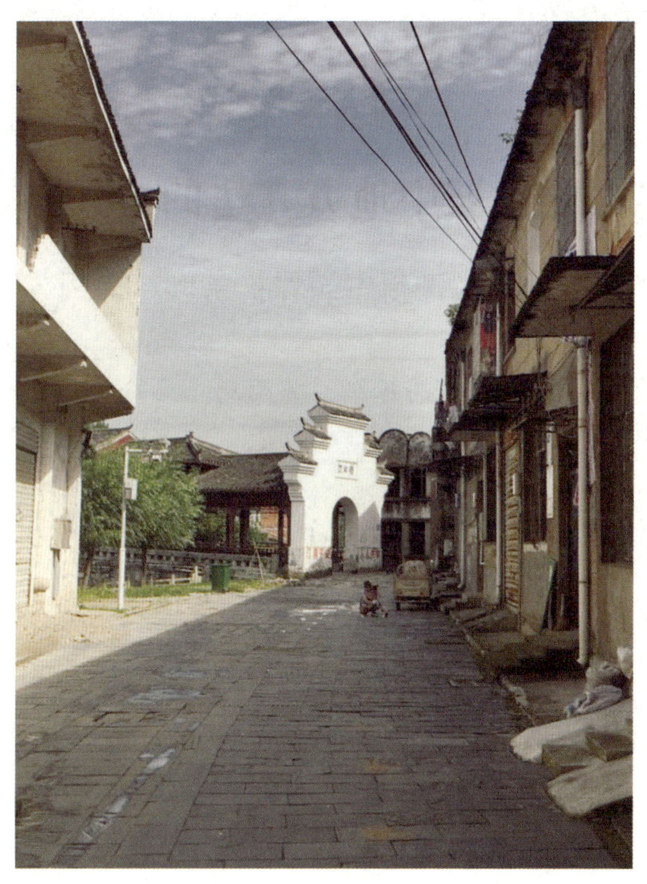

汀泗桥古镇中的民居

子也在湖南上大学。她原来是筷子厂的一名工人，厂子倒闭后失业，以前买不起社保，现在只能依靠低保生活。她的女儿在咸宁，儿子在广东。平日里大多数时间她都是一个人在家里，女儿偶尔会回家来帮忙。从见面开始她从未站起来过，是因为腰疼，所以邻里之间去跳广场舞她也从不参与。见到我们她很开心，打开了话匣子。 这也让我产生了深深的思考，在古镇保护之下，村民内心的是如何思考的？古镇的居民是否得到了应得的效益？

# 历史文化名城中地方立法的评述与启示

## ——以《荆州古城保护条例》为例

林 伟 高振凯 陈雨新 周盼盼

2003年，建设部（现为住建部）和国家文物局联合发布《关于公布中国历史文化名镇（村）（第一批）的通知》，首次提出了历史文化名镇的概念，公布第一批共10个历史文化名镇。

2007年全国人大颁布《中华人民共和国城乡规划法》并修订《中华人民共和国文物保护法》，2008年国务院颁布《历史文化名城名镇名村保护条例》，确立了历史文化名镇保护制度。

荆州市为了更好地保护历史文化名城的文化古迹，于2016年12月21日通过《荆州古城保护条例》，自2017年5月1日起施行。

## 一、荆州古城概况以及立法保护背景

荆州古城位于湖北省荆州市荆州区。荆州，依巴蜀之险，据江湖之会，为历代兵家必争之地，秦灭楚后为历代封王置府的重镇。荆州城始建于东汉，原为土城，南宋始建砖城，元初拆除，明初又建，明末被毁。现

荆州古城城门

城墙为清朝顺治三年（1646 年）依旧基重建，墙高近 9 米、厚约 10 米、周长 11.03 公里，东西长，南北短。城墙、城门、观敌台、堞垛等均保存较好，为全国重点文物保护单位。被誉为"中国南方不可多得的完璧"。4.5 平方公里的荆州古城，现有常住人口 10.7 万，随着荆州古城旅游资源的持续开发、知名度的不断提升、游客人数的不断增长，经济效益不断提高，影响古城保护的问题和矛盾也日益凸显，荆州古城面临着开发与保护的困境，针对在开发过程中暴露的问题，该如何加强对荆州古城的保护和管理，实现经济效益与环境效益的统一，成为当地政府无法回避的问题，因此，亟须通过立法为古城保护与利用提供法制保障。

## 二、《荆州古城保护条例》评述

### （一）明确了古城保护的原则和对象

荆州古城在古城保护中遵循统筹规划、整体保护、科学管理、合理利用的原则。基本原则的确定，明确了保护要求，为各项工作的开展指明了方向。在此基础上，明确了以下几个保护对象：

1. 古城历史风貌和传统格局；

2. 古城墙、开元观、玄妙观、太晖观以及其他各级文物保护单位，不可移动文物；

3. 得胜街、南纪门等历史文化街区；

4. 历史建筑；

5. 具有历史文化价值的民居、碑刻、遗址及纪念性设施；

6. 古树名木、珍稀植被；

7. 非物质文化遗产；

8. 其他应当保护的对象。

### （二）明确了荆州古城保护的规划

在整个保护条例中，明确了荆州古城的保护规划，在第二十条中明确规定："历史文化街区应当逐步恢复原历史环境风貌、街巷格局、建筑特色，其保护范围内建筑物或者构筑物的建设活动，应当按照古城保护规划的要求进行。"以及在第二十一条规定："历史建筑实行分类保护。国有历史建筑由使用人负责修缮、保养；非国有历史建筑由所有人负责修缮、保养。历史建筑的使用、维护和修缮，应当接受相关部门的指导和监督。任

荆州古城的城墙

何单位或者个人不得损坏或者擅自迁移、拆除历史建筑。”该条例重申了编制、修订保护规划的主体部门，对相关部门起到了督促作用，有利于相关法律、法规的贯彻，有利于荆州古城保护规划的制定。

### （三）落实了政府在古城保护中的职责

《荆州古城保护条例》中明确规定了各级政府的以下职责：市人民政府应当根据城市总体规划、历史文化名城保护规划和荆州城墙保护规划，组织编制古城保护规划，报市人民代表大会常务委员会审议；古城保护规划在报送审批之前，组织编制机关应当听取古城保护专家委员会意见，并向公众征求意见；市文物、住房和城乡建设部门应当会同市城乡规划部门，组织编制文物保护单位、历史文化街区、历史建筑、古城人口疏散等专项规划；市城乡规划部门在对古城范围内的建设项目作出规划许可之

荆州古城一隅

前，应当组织文物影响评估，征求古城保护专家委员会和有关部门意见；涉及文物保护单位保护范围和建设控制地带的，还应当按程序报请文物部门同意。

（四）细化荆州古城的保护措施

《荆州古城保护条例》细化了诸多措施，使得保护效果事半功倍，具体做到了以下几点：古城保护实行名录保护制度。保护名录的编制内容、标准、申报和批准程序等由市人民政府确定；市住房和城乡建设、城乡规划、文物等部门应当定期普查历史文化资源，发现具有保护价值的对象，应当及时提出将其列入保护名录的意见；古城墙的维护和修缮，由市文物部门依照文物保护法律法规的规定，委托具有相应资质的单位制定方案，经古城保护专家委员会论证后，按照法定程序报批；历史建筑实行分类保护。国有历史建筑由使用人负责修缮、保养；非国有历史建筑由所有人负责修缮、保养；历史建筑的使用、维护和修缮，应当接受相关部门的指导和监督。具体还针对城墙等问题做了以下几个细化的措施：

第十八条：禁止下列损毁、破坏城墙本体的行为：

1. 在城墙墙体上打桩、挂线、凿孔、涂污、刻画、张贴、悬挂物品、攀爬；

2. 拆挖城墙砖，在城垣上取土、种植、焚烧、破坏植被；

3. 在城墙周围存放易燃易爆及腐蚀性物品；

4. 在城墙保护范围内倾倒、堆放垃圾和向墙体排放污物污水；

5. 在城墙本体修建与城墙保护无关的建筑物和构筑物；

6. 其他危害城墙安全的行为。

同时，在古城范围内建设活动应当符合下列限高规定：

1. 荆州城墙文物保护范围内不得进行其他建设工程，但因特殊情况需要进行其他建设工程的，建筑檐口高度控制在六米以下；

2. 荆州城墙一类建设控制地带建筑檐口高度控制在十二米以下；

3. 荆州城墙二类建设控制地带城墙内建筑檐口高度控制在十五米以下，荆州城墙二类建设控制地带城墙外建筑檐口高度控制在二十四米以下。

以上各项具体保护措施和规定，将保护要求具体化，为古镇的保护贴上了“护身符”。

## 三、《荆州古城保护条例》的启示

首先，《荆州古城保护条例》是专门针对荆州古城的省级地方性法规，通过立法为历史文化名城保护提供专门的法律保障，这种专门针对一个古

荆州古城的新民居

城立法的立法经验是值得借鉴的。此外，《荆州古城保护条例》结合荆州古城的实际情况，确定了一系列具体的保护措施，该条例本身的内容也是值得借鉴的。

其次，对于荆州古城的保护资金，荆州市政府将其列入本级财政预算，在一定程度上保障了政府投入，但是不管是在法规中还是在实际操作中对于每年投入的比例或者金额都没有具体确定，无法保障对古城资金持续稳定的投入，在以后应该明确资金投入比例或者金额，加大政府投入。

最后，在公众参与方面，荆州古城通过宣传、物质激励等措施鼓励本地居民和社会人士参与到古城的保护中来，在政策制定时注意听取民意民声，在具体的保护中充分发动群众，通过信息公开，保障群众的知情权。即便如此，荆州古城中的公众参与依然存在缺陷，群众的参与力度依然不强，当地居民更加注重的是对经济利益的追求，更加注重的是开发中的参与而不是保护中的参与。此外，我们在走访调查中了解当地关于古城的处罚情况等信息时遭到拒绝，并且没有看到任何有关信息公开的宣传栏或者其他的信息公开形式。在以后的法规完善及实际工作中应该更加侧重于鼓励居民参与到荆州古城的保护中来，政府应该对公众参与提供相应的保障，扩大公众参与古城保护的途径和方式，注重保障群众的知情权，充分发挥公众在古镇保护中的作用。

# 鄂南传统古村落面临的危机与保护

## ——在垅口冯村的点滴思考

顿德华　朱弘宇　彭珮琳

"再翻一座山，渡过一条河，就是外公外婆的村落，喝一口泉水，唱一支老歌，看那袅袅炊烟舞婆娑。"耳机里是羽泉的《归园田居》，眼前是被落日映红的青砖黛瓦，那熟悉而温暖的老家味道令人沉醉。

——题记

位于湖北省咸宁市咸安区马桥镇的垅口冯村是鄂南山区的一个自然村，它是由古民居、古桥、古井、古树等组成的一个古老村落。该村被住房城乡建设部、文化部、财政部三部门列入第三批中国传统村落名录。我以前在网上看过一些关于垅口冯村的图文资料，对这个集中了鄂南建筑风格的古村落颇为向往。

## 一、青砖黛瓦，熟悉而温暖的老家味道

从长沙乘火车由南向北，经岳阳、赤壁、咸宁，约两个多小时的车程

到达马桥镇，然后经过一条乡村公路可到达垅口冯村。从马桥镇到垅口冯村的途中，已经可以发现不少木石混建的民居群落，有的靠山，有的面水，还有一些散建在山腰上，其中不少民居仍然保持着较为完好的青瓦灰脊。这一片地域渐与湖南岳阳靠近，所以整体上来看，该地在地貌风格、民居样式、林田生产、风土人情等，与湘北的岳阳接近。

要到垅口冯村，还得经过一段崎岖的山路，大约正是这段不算平坦的路，让我们更加向往声名赫赫的垅口冯村。对于来欣赏风景的游客来说，没有开发的崎岖山路对其行动可能造成极大的不便，但对古村落考察的人员来说，应该感到欣喜，毕竟原生态保存下来的东西，更具研究价值。我们一行三人穿梭在翠绿葱郁且崎岖盘旋的山路上，沿途中，我们透过车窗观赏了道路两旁秀美村庄和成片的农田美景，也浏览了马桥那郁郁葱葱的

咸宁市咸安区马桥镇垅口冯村——村庄全貌

咸宁市咸安区马桥镇垅口冯村——当世第

林木景致和茫茫云海。到垅口冯村后，大家立刻被山清水秀的自然风光吸引，溪水潺潺，碧竹茵茵，山峰奇秀，这些自然美景无不使我们陶醉在人间仙境之中。

山体是大地的骨架，水域是万物生机之源泉，依山傍水是垅口冯村的显著特征。垅口冯村背靠龙泉山岭，面朝观音山脉，两山脚下各有一条溪流，流水潺潺，清澈见底，两条溪流，一前一后，环绕古村，在村头交汇。远望垅口冯村，在青山秀水之间，古民居与现代建筑交织，文明与富庶并存。村中古木参天，村前村后随处可见各种古树枝繁叶茂，树身斑驳，浓荫如盖。进入村落深处，是古民居最集中之地。这些古建筑，它们并没有张灯结彩整饬一新，而是那么古朴、安静。进入古民居，其古朴典雅的景象，让人有穿越时空的感觉，透过映入眼帘的实景实物，仍可显现古宅当年的繁华。五幢高堂古屋，一处私塾小书院，一处碾坊，多条石板小道和排水沟渠，这些古屋根据地形，依山而筑，布局合理，疏密有序，错落有致，是典型明朝风格的古民居建筑，带有浓郁的楚文化色彩。五

咸宁市咸安区马桥镇垅口冯村——凌云第大门

幢古民居分别为“瑞锦传芳”“凌云第”“四德家风”“四德堂”“当世第”。据资料记载，这五幢古宅，始建于明朝成化年间，为冯姓五兄弟独自而建。五处建筑中，以“瑞锦传芳”面积最大。据垅口冯村组长介绍，垅口冯村历史上有很多的老房子、古井、石桥、古树、祠堂，众多的古迹随着朝代的变化，尤其是在“文革”时期的“破四旧”运动中都被化为乌有，一些古迹我们只能通过老照片或老人的口述来观看和想象。比如，“当世第”古民居上中堂正中悬挂着的一块约长 2.5 米、宽 1.2 米的“萱圃秋高”寿匾，我们根据村书记的介绍才知此匾系清三代皇师、一品顶戴雷以諴（xián，又名雷七爹，小时名雷春霆，老年后人们称呼雷七爹，咸安区桂花镇大屋雷塆人）赠送少时同窗好友冯从龙母亲七十大寿的亲笔字，笔力遒劲，铁画银钩，清晰可见。

除了这些古老的建筑群，这里至今还保留着林园吐翠、田舍掩映、阡陌纵横的原始生态风光，苍天古树、小桥流水，几十座古老建筑散落在小溪两边，熟悉而温暖的老家味道由此而生。

## 二、城镇化影响，村民保护意识缺失

在现代化的进程中，仍有部分老旧建筑被摧毁，随着国家对物质文化遗存保护工作的大力倡导，垅口冯村及咸宁市都逐步认识到物质文化遗存保护工作的重要性。在新农村建设过程中，尚未破坏的老房子、古树、古井被保护了下来，尤其是国家在重视传统村落保护的大背景下，比如“瑞锦传芳”“凌云第”“四德家风”“四德堂”“当世第”这五幢古民居都保护完好。但在实际的走访过程中，我们了解到，垅口冯村经过几百年的风雨洗礼，“文化大革命”的破坏，加上人为的拆除，有些虽保存较为完好，但有些因长年无人居住，屋内堆满杂物，到处都是蜘蛛网，大雨大漏，小雨小漏，有的已经坍塌，只剩下断壁残垣。更为重要的是，在问卷调查结果中显示，不少村民对文化遗产保护重要性认识还存在不足，特别是青少年。青少年本应是文化遗产保护事业的主力军，对文化遗产保护的意识

咸宁市咸安区马桥镇垅口冯村——瑞景传芳门口小孩

也应该较高，但我们在考察中，几乎大部分的青年人不知道保护古建筑的价值所在，在他们看来，城市生活对他们更有吸引力，他们不愿意留守农村，与其在农村保护古建筑，还不如进入城市打工挣钱提高生活水平。非物质文化遗产的保护在农村更没有得到青年一代的足够重视，我们随口问了年轻人几个问题，比如："丰富多彩的垅口冯村流传的民风民俗你们知道多少？"他们的回答让人诧异，居然很少有人知道。事实上，垅口冯村流传着丰富多彩的民风民俗，比如，正月十五玩龙灯，元宵节通宵点灯，端午节清晨抢挑第一担饮用水，婴儿剃满月头，结婚撒帐等。由此可想而知，青年对村落有形的古建筑和流传久远的民风民俗如此淡漠，村落无形的精神文化价值也将因为村民的不重视而被泯灭。为此，加强古村落保护，特别是提高村民的保护意识，营造良好的古村保护氛围尤为重要。

## 三、文化自觉，有效保护古村遗产的措施

保护人类文化遗产，既是文化工作者的神圣使命，也是全社会共同的责任。要保护好文化遗产，必须有村民的参与，村民的参与是建立在充分认知的基础上的。所以，针对垅口冯村的保护问题，我们以为一是要积极创新宣传手段，为村民提供喜闻乐见的宣传形式，全方位加强对古村落的宣传力度；二是要加快古村落保护立法，进一步明确古村落文化遗产保护对象、范围、职责，从根本上加强对古村落文化遗产的保护，从而使保护工作法制化、规范化、制度化；三是加大资金投入，这对于古村落保护有着十分重要的现实意义，这是关系到能否搞好保护工程的基础，可以利用"古村之友"等社会公益组织筹集资金，具体的也可以采取政府投入、民间投入、企业投入、外资外商投资，建立发展基金、个人基金、专项基金等。

# 匠者，心也：基于湖北阚家塘古村落的考察

朱弘宇　顿德华　彭珮琳

田野调查进行了六天，我们也已陆续走访了一些村落，对其进行了细致的考察，除了对村民开展深度的访问之外，我们还参观了当地的建筑并做好了取景工作，而思考也随着一幢幢精致的古屋展开了。

黄石市阳新县排市镇下容村阚家塘——墙头

## 一、依山傍水，风格独特

就我们湖北组目前考察的村落而言，建造时间多以明清为主，所以大都呈现出了明清建筑形体简练、细节烦琐的特点，虽然明代的官式建筑已高度标准化、定型化，清代也进一步制度化，但民间建筑的地方特色的却是十分明显，这也使得我们的调查更有意义与乐趣，有了更多可以观察的空间。由于我们的调查范围主要是在湖北一带，受多雨潮湿的气候条件与

黄石市阳新县排市镇下容村阚家塘——正门

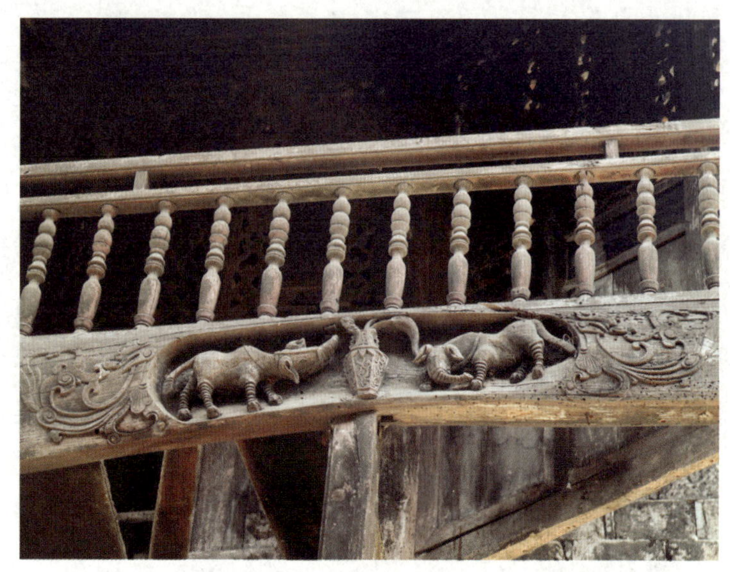

黄石市阳新县排市镇下容村阚家塘——雕花

多元文化的影响，其古村落“荆楚派”的建筑风格尤为明显，总的来说就是高台基、深出檐、美山墙、巧构造、精装饰、红黄黑六大特点。

这些古屋根据地形，依山而筑，错落有致、疏密有序，与山林浑然一体，光是远远地看着就能感受到它的美感。几个村落周边皆有溪流潺潺环绕，人未到水声便先入耳，在高温中也带给了我们一丝凉意。而当我们从40摄氏度的烈日下迈入古宅，随之而来的却是扑面的凉气，与现代钢筋水泥所建造的高楼不同，由于周围环境和自身构造及材质的原因，古宅只需自带的“天然空调”就能给予屋内人一种凉爽的感觉，回头看看刺眼而火辣的阳光感觉自己像是进入了一个新的世界。

## 二、精雕细琢，匠者心也

穿梭在古宅中，难以想象这些建筑是如何只靠工匠们的双手砌起来

黄石市阳新县排市镇下容村阚家塘——雕花

的，每个斗拱、天井、木雕，甚至是精妙的排水系统，映入眼帘的物件无一不在叙述当年的繁华。只可惜一刹那万物虚弥，一转眼沧海桑田，好些古屋在风吹日晒的消磨中也到了不蔽风雨的地步，更别提屋里原来的物什了，其中以下容村阚家塘最为明显，保护不到位的后果就是满目疮痍，踩在脚下的瓦砾嘎嘎作响，让人心疼。但就算如此，仅仅是看屋内的门窗斗拱也足以让人赞不绝口，木质的窗子经匠人们的雕琢都变成了精致的展品，横平竖直经百年竟没有一根有歪曲的迹象，而木料上的图案则好似是他们灵魂的具象化。以雕饰为例，每个村落都有自己的特色，垅口冯村的雕饰以祥云和相互缠绕的藤蔓为主，刘家桥村则是各式各样的花朵错落分布，而下容则以各式各样的动物作为主体。即使是拿保护情况较差的下容村粗略分析也可以看出其中的雕饰倾注了木匠们多少心血，光是一屋内横梁上存留的四块木雕就大有文章：木匠以动物习性分类，水中游的、天上飞的、地上跑的各刻一块，第四块则是刻有西域风格的大象。有人说：“一个木匠等于半个知识分子”。而每一块木雕的背后可能都是一个故事、一种文化，这种文化正是通过这些老艺人的手代代相传才得以传承。

刀削斧凿，钻磨刨漆，透过这些像是被时光遗忘了的雕饰，我们仿佛看到了明清时期老木匠们刨子滑动、木花飞泻的场景，他们手下所生长出的世界恢宏又明亮，甚至湮没了他们自己，站在屋外的我们拼了命的叫喊却无人回应，只能由着一座座钢筋水泥搭建的高楼拉着我们远去。

## 三、深度保护，传承手艺

每个古村落都承载了厚重的历史，凝结了前人的智慧，是一本读不完的书，但却由于人们对它的不重视导致现在即使抢救有时也是有心无力，现代化的冲击使人们一窝蜂地从村落走向城市，让原本靠家族栖居而历经世事还能生生不息的村落不仅退出人们的视野，还在孤独中日间消亡。与此同时，随着现代科技的飞速发展，与其他行业一样，传统的木匠渐渐被

黄石市阳新县排市镇下容村阚家塘——雕花

机械所取代，如今能见到的木匠也越来越少了，老一代木匠年龄老化、技艺陈旧，而新一代的年轻人又受现代化的影响不愿意拜师学习传统技艺，这也就导致了木匠这门传统行业在迅速减少，甚至有人说它没必要传承，但我们并不这么认为，即使现代科技冲击着传统行业，但客户体验已经证实文化底蕴仍然是很重要的，手工的与机器批量生产的终归不一样，它所带来的感受也是任何科技都无法替代的，每一项传统手艺背后都有一段悠长的历史和文化，都应该得到相应的传承。这个世界上最不应该消失的东西就是手艺，历史会被铭记，文化会被传承，甚至建筑会被保护，唯有手艺却总是被人们所忽视，也不知齐白石老先生看到现在木匠这行没落至此会做何感想。

在我们看来建筑就是木匠们的语言，一位真正的老木匠也是一座活化石，而这山水间的古村落正是他们手下美妙的杰作，现代“千城一面”的高楼大厦与之相比是远远不及，而机械化的技术或许可以搭建其形，却难得其意。希望人们在注重建筑保护与开发的同时也能关注木匠这一传统

黄石市阳新县排市镇下容村阚家塘——雕花

黄石市阳新县排市镇下容村阚家塘——建筑外景

工艺，正所谓“工者，技也；匠者，心也”，曾闻字典中“匠”字有这样一条注解：在某领域有特殊造诣的人。也不知当今还能不能出位真正的木匠了。

# 乡村视角下的大别山地区传统村落保护现状分析

## ——基于黄冈市麻城王家畈村的社会考察

顿德华　朱弘宇　彭珮琳

古村落，承载着历史的厚重，一旦破坏，其损失将难以估量。考察期间，我们每日走在这些传统村落里，既看到了成片的老院子、破败不堪的老屋，亦看到了拆掉老屋后新修的房子……当前，面对席卷而来的城市化浪潮和新农村建设，古村落面临日益严峻的生存危机，面对残垣断壁、红砖绿瓦散落满地的状况，我们该做些什么？带着这样的思考，我们走进了王家畈村。

## 一、王家畈古村落的特征分析

王家畈村传统村落地处湖北中部大别山山区，该村位于麻城东部，距市区 45 千米，该村坐落在大山之中，"负阴抱阳"，山、村、田、水和谐共存，体现"天、地、人"三者合一的生态理念；村庄北面依靠大别山，东南有河溪自东向西环绕，是符合古代环境风水学思想的村落布局。村落呈块状分布，是典型的传统村落的选址。

黄冈市麻城木子店镇王家畈村——雕花

村落依山傍水，植被茂盛，古树参天，环境优美，其历史环境要素充分反映了当地劳动人民质朴的生活观念，村民用较为原始的石材、土坯、青砖、木材为主要建筑材料建造民居，以砖木结构为主，屋面多有飞檐，以连体建造为特点。该村传统民居在明末清初时期就开始营建，村民用容易取得的较廉价的材料建造民居，即我们今天所看到的保存较为完整的古建民宅。位于该村的新屋湾老屋远望似一座古堡，整个房屋除大门外只开少数小窗，采光主要靠天井，这种住宅进深很深，进门为前庭，中设天井，两旁建造厢房，以此类推至最后一进房屋。该建筑群风格独特，结构布局严谨对称，主次分明，其建筑呈现四合院式格局，有意思的是，民居在门厅、前厅设隔扇、檐廊、门窗等多种图案木雕构件。值得注意的是，该村文化底蕴深厚，据传湖广总督张之洞乃此村落第 12 世孙，还为其姑姑祝寿题词：风火宜家整乾道肃坤维德式一方推巨擘；诗书启后绍庭槐培玉树筵开三豆祝齐眉。横批：杖乡同庆。题词的匾额今天还保留在村落民居里。由于古建筑相对保护完好，在国家住建部、文化部、财政部联合公布第三批中国传统村落名单时，王家畈村也榜上有名。

## 二、王家畈村的残损现实

王家畈村从建筑结构布局来看，传统建筑物分布很集中，老村中的院落民居保存基本完好，但个别院落民居由于全家迁居外地、无人居住和维修，有的倒塌损坏。其残损现实主要体现在如下几个方面。

一是传统特色古民居有不同程度的残损。王家畈村的许多古建筑在自然及人为的破坏下，开始老化、坍塌，甚至被拆毁，古风貌破坏严重。我们在考察中发现，王家畈村的古院落与民居建筑中，绝大部分仍作为民宅使用，由于王家畈村整体经济发展滞后，这些传统院落与民居建筑虽有修补，但相对整体保护而言，只算是杯水车薪。同时由于村民对传统院落与民居建筑的价值认识不足，还存在一部分传统院落与建筑民居被村民作为猪圈、牛栏使用；而近代很多传统院落与民居，由于缺少房屋维修资金，大部分古建筑在不同程度上出现了墙体开裂、倾斜，个别建筑有屋顶渗漏、屋梁椽柱霉烂及虫害等现象。部分民居由于无人居住已塌陷破落，或由于产权纠纷等原因，只被村民当作堆放柴火、稻草的场所，无人管理。

二是传统村落存在“保护性”破坏。历史性老化造成老房子的自然颓败是许多村落衰败的共同原因，然而，村民无序和随意的新建、翻建，有意无意加入许多现代元素，造成了传统村落与乡土环境、历史风貌的格格不入，换言之，各类现代建材破坏着王家畈村的古风古貌。我们了解到，王家畈村的传统院落与民居建筑以砖石墙、土坯墙为特有的建筑特色，今年来，村民

黄冈市麻城木子店镇王家畈村——古树

在没有技术指导的情况下，把一些传统院落与民居建筑的砖石墙、土坯墙用各种颜色的面砖装饰，使得村庄传统历史风貌特色变得混乱。

三是街巷格局和肌理受到破坏。王家畈村的老村里，传统村落的街巷格局整体保存较为完整。在村落内部由于自然和人为建设的破坏，部分街巷的空间尺度遭到了一定的破坏。据村支书介绍："王家畈村在清代有学宗公御赐进士，并有张之洞亲笔题寿扁，悬于堂上，由于管理不善，该匾已被盗贼偷走。"可以说，该村最有文化价值的当属张之洞亲笔题的寿扁，该匾被盗，无疑也是建筑内部肌理的一种破坏。此外，王家畈村内少数的

黄冈市麻城木子店镇王家畈村——民居周围

新建住宅由于用地分割、平面布局、立面材料的变化，其形成的室外空间与古建筑完全不一样，对街巷肌理也有很大的破坏。

## 三、王家畈村的保护策略

传统村落以其几十年乃至上百年的时空维度诠释人类对环境的作用，是任何“标本”所无法比拟的。“在生活条件迅速变化的社会中，能保持自然和祖辈留下来的历史遗迹亲密接触，才是适合人类生活的环境，对这种环境的保护，是人类均衡发展不可缺少的因素。”王家畈村古院落、民居所体现的人文精神，正是现代城市及其环境所缺乏的一种精神基础，从这个意义上说，保护王家畈村的传统村落意义重大。我们认为，保护最重要的要用活化的方法加以保护。具体体现在如下两点：一是要注重对村落建筑的日常保养。要在保留原有建筑风貌前提下，采取原来的特色建筑材料和传统的建筑工艺，对老建筑进行适当修葺和改装，维持老建筑原来的古朴外观和建筑装饰。二是提升村落的人气。要争取适当数量的村民在古村居住，以保留古村中原生态的传统文化。当然，要留住人，保留人气，需要完善基础设施建设，改善村民居住环境，如厕所、水电、网络、照明等，满足现代日常生活的需要。

黄冈市麻城木子店镇王家畈村——屋檐一角

# 麻城花挑传承现状的调查及保护建议

顿德华　彭珮琳　朱弘宇

代表着“朴实、传统、醇厚、清新”的乡村如今散发出越来越迷人的魅力，村落文化也得到了人们的青睐。流行于大别山地区的花挑作为一种特殊的文化艺术形式，它形成了独具特色的个性特征，拥有文化、艺术等多方面的丰富价值。在现代化席卷全球的浪潮中，如何让花挑坚守自身的文化价值、牢固艺术的内部根基，是我们应该关注的问题。当前，麻城花挑的发展前景不容乐观。我们甚为忧虑，现就拯救麻城花挑、弘扬花挑文化浅议如下。

## 一、弘扬花挑的现实意义

麻城花挑又名“挑花篮”，流传于麻城、红安等地，通常是喜庆节日在街头、室内或舞台上表演。角色有嫂子、小妹、情哥三人，其中小妹肩挑用五彩纸花装饰的花担（即花挑），手持方巾；情哥手握竹板；嫂子右手持扇，左手持方巾。三人边唱边舞，情哥与小妹相互倾诉情意，嫂子则穿

黄冈市麻城歧亭镇丫头山村——痴汉长廊

插其间逗趣，舞蹈活泼而风趣。可以说，麻城花挑是人民群众集体智慧的积淀，它经过多年的演绎、继承和发展，形成了今天形式灵活、内容健康、曲风激情婉转、欢快动听的艺术特点。

据了解，大别山是民间歌舞的发祥地之一，产生了一系列精品歌舞表演形式，形成了独树一帜的表演风格。麻城花挑历史悠久，以花挑、锣鼓、唢呐及二胡等乐器为代表，配以山歌短调。麻城市歧亭镇杏花村是麻城花挑的发源地，目前麻城花挑流传于整个麻城市及大别山地区。花挑作为特色节目曾在国家、省等重要场合举行过表演，1956 年麻城花挑赴京参加全国首届民间歌舞会演，并作为优秀节目进入中南海为中央领导作专场演出。1978 年麻城花挑表演者作为群众演员参加电影《吉鸿昌》演出。2007 年被评为“湖北省非物质文化遗产”。花挑是群众艺术集结的展

黄冈市麻城歧亭镇丫头山村——湖面

现，是当地人民生活过程中形成的文化结晶，是一份值得珍惜的非物质文化遗产。然而，随着社会的发展与文化的日益多元化，其影响力也在日渐式微。我们认为，花挑既然是艺术的范畴，那么，我们可以充分发挥艺术的功能，包括它的审美认知作用、审美教育作用、审美娱乐作用，让花挑进入人们的精神生活，从而带给人们精神上的享受和教育上的启迪。

保护花挑的现实意义重大，从个体自身的角度来看，保护弘扬花挑可以使人们的审美需要得到满足，获得精神享受和审美愉悦；从民族文化的角度来看，保护弘扬花挑可以使民族艺术更加繁荣兴旺、丰富多彩。如果有一天，延续千百年的花挑消失或者断层了，其损失是显而易见的。为此，我们认为，拯救、传承、弘扬、发展花挑应当引起重视。

## 二、花挑保护传承不容乐观

据我们最近在鄂南考察得知，就红安县境内而言，时下，花挑爱好者人数每况愈下，年轻人爱好花挑的更是寥寥无几，花挑文化艺术呈现“销声匿迹”的趋势。我们在考察中得知，前几年，由政府出面组织花挑表演，观众闻歌而来有上万人，他们虽然倾听欢呼，但当年那种自发的激情对唱场面已经骤然锐减，不再景气。正如村支书所言：“现在让村民去表演艺术节目，村民往往只有三分钟热情，之后便显得无精打采”。还有村民认为，排练花挑节目浪费他们打牌的时间，嫌麻烦。花挑不再景气的局面的确值得我们关注和深思。我们认为，出现这种不景气的状况，主要有如下

黄冈市麻城岐亭镇丫头山村——民居建筑群

黄冈市麻城歧亭镇丫头山村——民居群

几方面的原因。

一是外来文化的冲击影响了花挑的传承与保护。美国学者伊曼纽尔·莫里斯·沃勒斯坦认为，人类历史虽然包含着各个不同的部落、种族、民族和国家的历史，但这些历史从来不是孤立地发展的，总是相互联系形成一定的“世界性体系”。随着大众传媒的高速发展及多元文化的发展，传统文化不同程度受到冲击甚至破坏，在这样的状况下，花挑不可避免地受到了冲击与破坏。在科技飞速发展和价值多元的社会中，每个人都有自己独立选择价值观的权利，在如何对待传统艺术的问题上，年青一代与前辈不可同日而语。年青一代不爱欣赏那些土里土气的民族文化了。据村支书介绍，他家小孩放学回家第一件事情就是看电视，电视娱乐已经成为孩子娱乐的方式，至于传统的艺术民俗，孩子们一无所知，从来也没有主动关心过。我们认为，孩子们通过电视、电脑接触了大量的外来文化，致使他们耳中只有流行歌曲，眼中只有韩剧、美剧……渐渐地，传统文化便慢慢淡出人们的视野，这一切正导致传统文化的消失。在这样的生存际遇下，花挑正面临着内核的丢失。

二是对花挑非物质文化遗产价值认识不足。我们知道，花挑作为一种非物质文化遗产，是反映村民集体生活，并长期得以流传的人类文化活动及其成果，因而具有不容忽视的历史文化、科学等方面的价值。我们在考察中了解到，多数人根本不清楚其丰富的价值。一位老人这样对我们说道："不要说村民不清楚花挑的价值，就是镇上县里的干部也未必知道。"从老人的口中，我们发现麻城杏花村多数人对花挑认知度不高，公众甚至部分领导干部对文化遗产的科学价值、历史价值、艺术价值并不了解，正是这种所谓的不了解，遮蔽了花挑艺术本身的价值。保护花挑非但没有形成理念，而且也没有形成具体举措使其得到传承。

三是传承人面临断层的危机。随着社会进步，人员不断老化，花挑表演也出现了后继无人的现象。大多数非物质文化遗产的传承人年岁已高，有些传承人先后去世，使其面临灭绝的危险。以我们自身的求学经验来

黄冈市麻城歧亭镇丫头山村——农户人家

黄冈市麻城歧亭镇丫头山村——长廊全景

看，一个孩子从读小学、初中到高中、大学，走出校门后又外出谋生，他们很少接触老一辈的传统民族文化，更不能接受老一辈艺人的亲传口授，所以年青一代根本就不懂花挑，不喜欢花挑了。长期下来，青年一代也缺少学习和积极参与的热情，传承人出现了空缺。据我们了解到，该地区的老龄化情况非常严重，0—6 岁的孩子数量极为有限，这种情况如不引起高度重视，若干年后花挑是否还存在就更令人担忧了。因此，必须采取果断措施，及时培养青少年学习了解并熟悉花挑表演，让花挑表演后继有人，代代传承。

## 三、抢救花挑的策略

花挑作为大众化的艺术精品，是一代代艺术人才不断继承和发展的结果。保护传承花挑，最根本的是要抓住“群众”这个传承的主体。我们认为，要重振花挑风范，恢复花挑鼎盛的态势，必须依靠广大村民群众。具体保护措施如下，一是要保护培育传承人，包括保护现存传承人和培训新的传承人。特别是要加强对传承人生活状况的调查了解，对于高龄和病危的非物质文化遗产传人，要有“抢救优先”意识，并充分发挥老艺人的传、帮、带的作用，同时在青少年中加强文化遗产重要性的教育，增强保护非物质文化遗产的自觉性。二是要加大花挑的收集、整理和保护力度，特别要通过调查普查，全面了解和掌握花挑的主要类别和形态、传统脉络、衍变情况，发现独具天才的讲述者、传承者、表演者。另外，还可以运用现代科学技术将其相关资料输入电脑，建立数据库，进行数字化管理，以便更好地保存和宣传。

# 古香古色背后的安全隐忧

## ——关于小河镇明清古街古建筑群火灾危险性分析

朱弘宇　顿德华　彭珮琳

传统村落里的古建筑年代久远，房屋连环密集，大多为砖木结构，人口集中，消防安全隐患较为突出。消防安全保护，作为古木建筑保护的主要内容之一，应该得到格外的重视。然而，在我们考察的诸多古村落中，大多古建筑的消防安全保护做得不够，存在着严重的消防安全隐患。

## 一、不容忽视的安全隐患

众所周知，火灾是当今地球上发生频度最高、危害最大的灾种之一，世界每年发生火灾数可达百万起，在我国古建筑中发生火灾的情况也非常多，例如，2013 年 3 月 11 日，丽江古城因电线失火导致火灾，造成古城内 13 户 103 间建筑被烧毁，过火面积 2243.46 平方米；2007 年 10 月 13 日，广东普宁市南阳山区梅林镇木华庵，因游客拜祭的香烛导致火灾，寺庙局部被烧。在我们近期考察的传统村落中，许多传统村落都存在消防安全的隐患，因为这些建筑大多是用木柱、木梁搭建起一个木质结构的

孝感市孝昌县小河镇小河村——店铺

建筑框架，一旦发生火灾，损失将十分惨重。这担忧并非空穴来风，2014年古城古镇、古村古寨等文物古建筑频频发生火灾，这一现象甚至被列入“2014年度十大文物事件”评选活动的提名事件之中，而就在走访过程中，我们也看到了不少因火灾抢救不及时而烧毁的古宅，原是古朴大气的建筑最终却毁于一旦。此时，提高消防意识，作出专业的消防安全保护规划就显得刻不容缓了。

近期，我们考察了小河镇明清古街，该街道始建于宋代，历史悠久，街道全长约1600米、宽5米，有500多户居民。街道两旁有300多栋明清建筑，多为二层砖木结构阁楼。游走于古朴悠长的街道之中，看着两边筑列有序的阁楼木廊，每家每户门前都有青石磉墩托垫的杉木柱子，那一排排飞檐布瓦，无一不在诉说着当年的繁华盛况，但目所能及之处我却并未找到任何与消防相关的信息或是灭火设备，这引起了我们深深的担忧。这些古建筑楼与楼“同山共脊”，彼此相连，一家损则邻家危，正因互相牵制，古街原貌得以保留，但由此也给小河镇带来了许多安全隐患。《文物保护工程管理办法》第四条规定：“文物保护单位应当制定专项的总体保护规划，文物保护工程应当依据批准的规划进行。”然而，就已走访的十几个村落而言，绝大多数的古建筑在消防方面均没有较完整的规划，即使有也并不系统与完善。

## 二、古建筑群的火灾危险性分析

木质结构古建筑引发火灾，原因主要来自两个方面：一是自然界的危害，二是人为因素造成的灾难。自然界的危害主要是雷击，这种由自然界因素引起的火灾相对较少，传统村落绝大部分的火灾是由人为因素造成。比如，用火不慎、未熄灭的烟头、电器漏电短路等都是导致火灾的因素。

孝感市孝昌县小河镇小河村——留守儿童

孝感市孝昌县小河镇小河村——明清古街

据国家文物局有关部门统计，全国文物古建筑火灾事故中，用火用电不慎引发火灾居首位，火灾频发严重危及文物安全，已成为目前文物安全中“第一大险情”。而就小河镇而言，其耐火能力较差的木料、彼此相连的建筑、消防设备的缺失和当地政府及居民的消防意识淡薄是导致其火灾危险性高于其他地区的主要原因。

当地建筑多以明清时期的木料制成，其间长期经受风吹日晒使部分木料已经腐朽，质地疏松，密度降低，已经属于非常易燃的物品，即使是较小的火苗也可以使其燃烧，而由于古街建筑群的连接比其他古建筑群更为密集，所以即便是很小的火星也会呈燎原之势，迅速蔓延至整片建筑，恩施利川就有这样的古街火灾案例，大火烧遍了整条古街，再加上屋顶的密封性结构，火灾发生后产生的热量一时也无法散发，内部温度会持续升高，极易加重火情，也给消防人员带来了巨大的困难。

而在现场调查当中，我们也发现了许多问题，当地的消防设备极其不完善，整条街并没有灭火设备或是安全疏散示意图，如果火灾发生也会导致游客和居民不知所措，城内道路又比较狭窄，大型的消防车也无法进入火灾核心区域，灭火不及时还加大了消防人员疏散人群的难度。而当地所发展的旅游业在拉动经济的同时也为古街大大增加了火灾发生的可能性，古街人流量增多也会给消防安全管理工作带来难度，再加上一些游客本身道德素质不高，有些甚至在吸烟后直接将烟头随意丢弃。而询问当地居民，他们对于发生火灾后应当如何采取措施的回答也是支支吾吾表示并不清楚，消防意识非常淡薄，且小河镇古街内一些兜售商品的店铺直接把木屋当成仓库，堆积大量易燃物品，当火灾真正来临时，这些便是最好的助燃物品，这将大大提升古街火灾的危险程度。

## 三、针对古建筑群应对火灾的保护性措施

在我们走访的诸多传统村落中，古村落建筑多采用以木质结构或砖木结构为主的建筑形式，这种以木结构为主的结构，极易起火燃烧，材料的耐火性能极差。同时，这些古建筑通常是沿着古街两边修建的，建筑内一般缺少防火隔间，建筑外也很少有消防车道，如果建筑内一旦着火，火势得不到及时有效的控制。此外，街区内商户聚集，游客较多，火灾不确定因素大，火灾危险性高。针对这些消防安全隐患，我们认为首先应该加强古建筑的消防规划建设，特别要加强古建筑专职消防队的建设。

《中华人民共和国消防法》第二十八条规定：距离当地公安消防队较远的列为全国重点文物保护单位的古建筑群的管理单位，应当建立专职消防队，承担本单位的火灾扑救工作。而就此次调研来说，我们走访的多处国家级文物保护单位的古建筑均未建立专职消防队，这就使火灾发生后无法进行有效的扑救工作，所以设立相应的专职消防队非常有必要，且消防

孝感市孝昌县小河镇小河村——竹器

队应当针对当地的特点配置相应的设备，如消防车应当可以在街道内通行、消防器材要尽量选用节水型与水渍损失较小的灭火设备、供水设备也应当根据当地水资源进行调整，甚至消防站的大小、形式都可不拘一格。除此之外，国家也需要进一步完善法规体系，明确消防安全责任，提高政府的消防安全意识，和周边村民委员会、居民委员会制定可行的预案并加强演练，适当地对当地居民及游客进行相关信息的宣传，并在街道内合理设置灭火设备，以便就近使用，自防自救。

被时间遗忘掉的古建筑群，不仅仅是我们国家和民族的骄傲，更是全人类共同的财富，遗产的不可再生性，也决定了我们要时刻注重对古建筑群的保护工作。

当前，随着传统村落旅游的兴起和旅游开发的快速推进，我们需要花更多的精力到古镇等古建筑的消防安全保护上来，确保珍贵的祖国文化遗产的消防安全。

# 地域文化融入乡村旅游的指标构建

## ——以湖北孝昌小河镇明清古街为例

顿德华　朱弘宇　彭珮琳

2016 年 8 月，我们湖北考察组有幸走进了湖北孝昌小河镇明清古街，这条明清古街是湖北省保存较好、规模最大的古建筑群之一。作为历史文化名镇和生态文明乡镇，明清古街丰富的明清建筑风格和农耕文化遗存等都是其独特的文化旅游资源，如何将其丰富的地域文化资源融入乡村旅游，这是我们重点思考的问题。

## 一、小河村地域文化的形成：悠久历史解说

地域文化是旅游形象策划中不可或缺的素材，挖掘地域文化，充分发挥旅游地域文化特点，可以提高地方的旅游形象。我们在考察中了解到，小河镇明清古街旧称小河溪，从北宋小河溪形成街市至今已有上千年的历史。小河溪虽形成于宋，却鼎盛于明清，故称明清古街。现存古街宽 5 米，全长约 1600 米。改革开放后，由于新修了几条街道，小河镇镇区面积不断扩大，1993 年，小河溪古街改名为“澴西街”。小河镇明清古街

孝感市孝昌县小河镇小河村——观音殿

现有建筑面积20多万平方米，是湖北省保存较好、规模最大的古建筑群之一。2009年，小河镇被湖北省确定为“历史文化名镇”和“生态文明乡镇”。北宋时期，小河溪就有街市寺庙，明代设巡检司，清代至民国初年，设分县衙门和县佐，是孝感北部的政治、经济、文化中心。600多年前，小河溪就是湖北汉口至河南并直通京城的驿站。由于水陆交通发达，小河溪工商业十分繁荣，加工作坊相连，商号店铺林立，是鄂东北重要的物资集散地和商贸中心，素有“小汉口”之美誉。

小河镇明清古街曾是孝感北部的政治中心。据民间传说，北宋开国皇帝赵匡胤微时，曾推车经过小河溪，留住三家店，三家店是小河溪街市形成的雏形。明清时期，小河溪还是（北）京湖（广）驿道上的驿站。悠久的历史给小河镇留下了璀璨的文化，也积累了浓厚的文化底蕴。从这个意义上说，大力开发小河镇的地域文化，将其融入旅游开发中，不仅是宣传小河镇，展示地方风采，还有助于提升该地的文化品位。

## 二、融入乡村旅游的指标建构：价值多元呈现

在大众旅游时代，旅游作为现代社会中人们休闲娱乐的一种重要方式，人人都渴望旅游，都喜欢去享受文化的洗礼。可以说，文化在旅游中起着举足轻重的作用。作为入选我国第一批“传统中国村落”的小河镇，昌盛的人文、悠久的商业、革命传统、独特建筑……都是一种很独特很有吸引力的人文景观，具有丰富的历史文化价值，也是融入乡村旅游的指标。在我们看来，小河镇可融入乡村旅游的地域文化指标大体有如下几个方面。

一是具有积淀丰厚的人文精神。古老的小河人文昌盛，明明崇祯年间，小河溪人傅淑训官至一品户部尚书；民国时期，革命烈士李洞章是中共小河镇第一任支部书记，1927 年在武昌英勇就义；清朝道光年间，小河镇便建立了孝感县最早的两座书院之一的观山书院，后来成为孝感县最早的中学——孝感中学。观山耸翠、溪水洄澜、竹港清风、妆台夜月、石桥晚眺、岳寺晨钟、菜圃联村、书声满院等小河古八景闻名遐迩，成为人们旅游观光的风景胜地。

二是拥有光荣的红色革命传统。据村支书介绍，土地革命时期，中共党组织在澴西街领导了著名的万人大游行，摧毁了小河分县旧政权，赶跑了县佐刘学文；1930 年 1 月 28 日，我党领导了著名的以澴西街为中心的小河地区年关暴动，消灭了驻扎在澴西街山陕会馆的国民党反动建国军；抗日战争时期，新四军五师某部和我地方武装在澴西街组织了一次声势浩大的铲除汉奸的活动，处决了日伪情报队长卢敦谦，极大地震慑了日本侵略者和伪军；解放战争时期，澴西街成为刘邓大军对敌作战的重要军需供应地。

三是享有风格独特的民居建筑文化。民居建筑风格独特，人文景观众多。民居基本保持明清时代风格，多为二层砖木结构阁楼，前有 2 米左右的廊檐，一律用石磉礅托住杉木柱子。最深的房屋有 7 重，6 个天井，近

孝感市孝昌县小河镇小河村——民居正门

百米深，留有善堂巷、公孙桥、四官殿、火星堂、下岔街、柴巷等古巷。街面原为青石板铺就，路面上被独轮车碾出一条条深深的车辙。古色古香的古民居建筑群使澴西街誉名远近，尤其是澴西街中段比较完整地保留了明清时期的建筑群，该段长 900 米，建筑群面积 54000 平方米。这里的建筑“同山共脊”，彼此相连，风险共担，休戚相关。屋外多为石磉礅托杉木柱支撑的双层复式廊檐，里屋结构典雅。木质门窗、楼阁雕龙画凤，内容丰富，饱含着浓厚的民族特色。

可以说，小河镇文化底蕴丰厚，历史人文荟萃。作为一个极为有特色的古街，不仅区位优势明显，而且文化价值巨大，是发展旅游的好地方。

## 三、乡村旅游的可持续发展：活化保护策略

古村落作为历史最久远、文化内涵最丰富的一种建筑类型，对于旅游

而言，游客欣赏的是其中的包含知识性与趣味性，集生活美、自然美及艺术美于一身的旅游资源。通过上文分析，我们可以发现明清古街拥有的是一种无可替代的旅游资源，但在商业化如火如荼的背后，小河镇地域文化挖掘与明清古街的保护现状和存在的问题让人堪忧，主要存在三方面的问题。

一是基础设施建设落后。表现在街区没有消防设施，存在很大的安全隐患，许多电线直接架设在木质房屋上。此外，水、电、通信等设施及古街路面的排水系统建设都没有达到相关标准。二是生态环境的恶化。街道上不仅没有绿化，而且没有对应的垃圾箱等，生活垃圾没有集中管理，随意倾倒。小河镇明清古街内部环境较差，公共服务设施缺乏、陈旧，功能已经无法满足现有的居住要求。三是古建筑损坏严重等问题。主要原因是建筑年代久远，自然破败损害，加之当地经济状况不理想，村民收入水平低，无力修复，导致不少房屋就出现了空置、荒废。我们认为，作为一个

孝感市孝昌县小河镇小河村——明清古街

孝感市孝昌县小河镇小河村——四宫殿

极具旅游优势的古街，当地政府第一要充分认识到保护、开发好历史文化名镇是弘扬历史文化、彰显地方特色的关键之举，要建立法律法规对建筑进行认定和保护，特别是规范街内的搭建、取土、建房、改建等行为。第二要加强基础设施建设，千方百计维持传统民居建筑的延续性，改善原有的生活设施，使居民能够舒适地生活。第三针对古建筑损坏问题，要重点保护古街的历史传统风貌及街巷空间肌理，避免人为的破坏。

地域文化是一种历史沉淀，地域文化对旅游的发展起着不可替代的作用，无论是一个国家、一个地区、一个城市，或是一个风景区，都是具有独特个性的地域文化。要实现旅游的可持续发展，只有充分发挥旅游地域文化特点，才能促进旅游的可持续发展。悠悠古镇情，千年重现彩。展望未来，相信千年古镇一定会在旅游的经济属性与文化属性中找到最佳的结合点，使地域文化成为旅游发展的助推器。

# 传统村落保护与发展的典范：恩施市白果乡金龙坝村

彭珮琳　顿德华　朱弘宇

中国传统村落蕴藏着丰富的历史信息和文化景观，是中国农耕文明留下的最大遗产，他们拥有丰富的村落文化底蕴与自然资源，具有一定的历史、文化、科学、艺术、经济、社会等价值，但随着历史的变迁，特别是

恩施市白果乡金龙坝村——民居

恩施市白果乡金龙坝村——民居

在快速推进的城镇化进程中，传统村落经受着时间的无情摧残。城镇化给人们带来的产业聚集、生活便利等优势不容置否，但这也挤占了乡村的发展空间。那么，如何保护和发展传统村落，就成了最棘手又最紧迫的问题。保护传统村落已经成为社会各界的共识，在我们的考察走访中，我们发现恩施市白果乡金龙坝村的传统村落发展保护堪称典范。

## 一、幼有所长：对农村教育的格外重视

近年来，随着国家对教育投入力度的加大，我国农村教育现状虽然有了明显改善，但仍然存在很多问题，整体发展水平依然偏低。在我们走访过的村子里，由于教育经费短缺、师资力量不足、教育结构不合理等因素的存在，尽管留守儿童数量多，但绝大多数村子里面都是没有学校的。而

金龙坝村政府在教育方面投入的资金充足，并且当地村民对教育问题普遍重视，所以村子里面的小学建设得非常好。硬件设施齐全，师资力量充足，全校大约有180名在校生（几乎全村的小孩子都在村子里上学）。即便是留守儿童，也都能接受到良好的教育。外出务工的父母会经常回来看望孩子，而在放学后还会有退休教师帮忙辅导孩子们的功课，这些都是我们在之前走访中不曾见到过的，让我们不由得眼前一亮。正是由于当地政府及村民对教育问题的重视，使得金龙坝村的下一代得到了良好的发展，村子里走出的大学生一茬接一茬，研究生、博士生也渐渐增多。从目前的发展趋势来看，金龙坝的接班人是青出于蓝而胜于蓝，金龙坝的未来也一定是辉煌灿烂的！

## 二、壮有所用：对富余劳动力优势的发挥

偏远山村的农民，外出务工的比例很高，大多数青壮年都迫于生计而背井离乡。现代化是全球趋势，它使得人类发展的潮流滚滚向前，任何人都无法抵挡，由于村子经济落后，村民们主要是靠种田维持生计，如今城乡二元化格局下农业生产的收益处于较低水平，远远不及在城市务工的收入。从这一方面来讲，村落中青壮年选择离开当然是对的，但就村落而言，这无疑将成为村落发展的致命硬伤。似乎这成为一个恶性循环：村子经济落后，导致年轻人外流；年轻人的外流又使得村子里缺少能够发展经济的人，由此村子的经济每况愈下。另外，最普遍的现象就是青壮年在城市打拼，可能早些年还会返回农村看望他们滞留在农村中的亲人，一旦这些亲人过世，他们便很难再有意愿返回农村，同时青壮年的子女大都从小在城市生活，待他们长大，不可能适应农村生活，由此不再有返回农村的可能。这种情况下，随着青壮年一代老去，下一代是绝不会愿意返回乡下

恩施市白果乡金龙坝村——民居建筑

的。综上所述我们可以发现，正是乡村生产关系缺乏人力资源，才更加速了村落的消亡。要改变这种现状，就必须首先发展村子的经济。只有建立新的生产经济关系，村落的活力才有可能恢复。金龙坝村在国家划拨基金的利用方面十分合理，他们目前已经在开发村子的旅游业，借助当地的地理、人文、建筑等特色，开发登山观景等项目，且有一些小的项目已经做得有声有色。经济带动起来了，村子里的青壮年也陆续回到家乡，为家乡的发展出力。这对留守儿童的教育、留守老人的赡养质量的提升，无疑是画龙点睛。

## 三、老有所养：对农民养老的普遍关注

大多数传统村落“空心化”都特别严重，村子里只有留守老人和留守

儿童，社会养老机制不健全，村民们对赡养老人的义务不明确。农村老人这一弱势群体，一辈子以种田为生，没有技术、没有退休金，也没有太多积蓄，只有每月几十元钱的养老补贴，而这点钱连维持生计都困难，若老人身体不好，那晚年生活将会异常凄惨，令人心痛。但金龙坝村在赡养老人方面的做法真的是让我们眼前一亮，希望的火花瞬间在心中点燃！村子里不仅设立了老年人活动中心，更有专门的养老协会，为村里的老年人提供休闲娱乐的场所。金龙坝村的老人们绝大多数都跟自己的孩子一起生活，有人照顾他们的日常起居，村子里的养老机制十分健全，村民对老年人的精神生活也极其关注，所到之处，见到的老人们脸上全都洋溢着幸福满足的笑容。

在传统村落的保护和发展上，大家的关注点既要集中在古建筑保护、文化传承等方面，也要注重让其“活”起来，每个村子都有现代化的权利。在如今现代化的大时代背景下，如果不能让村子与现代化接轨，仅仅对其

恩施市白果乡金龙坝村——民居建筑

恩施市白果乡金龙坝村——民居群

进行所谓的保护是阻挡不住村落走向衰亡的。在古建筑存在的情况下，只有村民生活富足、孩子能得到良好的教育、老人能安度晚年，这样的村子才是在真正意义上使传统村落“活”了起来。“黄发垂髫，怡然自乐”，自古便是人们追求的世外桃源般的田园生活，这在金龙坝村得到了完美的诠释！

# 利川毛坝山青村非物质文化遗产及其保护

顿德华　朱弘宇　彭珮琳

利川位于鄂西南隅，四川盆地东沿上的一个高山小盆地。这里东临荆楚，西靠巴蜀，南极潇湘，北近巫峡，从古至今，一直是古代巴人及其后裔土家族人的集居地。利川市内有不少古村落，仅毛坝一个乡就有 3 个被列入古村落名录，其中，山青村不仅有保存完好的土家建筑，还有流传广泛的非物质文化遗产。

## 一、山青村的形成及风貌

山青村坐落于毛坝镇，是毛坝镇保存原始风貌最完整的村落之一。村落具有悠久的历史，深厚的文化积淀，古朴自然的生态环境。山青村以其山清水秀而得名，村内青山环绕，河流纵横，村民房屋错落有致地分布在河道两旁，古老的盐道横贯村中，给古朴的乡村平添了几分原始的气息。依山傍水而建的土家特色民居——吊脚楼分列盐道两旁。吊脚楼在山青村独具特色，山青村吊脚楼的外部造型从纵向看形成了“占天不占地，天平

利川市毛坝镇传统院落

地不平”的剖面，这些剖面的形成多采用架空、悬挑、掉层、叠落等手法进行处理。因此在观察时会让人感到生动形象，毫无生涩呆滞的痕迹。整个建筑形态庄重，富有弹性和节奏感，给人一种粗犷洒脱、纯朴深沉的艺术美感。

山青村坐落于山谷之中，整村面南坐北，一条十来米宽的小溪沿村蜿蜒而过，溪水清澈见底，山青村村落就建于小溪的沉淀区，背靠麻山，谓其“来龙”，左有马鞍山，右有燕子岩，谓其“青龙”“白虎”环抱围护，前有夹壁河源头小溪蜿蜒流过，水前又有远山近丘的对景呼应。在清晨小雨过后，整个村落笼罩在薄雾之中，清风徐来，雨雾飘绕，村落忽隐忽现，如同仙境一般。当年在村子里的水口处建有机房、关帝庙、私塾，他们共同形成村中最华丽壮观的部分，代表着一个宗族的经济文化水平和伦理教化成就。但这些都在“文革”中灰飞烟灭，唯独依稀可见吊脚楼的轮廓。

## 二、山青村的非物质文化遗产

我们在走访考察中，了解到山青村的非物质文化遗产主要有如下几种：

1. 肉连响。肉连响是一种民间舞蹈。主要以手掌击额、肩、脸、臂、肘、腰、腿等部位发出有节奏的响声为其特色，人们习惯称之为“肉连响”。肉连响起源时代无详考。据本地民间老艺人陈正福介绍，民国时期，利川城区及一些人口比较集中的乡镇，常有一些人在寒冬腊月，赤裸上身，将头上、身上、脸上涂满稀泥，双手拍打，沿街行乞，被称为“泥神道”。新中国成立后，已有78岁高龄的民间艺术大师吴修富，根据年轻时看到的理发师傅表演的泥神道动作，悉心学习和模仿，并揉进秧歌舞、耍耍、跳丧舞、竹莲湘等民间舞蹈，配上“莲花落”的曲调，唱词则根据需要即兴创作，见什么唱什么，使舞姿更加优美和充满情趣，逐渐发展成为

利川市毛坝镇古老木屋

利川市毛坝镇民居

独具特色的民族民间舞蹈——肉连响。

肉连响主要动作有“秧歌步”“穿掌吸腿跳”“颤步绕头转身”“双打”“十响”“七响”“四响”“三响”等。在动律上讲究“圆转”，顺着相击的部位不断改变身体倾斜角度，柔美协调。肉连响本无唱腔和伴奏，艺人根据表演的需要，加上舌头和手指弹动的声响伴奏，增加舞蹈的欢乐气氛。肉连响动作简单，不用道具，不拘场合，且强身健体，极易普及，群众常用来自娱自乐、锻炼身体，深受群众喜爱。肉连响被选入恩施自治州广场舞蹈《清江舞》中，在全州普及、推广。

2. 利川灯歌。利川灯歌是利川土家族人逢年过节、喜庆集会时载歌载舞、划地为台、以彩龙船为道具的民间演唱形式。古时，只在春节或元宵节演唱。由于其演员化妆、舞姿已具戏剧雏形，所以俗称“灯夹戏”。中华人民共和国成立后，利川灯歌逐渐与年节习俗分离，逐渐成为一种群众喜庆休闲随时都可进行的文化活动。利川灯歌所玩之灯——彩龙船始于明末清初，很显然是对清江流域和荆楚大地龙舟竞渡的艺术再现，既是对巴地楚臣屈原的祭祀，也是对岁足年丰、安定祥和的祝贺和祈祷。所唱之歌——《龙船调》（又称《灯调》），由本地传统民歌结合玩灯特点世代演绎而成，别具特色。歌唱内容多为本地风俗人情和男女情爱，语言质朴，方言方音，衬词多，衬词美，妙趣横生，魅力无限！曲调悠扬宛转，“引商刻羽，杂以流徵”，级进下行，与古代巴人之竹枝、蹄踏一脉相承，民族地方特色十分浓郁。旱地划船，巴山楚水，舞的是龙舟竞渡，唱的却是园里种瓜；演的是彩龙飞舞，唱的却是上山砍柴。巴、楚文化完美融合，具有较高的文化艺术价值。

传统利川灯歌尚存数十首。优秀民歌《龙船调》是利川灯歌的代表。它由灯歌——种瓜调演变而来。1956 年 2 月经利川县文化馆干部周叙卿、黄业威收集整理后，以《龙船调》为名，搬上舞台，越唱越红，目前已成为利川乃至整个恩施地区土家族人的民族文化符号。

3. 剪纸艺术。绚丽多姿的民间剪纸艺术。剪纸艺术是最古老的民间艺术之一，作为一种镂空艺术，它能给人的视觉上以透空的感觉和艺术享受。剪纸是用剪刀将纸剪成各种各样的图案，如窗花、灯花等。每逢过节或新婚喜庆，人们便将美丽鲜艳的剪纸贴在家中窗户、墙壁、门和灯笼上，节日的气氛也因此被烘托得更加热烈。山青村的剪纸又称“剪窗花”，是当地民间一种传统的装饰艺术，至今已有 200 多年历史，是百姓生活的真实写照。它题材广泛，花样繁多，有戏曲人物、戏剧脸谱、神话传说、花鸟鱼虫，吉禽瑞兽等内容，呈现妩媚娇艳、纯朴华美的艺术魅力，为世人所青睐。

## 三、山青村非物质文化遗产的保护策略

土家族非物质文化遗产中，肉连响、利川灯歌无疑是最有特色的非物

质文化遗产。我们不仅要使其得到继承和保护，还要不断地创新，寻求新的发展。特别是要对传承人予以认定保护。第一，从非物质文化遗产性质角度来说，非物质文化遗产具有独一无二的、不可再生的性质，也就是说，这些非物质文化遗产一旦消亡或流失，就永远无法恢复或再生。所以，人们在充分认识到抢救与保护非物质文化遗产的必要性和重要性的同时，要对非物质文化资源的价值有清醒的认识，要树立“以保护促开发，以开发促保护”的理念。第二，加强人民对非物质文化遗产保护的宣传教育。人民群众是非物质文化遗产的创造者、传承者，也是非物质文化遗产的保护者。保护非物质文化遗产的工作，不只是某些部门、某些人的事，而是一个需要全社会共同参与并承担责任的工作。因此，应该加强宣传教育，特别是加强对青少年的宣传教育，最终让保护非物质文化遗产成为全民的共识和自觉行动。第三，从法制层面来说，政府部门应从立法角度出发，出台一系列保护非物质文化遗产的规章与条例。因此，建议当地有关

利川市毛坝镇石板村——永顺桥桥面

利川市毛坝镇向阳村——传统村寨

政府部门可以颁布肉连响、利川灯歌的保护条例、保护方案、保护规划等使其保存下来。第四，切实加强传承人的保护工作。费孝通先生曾经说过，文化是人为的，也是为人的。因此，从某种意义上来说，保护非物质文化遗产，关键就是要做好传承人的保护工作。要给予他们一定的经济和政治待遇，使他们衣食无忧，并鼓励他们多收徒、授徒，培养更多的民族文化传承人。

# 冲击与保护：现代化对鄂西土家民族特色的影响

朱弘宇　顿德华　彭珮琳

我国是一个由56个民族融合而成的国家，每个民族都有其独特的地方，随着现代化的不断发展，人口最多的汉族却对其他民族的语言、服饰、生活习性、文化产生了重要的影响。在此次田野调查中，我们来到了恩施土家族苗族自治州，考察了当下土家族的生活现状。

恩施土家族苗族自治州位于湖北省西南部，地处湘、鄂、渝三省(市)的交会处，在其中生活着汉族、土家族、苗族、侗族等27个民族，而其中土家族人口为169.87万人，占总人口的45%，我们本次考察的村落，也主要以土家族居住的村落为主。通过调查，我们不难发现，土家族与汉族居民实行的是大杂居小聚居的生活模式，两者交往密切，和谐相处，但这种方式同时也导致了土家族传统文化和风俗在不知不觉中的流失，下面，我们将从语言、服饰及生活习性三个方面进行简单分析。

第一，只闻其名不闻其声的土家语。土家语是土家族特有的民族语言，属汉藏语藏缅语族土家语支，在历史上土家族的人们基本都是以土家语作为主要的交流方式，即使后来由于“改土归流”，一些少数民族与汉族来往频繁，汉族文化、语言不可避免地融入土家族人们的生活中，但都没有从根本上改变土家语作为第一语言的现状。据了解，恩施地区的人们曾广泛使用土家语，在隋代，就有荆州多杂“蛮左”，其僻居山谷者，语言不通；在宋代，“施州之地”，“乡者则蛮夷，巴汉语相混”；在清代中叶，还有“里籍老户，乡谈多不可解”的记载。但就我们调查的现状来看，当地人们并不会用土家语进行交流，甚至有些人在被问及当地有无少数民族语言时，对土家语一概不知，明确表明土家族并无特别的语言特色，有的仅仅只是遍布湖北的“方言”，走遍了数个村落了解到的状况皆是如此，这个结果使对土家语期待已久的我们有些失望，也让我们清楚地认识到土家语所处的濒危境况。

第二，不曾着身的土家服饰。服装和服饰的演变是土家族“汉化”最直接的体现，土家人崇尚瑰丽多姿的民族习俗，一直延续到“改土归流”之前，虽然以简朴实用为原则，喜宽松且结构简单，但是非常注重细节，衣边衣领都会绣上花纹，绣工精彩、色彩艳丽，具有浓厚的民族特点。但

鄂西土家族村落

鄂西土家族建筑

由于土家族汉化较早，最为传统的服饰已经基本消失，在调查中我们所接触到的居民也没有一个身着民族服饰的，就算有也是演出服之类，而当地人生活所穿的基本都是受汉文化影响而形成的统一服饰，具有浓厚的现代气息却少了土家族独特的韵味美。

第三，活在照片里的民族风情。由于田野调查对象的特殊性，我们见到了许多颇具特色的吊脚楼，但它却不再是土家人的主要居所，无论是在当地的乡镇县城还是农村，甚至是去村落的路上，吊脚楼、瓦房都已被楼房所取代，大多村落中居住者均以年迈老人为主，只有个别发展较好的村落仍有青壮年留在村中。而在走访调查后我们发现，土家族的很多民族习俗也在慢慢消失，哭嫁不再出现在每场婚礼现场，年轻的夫妇也大多选择汉族红旗袍或是西式的婚纱，在一些发展旅游业的道路旁，我们还看到了许多特色民俗的照片，但这些诸如摆手舞也仅仅只出现在文化表演节上，这背后的土家风情早已寻不着了。

而针对土家族的现状，我们不难发现他们民族特色正在一点点流失，与此同时，土家族的文化也逐渐被汉文化取而代之，其汉化的情况非常严重，调查了许多土家族的村落后感觉完全就是汉族人居住区，除了保护较好的建筑外，其他的人或事并未给我们留下非常深刻的印象，也让我们感到非常遗憾。

不过这现状背后的原因并不难寻，意料之外却是情理之中。随着当代科技、文化、经济的飞速发展，少数民族很容易被汉族先进的文化和优越的生活方式所吸引，而人民最渴望的就是社会进步、生活幸福、经济繁荣与文化发达，就汉文化与土家族自身的文化相比较而言，明显是汉文化更容易激起他们物质与精神上的期望，所以受到影响也是无可厚非的，但这种情况不应该无节制地持续下去，不仅仅是土家族人对自身民族的认同感会大大降低，导致民族文化无法传承，也会使中华民族文化的完整性大大降低。

鄂西土家族民居

土家族村落

恩施地区孕育了许多民族的发展，在这片沃土上发展起来的土家族也有自己特色的语言、服饰、文化与生活习性，在这之中大部分都已经随着与汉族交流的增多而消失，真正得到保护留存下来的只有一小部分而已，目前还保留着的土家语、土家服饰和当地颇具风情的民俗都显得弥足珍贵，这些文化并不大众但独具一格，他们深深地烙印在了这片土地上却不知该如何继续流传。少数民族的汉化问题已经成为当前困扰中华民族文化完整性与传承性的一大问题，保护已是刻不容缓，国家和社会都应该给予重视，积极采取行之有效的措施，不管我们是不是少数民族都应当尽自己的一分力投入到对少数民族文化的保护当中去，不要等到失去后才懂得珍惜！

# 活着的村落

朱弘宇　顿德华　彭珮琳

建筑的实质是空间，空间的本质是为人服务。

——约翰·波特曼

随着时间的推移，我们所调查的古村落也越来越多，不可否认，由于受调查范围的限制，我们所领略的村落建筑风格非常有限，大多是体现明清建筑形体简练、细节烦琐的“荆楚派”风格，但是细细回想，却发现每个村落皆不可同一而论。因为村落从来都不应该只靠建筑过活，生活本身就是一场伟大的艺术。

远远望着村子，古老的建筑依山而筑，溪流潺潺交错环绕，让人忍不住想进去一探究竟。我们下了车步行，顺着村子迂回蜿蜒的小道向村内走去，村里没有鸡鸣狗吠，没有叟呼童应，村落内出奇的安静，直到走进村落深处才依稀听见前方传出了窸窸窣窣的声响，原来村里还是有人在的。老人们热情地与我们打招呼，并招呼我们到屋内坐坐（屋里还有其他几位老人），在与老人的交谈中我们也逐渐了解了村里的现状，看着老人们在水边择菜洗衣，似乎能透过他们想象到村落百年前的样子，或许正是因为

黄冈市红安县永佳河镇欧桥村刘云四湾——村落全貌

村子没有被过度消费，居民们才能保持他们原本的样子，但放任村子这样如同自生自灭地过活是不可取的。老人告诉我们由于村子无法提供合适的工作，仅靠务农根本无法养活他们，而孩子的教育问题也像一座大山压得他们喘不过气，所以青壮年迫于生计不得不外出打工，顺便也能把小孩接到县城去住，但老人却不愿意离开，也舍不得离开，这也使原本偌大的一个村子却只剩了寥寥几位老人，这种现象也引起了我们的深思。

跟老人们分开后，我们进行了古建筑的取景工作，看着这空无一人的老屋子，我们一边感叹因无人保护所遗留下的断壁残垣，一边赞叹古人巧夺天工的高超手艺，但心里却总有些空落落的，扭头看了看老人们在的房子，才好像在恍惚中明白了什么。梭罗在《瓦尔登湖》里曾说："文明改变了人类的住房，但没有同时改变住房里的人。"虽然老人们住的房子并不如现在我们身处的宅子古老恢宏，屋里也没有精妙的斗拱、天井和浮雕，但是他们才是古村落真正的灵魂，任世事变迁、沧海桑田都坚守在村落里使村子历经世事仍能生生不息，这也是使各个村子相互区别的原因，村里的建筑或许相似，但是村中的生活却各有千秋，我们所求得的古村落不应该是一座座荒芜的建筑，而是充满“人气”的活着的生命。由此想到国外，很多游客都能感受到，最具风情的并不是那些铁塔、博物馆和大酒店，而是小镇。无论东南西北欧，在大城市附近都埋藏着动辄上千年的小镇、小村，那里世世代代居住在家的主人们，已经完全习得不着痕迹地以旅游业为生的本事。实际上，如果是旅行，我们更多时候是为了感受差异，是去看他人的生活，若无生活，只剩买卖，多半不能持久。

正如建筑学家楼庆西所言，保护古村落，比保护故宫还难。难在历史的脉络难寻，难在让古建筑宜居，难在让古村落真正的“活”过来。经我们深入了解后得知，村子里已经没有一个青壮年和小孩，由于村里的经济

黄冈市红安县永佳河镇欧桥村刘云四湾——刘云四大门

黄冈市红安县永佳河镇欧桥村刘云四湾——村落石头

条件太差，光靠务农没什么收成，又没有什么特色产业可以发展，所以村内的青壮年都外出工作了，小孩也全都被爸妈接出去生活了，所以现如今也就剩下这一批老人舍不得离开而住在这儿了，也就是说等这些老人过世后村子也就真的是后继无人了，而其中蕴含多年的传统文化也将随之消失殆尽。

思及至此忍不住悲从中来，现代化的冲击使人们一窝蜂地从村子里走出来，他们所抛弃的不仅是自己的现有安稳的生活，也是村落的生命与灵魂，不食人间烟火不会使村落变成仙境，只会让它走向灭亡，人间烟火从来不是一个俗气的词，相反这是一个太美的词，村落因此获得生命，文化也由此得以传承。但我们所面临的窘境也是显而易见的，受到商业化的撞击，各个村子在规划设计师随意拼凑出的“万金油”式规划的影响下，最终将导致“千村一面”的后果。走过旅游业发展非常好的刘家桥村与上冯村，看着眼前车水马龙、门庭若市的场景，内心却毫无波动，当地居民执着于兜售一些并无特色的产品，不露声色地与游客们讨价还价，甚至在我们后期进行的调查中也能感受到他们淡淡的排斥和冷漠，昔日袅袅炊烟的生活完全不见了踪影，若不是调研而是旅游，我们大概早已转身离去了吧。

当代浮躁世界，有多少人正在追求村中这样朴素的生活，正如张晓风所说：“树在，山在，大地在，岁月在，我在，你还要怎样更好的世界？”但村民本身却被时代的洪流冲击得七零八落，只愿村落不会因为生存而消磨掉它们骨子里的傲气。何谓古村落，见人见物见生活。当建筑失去了生活就好比一个人失去了灵魂，原住民对于村落至关重要，在注重保护古建筑的同时也要着重注意当地人的生活，不单单是活着，还要他们活得自在、舒服，因为生活本身就是一场伟大的艺术。

# 第四篇　江浙地区

# 利益多元格局下的村落治理

## ——基于国家与社会二元框架下的实证分析

周俊光　杨　洁　熊晓晨　吕佳文　梁　青

## 一、石舍村概况

石舍村，属浙江省杭州市桐庐县富春江镇。辖枫林、长洲、石舍、西坑口、传弼、石笋、茶叶坑 7 个自然村，6 个村民小组，共计 917 人，其中老年人口 245 人。石舍村地域面积 56.01 平方公里，其中山林 1171.3 公顷、600 公顷为国家生态公益林、耕地面积 352 亩。石舍村以林业、茶叶产业为主，方姓占全村总人口的 70%。

### （一）建筑

石舍村古民居大多为清代建筑，少量明代建筑。古民居为徽派建筑，有标志性的马头墙、天井厅廊。由于石舍村先民远祖善经商，因此建筑精美，木构件雕刻题材或鸟兽虫鱼、或云纹花草、或神话人物。如存仁堂明堂，堂前牛腿龙头上有一凤凰，为清末两宫垂帘听政时所赠。现存较完整的古建筑主要有存仁堂、精义堂、厚载堂、方东辉民居、方伦伟民居、方明军民居。

其中存仁堂位于村南，坐北朝南，为白云源方氏始祖干公二十二世裔孙家骥公于清乾隆年间所建。家骥公字仁德，国学生，汝楷公之子也。昔石舍因地势原因，力耕所出，不足以供，然青炭、红茶则以质优而闻名于世，于是其地商人崛起。家骥公事商贾而富甲一方，带回金银细软，返乡筑华厦，曰存仁堂。存仁堂属徽派建筑，明堂开阔，整座建筑由木构柱网承重，单体外墙，内分割为二进三间两弄二层楼房，硬山顶，粉墙黛瓦。存仁堂进深两米处有一石槛，遇婚礼寿庆或贵客登门，开启照厅大门以供人出入。照厅后为轿厅，乃乘轿来访者落轿之处。二进中间为三间明厅，是主人待客、祭神拜祖场所。在明厅靠后金柱间所置板壁，旧称太师壁。太师壁原有匾额三块，中堂上方悬“存仁堂”之匾，现壁上只剩挂钩铁件。明厅两侧为楼梯间，二楼沿天井四周皆明窗，前后各两间正房与一间过道房，前厅两侧为伙房与餐房，以天井为中心，形成了一个四合院落。天井呈长方形，均由淳邑茶园青石铺筑。天井置一须弥座，上置荷花鱼缸。天井两侧乃过厢，太师壁后为东西向长廊，宽约三尺余，卵石铺地，长廊西头通向街巷偏门，出门便为石舍街巷；长廊东门与两间抱屋连接，抱屋为三间两过厢的砖木结构楼房，为后人所筑。

石舍村在新中国成立后时进行分房，好几个家庭住在一起，随着经济的发展，有的家庭在周边建造现代楼房，古民居内多有空置。2017 年 5 月 29 日，进行古建筑立面改造，将屋顶换瓦，统一换成小青瓦，房屋立面进行立体式改造（门窗、空调外机）。周围现代楼房也进行整体立面改造，与古建筑风格统一。

### （二）节庆与民间传说

石舍村民对“济公和尚茶园岭募化杉木”的传说津津乐道。传说南宋年间，济公为募化重建净慈寺的木头，来到桐庐石舍茶叶坑，向山主

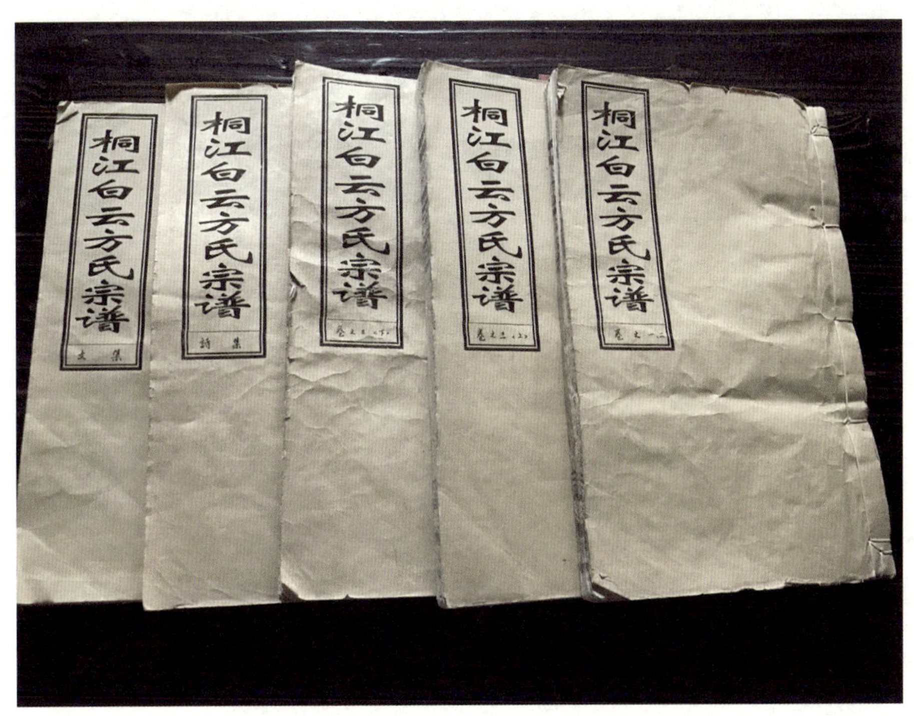


石舍村方家宗谱

人说："少不成，多不要，不多也不少，我身上这件袈裟能盖盖牢就足够了。"便把袈裟脱下，朝着茶园岭的山头上抛了出去。只见袈裟随风长、随风大，一下子把整个山头都罩牢了，只见山上的杉树木头成片地朝建德梓洲东坞方向飞了去。梓洲源这边的溪水大些，杉木朝着水路可以直接放入富春江，从芦茨溪放到芦茨埠，顺着富春江到了钱塘江。过了东江嘴，哪知木排头朝着南岸一撞，把萧山江岸的一座山撞掉了半座，后来这个地方叫作半爿山。当木排快进六和塔岸边时，被岸边的关卡看见了，拦着木排要抽捐税，"和尚呀，山是皇上的山，水是皇上的水，随便什么货物经过水面上都规定要抽捐税的。"话音才落，只见济公和尚两只脚在木排头上用力一顿，"忽"的一下子，就连人带木排一齐不见了。济公空手回寺后，净慈寺的方丈等到第三天中午还不见木头，便有些发急了。济公说：

石舍村古建筑

“你到水井里去看看有没有气泡就知道了，井里冒气泡木头就来了。”老方丈奔到伙房前面那口“醒心井”的旁边，果然水井里冒着气泡，有根又粗又大的木头。这一来，惊动了所有和尚，大家一起搭好了吊木头的架子。他们吊起了一根又一根，吊了两天，一直吊到第九十九根时，有个小和尚说了声“够啦!”井里的木头就再也抽不动了。等方丈选好黄道吉日，竖柱时发现少了一根屋柱，去求济公。济公说:“你们赶紧将刨下来的刨花卷起来。”又吹了口仙气，卷起的刨花变成了一根屋柱，寺庙重建圆满成功。

除了民间故事以外，石舍村每年的农历七月廿三日过时节，也称祠节，为庆祝村落建成日。石舍村分多房，自古善经商，财力雄厚，芦茨、茅坪村民纷纷前往石舍务工。每年的时节，各房邀请十里八乡的亲戚来石舍，届时整个村子都热闹起来，纷纷为时节准备酒席，家宴一般设三桌。与此同时，村子还会邀请唱大戏的班子进行表演。村民聚在一起听大戏，也成为现在石舍村中老年人最美好、最愉快的儿时回忆。这一天，除了设宴共享佳肴、听戏娱乐以外，还有一个全村村民参与的环节——祭祖。祭祖分为两个阶段，第一天祭祀供奉石舍先祖，第二天各房分别祭拜房内祖先，并设宴。石舍先祖唐代元英先生方干葬于合子陵，前年合子陵附近村民按照规划将集体搬迁，计划挖掉方干墓，石舍村 200 余人便进行大型祭祖活动，以此表达对祖先的怀念和对毁坏祖先坟墓的不满，方干墓也因此保留下来。年轻人多前往桐庐、杭州务工，小孩随父母外出求学，村里留守老人居多。致使时节发展到如今，已失去了公共活动和社会交往关系，村民仅是邀请亲戚在家吃顿饭而已。石舍有关节日、民间传说的仪式感越来越薄弱。

## 二、政府对村落开发保护的现状和规划梳理

虽然是周六，但石舍村村委会仍有人值班。幸运的是，当我们到达石舍村村委会的时候，不仅村会计张召霞在值班，该村村党支部副书记蒋成根和党支部委员方伦驹也在加班。我们得以就石舍村村委会的古村落开发保护问题进行了较为全面的了解。

根据既往研究成果和数据，可以充分认为，当前古村落开发保护工作中主要存有三方面相关主体，即政府、村民和社会力量（第三方）。作为古村落保护开发的规则制定者和最主要力量，对政府主体相关古村落开发保护的政策、制度、规划梳理是极其必要的。关于此部分内容，我们拟做两方面梳理，一是关于石舍村开发保护的既有相关政策和制度梳理，二是关于石舍村开发保护的规划梳理。

（一）关于石舍村开发保护的既有相关政策和制度梳理

目前，富春江镇围绕石舍、芦茨、茆坪三村着力打造“慢生活”旅游区品牌名片，镇政府对石舍村古村落开发保护工作支持力度较大。我们到村时，全村基本家家户户都在搭梯，做维修工作。副书记蒋成根介绍，此系石舍村古村落群“提升改造”工程中的一个部分——“青瓦改造”，即用村里统一订购的新青瓦全部替换原有村落建筑的老瓦，提升建筑质量，改善居住环境。该工程系村委会向镇政府申报的年度项目之一，镇政府审批通过后全额拨款，无须村民负担任何修葺费用。根据蒋成根的说法，现在从镇政府、县政府到市政府都非常支持古村落的开发保护工作，一方面古村落开发保护项目申报工作已形成相应制度规范，上级政府每年都会指导、督促石舍村申报项目；另一方面为古村落开发保护工作成立专门性管理机关——“慢生活”管委会（富春江镇），富春江镇对石舍、芦茨、茆坪三村的旅游资源开发和古村落保护工作进行统一化、格式化管理模式，“慢生活”管委会享有对三村开发保护活动的审批权力。此外，该管委会亦会不定期组织有关村落开发保护方面的面授培训或是下发最新的政策解读文件，以利各村能更好地开展古村落开发保护工作。

从内部管理角度来讲，石舍村的村容村貌管理要求较为严格，村中福利也处于较高水平，这为当地古村落建筑群的日常维护创造了较好环境。在村容村貌管理方面，石舍村自2014年便制定有严格的垃圾分类处理制度，村民日常生活垃圾区分为可做农肥和不可做农肥两块，可做农肥用于返田，不可做农肥每天有垃圾车拉到县垃圾处理点进行统一处理；另外，石舍村对村民庭院卫生亦有明确规定，包括禁止畜养家畜、村民家中庭院农具摆放不可太过凌乱、日常生活不可侵占村中公共用地等（如某户村民家中庭院农具摆放过于凌乱或日常生活出现侵占村中公共用地的情况时，村委会会对该户村民提出整改意见，若村民拒绝整改，村委会便会动用一些准行政办法强行纠正）。通过对该村整体村容村貌以及访谈户家庭

石舍村周边自然环境

环境的直观感受，我们认为从效果上来说，石舍村的村容村貌管理制度可称之为规定明确、落实严格。在村民福利方面，村委会每年会为本村60岁以上老人购买保险（农合险、意外险等），春节、重阳节等传统节日也会给老人送上一定数额的节日慰问金（500—800元）；村子对每年考上大学的家庭也有特定数额的经济奖励（考上大专奖励500元，考上本科奖励1000元）；另外，村子有一套对村民日常生活管理的奖扣分规则，每年每户村民奖分到达10分时，村委会便会给予一定的经济或物质奖励（发放奖励金或实物，如锅碗瓢盆等），当每年每户村民扣分为负时，村委会亦会将该户村民扣分原因公布在村中黑板。根据我们对村中布告栏、公示榜的观察情况来看，以上制度落实得也较好。

### （二）关于石舍村开发保护的规划梳理

石舍村村党支部副书记蒋成根认为，当前本村古村落开发保护存在征地难、改造难和维修资金申请难三方面问题。石舍村对本村古村落开发保护以文化产业为主，力图回避民宿性质的商业开发。目前村委会的思路是在不涉及村民村落老建筑所有权的前提下收回村落建筑的使用权，以建筑入股，由村委会和“慢生活”管委会统一招商引资并进行管理，村民可以根据每年经营情况享受股份分红。为了实现这一目标，村委会自 2015 年起便开始进行新村规划，新村选址定于老村河对岸，距老村约七百米，规划 22 栋民居建筑，2 户一宅，目前已完成前期征地、地质勘测和建筑规划设计及路桥建设等工作。地质勘测和建筑规划设计等均是聘请杭州资质企业完成，支付费用一百万元有余，通路、建桥等投资三百万元，目前已经基本完工。接下来的问题就是建房。在征地过程中确实遇到一些困难，如村民不配合、不理解，但目前已经基本落实完毕，只有 1—2 户村民还在坚持。关于接下来的工作开展，蒋成根表示不排除采取行政措施的办法进行处理。另外，村民日常生活中会对自有住宅进行一些随意性的改造和附建，按上级政府要求这些均为需要进行恢复性改造的部分，但相关改造工作也难以得到村民的普遍支持。我们本想就这一问题做进一步的深入了解，但囿于时间关系未能如愿，而有关维修资金申请难的问题我们亦未能展开了解。

## 三、社会力量（第三方）对古村落开发保护的制度诉求

作为外来社会力量参与古村落保护工作的代表，我们就古村落开发保护问题与桐庐洒秀文化创意有限公司总经理邢伟彬进行了深入访谈。邢伟彬本人早期从事农业开发方面工作，后因对村落文化的热爱而致力于古

村落的保护与开发，其在石舍村以租赁改造民居的方式经营一家文化咖啡吧。

邢伟彬表示，古村落建筑的保护工作需要首先强调一个“变”字。在现代商业文明取代传统农业文明的社会语境中，主体价值观的失落与重建是古村落开发保护工作必须重视的关键问题。在现代商业文明的剧烈冲击下，以乡贤自治为主要表征的传统农业文明价值观几被冲击殆尽，价值观的失落所带来的是村民对故土、老宅的轻慢，由此才引发后续一系列“空心村”“老人村”“僵尸村”的现实问题。对古村落的开发保护必须强调以人为本，如果只是单纯地保护建筑，而忽略对村民自身文化需求的回应，那么相应的开发保护工作就注定难于成功。

其次，古村落建筑的保护工作需要广泛发动社会力量的参与。按邢伟彬的观点，在文明变迁的大背景下，传统价值的失落必然意味着需要寻求新的价值引入，从而为已然空洞的古村落建筑注入新的生机与活力。放在现实语境中，这就要求对古村落的开发保护发动社会力量的介入，以人的行动为中介，用现代商业文明的有益因子重新灌注到古村落中去，从而让古村落真正焕发生机。因之，邢伟彬也在这一思路的指导下，尝试将现代都市人的生活方式、生活理念引入古村落，在此基础上不断吸引更多的人来到古村落，让古村落重新焕发生机。

邢伟彬的核心观点在于强调通过社会力量来实现对古村落更好的保护。社会力量的引入意味着会在古村落保护的主体关系中形成“政府”—“村民”—“社会力量（第三方）”的三方互动格局。因之，其也意味着需要作为第三方的社会力量（在此即为邢伟彬和他的公司）在利益分配的问题上处理好同村民和国家的关系。对此，我们提出了以下四个问题：第一，是其如何处理与石舍村村民的关系；第二，是其如何处理与当地政府（村委会、镇政府、县政府等）的关系；第三，是其如何实现经济利益与村落保护的关系平衡（亦即其自身的利益界限存于何处）；第四，也是本次调研的核心问题之一，即作为村落开发保护工作中的第三方的社会力量，其最需要的制度供应会是哪些。

邢伟彬并未严格按照我们的问题顺序作出回答，而是有针对性地对部分问题作出回应。首先，关于与村民的关系问题。邢伟彬并不否认自身活动的经济诉求，但同时其亦表示会重视给予村民以必要的经济效益。邢伟彬强调他的活动确实给村民带来了实实在在的经济效益：其一，以文化导向对村落民居的改造工作（即他的文化咖啡吧，是将老建筑租赁后，在不破坏原有外形的基础上对内部进行了现代城市书吧、咖啡吧方向的改造工程）为当地古村落开发工作提供了新的思路；其二，以文化咖啡吧为平台，其组织了一系列以往只在城市举办的文化活动，包括画展（已举办 3 场）、艺术展等，收到良好社会反响；其三，可为当地村民提供一系列的智力支持，当地村民已经通过付费方式接受其和其团队所提供的智力服务（按邢伟彬描述，在看到他所改造的民居和其所举办的活动后，当地村民多有按照相应风格改造民居的诉求，并且其已经为一些村民提供了相关的设计和规划工作）。

其次，有关与政府的关系问题。邢伟彬表示其已经与政府形成了良好的互动关系。为证明该说法，邢伟彬指出目前当地政府已经和他就进一步的村落开发事宜达成一致意见，当地政府希望他能作为代表与上级政府就该开发事宜做进一步的沟通协调工作。在以上一段话的描述中，我们注意到“当地政府”一词在邢伟彬表述中的含混之意，在进一步的追问中，我们才澄清了邢伟彬所谓之“当地政府”的具体内涵：其一，其是与石舍村村委会就进一步的村落开发事宜达成一致意见；其二，其是“可以”（而非“已经”）和富春江镇镇政府达成良好的互动关系；其三，目前是石舍村村委会和富春江镇镇政府希望他和他的团队能够与上级文物主管部门就其所谓的新的开发规划进行沟通协商。我们希望能够进一步了解该开发协议的具体内容，但并未能够得到回应。

最后，就古村落保护的制度供应问题。在一段时间的思考后邢伟彬表示其目前最需要的是政府提供公开、透明的行政环境，以相对专业的表述来说，其所表达的意思是希望能够将相关古村落的保护工作以政府公共服务购买的形式落实，该提议蕴含两方面的制度诉求：一是希望能够将古村落开发保护工作以相对制度化的方式落实；二是希望能够通过行政合同获得对合同相对方的约束效力，实现行为预期。另外，邢伟彬还提到有关公共服务购买能否在不变动古村落建筑所有权的基础上相对自由地约定建筑使用权，其同样有利于实现合同双方的行为预期。遗憾的是，谈到此处，邢伟彬需要招呼其他客人，关于此点我们未能进一步深入展开。

## 四、关于石舍村方姓家规族谱的规范分析

在与石舍村村民的交流过程中，我们了解到去年村子组织重修方家族谱，并找到了收藏着族谱的方辛田。方辛田年纪不大，之前在外务工，四年前回到村子里，自己制茶销售。方辛田表示，他有光绪十九年修的部分族谱，是在“文革”中偷偷保存下来的（“文革”时期，石舍村的这类书全部是要拿到邻村烧掉的，当时抬书的一个人要了这几本，没有烧，才得以留存下来）。留存下来的族谱资料一共五本，包括三本家谱、一本诗集和一本文集。资料印刷精良、内容翔实，具有极高的收藏价值和文化价值。

据资料记载，方家先祖是唐朝有名的诗人方元英（方干），因仕途不得志，迁到了浙江的芦茨白云源。他的子孙迁到了朱庄、石舍、长洲几个地方，其中以石舍最盛。据记载，石舍子孙中有“年高德劭者，丰人俭己者，仗义疏财者”等等。据方辛田介绍，因为祠堂破旧，在“文革”时期就被拆掉了，所以一直没有祭祖，家族最近一次祭祖是在前年，因为其他

村子要搬迁到方元英墓那里，破坏墓穴，所以方家在先祖坟茔前组织了一次祭祖，有数百方姓人从各地回来参加祭祖。

能访到方家家谱，实属不易，同时也异常珍贵。家谱中不仅仅记载了家族中各辈分的人，而且有家训以及对后世子孙行为规范的要求，以及相应的惩罚措施，介绍极其详细。因之，以上资料不仅仅是简单的族谱文本，其同样包括了方氏一族的家规家训文本。翻阅文本，字里行间中无不透露出方氏一族深厚的文化底蕴以及方氏先人对后人的殷切期望。中华民族的文化传承正是在这些承载着一家一族历史的家规族谱中得到体现。下面我们仅对如上文本做一些简单的介绍。

首先是家训部分。方家家训主要体现在四个方面：忠义、孝友、廉洁和闺范，前三个是针对家族中男性，第四个是对女性的要求，方家家训主要来源于中国古代孔孟思想，对国家忠，对双亲孝，对朋友义，符合儒家的五伦，对家族的和谐稳定有着重要的意义。方家家训不仅提出这五点，而且后面分别对此进行详细阐释。

一是忠义，“夫人之未达之时，谁不曰吾能致君而泽民，及一旦风云际会，则身家之念重而报效之念轻，求其能为忠义者几人哉？惟我达源普明叔交诸公者，赤心辅主致身殉国，诚所谓鞠躬尽瘁死而后已者也，凡为臣者尚其勉哉？”这一段阐明忠义的重要性，尤其强调人在风云际会之时，最易忘公济私，党的十八大之后抓的巨贪，普遍说一句话，“我是农民的儿子”，这就是典型的在风云际会之时失掉初心，酿成大错，方家在家谱里就强调了这一点的重要性。

二是孝友，这是处理家庭关系，后面续道：“夫孩提之童莫不知亲爱敬长，及习俗易迁而天性遂忘，求其能为孝友者几人哉？惟夫汝嘉诸公，入则承愿乎亲，出则恪恭乎长”。这简单一句话，阐明如何做一个儿子，如何做一个弟弟，并且列举前辈，以让后辈效仿。

三是廉洁，“夫天地之财苟非吾之所有，虽一毫而莫取，及见财而悦，惟利是趋者众也，求为廉洁之士，鲜矣。惟云程良臣诸公，磊落不群，与甘泉石诚，所谓澹泊明性，宁静致远者也，为后嗣者法之”。在这一条家训里，强调了方家人对待钱财的态度，不可将财物视为自己之物，否则易陷入唯利是趋，做事则不能清净。

四则主要是关于妇德的内容，是对方家妇女的品德要求：“夫闺门为万化之源，人伦之首，高比嘻匕岂妇道哉？必须如正元之室何氏，壸仪足式，郡侯梁公赐以慈孝廉隆，正远之氏章氏，淑德幽娴，邑侯王公赐以节寿双美”。中国社会是一个特别注重上行下效的社会，首先明确闺门中人要守妇道，接着举了家族中贤德的前辈来供后人仿效学习。

系统来看如上四点，儒家《大学》中提出的“修身、齐家、治国、平天下”都涉及了，先从国家君臣大义入手，谈如何治国平天下（“忠义”），然后谈到如何治家（“孝友”），最后落实到个人，怎样来提升自己心性，也就是修身，方家在这方面主要强调不要为财所累，澹泊名利，宁静致远，前面讲的全都是关于家族中的男子，对于女人，因为古代女子主要任务是相夫教子，所以方家家训提出女人只要守妇道就可以。所以这是一个很完善的家训，最后要达到一个目的——稳，也就是我们经常讲的“安身立命”，整个儒家学说讲的就是从个人出发如何到达整个社会的安身立命，方家家训依然没有脱离这一点。

方家的家训就是从宏观上提出了方家人应该时刻铭记的东西，接着方家家谱后面更加详细地对方家人生活中的婚丧嫁娶等一些琐事也相应作出了规范，这里举一二例来说明，比如针对族中男子结婚选择配偶时候，应当“选择门楣嗣后子孙，勿得苟且”，不然会“玷祖先，甚为不孝”，在中国古代，祖先对自己家族中人是特别神圣的，不亚于西方上帝。其中不仅对男子结婚作出规范，对族中女子择婿也有明确的规范，“择婿所以增门楣也，虽后子孙贫富不等，断不可因一时之富贵而许之，上辱祖先，下累儿女，况婚姻贪财，岂人情之所为乎，且不可不严也”，这种择婿观比我们当代流行的嫁豪门高明了许多，眼光更加长远，结婚不是为了取财，断不可以为了财物而轻易嫁女，这种择婿观足以大力弘扬，以供我们现代人学习参考，这是祖先数百年来生活积累所得。

方家特别禁止族中子孙参与赌博，家谱中对此进行了专门的强调，可能方家之前出过赌徒，所以家训中强调“合族至宗祠公仪定弗再蹈”，而且用了比较详细的篇幅来描述赌博之害，“兵事之后，世风日下，人心日离，所可虑者，赌博一事最为深患。招集匪人，废时失业，或田宅因之捐卖，或妻奴因之饥寒”，如果说前面这是拳拳劝解之意，同时后面提出了相应的惩罚措施，首先明确“凡我同人父子兄弟亲戚朋友，五里之内不得开场聚赌”，如果小孩子（十六岁以下）犯了这条家族禁令，“为父兄者亦当劫饬”，如果是十六岁以上的不肖子孙，擅自开此禁令，“罚戏两日两夜，祖先前跪一周，日香烛纸炮钱一千四百文，绝不宽宥”，这个惩罚还是相当重的，不仅要出一些钱财，而且还有严重的体罚，定要其改错，后面接着讲道，如果知错不改，就是“藐视祖法，强梁不服”，那么就要“合族究治”。方家家训把赌博拿出来专门进行强调，可见当时家族对此的深恶痛绝，严防子孙后代受此玷染，破家坏祖。

除去规范部分内容外，家规族谱中大量信息是关于方家世代的人物记录。浏览此部分内容，发现在宋朝时候，方家连着三代出了七八个进士。在方家第八代时候，方楷中了天圣八年的进士，从鄱阳主簿一直当官当到殿中侍讲，直接接触到了皇权的中心，老年方楷致仕教子，82 岁去世，可以说方楷开启了石舍方家的辉煌，方楷不仅为后代作出了榜样，他的归老致仕也直接对子孙进行了教导，所以在第九代时候，方家出了四位进士，方楷的两个儿子方蒙和方鼎及两个侄子相继中了进士，其中做官最大当属方楷长子方蒙，从建昌县令做到了吏科给事，接着详细记载了方蒙在元祐年间，上表朝廷开仓放粮，赈济荒民；同时“南寇侵扰”，方蒙督兵征安；所以方蒙不仅仅是一名文官，亦带兵打仗。在最后更为详细记载了一件兵事，“刑州出妖民”，本郡的御史李尚上奏朝廷说“害民难除”，同时这位御史推荐了方蒙来平息这次兵乱，“惟吏科给事方蒙贤良正气，妖民必灭”，后来朝廷任命方蒙去平乱，“果应其奏”，回来后皇帝钦赐殿中侍御史。完成了这件事，方蒙衣锦还乡。族谱中记载，方楷次子方鼎，为官清廉，乐善好施，“恤孤寡，助贫乏”，同时修路修桥修寺庙。在第九代中还有一位大官方参，方参最后做到了刑部尚书，是国家高级官员，他是方楷哥哥方盖的儿子，老后隐居于子陵台。在方家第十代中也有位进士，其中有一位最为“奇葩”的进士方可行，元祐三年进士，方可行中了进士以后并没有像自己的前辈去当官，而是隐居山林，族谱中这样记载：“磊落不羁，性甘泉石，隐居不仕，交文祖遗风”。石舍方家始祖方元英来浙江最先过起隐居生活，虽然在中国古代儒家致仕的大背景下，方家仍然保持着隐居的基因，这也是中国古代上行下效的一种体现。

# 关于古村落村规民约的对比思考

## ——以戴家山、石舍村为例

熊晓晨

## 一、戴家山基本情况简介

戴家山去年刚进入中国传统村落名录，是一个畲族民族村，少数民族占百分之四十。村中年代最久的建筑只有一百多年，其他都是六七十年、四五十年甚至有二十多年的，戴家山的古建筑与其他地方颇为不一样，都是泥法造墙，一般都是两层，一层用来做饭以及其他一些公共活动，二楼主要是卧室，上下两层都开窗，通过木质楼梯连接，与西藏民居类似。

戴家山在2013年开始被开发，目前村中有三家公司投资，方向基本是民宿。目前村中主要问题是旅游开发公司租赁村民民居，2013年时，旅游公司以十几万元价格租赁民居，而现在达到了六七十万元。村中另外一个问题比较严重：虽然村子已经进入中国传统村落名录，但是村中建筑挂的只有乡历史保护建筑的牌子。问到村干部关于村落建筑维修底线的时候，发现这里的古建筑竟然可以拆除。具体是村民如果想要拆除自己家的老房子，需要向乡政府申请，只要申请理由合理，古建筑就可以拆除，重

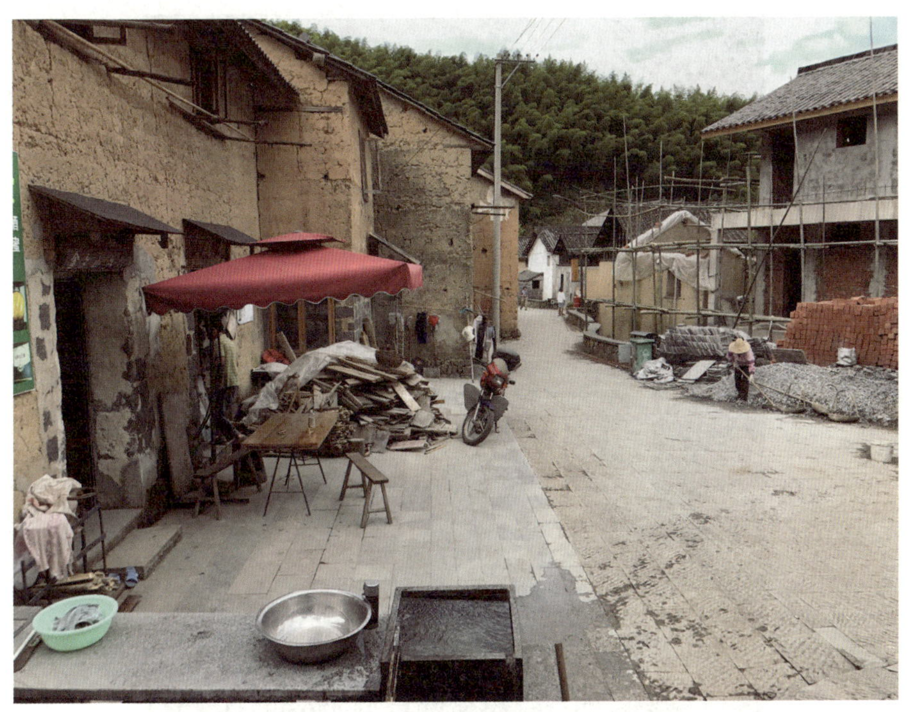

戴家山村街道

新盖房，这让我们大跌眼镜。最关键的是现在已经有人这样做了，理由是盖民宿没有厕所不行，拆掉要重新装厕所，于是把泥墙改成了砖墙。如果全村人都以这个理由拆除古建，那么村子进入中国传统村落名录就没有意义了，真是可惜可叹。

## 二、戴家山村现行村规民约

我们在村中调研关注的一个重点就是关于村中的村规民约。下面分三部分介绍戴家山村的村规民约，首先是关于戴家山村村规民约的产生过程，根据戴家山村的村委委员胡先生介绍，戴家山村村规民约是经过村委

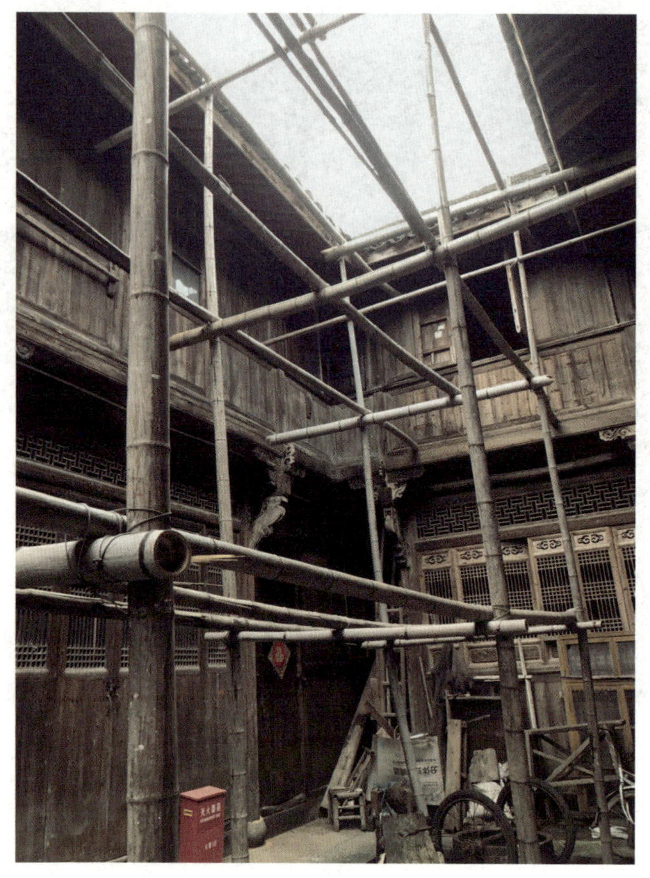

石舍村正在维修的古建筑

和村民代表一起商讨制定出来的，然后在村中公示；其次是村规民约的内容，戴家山村的村规民约主要分三块内容，第一块是民政，包括公共卫生、土地、林地等问题；第二块是宣传国家的大政方针；第三块是劝解村民搞好邻里关系和家庭关系。对于执行情况，通过对村民以及村委委员的访谈可以发现，村规民约还是有一定作用的，比如村民提到的偷砍别人家竹笋的事儿少了，村委委员提到，村中有偷盗乱砍的人就可以用村规民约来处理。但是他们均表示现在这种现象是很少的，几乎没有。

## 三、石舍村现行村规民约

昨天在石舍村，我们也对石舍村现行的村规民约进行了详细调研，并且访谈到了石舍村方姓族谱的保护人方辛田先生，并且亲眼看了他们家族的族谱。所以在接下来，做一个纵向对比和一个横向对比。石舍村现行的村规民约是村委会制定和村民大会通过的，内容也基本是三个方面，第一是国家的大政方针，比如服兵役等；第二是关于民政方面，包括土地政策、村落卫生和户口等问题；第三是关于村民治理过程中的奖惩措施。对于村规民约的执行情况，我们访谈了村干部，村干部表示还是有一定作用，具体没有举出例子来。村中公告栏上面贴有村民积分表，针对这个我们访谈了村民，两位老人表示这个是行政的；在小卖店问了大妈，大妈表示不知道有村规民约这回事儿。这就是石舍村现行的村规民约的情况。与今天的戴家村相比，两者差别不是很大。

## 四、石舍村方姓族谱

之后访谈到石舍村方姓家谱保存人方辛田时，我们看到了光绪十九年方姓修订的家谱，能访到方姓家谱，实属不易，同时也异常珍贵。家谱中不仅仅记载了家族中各辈分的人，而且有家训以及对后世子孙行为规范的要求，以及相应的惩罚措施，介绍极其详细。下面我们仅对方姓家谱做一些简单的介绍。

首先是家训部分。方家家训主要体现在四个方面：忠义、孝友、廉洁和闺范，前三个是针对家族中男性，第四个是对女性提出的要求，方家家训主要来源于中国古代孔孟思想，对国家忠，对双亲孝，对朋友义，符合儒家的五伦，对家族的和谐稳定有着重要的意义。方家家训不仅提出这四点，而且后面分别对此进行详细阐释。

一是忠义，“夫人之未达之时，谁不曰吾能致君而泽民，及一旦风云际会，则身家之念重而报效之念轻，求其能为忠义者几人哉？惟我达源普明叔交诸公者，赤心辅主致身殉国，诚所谓鞠躬尽瘁死而后已者也，凡为臣者尚其勉哉？”这一段阐明忠义的重要性，尤其强调人在风云际会之时，最易忘公济私，党的十八大之后抓的巨贪，普遍说一句话：“我是农民的儿子”，这就是典型的在风云际会之时失掉初心，酿成大错，方家在家谱里就强调了这一点的重要性。

二是孝友，这是处理家庭关系，后面续道：“夫孩提之童莫不知亲爱敬长，及习俗易迁而天性遂忘，求其能为孝友者几人哉？惟夫汝嘉诸公，入则承愿乎亲，出则恪恭乎长”。这简单一句话，阐明如何做一个儿子，如何做一个弟弟，并且列举前辈，以让后辈效仿。

三是廉洁，“夫天地之财苟非吾之所有，虽一毫而莫取，及见财而悦，惟利是趋者众也，求为廉洁之士，鲜矣。惟云程良臣诸公，磊落不群，与甘泉石诚，所谓澹泊明性，宁静致远者也，为后嗣者法之”。在这一条家训里，强调了方家人对待钱财的态度，不可将财物视为自己之物，否则易陷入唯利是趋，做事则不能清净。

四则主要是关于妇德的内容，是对方家妇女的品德要求：“夫闺门为万化之源，人伦之首，高比嘻匕岂妇道哉？必须如正元之室何氏，壶仪足式，郡侯梁公赐以慈孝廉隆，正远之氏章氏，淑德幽娴，邑侯王公赐以节寿双美”。中国社会是一个特别注重上行下效的社会，首先明确闺门中人要守妇道，接着举了家族中贤德的前辈来供后人仿效学习。

系统来看如上四点，儒家《大学》中提出的“修身、齐家、治国、平天下”都涉及了，先从国家君臣大义入手，谈如何治国平天下（“忠义”），然后谈到如何治家（“孝友”），最后落实到个人，怎样来提升自己心性，

石舍村正在维修的建筑

也就是修身，方家在这方面主要强调不要为财所累，澹泊名利，宁静致远，前面讲的全都是关于家族中的男子，对于女人，因为古代女子主要任务是相夫教子，所以方家家训提出女人只要守妇道就可以。所以这是一个很完善的家训，最后要达到一个目的——稳，也就是我们经常讲的“安身立命”，整个儒家学说讲的就是从个人出发如何到达整个社会的安身立命，方家家训依然没有脱离这一点。

方家的家训就是从宏观上提出了方家人应该时刻铭记的东西，接着方家家训后面更加详细地对方家人生活中的婚丧嫁娶等一些琐事也相应作出了规范，这里举一二例来说明，比如针对族中男子结婚选择配偶时候，应当“选择门楣嗣后子孙，勿得苟且”，不然会“玷祖先，甚为不孝”，在中国古代，祖先对自己家族中人是特别神圣的，不亚于西方上帝。其中不仅对男子结婚作出规范，对族中女子择婿也有明确的规范，“择婿所以增门楣也，虽后子孙贫富不等，断不可因一时之富贵而许之，上辱祖先，下累儿女，况婚姻贪财，岂人情之所为乎，且不可不严也”，这种择婿观比我们当代流行的嫁豪门高明了许多，眼光更加长远，结婚不是为了取财，断不可以为了财物而轻易嫁女，这种择婿观足以大力弘扬，以供我们现代人学习参考，这是祖先数百年来生活积累所得。

方家特别禁止族中子孙参与赌博，家谱中对此进行了专门的强调，可能方家之前出过赌徒，所以家训中强调“合族至宗祠公仪定弗再蹈”，而且用了比较详细的篇幅来描述赌博之害，“兵事之后，世风日下，人心日离，所可虑者，赌博一事最为深患。招集匪人，废时失业，或田宅因之捐卖，或妻奴因之饥寒”，如果说前面这是拳拳劝解之意，同时后面提出了相应的惩罚措施，首先明确“凡我同人父子兄弟亲戚朋友，五里之内不得开场聚赌”，如果小孩子（十六岁以下）犯了这条家族禁令，“为父兄者亦当劫饬”，如果是十六岁以上的不肖子孙，擅自开此禁令，“罚戏两日两夜，祖先前跪一周，日香烛纸炮钱一千四百文，绝不宽宥”，这个惩罚还是相当重的，不仅要出一些钱财，而且还有严重的体罚，定要其改错，后面接着讲道，如果知错不改，就是“藐视祖法，强梁不服”，那么就要“合族究治”。方家家训把赌博拿出来专门进行强调，可见当时家族对此的深恶痛绝，严防子孙后代受此玷染，破家坏祖。

在这种家规家训的引导下，宋朝时，方家连住三代出了七八个进士。在方家第八代时候，方楷于天圣八年中进士，从鄱阳主簿一直当官当到殿中侍讲，直接接触到了皇权的中心，老年方楷致仕教子，82岁去世，生下来方蒙和方鼎两个儿子，可以说方楷开启了石舍方家的辉煌，方楷不仅为后代做出了榜样，他的归老致仕也直接对子孙进行了教导，所以在第九代时候，方家出了四位进士，方楷的两个儿子和两个侄子相继中了进士，其中做官最大当属方楷长子方蒙，从建昌县令做到了吏科给事，接着详细记载了方蒙在元祐年间，上表朝廷开仓放粮，赈济荒民；同时“南寇侵扰”，方蒙督兵征安；所以方蒙不仅仅是一名文官，亦带兵打仗。在最后更为详细记载了一件兵事，“刑州出妖民”，本郡的御史李尚上奏朝廷说“害民难除”，同时这位御史推荐了方蒙来平息这次兵乱，“惟吏科给事方蒙贤良正气，妖民必灭”，后来朝廷任命方蒙去平乱，“果应其奏”，回来后皇帝钦赐殿中侍御史，完成了这件事，方蒙衣锦还乡。族谱中记载，方楷次子方鼎，为官清廉，乐善好施，记载了方鼎“恤孤寡，助贫乏”，同时修路修桥修寺庙。在第九代中还有一位大官方参，方参最后做到了刑部尚书，中央六部之一，是国家高级官员，他是方楷哥哥方盖的儿子，老后隐居于子陵台。在方家第十代中也有位进士，其中有一位最为“奇葩”的进士方可行，元祐三年进士，方可行中了进士以后并没有像自己的前辈去当官，而是隐居山林，族谱中这样记载“磊落不羁，性甘泉石，隐居不仕，交文祖遗风”。石舍方家始祖方元英来芦茨最先过起隐居生活，虽然在中国古代儒家致仕的大背景下，方家仍然保持着隐居的隐性基因，这也是中国古代上行下效的体现。

## 五、村规民约纵向对比

我们考察发现，中国村落中的村规民约变化还是很大的。首先明确一点，石舍村与戴家山村在构成上还是有些不同的，石舍村基本是方姓一族，自古就是这样，而戴家山村杂姓较多，而且民族也不同。读方家家规家训时候，有一种从内心涌动的动力，被族谱中的谆谆教诲和先人的智慧所感动；而读现在石舍村和戴家山村的村规民约则感觉干巴巴的，没什么味道，而且一读让人生厌。不仅仅是读来的感觉不同，而且他们能发挥的作用也是大有差别，现行的村规民约能起到的作用微乎其微，而方家家规则不同，它照顾着后世子孙的内心，从内心激发子孙的善念，而不是简简单单的堆砌说你能做这个不能做那个。

深层次挖掘两者的区别，方家家规家训的背景是中国古代农耕社会，国家行政权力只贯彻到县级，对农村没有太多的行政干预，所以农村的治理，主要依靠村中或者族中老人进行管理，族中老人的管理办法就是依靠先辈留下来的经验，然后将这些经验整理，形成自己的家规家训或者村规民约，这些村规民约所依靠的理论背景就是中国儒家的忠孝仁义思想，儒家思想属于德治，德治主要是扩充人心中的善念，并且通过克己复礼来抑制恶念，从而达到内圣外王的目的，也就是说方家家规这类主要是治心，通过治心来让村人或者族人自发约束自己的行为，当然这是古代乡村治理的基础理论，也不乏一些惩罚。而石舍村以及戴家山村现行的村规民约，是行政制定，分析文本，主要是上级部门通过能做什么或者不能做什么，来进行行为的约束，这与我们国家现行的管理体制有关，我们国家现行四级管理，直接对村子进行行政管理，这样乡村治理方法必然要与国家保持一致，也就是依法治理法治的管理方法是管人不管心，就是通过法律法规来约束人的行为，所以像戴家山村或者石舍村现行的村规民约，更像是村中的法律，所以读起来会干巴巴的，而方家以前的村规民约是对人心的扩充，所以会感觉更有味儿。

来浙以前，本来想了解村中的村规民约与传统的村规民约或者家规家训之间的传承关系，经过在桐庐两天的调研发现，村中现行的村规民约与传统几乎没有任何关系，即使是在宗族很完整的石舍村，村规民约制定完全行政化，对于中国这种“熟人”的乡村社会，显得枯燥无味，缺乏活力。反过来看中国传统的家规家训或者村规民约，确实很活，内容很丰富，可以直叩人心。但是对照现实，中国传统的这些家规家训在现在的乡村社会已经失去了生存根基，如何让这些已经“过世”的东西在新的乡村社会发挥新的作用，面临着一些问题，比如如何与行政对话，如何与现行的主流价值结合等等，接下来的几天我们继续思考这个问题，尝试提出解决方案。

# 社会力量投入乡村后的发展现状

## ——以戴家山村为例

杨　洁

## 一、“变”与“留”：名录与传统村落的保护与发展

中国传统村落名录是根据住房城乡建设部等部门印发的《传统村落评价认定指标体系（试行）》，在各地初步推荐上报的基础上，经传统村落保护发展专家委员会评审认定的。桐庐县富春江镇石舍村 2013 年被列入第二批中国传统村落名录。莪山畲族新丰民族村戴家山村 2014 年被列入第三批中国传统村落名录，2016 年被列入中央财政支持范围的中国传统村落名单。在近几年的发展中，不同的保护与发展模式、规则使两个村落产生了不同的问题和现状。

### （一）石舍村的“留”

富春江镇力图联合石舍、芦茨、茆坪打造“三位一体”的“慢生活”旅游区品牌名片，不允许私自改建、拆毁，对现代建筑进行立面改造，对古建筑进行青瓦改造，进行保护性开发的文化旅游模式。富春江镇及以上

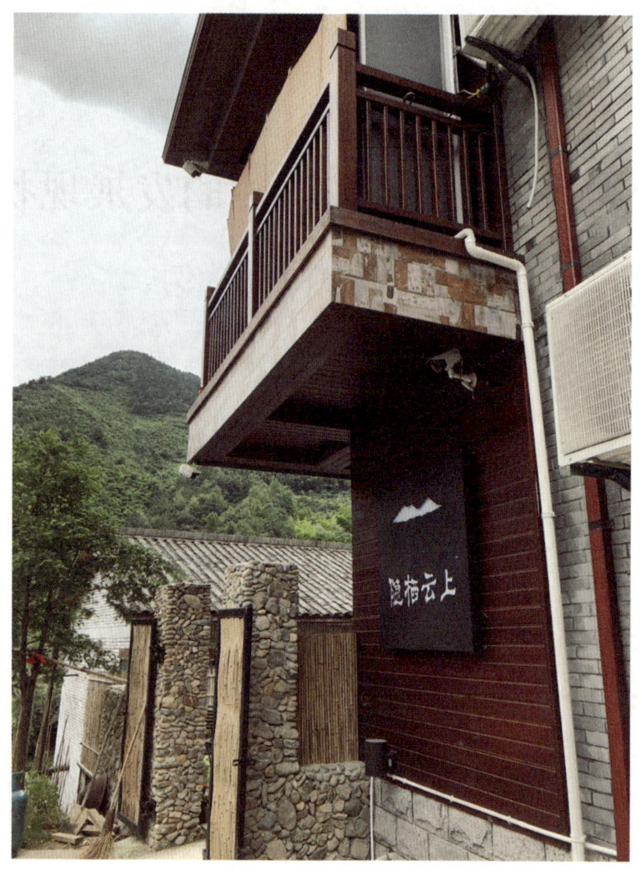


戴家山村“随栖云上”

县、市各级政府对传统村落开发保护进行统一化、格式化管理。一方面古村落开发保护项目申报工作已形成相应制度规范，上级政府每年都会指导、督促石舍村申报项目；另一方面为古村落开发保护工作成立专门性管理机关——“慢生活”管委会（富春江镇），“慢生活”管委会享有对三村开发保护活动的审批权力。石舍村对本村传统村落开发保护以文化产业为主，力图回避民宿性质的商业开发。在不涉及村民村落老建筑所有权的前提下收回村落建筑的使用权，注重老建筑的历史文化背景对村落保护和发展的地位与作用。

（二）戴家山村的“变”

莪山畲族乡新丰民族村对戴家山村建筑则采取经济效益优先，保护外墙、内部装修，允许改造，打造特色民宿的商业模式。戴家山村在传统村落建筑的保护与发展体现在经济方面，莪山畲族乡大力推广招商引资，吸引外来人口来村里建民宿。一方面增加村民的就业机会，另一方面鼓励村民效仿并返乡创业。在现代商业文明取代传统农业文明的社会语境中，主体价值观的失落与重建是传统村落开发保护工作的关键问题。在现代商业文明的剧烈冲击下，以乡贤自治为主要表征的传统农业文明价值观几被冲击殆尽，价值观的失落所带来的是村民对村落、对文化的轻视。戴家山村的“变”建立在“老人村”的现实基础之上，并非使用本地畲族民族资源，树立村落民族品牌。而是强调物质实体外部的样式感，追求社会力量带来的外来文化、新的生活方式，建立新的村落秩序。

## 二、社会力量与政府、村落原住民的利益关系互动

秘境、云夕戴家山、先锋书店是社会力量介入戴家山村的产物。这些经营产业刺激并带动村落原住民自主建设，1 户村民已返乡创业，1 户村民自建民宿开业，4 户正在进行改造工作。在政府招商引资、社会力量介入、村民自主建设这一过程中，三者利益关系绑定，又各自谋求发展，在交往互动中产生利益博弈的局面。

（一）基层政府引导下的招商引资

2014 年，乡政府开始积极地招商引资。当时的副乡长联系到建筑设计师张雷，委托他做民居改造设计。张雷又推荐了先锋书店，落成了乡政府与书店的合作，并负责云夕戴家山和先锋云夕图书馆的改造项目。项目

戴家山村秘境咖啡厅

实施后，副乡长辞职，专门经营云夕戴家山。

云夕始于浙江桐庐莪山畲族乡戴家山，现有云夕深澳里、云夕戴家山和云夕陈家铺（在建）乡土艺术酒店，以及先锋云夕图书馆、态客 WOW 云夕乡村米其林餐厅等复合业态。休闲消费群体为桐庐、建德、义乌等附近居民，住宿消费主要为杭州、上海的白领等新中产高知群体。云夕戴家山利用传统畲族民居改造扩建，共有 17 间客房，包括 1 栋拥有 8 间客房的夯土主楼，3 栋独立别墅，以及 2 栋三房并联别墅。“云造展厅”、“山谷书吧”、“丛林泳池”、“山野 SPA”、“梯田农耕”“有机餐厅”“云夕晨课”“篝火和露天电影”以及“最美书店”先锋云夕图书馆。先锋云夕图书馆是招商引资项目。最近的网线问题，体现其和乡政府是利益共同体。以前网线经过的 1 座民居，村民不允许网线再往自家门口经过。“其实我们可以汇报给乡政府，强制性牵网线完全是可以的。”但是没必要。最终让电信运营商另接端口解决了此事。

（二）社会自发主动的生产投入

2013 年，秘境作为第一个进入戴家山村的社会力量第三方，以合伙形式发展至 2016 年。此后合伙人之一盛章翔个人接手，独自驻守。他的第一个项目德清莫干山小木森森，不是旧民宿翻改新建，而是在当地置地新建。第二个项目来到戴家山村，原本计划租下整个村落，打造度假区，但由于部分村民不愿意转租，于是租下 5 栋民居，1 栋为 2017 年 5 月投入使用的秘境咖啡屋，1 栋为员工宿舍，3 栋用于建设酒店。2013 年与政府签了 30 年的合同，1 栋民居的租金为 10 万元。在这四年间村民看到了经济的发展，2017 年 1 栋民居的 30 年租金达到了 75 万元。秘境工作人员有 3 个管家、1 个厨师、若干服务员及 1 个负责酒店预定、采购、财务、咖啡吧经营的工作人员。3 个管家分别管理酒店内共 17 间房，每间房型不一，价格从每晚 800—1800 元不等。服务员在本村或邻村招聘，主要是一些中年妇女。酒店预订部的工作人员是通过莪山畲族乡政府公众号面向社会招聘来的。最近代理店长从管家里挑选了 1 个本地人，来做本地统筹工作。第三个项目设立在富阳洞桥，今年年初和当地基层政府协商沟通，达成合作协议，现在正在做度假区的水电、管道等基础设施。

社会自发性的生产投入链已开始形成规模，在与村民交往过程中遇到了两方面的问题。一是村民效仿做民宿没有得到可观的营业额，而秘境七八月每日满房，游客吃饭、休闲、居住全在其中，在酒店工作人员看来，村民为此“眼红”，便经常向村委会举报，诸如私自维修瓦片、私自搭建违章建筑等问题。二是本村村民的亲戚、山下村民、附近村民前往戴家山村旅游，认为“这是我们自己的地方”，擅自进入酒店参观，破坏酒店环境，工作人员对其制止，这些村民也会向村委会投诉，表达不满。政府各部门对接的口径不一致，也是他们遇到的一个主要问题。比如消毒间的安排问题。第一位领导来检查，不允许消毒间设立在厨房，必须单独建一间消毒间；第二位领导来检查，认定新修的消毒间属于违章建筑，并勒令拆除。他们在面对这些问题时，采取了一定的应对措施：一是用本地人管理本地人，并负责与基层政府、村民沟通，体现在本地人范围内选拔店长。二是面对举报，“小事不管”，“大事”如被举报“多盖房子”，则是在合理范围内改造，听政府领导的要求。

（三）村民与社会力量（服务）的诉求与平衡

先锋云夕图书馆是先锋书店的第十一家分店，选择在村落中建立图书馆，是为了结合畲族村独特的自然风景和人文景观，意图成为当地村民和外来读者公共生活的纽带，达到文化传播的目的。图书馆的主体是主街道旁边闲置的庭院，其中包括两座黄泥土坯房和从斜坡上伸出来的平台。张雷在改造的同时，也对建筑进行了修复。一方面保持了建筑和庭院的结构。另一方面为了适应图书馆这样的新功能，将原建筑屋顶掀掉，将屋顶升高了 60 厘米，并设立钢化玻璃层。屋顶的提升主要是依赖当地的传统工匠技能，在楼上搭建梁柱，使用榫的技能扩展部分支柱。小青瓦屋顶也被翻新，在望板之上附设保温构造。书店面积共 200 平方米，收藏了民俗文化、地理、乡土文学、人物传记、诗歌、摄影艺术、书院文化等 4000 多个品种，近 2 万册图书。图书馆经营属于半公益式，销售利润用于捐助当地的畲族贫困学生。

张宗峦是云夕图书馆的店长，2016 年底自发申请从南京总部调到戴家山来，原本是受先锋书店对云夕图书馆设计理念的吸引，然而在这 7 个月里遇到的现实问题，侧面论证了理念的理想化难以实现。主要分为三个方面。一是工作烦琐。图书馆有两个工作人员：一个当地女性负责收银；店长负责财务、仓库管理、书籍整理、咖啡服务、房屋补修等各项工

戴家山村先锋云夕图书馆

作。二是建筑补修的问题。运营企业需要自己负责，不用向政府汇报、申请。自 2016 年底以来，屋顶一直漏水，因小青瓦层层垒叠，受流水侵蚀容易下滑需要维修。这些民宿仍用青瓦，村民自住房早已改为更为方便的屋顶。三是社会服务与村民诉求的不对等。戴家山村为“老人村”，很少有村民会来看书，“抽根烟，左看看右看看，也不说话就走了”。先锋书店的文化传播、公共服务理念并没有落实到实际的管理制度、措施、规定。村民进入图书馆，没有合适的引导、安排。书店没有针对吸引接纳村民的活动。

戴家山村社会力量进入乡村仍处于摸索期，企业内部制度、安排存在不合理的地方，导致在交往互动中与村民产生矛盾。有的企业与基层政府利益达成共识，关系良好，对这种矛盾能积极处理；有的企业与基层政府领导沟通较少，矛盾的处理全听政府领导调查、安排，通常导致矛盾越积越多。这个过程涉及政府的权力下放与利益分配，政府应该如何标准化、规范化管理第三方，以达到社会力量进入乡村发展的公平，是一个亟待解决的问题。

# 建立传统村落保护开发制度的必要性分析

## ——基于法社会学视角下对“新丰村”旅游开发的考察

周俊光　杨　洁　熊晓晨　吕佳文　梁　青

## 一、新丰村商业旅游开发概况介绍

新丰村位于浙江省桐庐县莪山畲族乡西北面，全村辖5个自然村和10个自然组285户845人，2014年入选第三批中国传统村落名录。与昨天调研的石舍村相比，新丰村的旅游开发要显得深入许多，游客数量也较石舍村多不少。经过一天的调研，我们认为新丰村的旅游开发工作呈现出以下三方面特点。

一是政府着力推进，积极招商引资。自2013年以来，新丰村村委会一方面大力推进村中基础设施升级改造，如扩宽村道、升级村中排污管道、新建游客中心等；另一方面积极对外招商引资，力图吸引更多的外部资金入村经营，截至2017年7月，村中已有云夕、先锋、秘境三家公司从事旅游开发，且在不断扩大经营规模。

二是社会资本不断追加投资，深入开发村落旅游资源。目前，云夕公司在新丰村开发有两家民宿客栈，秘境公司开发有一家民宿客栈和一家咖

戴家山村正在维护的古建筑内部

啡休闲馆，先锋公司则在村中心位置开发有一家半公益性质的村落图书馆。根据村会计的描述，云夕和先锋两家公司目前在新丰村的投资总额约有四千多万元，先锋公司已投资一千多万元，在接下来的时间里，云夕公司还要建设新的休闲主题公园，而秘境公司则正在村口路旁建设专门的游客接待中心。

三是中青年村民返乡创业渐成风潮。在 2013 年之前，新丰村基本只有 50 岁以上的老年人留守，青壮年大多在外打工、上学，在云夕、秘境入村开发后，已有不少在外打工的年轻人回到村中做旅游开发，如开办农家乐、民宿客栈等等。截至目前，新丰村有 5 户村民经营农家乐饭店，1 户村民经营自建民宿，另外还有三四户村民正在新建房屋，准备将来用作民宿客栈。

与石舍村相比，新丰村旅游业开发程度之深令人惊叹。包括村庄旅游宣传、基础设施建设以及民宿客栈、咖啡休闲馆等商业公司的运作化等，都已达到较高水准。以云夕公司的民宿客栈为例，该客栈的单日住宿价格已经达到令人诧异的近万元每晚（访谈当日，该客栈最便宜的住宿价格是1153元，最贵的价格是8942元，客房均价在2500—3000元左右），且入住率极佳。根据店长描述，在七八月的旅游旺季，几乎天天都是爆满，而在非旅游旺季的其他时间段内，也有将近六七成的入住率——如此之高的入住率需要客栈良好的软硬件设施作为基础。据有专业经验的组员观察，云夕公司的客栈建筑，无论外形、内饰等，均已达到业内较高水准，而根据我们后来得到的调研数据显示，原来云夕、先锋两家公司在新丰村的建筑规划设计图均是由著名建筑师张雷亲自操刀完成，而张雷本人也深度参与到新丰村的旅游开发中来。

## 二、多元利益主体间的紧张互动关系

伴随调研工作的深入，我们越发注意到，在新丰村的旅游开发过程中，存在三方主体，即村委会、村民和外来公司之间的互动关系，而此种互动关系在新丰村旅游开发工作中呈现出一种复杂而微妙的冲突与合作状况。

首先是村委会和村民间的关系。早在2014年初，村委会便开始同村民签订租房协议，将村民闲置不用的村房以9万—10万元的价格租赁过来，租期统一30年，再辅以一些征收用地，统一打包给外来公司做旅游开发之用。按村委会干部的说法，他们在这件事情上面是完全为村民服务的，跟村民租多少钱，跟外来公司的报价也就是多少钱，之所以由村委会出面是怕村民利益受损。而根据我们的调查，村民对村委会的这些举动并非持有

戴家山村正在维护的古建筑外部

普遍性质上的欢迎态度，村委会的租房、征地行为在村民中还是颇有微词。

其次是村委会与外来公司的关系。在与两名村委会干部的访谈中我们发现，新丰乡村委会对外来公司抱有极大的亲近之感，也较认可外来公司对新丰村的旅游开发思路和具体开发措施，包括建民宿、开书吧、办咖啡厅等。我们基本可以认定，村委会在尽量为外来公司的旅游开发工作提供便利。在谈到外来公司的开发是否存在什么问题时，村委会干部表现得不以为然，只是在我们的追问下提到一句，去年镇里来做检查，要求做污水处理整改，这个事情整改了也就好了。似乎在村干部看来，外来公司在村中的开发是基本没有问题的，有问题也是正常的，按上面要求改了也就好了。从中我们也可以推导出二者间的良好合作关系。

最后是村民与外来公司的关系。我们所访谈的六户村民中，有三户表现出了对外来公司的善意，他们认为外来公司对新丰村的开发吸引了外来游客，使得他们也能够从中获益，希望外来公司越多越好；有两户认为外来公司的存在影响了他们的正常生活，并带来各种日常摩擦，对村庄的现状表达了不满；另外一户则表现出无所谓的态度，认为外来公司怎么弄是他们的事情，自己过好自己的就行。而在对秘境公司的调研中，公司工作人员则表现出对村民的反感，因为村民会不时向上级政府举报，说他们违建、扰民等等，这给客栈的正常经营带来不少困扰。在工作人员看来，村民的这些行为完全是眼红所致，因为村民即便是自己开民宿也无法挣到公司这么多的钱，所以才会通过这种无理取闹的方式来发泄愤怒。先锋云夕图书馆的店长则向我们表示，当初他是怀着对公司经营理念（村民参与、村庄文化建设等）的认同才申请从南京总店调到新丰村，但现实却完全不是他所想象的那样，他需要在新丰村做满一年，现在还剩 6 个月时间，几乎天天都有度日如年之感。

## 三、行政机关基于利益捆绑的职权定位模糊

通过对以上三方主体间的关系梳理可以看到，除了村委会与外来公司的关系显得较为和谐外，无论是村委会与村民，还是村民与外来公司之间，都存在一定程度的紧张关系，尤其是村民与外来公司之间，已经存有较为明显的矛盾冲突。值得玩味的是，村民与外来公司的关系又不是完全的紧张对立，仍有部分村民表达出了对外来公司的欢迎和支持。到底是何原因导致了如上两组紧张关系的产生，而又是何原因导致村民与外来公司

间的关系呈现出欢迎与排斥共存的复杂局面？

我们认为，是三方主体间的利益分配不均导致了如上两组紧张关系的产生，村委会与外来公司的和谐关系则进一步加强如上两组紧张关系的剧烈程度，欲解决此问题，则必须依靠制度化的路子，通过法律的形式明确政府在村庄开发中的角色定位和职权边界问题。

根据既往经验来看，传统村落的开发工作，单靠村庄的自有力量是难以完成的，这个时候，村庄就不得不向外寻求帮助，该帮助在现实中即表现为各式各样的社会力量，亦即不同于村民和村委会之外的社会力量（第三方）对村庄开发的深度介入。社会力量（第三方）的能量是巨大的，其往往能够为村庄开发带去必要的财力和智力支持，但问题在于，村庄借力，其不仅能得到意欲收获的甘甜果实（亦即其迫切需要的、能够迅速见效的村庄开发），同样还需承受相应的苦涩后果，而正是这些苦涩后果造成了三方主体间的利益分配不均。

村庄借力的恶果之一就是容易形成特定主体间的利益捆绑关系。借力的前提之一是存在不少于两个以上的利益主体，正是特定主体对其利益的心有余而力不足的目标追求才使得其有向其他主体借力之必要性，而在存有多个利益主体的情况中，最容易出现较强主体通过联合方式压榨较弱主体，从而实现较强主体间的利益最大化。在村庄开发的具体语境中，较强主体即是村委会与外来公司——二者通过权力与财力、智力的联合，来联合压榨本属于村民，亦即资源提供者的那部分利益。当然，我们在这里并不是说，村委会和外来公司是“黄世仁”，要将村民的资源利益一点不剩地全部拿走，而只是强调权力与财力、智力的结合，可以以最不费力气的方式获得最多的利益份额，而这可能正是造成村民与村委会、村民与外来公司间紧张关系的重要原因。

村庄借力的恶果之二就是容易导致村庄丧失自主性。借力的前提之二是借力双方一方力弱而一方力强，如此则必然存在借力主体与施力主体间

维护施工现场

的地位落差，而在存有地位落差的情况下，力弱方因成为力强方的附庸而丧失自身的主体独立性是再常见不过的事情。放到村庄开发的具体语境中看，在作为借力方之一的村民基本没有参与权和话语权的情况下，作为借力方之二的村委会——权力机构，与施力方——外来公司形成利益共同体关系后，其丧失权力主体的自主独立意识亦已成为客观事实。在问及村落开发保护的未来规划时，新丰村村干部曾表示并无规划——甚至连明年该怎么办的想法都没有，而在面对我们的假设性提问——“如果需要，是否会将制定规划的任务交给云夕或者秘境公司去做”时，村干部毫不迟疑的肯定回答让我们有充分理由担心村委会的自主性问题。

村庄借力的恶果之三则是容易丧失对村庄必要的保护意识。借力的前提之三是借力方存有潜在利益，否则施力方就不可能存有施力的动力。外来公司的目标是通过村庄开发获取经济利益，对村庄文化的保护并不是其会更多地去考虑的问题。而在村委会成为外来公司的利益共同体，并因此丧失主体自主性的情况下，其很容易只关注如何让村庄开发实现最大限度的收益，而忽略掉对村庄保护方面的关注。传统村落的保护和开发，首先必须是保护，其次才能是开发，否则对村庄的破坏方式的开发，最终必然导致对村庄文化的破坏。新丰村的旅游开发，可以随意对老建筑进行重建改造，只要其是因应民宿开发的需要。在调研过程中，我们发现村中有多栋水泥房屋正在兴建，这些兴建的背后，都是以一栋又一栋的老建筑被拆毁为代价换来的。

通过对村庄开发三方主体利益分配不均的原因分析，我们可以基本明确，是村委会对自身在村庄保护开发工作中的定位不清、职权不明导致了其自觉不自觉成为外来公司的利益共同体，并在此基础上丧失了其作为村庄保护开发工作管理者的独立自主性，从而忽略对村庄“保护”的必要性关注。公司作为逐利的主体，其对利益最大化的追求是无可厚非的，但村委会则必须明确其自身的主体定位与外来公司间的区别界限，否则其必然会造成对村民利益、村庄利益的现实侵害。

应当说，传统村落保护在从前的制度管理中存有空白。管什么？该谁管？怎么管？这些问题不能从既有的行政体制和法律制度中找到答案。因此，在发现某一利益点时，村委会、乡政府乃至县政府和市政府都有可能随意动用自身的行政权力，圈地跑马，以经济利益为最终导向肆意妄为。要想对此种现象予以规制，则非通过正式制度的规范运作不可达之。在建设法治国家已成为社会共识的前提条件下，通过法律制度来规范村庄的保护和开发，是就目前而言可能最具效力，也最具效率的办法之一。这其中，行政机关在传统村落保护中的行政职权、价值定位和操作技术，是相关法律制度构造所需要重点关注的三方面问题。限于本次调研的深度和广度，对如上问题的回应和解答还需要我们后续进行更加深入的调研。

# 古村落保护立法必须重视对主体利益的关照与回应

## ——以浙江走马塘村为实证分析对象

周俊光　杨　洁　梁　青　熊晓晨　吕佳文

## 一、走马塘村概况介绍

走马塘村位于浙江省宁波市鄞州姜山镇，始建于北宋端拱元年（988年），有“四明古郡，文献之邦，有江山之胜，水陆之饶”之美誉，历朝历代，这里出过76位进士，被誉为“中国进士第一村”。老村面积500亩。全村现有总户数640余户，常住人口1400余人。村民主姓陈，北宋初期从苏州迁入定居发族。因为陈氏家族进士多，做官多，车马进出也多。为了便于车马行驶，在河西岸筑堤塘五里，故名走马塘。

### （一）村史

村子始建于北宋端拱元年，当时长洲进士陈矜任明州知府，死后葬于茅山，他的儿子为父守陵，带着家眷来到走马塘，于是成为今走马塘人的祖先，至今已经传了38代。藏在天一阁的陈家家谱很详细地记录了陈家的家族变迁。

走马塘村 2008 年维修的古建筑

（二）建筑

村中古建筑除了保存有八栋明朝建筑和三栋民国建筑，其他均是清朝建筑。走马塘村民居有着自己的地域特色，从现存建筑来看，以四合院和一字排列为主，早期均是东西向，村中向阳的地方，让给宗祠和祖庙，以示后人对祖先的尊重。村中有很多深宅大院，墙基和河坎合而为一。村中树桥南堍的一栋民居，有一道临水而建的角尺形砖墙，既可以挡住呼啸的北风又可以采集阳光，还能防止盗贼外人窥视屋内情形，很好保护了隐私。村中现存比较典型的建筑有陈露芗故居、前新屋大院、中新屋大院、后新屋大院等等。

古村建筑以飞檐和石窗最富特色。石雕花窗的雕刻艺术令人惊叹。窗上所饰各式图案，人物类有“八仙”中的张果老、蓝采和、吕洞宾等；文字类有“福”“干”等，寓意丰富深刻；花卉类图形，如荷花、玉兰花、月季花等等。其中新祠堂后面一条小巷的石窗最为精妙，被称作“浙南石窗”，石窗雕刻特别精致，而且还可以开启自如，和木窗并无两样。村中老祠堂西墙上并排而立了八扇“八仙”人物窗，寓意陈氏后人多行善，广积德。村中北河老屋上的“第一”文字窗，是祖先教育后代要勤于攻读诗书，争取科举及第。村中“九洞结”吉祥图形窗，寓意陈氏家族兴旺发达，福气满堂。

走马塘村中心的石池头边上有一块“公禁碑”，这是清康熙年间之物，碑上刻了四行繁体字——荡洗污秽、投掷废弃、堆积馀岸、壅塞通沟。这是走马塘先人告诫子孙要保护村中水源，相当于我们现在的环保工作。

## 二、走马塘村保护开发工作现状和问题梳理

走马塘村村支书陈国贤在他的办公室接受了我们的访谈，交谈间言辞恳切，态度热情。根据陈国贤的描述，上级政府（包括镇政府、区政府、市政府以及省政府）和村委会一直在花大力气做走马塘村的保护和开发工作，下面分两点简单述之。

首先是上级政府和村委会对走马塘村的保护工作梳理。

其一，上级政府财政支持。早在2008年，宁波市、区、镇每级政府便筹资3000万元专门用于走马塘村村庄建筑（包括民居和相关公共设施）的恢复和改造工作，此后每年都有相关经费下发；2015年底，还有300万元专项修复资金（国家级）到位；这些经费全部用于走马塘村古建的恢复和改造工作。对村中非文保建筑的修复，村民可自行完成，村委会免费提供材料；对文保建筑的修复，则由村委会全权负责。

其二，村委会申报保护项目。除上级政府的专项资金以外，村委会每

走马塘村村貌

年都会根据自身保护工作的需要向上级主管部门申请项目资金。近三年来，村委会年均向上级主管部门申报四个保护项目，2015 年、2016 年分别获得近 1000 万元和 700 万元的保护项目款，2017 上半年则已获得 500 万元的保护项目款。代表性申报项目包括走马塘村监控摄像头安装，污水、电线改造，以及祠堂翻新，等等。

其三，相关主管部门向外寻求智力支持。2016 年 11 月，宁波市规划局鄞州分局联合华中科技大学城市规划设计研究院就走马塘村的保护工作制定了《宁波市姜山镇走马塘村历史文化名村保护规划（2015—2030）》，花费近 40 万元；2017 年 5 月，鄞州区政府又联合华中科技大学城乡遗产保护研究中心制定了《宁波市姜山镇走马塘村历史文化名村保护规划实施导则》，花费近 20 万元。据陈国贤表示，走马塘村的保护工作，正严格按照《保护规划》和《实施导则》的要求逐步推进。

其次是上级政府和村委会对走马塘村的开发工作梳理。

其一，对村庄建筑予以恢复和改造。自 2008 年以来，村委会已经通过主动排查和村民申请的方式，以全款（文保建筑）或半款（非文保建筑）方式，按建筑原样恢复村庄破损建筑 70 余处、改造村中危险建筑 100 余处。较好地保存了走马塘村整体的古建筑群风貌。

其二，积极新建村庄公共设施。为适应旅游开发工作的需要，走马塘村于 2008 年起逐步新建了荷塘、平塘、壁障、北牌坊等公共建筑，并扩宽村道，新建 3 个公共厕所和 1 个停车场，力图为外来游客打造良好的旅游体验。

其三，大力宣传走马塘村文化旅游资源。村委会曾通过媒体公司制作走马塘村纪录片电影，并在市电视台上播放；村中也随处可见关于走马塘村家规家训、祖先故事的推广牌和小册子。而根据我们在进村之前与宁波本地人的交谈中，走马塘村“中国进士第一村”的美称确实广为人知。

通过以上梳理我们可以看到，上级政府和走马塘村村委会确已为走马塘村的村庄保护和开发工作投入不少，无论人力物力均耗费巨大，但问题在于，当下的走马塘村仍然面临人走房空、游客稀少以及招商引资困难的尴尬现状，我们甚至难以想象，开发保护投入如此巨大的走马塘村至今仍是一个贫困村——按陈国贤的说法，走马塘村村集体每年的财政收入仅有 40 余万元，而村委会每年的行政支出都要 100 多万元，没有上级政府的财政支持，走马塘村甚至连村里打扫卫生的工人工资都发不出来。

## 三、无利可图：走马塘村开发困境的原因分析

陈国贤将走马塘村贫困的原因归结于两个“人”：一个是“人离开”，

说的是村民因为各种原因渐渐离开，人走房空。走马塘村全村650多户人家，有100多户是空的，而留守村庄的人里，80%都是老人。一个是“人不来”，一方面说的是外来游客稀少，与预期远远不符，即便是有游客，也不会为走马塘村带来任何附加的经济收益；另一方面说的是招商引资困难，没有公司企业愿意来走马塘村投资。我们基本认同陈国贤的以上观点。

没有人住的房子会很快出现裂缝，没有人在的村落则会很快失去生命力。村庄无人，对村庄保护工作的破坏毋庸置疑，而村庄的贫困不过是村庄无人的必然后果之一。如按陈国贤的思路，将村庄无人的情形做两种区分，亦即“人离开”和“人不来”，则我们接下来需要探究的问题就是，为什么会出现“人离开”和“人不来”的情况？

我们认为，在政府保护开发力度如此之大的前提下，之所以还会出现“人离开”和“人不来”的情况，其根本原因在于村庄不能满足人的基本利益诉求，因之，出于对自身利益的理性追求，村民选择离开村庄，投资者不愿进入村庄，游客也没有动力前来游玩消费。村庄最终陷入人走房空、游客稀少以及招商引资困难的尴尬境地。

走马塘村位于宁波与奉化交界，地理位置偏远，除去一个“中国进士第一村”的名号之外，再无其他任何所谓特色资源。按陈国贤的说法，名号不能当饭吃，种田也挣不到什么钱，村里的青壮年肯定都要到城里去打工，再加上现在的年轻人都不爱住老房子，而宁愿去住新房子，因此现在村里除了老年人之外也基本看不到什么人。这一说法基本可以理解为村民因对经济目标的追求而放弃村庄，因为村庄无法像城市那样为村民提供足够多的经济机会，所以才会有越来越多的村民选择离开村庄。加之传统村落民居无法满足村民对优良居住环境的利益诉求，因此即便是留在村庄的村民，也有极强的诉求改善居住条件，而不是死守那些其实并不舒适的“老房子”。走马塘村那些有上百年历史的古建筑，在无人居住后甚至只能

走马塘村古建筑

以每月一二百元钱一间的价格租给在附近打工的工人。如果说钞票是衡量一个事物价值大小的重要标准，那么这一二百元钱无疑是对走马塘村近千年文脉历史的莫大讽刺。

走马塘村不但远离城市，更重要的是其周边皆为农田、工厂，一条护村河围着一群古建筑，周围一无所有。陈国贤将走马塘村与新丰村作比，“我们这儿就是除了房子什么都没有”。其意为走马塘村不像新丰村那样有山有水，有足够多的旅游资源，仅凭单一的古村庄建筑难以支撑走马塘村的旅游开发事业。因为村中无人、村外无景，即便有游客慕名而来，也不可能有过多时间的逗留，更遑论进行旅游消费。游客稀少，也没有什么消费卖点，自然难以吸引到外来资金。据陈国贤的说法，村委会已经和很多外来公司谈过，镇政府也在积极招商引资，但却始终没有公司愿意进入走马塘村进行旅游开发。在之前的调研报告中，我们反复强调村民、村委会、外部力量三方间的互动关系。在这里，我们需要强调的则是，在不存在相关利益“卖点”的情况下，是不可能有所谓外部力量来介入村庄的保护和开发工作的。走马塘村无人问津的开发现状已经充分印证此点。

综上所述，我们认为，走马塘村“人离开”和“人不来”的根本原因在于“无利可图”，先是村民对经济利益的追求使得他们选择离开村庄（包括外出打工或是搬入新居），而后自然旅游资源的匮乏又使得村庄缺乏对于游客和外部力量的必要吸引。即便政府已经花大力气、投入大笔资金进行保护和开发，走马塘村依然难以避免人去村空、无人问津的凄凉景象。村中“走马塘村村史陈列馆”“走马塘村历代进士陈列室”“共和国知青宁波实景室”“走马塘邬毛银收藏馆”等景点紧闭和落灰的大门，似在证明走马塘村开发工作的全面失败。

总结走马塘村保护开发的历史经验，我们认为，必须正视利益要素在村庄开发保护过程中的基础性地位。对村庄的保护和开发工作必须首先重视村民以及外部力量的利益诉求，不以相关主体利益为导向的村庄保护和开发，最终都必定难于避免失败的结局。从正式制度的角度来说，对相关主体利益的重视即是要求正式制度对相关主体的利益诉求予以必要的回应，认可相关主体的正当利益诉求，并尽可能为相关主体创造追求利益的良好制度环境。如何在法律制度的构造中体现如上指导思想，则是我们需要进一步关注和思考的问题。

# 奉化龙宫村的保护与开发

周俊光　杨　洁　梁　青　吕佳文　熊晓晨

## 一、龙宫村概况

龙宫村是一个具有1140年历史的古老村庄，原名龙溪村，明朝时改名为龙宫村并沿用至今。其地处缑北，属深甽镇，现有村民2192人，共750户，其中老年人口480人，在村人口1835人。村面积近30平方公里，山林面积约13500亩。村民以陈姓为主，约占全村姓氏的99%，与宁波市姜山镇走马塘村同属一脉。下面我们分建筑和民俗节庆两块对龙宫村予以简单介绍。

### （一）建筑

龙宫古村目前保存有一批完整的明清时期古建筑群，以古祠、旧宅和老街为主，主要分布于陈祠路、礁坑路两侧，多为四合院或三合院，单体建筑随地赋型。龙宫村早期民居以茅屋、泥墙矮屋为主，也有部分建筑用青砖砌墙，瓦片盖顶，木头做柱、梁、椽，墙面涂成白色、青色或黑色。明末清初开始出现三合院和四合院，其建筑形态以马头墙、屋面和墙头戗脊为典型特征，是一种符合儒家尊卑礼制伦理道德的建筑形态。当前龙宫村保留有 32 个四合院。

宗祠是每个村落最神圣、庄重之所在，体现了中国人溯本追源、尊崇先祖的文化传统。而龙宫村一姓有三祠，分别为星聚堂——陈氏宗祠，崇德堂——后改为育英书院、三之堂——陈氏支祠。

陈氏宗祠位于龙宫村口，坐北朝南，北坐狮山，南邻龙溪。总体布局沿中轴线依次为照壁、前天井、仪门、中天井、中厅、戏台、勾连廊、内天井、正厅，总建筑面积 786 平方米。陈氏宗祠于明崇祯十六年始建大殿三间，乾隆三十七年、嘉庆十九年、道光十一年多次扩建或改造戏台，道光二十六年重塑大殿，放开两厢，增高地基，东厢外头新建楼屋三间，匾曰“绿就轩”，自此以后屡有维修改建，渐成今日规模。祠内戏台与勾连廊梁枋交结，枋头交结，再用丁头拱和雀替承托，用飞椽，为单岩歇山顶，青灰简瓦；正脊龙吻双尾做 S 形上翘，直刺青天，显得古朴灵动，飞檐角脊饰卷草镂空雕件，纤丽中见庄重；戏台台底悬空，由四根石柱沿四角边固定，同台底连成一体；三方敞开，无栏。

育英书院始建于清咸丰八年，总占地面积为 539 平方米。书院沿中轴线由南往北依次为五凤楼、天井、大殿。现存书院有围墙，原有台门二道，现剩一道。檐廊改建为挑檐，有牛腿、卷棚、雀替、重檐。门厅为五开间，楼下改建成教室，不分间，楼上有小屏风五扇，两根台梁下有小狮子形状的丁头拱。清乾隆三年创办文昌阁，位于回龙桥边，为当地最早学堂。后因洪水冲毁，牵至官山顶，又因入学不便，在嘉庆初年移至冬月庵，亦名文昌阁；后师生日益增多，由陈英杰等人创办月山初小，后因生源扩大，迁往三之堂，曾立高小；又在民国三十五年迁往村西“崇德堂”改建为“育英书院”。龙宫村地灵人杰，青碧长流，人才辈出，育英书院功不可没。

集福禅院是海宁市久负盛名的佛教朝觐之地，经国清寺分化而来。现存寺院坐北朝南，建筑多有损毁，仅正殿部分架梁采用原构件，保留明风

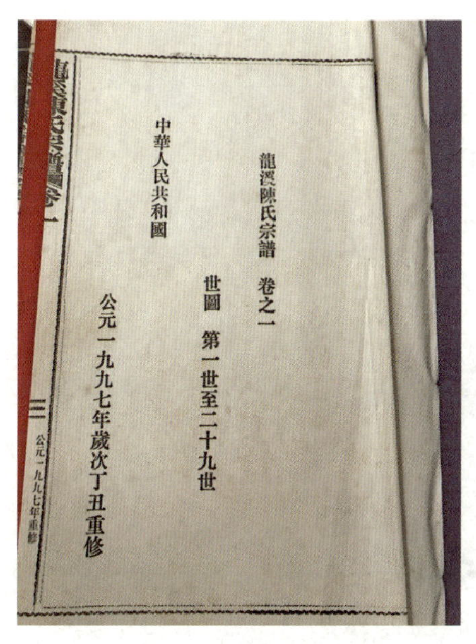

龍溪陳氏宗譜　卷之一
世圖　第一世至二十九世
中華人民共和國
公元一九九七年歲次丁丑重修

龙溪（龙宫村）陈氏宗谱

格。据原村主任陈泽民介绍，在龙宫村列入中国历史文化名村名单之前，因为建筑损毁严重，无法修缮，于是便将其拆掉重建。但由于资金短缺，大殿还未开始建造便不得已停工。陈泽民认为，好多地方都有寺庙，这样会带来很多香客，会带动村里经济发展。于是，便前往普陀山邀请普陀大和尚进村协助发展。普陀大和尚经考察拆掉了原先的厢房，过程中无意间发现了一本《华严经》，经鉴定，此经书为国宝级文物，于是镇里出资100万元，耗时两年去上海做了古籍修复，现经书交由镇里保管，待寺庙修建完毕即可保存在寺里。目前，集福寺佛像、藏经阁已建造完成，且已用水泥结构建成了大殿，具体以《华严经》所属时期建筑风格为要求。

## （二）民俗节庆

腰鼓是汉族古老的民族乐器，历史悠久，在民间广泛流传，这种艺术形式来源于生活，又很好地表现了生活。龙宫腰鼓的演奏与舞蹈动作紧密

龙宫村现老年协会门口的石碑

结合，称为“腰鼓舞”。龙宫腰鼓舞作为一种广场群体艺术，具有流畅飘逸，快手猛放，有张有弛，群而不乱，变化多端等特点，表现了龙宫人丰收后的喜悦心情，深受广大群众的喜爱。

每年农历二月初二是龙抬头，龙宫村以此节日提醒村民时令变化，到了春耕劳作的时间。从 2017 年开始，龙宫村将这一天命名为民俗文化艺术节，并将其与现代元素相结合，村民会在这一天参加跳舞、舞龙、敲腰鼓、打太极等活动。文化节开展的第一年，得到了深甽镇政府的强烈支持，镇里十月半庙会对其节庆活动进行统筹规划，男女老少积极响应，村民自发排演节目，创新节目方式，丰富节目内容，不遗余力地展现着龙宫村的生机与活力。

## 二、龙宫村商业开发规划梳理

当我们顶着36℃的炙热高温来到龙宫村时，恰逢联村干部深甽镇副镇长王瑞英来村开会。她抱歉地表示，每周二下午是龙宫村村委会举行例会的日子，因此可能需要我们稍作等待。会后，她有事离去，但在离开之前，特别嘱咐村书记以及新上任的村主任要认真对待我们的调研。因之，在有村委会书记、村主任配合调研的大背景下，我们在村委会的调研工作取得了前所未有的重大进展。不仅有村支书、村主任、村监会主任、村务委员等村干部与我们做访谈，其间甚至连刚刚卸任的前村主任，以及收藏有龙宫村陈氏族谱的陈某也从家中来到村委会，参与到我们的访谈活动中来。

在龙宫村村委会的访谈可谓盛况空前，一间小小的办公室里同时有三组人在进行访谈，同时还有一名组员负责为族谱拍照。由于主要是与村委会干部进行对话，因此他们也更多站在政府立场上为我们就龙宫村古建保护开发的现状与规划介绍情况、解答问题。我们认为，龙宫村古建保护开发工作呈现出浓郁的商业化倾向。下面分三点梳理之。

### （一）政府招商引资工作积极

龙宫村村干部对村庄未来规划的描述中透露出浓郁的旅游开发倾向。村书记认为，要做好旅游开发，龙宫村需要做好两点。

首先，强化龙宫村基础设施建设。自2013年起，村委会已大力推进自来水改造、旅游集散中心建设、老屋老巷改造、提升入村口景观、星级公厕建设等，进行景观建设及古建筑保护修复。2016年6月，村委会又开始对村中休闲山庄、俱乐部、寺庙、公园和长廊等进行投资建设，并打算将通过征收得来的老建筑改造成民宿、农家乐、咖啡馆等，让游客可以住古宅民宿、赏民俗戏、游历古寺，以及聆听孝子故事等。另外，村委会已耗资 370 万元向本村村民征得田地六十多亩，计划用来建设停车场、游客接待中心等，但尚未通过上级政府的审批。

其次，推动龙宫村商业旅游项目开发。根据村书记的描述，龙宫村意在建设以宗祠、老巷、古戏台、古寺院为载体，以花海、休闲吧、小方泄、漂流为舞台，以人文景观为主，集山水风光、历史文化于一体，具备文化观光、休闲度假、生态体验等多功能的旅游古村。目前已初步完成休闲山庄、公园和长廊的建设工作，俱乐部、寺庙等的建设工作正在推进。而在以上商业开发项目的推动下，龙宫村村民已渐有村民返乡创业的风气。部分在外务工的年轻人相继回来做民宿、农家乐、咖啡馆等开发投资。截至 2017 年 6 月，龙宫村已开业农家乐 6 家、民宿 9 家（以上两项目前只允许本村村民来做）。

### （二）重视对寺庙与祠堂的建设

集福寺是龙宫村的佛教朝觐之地，由国清寺演化而来。国清寺解散后其中大部分僧人去了灵隐寺，只有两三个僧人欲寻求风水宝地找到了集福寺，集福寺由此发展，最鼎盛时曾有僧人 108 名。现寺庙损毁严重，在龙宫村被列入中国历史文化名村前村委会便计划将其拆除重建，但在大殿建造过程中因资金短缺而不得已停工，前村主任认为寺庙能带来香客从而带动经济发展，所以村委会派村书记前往普陀山邀请普陀大和尚协助发展，并从企业和个人处招商引资 1.8 个亿进行寺庙的建设。大和尚在拆除寺庙厢房的过程中无意发现一本《华严经》，经鉴定发现其属于国宝级文物，于是镇政府出资 100 万元将其送去上海进行了古籍修复，前后耗时两年。现由于寺庙暂未建好，所以将其暂放在镇政府保管，待寺庙修建完毕再物归原主。寺庙依据《华严经》所属时期的建筑风格修建，已投入 2000 多万元重建，现寺庙大殿已经建好，佛像、藏经阁也已相继建好，计划建好后将其改名为“普陀支寺”，并将在附近办一个佛学院。

龙宫村有三座祠堂。其一是陈氏宗祠，位于龙宫村口，始建于1643年，并于1772年、1814年、1831年多次扩建和改造戏台，祠内的戏台于2006年被列为全国重点文物保护单位。其二是村委会旁一座在建的育英书院，原称“崇德堂”，占地面积达539平方米，1858年陈锡升所建，是宁海县保存最完整的古代书院之一。2003年2月，被公布为宁海县文保单位。现老村主任计划以龙宫古村的文化特色为出发点，培育地方特色，着手在祠堂内建设多功能展室等，待建设完工后将名画和祖宗的画像等作为文物展览，将育英书院打造为一个旅游景点。但开发过程中也满布荆棘，比如“育英书院”牌匾、村里屏风、花雕相继被梁上君子所窃等事情屡见不鲜。

### （三）对老建筑的保护意识薄弱

首先，该村古建筑存在买卖行为。龙宫村在被评为历史文化名村后吸引大批游客前来，其中有一上海人来旅游途中觉得此地环境优美，便花33000元买下一幢一字形的古建筑，其目的在于自居而非商业开发。若村民纷纷效仿，随意将古建筑进行买卖，则可能会存在改建或破坏古建筑的行为，这样村落的古建筑将岌岌可危。

其次，古建筑的修缮报送程序太过烦杂。据村书记描述，老建筑是不能被随意拆除的，拆除需到省政府处审批。但镇政府对于古建筑的修缮是大力支持的，村民古建筑的修缮费用只需村民承担30%，镇政府负担另外70%的部分。但在问及为何仍然存在如此多坍塌荒废的古建筑时，村书记说是修缮的程序太过麻烦，需要经过生成报告和评估等一系列程序，太过烦杂而耗时甚巨，从而挫伤了村民报修损毁建筑的积极性。

另外，前村主任曾说，村里之前并没有开发商投资，是在2013年龙宫古村被列入中国历史文化名村后，才开始思考如何借力推进经济发展、引领老百姓致富。当时村委会的思路是：整体开发，亦即通过土地征收，实现老建筑的统一规划和统一开发。具体思路是以祠堂为中心点、围成一个圈对周边老建筑进行旅游开发，原住民则迁到新规划的三个村落小区。需要指出的是，规划中的三个小区目前只有一个小区竣工，其余两个小区的地则都还未被审批下来，这激化了村委会与村民间的矛盾。

总之，对比之前调研的村落，发现龙宫村目前处于旅游规划的初期，政府也都对外来开发商的旅游开发工作提供便利，包括基础设施建造，也包括民宿和农家乐等商业公司的发展。市、县规划局都较为重视对龙宫村的开发规划，但落实起来却困难重重。

## 附：对龙宫村《龙溪陈氏宗谱》文本的整理分析

《龙溪陈氏宗谱》共分11卷。卷一内容主要为新序、迁居图、历史人员名单、新藏谱字号、民国序、旧理事人员名单、民国藏谱字号、历代谱序、凡例、祖训、祖像、行第、第一世至第二十九世世图。卷二记录第三十世至第四十一世世图。卷三至卷十内容为世略，详细记载了第一世至第三十九世的信息。卷十一内容为艺文、世福、世德、世芳、世藻。

### 一、藏谱

《龙溪陈氏宗谱》最近一次修谱在1997年夏，由11个房派：伯周公派、伯安公派、伯瑾公派、伯玉公派、金星左派、金星右派、小牛头派、连珠派、三全派、六祀派、小单提派出资，由族长陈才忠主修，陈永标协修，陈扬茂协修、主编、协编，陈杏银监修，陈春苗校对，修藏谱6个，遵照上二届老谱房位而定分藏。

《藏谱守则》于1998年3月12日议订，主要分为8条。一是精心保管不得私自出借造成遗失。二是放置于干燥处定期翻晒，防止虫蛀及腐烂现象。三是不得私自更改加减字数。如有特殊非改不可，经领（导）小组同意共同在场更动。四是应查事项。如值年祭祀及财产年代等事，先招知领导小组同意，定时查阅。五是关族里搞较大活动需查谱考核时，按房头大小先后排列次序进行。不得争先恐后、造成混乱。六是如遭意外事故，要保管好谱册。若措手不及，报知领导小组同意，据实情商议而定。七是藏谱人员百年离世，应作遗交手续，以房内商定接管人。八是藏谱领导小组人员以村主任、族长、房代表人组成。

## 二、谱序

新序是不同年代不同人所作，多数序文内容相似。《龙溪陈氏宗谱》序文主要分三部分，一是关于宗谱的意义。二是陈氏的来源，一说源于周代的胡公满，一说源于宋代的得深公。三是龙溪陈氏的迁居星布状况。

### （一）《龙溪陈氏宗谱》的来源、作用与意义

关于陈氏来源，一说肇于周代胡公满，一说源于宋代的得深公。“公由临安二尹在仙桂，乡里平湖，遂迁居于龙溪。当其甫迁之。时构造室庐，曾无几处，迨后生齿日繁。俾荒芜之地尽，房屋绳绳振振。”

宗谱一是感怀思恻，通晓祖宗之故事。“然发人以仁人孝子之思恻，然动人以春露秋霜之感。是祖宗虽远，而可以视之如一代者，赖有谱也。”二是用于联系各房派。“族派虽分，而可以联之。”三是强调敦伦、睦族对治平、定世的重要性。“以封有功，则必以同姓为先。古之圣帝、明王，未有不以敦本亲睦为先务，而能济天下于治平者也。自世风不古，教化陵夷。于是有本生之父母，而漠然不知所爱敬者矣。所以治天下必先于敦伦，敦伦莫先于睦族，睦族必先于定世。”

### （二）龙溪陈氏迁居过程

南朝陈为隋所灭，其后从福建迁王爱岭头陈隐迹。旗门乡东岙陈氏，唐武德三年徙自海游。城郊乡上白峤陈氏，唐天祐三年从福建长溪迁入。黄坛乡溪边陈陈氏，唐建中间自福建迁来。龙宫陈氏，北宋熙宁间从新昌迁入。凫溪陈氏，南宋绍定元年从江州德安县徙此。城东陈氏，宋嘉定间自天台迁此。水车陈氏，元后期从窦岙（今属三门县）迁来。七市乡大陈陈氏，元至元间由天台迁入。宫岭乡上陈陈氏，元大德间从台州徙来。毛

屿乡东南溪陈氏，明洪武二十三年由城内桃源桥迁入。龙浦乡龙山陈氏，明初从福建迁象山南田，再徙龙溪。

龙宫迁往外地陈姓人氏主要分布在 13 个地区。一为宁海县城关镇华湖村近 40 户，计 157 人。以及桥头胡、狭山、梅林、缸窑街、凫溪、长街、越溪、雪姆、西垫、五市街、六角溪头、深圳（甽）、马岙、西溪、澄新、榧坑、梅七。二为奉化县东遮山大桥、葛岙。三为新昌县县城、岭头陈、雪头、中溪、三几门口、上岙、下岙、眠犬。四为象山县石浦西田溪山。五为宁波市区。六为温州市区。七为舟山定海。八为下三府临安县三口乡街头市。九为海南海口。十为新疆乌尔河。十一为北京市区。十二为青海西宁。十三为河北石家庄。

## 三、凡例

凡例一般是关于宗谱的编修、管理等内容。《龙溪陈氏宗谱·凡例》的决议分上、中、下三册。上册专载外纪源流图、内纪世系图、分派世系图、平湖龙溪两派共祖诰敕、义塾图、各名著与上代各祖妣、世德、世芳、世藻等。中册载平湖龙溪共同谱序、谱例、平湖祖像、共同祖训、平湖行第、世系、世略、世福、世德、世芳等。下册载平湖龙溪共同谱序、谱例、龙溪祖像、龙溪行第、世系、世略、世福、世德、世芳、世藻等。看似分修，实则合纂。

《龙溪陈氏宗谱·凡例》主要有 15 条内容，以史为鉴，一方面梳理宗族发展历史，另一方面规范后人的行为。一至九条记载历史，是通过修谱不断补充的内容。一为列序谱。以年代之先后为次，以见每届修谱之疏密。二为列谱例。以为修谱之依据。三为绘祖像。以观仪容，使后嗣瞻仰之余起敬起孝。四为载祖训。俾子孙讲读、遵守，以重家规。五为列行第。以纪世次，使尊卑有序，不至紊乱。六为列世系。以提其纲，各房分之，分布具借于斯。七为列世略。借书生娶、卒、葬之本末，以便稽考。八为列世福。以崇祀典，并使知创业之艰难，田亩山场之所在，以及公益事业之兴盛。九为列世德。以叙其人之嘉言懿行，扬先人之善，为后人之法。而当代正人之可作则者，亦撰赞以表扬之。

十至十五条单独提出对子嗣、女性、婚姻关系的叙述。十为列世芳。表彰妇女贤节可风者，以作阃范。十一为列世藻。以见一族之文化。十二为列谱跋。以明子孙修谱之劬勤。十三为子孙立继就于图传之下。注明出继某公，入继某公。一则不忘本生，一则不至绝嗣。十四为正妻无子，须纳妾以谋嗣续。或出自名门，亦书侧室某氏，如正妻。已故而再娶者，即书续娶某氏。如此则妻妾不混，而嫡庶明矣。十五为配偶如有乱伦者，则削其妇人籍贯、姓氏，以绝之。并其所生之子而亦削之用。以正风俗，而重人伦。

## 四、祖训

《龙溪陈氏宗谱·祖训》共13条，与石舍村家训不一样的地方是龙溪宗谱规范具体、细致，而缺少了石舍村家训中宏观的、道德上的规范。《龙溪陈氏宗谱·祖训》立宗长一正一副。更立参议者四人。制定的规范主要针对祠堂的管理、女性的约束，重视读书、礼法，惩戒作风严厉。

一是关于祠堂的管理。龙宫村99%的村民为陈姓，因此对家族祠庙的管理显得十分重视。一方面体现出尊卑辈分。“不到者罚拜毕。序其尊卑各揖，其揖而退。”另一方面体现出祠庙的仪式性，强调卫生与祭祀。“每年元旦值祠堂者，于除夕前打扫洁净。至旦安排香果，以便男妇入庙拜祖。”“祠庙以妥神灵，贵于清洁深静。非公事祭享不许擅开大门，亦不许垢秽物件塞其中，违者处罚。”再一方面体现出祠庙的权威性。“不孝者，即请宗长押至祠堂，严加重责。”“如有苟合者登祠按法重责。”“凡祠庙产业，惟赖子孙管守，以丰享祀。如有私欲肥己，敢行荡废盗卖等弊。大为不孝，鸣公究治。”“如子弟犯法者，拉入家庙，跪于祖前。遵宗长命以定责罚，毋得徇情。”

二是关于对女性的规定。一方面为婚嫁关系。首先关于婚丧嫁娶方面。“居丧不可嫁娶，犯之者，送官律治。”“冠婚家颇饶者，男妇备酒二席，约费二十余金。今在乾隆三年，众议因其费用太奢，人多料理不前。以上、中、下折之，以从俭礼。又丧祭亦因太奢，今议折女不折男。如俱折者，亦以三项之例折之。赡祠公用。”另一方面为女性地位的体现，抑或是对于女性的道德规范。在《龙溪陈氏宗谱·凡例》中指出后嗣与女性门第的重要性，两者皆强调且与“妻妾毋得失序”。强调女性的归化，“女人贞节挂匾赡田者，六石为规。如肯多赡，任凭心愿”。

三是重人伦，对恶习、犯罪制定严令禁止，并从重惩罚。第一是对孝道的道德要求。“不知慈教子弟，而不知孝敬。虽有他端，亦无足重。”第二是对道德沦丧的惩戒。“如有私通苟合者，登祠按重法重责。”“耕种贵于及时，毋许歌舞、赌博、游嬉以荒田地。”第三则是对犯罪的打击。“严禁奸淫。无故不入人家，夜行以独，无独则止。”“贼匪起于窝藏，或在野窃取谷麦蔬菜，或入室盗窃银钱服物，即行送官究治。”这其中对包庇的道德不规范者也是予以处理的。“及窝贼家之同房邻舍，相与隐瞒者，亦并罪之。”“妇人犯法，罪及于夫，与本人犯法同论”。

《龙溪陈氏宗谱》记载宗族子孙世袭传统，区分宗族成员血缘关系的亲疏远近的同时，还有尊祖敬宗、睦族收族的作用。宗谱中记载的宗族组织系统体现了宗族在古代社会的地位、作用、组织形式以及管理方法。祖训对陈氏规范自身和教育子弟的宗法思想，是加强宗法制度的工具。祖训、凡例、村规民约对当地立法保护有借鉴作用，而如何将其制度化、标准化、规范化则是需要进一步思考的问题。

# 关于浙江东门渔村现状的调查和思考

周俊光　杨　洁　梁　青　熊晓晨　吕佳文

我们本次浙江调研的最后一站是东门渔村，该村位于宁波石浦镇东门岛，素有“浙江渔业第一村”之称，岛上村民95%都从事渔业相关工作。初到岛上，我们便看到一家船厂，有不少大型船只正在厂里进行维修保养。通过后来与村干部的访谈我们得知，东门渔村渔民的捕鱼船只，主要便由该厂生产，该厂的船只依型号造价从50万—500万元不等，一艘好的渔船做一次保养，就得30万—40万元不等。因为禁渔缘故，渔民放假，渔船也都停在港口，进入村中，便只见港口沿岸密布大大小小的捕鱼船只，横停竖放，错落有致，竟有300余艘。远远观之颇有震撼之感。

东门渔村的古民居距今有一两百年的历史。2016年获中央财政支持，专项拨款300万元用于东门渔村古民居的保护利用、历史环境要素修复等。东门渔村原有木质结构古民居50—100栋，其中25栋严重损毁。近年村中年轻人大多外出，大部分房屋无人或为老人居住，不会主动去修理。环保局认定了13栋没有坍塌、破坏较少，还有保存保护价值的房屋。村委会将这些房屋租赁10年，一方面进行修缮工作，另一方面进行集体开发。村民仍享有房屋的所有权。现在已有四五栋基本修复完成，使用了

东门村村貌

中央财政拨款的250万元。村委会预算整个村庄的保护与保护需要一千多万元，资金短缺是重点问题。

在与东门渔村村支书、村委会委员的访谈过后，我们便在村委会委员的引导下到村中行走，参观村子已经修复的寺庙1座，老房3栋，待修房屋1栋。通过访谈和实地调研，我们基本可以确定东门渔村与我们之前调研村庄的两点不同：一是村中改革开放后新建的砖瓦平房较多，而老房较少，连同寺庙在内，东门渔村目前共有13栋计划保护开发的古建；二是村里人口多，劳力足，按村委会委员的说法，现在村里居住有近4000余人，其中老人数量不过700人，出海捕鱼的工作需要大量年轻劳力，因之村里总是聚集着大量的青壮年劳力。我们认为，以上两点区别产生的原因在于东门渔村渔业生产的劳动需要。

按东门渔村联村干部、石浦镇纪委书记孔杰（我们在到东门渔村前曾到镇政府对孔杰进行过采访）的观点，东门岛目前正在大力开发岛上旅游资源，以实现渔业、旅游业齐头并进的发展新形势。因此，东门渔村的保护开发需要服务于东门岛整体的旅游开发，一方面要对东门渔村的水、电、路等进行全方位的升级改造（包括污水管道改造、电线下埋、村道拓宽、仿古改建等等），另一方面也准备将村里有价值的古建修复后用作公共旅游展点（如将 × 家老房改造为渔文化博物馆、× 家老房改造为孔氏纪念馆等）。通过在东门渔村的实地调研，我们基本认同孔杰的以上观点。坦白说，除去 3 座据称拥有 300—400 年历史的寺庙外，东门渔村所谓的古建亦不过是 10 栋百余年的木质结构老房，且这些老房的工艺、造型等相较我们之前调研过的村落也是逊色不少，另外，这 10 栋老房零散

东门村古建筑

分布在东门渔村的村落各处，也进一步制约了它们的开发潜力。综上两点可以认为，东门渔村的古建文化价值低、开发难度大，因之，将东门渔村古建的保护开发工作，定位为东门岛旅游开发整体项目的一个子项目会是一个相对有效（保证修复资金）、稳妥（不需明确商业收益）的办法。

东门渔村的调研向我们提出了一个新问题，那就是：在村落古建稀少，且历史文化价值不大的情况下，对村落的保护和开发，应当从何处着手？结合东门渔村的具体情况，我们认为，在此种情况下，对村落的保护和开发必须回溯到对村落文化本身的探索和挖掘上去。

东门村天后宫

东门村已损毁的古建筑

“文化”不是一个空洞的概念，而有其具体内涵和所指。按英国文化学家泰勒的界说，文化是“一个复杂的总体，包括知识、信仰、艺术、道德、法律、习俗和任何人作为一名社会成员而获得的能力和习惯在内的复杂整体”。放在村庄的具体语境中，传统民居、祠堂、古桥、田地，以及世代流传下来的传统节庆、民俗风情等都可理解为是村落文化的事实载体。保护村落，说到底是保护村落所承载的文化符号和内涵，古建仅仅是村落文化事实中一类显性符号，古建稀少，或是古建历史价值不高并不意味着村落就无法保护或是说不需要保护，在这个时候，对村落的保护和开发就必须回到对村落文化本身的观照和体察上去。

东门渔村是一个具有千年历史的渔村，渔民的迁徙性、流动性特征决定了他们大多并不看重实际的房屋建筑——对于渔民而言，可能一艘好船的价值要远远大于一栋房子。从文化的视角来看，东门渔村渔民和他们所从事的捕鱼活动——包括每年的祭祀、开洋、回洋等等已经构成了这个村子独特的渔文化本身。根据现实情况来看，这些渔文化内容不仅在当地村民心中具有实效，同时也在更广大人群中具有影响力。按东门渔村妇女协会会长的描述和向我们展示的视频内容来看，每年五月十三日的民俗文化节（祭关公），村里都要准备不少于300桌的饭菜以作待客之用。民俗文化节的客人群体，除了本地渔民和相关亲属外，更多是慕名而来的外地游客。

因此，想要保护东门渔村，重点在于保护东门渔村独特的渔文化，而保护渔文化的核心便是为东门渔村渔民们的捕鱼活动创造良好的环境。只要渔民还在，捕鱼还有，那么无论商业文明如何发展，东门渔村的渔文化也能够得以流传延续。由此，我们的问题也就有了一个具有普遍意义的回答：对村庄的保护，说到底还是对人（村民）的保护，村庄保护的最高目标，便是能够使村民通过村庄获益，只要能够从村庄中获益，那么村庄才留得住人，也只有留住了人，村庄文化才能够真正得以传承延续。放在东门渔村的具体语境中去，这就要求政府尽可能为村民创造良好的工作环境和工作条件，由此才能吸引更多的劳动者来东门渔村从事捕鱼工作，也才能吸引更多的游客来东门渔村观光游览。

# 江苏杨湾古村保护现状、问题及探究

金亚丽　缪文凯

## 一、杨湾古村风貌与非遗活态

（一）古村风貌

杨湾行政村，总面积 12.4 平方公里，历史悠久，文化遗存众多，是全国为数不多保护完好的明清古村落之一，也是江南地区村级建制中，全国重点文物保护单位最集中的地方。其历史文化名村所在自然村区域，南起杨湾港，北至轩辕宫，东连打浜村，西临太湖边，面积 50.3 公顷（包含杨湾、上湾及大浜自然村），核心保护区面积 9 公顷。

在 9 公顷的核心保护区中，拥有轩辕宫、明善堂、怀荫堂等 3 处全国文保单位及崇本堂、晋锡堂、久大堂、纯德堂等 4 处苏州市级文保单位。拥有控保建筑 57 处，境内现保存有 29638 平方米的明清古建筑群落，形成了 1461 米的杨湾古街，并有以此为中心区域向左右两侧辐射的历史街区，街区内保存有大量古巷弄、古商铺、古民居、古寺庙、古更楼、古桥、古井等历史遗存。

1. 历史街巷

杨湾古村现存历史街巷 18 条，这些街巷宽度 2—4 米左右，最窄处仅 1 米，总体基本保持“十字古街，鱼骨巷弄”与小青砖侧铺成水纹形、人字形、双钱形、回字形的整体传统风貌。但除浜场周边古街尚算完整以外，其余街巷都有不同程度的街巷风貌损坏，一些新建民房、住楼，不同程度改变了古街空间尺度和格局，2013 年杨湾古村被列入第七批中国历史文化名村后，吴中区与东山镇两级联动，正在有计划地修复，使之恢复原貌。

2. 古民居

杨湾古村历史悠久，历史上村中男孩年过“弱冠”大多外出经商，四方为贾，是明清“钻天洞庭”商人集团的重要组成部分，他们经商致富后，晚年又大多归乡建造宅第，在家乡安度晚年。故村中宅第恢宏，鳞次栉比，现古街两侧保存的古民居达 100 多幢，而保存完整与比较完整的占 50%以上。

3. 古迹

杨湾古村内除古街、古巷、古民居外，其他文物估计也极为丰富，在杨湾、大浜、上湾、张巷、石桥等古村区域范围内，现保存较为完整的文物古迹还有古遗址、古庙宇、古石桥、古井、古木等 20 多处。

（二）非遗活态

杨湾古村除了碧螺春炒制技艺、猛将会之外，最具特色的是东山抬阁和东山婚俗。

1. 东山抬阁

又称东山“台戏”，是一种以高空表演为主的古老剧艺，被誉为“流动在大街上的舞台”，已有 800 多年的历史。东山抬阁始于宋代，起源于中原。这种民俗风情被带入太湖地区后，经过元明两代数百年的相互吸

苏州杨湾村

收，融合演变，到清初已形成技艺、服饰、表演风格独特的东山抬阁。清朝康熙年间，每年清明前后的“三月会”，前后山及武山 72 个自然村，村村都装有抬阁过市，各显神通，以预祝来年风调雨顺，残花茂盛。东山抬阁的盛行，据说还同禁赌有关。清代中期，国家较为安定，农村亦连年丰收，生活无忧。于是在农村赌博成风，官府禁了几次效果不大。东山一些有识之士，几经商议，发起了抬阁表演赛事，于是村村精心制作抬阁，逢年过节，在大街上敲锣打鼓，吸引了许多人，赌博之风明显减少，从此抬阁表演一代代传了下来。

2. 东山婚俗

东山（杨湾）婚俗隆重吉祥而含义丰富，从男女青年定亲至完婚有一整套过程。定亲时有“授茶”“定盘酒”“派糖”等礼仪；结婚时有“落桌”“碰风”“行嫁日”“巡抚台”“回门”以及“三吹三打”“热络”“哭嫁”“泼水”“猜拳”等仪式。尤其是“猜拳”，双方口中猜出的数字从一至十均极为吉利，如一品到、二上坐、三星照、四喜、五经魁、六六顺、七巧来、八仙早、九长寿、十全十美或全福。据说东山拳语（俗称趣名）出自宫廷，所以被称作宫廷拳。

## 二、古村保护规划与规划实施措施

（一）保护规划

从 1995 年东山镇被评为第一批“江苏省历史文化名镇”起，东山镇政府就开始重视对全镇历史文化遗存的系统保护；2005 年 6 月，杨湾被列入苏州首批控制保护古村落；2006 年，东山镇政府组织对杨湾古村内文物古迹全部造册登记，其中文物保护单位和控制保护建筑全部挂牌保护；2007 年 9 月，编制完成“苏州市东山镇杨湾古村落保护与建设规划”；2012 年，杨湾村成立古村保护与发展管理办公室；2013 年 9 月，杨湾村被评为第七批“江苏省历史文化名村”；同年，国家住建部、文化部和财政部三部门共同授予杨湾村“中国传统村落”称号；2014 年 3 月，杨湾村入选第七批“中国历史文化名镇（村）”。杨湾村保护规划如下。

1. 太湖风景名胜区总体规划（2010）

该规划将东山景区作为紧靠太湖的六景之一，含东山古镇、莫厘峰、杨湾古村、陆巷古村、龙头山、铜鼓山、碧螺峰、三山岛 8 个景群。该规划对杨湾古村景观群提出应重点保护自然山体植被，突出花果成林的景观

苏州杨湾村

特色，加强对历史遗迹的保护与恢复，整治村庄环境，完善相应的旅游配套设施，同时，保护与利用相结合，要合理组织水陆旅游线路。

2. 苏州市东山镇总体规划（2007）

在总体规划中，明确指出应保持杨湾古村现存的历史风貌，保护现有古村落所留存的历史信息及非物质文化遗产，保持传统的街巷、河道空间尺度与景观特色。同时要求在保护历史文化遗产的前提下有序更新，改善环境，提高居民生活质量。该规划将杨湾村作为重点村落，并在杨湾港与环山翁路交界处规划 5.1 公顷古村保护及旅游配套用地，设置村民新宅与旅游餐饮、娱乐、交通停车等设施，为周边地区居民和游客服务。

3. 东山历史文化名镇保护规划（2008）

该规划提出保护杨湾古村“鱼骨状”传统街巷格局，拆除各类景观障碍点，恢复原有特色。逐步分期分批改造完善村内的基础设施，使其符合现代生活的要求，见缝插绿，提高环境质量。同时建设明清古街特色商业旅游街，整治古村入口巷门地段，恢复古村各街巷巷门。整治环山公路两侧凌乱无序的建筑，在入口区域建设旅游服务设施等。

4. 苏州市东山镇杨湾古村落保护与建设规划（2007）

首次划定杨湾古村落重点保护区和传统风貌协调区，并提出应严格保护历史形成的空间格局和传统风貌，保护构成历史风貌的各个要素（包括建筑、街巷、古井、古树木等），以及具有地方特色的人文景观和民俗风情。根据古村落中部分古建筑已自然坍塌或遭人为损坏甚至拆除的现状，强调核心保护区须根据新的发展情况重新划定，真实、有效地发挥保护的作用。

5. 苏州市吴中区东山镇镇村布局规划（2014）

该规划将杨湾村作为特色村庄，要求完善公共和基础配套设施，改善乡村居住环境；重视农耕文化、历史文化、乡土文化的传承与发展；加强对传统建筑、公共空间、重要节点的修缮与提升；处理好保护、利用与发展的关系。同时利用良好的历史及景观资源和特色农业，培育旅游服务业，发展六大产业，延伸产业链，从而使农民就地就业而致富。

## （二）规划实施措施

1. 建章立制，依法加强管理

对古村落严格进行科学管理，加强各职能部门的保护与建设管理工作，成立专门组织指导、协调、监督古村落保护工作。

2. 加强古村落文化遗产管理，建立文化遗产保护档案

逐步建立古村落文化遗产保护档案，对古村落实行分级保护，对不同价值的古建筑制定详细的保护档案，分定等级，运用微机进行管理，跟踪其变化情况，及时采取相应的保护措施。

3. 建立古村落历史文化展示体系

挖掘、整理并建立以古村落为窗口的文化展示体系，包括建筑文化、

苏州杨湾村

商业文化、民俗文化等。

4. 建立古村落保护专项基金

建立古村落保护专项基金，接受各种捐款、集资、管理税费，保证古村落保护的正常运作。各级财政每年安排一定比例的资金。

5. 成立民间保护组织和古建筑修缮队伍

成立各级保护协会，由古村落各个产权所有者、管理部门、文化团体和热心古村落保护事业的人士参加，聘请有关专家、学者担任顾问，指导保护和发展。同时培养稳定的技术管理队伍，保证古村落的保护性建设按照规划进行。

6. 政府主导、农民参与、构建平台、加强培训

通过多种途径加强对农民素质、道德、能力等方面的培训。通过信息平台的构建，促进旅游服务业健康有序发展。

## 三、传统村落保护资金构成

目前杨湾古村保护资金以政府出资为主、村级筹资为辅，积极开发民间资金参与。

### （一）政府出资

从 1975 年起，省市文保部门对轩辕宫正殿、明善堂、怀荫堂等全国重点文保单位进行了多次修缮，使这些古建筑得到了较好的保护。2007 年，吴中区文管部门筹资了 52 万元，修复了从杨湾浜场崇本堂长 220 米的古街道，面积 550 平方米。位于上湾村陆杨古道旁的翁宅，是 2008 年第三次文物普查工作中新发现的一幢明代建筑，但年久失修，极为破旧，2015 年，苏州太湖旅游发展集团有限公司投入 200 万元，对住楼、门屋、砖雕门楼等进行落架维修，使其恢复了原貌。2016 年 1 月，苏州吴中区太湖古村旅游发展有限公司投资 3200 多万元，对杨湾村内南北长 960 米的明代陆杨古道，东西长 501 米的明清古道，加上道旁 18 条古巷古弄，全部进行修缮，铺上了古色古香的小青砖道，至年底全部竣工。12 月 20 日，杨湾步行街修复竣工使用。该工程 5 月 20 日开工，历时 7 个月，总投资 500 多万元。长 400 米、宽 8 米，全用老花岗石铺筑。入口建筑有一高大牌楼，沿杨湾港筑有路亭、水榭、曲廊。

### （二）村级筹资

石桥村中震泽底定桥筑于南宋，桥上的古亭建于清乾隆年间，因年久失修，桥亭已岌岌可危，2008 年，区、村筹资 11 万元，落架修缮桥亭，更换了 2 套横梁、4 根立柱桁条、100 多根椽子，增添砖瓦 6000 多块，使这一已有数百年历史的桥亭恢复原貌。从 2014 年起，村里筹资 337 万元，对杨湾、大浜、石桥、张巷等自然村 131 幢沿路杨古道的古宅改造建筑面积达 151000 平方米，有明代怀荫堂，清代崇本堂、仁俭堂、务本堂及周泰森粮店、永大衣庄、任记面馆、公泰肉铺、王氏义庄等一大批清末民初的店铺。张巷、石桥村古宅改造建筑面积 25575 平方米，有纯德堂、明德堂、久大堂、怀庆堂、集庆堂、丰盛大楼等一大批明清建筑。同年，村里还投入资金 122 万元，落架修复了杨湾古街东侧的清代古商铺，有日用品商店、生产资料商店、食品商店等 12 栋民国前的老房屋，建筑面积 474 平方米。2015 年，村委会筹资 52 万元，对寺前村宋代古石桥——香花桥进行修缮，并在石桥四周修砌驳岸，修复青砖古道，恢复古石亭，使之成为一处观光景点。从 2011 年至 2015 年，杨湾村在保护古村落的同时，结合美丽乡村建设，优化人居环境，6 年中修复古道 1000 平方米，疏浚港道 800 多米，修复古石驳岸 800 多米，排设污水管网 2200 米，新建绿化工程 1000 多平方米，使杨湾古村更绿、河流更清、环境更美。

（三）利用民资

张巷村的恬澹堂，为清代早期建筑，原规模宏大，现保存的一幢前住楼，面积 335 平方米。但因长期无人居住，年久失修而极为破旧。2010 年苏州王姓商人购买后，耗资 100 多万元进行全面修缮，现基本恢复了原貌。承志堂，又名金碧山庄，位于上湾石桥村，民国建筑，建筑面积 1905 平方米，房屋基本完好。愿为清末民初沪地大商人王宪辰故居。新中国成立后，王氏家族大多外迁苏沪等地，该房长期空置，滋生白蚁，成了危房。2006 年在村委会的帮助下，上海一钱姓医生购买后对房屋部分进行修缮。2014 年又耗资 100 多万元，全面修缮了这幢老宅，成为杨湾古村落的民国代表性建筑。杨湾刘公堂是古村的处清代宗教建筑，民国李根源《吴郡西山仿古记》中有该庙的记载，当时名为“刘公庙”。新中国成立后庙堂先后作为生产队仓库和供销社商店，后来因房屋长期空置而严

苏州杨湾村

重破损，2009 年村民捐资 20 多万元，把房屋修缮一新，成为村人节假日的一处活动场所。

古村落保护是需要国家、社会和个人三个层面来共同努力的，目前国家投资占多数，村级集资次之，虽然民间资金已介入古村落保护，但是比例相对较小。因此，应当扩大融资途径，吸引更多的民间资金。

## 四、古村落保护中存在的问题及反思

我们在杨湾村的考察中，有幸结识了秦荣芳老书记，退休后他一直致力于杨湾村的保护和文化传承，谈及村中世情和古建他如数家珍，曾手绘杨湾古建分布及权属地图数十张，组织编写《杨湾村志》《精彩杨湾》等书目三本，对于村中事务的热心和关切让人动容。秦书记告诉我们杨湾古村的保护过程中主要存在两大问题。

第一，是在古建筑保护过程中村民如何安置的问题。村里很多古建筑是村民的私房，村民可能因各种原因拆除，如房屋破损无力修缮，加之老房修缮的代价远大于新建房屋的代价，秦书记说村里有一处老宅修缮花了200多万元才恢复原貌，而新建一座这样的房子只需要100多万元。现在省级的文保单位已经被完全破坏不复存在。苏州市现有57处控制保护建筑，这些建筑即便村民要拆也是不允许的，但事实上房子已经成为危房，村民的生命安全随时受到威胁，加之这里交通不变等因素使得村民不愿住在原来的地方，将这些老房子当仓库用，放一些柴草、家具、农具等。秦书记说，他们也有一个办法就是村里回购这些老房子，将村民安置他处，但站在老百姓的角度，老房子是祖上传下来的，村民基于各种情感、观念和家规，不愿住在安置房。现在的硬性手段就是房子不能落地（完全拆除），但修缮是允许的。村民自己进行修缮，区政府有20%的补贴。秦书记表示，虽然政府对古村落保护重视不够，但相比以前，支持保护力度大了很多。

第二，是村民缺乏古建筑保护意识的问题。由于政府宣传不到位，村民对自己住的老房子缺乏古建筑保护意识，不知道自己的房子是古建筑，没有价值认同，对他们来说只是一栋年代已久的普通老房子，不能住就拆了建新房。但是一旦房子落地再建，就改变了原来的结构、风貌以及样式。而如果村民意识到自己住的是一座古建筑，有一定的历史价值，那么他们就要考虑如何保护和自己的安置问题，而不是盲目拆除。

针对这两个问题，反思如下：首先，古村落保护中，我们究竟该如何保护，该抱有什么样的态度，政府的保护方式很多都是对村民的限制，例如旅游开发，政府对新建的房子会有很多要求，而这些要求可能与村民的居住愿望和审美情趣相违背，那么问题就是，在以人为本的理念下，究竟是要考虑人的意愿还是要一味地复古。我们之所以保护古村落，是要保护

苏州杨湾村

古村落承载的文化和智慧结晶，这才是核心，因此，我们除了要制定和实施保护古建筑的一系列措施，更要关怀村民的生活质量和精神需求，思考如何活态传承。其次，在城镇化、现代化的背景下，古村落的封闭性与现代社会的开放性如何协调。例如，古村落有许多果树，每到旅游旺季，大量游客进入古村，有人会随意采摘，对村民的生活造成了一些负面的影响。那么如何在古村落的保护与开发中找到一个平衡点是需要我们思考的。

## 五、保护可能路径——重视乡村自治与乡贤的作用

### （一）保护过程中村落主体的缺席

现今传统村落的保护和利用很大程度是政府行为，尤其是官方层面所

推行的同一性、量化式的管理方式，使得保护过程中官民互动匮乏，更多的是单向的行政命令管理。像老书记这样既能沟通政府又能热心村务的乡村贤达已经少之又少，保护利用过程中之所以困难重重、问题百出，可能正是因为缺少了这样的乡贤参与。

没有官民互动，原住民诉求就难以实现，积极性未能被唤起，村落中就缺少一股社会组织与文化建设的内力，所以传统村落的保护利用总是出现千村一面、高度同质的现状，因为没有原住民赋予村落的自主性和精神特质，传统村落只会像单纯的历史建筑群。然而，我国乡村实则有着悠久的自治传统和历史，尤其是延续百年乃至千年的传统村落，历史文化积淀尤为深厚，现代社会科层制的行政管理模式显然与之不相适应。

### （二）乡村自治、乡绅理村的传统

早在 20 世纪，费孝通就直接指出，晚清以来中央集权与地方自治政治双轨制的打破导致了基层行政效率低下和地方社会结构紊乱。

李亦园借用美国学者“大传统与小传统”的二元分析框架来描述中国传统社会，他将乡村中的缙绅看作连接上层社会大传统和乡村社会小传统的桥梁，是乡村自治的核心。

### （三）重提自治，培育乡贤

在摸索解决传统村落保护困境的过程中，很多人提出了乡村管理、建设不能没有乡村自治的观点。乡村自治最主要的困境是乡村精英流失，乡村社会失去了自治与发展的内在力量。城市化进程中，乡村社会精英持续流向城市，乡村社会内部缺乏组织、引领乡民进行乡村建设的本土人才。正是缺乏内生力量，所以官方的外部援助与管控难以取得理想效果。对此，政府、学界都已有所认识，所以期盼传统乡贤文化回归逐渐成为社会呼唤。

而落实自治、发挥村民能动性最重要的基础是发掘培育乡贤。所谓乡贤，主要指传统社会乡绅阶层中有贤德、有文化，在乡村公共事务中有所担当的人，现代社会则指乡村社会里的贤达人士。在乡村自治中，乡贤的社会功能是多方面的，既是乡村社会的管理者，又是乡村礼俗的实践者，还是乡土知识体系的保存者、传播者，他们只能是土生土长、非常熟悉本土生活的，而不能是外来的“启蒙者”“布道者”。如能发扬乡贤热爱乡土文化、关心乡村世道、维护社会稳定的优良传统，就能有效塑造传统村落文化主体，从根本上解决乡村文化建设内生力量问题。

具体来看，将德高望重的乡贤组织起来，参与村级事务管理和监督，可以有效调解邻里纠纷，敦化乡风民俗，还能及时听取群众意见、建议，积极向上反映情况，促进问题尽快解决，一如古代乡贤在乡村社会起到的下情上传、起承转合的作用。

总而言之，传统村落的保护与发展重心并非是旅游开发、经济建设，也不是单纯的古建筑保护，文化建设与道德建设应当受到相当的重视，发掘、组织、培育乡贤，落实乡村自治，调动原住民积极性、能动性也许是弥补政府行政不及之处的有效路径。

# 开发性保护下村民情感依恋对古村落保护的作用

## ——以苏州市吴中区东山镇陆巷古村落访谈为例

许少辉　刘小欢

走进苏州，映入眼帘的是一幅幅独具特色的水巷、小桥、流水江南风景画。苏州古村落富集、历史文化遗存丰富，具有发展古村落旅游得天独厚的条件。

在全域旅游的浪潮下，苏州市乡村旅游与古村落旅游逐渐成为旅游的新主力军。调研中发现，苏州古村落旅游规划也一直在稳步进行，在对古村落景区的开发中，主要以对古建古宅的修缮以及基础设施建设为主，古村落旅游开发呈现出全面开花之势。

## 一、开发性保护：旅游开发大背景下的陆巷古村落保护

陆巷古村，在2006年被列入第三批中国历史文化名村，并与金庭镇（原西山镇）的明月湾村（同处太湖边）一起被誉为“太湖双姝”；于2012年入选第一批中国传统村落名录；并于2014年获中国传统村落保护中央补助资金。

陆巷村访谈工作照

陆巷村旅游开发与古村落保护同步进行，是在旅游开发背景下的开发性保护，在旅游开发中充分挖掘了当地的历史与文化，全面修缮与复原陆巷村传统，实现开发性保护。

陆巷古村于2000年相继修复了原陆巷小学惠和堂及紫石街上的探花、会元、解元三座牌楼，成为游客参观、了解当地文化的重要环节；之后，相继修复了怀德堂、宝俭堂、会老堂三座古宅，其中怀德堂与宝俭堂作为旅游景点开放。2007年，吴中区和东山镇共同出资修缮了紫石街及韩家巷、姜家巷、康庄巷、固西巷、旗杆巷等路面，总长1000多米；全面疏浚了长约1000米的寒山港；同时，对街巷道的民居进行了规模立面改造，并在街巷沿线两旁安装了古色古香的路灯，恢复了陆巷粉墙黛瓦的历史风貌。

这些举措既开发了古镇旅游，同时也在一定程度上保护了古镇古宅，烙下了古建筑时代保护的印记。古建筑既然作为人类文化、居住和审美的产品，就自然会不断地被烙上时代的痕迹，历经不同时代，就会自然被烙上不同时代的痕迹，成为时代的见证！开发性保护对古镇保护具有重要作用，开发性保护本身重在“度”的把握。

## 二、地方依赖：村民真情倾述对于古建的居住功能性依赖

古村落中，村民的情感因素对村落保护中有着比功能因素更大的影响作用。唐文跃教授指出，村民与村落之间存在着地方依赖和情感依恋关

陆巷村已通柏油路

苏州陆巷古村

系。地方依赖，主要是村民对自己所生活的古建筑的功能性依赖，更注重房屋的功用、舒适程度；情感依恋，主要是村民对自己所生活的房子的情感性依恋，如象征、记忆、情感、认同等；情感依恋度越高，越有利于古村落的保护，而地方依赖度越高，有时会成为古村落发展的阻力。

一王姓奶奶，68 岁，她嫁入夫家数十载一直居住的老宅子因年代久远失修，宅子里较简陋，在采访中她向我们透露：“如果可以，我当然更愿意住新房子，因为新房子舒服啊！”朱女士，当地人，村里饭店经营者，在采访也表示，现在人更愿意住在新房子里，老房子毕竟没有新房子舒服。

显然，陆巷村民对陆巷老宅子、对村落存在更多的地方依赖，更强调房屋的舒适程度和功效，这样对于古建筑的保护意识越不容易自觉形成；如果有机会修筑新房子，更多的当地村民会选择修筑新房子。

苏州陆巷古村

## 三、情感维系：培养并维系村民与古村落之间的情感关系

古村落保护是多维度、多角度的，而对当地村民的文化自觉的培养是最重要的。文化自觉内化为自我意识的一部分。培育当地村民和村落之间的依赖关系，形成二者之间的情感关联。村民对村落的情感依恋对其村落保护具有显著的积极效果，情感依恋包括对自己所生活的整个空间的象征意义，如自豪感、社区归属感和身份认同感。

在旅游开发过程中，通过让当地村民参与、自我决策，增强当地村民参与感，增加旅游收入和收益可以提高村民的自豪感和社区归属感，强化身份认同；古村落管理措施有利于调动村民的积极性，通过对当地文化的开发性保护与宣传教育普及，能加强村民文化认同；邻里的关系也是空间生存的重要组成部分，加强邻里沟通交流，是巩固乡里关系、增强情感依恋的重要一环。

# 联合申遗背景下的江苏甪直古镇保护与开发的调查

许少辉　刘小欢

申遗开发下的古镇保护是一种开发性保护与活态文化传承。按《世界文化遗产申报工作规程（试行)》要求，甪直古镇正在进行各项区划调整与古镇遗产要素保护工作。

## 一、联合申遗大背景下甪直古镇的历史与现状

甪直古镇拥有2500多年的历史积淀，其萌动于春秋，绵延于两汉，繁华于魏晋，勃发于明清，于2003年被评为首批中国历史文化名镇。甪直古镇，以河街交错空间与建筑院落为主体，居民沿河而居、水陆并行，是典型的江南“小桥流水人家”风格。新时期，甪直古镇联合周庄、同里等十二个水乡古镇，正在进行整合、整体包装与开发，群策群力，共同申报世界文化遗产。

## 二、联合申遗大背景下甪直古镇的保护与修缮

### （一）保护甪直古镇整体风貌的完整性

关于现有区划调整，将古镇核心保护范围的西界和北界局部扩大至临近道路或街巷，并将东市河东段风貌欠佳地段划出遗产区，以保证遗产区内风貌的统一性；同时也将调整扩大缓冲区：将现有历史镇区范围西侧、南侧扩出至包含马公河、石家湾等完整水系。使核心区、缓冲区界限明

联合申遗下古朴风格的甪直古镇

显，保护镇区内资源整体完整性。

（二）保护和修缮甪直古镇原味的建筑

甪直古镇内各级文物保护单位对传统民居建筑将按照程序进行日常养护与维修，基于不同的建筑风貌要求进行的建筑保护与更新，共分为三层次：整饬、改造与拆除。对于建筑的原貌修复与整饬比占到绝对性优势比例，以保存其传统建筑风貌。角直古镇需要保护和更新的建筑面积为66446平方米，其中需整饬的传统建筑面积为49078平方米；需改造的与

苏州甪直古镇

苏州甪直古镇

传统风貌不协调的非传统建筑面积为15221平方米；需拆除的与传统风貌严重不协调以及建筑质量非常差的非传统建筑面积为2147平方米，仅占总面积的3%。

### （三）恢复甪直古镇历史水系交通格局

有史料可查证，甪直古镇内有因城镇发展被拓展、填埋、改建成道路或房屋基础的历史河道。要恢复甪直古镇的水系交通格局，让水路交通在历史镇区内发挥传统的“以船代步”的通行功能，需要严格按史料的记载进行历史水系恢复，以尽量还原当时水乡的历史河道与格局，并保证甪直古镇内水系格局的完整性。同时对于穿城而过的主干道进行道路降级，减少城区内车行量，保证甪直古镇的传统历史道路风貌。

## 三、建言献策助力甪直古镇联合申遗

（一）彰显联合申遗下甪直古镇的差异化诉求

“联合申遗”是一种将区域内共有特殊遗产资源进行整体包装，以扩大规模效应同时保证资源完整性来实现区域内资源联动与合作共赢。然而，联合申遗下的区域资源不免有其共性，在强势联合发展旅游状态下，资源共性中的差异化诉求显得尤为重要。如同全域旅游下的地方特色彰显之重要，深入挖掘古镇特殊历史文化，如“甪”字本身的文化考究、甪直水乡妇女服饰历史演变与新时期的转型、特色小镇名片——“模具特色小镇”的展示等，是保持古镇活力、生命力的重要举措。

苏州甪直古镇

### （二）明确遗产申报各个部门之间的职责权限

对于遗产申报管理部门，其职责权限要明确。遗产办和古镇保护委员会之间的行政职责明确，权限分明。明确监管主体，文物类遗产由文保所具体负责管理，旅游景点类由旅游公司负责日常检修管理，并由安监、卫监、水利等部门配合监管。

### （三）及时出台甪直古镇申遗保护的地方法律

甪直镇在2000年颁布了《吴县市人民政府保护甪直古镇暂行规定》，2009年颁布了《甪直镇古镇保护和建设管理规定》，一直沿用至今。然而当地关于文物保护单位保护规划的法律法规依然非常匮乏，没有明确的法律条文，亟须政府出台相关的法规来保护发展古镇，同时适应联合申遗的要求。

苏州甪直古镇

苏州甪直古镇

（四）加大甪直古镇申遗法律法规的宣传力度

经过对甪直古镇的实地考察调研，我们发现当地居民对于遗产法律的出台、制定并不是很了解，对于法律规定与法律执行也不了解。许多当地居民只听过某某法，而对于具体执行与实施不太清楚，对于自己利益的维护以及申诉并不明晰。我们建议，在甪直古镇的文物保护管理工作中，要深入开展文物专项宣传工作，根据实际需求适当加大人力、物力、财力的投入，增强原住民对于甪直古镇文化遗产的保护意识。

# 三门源村发展之启示：与泽随村、枫溪村的比较

胡　敏　林永富　周　敏　吴　霄

诗云：潜心画栋亦雕梁，恍如隔世散古香。时光仿佛已倒转，孔孟入室已登堂。

五天来，江浙组先后走访了大陈村、南坞村、花桥村、枫溪村、泽随村。毫无疑问，这些古村落都美得令人赞叹，可是这些美好的事物要不就是没有被人好好对待，要不就是被当成易碎的瓷器供起来隔绝人烟。终于，在三门源村，我们感受到了在干净古朴的老房子里人们平静安宁的生活气息。

7 月 27 日，江浙组考察了位于浙江省衢州市龙游县塔石镇的泽随村和石佛乡的三门源村，两个村相距不过七八公里，然而两村的对比带给我们的冲击却是巨大的。

## 启示一：传统村落保护应加强村民家园认同感

从发展资源来看，两个村落各有特色。泽随村约有 700 余年的历史，

三门源村局部

第三次文物普查时共有古建筑131幢，其中明代建筑22幢，不乏较高文物价值的楼上厅民居。据村支书介绍，村中有“上湖”和“下湖”，围着湖边的小路若周易中的两条阴阳鱼呈对称分布，宛如八卦。泽随村发展的优势在于村镇人口达3000多人，服务业发达；劣势在于古民居虽然数量庞大，但许多房屋毁坏严重，无人居住，修缮需要大笔资金。

三门源村整体聚落保存完好，三面群山拱卫，碧溪自北而南穿村而过，有瀑布、奇山，还有着一条汽车接力赛道，旅游资源很是丰富。叶氏民居建筑群造型精致，气势宏大。我们为叶氏古民居门楼上精致的砖雕所震撼，每一块砖雕都值得细细品味和欣赏。走进其中，古宅保护得非常完善，那些雕刻得精致繁复的清代建筑构件吸引了我们的目光，每一个牛腿、斗拱、撑拱都雕刻着形态各异的人物花鸟、奇珍异兽。村内沿碧溪两岸共分布有明清时期历史建筑58幢，数量虽比不上泽随村，但大都保存较好，有人居住，室内环境也干净整洁。这反映出两个传统村落在古民居的保护修缮力度方面的不同，一个是省级历史文化名村，一个是国家级历史文化名村，获得的资金支持有很大差异，但更重要的是反映出两个村的村民在保护意识、家园认同感方面的差距。古村落的破坏一般分为两种：一种是自然损坏，一种是人为破坏。古民居一旦被列入文保单位，村民就不能私自拆毁建新房，一些想改善居住条件的村民便会恶意地破坏建筑。因此，加强村民的认同感和保护意识至关重要。考察团在三门源村的老房子门外怕叨扰主人犹豫着要不要进时，主人在门内看到就会很热心地招呼我们说“没关系的，进来看看吧，很漂亮的”——满满的是对自己房子的喜爱。

## 启示二：传统村落发展应有长远规划

调查小组发现，两个传统村落固然在自然资源、配套资金、政策支持方面有很大差异，但更深层次的差距却是两个村落对未来发展是否有长远的持续的发展规划。泽随村的村支书2011年才上任，据他介绍，泽随村在发展过程中走了许多弯路。在新农村建设中，泽随村把原来的石板路拆掉，铺上水泥，在塘边建好亭子，在老房子里装电线电缆造成了老房子“生命中不能承受之重”。甚至有些官员为图业绩在老房子的墙上刷上新漆，破坏了建筑本身的历史沧桑感。等到古村落保护专家来了，说要把水泥路拆了，重新铺石板路，塘边的亭子遮挡视线，影响拍照，必须拆掉，电线电缆太难看，要全部埋到地底下。总之谁给钱就听谁的，不然验收无法通过。钱花了不少，却做了无用功，而且破坏了古村落的整体风貌。规划不合理，目光短浅，导致资金利用率低；各政府部门利益纠葛，意见不统一，决策缺少科学性，这些问题都是当前古村保护中普遍存在的问题。古村在制定保护规划的过程中，一定要科学合理、因地制宜。既要从长远的角度考虑，也要发挥当地特色，避免“千村一面”的尴尬处境。

## 启示三：传统村落管理应调动村民积极性

在古村落保护与管理中，最重要也最不可避免的就是资金问题。调查组在枫溪村与村民交谈过程中发现，许多古民居内住着少则四五户、多

三门源村宁静的生活

三门源村叶氏民居

则七八户人家，他们挤在阴暗破败的老房子中，有的一户只有一个小房间，没有厕所，没有淋浴，居住环境堪忧。但是许多村民却并不愿意把自家的房子交给政府征收。原因是政府征收的价格太不公道，按居住面积每平方米 300—500 元不等的收购价格，一栋老宅子只能得到几万元的补偿加一块不大的地皮，还要自己去买足够的地皮才能建房。就算有了足够建房子的地皮，一些居民太穷也建不起，还是只能蜗居在老房子里。而未被征用的老房子因为政府资金欠缺，加上住户多、意见难统一使得征收之路十分漫长，这些居民连“换”地皮的机会都没有，他们要想改善住房条件

泽随村破旧的老宅

只能自己去外面买商品房，可是商品房的价格许多村民承受不起。政府在收购古民居后，村民与古民居再无瓜葛，后续不能获得任何收益。政府为了获得地皮，又以很低的价格收购农民的土地。在枫溪村，一些居民因土地被收购，无业在家，无聊度日。村民对征地计划有着很大的不满，但也无可奈何。在村落旅游开发中，注资方掌握着大部分的话语权，当地村委会沦为配角，或仅仅是征地的负责人而已，对村落保护的一些看法也难以实现。

因此，试想是否存在一种“乌鸦反哺”式的村落保护模式，让村民生活的改善和村落保护之间能形成良性循环。村民祖祖辈辈在这片土地上生活了几百年甚至几千年，对这片故土难免有着乡土情结。现在许多地区的旅游开发策略往往忽视了居住在古村落里的居民。其实，原住民才是当地文化的传承者，离开了村民的活动，古村落的特色和生命力也就无所依附了，古村里没有了人与人、人与景的融会贯通，古村落的“古意”也将荡然无存。所以，要把改善古村居民的生活条件，提高其社会、经济利益放在第一位。尊重当地居民的意愿，保护他们的利益，调动村民参与保护性开发的积极性，以此达到活态保护古村落的目的。

三门源村为村落的旅游开发和居民的切身利益想了一个两全的办法：对于不同意征收的居民，政府租用居民的老宅用作旅游开发，老宅仍属于居民自己所有，政府所建的安置小区租给居民住，旅游开发超出居民租房的金额分给居民。比如政府每年租老房的租金是一万元，村民租房的租金是两千元，那么村民每年还可以获得八千元的收益，并且老房子还能免费得到修缮，村民自然有积极性。村里将来还准备实行股份制，村民可以参股，根据收益情况和居民的老宅价值，年底进行分红，充分调动居民保护古民居的积极性。这确实是一个值得深度探讨的好办法，可作为解决传统村落旅游开发和居民个人利益矛盾的有益尝试。古村落保护与开发之路任重而道远，决策者应该谨慎考虑，作出一个科学合理、可持续发展的决策，这个决策只有在各利益主体紧密合作的条件下才能实现目标。

泽随村塘沿

# 从诸葛村到八卦村：一个传统村落变迁的背后

胡 敏

传统村落的保护与开发常常是一对矛盾统一体，传统村落保护得越完整越具有开发价值，开发越成功收益越多又能够反哺村落的保护。然而双方又具有内在的矛盾，传统生活的慢与旅游节奏的快、传统风俗的固化与迎合市场需求的转变、传统文化的精神内涵与旅游经济指标的衡量标准不一等。我们以考察的浙江省金华市兰溪市诸葛镇诸葛村为例，探讨传统村落在旅游开发中的变迁以及背后的原因。

## 一、诸葛村保存完好的原因

在我们考察的村落中，诸葛村无疑是保护较早，旅游开发做得比较成功的传统村落。诸葛村在 1995 年左右就已经有保护开发的意识，那个时候附近的村子都在大拆特拆，建设新农村，唯独诸葛村没有这样做。这一方面是因为诸葛村百分之八十的人都姓诸葛，大家的宗族意识比较强，对老祖宗留下的东西比较看重，还集体捐资修缮祠堂；另一方面是当时清华

诸葛村丞相祠堂

大学的陈志华教授经过考察后认为诸葛村作为江浙一带的古村落无论在完整性和数量上都比较罕见，嘱咐一定要重点保护。村里领导也认为保护起来将来可以开发利用。诸葛村在二十多年的时间里一直保护得比较好也得益于诸葛村村委会领导班子的稳定，村干部基本是诸葛姓氏，而且这么多年人员基本没有变动，保证了政策的连贯性。

## 二、诸葛村的变迁

在有关诸葛村的介绍中这样写道："诸葛村整个村落以九宫八卦设计布局，以钟池为古村落的核心，八条小巷向外辐射，形成内八卦，村外八座小山环抱整个村落，构成天然外八卦，村内现保存完好的元、明、清建筑有 200 多座。古建筑布局合理，连绵起伏，巷道纵横，错落有致。村落

诸葛村丞相祠堂

景观多样而优美，全村形成了一个变化丰富而奇特的整体。以‘青砖灰瓦马头墙，肥梁胖柱小闺房’为主体建筑风格，村庄多池塘和水井，有十八塘十八井之美称。”诸葛村的另一个名字叫八卦村，公交车的站名上就写着八卦村，村里的墙上画着八卦，还有很多店铺也打着算命看相的招牌。特别令人称奇的是钟池的形状与太极相似。而村民的反应却不以为然，我们访问了几位村民，有的说“我们村是诸葛村，不是八卦村”，有的说“诸葛亮是山东人，九连环也不是我们这里的发明”。当我们问及旅游给当地带来了什么变化时，一位 60 多岁的老者回答“有病”。“有病？”我们不解地问。旁边一位妇女说“旅游的人多了，会带来很多传染病的啦”。“具体有哪些病呢？”他们却回答不上来，过了一会儿，老人说“糖尿病”。“可糖尿病不是传染病啊”。好一会儿，老人说“村里有好几个人感冒了，一年多都没有好”。“可你们的家训是不做良相，就做良医，你们的医术这么高明，怎么连感冒也治不好呢？”大家都不说话了。我们之前在作为医药陈列馆的祠堂里看到过各类动植物标本的展览。当我们问村里还举行什么文化活动时，村民们七嘴八舌地说“我们现在只有农历八月二十八的祭祖了，四月十四诸葛亮的诞辰不再祭祀”，“板凳龙、庙会两年没有举行了”。从村民的回答中，我们发现诸葛村的村名、村民的观念意识以及当地的传统习俗都已经发生了变化。

## 三、村落变迁的背后原因

关于诸葛村变为八卦村的原因，村支书是这样解释的，当初为了做旅游开发，旅游局给定名为诸葛八卦村，而诸葛村在被认定为中国历史文化名村和中国传统村落的文件中都是诸葛村，并无“八卦”二字。至于钟池的太极形状，本身钟池的形状是有一点弧形，后来市委书记要求做成阴阳

诸葛村丞相祠堂

诸葛村局部

鱼形状，所以做了些加工，与太极更加相似。这一变化让陈志华教授痛心疾首。从中我们可以看到在旅游开发中，为了增加些吸引人的噱头或者宣传口号，诸葛村被迫更名，在村落的介绍中也加入了八卦的思想，钟池的造型也变成了阴阳鱼。促成这些变化的原因是行政力量的介入和对旅游经济的追求，刻意地迎合市场，如诸葛村中各种占卜看相的小商贩，还有为了让游客打发时间而模仿建设的各种展览馆，如农坊馆、医药馆等，在很多景点都可以看到，并无特色，没有与本地的家族文化紧密结合。缺乏特色也体现在旅游产品的开发上，多是些孔明锁、鹅毛扇、九连环等价格便宜、档次低的产品。我们建议可以请专业设计公司进行产品的开发设计，村支书说因为资金数量等方面的原因目前还没有最后敲定。

从村民观念意识的变化来看，从以前集体捐资修缮祠堂到今天对自身文化的怀疑，对外来者的担忧反映出村民对自身文化身份的动摇和对外来文化的保守心态。一方面他们看到了旅游开发带来的好处，但同时又对大量的流动人口的进入表示了排斥。诸葛村每年要接待 50 多万游客，村里靠门票收入大概有 2000 多万元。村里对六七十岁以上的老人每月有两三百元不等的补贴，对村里的学生也设立了奖学金，还拿出几百万元来进行古民居修缮。如果不是靠门票收入，恐怕诸葛村也会像其他村子一样陷入捉襟见肘的地步，许多老房子可能早已倒塌。

至于传统习俗的消失，原因是多方面的，一方面是官方出于安全卫生考虑，办庙会会破坏街道的卫生，要板凳龙要放烟花，老房子大多是木质结构，存在安全隐患；另一方面是村里老龄化严重，老年人要不动，年轻人又不愿意要，拿着手机拍拍照还行，难以组织。

当我们问及诸葛村将来的发展方向，村支书坦言诸葛村现在处于发展的“瓶颈”阶段，他们并不满足于门票的收入，因为市场就是不进则退，现在做乡村旅游的越来越多，他们也感受到了压力，尽管目前收益并没有明显的下降。而且政府要经济增长，要 GDP，村干部要看政绩，这一切都注定诸葛村的发展不会停滞不前。我们认为发展固然重要，但也要处理好相关的矛盾：一、不要牵强附会，效果可能适得其反，应重视挖掘村落的精神文化内涵，加强村民的文化认同感。二、打造文化品牌特色，不做低端重复产品，提升档次。三、从资金和设施等方面保证文化习俗的传承，增强凝聚力和吸引力。

诸葛村局部

# 旅游开发过程中的村落肌理保护问题

周　敏

我们一下火车，踏进金华的火车站，最先看到的不是金华火腿的广告，而是诸葛村的大幅海报广告，广告上的图片正好是诸葛村中阴阳鱼形状的钟池。我们见过听过许多的八卦村，但是如此明显的表露八卦的形状的村子，还是头一回见，想着一定得去看看。走出车站后，就听见有师傅喊着“去兰溪诸葛八卦村了”。我想这个村子应该不止在金华有名气，在全国应该也有一定的知名度。

诸葛村是我们在金华市的第三站，去的路程不容易，途中要转三次车。我们到达车站后坐上了去诸葛村的三轮车，说是二十元钱把我们送到诸葛村。我们刚坐上去，想着这大概还要颠簸一阵，结果拐了个弯就到了。我们问开车的师傅，这么近收二十，是不是太贵了，能不能便宜点，师傅面不改色地说“一个人五块，一共二十”，收了钱立马就开走了。这就是我们对于诸葛村的初印象，一个 4A 级的旅游村，到了车站，在这么近的距离下，没有任何到达景区的指示，当地人也利用这个缺陷来赚取游人的钱，给人的第一印象和服务质量确实还有待改善。

诸葛村的古建筑遗存的规模很大，这与他们早早地就开始保护以及旅

诸葛村局部

游开发有非常大的关系。从1995年到现在已经有二十来个年头了。我很好奇，在那个年代，很难得有人会有保护开发的意识，并且做得如此成功。当我们拜访村支书，才解开了我这个疑惑。原来主要原因有如下三条，其一，清华大学的陈志华教授曾对这个村子做过调研，并指出诸葛村是江浙一带古村落的典型代表，其保存的完整度和数量都非常罕见，一定要重点保护；其二，诸葛村的村民大多都姓诸葛，作为血缘宗亲性质的古村落，村民有着极强的归属感，愿意捐款修葺宗祠，保护祖宗留下的珍贵遗产；其三，在保护开发旅游的这么多年来，古村中的主要领导没有更换，保护理念一致，不至于存在拆了建、建了又拆的局面。这些无疑都是诸葛村在古村落开发旅游中，能够创下年收入2100多万元的重要原因。收益高就有足够经济能力支撑村落的保护，而村落保护得越好，就越吸引游客创造更好的经济效益，这就形成一个保护与开发的良性循环。

诸葛村的钟池位于村落的中心，像极了八卦中的阴阳鱼，是一个吸引游客的亮点。它似乎给村子蒙上了一层神秘的色彩，既表现出诸葛先人造村时的智慧，也让人感受到村子的与众不同。当我们和村民们交流时，提及钟池，才得知钟池是旅游开发后改造的，开始并不那么像太极八卦。知道这点我们感到心中憋闷，这种憋闷无法言明，那么所谓的钟池八卦阵真的是旅游开发的一个噱头吗？后来问及村支书，他表明，从前钟池确实存在，但并没有那么形似太极，上级行政官员看了一张图片，觉得有点相似，便要求进行改造，于是就成了现在的样子。诸葛村的后门本来也群山环绕，后来山背铲平，建了新的民居，这也是为什么

诸葛村局部

诸葛村局部

后门这条街是水泥路的原因。原来村落中有好些个池塘，它们相互贯通，形成村子中的水系。现在池塘还在，不过形状方正，它经历了被填平盖上新房，后又为了旅游开发而恢复原貌，只是，被破坏的肌理又怎能说恢复就恢复呢？村支书说到前两条是陈志华老先生心中耿耿于怀的。是啊，对于传统村落肌理的破坏，陈老先生感到心中郁结自有其道理。多少文人学者为了保护这些古村落而付出巨大的努力，上级政府大手一挥，就改掉了这些珍贵的历史遗迹。所以，在位者在拥有权力的同时，也应该承担起保护历史的责任，作出决策时更应该慎思而后行。现在我们才知道所谓诸葛八卦村，有的只是诸葛的后人，八卦不过是后来村落的发展过程中，在风水、风俗习惯、宗族观念等各种主观和客观原因的双重作用下而形成的村落格局。在保护开发的过程中，古村落的根基——村落肌理仍然遭到破坏。我们不得不反思，旅游开发究竟为何？是为了保护古村不受破坏，还是改善居民的生活条件、获得经济效益，我们想兼而有之，但是，在开发过程中也应该掌握好尺度。

# 感恩与反哺：公益力量助力传统村落文化保护的思考

## ——以江南镇荻浦村乡村公益图书馆为例

胡　敏　周　敏　吴　霄

在我们考察的十几个传统村落中，大部分村落要么成为空心村，要么成为旅游景点，传统文化的传承更是日渐衰微。传统村落的保护不光是保护建筑，更重要的是传承文化，打造乡村的精神家园。目前传统村落保护在资金、物资、人员方面比较缺乏，我们通过对荻浦村的考察，认为可以适当吸纳社会公益力量，助力传统村落文化保护。

荻浦村位于桐庐县江南镇东部，与富阳交界，交通便利。村域历史悠久，距今已有900年许，文化底蕴丰厚。孝义文化、古戏曲文化、古造纸文化、古树文化为村落四大特色文化。当我们走进荻浦村，村内非常安静，有几位妇女在弄堂里替周边的工厂做一些编织活，据了解，加工一天大约一百元，收入颇为可观，因此妇女们不用去外地打工，村里上学的儿童也比较多。由于杭州天气炎热，又正值中午，村民推荐说可以去村子里的图书馆休息看书避暑，她们不做手工活时也会去那边乘凉。我们随着村民们的指引来到荻浦村的图书馆，这是一幢古色古香的两层小楼，一楼可以看书，二楼可以上课和做游戏。图书馆设有空调和舒适的桌椅，我们参观时就发现翻阅书籍的人还不少，他们中有几岁到十几岁的学生，也有中

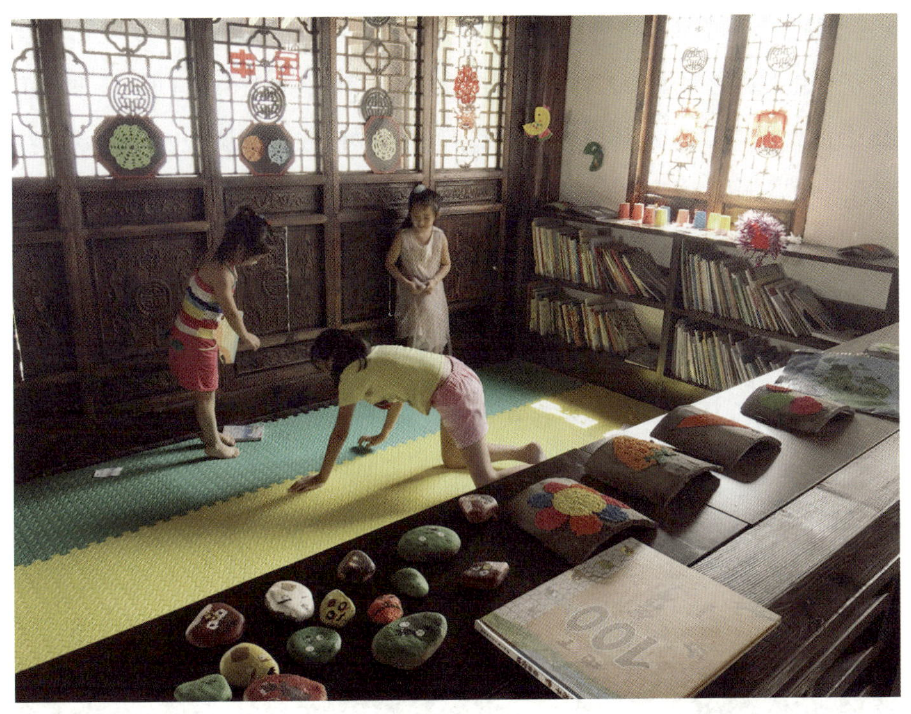

荻浦村乡村图书馆儿童角

年人和老年人。特别是馆藏的图书都是经过精挑细选，有许多诸如《杭州民居》《杭州古桥》《桐庐县志》等等传播本地文化的书籍。与其中的一个村民交流得知，这个图书馆平时就有许多人过来看书，周末还会有来自各地的志愿者过来讲课，例如国学、美术、手工等等，完全免费。我们看到有的孩子在嬉戏，大一点的孩子在准备奖励证书，发给上课认真的孩子。孩子们都很自觉，看得出他们很享受这种愉快自由的氛围。下午两点半正好有国学课，一位本土的画家、一位浙大的老师给大家上课，底下座无虚席。主持人介绍完二位后，身穿唐装、手拿纸扇的画家就开口了，从荻浦村的家训“孝悌忠信礼义廉耻”开始讲，大人小孩都听得很认真。公益类的乡村图书馆，我们在考察中还是第一次发现。浙江省的每个村子都有文化礼堂，但大多没有真正地利用起来成为古村文化活动的中心。

荻浦村乡村图书馆是一家由杭州心远公益和荻浦村本地乡贤团队及各方社会力量历时九个月所建成的公益图书馆，于 2016 年 4 月 23 日暨第 21 个世界读书日正式开馆。根据我们做的教育方面的调查问卷显示，在浙江一带，居民对于孩子的教育问题是相当重视的，但是农村教育无论是在教师水平还是学校的硬件设施上都和城市有非常大的差距，农村的少年更需要教育方面的资源与关怀。建立乡村公益图书馆的目的就是希望更多的乡村儿童从书中获益。筹建乡村图书馆的公益人士表示："我们想通过自己的绵薄之力，把图书资源分享给乡村的孩子们，让孩子们能在家门口看书，影响孩子们的课余生活。"杭州心远公益的宣传词这样写道：我们要建的图书馆，不仅仅是一所摆满一屋子书，静静等着读者上门的房子。我们要建的，是一个活动型的图书馆；是一个村、一个乡镇文化交流

荻浦村乡村图书馆免费国学课堂

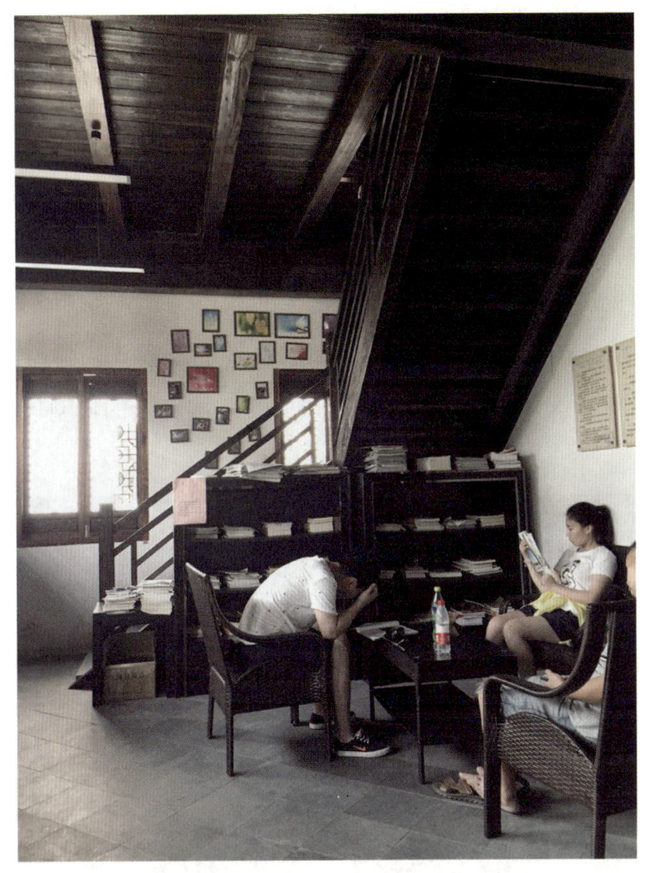

荻浦村乡村图书馆阅读的游客

的中心；是主动吸引读者，特别是小读者的美好的场所。我们希望，在这个孝义之地、耕读之乡，重新听到孩子们琅琅的书声，重新看到青春阅读的美丽背影。我们希望，在这个乡村图书馆，有长期专职义工，有短期志愿者，每周为孩子们举办观影会，定期举办读书分享会，开展手工课、戏剧课，为孩子们举办夏令营、冬令营等等；我们也希望，请到各路专家学者，不定期举办各种文化讲座；我们还希望，它与云南巧家书屋结对，成为偏远地区小读者的游学之地；我们更希望，当你有一天来荻浦村时，你知道，总会有一张书桌为你而留。

获浦村乡村图书馆的筹建也很特别，根据2015年11月19日杭州心远公益在网上公布的数据，在不到2个月的时间里，“阅读改变乡村——到最美的乡村建最美的公益图书馆”募款方案，在线下和众筹网线上的募捐所得范围遍及24个省区市（17个省份、4个自治区、3个直辖市），捐款笔数达到361笔，合计人民币99544.64元。其中众筹网线上捐款合计为62810元，扣除网站手续费1.5%，实际获得捐款为61867.85元。线下为37676.79元。“互联网+”是未来中国发展的新模式，公益活动中也不乏互联网的身影。众筹网就是公益性质的互联网力量的典型代表。获浦村

获浦村乡村图书馆志愿者

的乡村图书馆除了有本地的乡贤和政府的支持之外，有一大部分的公益资金都是来自于众筹网，并且网络最后筹募所得资金比预期还高出了一部分。事实上互联网具有能够迅速地融合共享资源的特点，“互联网 + 公益”所创造出的可能性也是无限的。在未来的新农村建设的过程中，“互联网 + 公益”或许会成为一种新的模式、新的方法，或许会成为新农村文化建设的中坚力量。

其他类似公益比如乡村公益暑期夏令营，“Countryside 解码乡村少年 C 计划”是浙江工商大学杭州商学院朝阳团队在凤川街道翙岗村举办的以关注乡村少年为主题的暑期夏令营，活动打破传统支教的形式，在课程和主题班会上有所创新，注重于提高学生的动手能力、思考能力以及创新能力。主题班会联系时事热点，带领小朋友们了解凤川翙岗当地的传统文化等。

从相关案例来看，公益力量在保护传统村落文化中可以起到积极的推动作用：首先，公益作为不同于商业开发保护的传统村落文化保护的一股清流，很大的价值就在于它的反哺性与非营利性。也正因为这样的性质使得公益力量的保护足以消除商业开发在利益的驱使下逐利为重、牺牲传统文化的过度开发。其次，从保护的来源来说，公益力量是政府力量之外的助力，在许多政府工作照顾不到、照顾不好的地方，公益力量可以弥补暂时的缺失。比如说，在荻浦村的村落文化保护中，政府投资建设文化礼堂作为一个村的对外展示的窗口，而乡村公益图书馆则在此基础上更加关注孩子们对于传统文化的学习，从而推动传统文化的继承。第三，在价值感化方面，公益力量发动的社会力量广泛，运用的手段也多样。其中互联网作为其首要手段具有影响大、收效快的特点，与此同时，在社会各界力量的召集过程中，保护古村落文化的观念也在无形中得到了传播。

当然公益力量在助力传统村落文化保护的同时，也存在着一些问题：第一，公益力量的非营利性使其具有松散性和不连续性。第二，公益力量的低门槛使其缺少规范，提供的服务质量无法保证。因此加强公益团队的团队建设，提高志愿者的专业化水平，鼓励当地人加强对公益力量的呼吁、支持和监督显得十分重要。总之公益性质的乡村文化建设项目值得仔细研究、探讨、完善并继续推广，使之成为发展农村文化建设的新模式。

# 古人古训对村集体与村民之间利益调配的影响

林永富

村落的集体利益该如何分配是每个村落都存在的问题。通过对十几个村落的调研考察，我们发现，村落的古人古训对村集体与村民之间的利益调配有着一定的积极影响。

以浙江省金华市金东区傅村镇山头下村与宁波市章水镇李家坑村为例，山头下村作为“中国历史文化名村”，并没有发展起特色产业。当地居民主要收入来源，其中年轻人以打工为主，留守的老人或者妇女也可以通过家庭作坊制作小商品来增加收入。村集体的主要收入是通过向外来务工者收取房屋租金获得，据村支书介绍，村里每年靠出租房屋可以收入200多万元。除了务工者，村里主要居住的都是老人，60岁以上的老人有200多人。我们意外发现村里开展了居家养老公益服务。据村支书介绍，从2014年开始傅村镇有十几个村开展了这项服务，主要针对75岁以上的老人，可以在村里的居家养老活动中心吃午餐和晚餐，4元钱一天，其中政府出1元、村里出1元、自己出2元。这样的老人村里有二十几个。我们走在村里，会有老人坐在门口，看见我们经过就问：“几点钟了？”“五点了。”“可以去吃饭了。”老人的脸上显出安逸和满足。在养老中心外边，

李家坑村局部

我们看见三三两两的老人手里或提着保温桶或挎着竹篮，里面放着几个碗，去养老中心打饭。除了居家养老，村里还给老人们购买了医保。在傅村镇，有些村出资对冬暖夏凉的老宅子进行修葺，作为老人们的养老服务中心，老人们可以聚在一起休闲娱乐，老有所养，老有所乐。山头下村村委会，较为成功地树立了一个“取之于民，用之于民”的模范。

据悉，山头下村是南朝著名史学家、文学家沈约后裔聚居地，明景泰七年，沈约第三十一世孙由义乌沈宅迁居山头下，繁衍发展成村落。为了传承沈氏家族的百年家风家训，在山头下村，还有一处白墙黛瓦的古民居

李家坑村漂流

名曰“三益堂”，“三益”源于《论语》的“益者三友，损者三友。友直、友谅、友多闻，益矣。友便辟，友善柔，友便佞，损矣”。现在的山头下村还流传着两个仁义的故事。山头下村有一条母亲河——潜溪。潜溪之上有座石板桥，主桥长约 15 米、宽约 1.5 米，桥身刻有“仁寿桥”三字，其下又刻有“沈感卿造”等字样。传说沈约第四十一代孙沈感卿 80 岁那年对子女表达了一个愿望，他不想举行寿宴，想把做寿的银两捐献出去造一座桥，方便乡亲过河。1841 年，沈感卿临终前再次叮嘱后辈们一定要完成这一心愿。道光二十三年（1843 年），沈感卿后人凑足造桥所需银两，建造了这座石桥，算是完成了老人的遗愿。2001 年，时逢沈锦禄母亲八十大寿，原想大操大办一场寿宴，可看着村中道路破旧不堪，沈锦禄心里着实不好受。“我打算用这笔钱为村里修一条像样的路。”沈锦禄将想法告诉家人，得到了大家的支持。就这样，村里有了永安街和永进街。一桥一路饱含着沈氏家族的仁义家风。沈氏家族的优良家风，对后来的山头下村村委会的养老公益服务造成了良好的影响。

与尚未开发的山头下村不同，毗邻李家坑漂流景区的李家坑村，于2014年开启了它的“改造之旅”。李家坑村的改造工程以“不改变村居原状”为前提，在不影响其结构和安全的同时，尽量做到修旧如旧，保持原有古村落民宅的风貌和文物价值。村集体花费60万元请来专业单位对整村改建进行设计，投入资金1800万元，建设了村服务中心、四合院民宿、养生度假区等十大工程，使古村面貌焕然一新。然而，在我们和村民的访谈中，却发现了一些问题。村委会将大量资金用于村落改造维护，对古村落内的居民却关照甚少。据悉，李家坑常住人口有362人，其中年龄在70—80岁之间的有66人、80—90岁之间的有36人、90岁以上的有17人，三者相加119人，占总人口的近三分之一。同样是长寿村，村里给村民的补助却很少，70岁以上的老人补助300元一年，80岁以上的350元一年，90岁以上的400元一年。同时，据访谈，当地一直没有文艺演出或者其他娱乐活动，养生度假区也成为摆设。此外，村集体花费大量资金维护改造的古民居有的闲置三年之久。村委会将李家坑村造成了一个美丽的空壳，忽视了它的人文色彩。

据我们了解，李家坑漂流景区，门票178元一张，旺季日收入50多万元，持续约三个月。令我们吃惊的是，这个毗邻李家坑村的景区，每年只需要向村委会交纳20万元，并向村民每人提供一张门票，可用于出售或是自用。我们认为，对于一个年收入能达到3000万—4000万元的景区，仅仅20万元租金，难免有点水分。

李家坑村原名徐家畅村。始祖李龚荐自清初于永康长恬迁入定居。因见李家坑山环水绕，景色秀丽，随即披荆斩棘，垦地开荒，建舍发族，迄今已有360多年的历史。由于李家坑村清初才创建，文化底蕴的积累并不

李家坑村闲置的建筑

是很深厚，但先人勇于开拓、积极进取的精神影响了后人，在崇山峻岭中开辟出了度假区。然而在村集体与村民利益分配上，缺乏古人古训的影响，在村集体处理村落利益与村民之间利益时，难免有些偏颇。

因此，我们可以粗浅地认为，古人古训对于一个村落的经济发展情况和村民利益调配之间是存在一定积极作用的。

# 江浙地区传统村落发展特点与保护困境

胡　敏

江浙地区位于中国东部长江下游，经济发达，文化遗产丰富，传统村落密集，列入中国传统村落名录的村落有 182 个。我们通过对江浙地区 20 个传统村落的田野考察发现，这些村落大多经济发达、重文重商、重视环保和教育，有着深厚的历史积淀、开放的发展眼光和巨大的发展潜力。然而在注重经济发展的同时，传统文化的传承却面临着一些问题。

## 一、善于经商，因地制宜

我们在走访村落的过程中有一个深切的体会，就是这些村落无论是在偏远的山区还是靠近太湖等水系发达地区，大部分都因地制宜，在经济上有自己独特的产业，有的做旅游开发，有的以种植业为主，有的以手工业为主。

在旅游开发方面，如诸葛村每年要接待 50 多万游客，村集体靠门票收入大概有 2300 万元，在古村落保护方面有雄厚的资金支持。李家坑村处于偏远山区，开车走盘山公路要一个多小时，由于海拔较高，云雾缥缈，空气凉爽，成为避暑胜地。李家坑村利用水库做漂流，七八月的避暑节每天要吸引五千人。据我们了解，李家坑漂流景区，门票178元一张，旺季日收入约50万—70万元，持续约三个月。旅游公司每年的收入达三四千万元，然而给村里的租金只有20万元。

在种植业方面，云中大漈西一村，位于平均海拔1000米以上的山区，冷水田多，雨量充足。在十几年以前，村民以种植水稻为主，因为海拔高，气温低，水稻往往收成不好。在县农业部门和蔬菜公司的指导下，他们将利用高山优势、大力发展茭白生产作为农业结构调整和农民增收的主要内容。目前，全乡种植面积达到5000多亩，亩产达7000多元，总产值达3500万元，带动大际乡全乡800多户农民增收，并成为全县万亩高山冷水茭白核心示范基地。冷水茭白售价比一般的茭白高，收购价大约每斤3元左右，而卖到上海等地超市则高达每斤10元以上。位于太湖边的陆巷古村，旅游和种植兼有，村民以种植碧螺春、枇杷为主。村里的土地包括每一棵果树都是属于村民的私人财产，村民种植的枇杷卖到二三十元一斤，供不应求，每年有几十万元的收入。村里大部分的古民居都属于私人所有，因此村委会想以低廉的价格收购民居或土地进行统一开发难度很大。

在手工业方面，山头下村户籍人口800多人，常住人口却达2000人，这是我们遇到的第一个外来人口超过本地人口的村落，因为这里距全球最大的小商品集散中心——义乌仅15公里。村里居住的人除了老人大部分都是外来务工者，据村支书说村里每年靠出租房屋可以收入200多万元。在这里我们也欣然发现了居家养老公益服务。然而大量的外来务工者也使得本来脏乱的环境更加恶化。山下鲍村地处偏远山区，交通不便，四周群山环抱，从高山上流下的金溪和岗坛涧从村中穿过，水质清冽。据村支书介绍，村落生态环境较好，还会有野猪出没，到村民地里偷吃玉米。但田地都开凿在山上，耕种收割要翻过几座山，村民经常要带午饭出门。山上灌溉不便，夏季如果不下雨农作物也容易旱死。正当我们为村民的生计担

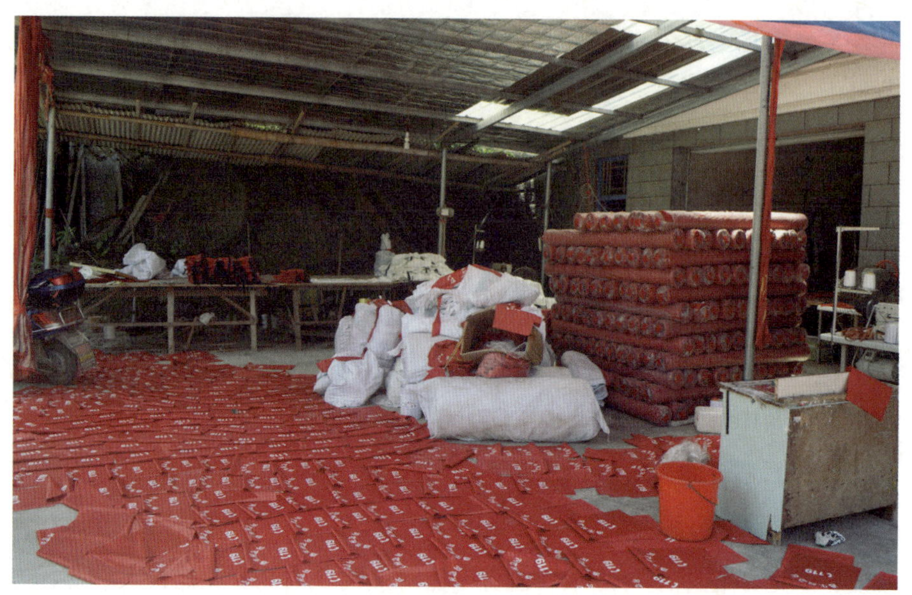

南坞村经营消防器材的农户

忧时，村支书又说村里有一百多人在外开超市，有的还做成了大的连锁超市，村里人有钱没地方花。他坦言自己并不是很乐意做这个支书，因为年纪大了回家照顾老人才接任，对村里情况也不是十分了解。相比其他办企业资产上千万元的村支书来说，他做支书每年的收入才两三万元，确实不足以吸引人。在开办乡村公益图书馆的荻浦村，妇女们以编织加工为业，每天收入上百元，年收入三四万元，旁边的深奥村、徐畈村以制作布娃娃和医疗器械为主，各具特色。

## 二、传统文化传承堪忧

记得我们考察的头两站是衢州市江山市大陈村和南坞村，恰逢周末，据村民介绍，村支书都住在江山市。大陈村曾被中央媒体评为中国十大最美乡村，村支书具有文艺细胞，以《妈妈那碗大陈面》唱红，在村里开了个面条厂，生产面条，销往全国。我们问在面条厂打工的人收入怎样？他说一个白班 12 个小时，110 元，晚班多 10 元。与巨大的名气相比，村里并没有过度开发的痕迹，人很少。整个村只有我们住宿的鹅香阁一家宾馆，当天入住的只有我们四个人。老人说一般人看看就走了，像我们这样住宿的很少。这一切都表明村子基本上还是保留着原生态，旅游业没有发展起来，村民们的生活似乎没有太大的改变。

我们与本村 53 岁土生土长的泥水匠交谈：

“听说你们大陈村还蛮有名的。”

“网上那些都是骗人的。”

“村歌你们会唱吗？我看祠堂里有个戏台，平时你们也在那里搞活动吗?”

“我们平时不搞活动，他（村支书）有时候带省里的领导来，就叫些人搞搞表演，唱唱歌，给点报酬，摆点鲜花。人一走，就没人管了，花也晒死了。除了农历十月初十的菩萨节，附近乡里的人都来这里参加麻糍节活动，平时没什么活动。”

“按理说，他把大陈村的名气弄大了，应该对你们有好处啊?”

“没什么好的，大家有点恨。被划为古村落之后，我们的房子都不能动了，想改建或推倒重建都不批，去外面建又没有地。像我们这里修建房子比别人要花钱多，别人 10 万元，我们要 12 万元。别人水泥、砖直接就拖到门口了。我们车子进不来，得人工运进来，费用就高了。”老人一边说一边叹气。

“名气大了之后，省里会拨点钱吧？公共设施方面可以改善一下。”

“没有，你看这么大的村子，你还没走完吧？才两个公厕。一个在祠堂里，一个在后面。经常有人问我厕所在哪，我说我告诉你你也找不到，你就到我家去吧。”关于公厕的问题，老人强调了多次。

西一村面积广阔的高山冷水茭白田

第二天早上，鹅香阁的老板开车准备带我们去看看面条厂，但是周末没人上班，厂门关着。我问面条厂现在销路好吗？他说现在不怎么样，主要是做代加工。我问，村子名气大了，你觉得好还是不好？他说，好当然好，但是名气大了，你配套设施没有跟上来，也不行。作为当地唯一的一家旅馆的老板，他有一栋四层楼的旅馆，还经营着萃文中心小学，小学改建成了写生基地，据说与美术院校有一些合作。

在南坞村，因为是周末，与昨天一样，我们还是没有见到村支书。据村委会的人讲，书记一般周二会在，平时住在江山市，他在江山市开了一家制造消防器材的厂子，所以很忙。听的士司机介绍，江山市做消防器材的人很多，在全国大概有一两万人，基本垄断了国内市场，后来其他地方的人也开始学着做。我们在村里确实看到了一家农户的门口摆满了印着白色 119 数字的红色消防条幅。

中午，与餐馆的老板聊天：

“你们这里的旅游没有发展起来啊。”

“就两个祠堂（杨氏宗祠），人家来看看也没什么玩的。”

“那以后有什么发展规划吗？”

“准备建一个水上乐园。”

“水上乐园哪里都有啊，跟你们的祠堂搭配吗？”

“有个水上乐园，人家来了，看了祠堂，还可以多玩一下嘛。”

“你们的古村落保护得不是很好啊，老房子比较少，好像古建筑只占了20%。”

“我们这里是去年才批的，所以好多房子都已经拆掉了。”

我们在村落的考察中发现，大部分村落在经济发展的同时，对于传统村落的文化价值似乎并不够重视。许多村支书开厂子，在县里买了房子，基本不住在村里，有的村支书对村里情况也不是很了解，许多传统工艺和习俗也难觅踪影，成为墙上的装饰品。

## 三、结语

我们认为，江浙地区历史上曾经吸引了大批人才，有大学问家、大藏书家、大商人，拥有大量物质与非物质文化遗产，江浙人善于经商，能从一些人们容易忽略的细微之处去赚钱。江浙地区传统村落在长期的历史发展中形成了各具特色的经济圈，这对于提高村民的生活水平、修缮古民居、吸引外来投资和人口、发展教育事业带来了巨大的便利。然而与经济的繁荣相比，传统村落的文化传承状况堪忧，在传统文化的发掘发扬方面用力不足。我们认为，一方面应通过政府的倡导鼓励激发村民文化保护传承的自觉性和积极性，弘扬传统文化中的精华；另一方面也可以通过引入民间资本，给予政策上的支持，开发出符合各村落文化特质的新兴产业。

组　　稿：张振明
责任编辑：李源正　王新明　池　溢
封面设计：薛　宇
责任校对：周　昕

**图书在版编目（CIP）数据**

村落中国：中国大学生田野考察札记 / 胡彬彬，刘灿姣 主编 . —北京：人民出版社，2020.12
ISBN 978－7－01－022922－5

I. ①村…　II. ①胡…②刘…　III. ①村落－研究－中国　IV. ① K928.5

中国版本图书馆 CIP 数据核字（2020）第 252792 号

**村落中国**
CUNLUO ZHONGGUO

中国大学生田野考察札记

胡彬彬　刘灿姣　主　编
吴　灿　邓　昶　副主编

人民出版社 出版发行
（100706　北京市东城区隆福寺街 99 号）

北京新华印刷有限公司印刷　新华书店经销

2020 年 12 月第 1 版　2020 年 12 月北京第 1 次印刷
开本：710 毫米 ×1000 毫米 1/16　印张：67.5
字数：895 千字

ISBN 978－7－01－022922－5　定价：269.00 元（上、中、下册）

邮购地址 100706　北京市东城区隆福寺街 99 号
人民东方图书销售中心　电话（010）65250042　65289539